design
school

이영주 지음

일러스트레이터 CC

ADOBE ILLUSTRATOR CREATIVE CLOUD

한빛아카데미
Hanbit Academy, Inc.

지은이 이영주 yjlee@chungwoon.ac.kr

Western Sydney University에서 Digital Media를 전공했으며 홍익대학교 영상학과에서 박사과정을 수료했다. 현재는 청운대학교 멀티미디어학과 교수로 재직 중이다. 저서로는 『모바일 UI/UX 디자인 실무』(한빛아카데미, 2018), 『포토샵 CC 2017』(한빛아카데미, 2017), 『UI/UX 디자인 이론과 실습』(한빛아카데미, 2015) 등 다수가 있다.

design school **일러스트레이터 CC**

초판발행 2018년 11월 30일

지은이 이영주 / **펴낸이** 김태헌

펴낸곳 한빛아카데미(주) / **주소** 서울시 서대문구 연희로2길 62 한빛아카데미(주) 2층

전화 02-336-7112 / **팩스** 02-336-7199

등록 2013년 1월 14일 제25100-2017-000063호 / **ISBN** 979-11-5664-392-0 93000

총괄 배용석 / **책임편집** 김현용 / **기획** 변소현 / **편집** 김희정

디자인 표지, 내지 이아란 / **전산편집** 이소연 / **제작** 박성우, 김정우

영업 이윤형, 길진철, 김태진, 주희, 김성삼, 임현기, 이정훈 / **마케팅** 김호철

이 책에 대한 의견이나 오탈자 및 잘못된 내용에 대한 수정 정보는 아래 이메일로 알려주십시오.

잘못된 책은 구입하신 서점에서 교환해 드립니다. 책값은 뒤표지에 표시되어 있습니다.

홈페이지 www.hanbit.co.kr / 이메일 question@hanbit.co.kr

Published by HANBIT Academy, Inc. Printed in Korea

지은이 머리말

일러스트레이터, 누구나 쉽게 배울 수 있습니다!

일러스트레이터를 잘 하려면 각 툴과 메뉴의 기능을 정확히 이해하고 많은 예제를 따라해 봐야 합니다. 처음 배울 때는 생소해도 쉬운 이미지부터 하나하나 만들다 보면 어느새 일러스트레이터의 매력에 푹 빠지게 될 것입니다. 이 책의 특징은 다음과 같습니다.

- [기본 따라 하기]로 핵심 기능을 익히고 [응용 예제]를 직접 만들어 봅니다. 각 기능마다 최소한 두 번씩 반복 연습할 수 있습니다.
- 초보자도 손쉽게 따라 그릴 수 있도록 가이드 이미지를 준비 파일로 제공합니다.
- 혼자 공부하기 어려워하는 독자를 위해 필자가 직접 설명하는 동영상 강의를 제공합니다. 인터넷 주소창에 www.youtube.com/c/yurilee를 입력하여 접속하면 이 책의 내용을 바탕으로 한 강의를 들을 수 있습니다.

일러스트레이터는 처음부터 끝까지 사용자의 손끝에서 모든 작업이 이루어집니다. 따라서 어떻게 다루는지에 따라 전혀 다른 결과물이 만들어집니다. 독자 여러분도 이 책의 여러 예제를 따라하면서 자신에게 가장 편리한 방법을 찾기 바랍니다. 또한 단순히 따라만 할 것이 아니라, 배운 내용을 어떻게 응용할 수 있을지 생각하면서 작업하기 바랍니다. 그러면 이 책의 마지막 장을 덮을 때 일러스트레이터를 잘 할 수 있다는 자신감이 생길 것입니다.

무슨 일이든 첫술에 배부를 수는 없습니다. 하지만 차근차근 하나씩 성취하다 보면 어느 순간 목표했던 일을 자신 있게 해낼 수 있습니다. 아무쪼록 이 책이 일러스트레이터를 배우려는 많은 독자에게 도움이 되었으면 좋겠습니다.

책 한 권을 만들기 위해 불철주야 애쓰고 노력하는 한빛아카데미(주)에 깊은 애정과 감사를 드립니다. 또한 수많은 책 중에서 이 책을 접하게 된 독자 여러분과의 인연에도 감사드립니다.

저자 **이영주**

이 책의 사용 설명서

강의 보조 자료

한빛아카데미 홈페이지에서 '교수회원'으로 가입한 분은 인증 후 교수용 강의 보조 자료를 제공받을 수 있습니다. 한빛아카데미 홈페이지 상단의 〈교수전용공간〉 메뉴를 클릭해 주세요.

http://www.hanbit.co.kr/academy

본문 구성

핵심 기능
해당 섹션에서 배울 주요 툴과 메뉴를 소개합니다.

기본 따라 하기
툴이나 메뉴의 기능을 설명하고, 간단한 실습으로 사용법을 익힙니다.

팁
참고로 알아 두면 좋을 내용, 실습하면서 주의할 사항과 본문에서 다룬 툴이나 메뉴의 세부 옵션을 설명합니다.

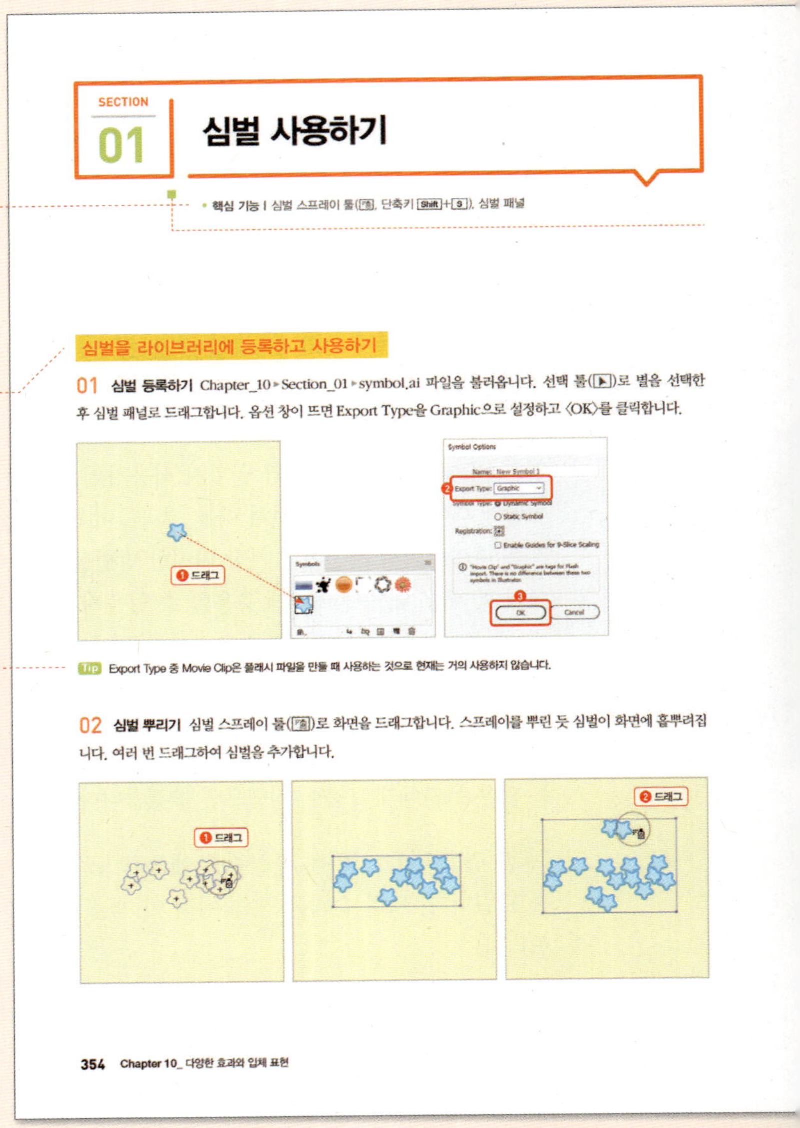
SECTION 01 심벌 사용하기

• 핵심 기능 I 심벌 스프레이 툴( ), 단축키 Shift+S), 심벌 패널

심벌을 라이브러리에 등록하고 사용하기

01 **심벌 등록하기** Chapter_10 ▸ Section_01 ▸ symbol.ai 파일을 불러옵니다. 선택 툴( )로 별을 선택한 후 심벌 패널로 드래그합니다. 옵션 창이 뜨면 Export Type을 Graphic으로 설정하고 〈OK〉를 클릭합니다.

Tip Export Type 중 Movie Clip은 플래시 파일을 만들 때 사용하는 것으로 현재는 거의 사용하지 않습니다.

02 **심벌 뿌리기** 심벌 스프레이 툴( )로 화면을 드래그합니다. 스프레이를 뿌린 듯 심벌이 화면에 흩뿌려집니다. 여러 번 드래그하여 심벌을 추가합니다.

354 Chapter 10_ 다양한 효과와 입체 표현

예제 소스

실습에 필요한 파일은 아래 주소에서 내려받을 수 있습니다. 준비 파일과 완성 파일이 섹션별로 정리되어 있습니다. 계속 사용할 파일이므로 하드디스크에 복사해 두고 사용하세요.

http://www.hanbit.co.kr/src/4392

응용 예제

본문에서 배운 기능을 활용하여 응용 작품을 만들어 봅니다. 준비 이미지와 완성 이미지를 비교하여 어떤 작업을 하는지 미리 알 수 있습니다.

무료 동영상 강의

아래 주소에 접속하거나 스마트폰으로 QR 코드를 찍으면 저자가 직접 설명하는 무료 동영상 강의를 들을 수 있습니다.

https://www.youtube.com/c/yurilee

이 책의 예제 미리보기

60p / 어미 북극곰을 복제하여 새끼 북극곰 만들기

131p / 별 툴로 프로모션 배지 만들기

103p / 펜 툴로 가이드를 따라 성 그리기

158p / 패스파인더 패널로 로켓 만들기

136p / 도형 툴로 레트로 TV 만들기

151p / 패스파인더 패널로 꿀벌과 벌통 만들기

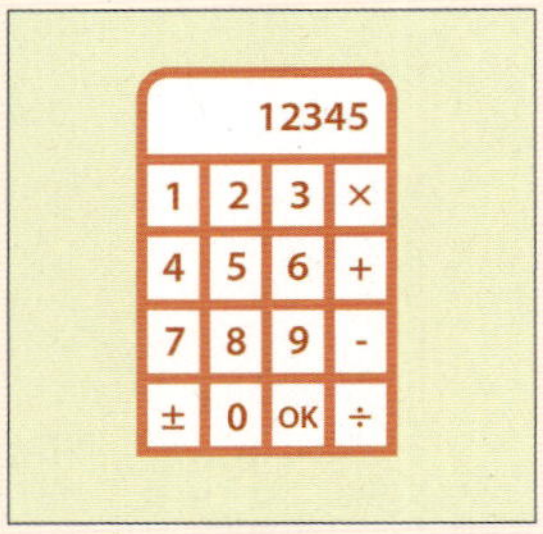

191p / 사각 그리드 툴로 전자계산기 만들기

213p / 아트 브러시로 별 모양 타이포그래피 만들기

258p / 그레이디언트 패널로 테이크아웃 컵 만들기

123p / 도형 툴로 앱 아이콘 만들기

205p / 손 그림처럼 보이는 쿠키와 물병 만들기

196p / 선 스타일을 활용해 쿠폰 만들기

270p / 패턴 라이브러리에서
패턴 적용하기

274p / 마스크 기능을 활용해
그림자 만들기

281p / 진짜처럼 보이는
바나나 만들기

292p / 회전 툴로 원형
인포그래픽 만들기

350p / 하트 조각에
문자 입력하기

357p / 심벌 툴로
하트 나무 만들기

368p / 3D 메뉴로
도넛 상자 만들기

376p / 블렌딩 모드로
빛나는 로고 만들기

383p / 원근 그리드 툴로
건물 만들기

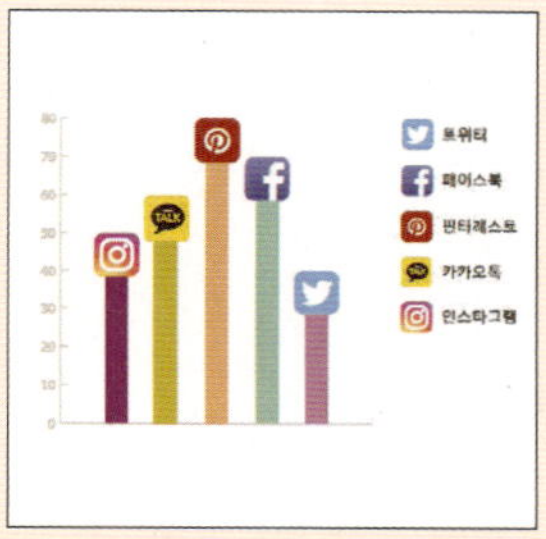

407p / 소셜 아이콘으로
막대그래프 만들기

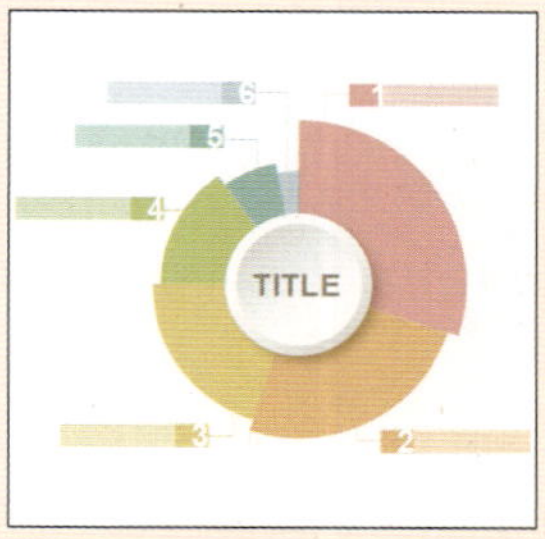

415p / 인포그래픽형
파이 차트 만들기

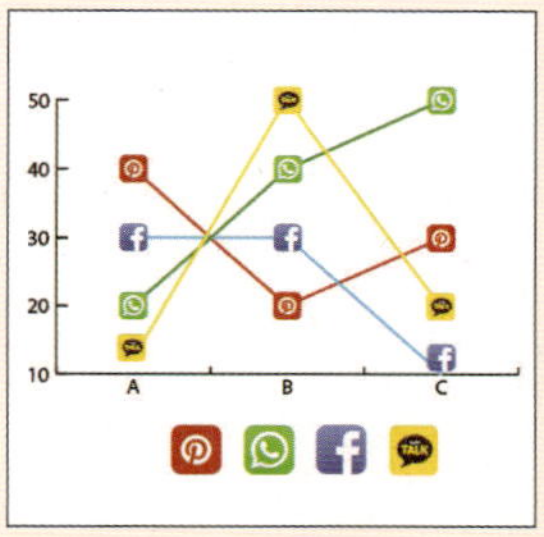

422p / 꺾은선그래프 만들고
마커 디자인하기

목차

NEW 일러스트레이터 CC(2019)의 새로운 기능 또는 이전 버전에서 달라진 부분입니다.

CHAPTER 02 오브젝트의 선택과 배치

CHAPTER 03 직선 및 곡선 그리기

목차

CHAPTER 06 선의 변형과 활용

CHAPTER 08 오브젝트의 회전과 반전

CHAPTER 09 타이포그래피

목차

CHAPTER 11 그래프 디자인

CHAPTER

01

일러스트레이터 CC 기본 사용법

포토샵에서는 다양한 이미지를 불러와 변화를 주는 작업을 주로 하는데 반해, 일러스트레이터에서는 처음부터 끝까지 새 오브젝트를 만드는 작업을 주로 합니다. 일러스트레이터 CC 무료 체험판을 내 컴퓨터에 설치하여 실행해 보고 화면 구성과 기본 사용법을 알아봅니다.

SECTION 01

일러스트레이터 CC 설치하기

• **핵심 기능 |** 무료 체험판 설치

일러스트레이터 CC 설치를 위한 시스템 요구 사양

일러스트레이터 CC를 설치하려면 다음과 같은 시스템 사양이 필요합니다.

윈도우	맥 OS
• Intel Pentium 4 또는 AMD Athlon 64 프로세서 • Microsoft Windows 7 서비스 팩 1, Windows 8.1 또는 Windows 10 • 32비트를 설치하려면 하드디스크 여유 공간 2.6GB, 64비트를 설치하려면 하드디스크 여유 공간 3.1GB, 설치할 때 추가 여유 공간 필요(대·소문자를 구분하는 파일 시스템을 사용하는 볼륨에 설치할 수 없음)	• Multicore Intel 프로세서(64비트 지원) • 맥 OS 버전 10.13(High Sierra), 맥 OS 버전 10.12(Sierra) 또는 맥 OS X 버전 10.1(El Capitan) • 설치하는 데 필요한 하드디스크 여유 공간 4GB, 설치할 때 추가 여유 공간 필요(대·소문자를 구분하는 파일 시스템을 사용하는 볼륨에 설치할 수 없음)
• 2GB RAM(8GB 권장) • 16비트 색상 및 512MB 전용 VRAM 장착(2GB 권장) 1024×768 디스플레이(1280×800 권장) • OpenGL 2.0 지원 시스템 • 소프트웨어를 활성화하거나 가입을 확인하고 온라인 서비스를 이용하려면 인터넷 연결 및 등록 필요 • VRAM이 512MB 미만인 32비트 플랫폼 및 컴퓨터에서는 3D 기능을 사용할 수 없음 • 32비트 윈도우 시스템에서는 비디오 기능을 사용할 수 없음	

어도비 CC 무료 체험판 설치하기

매월 일정액을 내면 일러스트레이터 CC를 비롯한 어도비에서 나온 다양한 제품을 자유롭게 사용할 수 있습니다. 어도비에서는 유료 결제를 하기 전에 프로그램을 미리 경험해 볼 수 있도록 7일 동안 무료로 사용할 수 있는 체험판을 제공합니다.

01 어도비 홈페이지(http://www.adobe.com/kr)에 접속하고 화면 상단의 [크리에이티비티 및 디자인]-[모든 제품 보기]를 클릭합니다.

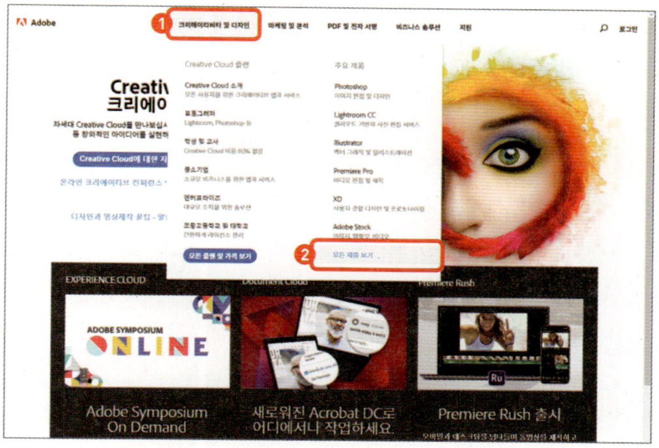

02 어도비 제품 목록에서 Illustrator의 [체험판 다운로드]를 클릭합니다.

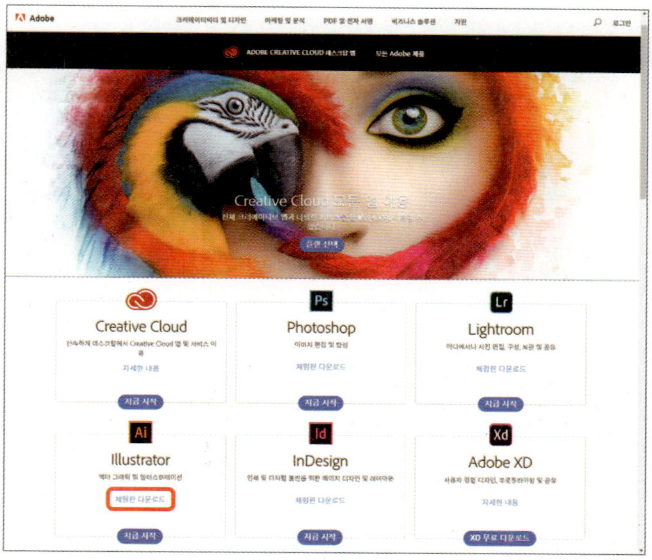

03 어도비 계정이 있다면 〈로그인〉을 클릭한 후 아이디와 패스워드를 입력하여 로그인합니다. 어도비 계정이 없다면 〈회원가입〉을 클릭하여 회원으로 가입한 후 로그인합니다.

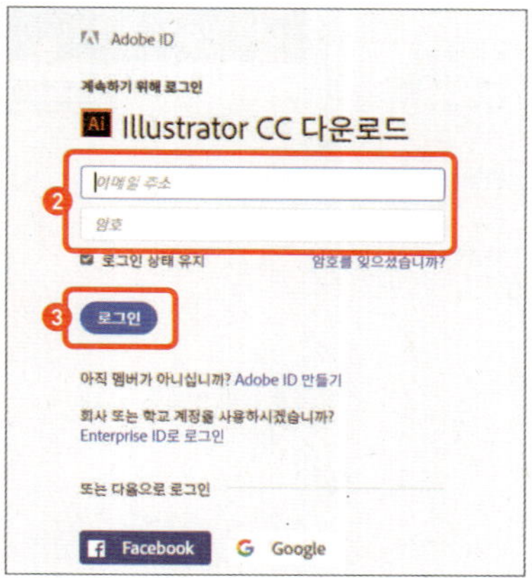

04 브라우저 종류에 따라 다음과 같은 창이 뜹니다. 컴퓨터에 Creative Cloud Desktop App이 설치되어 있지 않다면 〈허용〉 또는 〈Creative Cloud Desktop App 열기〉를 클릭하여 앱을 설치합니다.

■ 인터넷 익스플로러

■ 크롬

05 Creative Cloud 설치 프로그램이 제대로 설치되면 Creative Cloud 앱이 나타납니다.

06 설치 프로그램의 언어를 설정해 보겠습니다. Creative Cloud 앱 오른쪽 위에 보이는 [설정]–[환경 설정]을 선택합니다. 환경 설정 화면의 [Creative Cloud] 탭을 선택하고 앱 언어를 English (International)로 변경합니다. 왼쪽 위에 있는 돌아가기(◀) 버튼을 눌러 언어 설정을 마칩니다.

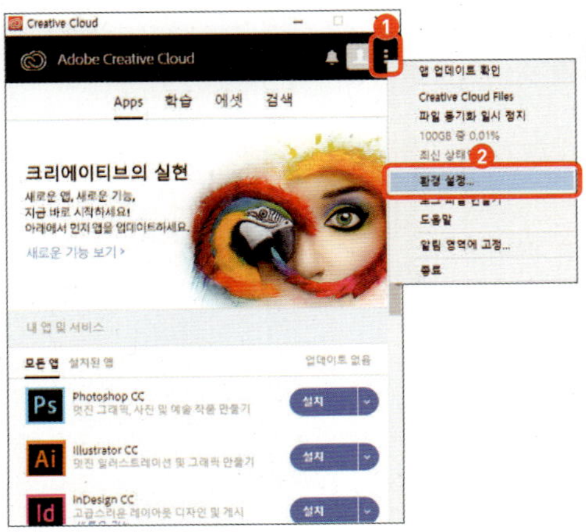

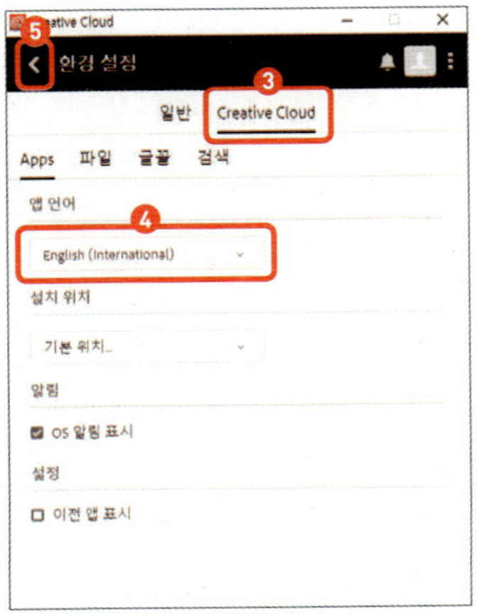

Tip 한글 버전과 영문 버전은 기능이 크게 차이 나지 않습니다. 다만 한글 버전은 메뉴가 어색하게 번역되어 헷갈릴 수 있고 업계에서도 영문 버전을 주로 쓰므로 이 책에서는 영문 버전을 기준으로 설명합니다.

07 앱 화면으로 돌아와 Illustrator CC의 〈설치〉를 클릭합니다. 설치가 완료되면 〈설치〉가 〈열기〉로 바뀝니다. 〈열기〉를 클릭하여 일러스트레이터를 실행합니다.

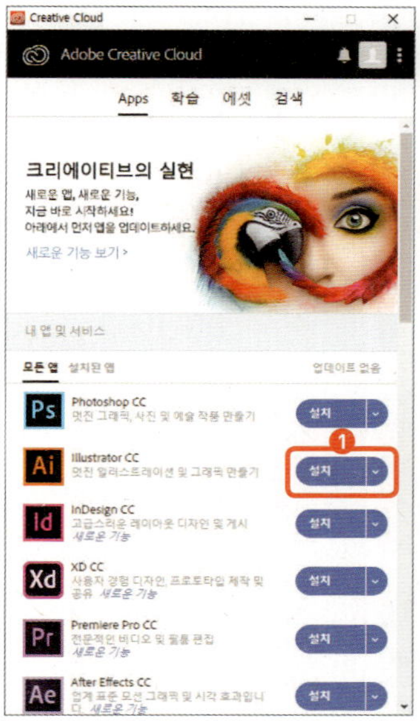

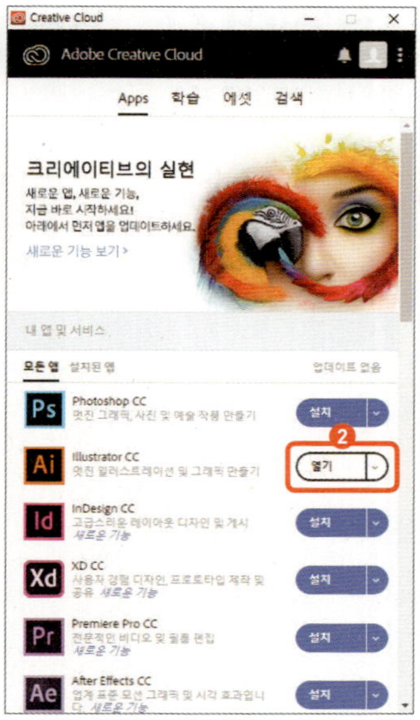

08 다음과 같은 화면이 뜨고 일러스트레이터가 열립니다. 무료 체험판은 정품과 기능이 같지만 7일이 지나면 열리지 않기 때문에 계속 사용하려면 유료로 전환해야 합니다.

Tip 매번 어도비 홈페이지를 방문하는 게 번거롭다면 바탕화면에 생성된 Adobe Creative Cloud 바로가기 아이콘을 클릭하여 프로그램을 설치하거나 실행할 수 있습니다.

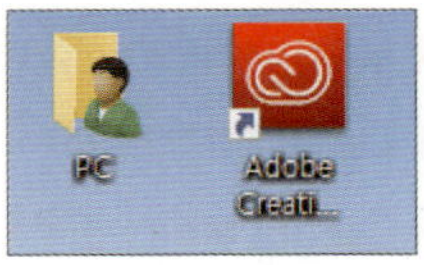

SECTION 02

일러스트레이터 CC 작업 화면 설정하기

• **핵심 기능** I User Interface 메뉴

일러스트레이터 CC 시작 화면

일러스트레이터 CC를 실행하면 다음과 같은 화면이 나타납니다.

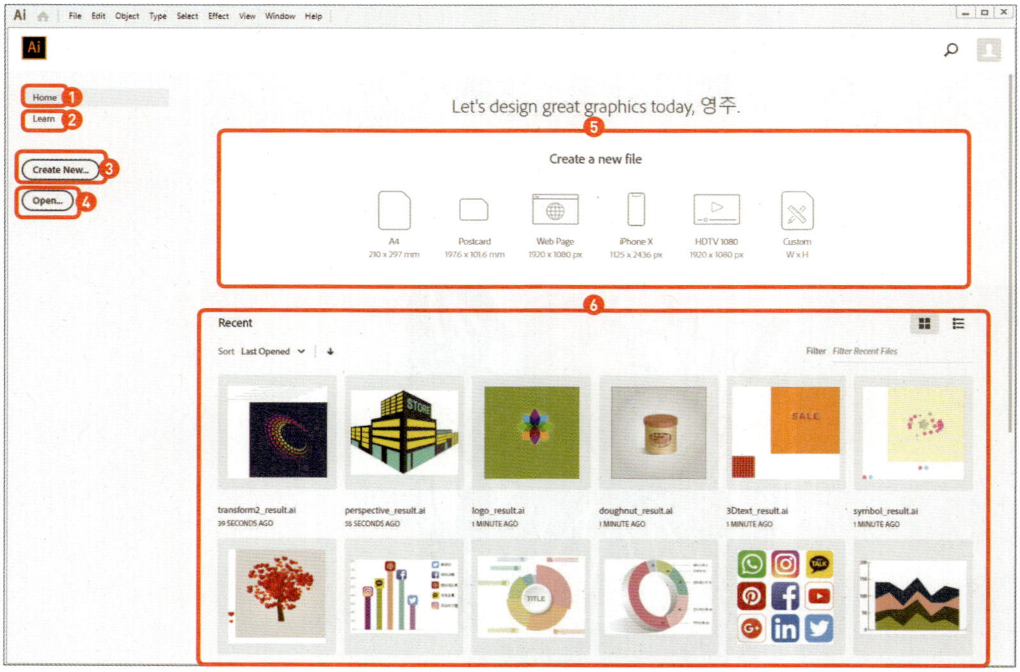

❶ Home Learn 페이지로 이동했다가 현재 보이는 페이지로 돌아올 때 선택할 수 있습니다.

❷ Learn 웹 사이트에서 제공하는 동영상 튜터리얼을 선택할 수 있습니다.

❸ Create New 새로운 빈 화면을 열 수 있습니다.

❹ Open 컴퓨터 또는 저장장치에 저장되어 있는 파일을 불러올 수 있습니다.

❺ Create a new file 새로운 빈 화면을 원하는 미디어로 설정하여 열 수 있습니다.

❻ Recent 최근에 사용한 파일을 섬네일 또는 텍스트 목록으로 보여 줍니다.

Tip 일러스트레이터를 실행할 때 시작 화면이 나오지 않게 하려면 메뉴 바에서 [Edit]-[Preferences]-[General]을 선택하거나 Preferences 창을 호출하는 단축키 Ctrl+K를 누른 후 Show The Start Workspace When No Documents Are Open의 체크를 해제합니다.

일러스트레이터 CC 작업 화면

일러스트레이터 CC를 실행하고 이미지를 열거나 새 파일을 만들면 다음과 같은 화면이 나타납니다.

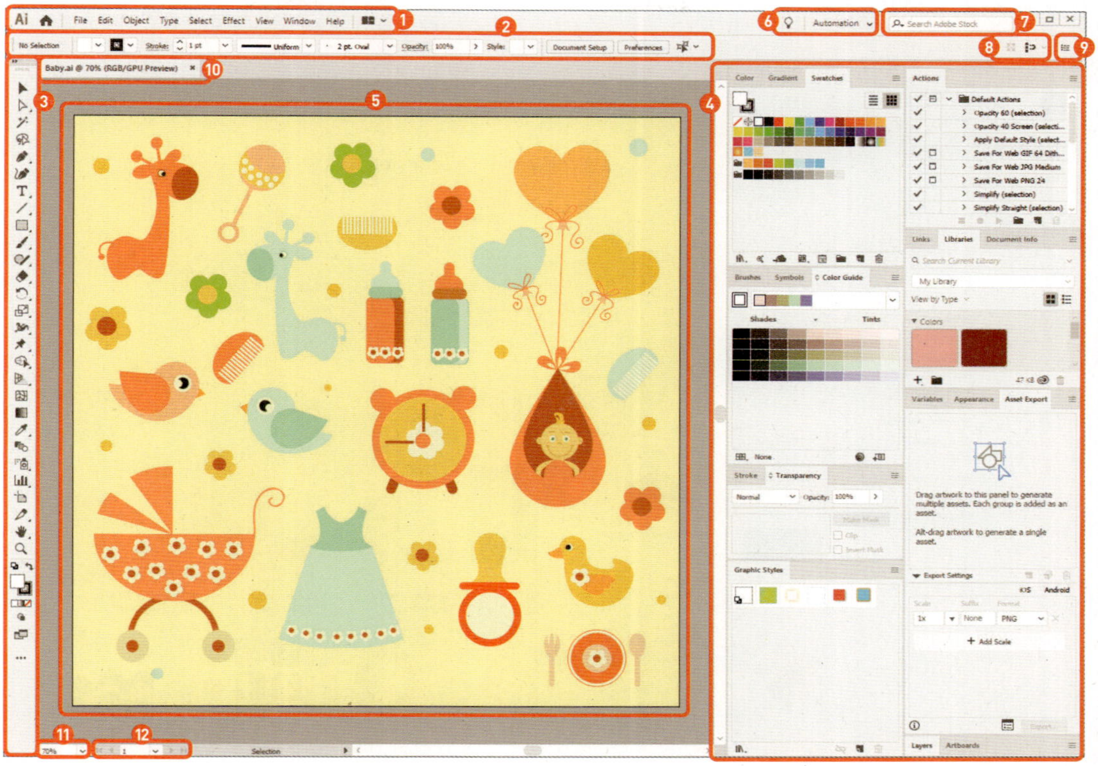

❶ **메뉴 바** 명령을 실행할 수 있는 메뉴를 모아 둔 공간입니다. 각 메뉴를 클릭하면 세부 항목을 볼 수 있습니다.

❷ **옵션 바** 툴 박스에서 선택한 툴의 추가 옵션을 지정할 수 있습니다.

❸ **툴 박스** 작업하는 데 필요한 여러 툴을 상자 형태로 모아 둔 공간입니다.

❹ **패널 모음** 레이어, 색상, 심벌, 브러시 등 자주 사용하는 기능의 옵션 패널을 모아 둔 공간입니다.

❺ **이미지 작업 창** 실제로 작업하는 이미지를 보여 주는 창입니다.

❻ **작업 화면 설정** 작업 종류에 따라 패널을 새로 정렬할 수 있고 시작 화면을 열 수도 있습니다.

❼ **찾기** 일러스트레이터 툴이나 메뉴의 사용법 등을 검색할 수 있습니다.

❽ **스냅** 자동으로 높이나 간격을 조절할 수 있습니다.

❾ **옵션 목록** 옵션 바의 옵션 항목을 조절할 수 있습니다.

❿ **제목 표시줄** 작업 중인 이미지의 파일명, 화면 확대 비율, 색상 모드 등의 정보를 보여 줍니다.

⓫ **화면 크기 조절** 작업 중인 이미지의 화면 크기를 조절할 수 있습니다.

⓬ **아트보드 이동** 아트보드를 여러 개 사용할 때 각 아트보드로 이동할 수 있습니다.

작업 화면의 색상과 크기 변경하기

01 메뉴 바에서 [Edit]–[Preferences]–[User Interface]를 선택하거나 Preferences 창을 호출하는 단축키 Ctrl+K를 누릅니다.

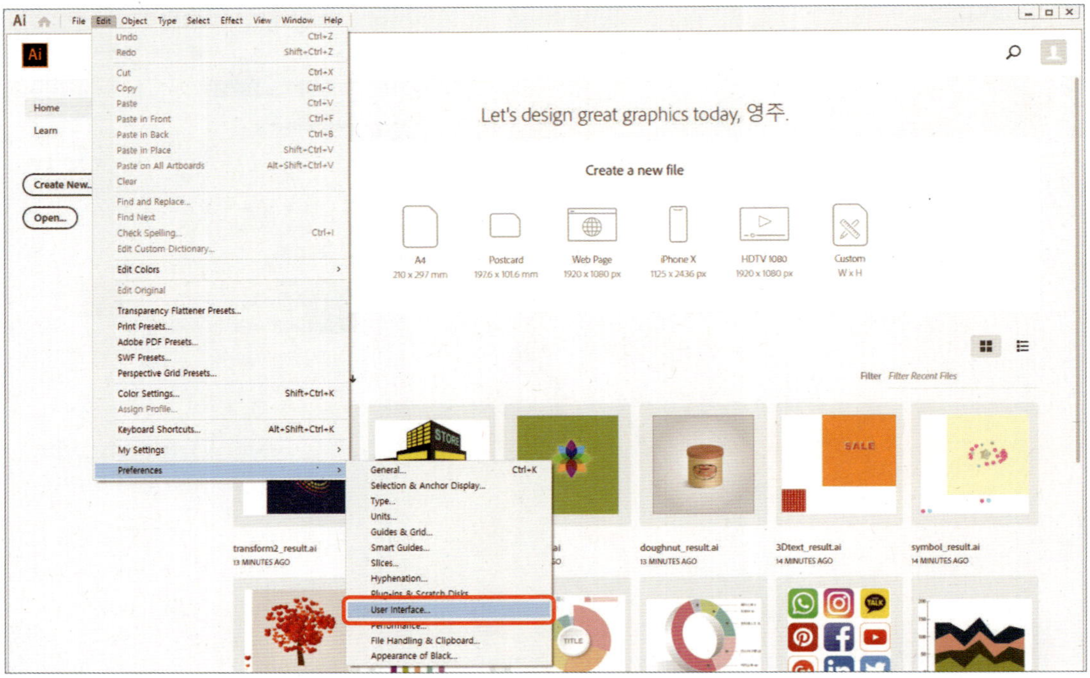

02 옵션 창의 Brightness 항목에서 4단계 색상 중 하나를 선택하면 화면이 선택한 색상으로 바뀝니다. 또한 UI Scaling 항목에서 슬라이더를 드래그하여 화면 크기를 선택하면 화면의 메뉴와 툴이 선택한 크기로 바뀝니다.

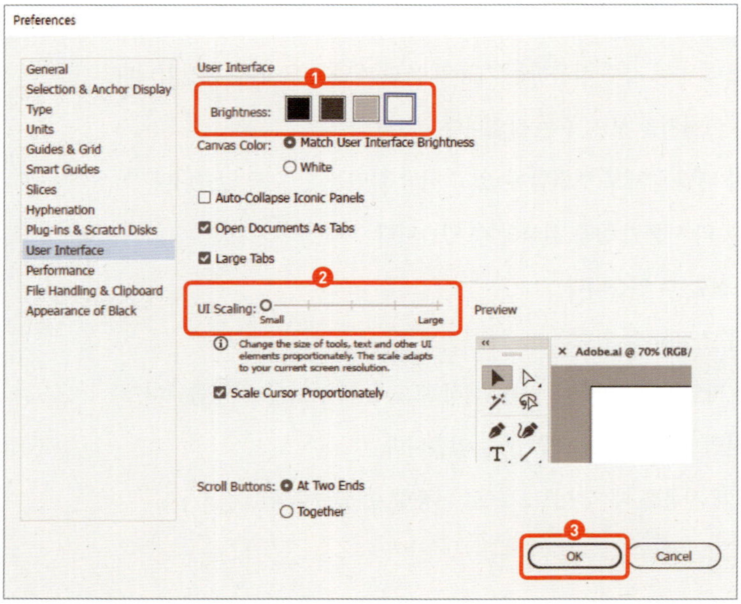

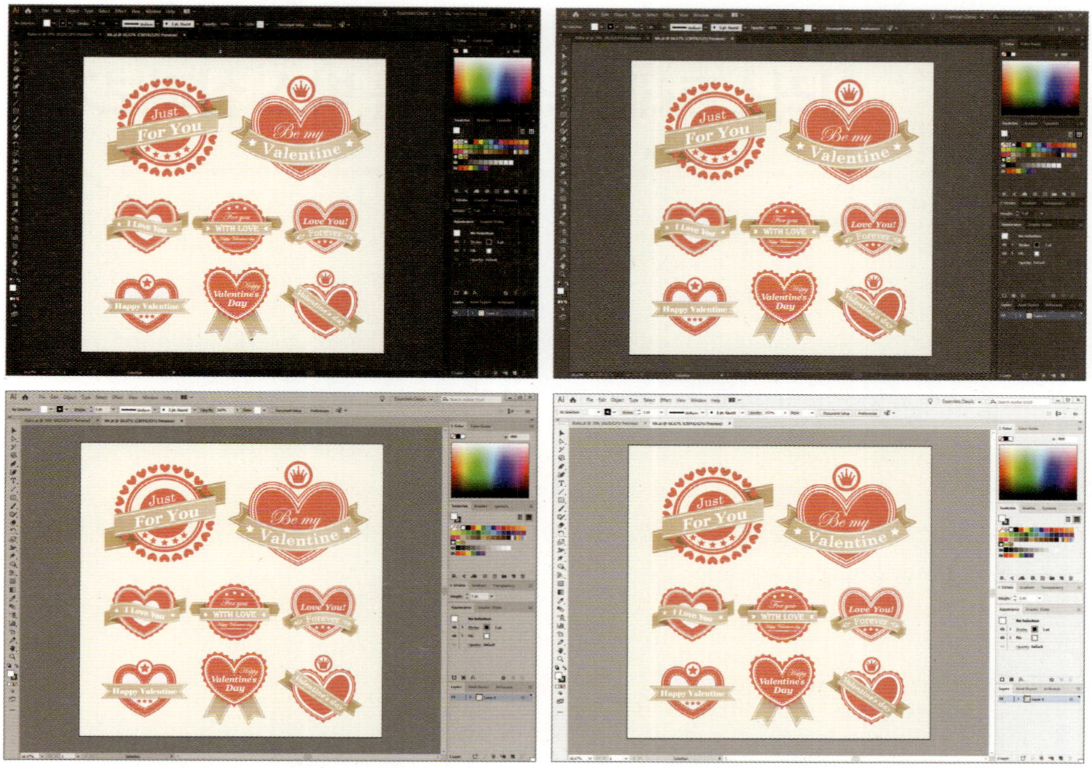

■ 화면 색상 변경(왼쪽 위부터 검정, 어두운 회색, 회색, 밝은 회색)

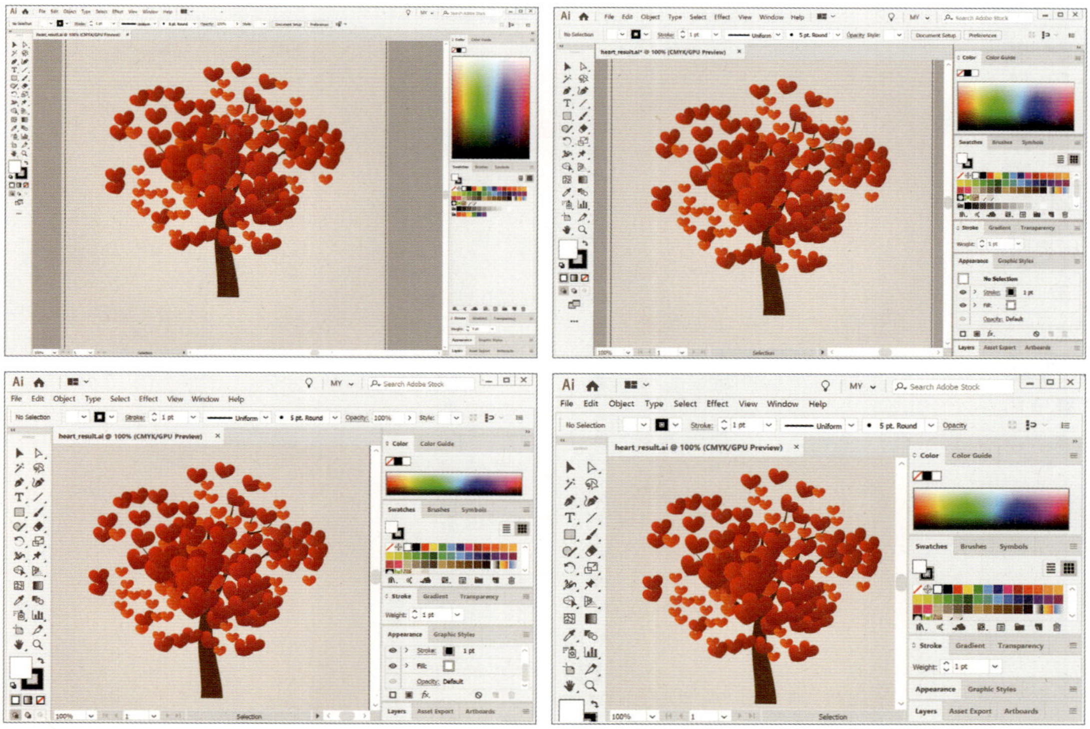

■ 화면 크기 변경(왼쪽 위가 Small, 오른쪽 아래가 Large)

SECTION 03

일러스트레이터 CC 툴 박스 살펴보기

• **핵심 기능 I** 툴 박스

툴 박스의 명칭과 사용법

툴 박스는 일러스트레이터 작업을 하는 데 필요한 툴을 상자 형태로 모아 둔 공간입니다. 이미지를 열거나 빈 화면을 만들면 화면 왼쪽에 나타납니다.

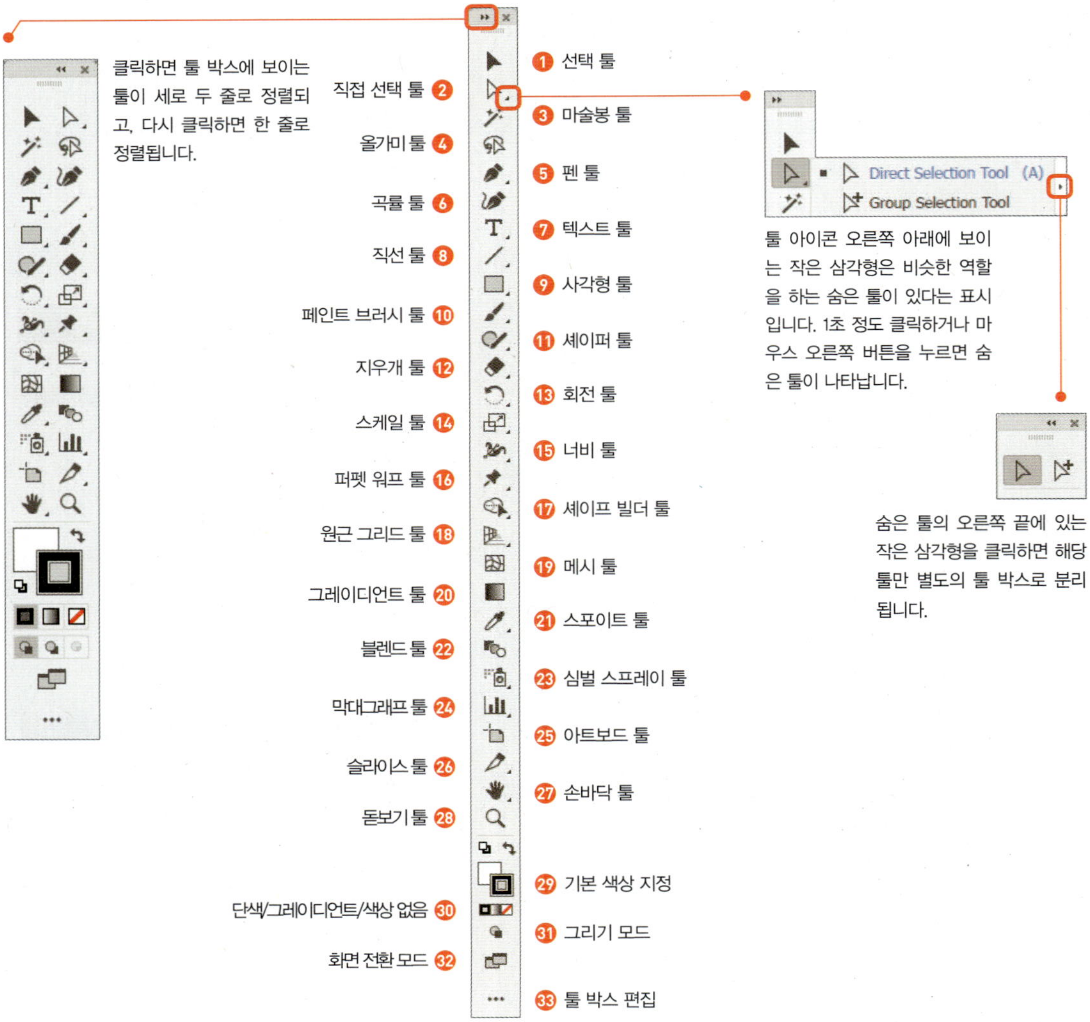

툴의 종류와 기능

❶ 선택 툴(Selection Tool) V

오브젝트를 선택하고 움직이고 복제합니다. 바운딩 박스를 표시하여 크기를 조절할 수 있습니다.

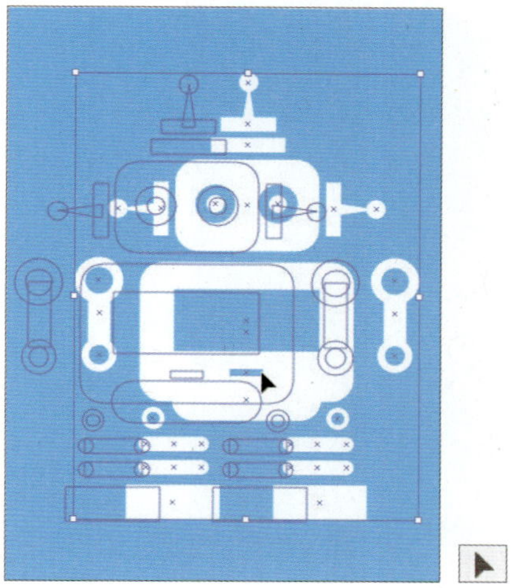

❷ 직접 선택 툴(Direct Selection Tool) A

패스나 앵커 포인트를 직접 선택하여 조절합니다. 그룹 오브젝트를 연속으로 선택할 수 있는 그룹 선택 툴이 포함되어 있습니다.

❸ 마술봉 툴(Magic Wand Tool) Y

설정한 옵션 값에 따라 비슷한 색상의 영역을 자동으로 선택합니다. 옵션 값이 클수록 영역이 넓게 선택됩니다.

❹ 올가미 툴(Lasso Tool) Q

자유로운 모양으로 드래그하여 영역을 지정할 수 있고 지정한 영역 내부의 패스와 앵커 포인트가 선택됩니다.

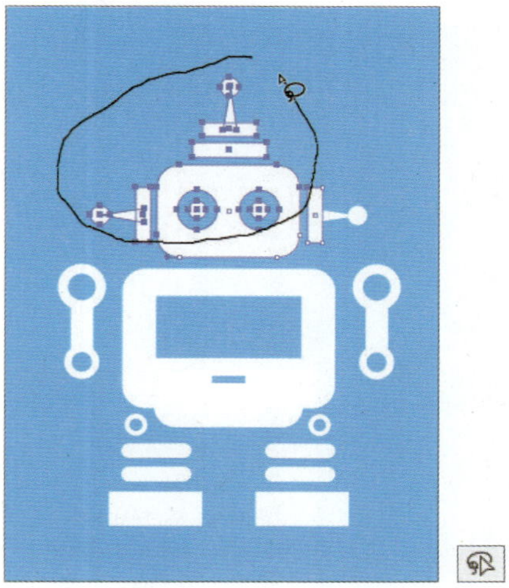

❺ 펜 툴(Pen Tool) P

직선과 곡선은 물론 다양한 형태를 자유롭게 그립니다. 앵커 포인트 추가 툴, 앵커 포인트 삭제 툴, 곡선을 직선으로 또는 직선을 곡선으로 변경하는 앵커 포인트 전환 툴이 포함되어 있습니다.

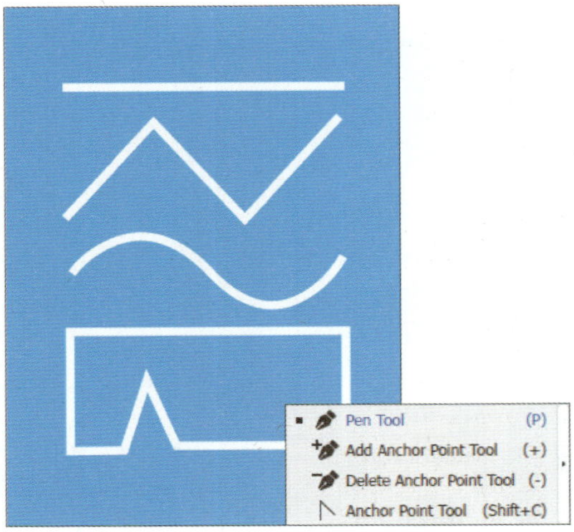

❻ 곡률 툴(Curvature Tool) Shift + ~

곡선을 쉽게 그리도록 도와줍니다. 앵커 포인트의 방향이 어긋나도 곡선을 자연스럽게 연결할 수 있습니다.

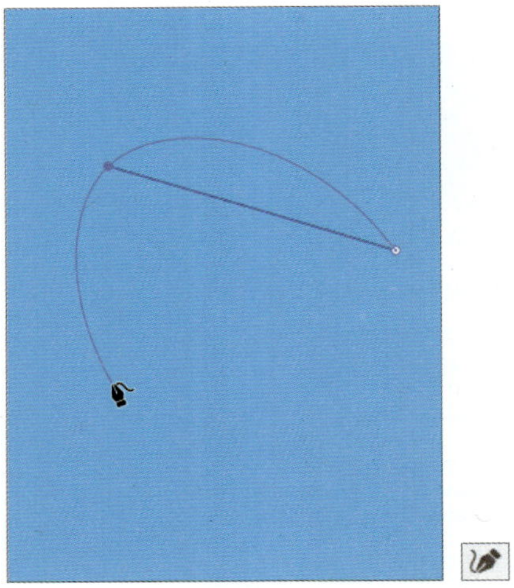

❼ 텍스트 툴(Type Tool) T

문자를 입력합니다. 면의 내부에 문자를 입력하는 영역 텍스트 툴, 패스 라인에 맞춰 문자를 입력하는 패스 텍스트 툴, 텍스트 속성을 유지한 채 문자를 한 글자씩 변형하는 터치 텍스트 툴이 포함되어 있습니다.

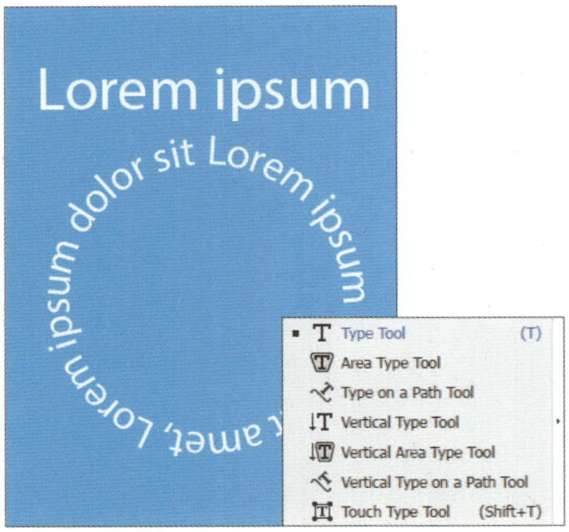

❽ 직선 툴(Line Segment Tool) \

직선을 그립니다. 옵션을 설정하면 선을 다양한 각도와 크기로 조절할 수 있습니다. 1/4 곡선을 그리는 아크 툴, 나선 툴, 사각 그리드 툴, 원형 그리드 툴이 포함되어 있습니다.

⑨ 사각형 툴(Rectangle Tool) M

사각형을 그립니다. 모서리가 둥근 사각형 툴, 원형 툴, 다각형 툴, 별 툴, 광선 툴이 포함되어 있습니다.

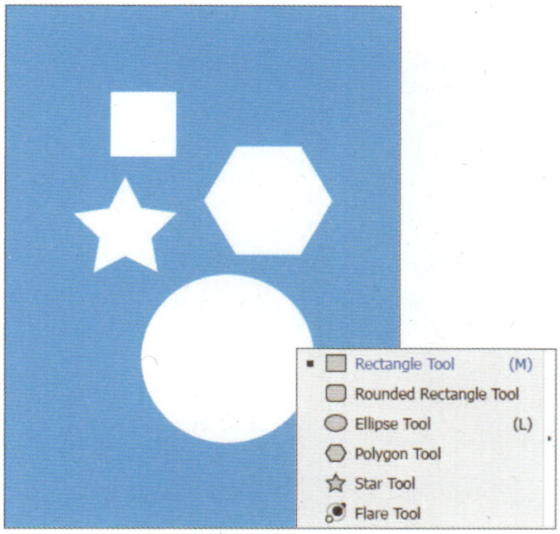

⑩ 페인트 브러시 툴(Paintbrush Tool) B

드래그한 모양대로 선을 그립니다. 드래그한 모양대로 면을 그리는 물방울 브러시 툴이 포함되어 있습니다.

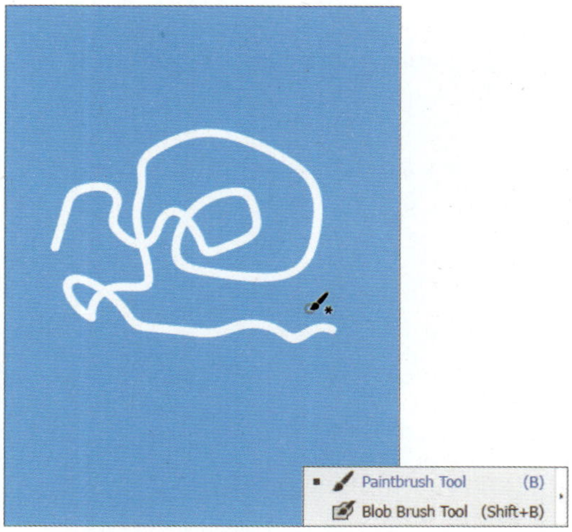

⑪ 셰이퍼 툴(Shaper Tool) Shift+N

도형을 자유롭게 그릴 수 있습니다. 모양을 대충 그려도 각 도형에 맞게 모양을 자동으로 변경해 줍니다. 드래그한 대로 그려지는 연필 툴, 선의 곡선 형태를 보정하는 스무드 툴, 드래그한 대로 패스를 지우는 패스 지우개 툴, 선을 연결하는 조인 툴이 포함되어 있습니다.

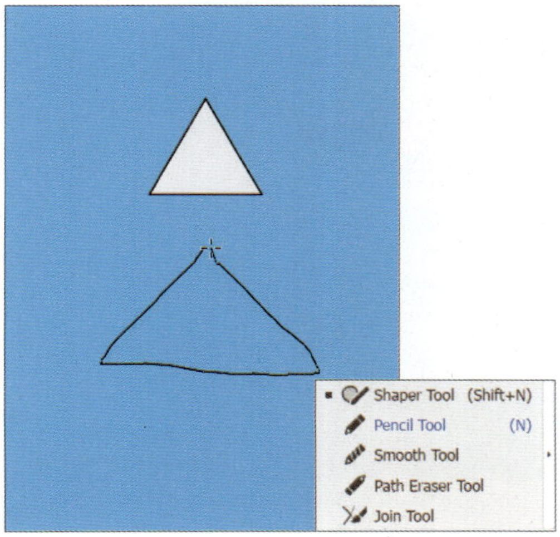

⑫ 지우개 툴(Eraser Tool) Shift+E

도형 내부나 가장자리의 패스를 삭제합니다. 패스를 분할하는 가위 툴과 도형을 드래그한 대로 분할하는 나이프 툴이 포함되어 있습니다.

⑬ 회전 툴(Rotate Tool) R

원하는 각도로 오브젝트를 회전시키거나 회전된 오브젝트를 복제합니다. 선택한 오브젝트를 반전시키는 반전 툴이 포함되어 있습니다.

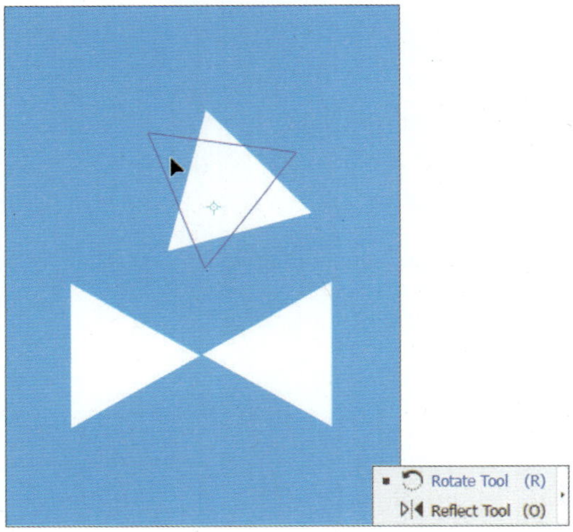

⑭ 스케일 툴(Scale Tool) S

선택한 오브젝트 크기를 변경하거나 설정한 비율대로 확대 또는 축소합니다. 오브젝트 기울기를 조절하는 시어 툴, 패스 꼭짓점과 선의 굴곡을 조절하는 리셰이프 툴이 포함되어 있습니다.

⑮ 너비 툴(Width Tool) Shift+W

선의 너비를 조절합니다. 패스 가장자리를 다양한 형태로 변형하거나 패스를 회전시키거나 오목하고 볼록하게 변형하는 다양한 변형 툴이 포함되어 있습니다.

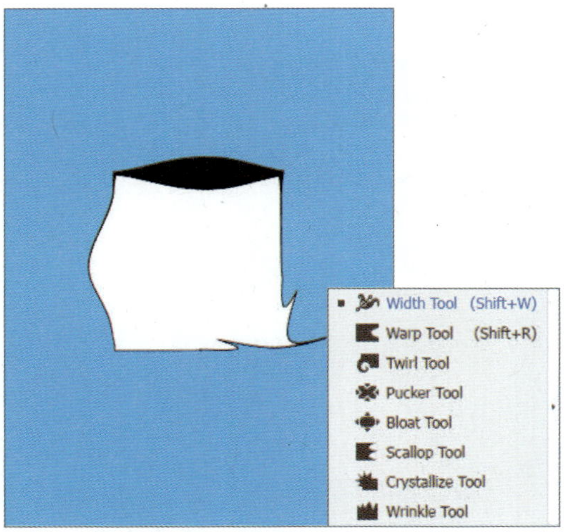

⑯ 퍼펫 워프 툴(Puppet Warp Tool)

오브젝트에 폴리곤 형태를 생성하고 기준점을 중심으로 방향이나 각도를 조절합니다. 크기, 기울기, 회전 등을 조절할 수 있는 프리 트랜스폼 툴이 포함되어 있습니다.

⑰ 셰이프 빌더 툴(Shape Builder Tool) Shift + M

겹쳐진 여러 오브젝트를 합치거나 분할합니다. 겹쳐진 상태에서 원하는 색상을 채우는 라이브 페인트 버킷 툴과 라이브 페인트 버킷 툴로 색상을 채운 오브젝트를 선택하는 라이브 페인트 선택 툴이 포함되어 있습니다.

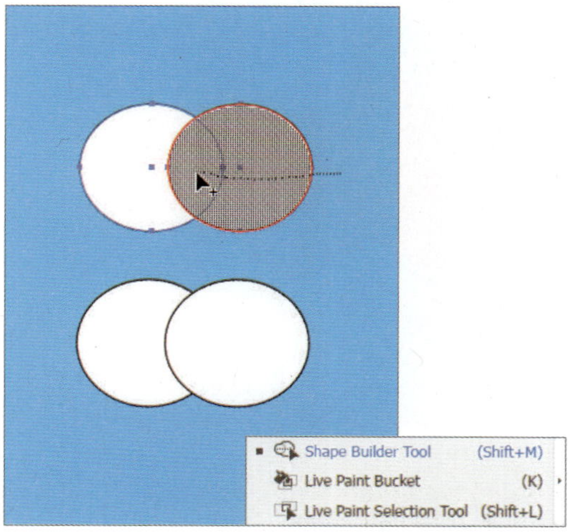

⑱ 원근 그리드 툴(Perspective Grid Tool) Shift + P

도형이나 이미지를 그리드에 따라 원근감 있게 배치합니다. 입체를 손쉽게 표현할 수 있습니다. 원근 그리드에 배치된 도형을 선택하거나 도형을 원근 그리드에 배치할 수 있는 원근 선택 툴이 포함되어 있습니다.

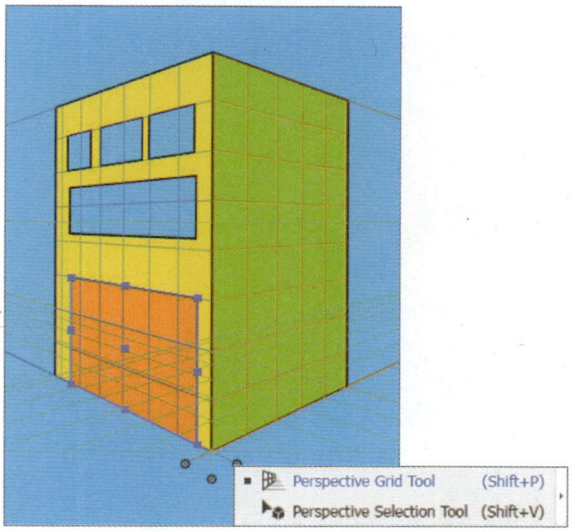

⑲ 메시 툴(Mesh Tool) U

그물망 모양 기준점을 중심으로 색상을 입력하여 정교한 그레이디언트를 표현합니다.

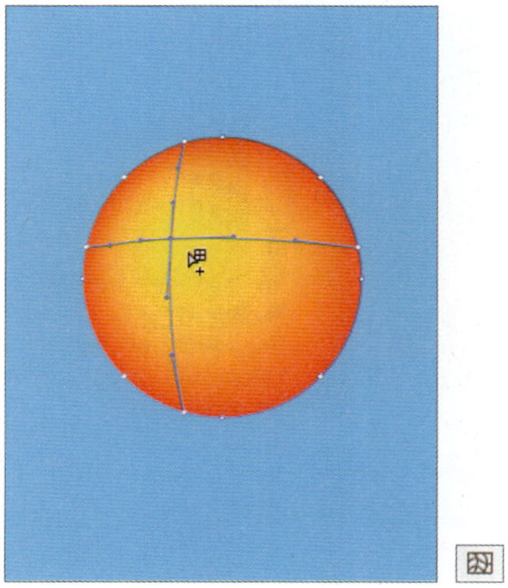

⑳ 그레이디언트 툴(Gradient Tool) G

오브젝트에 다양한 색상과 방향의 그레이디언트를 적용합니다.

㉑ 스포이트 툴(Eyedropper Tool) I

원하는 속성이나 색상을 클릭하여 오브젝트에 적용합니다. 원하는 좌표와 길이 정보를 확인할 수 있는 측정 툴이 포함되어 있습니다.

㉒ 블렌드 툴(Blend Tool) W

두 개 이상의 오브젝트에 색상 또는 형태 또는 크기 단계의 변화를 조절할 수 있습니다.

㉓ 심벌 스프레이 툴(Symbol Sprayer Tool) Shift+S

심벌을 화면에 뿌립니다. 심벌의 크기, 각도, 색상, 투명도 등을 조절할 수 있는 다양한 심벌 툴이 포함되어 있습니다.

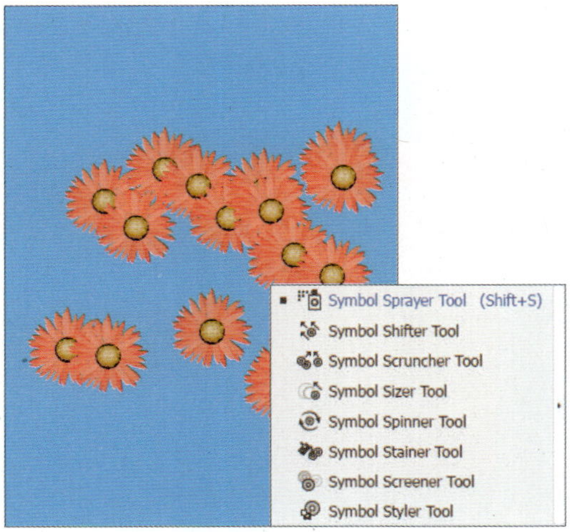

㉔ 막대그래프 툴(Column Graph Tool) J

데이터 값을 입력하여 막대그래프를 그립니다. 파이 차트, 꺾은선그래프 등을 만들 수 있는 다양한 그래프 툴이 포함되어 있습니다.

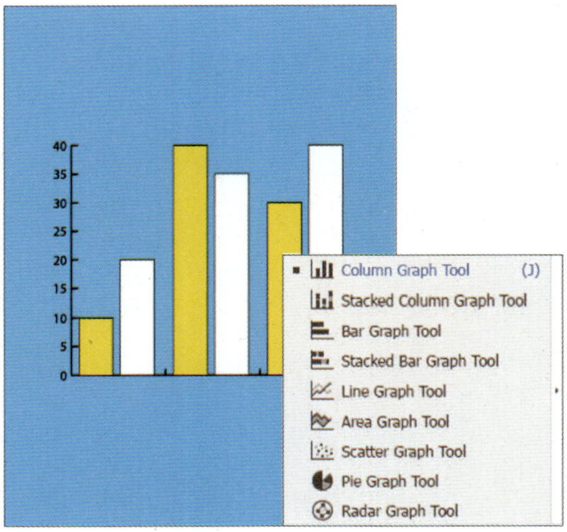

㉕ 아트보드 툴(Artboard Tool) Shift + O

아트보드를 만들거나 추가 또는 삭제합니다. 아트보드 위치를 변경하거나 정렬할 수 있습니다.

㉖ 슬라이스 툴(Slice Tool) Shift + K

이미지를 분할하여 저장합니다. 분할된 이미지를 선택할 수 있는 슬라이스 선택 툴이 포함되어 있습니다.

㉗ 손바닥 툴(Hand Tool) H

슬라이더를 사용하지 않고 화면을 상하좌우로 이동합니다. 인쇄 영역을 지정할 수 있는 프린트 타일링 툴이 포함되어 있습니다.

㉘ 돋보기 툴(Zoom Tool) Z

화면을 확대하거나 축소합니다.

㉙ 기본 색상 지정(Default Fill and Stroke Colors) D

면 색과 선 색을 지정합니다. 왼쪽 아래 작은 섬네일( )을 클릭하면 면에는 흰색, 선에는 검은색이 적용되고, 오른쪽 위 양방향 굽은 화살표( )를 클릭하면 면 색과 선 색이 맞바뀝니다.

㉚ 단색/그레이디언트/색상 없음

면 색과 선 색을 단색 또는 그레이디언트 또는 색상 없음으로 지정합니다.

㉛ 그리기 모드(Draw Mode) Shift+D

옵션에 따라 오브젝트 앞쪽 또는 뒤쪽에 그리기를 추가합니다. 오브젝트를 선택하여 오브젝트 내부에만 그려지도록 설정할 수도 있는데, 이때는 자동으로 클리핑 마스크가 적용됩니다.

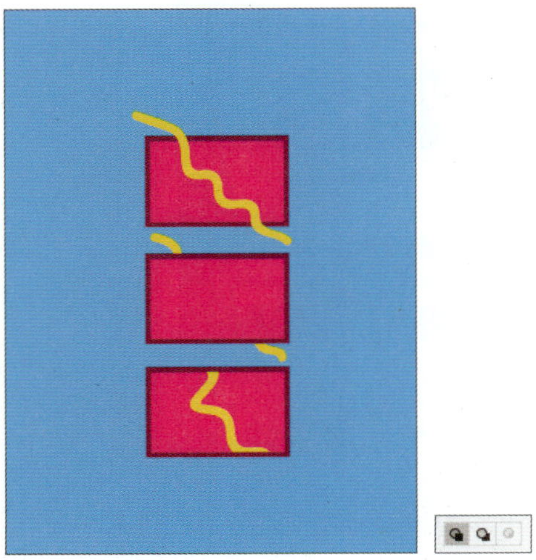

㉜ 화면 전환 모드(Change Screen Mode) F

클릭하면 메뉴 바 등이 보이는 전체 보기 화면으로 전환되고, 한 번 더 클릭하면 메뉴 바 없이 이미지만 보이는 전체 보기 화면으로 전환됩니다. 이미지만 보이는 전체 보기 화면에서 Esc나 F를 누르면 표준화면 모드로 돌아옵니다.

㉝ 툴 박스 편집

자주 쓰는 툴을 사용자가 임의로 편집하거나 그룹으로 묶을 수 있습니다. 또 옵션 창의 오른쪽 목록에서 Manage Toolbars를 선택한 후 새 이름을 등록하면 원하는 툴을 추가하여 사용할 수 있습니다.

SECTION 04

일러스트레이터 CC 패널 살펴보기

• **핵심 기능 |** 패널

다양한 패널 모드 설정하기

일러스트레이터로 작업할 때 자주 사용하는 색상, 레이어, 각 툴의 옵션 창 등은 작업 화면의 오른쪽에 패널 형태로 위치합니다.

01 패널 확인하기 일러스트레이터에 담긴 모든 패널은 메뉴 바에서 [Windows]를 선택하여 확인할 수 있습니다. 메뉴에서 원하는 패널 이름을 클릭하면 화면에 해당 패널이 나타납니다.

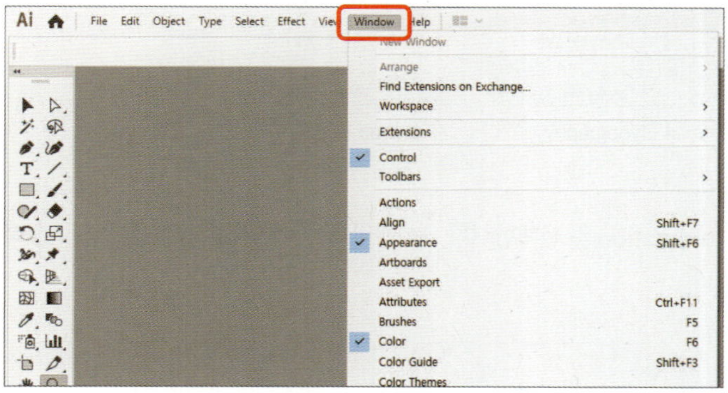

02 패널 모드 선택하기 일러스트레이터 화면의 상단 오른쪽에 있는 작업 화면 설정 버튼을 누르면 작업 특성에 따라 자주 쓰는 패널이 자동으로 나타납니다. 이 목록은 [Window]–[Workspace]에서도 볼 수 있습니다.

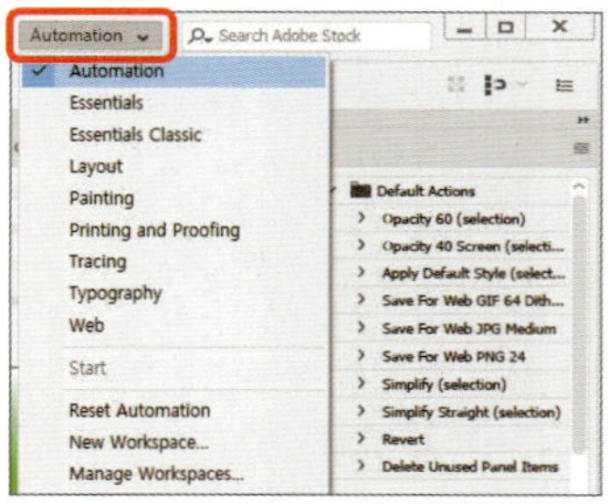

■ 작업별 패널 목록

■ Automation

■ Essentials

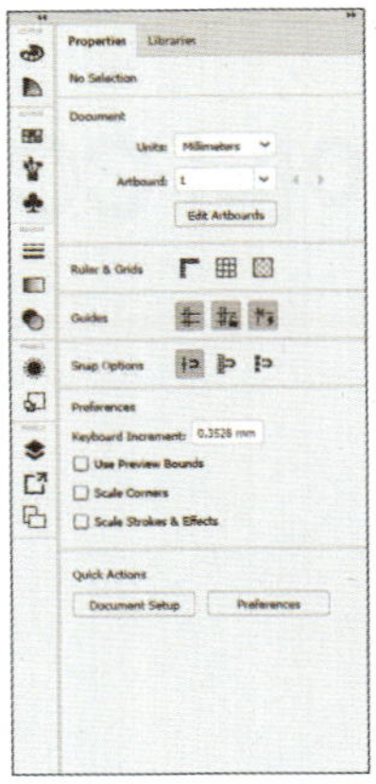

■ Essentials Classic

■ Layout

■ Painting

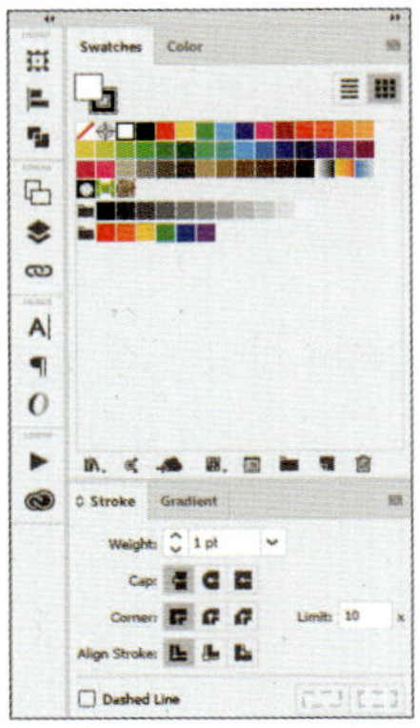

■ Printing&Proofing

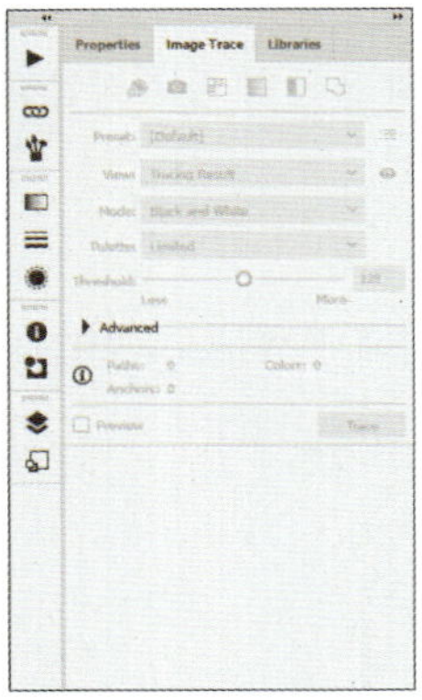

■ Tracing

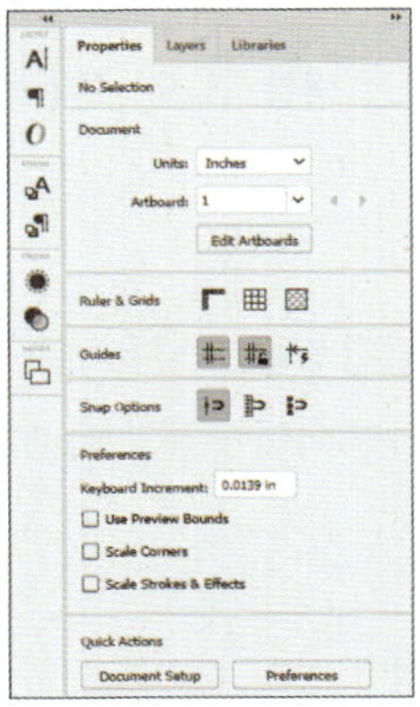

■ Typography

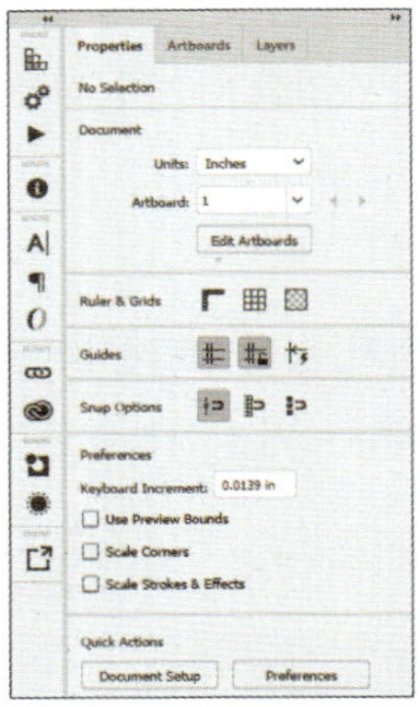

■ Web

03 패널 축소·확장하기 패널 목록에서 Automation을 선택합니다. 각 패널 상단에 있는 작은 삼각형을 클릭하여 패널을 축소하거나 확장할 수 있습니다.

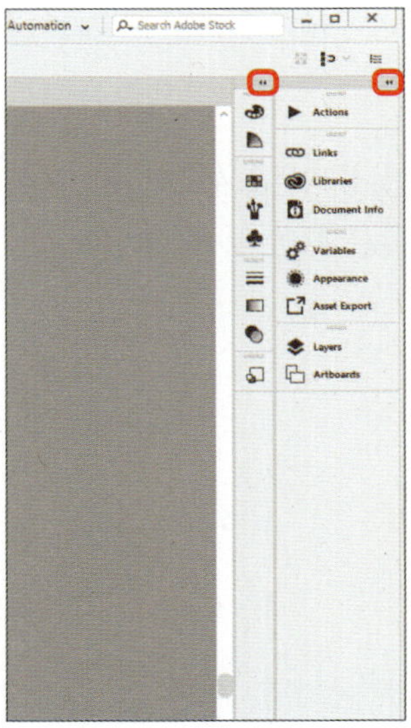

■ 패널을 모두 축소했을 때

■ 패널을 모두 확장했을 때

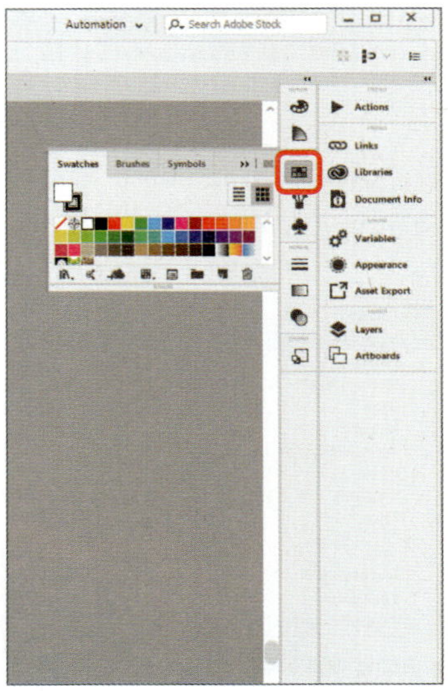

■ 패널이 축소된 상태에서 클릭했을 때

04 패널 분리하기/합치기 패널 이름을 패널 영역 바깥으로 드래그하면 패널이 분리됩니다. 반대로 분리된 패널을 패널 영역 안쪽으로 드래그하면 다시 삽입됩니다. 패널을 분리하거나 합쳐 사용자가 원하는 조합을 구성할 수 있습니다.

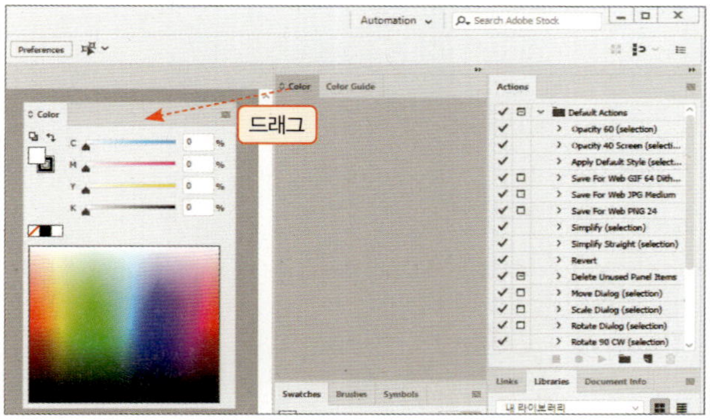

■ 패널을 바깥으로 드래그하여 빼기

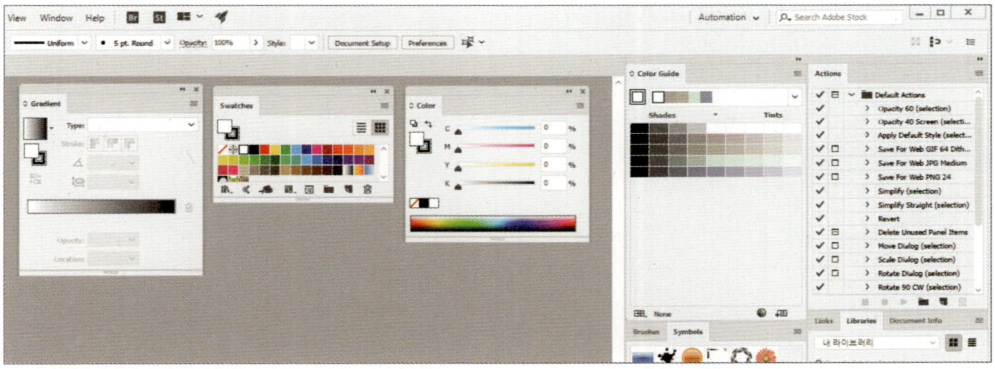

■ 패널을 바깥으로 빼 놓은 상태

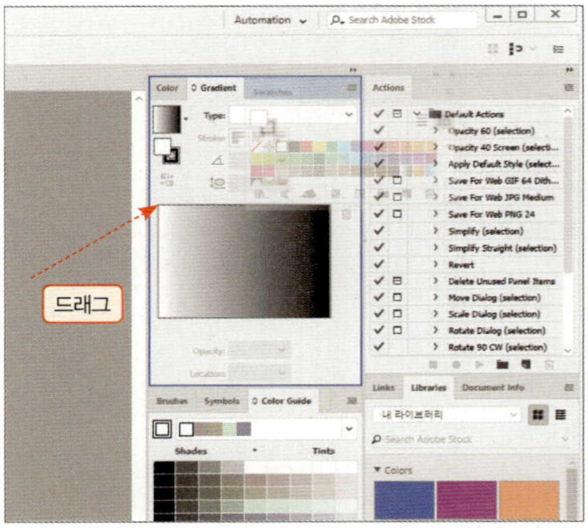

■ 패널을 패널 영역 안쪽으로 드래그하여 넣기

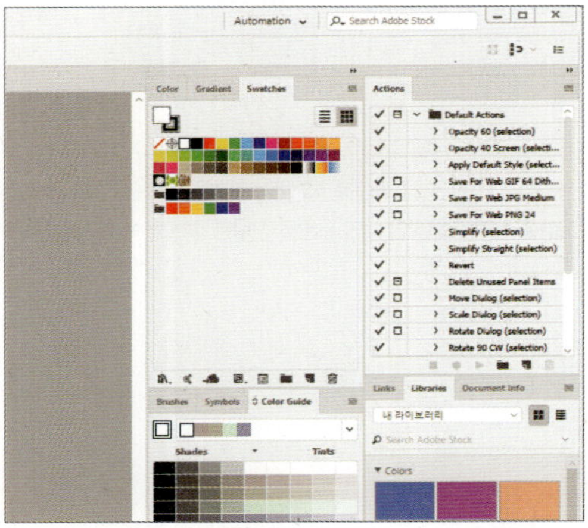

■ 원하는 조합으로 패널 구성하기

05 나만의 작업 화면 저장하기 작업 환경에 맞게 패널을 구성했다면 작업 화면 설정 버튼을 누르고 [New Workspace]를 선택합니다. 옵션 창에서 새 작업 화면 이름을 입력하고 〈OK〉를 클릭합니다.

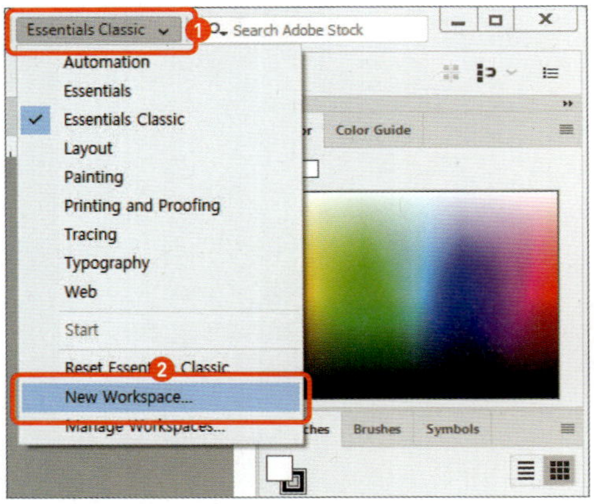

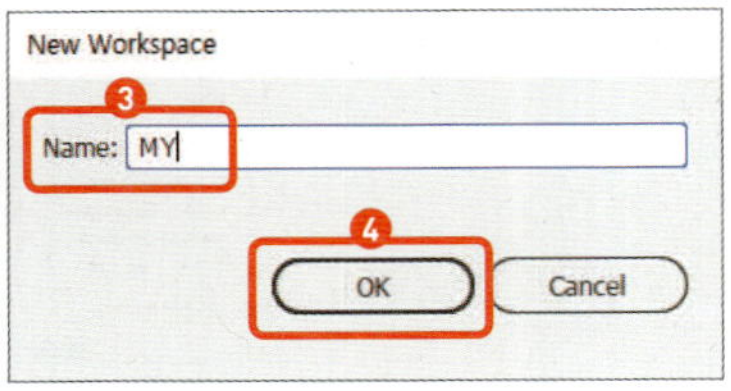

06 작업 도중에 화면이 변경되더라도 작업 화면 설정 버튼을 누른 후 [작업 화면 이름]을 선택하면 사용자가 저장해 둔 작업 화면으로 되돌릴 수 있습니다.

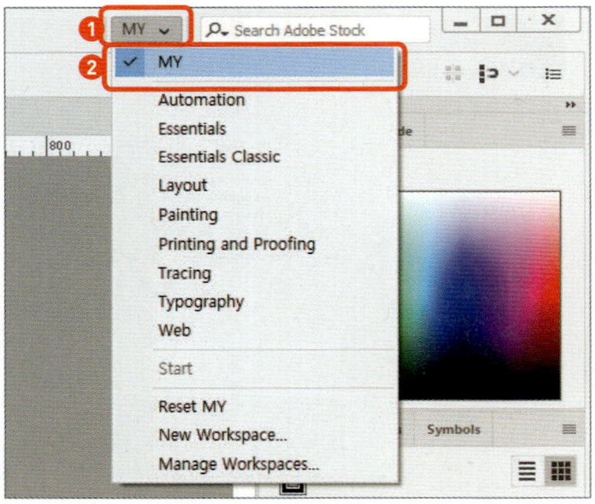

Tip 사용자가 저장한 작업 화면을 삭제하려면 메뉴 바에서 [Window]–[Workspace]–[Manage Workspaces]를 선택하고 작업 화면 이름을 선택한 후 오른쪽 휴지통( )을 클릭합니다.

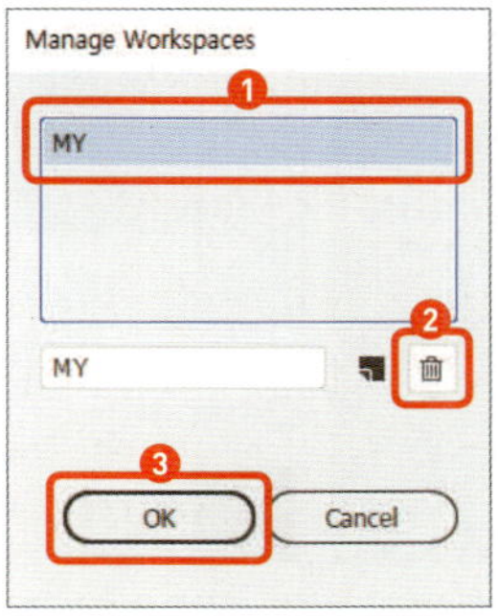

패널의 종류와 기능

❶ 색상(Color) 패널

면 색과 선 색을 CMYK 색상 값을 조절하여 적용합니다.

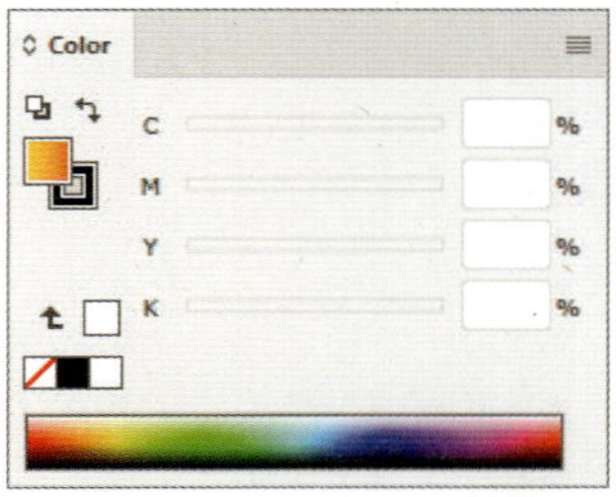

❷ 색상 가이드(Color Guide) 패널

미리 지정된 색상을 사용해 배색에 활용합니다.

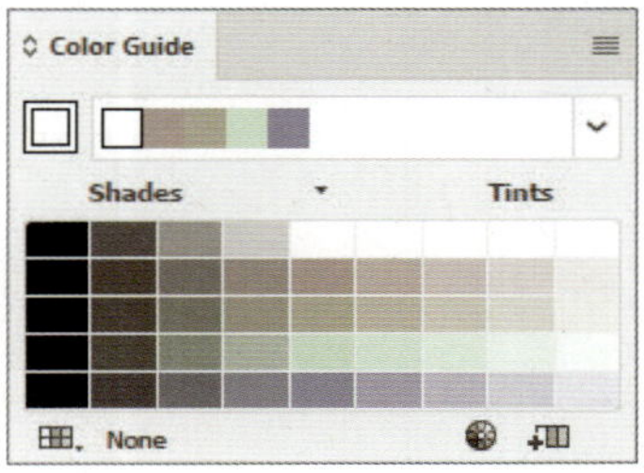

❸ 색상 견본(Swatches) 패널

단색, 그레이디언트, 패턴 등의 요소를 모아 둔 패널입니다. 사용자가 자주 사용하는 색상이나 패턴을 등록할 수 있습니다.

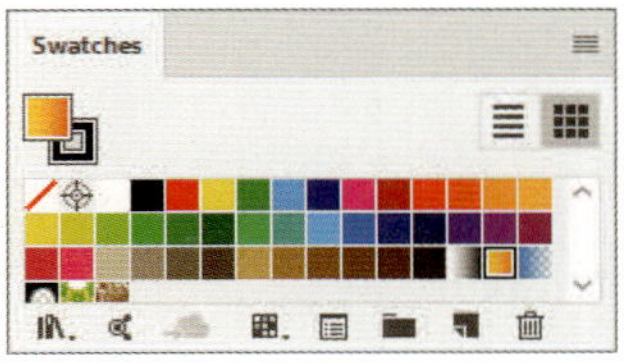

❹ 그래픽 스타일(Graphic Styles) 패널

필터나 다양한 효과를 그래픽 스타일로 등록합니다. 등록한 스타일은 다음에 반복해서 사용할 수 있습니다.

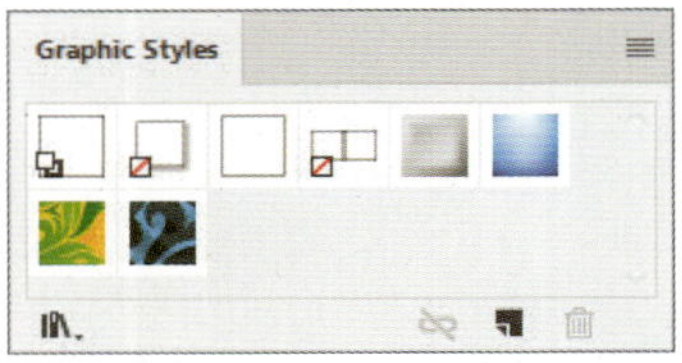

❺ 심벌(Symbols) 패널

오브젝트를 반복해서 사용할 수 있도록 심벌로 등록합니다.

❻ 브러시(Brushes) 패널

아트 브러시나 패턴 브러시 등을 라이브러리에서 불러와 사용합니다. 자주 사용하는 브러시를 등록해 두면 필요할 때 바로 꺼내 쓸 수 있습니다.

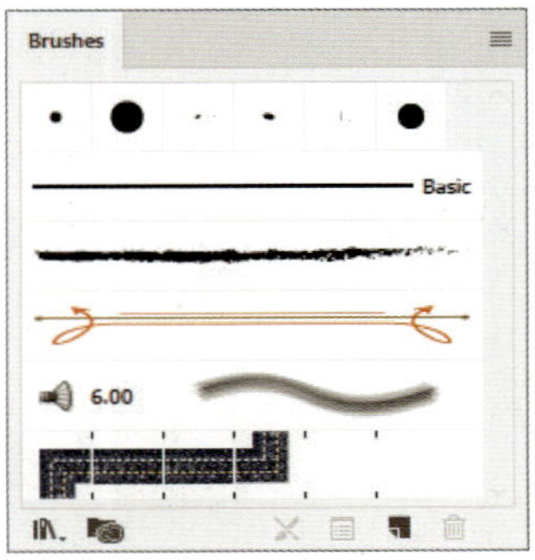

❼ 스트로크(Stroke) 패널

선의 가장자리 형태와 굵기를 조절합니다. 다양한 점선을 만들 수도 있습니다.

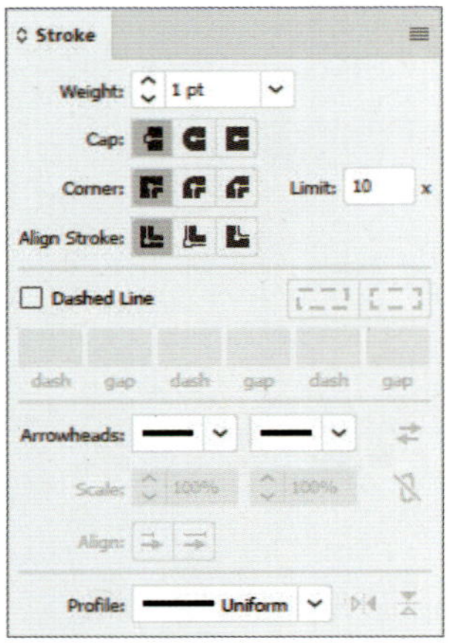

❽ 그레이디언트(Gradient) 패널

선형 또는 원형 그레이디언트를 적용합니다. 그레이디언트 방향을 조절할 수도 있습니다.

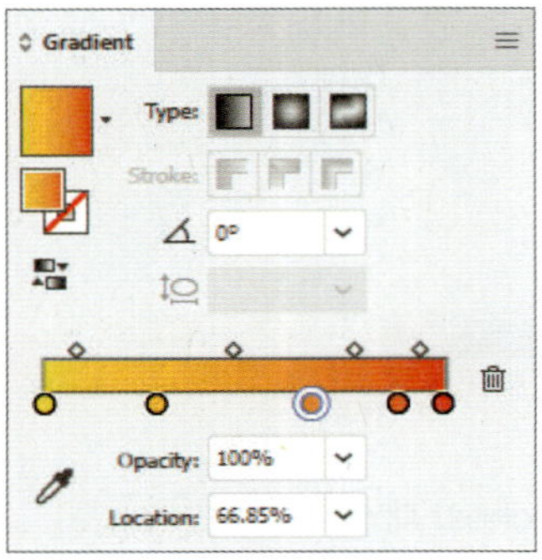

❾ 투명도(Transparency) 패널

오브젝트의 투명도를 조절하거나 오브젝트에 마스크를 적용합니다.

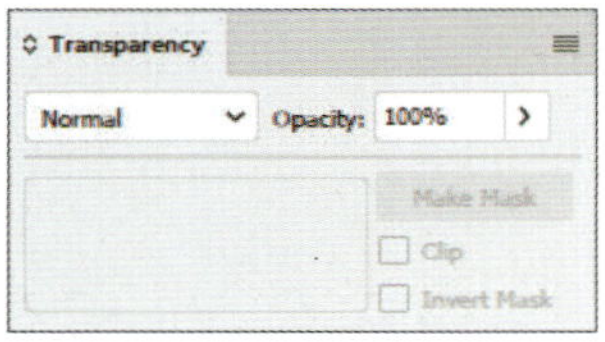

❿ 정렬(Align) 패널

여러 오브젝트를 다양한 형태로 정렬합니다.

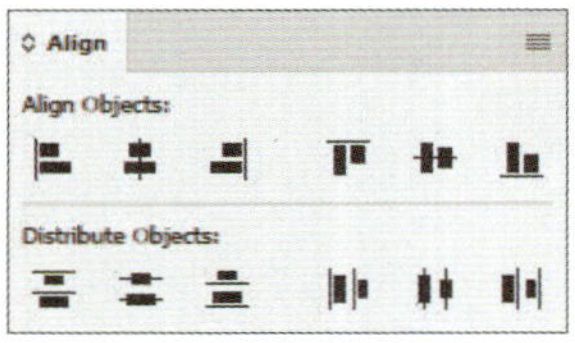

⓫ 패스파인더(Pathfinder) 패널

오브젝트를 패스에 따라 분할하거나 합치거나 겹치는 부분만 남깁니다.

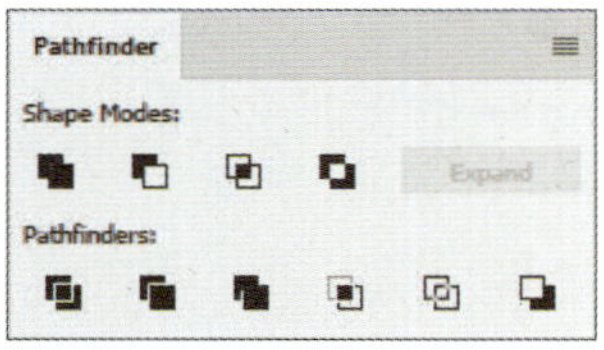

⓬ 어피어런스(Appearance) 패널

면과 선의 옵션을 지정하거나 필터나 이펙트에서 사용한 옵션을 조절합니다.

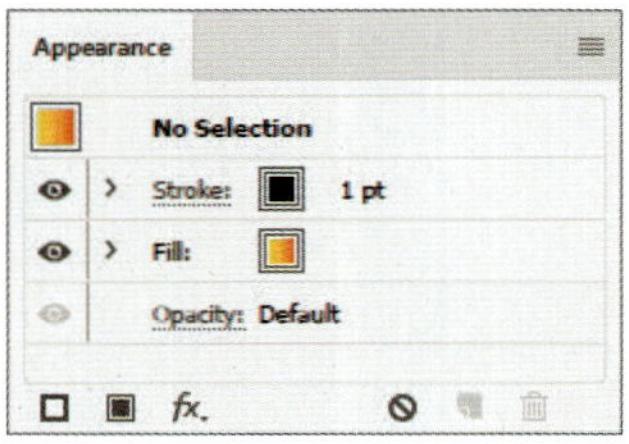

⑬ 캐릭터(Character) 패널

문자의 종류, 굵기, 크기, 간격 등을 조절합니다.

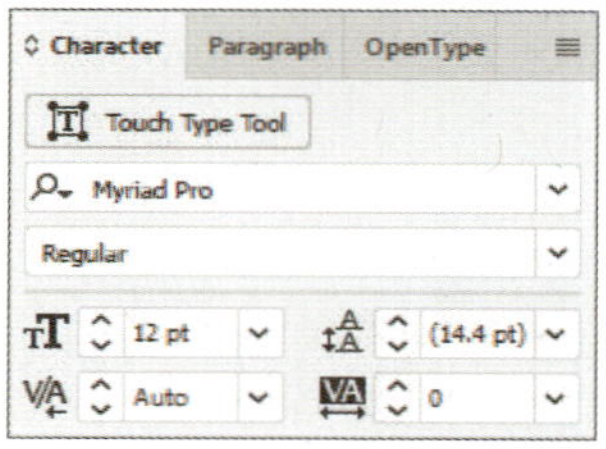

⑭ 아트보드(Artboards) 패널

아트보드가 여러 개 있을 때 아트보드를 선택하고 정렬합니다.

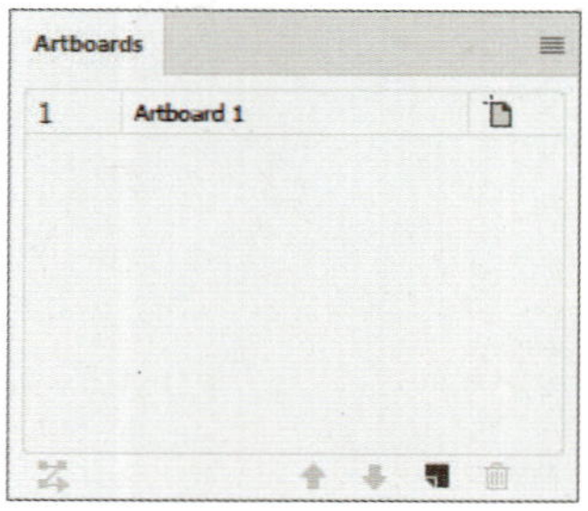

⑮ 레이어(Layers) 패널

수정하거나 편집하기 쉽도록 오브젝트를 레이어로 따로 관리합니다.

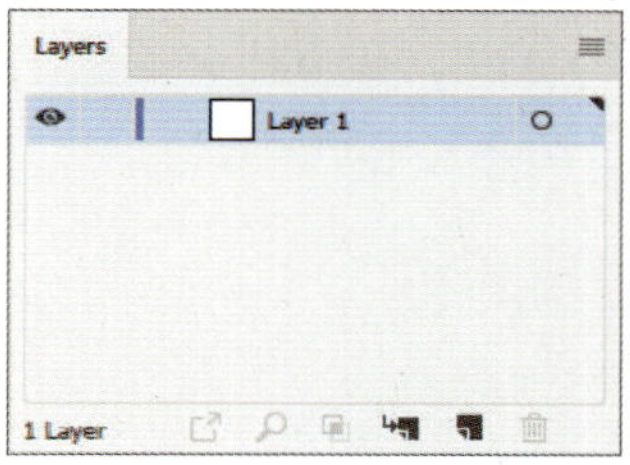

⑯ 액션(Actions) 패널

반복되는 작업 과정을 액션 패널에 저장하여 클릭 한 번으로 빠르게 적용합니다.

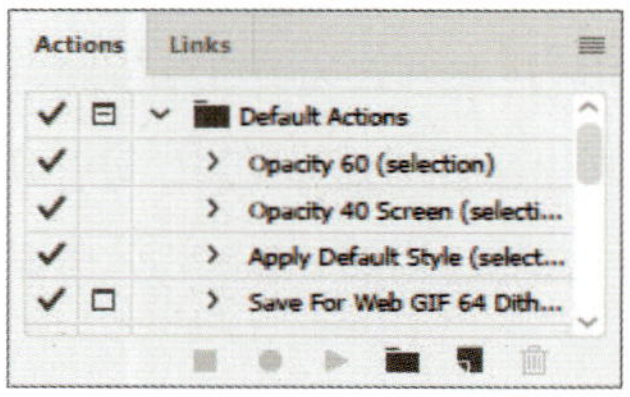

⑰ 속성(Properties) 패널

선택한 오브젝트의 세부 속성을 설정합니다.

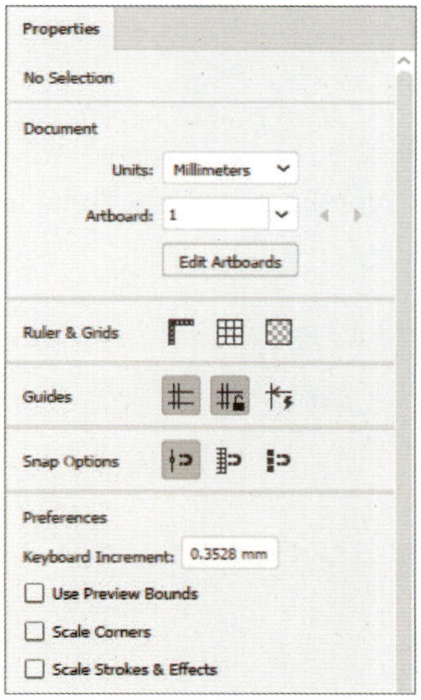

⑱ 라이브러리(Libraries) 패널

작업을 라이브러리에 등록하여 다른 프로그램에서 사용할 수 있도록 공유합니다.

⓳ 에셋 엑스포트(Asset Export) 패널

등록한 오브젝트를 다양한 크기와 파일 형식으로 내보냅니다.

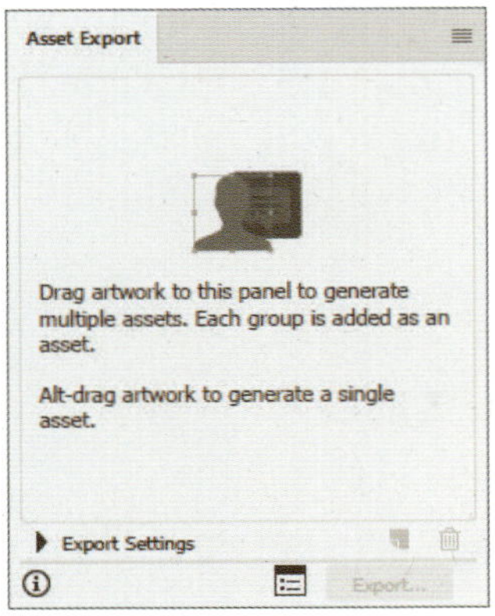

⓴ 마술봉(Magic Wand) 패널

마술봉 툴의 선택 영역을 제어하는 옵션을 제공합니다.

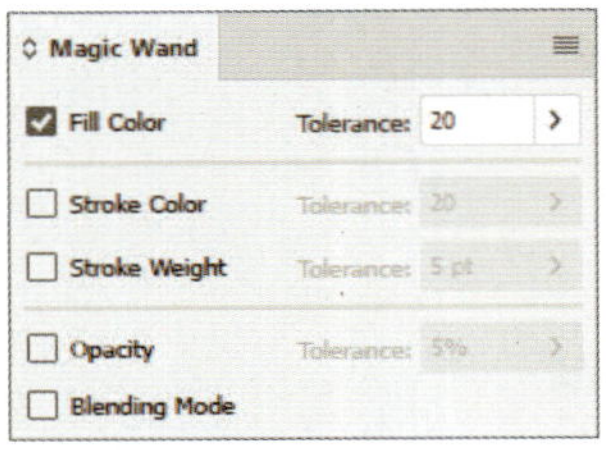

㉑ 내비게이터(Navigator) 패널

현재 화면에 보이는 오브젝트의 영역을 빨간색 사각형 테두리로 알려 줍니다. 빨간색 사각형을 드래그하여 화면에 보이는 영역을 지정할 수 있고, 하단에 있는 비율을 조절하여 화면을 확대 · 축소할 수 있습니다.

㉒ 문서 정보(Document Info) 패널

문서의 색상 모드, 크기, 단위 등을 알려 줍니다.

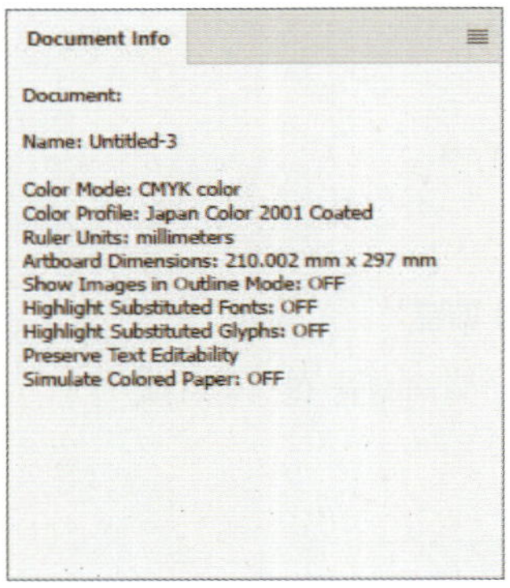

㉓ 정보(Info) 패널

선택한 오브젝트의 위치와 크기 등 다양한 속성을 알려 줍니다.

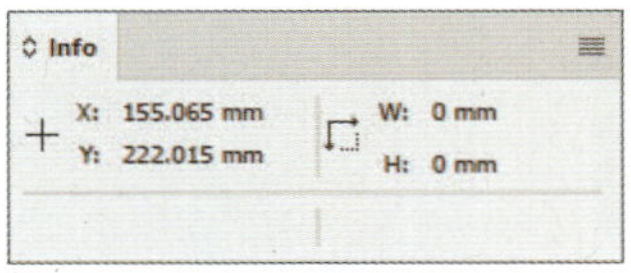

㉔ 링크(Links) 패널

문서 내부에 불러온 이미지나 아트워크를 확인하고 갱신합니다.

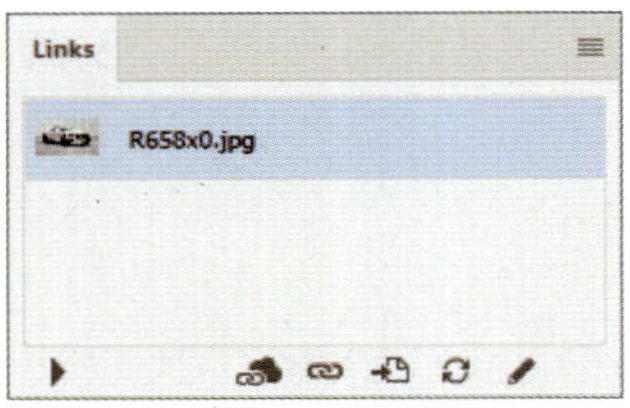

SECTION

05

파일 열고 닫고 프로그램 종료하기

• **핵심 기능 I** Open 메뉴(단축키 Ctrl+O)

파일 열고 닫기

01 파일 열기 메뉴 바에서 [File]–[Open]을 선택하거나 단축키 Ctrl+O를 누릅니다. Chapter_01 ▸ Section_05 ▸ Grouping.ai 파일을 선택하고 〈Open〉을 클릭합니다.

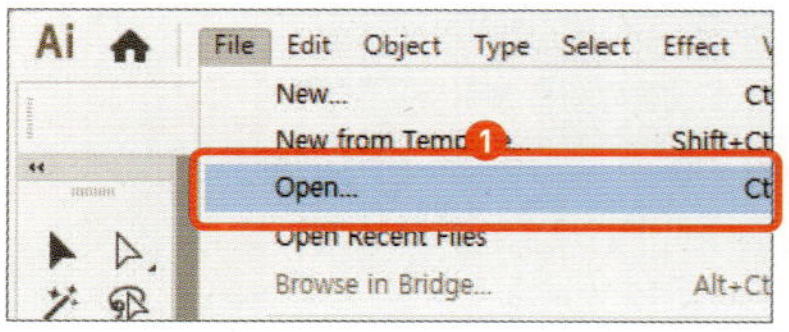

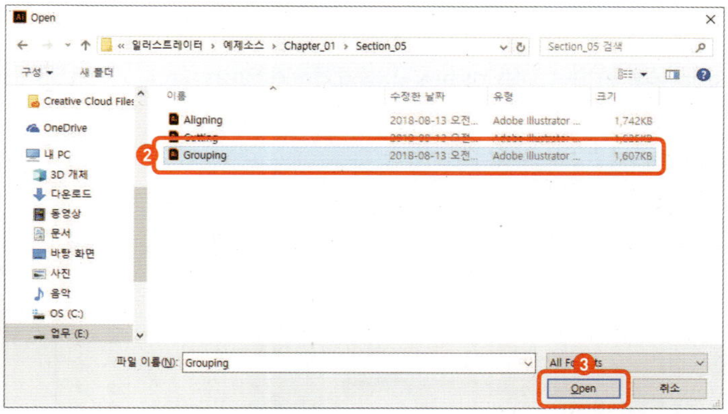

02 제목 표시줄 보기 열린 이미지의 제목 표시줄에 파일명, 화면 확대 비율, 색상 모드가 표시됩니다. 이미지는 모니터의 크기와 해상도에 따라 화면 확대 비율이 다르게 열릴 수 있습니다. 왼쪽 그림은 170%로 확대되어 열린 화면입니다. 실제 크기(100%)로 축소하면 오른쪽 그림처럼 작아집니다.

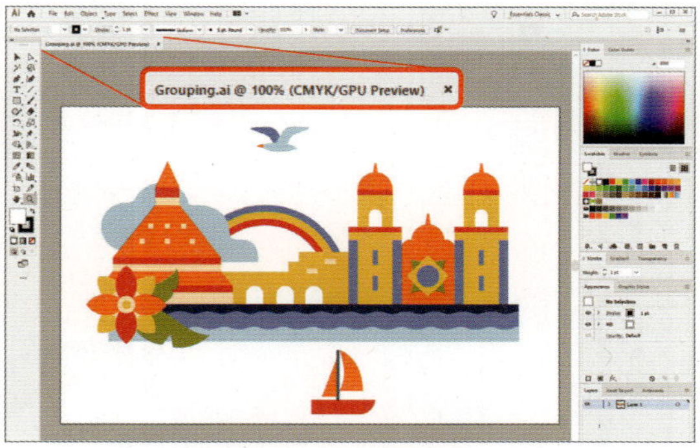

Tip Ctrl+0을 누르면 이미지가 작업 창을 꽉 채우는 크기로 변경되고, Ctrl+1을 누르면 100% 크기로 변경됩니다.

03 작업 창 분리하기 Cutting.ai 파일을 추가로 불러옵니다. Grouping 파일의 제목 표시줄을 아래쪽으로 드래그하면 이미지 작업 창이 새 창으로 분리됩니다. 제목 표시줄을 마우스 오른쪽 버튼으로 클릭하고 [Move to New Window]를 선택해도 새 창으로 분리됩니다.

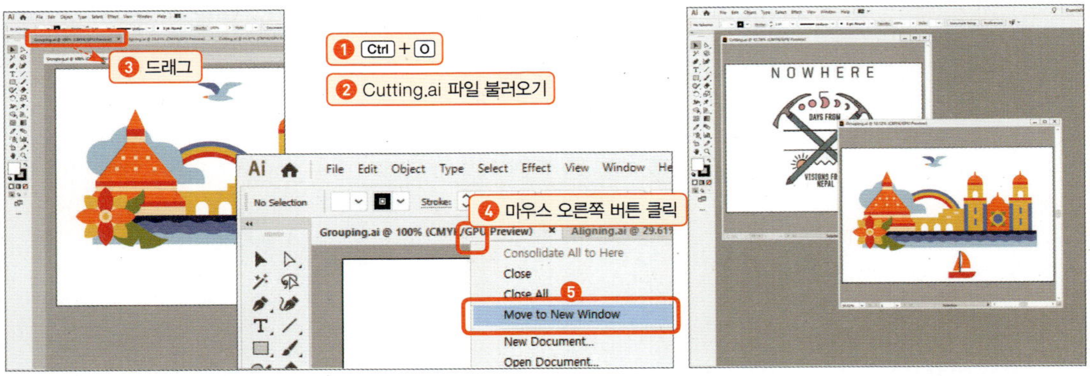

04 탭으로 정렬하기 분리된 이미지를 다시 제목 표시줄이 있던 곳으로 드래그하면 탭 형태로 전환됩니다. 제목 표시줄의 빈 공간을 마우스 오른쪽 버튼으로 클릭하고 [Consolidate All to Here]를 선택합니다. 개별 창으로 분리된 파일이 모두 탭 위치로 옮겨지면서 정렬됩니다.

05 정렬하기 Aligning.ai 파일을 추가로 불러옵니다. 메뉴 바에서 [Arrange Document]를 선택하면 여러 이미지를 다양한 방식으로 정렬할 수 있습니다.

06 파일 닫기 파일을 한 개만 닫으려면 제목 표시줄 오른쪽에 보이는 [×]를 클릭하거나 단축키 [Ctrl]+[W]를 누릅니다.

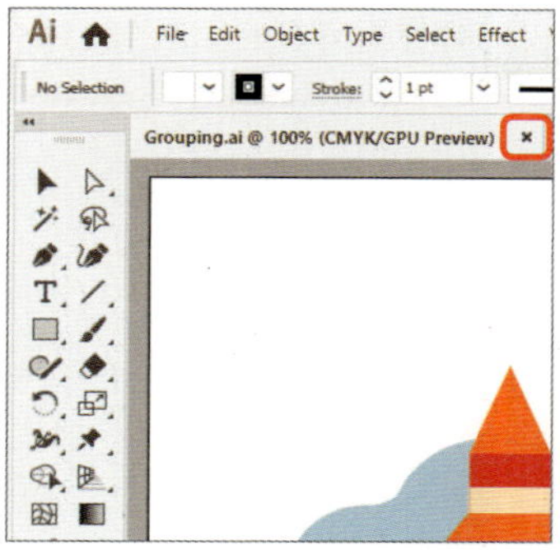

07 프로그램 종료하기 일러스트레이터를 종료하려면 메뉴 바에서 [File]−[Exit]를 선택합니다. 작업 화면 오른쪽 위에 보이는 [×]를 클릭하거나 단축키 [Ctrl]+[Q]를 눌러도 종료됩니다.

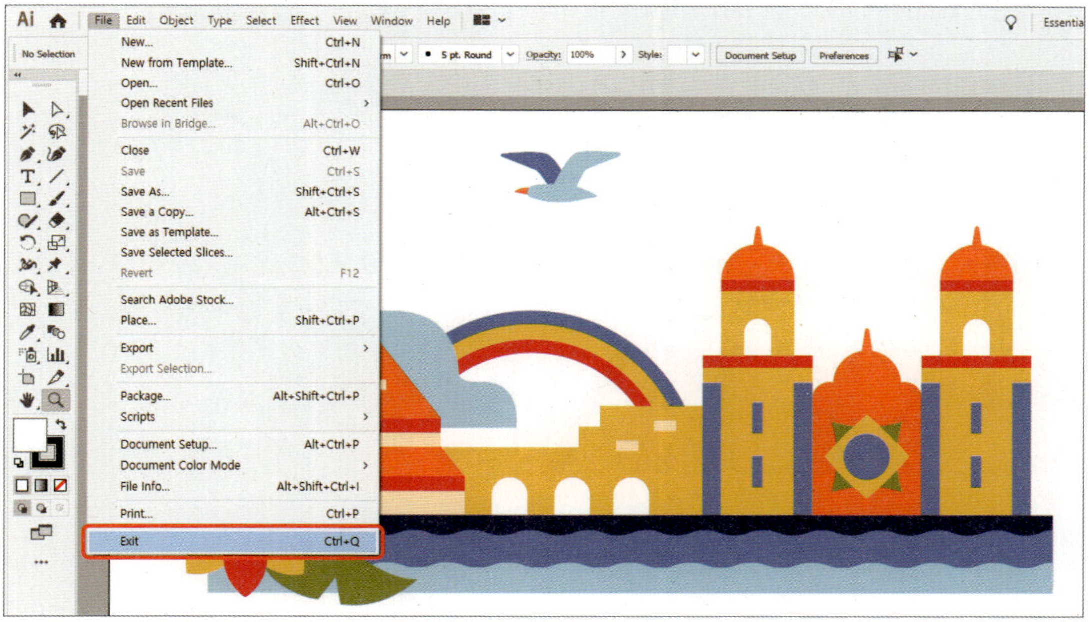

SECTION

06 새 문서와 아트보드 만들기

• **핵심 기능 |** New 메뉴(단축키 Ctrl+N)

새 문서 만들기

01 메뉴 바에서 [File]–[New]를 선택하거나 단축키 Ctrl+N을 누릅니다. 옵션 창이 열리면 원하는 너비와 높이 값을 직접 입력하거나 프로그램에서 제공하는 템플릿 중 하나를 선택한 후 〈Create〉를 클릭합니다. 다음 옵션 창은 Print 항목에서 A4 템플릿을 선택했을 때 나타나는 화면입니다.

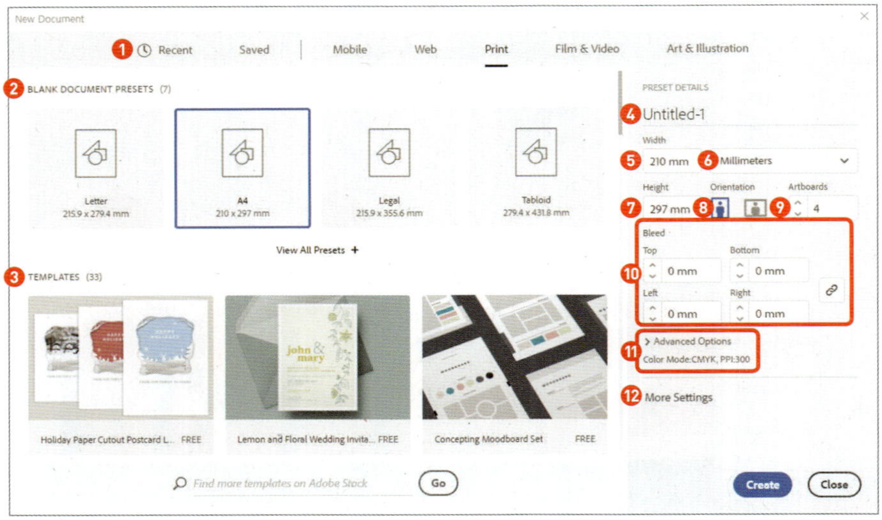

❶ Recent 미리 설정해 둔 이미지 크기를 볼 수 있습니다.

❷ BLANK DOCUMENT PRESETS 용도별로 규격화된 템플릿을 선택할 수 있습니다.

❸ TEMPLATES 디자인 템플릿을 내려받을 수 있습니다.

❹ Name 새 문서의 이름을 입력합니다.

❺ Width 문서 너비를 설정합니다.

❻ Unit 문서의 너비와 높이에 쓸 단위를 선택합니다.

❼ Height 문서 높이를 설정합니다.

❽ Orientation 문서 방향을 가로 또는 세로로 설정합니다.

❾ Artboards 아트보드 수를 입력합니다.

⑩ Bleed 아트보드의 상하좌우 여백을 설정합니다.

⑪ Advanced Options 문서의 색상 모드를 설정합니다.

⑫ More Settings 일러스트레이터 CC 이전 버전의 새 문서 화면을 보여 줍니다.

02 문서가 A4 크기로 만들어진 것을 확인할 수 있습니다.

아트보드 만들기

아트보드를 이용하면 작업 화면을 다양한 크기로 여러 개 구성할 수 있습니다.

01 메뉴 바에서 [File]−[New]를 선택하거나 단축키 Ctrl+N을 누릅니다. 옵션 창에서 Print 항목을 선택하고 A4 템플릿을 선택한 후 Artboards를 4로 입력하고 〈Create〉를 클릭합니다.

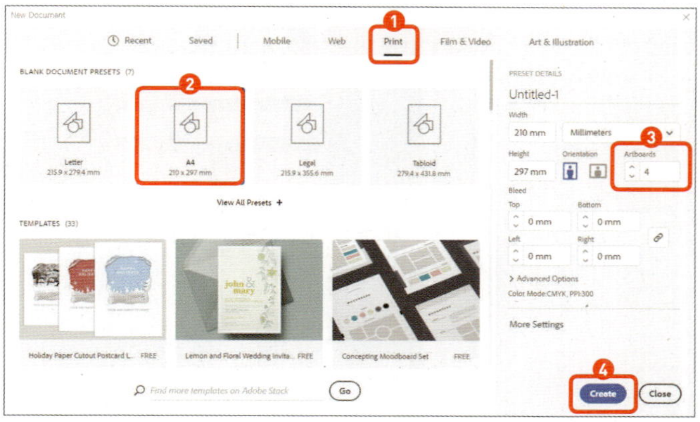

02 입력한 수만큼 아트보드가 만들어집니다.

03 01 단계의 옵션 창에서 More Settings를 선택한 후 아트보드의 방향을 변경할 수 있습니다.

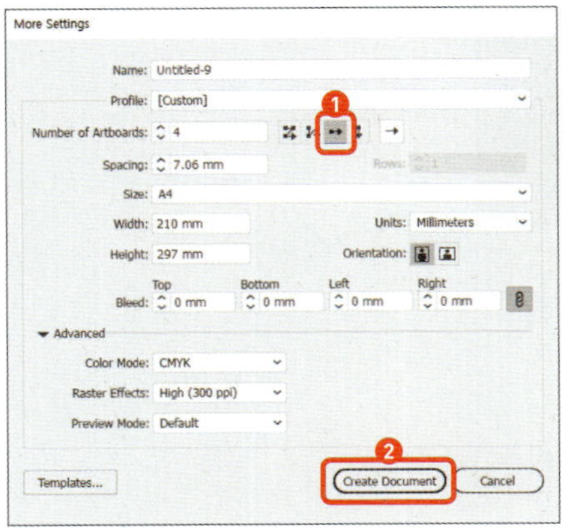

04 메뉴 바에서 [File]-[New from Template]을 선택하면 미리 저장되어 제공되는 템플릿을 불러와 사용할 수 있습니다.

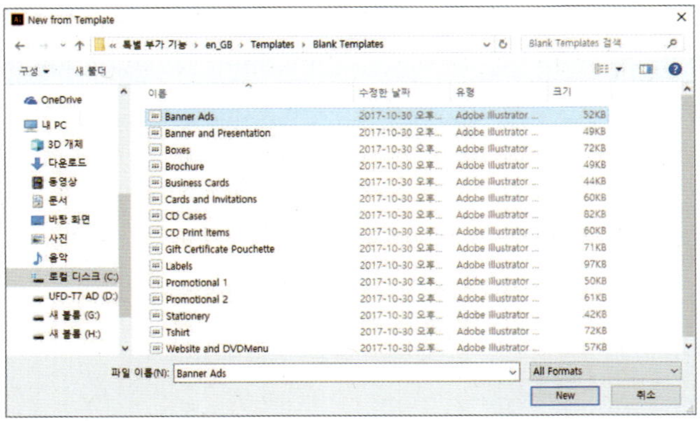

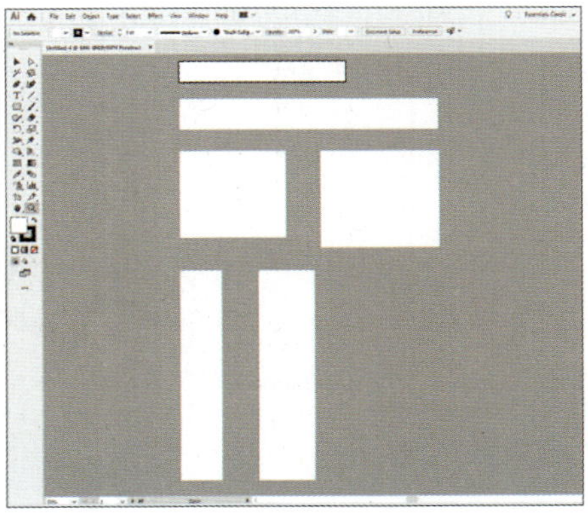

SECTION

07

다양한 형식으로 파일 저장하고 내보내기

• **핵심 기능** I Save 메뉴(단축키 Ctrl+S)

기본 저장하기

01 **AI 파일로 저장하기** 새 문서를 열고 작업한 후 저장할 때는 메뉴 바에서 [File]-[Save]를 선택합니다. 파일을 저장할 폴더를 선택하고 파일명을 입력한 후 파일 형식을 AI로 선택하고 〈저장〉을 클릭합니다.

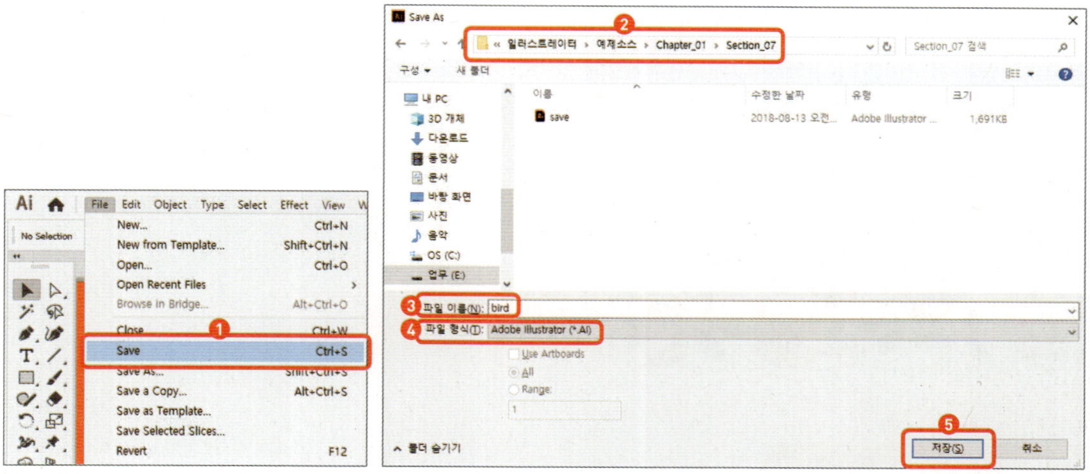

Tip **일러스트레이터 파일 형식**

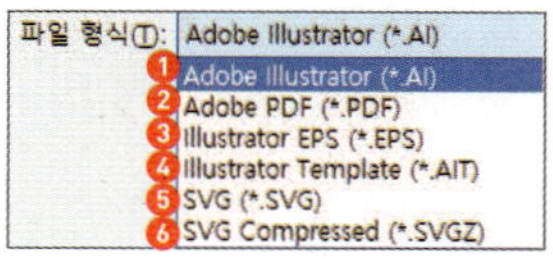

❶ Adobe Illustrator (*.AI) 일러스트레이터의 기본 형식입니다. 일러스트레이터에서 작업한 모든 구성 요소를 기본으로 저장하는 벡터 형식입니다.

❷ Adobe PDF (*.PDF) 저장된 모든 요소를 다른 시스템에서도 동일한 정보로 확인할 수 있는 파일 형식입니다.

❸ Illustrator EPS (*.EPS) 비트맵과 벡터 형식을 모두 지원하고 분판 출력이 가능한 형식입니다. 인쇄물을 작업할 때 주로 저장하는 형식입니다.

❹ Illustrator Template (*.AIT) 일러스트레이터에서 사용할 수 있는 템플릿으로 저장하는 형식입니다.

❺ SVG (*.SVG) XML 기반 파일 형식으로 벡터 정보를 문서 편집기로 편집할 수 있는 형식입니다.

❻ SVG Compressed (*.SVGZ) SVG 파일을 압축하여 저장하는 형식입니다.

02 **저장할 버전 선택하기** 옵션 창에서 저장할 일러스트레이터 버전을 선택하고 〈OK〉를 클릭합니다.

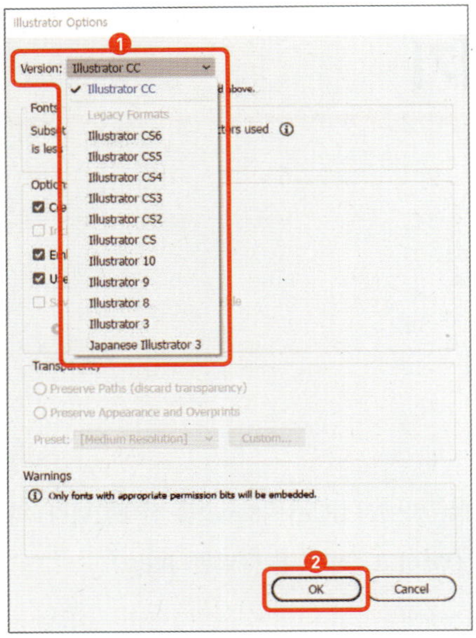

Tip 여러 가지 효과를 적용한 파일을 하위 버전으로 저장하면 작업한 파일과 다르게 저장될 수 있습니다. 이렇게 되면 이후에 다시 열어 작업을 이어가기 어렵습니다. 다만 완성된 이미지를 인쇄소로 전송할 때는 CS4 버전 이하로 저장하는 것이 좋습니다.

03 **제목 표시줄 확인하기** 저장이 완료되면 제목 표시줄의 파일명이 앞에서 지정한 파일명으로 바뀝니다.

다른 이름으로 저장하기

01 Chapter_01 ▸ Section_07 ▸ save.ai 파일을 불러옵니다.

02 이미 저장된 파일을 불러오거나 작업 중인 파일을 추가로 저장할 때는 다른 이름으로 저장할 수 있습니다. 메뉴 바에서 [File]-[Save As]를 선택하고 파일을 저장할 위치를 지정한 후 파일 이름을 입력하고 〈저장〉을 클릭합니다.

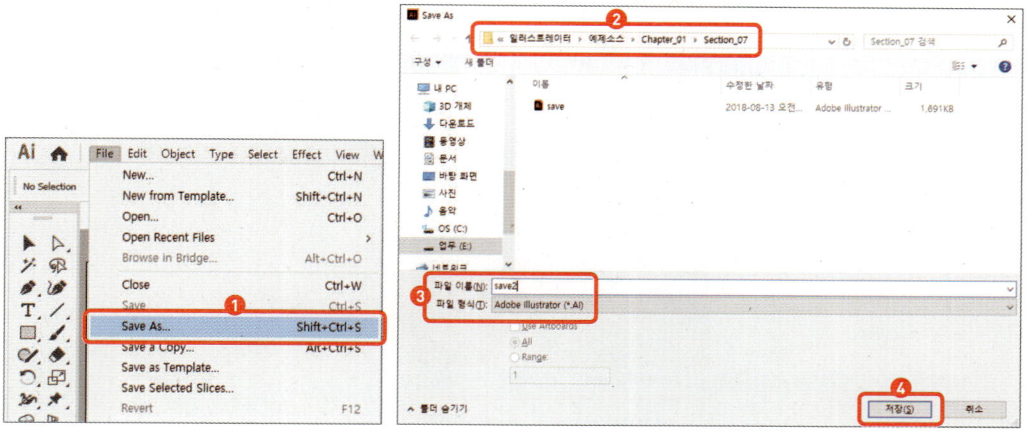

Tip Save 메뉴

1. **Save** 작업 중인 파일을 저장합니다.
2. **Save As** 작업 중이거나 불러온 파일을 다른 이름으로 저장합니다.
3. **Save a Copy** 작업 중인 파일의 복사본을 저장합니다. 저장하는 파일명 끝에 Copy가 자동으로 붙습니다.
4. **Save as Template** 작업 중인 파일을 템플릿으로 저장합니다.
5. **Save Selected Slices** 선택한 분할 이미지를 저장합니다.

03 제목 표시줄의 파일명이 변경되고 폴더에 파일이 하나 더 생성된 것을 확인할 수 있습니다.

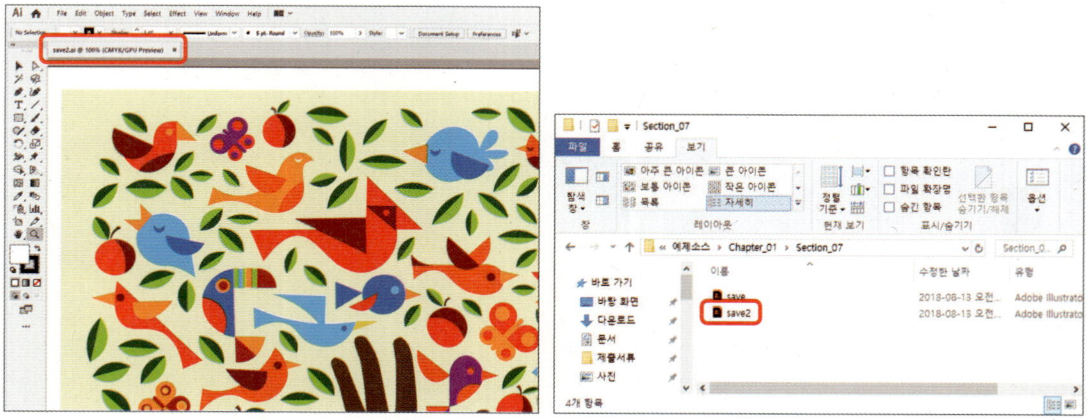

iOS나 안드로이드에 필요한 비율로 저장하기

01 Chapter_01 ▸ Section_07 ▸ mobile.ai 파일을 불러옵니다. 메뉴 바에서 [File]–[Export]–[Export for Screens]를 선택합니다.

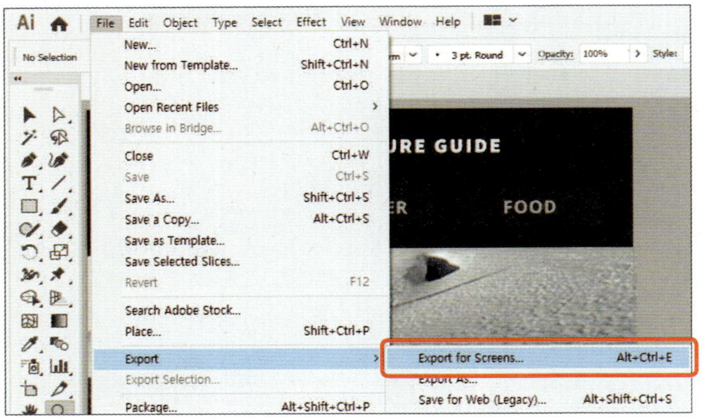

Tip Export 메뉴

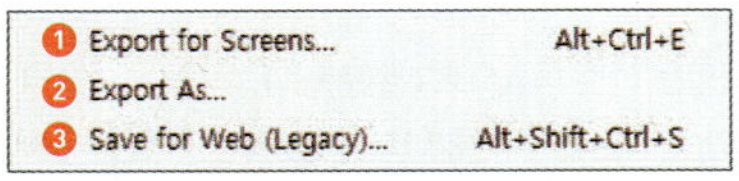

❶ **Export for Screens** 작업 파일을 iOS나 안드로이드에 필요한 모든 화면 비율로 자동 저장합니다.

❷ **Export As** JPG, PSD, PNG 등의 파일 형식으로 저장합니다.

❸ **Save for Web (Legacy)** 웹에 적합한 이미지로 최적화하여 저장합니다.

02 문서 파일 한 개나 아트보드 여러 개를 iOS나 안드로이드 화면 비율로 한꺼번에 자동 저장할 수 있는 옵션 창이 나타납니다. Select에서 All, Formats에서 iOS를 선택한 후 〈Export Artboard〉를 클릭합니다.

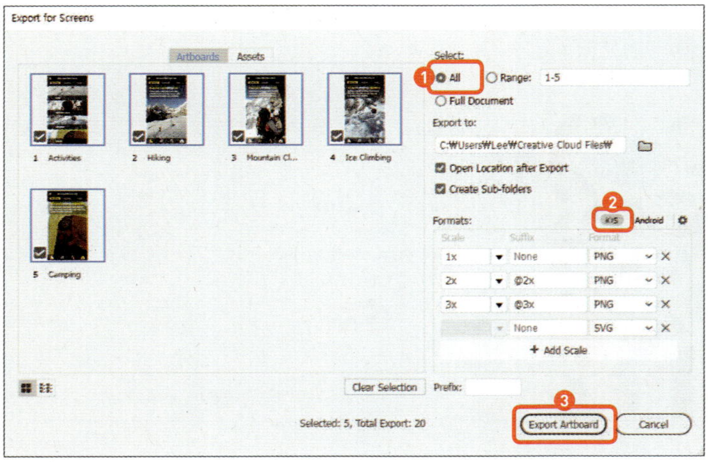

03 C:\Users\사용자이름\Creative Cloud Files 폴더를 확인해 보면 iOS 기기 화면에 필요한 아트보드 이미지가 비율별로 저장된 것을 확인할 수 있습니다.

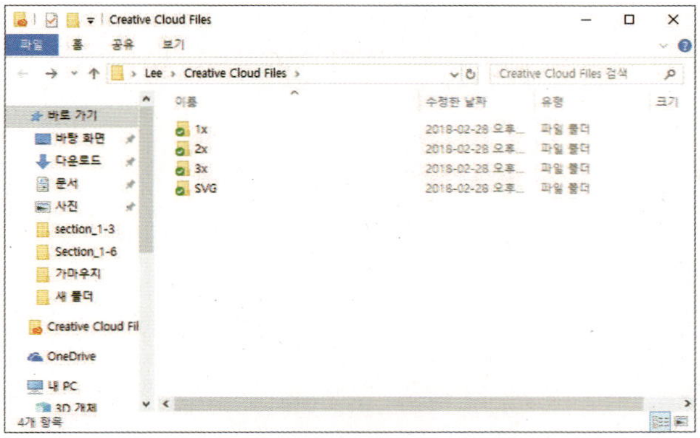

CHAPTER

02

오브젝트의 선택과 배치

일러스트레이터 작업은 오브젝트를 선택하고 이동하고 크기를 조절하는 작업부터 시작됩니다. 오브젝트는 다양한 툴을 이용하여 다양한 방법으로 선택하고 배치할 수 있습니다. 이 장에서는 오브젝트를 선택하여 이동, 복제, 확대, 회전하는 방법과 여러 오브젝트를 그룹으로 묶어 활용하는 방법을 배워 봅니다.

01 / **기본 선택하기** ▶ 선택 툴

02 / **부분/그룹으로 선택하기** ▶ 직접 선택 툴, 그룹 선택 툴

03 / **원하는 속성으로 선택하기** ▶ 마술봉 툴, 올가미 툴

04 / **작업 화면 확대·축소하기/이동하기** ▶ 돋보기 툴, 손바닥 툴

05 / **오브젝트 정렬 및 배열하기** ▶ 정렬 패널, Arrange 메뉴

SECTION 01

기본 선택하기

• **핵심 기능 |** 선택 툴[▶](단축키 [V])

선택 툴의 기능 익히기

01 **오브젝트 선택하기** Chapter_02 ▸ Section_01 ▸ select.ai 파일을 불러옵니다. 선택 툴([▶])로 오브젝트를 클릭하면 바운딩 박스가 생기면서 클릭한 오브젝트가 선택됩니다. 선택을 해제하려면 빈 곳을 클릭합니다.

02 **여러 오브젝트 선택하기** 오브젝트가 선택된 상태에서 [Shift]를 누른 채 다른 오브젝트를 클릭하면 기존에 선택된 오브젝트에 추가로 클릭한 오브젝트가 함께 선택됩니다. 이미 선택된 오브젝트는 [Shift]를 누른 채 한 번 더 클릭하면 선택이 해제됩니다.

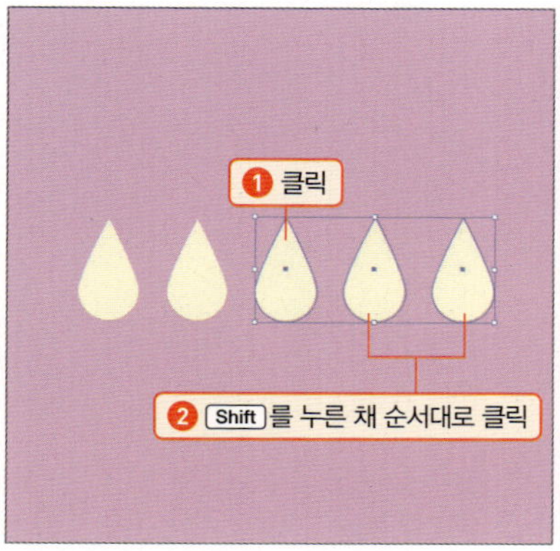

03 드래그하여 선택하기 선택 툴(▶)로 오브젝트 일부가 포함되도록 드래그하면 선택 툴이 드래그한 공간에 들어가는 오브젝트가 모두 선택됩니다.

04 오브젝트 이동하기 선택 툴(▶)로 오브젝트를 선택한 후 원하는 곳으로 드래그하면 오브젝트가 옮겨집니다.

05 오브젝트 복제하기 오브젝트가 선택된 상태에서 Alt 를 누른 채 오브젝트 안쪽으로 마우스 포인터를 가져가면 마우스 포인터가 ▶ 모양으로 바뀝니다. 이때 오브젝트를 드래그하면 오브젝트가 복제됩니다.

06 여러 오브젝트 복제하기 오브젝트 여러 개를 선택한 후 Alt를 누른 채 드래그하면 오브젝트 여러 개가 한꺼번에 복제됩니다.

07 오브젝트 크기 조절하기 선택한 오브젝트의 바운딩 박스 모서리로 마우스 포인터를 가져가면 마우스 포인터가 [↗] 모양으로 바뀝니다. 이때 바운딩 박스 모서리를 바깥으로 드래그하면 오브젝트가 커집니다.

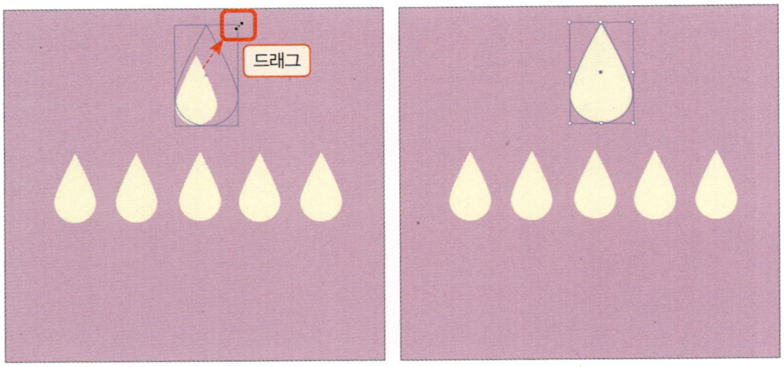

08 바운딩 박스 좌우 중앙으로 마우스 포인터를 가져가면 마우스 포인터가 [↔] 모양으로 바뀝니다. 이때 가로 방향으로 드래그하면 오브젝트 너비가 늘어나거나 줄어듭니다. 같은 방법으로 바운딩 박스 상하 중앙으로 마우스 포인터를 가져가면 마우스 포인터가 [↕] 모양으로 바뀌는데, 이때 세로 방향으로 드래그하면 오브젝트 높이가 늘어나거나 줄어듭니다.

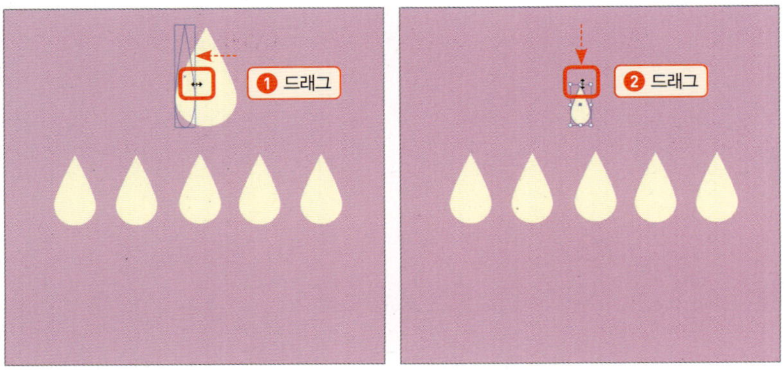

Tip 바운딩 박스의 어느 점에서든 Shift를 누른 채 드래그하면 원래 크기의 비율을 유지한 채로 확대 또는 축소됩니다.

09 오브젝트 회전시키기 마우스 포인터를 바운딩 박스에서 살짝 벗어난 위치로 가져가면 마우스 포인터가 [↷] 모양으로 바뀝니다. 이때 원하는 방향으로 드래그하면 오브젝트가 회전합니다.

Tip Shift를 누른 채 드래그하면 45°, 90°, 180°에 맞춰 회전합니다.

10 오브젝트 삭제하기 오브젝트가 선택된 상태에서 Delete를 누르면 오브젝트가 삭제됩니다.

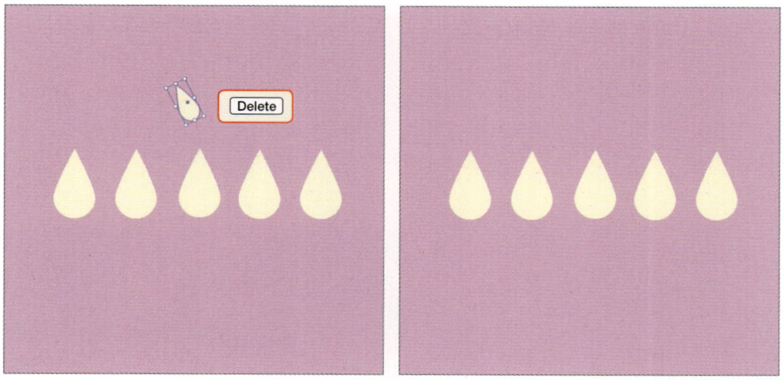

11 면 색과 선 색 반전시키기 오브젝트가 선택된 상태에서 툴 박스의 기본 색상 지정 오른쪽 위에 보이는 양방향 굽은 화살표([↷])를 클릭하면 면 색과 선 색이 맞바뀝니다.

• **준비 파일** bear.ai • **완성 파일** bear_result.ai

응용 예제 | 어미 북극곰을 복제하여 새끼 북극곰 만들기

어미 북극곰을 복제한 후 크기를 조절하여 새끼 북극곰을 만들어 봅니다.

■ 준비 이미지

■ 완성 이미지

01 Chapter_02 ▶ Section_01 ▶ bear.ai 파일을 불러옵니다.

02 선택 툴(▶)로 구름을 클릭한 후 Alt 를 누른 채 왼쪽으로 드래그하여 복제합니다. 복제한 구름의 바운딩 박스 왼쪽 상단 모서리를 바깥쪽으로 드래그하여 구름 크기를 늘립니다.

03 툴 박스에서 면 색을 더블클릭하여 옵션 창을 엽니다. 색상 바의 슬라이더를 움직여 하늘색 계열 색상을 선택하고 원하는 밝기의 색상을 선택한 후 〈OK〉를 클릭합니다.

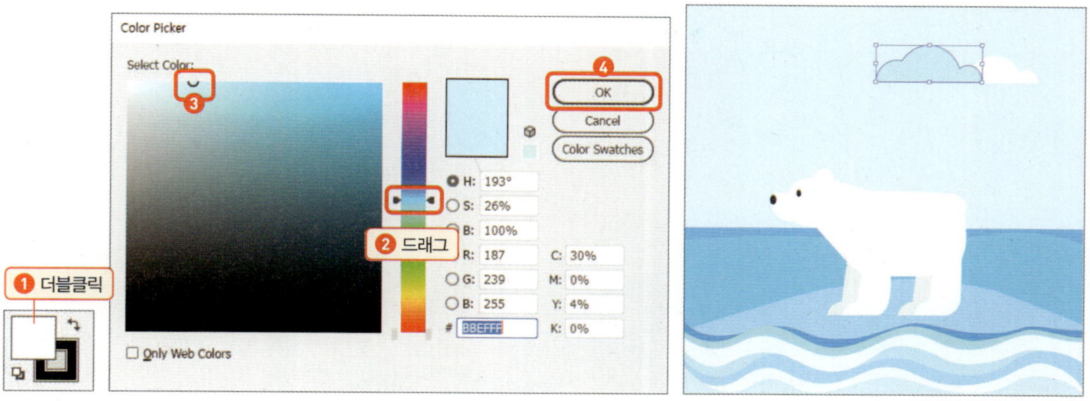

04 Shift를 누른 채 선택 툴(▶)로 곰의 몸통, 뒷다리, 귀, 눈, 코 등을 꼼꼼하게 클릭하여 선택한 후 오른쪽으로 드래그합니다.

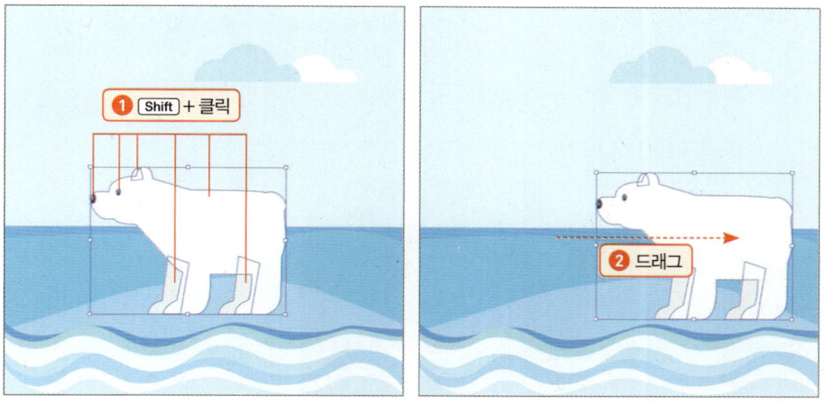

05 곰이 선택된 상태에서 Alt를 누른 채 왼쪽으로 드래그하여 복제합니다.

06 복제된 곰이 선택된 상태에서 Shift 를 누른 채 바운딩 박스의 왼쪽 상단 모서리를 안쪽으로 드래그하여 크기를 줄입니다. Shift 를 누른 채 크기를 조절하면 원본과 같은 비율로 조절됩니다. 왼쪽으로 드래그하여 어미 곰 앞으로 옮깁니다.

혼자해보기 | **카메라 만들기**

• **준비 파일** camera.ai • **완성 파일** camera_result.ai

주어진 오브젝트를 옮겨 카메라를 만듭니다. 완성한 카메라를 복제하고 크기를 줄여 봅니다.

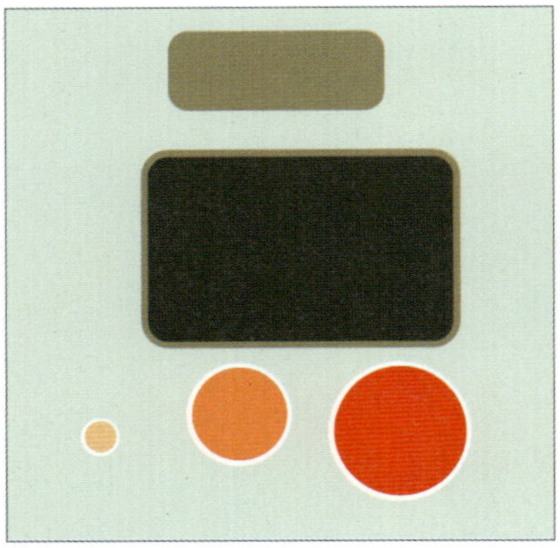

■ 준비 이미지

■ 완성 이미지

부분/그룹으로 선택하기

• **핵심 기능 I** 직접 선택 툴[▷](단축키[A]), 그룹 선택 툴[▷+]

직접 선택 툴의 기능 익히기

01 선택 툴로 선택하기 Chapter_02 ▸ Section_02 ▸ d_select.ai 파일을 불러옵니다. 선택 툴([▶])로 오른쪽 수박 한 쪽을 클릭하면 그룹으로 묶인 수박 한 쪽과 수박씨가 모두 선택되고 가장자리에 바운딩 박스가 생깁니다.

02 직접 선택 툴로 선택하기 빈 곳을 클릭하여 바운딩 박스를 없애고 직접 선택 툴([▷])로 수박 속인 빨간 면을 클릭합니다. 수박 속과 수박씨가 그룹으로 묶여 있어도 빨간 면만 선택됩니다. 이번에는 수박 한 쪽의 꼭대기에 있는 앵커 포인트를 클릭합니다. 클릭한 앵커 포인트만 선택됩니다.

Tip 직접 선택 툴([▷])로 앵커 포인트를 클릭하면 클릭한 지점의 앵커 포인트만 색상이 채워집니다. [Shift]를 누른 채 앵커 포인트를 클릭하면 앵커 포인트를 여러 개 선택할 수 있습니다.

03 앵커 포인트로 오브젝트 변형하기 수박 한 쪽의 꼭대기 부분 앵커 포인트를 직접 선택 툴( )로 위로 드래그합니다. 수박 양옆의 앵커 포인트는 고정된 채 선택된 앵커 포인트와 연결된 패스만 늘어납니다.

04 위젯으로 오브젝트 변형하기 직접 선택 툴( )로 딸기를 클릭하면 딸기 안쪽에 동그란 위젯이 나타납니다. 위젯으로 마우스 포인터를 가져가면 마우스 포인터가 모양으로 바뀝니다. 이때 드래그하면 가장자리가 둥글어집니다.

05 직접 선택 툴( )로 수박 한 쪽의 꼭대기 앵커 포인트를 클릭합니다. 딸기를 클릭했을 때와 달리 라이브 코너 위젯이 하나만 나타납니다. 위젯을 드래그하면 꼭대기 모서리만 둥글어집니다.

06 곡선의 앵커 포인트 다루기 직접 선택 툴(▷)로 수박 껍질 곡선 부분의 가운데 앵커 포인트를 클릭합니다. 앵커 포인트를 아래로 드래그하면 껍질 영역이 넓어집니다.

07 수박 껍질에 있는 곡선 앵커 포인트를 클릭하면 좌우 핸들러가 나타납니다. 좌우 핸들러를 드래그하면 곡선 각도가 조절됩니다.

그룹 선택 툴의 기능 익히기

01 Chapter_02 ▸ Section_02 ▸ group.ai 파일을 불러옵니다. 선택 툴(▶)로 모바일 아이콘 4개 중 하나를 클릭합니다. 아이콘을 구성하는 오브젝트가 모두 분리되어 있는 것을 알 수 있습니다.

02 오브젝트 여러 개를 그룹으로 묶기 선택 툴(▶)로 첫 번째 아이콘을 드래그하여 개별 오브젝트를 모두 선택합니다. 메뉴 바에서 [Object]–[Group]을 선택하거나 단축키 Ctrl+G를 눌러 선택된 오브젝트를 그룹으로 묶습니다.

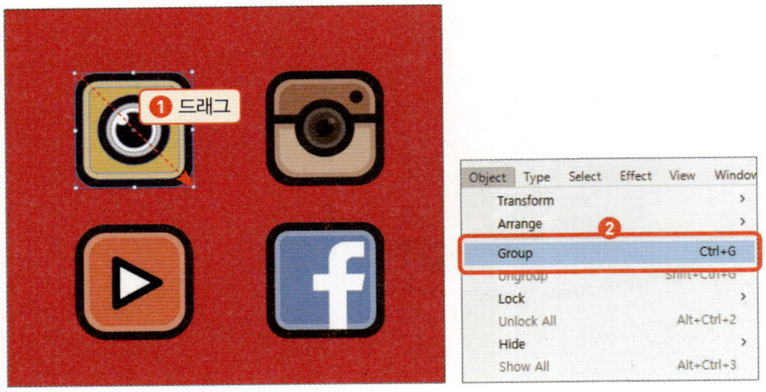

03 나머지 아이콘 세 개도 각각 드래그하여 개별 오브젝트를 모두 선택한 후 Ctrl+G를 눌러 그룹으로 묶습니다.

04 그룹을 다시 그룹으로 묶기 이미 그룹으로 묶인 첫 번째 아이콘과 두 번째 아이콘을 Shift를 누른 채 선택 툴(▶)로 클릭한 후 Ctrl+G를 누릅니다. 아이콘 2개가 그룹으로 묶입니다. 세 번째 아이콘을 Shift를 누른 채 선택 툴(▶)로 클릭한 후 Ctrl+G를 누르면 아이콘 3개가 그룹으로 묶입니다.

05 그룹 선택 툴로 오브젝트 선택하기 빈 곳을 클릭하여 바운딩 박스를 없앱니다. 그룹 선택 툴( )로 첫 번째 아이콘의 진한 노란색 면을 클릭하면 클릭한 오브젝트만 선택됩니다. 같은 위치를 한 번 더 클릭합니다. 처음 클릭한 오브젝트와 그룹인 오브젝트가 한꺼번에 선택됩니다.

06 그룹 선택 툴( )로 진한 노란색 면을 반복해서 클릭합니다. 클릭할 때마다 그룹으로 묶인 오브젝트가 순차적으로 선택됩니다. 이처럼 그룹 선택 툴( )을 이용하면 그룹 일부분만 선택하거나 그룹으로 묶인 순서대로 오브젝트를 선택할 수 있습니다. 어떤 오브젝트가 그룹으로 묶여 있는지 확인하기 어려울 때 사용하면 유용합니다.

Tip 선택 툴( )로 그룹을 선택하면 그룹으로 묶인 오브젝트가 모두 선택됩니다.

07 그룹 해제하기 선택 툴( )로 그룹 오브젝트를 선택한 후 메뉴 바에서 [Object]−[Ungroup]을 선택하거나 단축키 Ctrl+Shift+G를 누릅니다. 현재 그룹으로 묶이기 바로 전 단계로 그룹이 해제됩니다. Ctrl+Shift+G를 누를 때마다 단계별로 그룹이 해제됩니다.

응용 예제 아기자기한 화단 만들기

오브젝트 여러 개를 그룹으로 묶은 후 옮기고 복제하여 아기자기한 화단을 만들어 봅니다.

■ 준비 이미지 ■ 완성 이미지

01 Chapter_02 ▸ Section_02 ▸ flower.ai 파일을 불러옵니다. 선택 툴(▶)로 연두색 꽃과 줄기를 드래그하여 선택합니다. 선택된 오브젝트를 화분 위로 드래그하여 배치합니다.

02 선택 툴(▶)로 작은 잎사귀를 줄기 오른쪽으로 드래그하여 배치합니다. 큰 잎사귀를 줄기 왼쪽으로 드래그하여 배치합니다. 화분, 줄기, 잎사귀, 꽃이 포함되도록 드래그하여 모두 선택한 후 Ctrl+G를 눌러 그룹으로 묶습니다.

03 선택 툴(▶)로 오렌지색 꽃과 줄기를 드래그하여 선택한 후 화분 위로 드래그하여 배치합니다. 화분, 줄기, 꽃이 포함되도록 드래그하여 모두 선택한 후 Ctrl+G를 눌러 그룹으로 묶습니다.

04 선택 툴(▶)로 오렌지색 화분을 연두색 화분 그룹 옆으로 드래그하여 배치합니다. 두 화분이 포함되도록 드래그하여 모두 선택한 후 Ctrl+G를 눌러 그룹으로 묶습니다.

05 Alt를 누른 채 선택 툴(▶)로 꽃 화분을 오른쪽으로 드래그하여 복제합니다.

06 선택 툴(▶)로 왼쪽 아래에 있는 작은 꽃을 주황색 흙 위로 드래그하여 배치합니다. 작은 꽃과 흙이 포함되도록 드래그하여 선택한 후 Ctrl+G를 눌러 그룹으로 묶습니다.

07 선택 툴(▶)로 작은 꽃을 화분 위로 드래그하여 배치합니다. Alt를 누른 채 오른쪽으로 4번 드래그하여 꽃을 4개 더 복제합니다.

08 선택 툴(▶)로 작은 꽃 5개와 화분이 모두 포함되도록 드래그한 후 Ctrl+G를 눌러 그룹으로 묶고 왼쪽 위로 드래그하여 옮깁니다.

09 선택 툴(▶)로 울타리를 선택하고 Alt를 누른 채 오른쪽으로 드래그하여 울타리를 2개 더 복제합니다. 울타리 전체가 포함되도록 드래그하여 선택한 후 Ctrl+G를 눌러 그룹으로 묶고 약간 위로 드래그하여 옮깁니다.

10 다양한 방법으로 오브젝트를 복제하고 그룹으로 묶어 원하는 이미지를 만들어 봅니다.

SECTION 03

원하는 속성으로 선택하기

• **핵심 기능 I** 마술봉 툴(단축키 Y), 올가미 툴(단축키 Q)

마술봉 툴의 기능 익히기

마술봉 툴은 클릭한 지점과 동일한 속성을 가진 오브젝트를 화면 전체에서 모두 선택해 줍니다. 메뉴 바에서 [Select]–[Same]을 선택하면 마술봉 툴을 사용할 때와 같은 결과를 얻을 수 있습니다.

01 면 색이 같은 오브젝트 선택하기 Chapter_02 ▸ Section_03 ▸ cake.ai 파일을 불러옵니다. 선택 툴( )로 왼쪽 컵케이크에서 크림치즈 부분을 클릭합니다.

02 메뉴 바에서 [Select]–[Same]–[Fill Color]를 선택합니다. 색상이 같은 오브젝트가 모두 선택됩니다. 여기에서는 연두색 마카롱이 선택되었습니다.

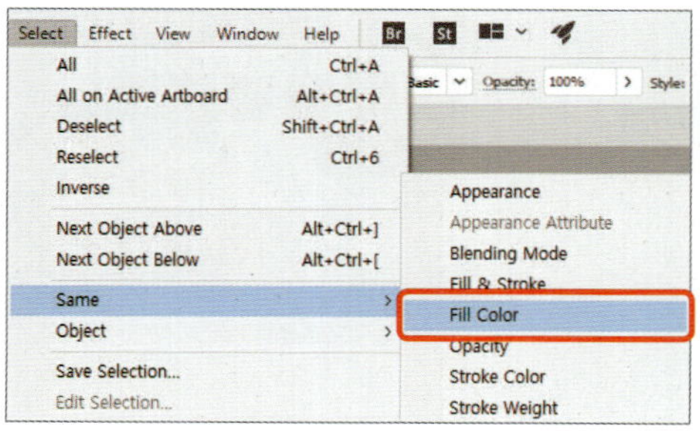

03 선 두께가 같은 오브젝트 선택하기 선택 툴( )로 위쪽 컵케이크의 크림치즈 겉면에 생긴 작은 곡선을 클릭합니다. 메뉴 바에서 [Select]–[Same]–[Stroke Weight]를 선택하면 선 두께가 같은 오브젝트가 모두 선택됩니다.

04 마술봉 툴 사용하기 마술봉 툴( )로 왼쪽 컵케이크의 크림치즈 부분을 클릭합니다. 면 색이 같은 마카롱이 선택됩니다. 마술봉 툴( )로 위쪽 컵케이크의 크림치즈 겉면에 생긴 작은 곡선도 클릭합니다. 선 두께가 같은 오브젝트가 모두 선택됩니다.

05 마술봉 툴 속성 조절하기 마술봉 툴( )을 더블클릭합니다. 마술봉 패널이 나타나면 Fill Color 속성의 Tolerance 값을 20으로 조절하고 오른쪽 컵케이크의 크림치즈 부분을 클릭합니다. Tolerance 값을 10으로 조절하고 같은 부분을 클릭해 봅니다. Tolerance 값이 클수록 선택되는 색상의 범위가 넓어지는 것을 확인할 수 있습니다.

■ Tolerance 값이 20일 때 선택된 색상 범위

■ Tolerance 값이 10일 때 선택된 색상 범위

06 마술봉 패널에서 Stroke Weight 속성을 체크하고 위쪽 컵케이크의 크림치즈 겉면에 생긴 작은 곡선을 클릭합니다. 선 두께가 같은 오브젝트가 모두 선택됩니다. 마술봉 패널의 다른 속성도 체크해 보면 속성에 따라 자동으로 오브젝트가 선택되는 것을 확인할 수 있습니다.

■ 마술봉 패널

❶ **Fill Color** 면 색이 비슷한 오브젝트를 선택합니다. Tolerance 값이 클수록 선택되는 색상의 범위가 넓어집니다. RGB 색상 모드에서는 0~255, CMYK 색상 모드에서는 0~100을 설정할 수 있습니다.

❷ **Stroke Color** 선 색이 비슷한 오브젝트를 선택합니다.

❸ **Stroke Weight** 선 두께가 비슷한 오브젝트를 선택합니다.

❹ **Opacity** 불투명도가 비슷한 오브젝트를 선택합니다.

❺ **Blending Mode** 블렌딩 모드가 비슷한 오브젝트를 선택합니다.

올가미 툴의 기능 익히기

01 올가미 툴로 선택하기 Chapter_02 ▸ Section_03 ▸ bird.ai 파일을 불러옵니다. 올가미 툴( )로 파랑새 일부분만 드래그하면 드래그한 영역의 앵커 포인트를 포함하는 오브젝트가 선택됩니다.

02 다른 오브젝트와 너무 가까이 있어 선택하기 어려운 오브젝트도 올가미 툴( )로 드래그하면 정확하게 선택할 수 있습니다.

SECTION 04

작업 화면 확대·축소하기/이동하기

• **핵심 기능 |** 돋보기 툴(단축키 Z), 손바닥 툴(단축키 H)

돋보기 툴과 손바닥 툴의 기능 익히기

01 화면 확대하기 Chapter_02 ▸ Section_04 ▸ zoom.ai 파일을 불러옵니다. 돋보기 툴( )로 화면을 클릭합니다. 클릭할 때마다 화면이 확대됩니다.

02 화면 축소하기 Alt 를 누른 채 돋보기 툴( )로 화면을 클릭합니다. 클릭할 때마다 화면이 축소됩니다.

03 드래그하여 화면 확대·축소하기 돋보기 툴(🔍)로 화면을 오른쪽으로 드래그하면 화면이 확대됩니다. 반대로 왼쪽으로 드래그하면 화면이 축소됩니다.

■ 화면 확대

■ 화면 축소

Tip 단축키 Ctrl+-를 누르면 화면이 축소되고 Ctrl++를 누르면 화면이 확대됩니다.

04 내비게이터 패널로 화면 확대·축소하기 메뉴 바에서 [Window]–[Navigator]를 선택합니다. 내비게이터 패널에 화면이 보입니다. 패널 하단의 확대·축소 비율을 직접 입력하거나 화면 축소(▲) 또는 화면 확대(▲)를 클릭하면 화면이 확대 또는 축소됩니다.

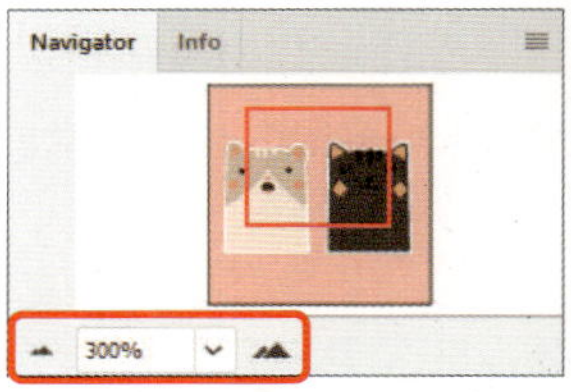

05 확대된 화면에서 원하는 부분 보기 내비게이터 패널에 보이는 빨간색 사각형 테두리는 전체 이미지에서 이미지 작업 창에 보이는 부분을 나타냅니다. 빨간색 사각형 안쪽을 드래그하면 전체 이미지에서 화면에 보일 부분을 조절할 수 있습니다.

06 **화면 위치 옮기기** 손바닥 툴(✋)로 화면을 드래그합니다. 드래그한 곳으로 화면이 옮겨집니다. 다른 툴을 선택한 상태에서 Space Bar 를 누르면 임시로 마우스 포인터 모양이 손바닥 모양으로 바뀝니다. 이때 드래그하면 화면을 옮길 수 있습니다.

07 **화면 크기 변경하기** 단축키 Ctrl + 0 을 누르면 화면이 이미지 작업 창을 꽉 채우는 크기로 바뀝니다. Ctrl + 1 을 누르면 화면이 이미지의 100% 크기로 바뀝니다.

SECTION 05

오브젝트 정렬 및 배열하기

• **핵심 기능 I** 정렬 패널, Arrange 메뉴

오브젝트 정렬하기

01 **오브젝트 정렬하기** Chapter_02 ▸ Section_05 ▸ align.ai 파일을 불러옵니다. 선택 툴(▶)로 오브젝트 3개를 드래그하여 선택하고 메뉴 바에서 [Window]–[Align]을 선택합니다. 정렬 패널에서 정렬 옵션을 하나씩 클릭하여 적용해 봅니다.

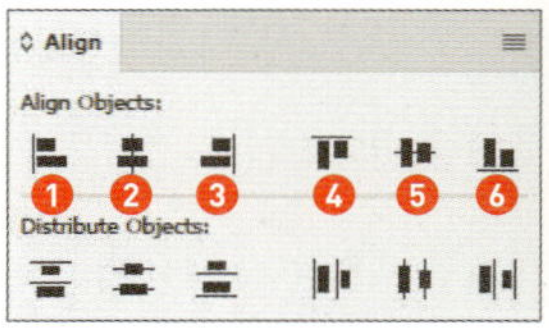

■ 정렬 패널의 정렬 옵션

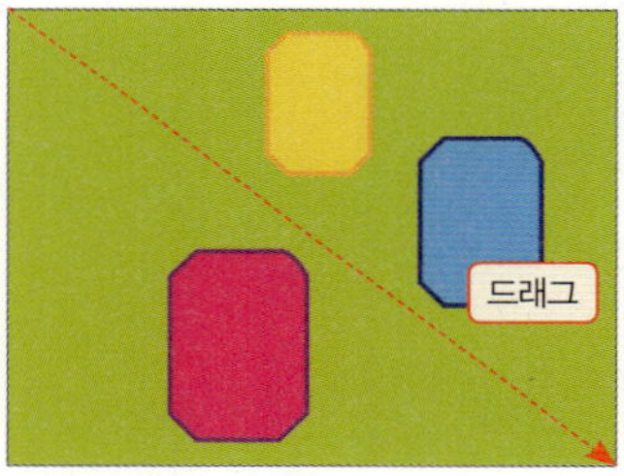

■ 정렬 전

❶ 수평 왼쪽 정렬

가장 왼쪽에 있는 오브젝트의 왼쪽 가장자리를 기준으로 왼쪽 정렬합니다.

❷ 수평 가운데 정렬

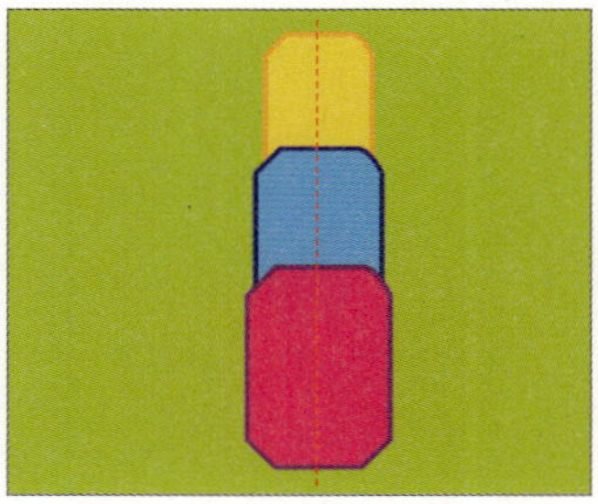

선택된 오브젝트 중에서 가장 왼쪽과 가장 오른쪽 오브젝트의 너비 가운데를 기준으로 가운데 정렬합니다.

❸ 수평 오른쪽 정렬

가장 오른쪽에 있는 오브젝트의 오른쪽 가장자리를 기준으로 오른쪽 정렬합니다.

④ 수직 위쪽 정렬

가장 위쪽에 있는 오브젝트의 상단을 기준으로 위쪽 정렬합니다.

⑤ 수직 가운데 정렬

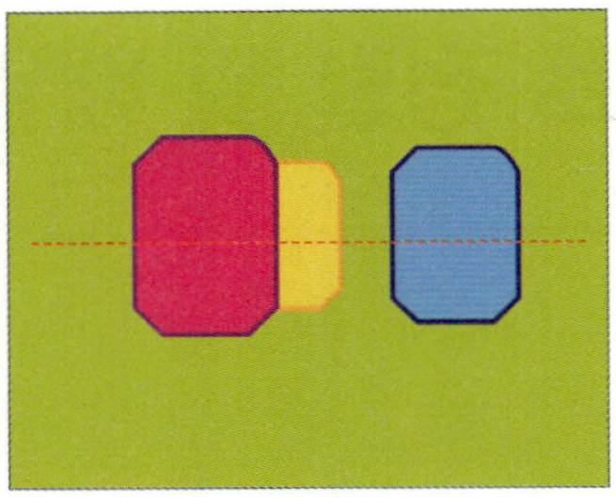

선택된 오브젝트에서 가장 위쪽과 가장 아래쪽 오브젝트의 높이 가운데를 기준으로 가운데 정렬합니다.

⑥ 수직 아래쪽 정렬

가장 아래쪽에 있는 오브젝트의 하단을 기준으로 아래쪽 정렬합니다.

Tip 다음 정렬 옵션을 적용하기 전에 Ctrl+Z를 눌러 처음 배치 상태로 되돌린 후 새로운 정렬 옵션을 클릭합니다.

02 오브젝트 분배하기

선택 툴(▶)로 오브젝트 3개를 다음과 같이 배치한 후 드래그하여 선택합니다. 정렬 패널에서 분배 옵션을 하나씩 클릭하여 적용해 봅니다.

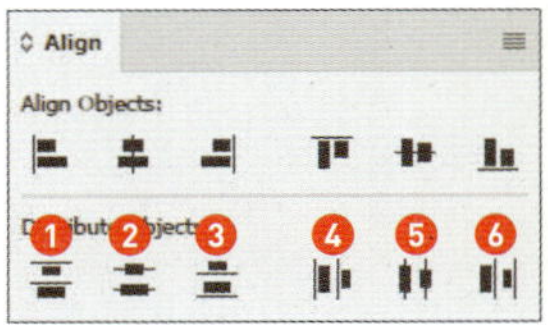

■ 정렬 패널의 분배 옵션

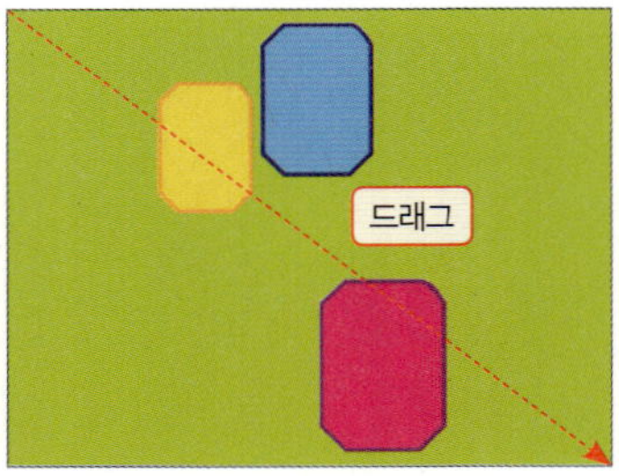

■ 분배 전

① 수직 위쪽 분배

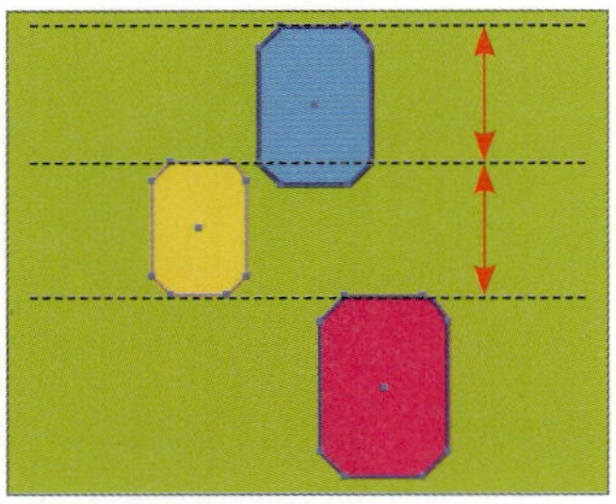

수직 방향으로 각 오브젝트의 상단을 기준으로 동일한 간격으로 정렬합니다.

② 수직 가운데 분배

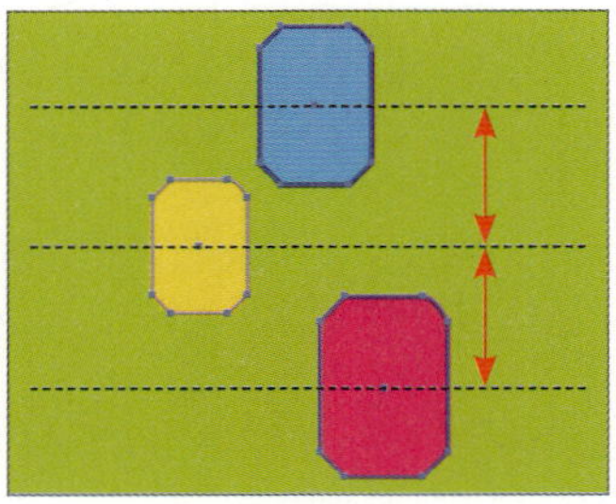

수직 방향으로 각 오브젝트의 가운데를 기준으로 동일한 간격으로 정렬합니다.

③ 수직 아래쪽 분배

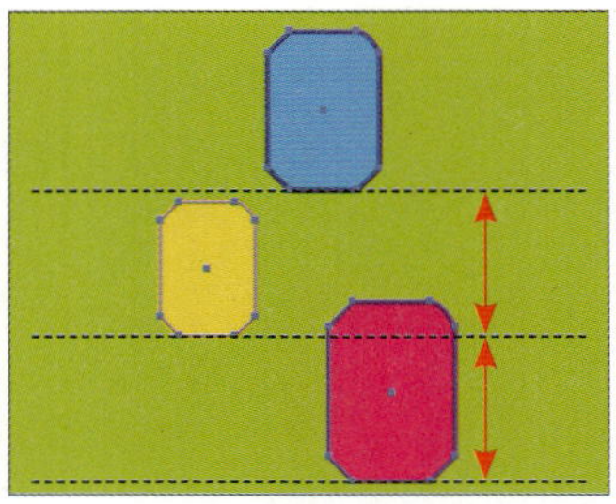

수직 방향으로 각 오브젝트의 하단을 기준으로 동일한 간격으로 정렬합니다.

❹ 수평 왼쪽 분배

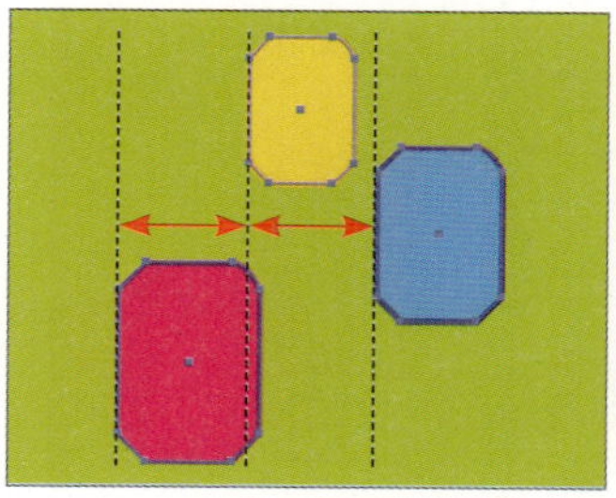

수평 방향으로 각 오브젝트의 왼쪽 가장자리를 기준으로 동일한 간격으로 정렬합니다.

❺ 수평 가운데 분배

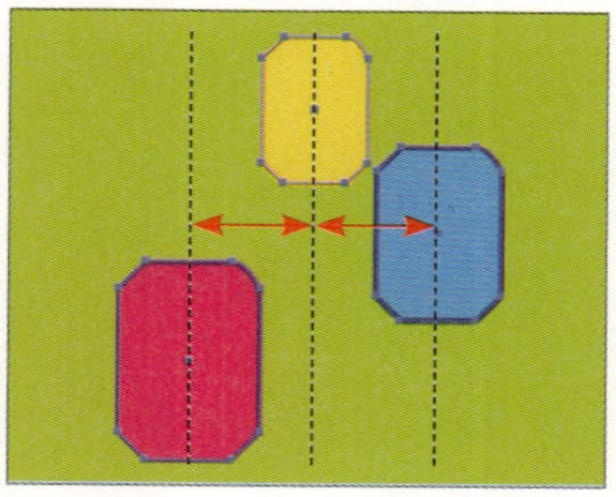

수평 방향으로 각 오브젝트의 가운데를 기준으로 동일한 간격으로 정렬합니다.

❻ 수평 오른쪽 분배

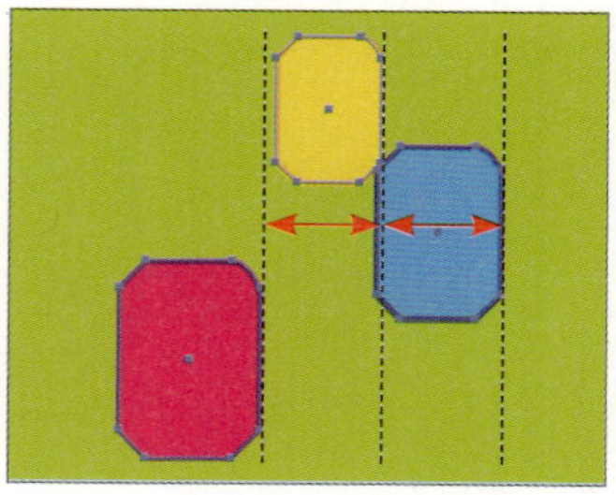

수평 방향으로 각 오브젝트의 오른쪽 가장자리를 기준으로 동일한 간격으로 정렬합니다.

Tip 다음 분배 옵션을 적용하기 전에 Ctrl+Z를 눌러 처음 배치 상태로 되돌린 후 새로운 분배 옵션을 클릭합니다.

오브젝트가 겹친 순서 조절하기

01 오브젝트 앞으로 옮기기 Chapter_02 ▸ Section_05 ▸ arrange.ai 파일을 불러옵니다. 선택 툴(▶)로 가장 뒤에 위치한 노란색 오브젝트를 클릭하여 선택합니다. 메뉴 바에서 [Object]-[Arrange]에 있는 [Bring to Front]와 [Bring Forward]를 클릭하여 적용합니다.

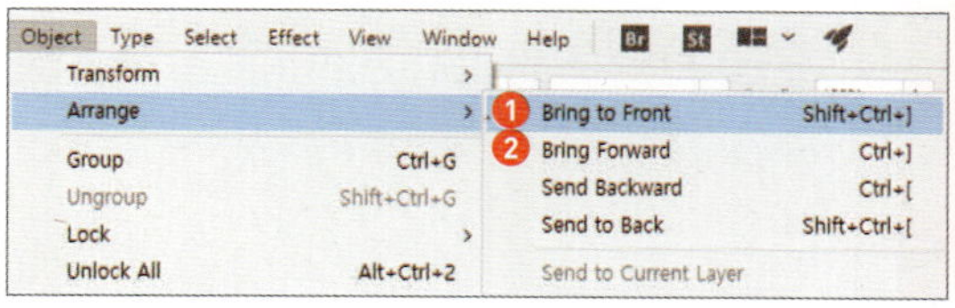

■ Arrange 메뉴

■ 배열 전

❶ Bring to Front

겹쳐진 오브젝트 수와 상관없이 선택된 오브젝트가 맨 앞으로 나옵니다.

❷ Bring Forward

오브젝트의 현재 위치에서 한 단계 앞으로 나옵니다. 여러 번 반복하면 원하는 위치로 옮길 수 있습니다.

Tip 오브젝트를 선택하고 마우스 오른쪽 버튼을 클릭하여 [Arrange] 메뉴를 바로 적용할 수도 있습니다.

02 오브젝트를 뒤로 옮기기

Ctrl+Z를 눌러 다음과 같이 원래 배열 상태로 되돌립니다. 선택 툴(▶)로 맨 앞에 있는 주황색 오브젝트를 선택한 후 메뉴 바에서 [Object]−[Arrange]에 있는 [Send Backward]와 [Send to Back]을 클릭하여 적용합니다.

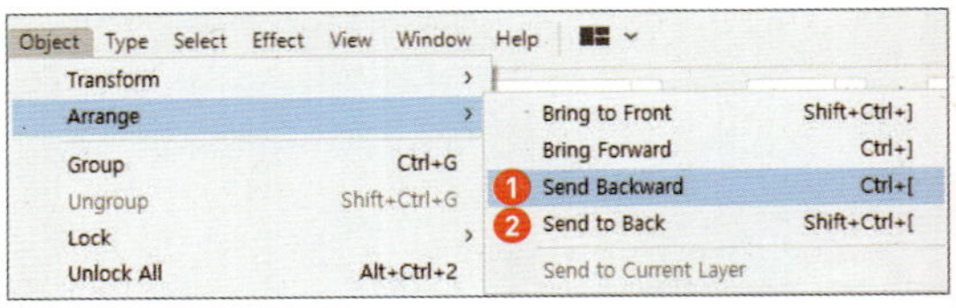

■ Arrange 메뉴

■ 배열 전

❶ Send Backward

오브젝트의 현재 위치에서 한 단계 뒤로 갑니다. 여러 번 반복하면 원하는 위치로 옮길 수 있습니다.

❷ Send to Back

겹쳐진 오브젝트 수와 상관없이 선택된 오브젝트가 맨 뒤로 갑니다.

Tip 앵커 포인트의 크기 변경하기

01 메뉴 바에서 [Edit]-[Preferences]-[Selection&Anchor Display]를 선택하거나 Preferences 창을 호출하는 단축키 Ctrl+K를 누릅니다.

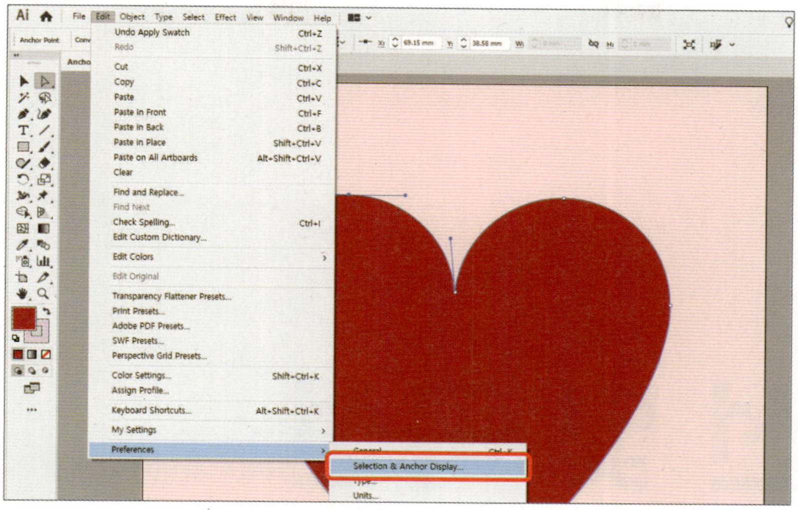

02 옵션 창의 Anchor Points, Handle, and Bounding Box Display에서 Size를 변경하면 앵커 포인트의 크기를 조절할 수 있습니다.

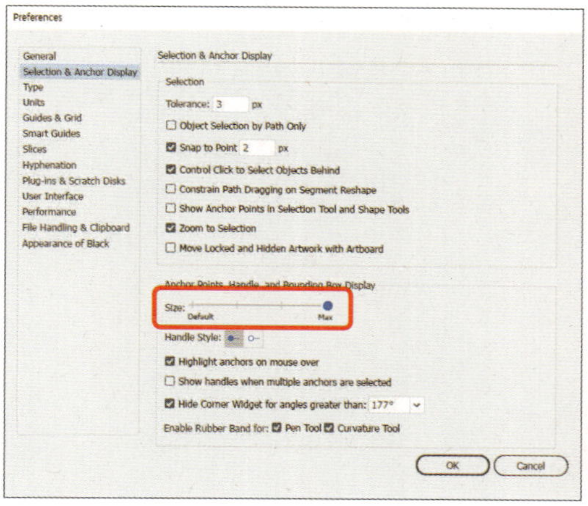

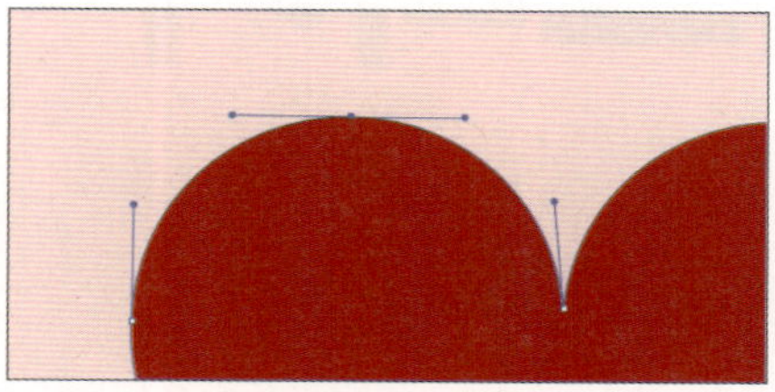

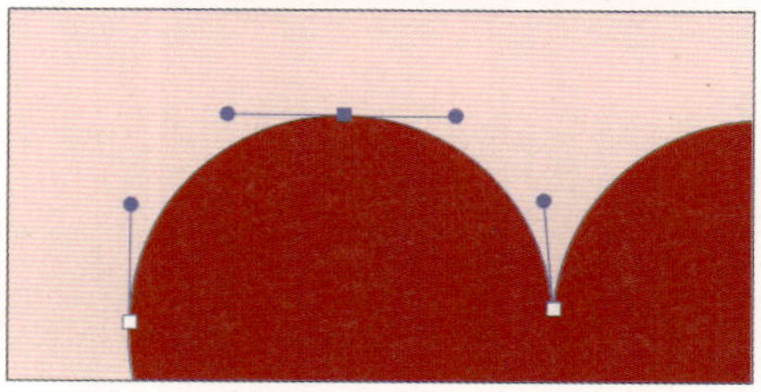

03 Handle Style에서 핸들의 방향점을 채워진 형태 또는 비워진 형태로 바꿀 수도 있습니다.

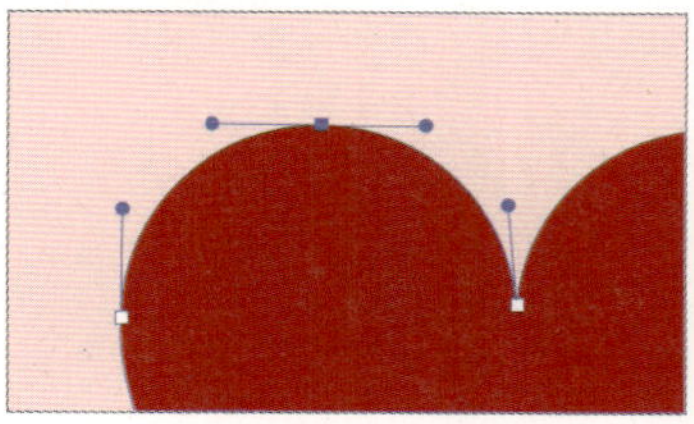

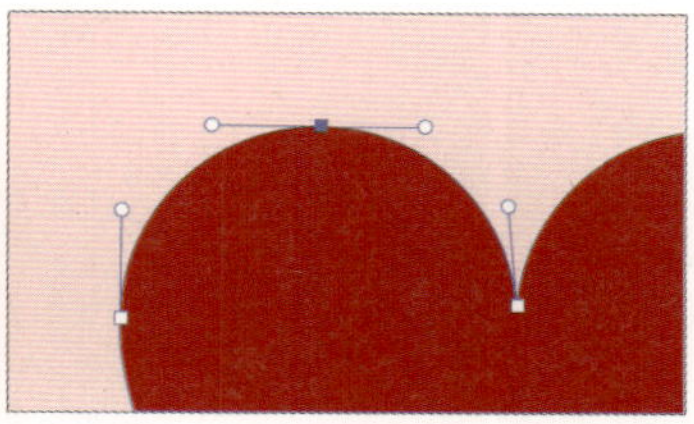

CHAPTER

03

직선 및 곡선 그리기

벡터 이미지는 일러스트레이터에서 제공하는 다양한 툴을 이용해 만들 수 있습니다. 그중에서 펜 툴은 사용자가 원하는 형태로 오브젝트를 만드는 데 쓰는 대표적인 툴로 일러스트레이터 작업을 할 때 자주 사용됩니다. 펜 툴을 이용하여 직선과 곡선을 그리고 다양한 형태로 변형하는 방법을 알아봅니다.

01 / **직선 그리기** ▶ 펜 툴

02 / **곡선 그리기** ▶ 펜 툴

03 / **앵커 포인트 추가하기/삭제하기** ▶ 앵커 포인트 추가 툴, 앵커 포인트 삭제 툴

04 / **직선을 곡선으로, 곡선을 직선으로 바꾸기** ▶ 앵커 포인트 전환 툴

05 / **곡률을 보며 곡선 그리기** ▶ 곡률 전환 툴

SECTION 01

직선 그리기

• **핵심 기능 I** 펜 툴(단축키 P)

펜 툴의 기능

펜 툴( )은 점과 점을 연결하여 직선이나 곡선을 그립니다. 펜 툴은 벡터 드로잉 프로그램인 일러스트레이터에서 쓸 수 있는 가장 기본적인 그리기 툴입니다. 다음은 펜 툴로 그린 다양한 형태의 선입니다. 각 선의 내부에 보이는 파란색 선을 패스, 패스를 연결하는 점을 앵커 포인트라고 합니다.

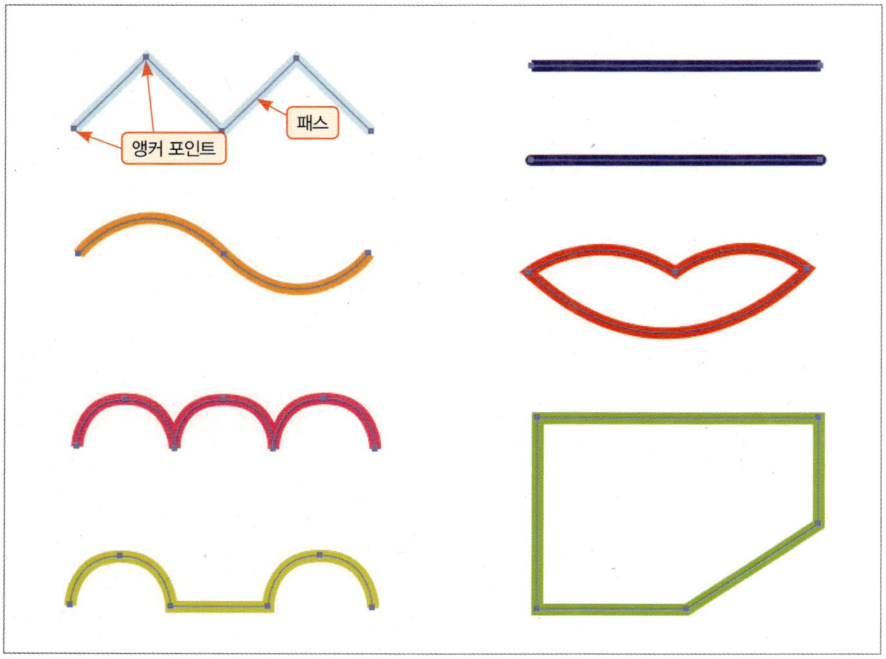

■ 다양한 형태의 선

펜 툴의 옵션

펜 툴의 옵션 바에서는 펜 툴로 그린 패스의 다양한 속성을 조절할 수 있습니다.

■ 펜 툴의 옵션 바

❶ Convert 선택한 지점의 앵커가 직선이면 곡선으로 바꾸고, 곡선이면 직선으로 바꿉니다.

❷ Handles 곡선 핸들이 여러 개 선택되었을 때 핸들을 보이게 하거나 숨깁니다.

❸ Anchors 선택한 앵커 포인트 혹은 패스를 삭제합니다.

❹ Align to Selection 선택한 앵커 포인트를 아트보드나 가이드에 맞춰 정렬합니다.

❺ Transform 패스의 상하좌우 너비와 높이를 조절합니다.

❻ Isolate Selected Object 선택한 오브젝트만 편집 모드에서 별도로 편집합니다.

닫힌 도형 만들기

펜 툴( )로 각 지점을 클릭하여 선을 연결하다가 처음 클릭한 지점을 클릭하면 닫힌 도형이 만들어집니다.

01 면 색과 선 색 설정하기 Chapter_03 ▸ Section_01 ▸ c_pen_guide.ai 파일을 불러옵니다. 펜 툴( )을 선택하고 옵션 바에서 면 색과 선 색을 원하는 대로 설정한 후 Stroke를 12pt로 변경합니다.

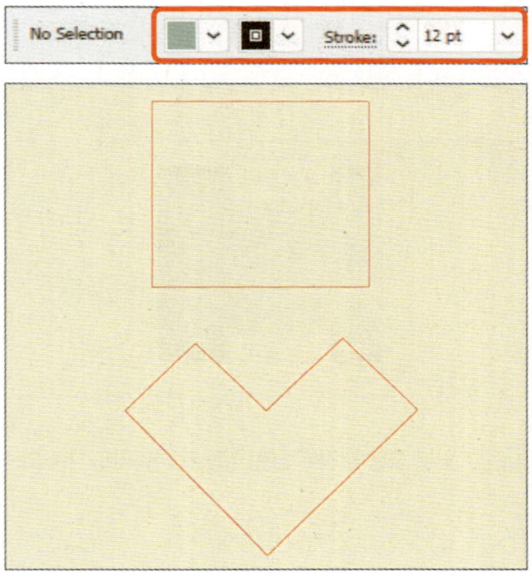

02 시작 지점 클릭하기 펜 툴( )로 사각형 왼쪽 위 꼭짓점을 클릭하면 앵커 포인트가 생깁니다. 그 상태에서 마우스 포인터를 움직이면 마우스 포인터를 따라 가이드 선이 움직입니다.

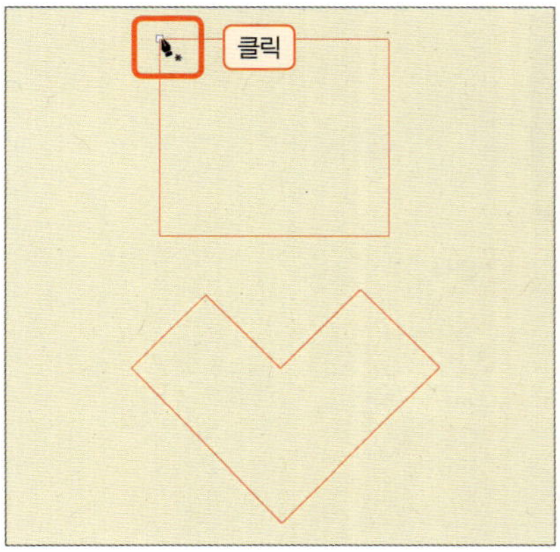

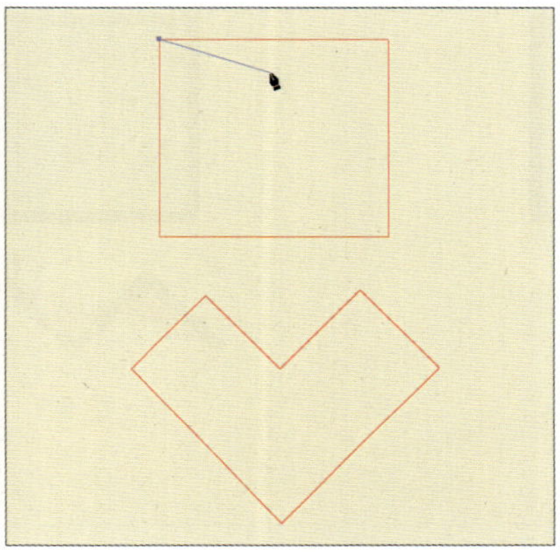

03 도형을 따라 그리기 마우스 포인터를 오른쪽으로 움직여 사각형 오른쪽 위 꼭짓점을 클릭합니다. 옵션 바에서 설정한 대로 굵기가 12pt인 선이 그려집니다. 다음 지점을 클릭하면 선이 이어지고, 시점 지점과 마지막으로 클릭한 지점을 이었을 때 만들어지는 부분이 면 색으로 채워집니다.

Tip 펜 툴( )로 선을 이어 나가면 앵커 포인트의 시작 지점과 마지막으로 클릭한 지점이 가상의 선으로 연결되어 그 내부가 면 색으로 채워집니다.

04 시작 지점으로 돌아와 도형 완성하기 다음 지점을 클릭하면 면이 사각형 형태로 바뀝니다. 시작 지점으로 마우스 포인터를 가져가면 마우스 포인터가 [ ] 모양으로 바뀝니다. 이때 시작 지점을 클릭하면 닫힌 도형이 완성됩니다. 펜 툴도 종료되어 마우스 포인터를 움직여도 더 이상 가이드 선이 다음 지점으로 연결되지 않습니다.

Tip 일부 도형의 경우 닫힌 상태가 아니라도 내부의 색상이 채워지며, 여전히 열린 도형으로 남아 있습니다.

05 두 번째 도형 그리기 옵션 바에서 면 색을 다른 색상으로 변경합니다. 사각형 아래 도형의 꼭짓점 한 곳을 클릭하여 앵커 포인트를 만든 후 인접한 꼭짓점마다 클릭하여 선을 이어갑니다.

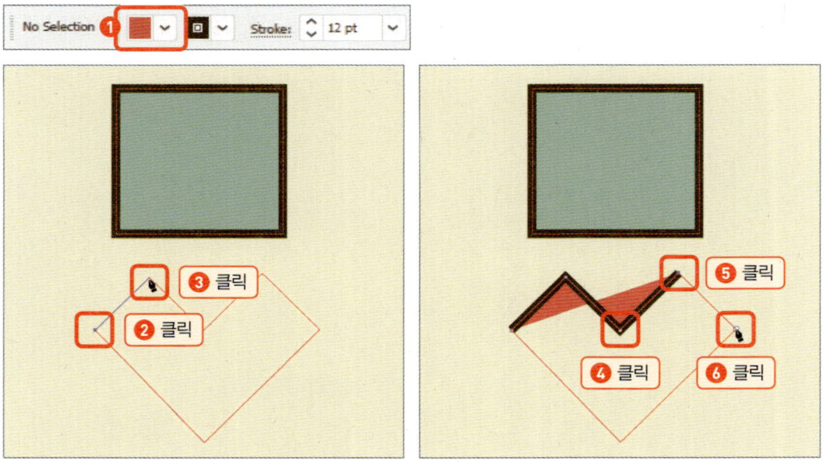

06 시작 지점으로 돌아와 완성하기 시작 지점으로 돌아와 해당 지점을 클릭하면 닫힌 도형이 완성됩니다.

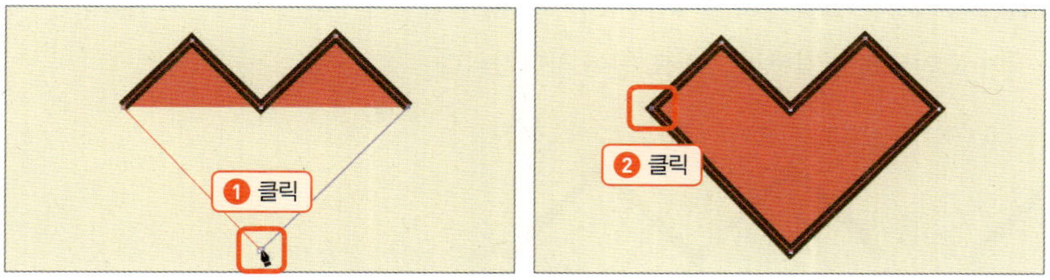

Tip 도형을 그리는 동안 선의 시작 지점과 마지막으로 클릭하는 지점까지 이어지는 면이 채워지면서 면의 형태가 달라지는데 도형이 완성될 때까지는 채워지는 면의 형태를 신경 쓰지 않아도 됩니다.

열린 선 그리기

펜 툴( )로 열린 선을 그릴 때는 시작 지점을 클릭한 후 방향을 바꿔가며 클릭하여 선을 연결합니다. 열린 선을 여러 개 그릴 때는 펜 툴을 한 번 종료해야 다음 지점에서 새롭게 시작할 수 있습니다. 펜 툴을 종료할 때는 Ctrl 또는 Alt 를 누른 채 화면의 빈 곳을 클릭합니다.

01 면 색과 선 색 설정하기 Chapter_03 ▸ Section_01 ▸ line_guide.ai 파일을 불러옵니다. 펜 툴( )을 선택하고 옵션 바에서 면 색을 색상 없음, 선 색을 원하는 색으로 설정한 후 Stroke를 12pt로 변경합니다.

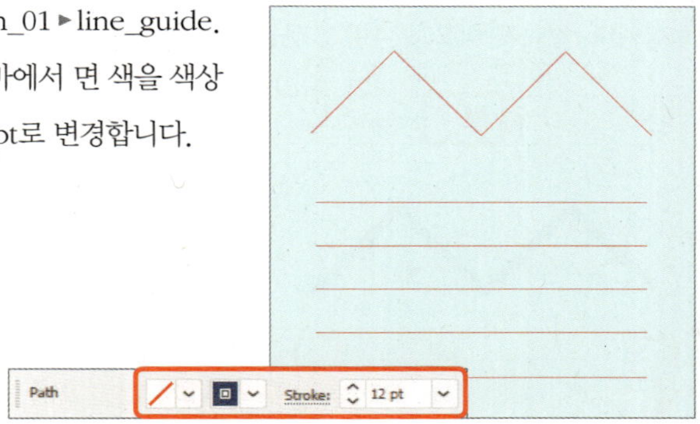

02 대각선 그리기 첫 번째 선의 시작 지점을 클릭하여 앵커 포인트를 만든 후 다음 꼭짓점을 클릭합니다. 이때 Shift 를 누른 채 마우스 포인터를 이동하면 각도가 45°인 대각선을 그릴 수 있습니다.

03 펜 툴 종료하기 대각선을 모두 그리고 마우스 포인터를 아래로 옮기면 가이드 선이 따라다닙니다. 이때 다음 지점을 클릭하면 선이 연결되므로 펜 툴을 종료했다가 다시 시작해야 합니다. [Ctrl] 또는 [Alt]를 누른 채 화면의 빈 곳을 클릭합니다. 앵커 포인트를 연결하는 가이드 선이 사라집니다.

04 다음 지점에서 새로 시작하기 옵션 바에서 선 색을 원하는 색으로 변경합니다. 두 번째 선의 시작 지점을 클릭하고 오른쪽 끝부분을 클릭하여 직선을 그립니다. 이때 [Shift]를 누른 채 마우스 포인터를 옮기면 90° 수직선 또는 180° 수평선을 쉽게 그릴 수 있습니다. [Ctrl] 또는 [Alt]를 누른 채 화면의 빈 곳을 클릭하여 펜 툴을 종료합니다. 같은 방식으로 나머지 선을 그려 완성합니다.

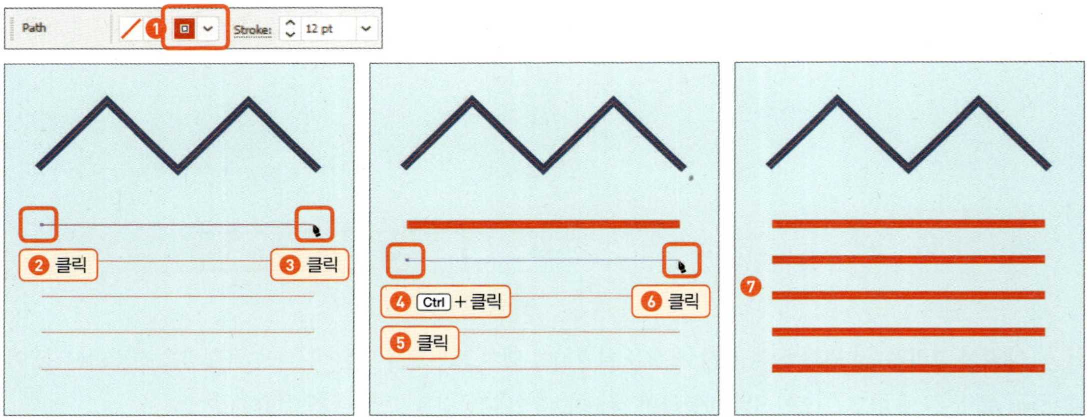

Tip 실수로 선이 연결되었다면 [Ctrl]+[Z]를 눌러 작업을 한 단계 앞으로 되돌린 후 작업합니다.

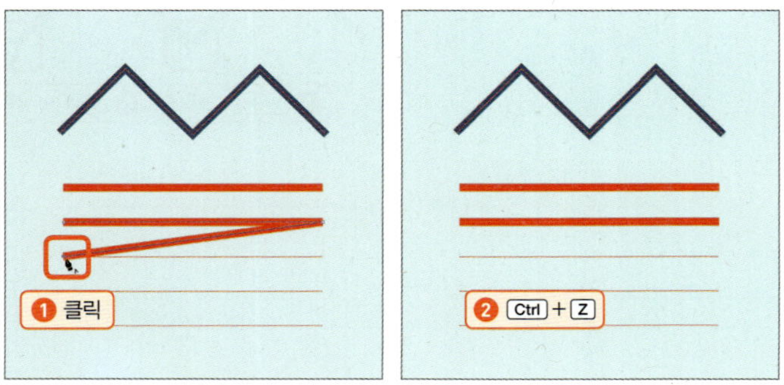

SECTION 02

곡선 그리기

• **핵심 기능 l** 펜 툴(단축키 P)

곡선을 그리기 위한 펜 툴의 기능

펜 툴( )로 곡선을 그릴 때는 직선을 그릴 때와 마찬가지로 시작 지점을 클릭하여 앵커 포인트를 만든 후 다음 지점을 클릭한 채 드래그하여 곡선 방향이나 굽어지는 정도를 조절하고 마우스에서 손가락을 뗍니다. 이어서 다음 지점을 클릭하면 곡선이 자연스럽게 연결됩니다. 다음 지점을 클릭하지 않고 핸들이 생성된 앵커 포인트를 클릭하여 핸들의 한쪽 선을 잘라내면 원하는 방향과 각도로 새 곡선을 그릴 수 있습니다.

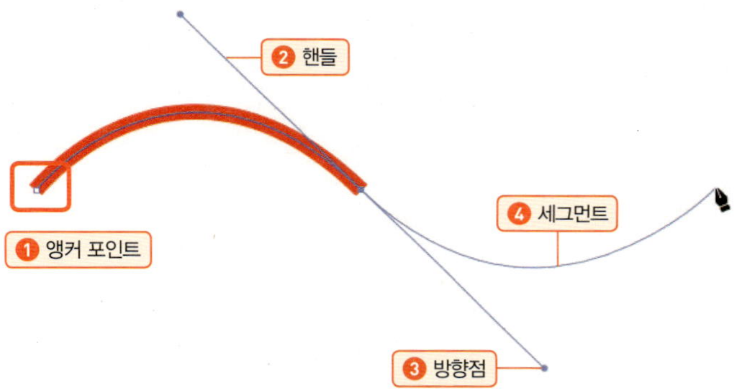

■ 패스 관련 용어

❶ **앵커 포인트** 클릭한 지점에 생성되는 점입니다.

❷ **핸들** 곡선의 방향이나 각도를 조절하는 선입니다.

❸ **방향점** 핸들 양 끝에 있는 점입니다. 이미 만들어진 곡선의 크기나 각도를 조정할 수 있습니다.

❹ **세그먼트** 앵커 포인트와 앵커 포인트를 연결한 선입니다.

Tip 세그먼트는 모두 패스의 일부이므로 패스라고 불러도 무방합니다.

자연스럽게 연결되는 곡선 그리기

펜 툴로 처음 곡선을 그려 보면 생각처럼 쉽게 그려지지 않습니다. 빨리 익숙해지려면 펜 툴로 다양한 형태의 패스를 그려 보고 이 과정을 반복해서 연습해야 합니다.

01 곡선 그리기 Chapter_03 ▸ Section_02 ▸ empty.ai 파일을 불러옵니다. 펜 툴( )을 선택하고 시작 지점을 클릭하여 앵커 포인트를 만듭니다. 마우스 포인터를 수평으로 이동한 다음 드래그합니다. 드래그하는 방향과 크기에 따라 곡선이 나타납니다. 마우스에서 손가락을 떼면 처음 클릭한 지점과 방금 드래그한 지점에 곡선이 생깁니다.

Tip 이 책에서는 가독성을 위해 배경색이 있는 준비 파일을 불러와 실습합니다. 준비 파일을 불러오지 않고 새 문서를 열어 작업해도 됩니다. 새 문서는 메뉴 바에서 [File]-[New]를 선택하고 Width와 Height에 적당한 크기를 입력한 후 〈Create〉를 클릭하면 만들 수 있습니다.

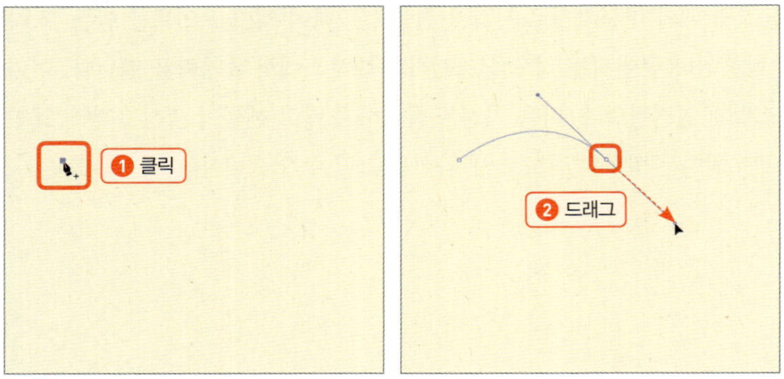

Tip 패스 사이에 면이 생겼다면 툴 박스의 면 색을 색상 없음( )으로 지정합니다.

02 곡선 연결하기 다시 마우스 포인터를 수평으로 이동하면 첫 번째 곡선의 각도에 맞게 가이드 선이 자동으로 나타납니다. 오른쪽에 원하는 지점을 클릭하여 두 번째 곡선을 그리고 Ctrl 또는 Alt를 누른 채 화면의 빈 곳을 클릭하여 곡선을 완성합니다.

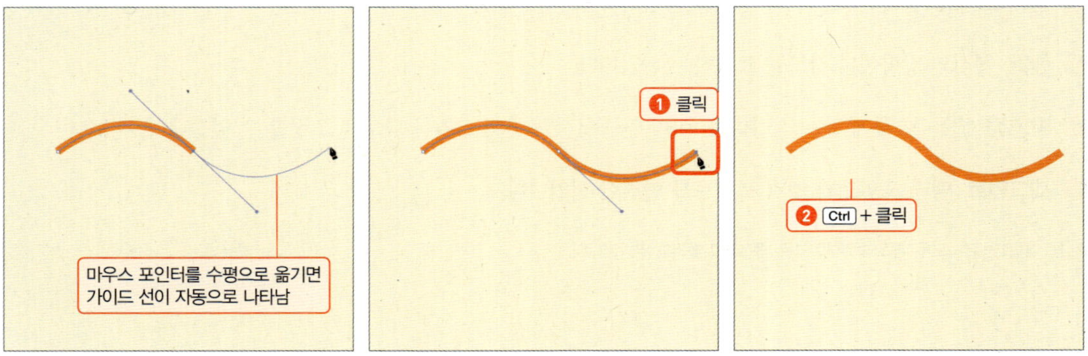

반원 형태의 곡선을 연속하여 그리기

반원을 그릴 때는 Shift 를 눌러 각도를 일정하게 조절하면서 작업해야 편합니다.

01 **일정한 각도로 반원 그리기** Chapter_03 ▸ Section_02 ▸ curve_guide1.ai 파일을 불러옵니다. 펜 툴( )로 첫 번째 가이드의 시작 지점을 클릭하여 앵커 포인트를 만듭니다. Shift 를 누른 채 45° 대각선 방향에 있는 가이드 곡선의 꼭대기를 오른쪽으로 드래그하여 가이드 선에 맞게 곡선을 그립니다. 곡선이 가이드에 잘 맞을 때까지 Shift 를 누른 상태로 드래그하면 가이드 선에 맞춰 그릴 수 있습니다.

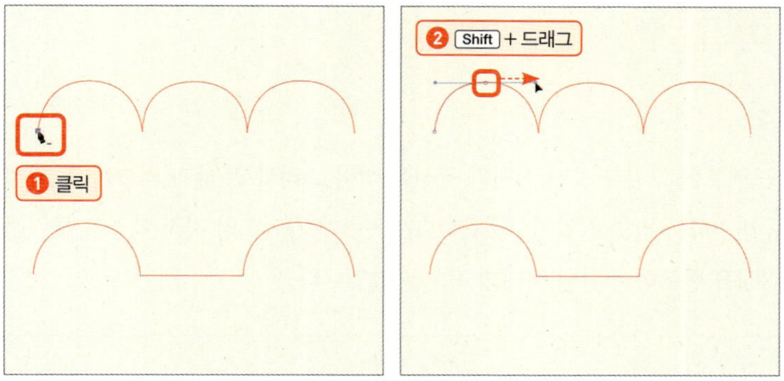

02 마우스 포인터를 다음 지점으로 이동하면 자동으로 가이드 선에 맞는 곡선이 나타납니다. 이때 클릭하여 반원을 완성합니다. 같은 방법으로 Shift 를 누른 채 45° 대각선 방향에 있는 가이드 곡선의 꼭대기를 오른쪽으로 드래그합니다.

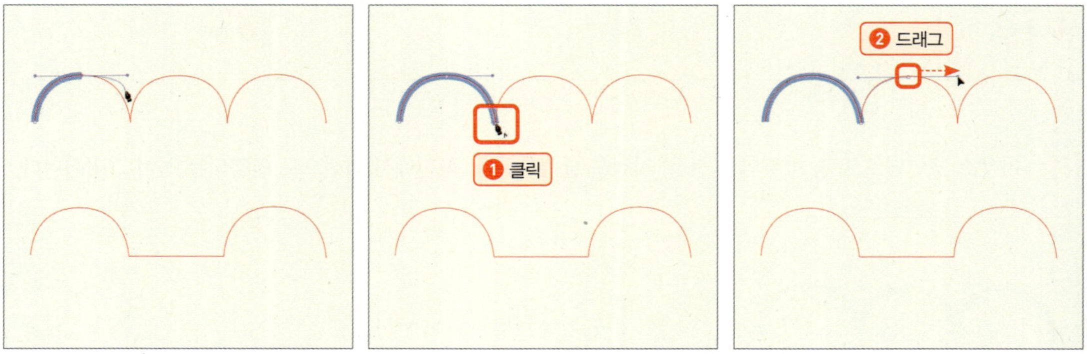

Tip 한 번에 반원을 그리지 않고 절반씩 끊어 그리는 이유는 오른쪽 그림과 같이 반원을 한 번에 그리기가 쉽지 않기 때문입니다.

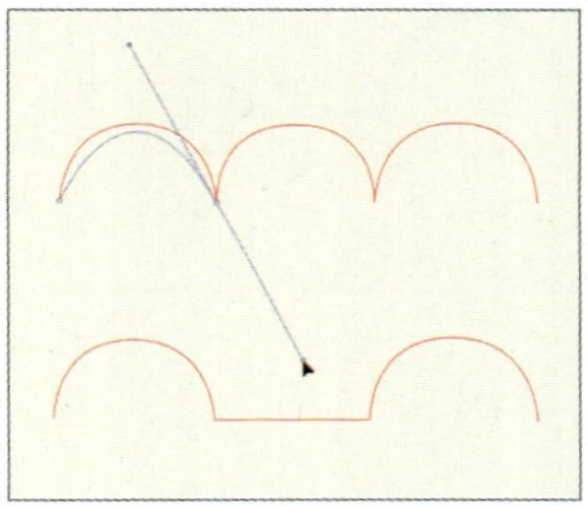

03 첫 번째 곡선 완성하기 01~02 과정을 반복하여 마지막 지점까지 그립니다. 반원을 완성한 후에는 Ctrl 또는 Alt 를 누른 채 화면의 빈 곳을 클릭하여 펜 툴 사용을 종료합니다.

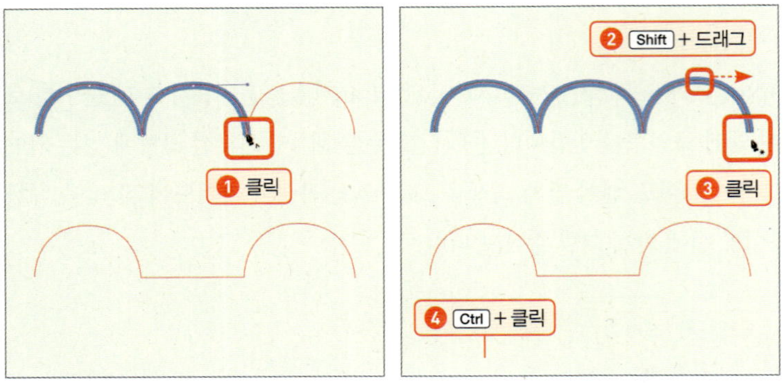

04 곡선에서 직선으로 변경하기 오브젝트를 그리다 보면 직선과 곡선을 섞어 그려야 할 때가 많습니다. 곡선에서 직선으로 또는 직선에서 곡선으로 변경하는 방법을 알아보겠습니다. 두 번째 가이드의 시작 지점을 클릭하여 앵커 포인트를 만듭니다. 01~02 과정을 반복하여 반원 형태의 곡선을 그립니다.

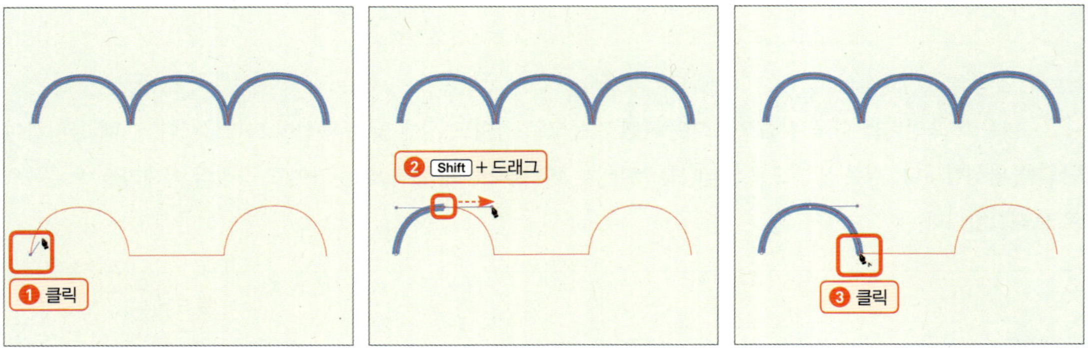

05 마우스 포인터로 수평 방향의 직선 끝 지점을 클릭합니다. 곡선에서 직선으로 연결되는 선이 그려집니다.

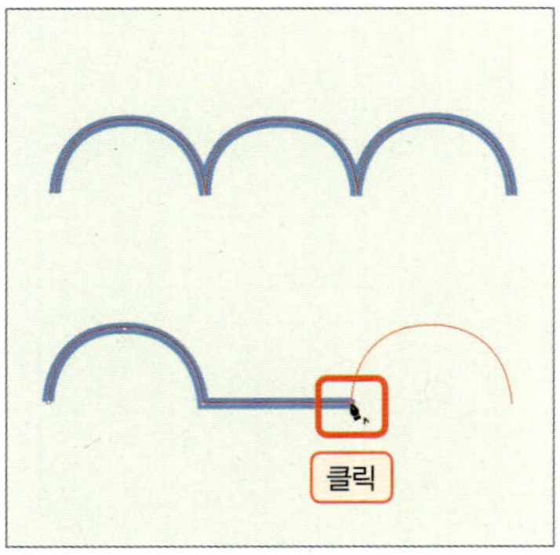

06 직선에서 곡선으로 변경하기 다시 반원을 그리는 과정을 반복합니다. Ctrl 또는 Alt 를 누른 채 화면의 빈 곳을 클릭하여 펜 툴 사용을 종료합니다.

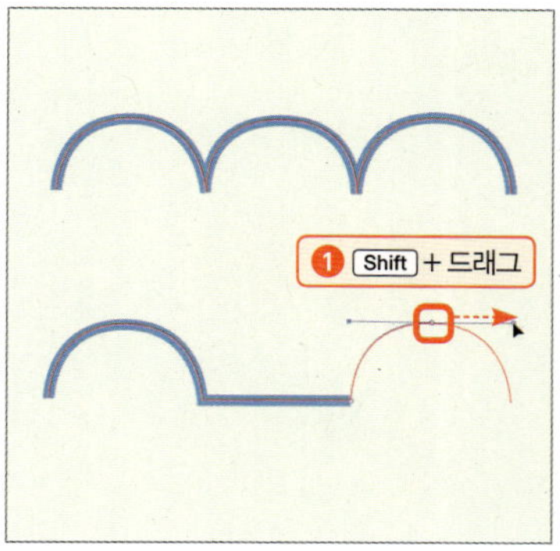

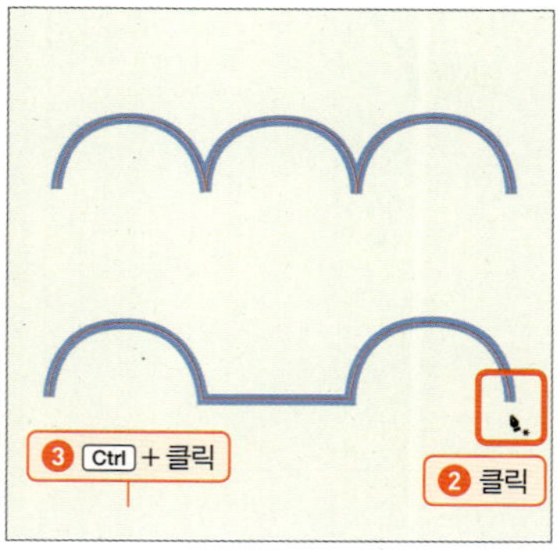

Tip 마지막으로 앵커 포인트가 생성된 곳을 클릭했는지 드래그했는지에 따라 다음에 이어지는 패스의 성격이 결정됩니다.

- **클릭한 경우** 다음 지점을 클릭하여 직선을 만들 수도 있고 드래그하여 곡선을 만들 수도 있습니다.
- **드래그한 경우** 다음 지점을 클릭하든 드래그하든 자연스러운 각도로 이어지는 곡선만 생성됩니다.

핸들을 제거하여 곡선을 여러 각도로 그리기

정원에 가깝지만 정원이 아닌 패스를 그릴 때는 임의의 지점에 앵커 포인트를 생성하면서 곡선을 이어갑니다. 곡선을 원하는 방향으로 이어가려면 진행 방향에 붙은 핸들을 제거합니다.

01 시작 지점 클릭하기 Chapter_03 ▸ Section_02 ▸ curve_guide2.ai 파일을 불러옵니다. 시작 지점을 클릭하여 앵커 포인트를 만듭니다.

02 곡선 그리기 곡선 중간에서 약간 못 미친 지점을 드래그하여 가이드에 맞게 곡선을 그립니다.

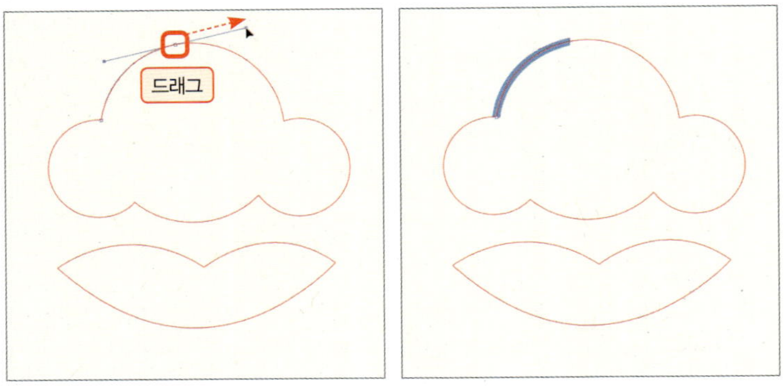

03 진행 방향에 붙은 핸들 제거하기 다음 지점으로 마우스 포인터를 가져가면 곡선이 가이드에서 벗어납니다. 곡선을 원하는 형태로 그리려면 진행 방향의 핸들을 제거해야 합니다. 핸들이 생성된 앵커 포인트로 마우스 포인터를 가져가면 마우스 포인터가 모양으로 바뀝니다. 이때 앵커 포인트를 클릭하면 진행 방향에 붙은 핸들이 제거됩니다.

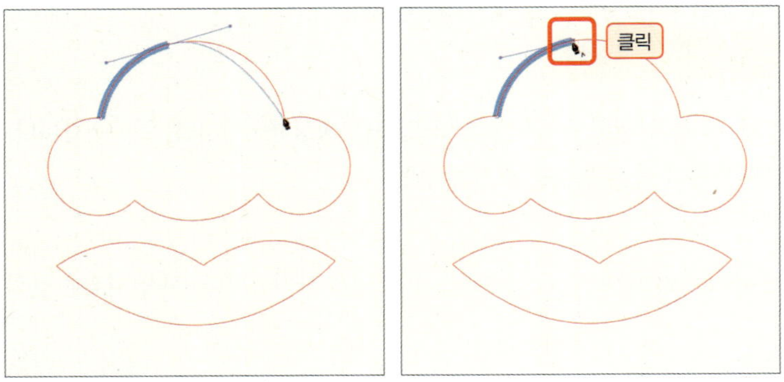

04 첫 번째 곡선 완성하기 다음 지점을 드래그하여 가이드에 맞게 곡선을 그립니다. 이어서 다음 곡선을 그려야 하므로 앵커 포인트를 클릭하여 진행 방향에 붙은 핸들을 제거합니다.

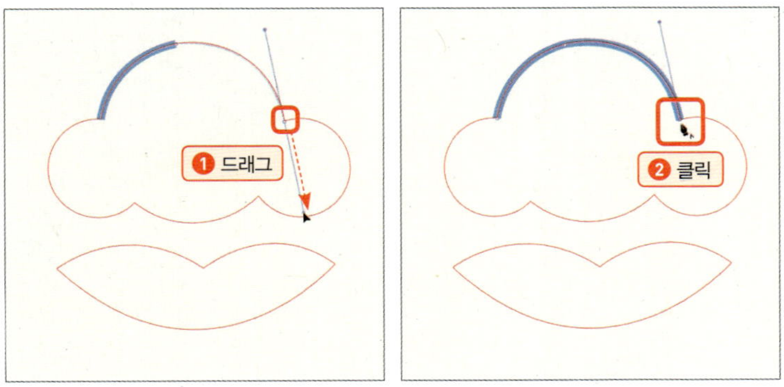

Tip 마지막 지점을 클릭하지 않고 드래그했기 때문에 진행 방향의 핸들을 제거하지 않으면 오른쪽 그림처럼 원하는 방향으로 곡선이 그려지지 않습니다. 반드시 앵커 포인트를 클릭하여 진행 방향의 핸들을 제거해야 합니다.

05 두 번째 곡선 그리기

다음 원은 두 번 만에 그리기 어려우므로 세 번에 나눠서 그리겠습니다. 1/3 지점을 드래그하여 가이드를 따라 곡선을 그린 후 앵커 포인트를 클릭하여 진행 방향의 핸들을 제거합니다. 2/3 지점을 드래그하여 가이드에 맞춰 곡선을 그리고 앵커 포인트를 클릭하여 진행 방향의 핸들을 제거합니다. 마지막 지점을 드래그하여 곡선을 완성하고 앵커 포인트를 클릭하여 진행 방향의 핸들을 제거합니다.

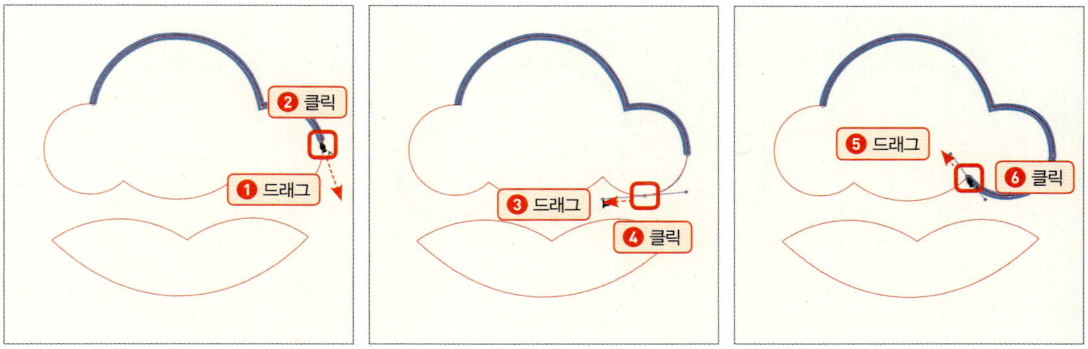

Tip 다음 지점까지 간격을 너무 넓혀 드래그하면 곡선을 자연스럽게 연결하기 어렵거나 가이드에 맞지 않을 수 있습니다. 이때는 다음 지점까지 간격을 좁혀서 드래그하는 것이 좋습니다.

06 세 번째 곡선 그리기

이번 곡선은 길이는 길지만 곡률이 크지 않으므로 한 번에 그리겠습니다. 마지막 지점을 드래그하여 가이드를 따라 곡선을 완성한 후 앵커 포인트를 클릭하여 진행 방향의 핸들을 제거합니다.

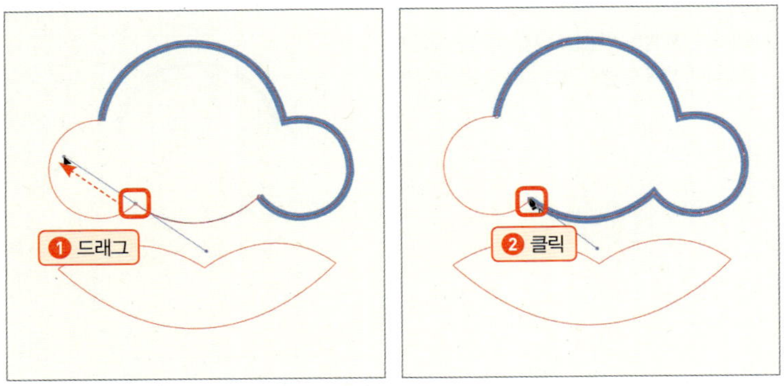

Tip 잘못 그렸을 때는 메뉴 바에서 [Edit]-[Undo Pen]을 선택하거나 Ctrl+Z를 눌러 한 단계 뒤로 돌아가면 됩니다. Ctrl+Z를 여러 번 누르면 계속해서 한 단계 뒤로 거슬러 갈 수 있는데, 원하는 지점을 지나쳤을 때는 메뉴 바에서 [Edit]-[Redo Pen]을 선택하거나 Ctrl+Shift+Z를 눌러 다시 한 단계씩 앞으로 돌아오면 됩니다.

07 구름 완성하기 마지막 곡선은 두 번 만에 그리기 어려우므로 1/3씩 패스를 나눠서 그립니다. 시작 지점으로 돌아와 클릭하거나 드래그하면 패스가 닫히면서 자동으로 펜 툴 사용이 종료됩니다.

08 입술 그리기 시작 지점을 클릭하여 앵커 포인트를 만듭니다. 윗입술 가운데 지점을 드래그하여 가이드를 따라 곡선을 그리고 앵커 포인트를 클릭하여 진행 방향의 핸들을 제거합니다.

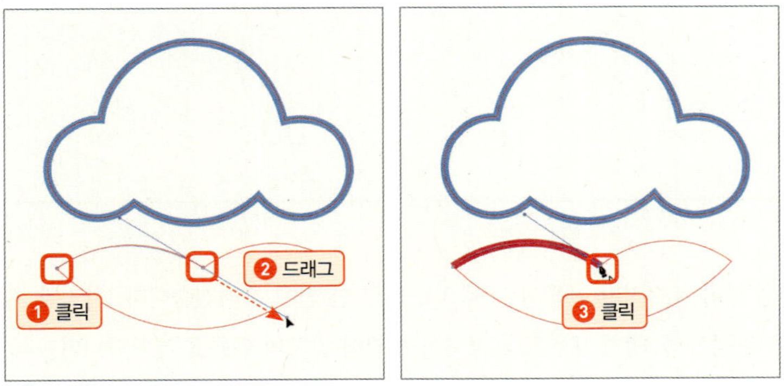

09 입술 완성하기 왼쪽 지점을 드래그하여 가이드를 따라 곡선을 그리고 앵커 포인트를 클릭하여 진행 방향의 핸들을 제거합니다. 마지막으로 아랫입술은 다른 곡선에 비해 길지만 곡률이 작으므로 한 번에 그려도 되고, 다음 그림처럼 두 번으로 나눠서 그려도 됩니다.

Tip 곡률이 작은 곡선은 큰 곡선보다 긴 패스로 한 번에 그릴 수 있습니다. 패스가 길고 짧은 것 중 무엇이 더 좋다고 할 수는 없지만 앵커 포인트 간격이 지나치게 좁으면 패스 길이가 짧아져 곡선이 직선처럼 보일 수 있고 이후에 수정하거나 보완하기가 어렵습니다. 따라서 핸들로 조절할 수 있는 곡선의 길이를 가늠하여 앵커 포인트 간격을 감각적으로 조절하는 것이 좋습니다.

Tip 핸들의 역할

핸들은 다음에 그릴 곡선을 원하는 방향으로 조절하기 위해 사용하지만 이미 그려진 곡선의 곡률이나 방향을 바꿀 때도 사용합니다. 직접 선택 툴(▷)로 수정하고자 하는 부분의 앵커 포인트를 클릭한 후 핸들이 나타나면 핸들의 끝부분을 회전시키거나 길이를 조절하여 이미 그려진 곡선의 방향과 크기를 바꿉니다.

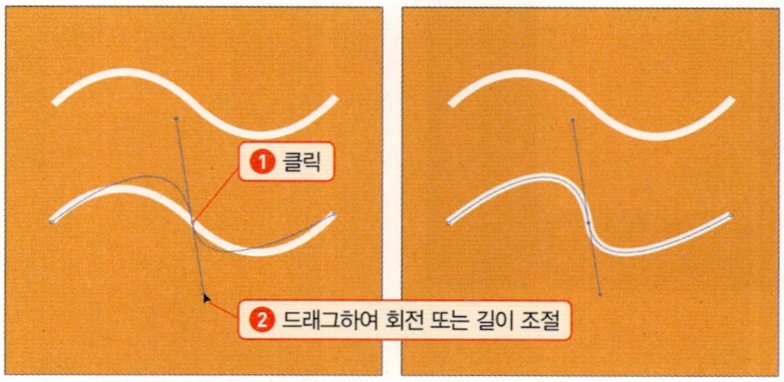

■ 핸들을 이용하여 곡선의 형태를 수정

SECTION 03

앵커 포인트 추가하기/삭제하기

• **핵심 기능 |** 앵커 포인트 추가 툴(단축키 +), 앵커 포인트 삭제 툴(단축키 -)

앵커 포인트 추가하기/삭제하기

01 직선에 앵커 포인트 추가하기 Chapter_03 ▸ Section_03 ▸ anchor.ai 파일을 불러옵니다. 앵커 포인트 추가 툴( )로 사각형 오브젝트 상단 패스 가운데를 클릭하여 앵커 포인트를 추가합니다. 직접 선택 툴( )로 추가된 앵커 포인트를 위로 드래그하여 옮깁니다. 직선 패스에 생성된 앵커 포인트가 직선으로 연결되는 것을 알 수 있습니다.

02 곡선에 앵커 포인트 추가하기 앵커 포인트 추가 툴( )로 원의 왼쪽 상단 패스를 클릭합니다. 앵커 포인트가 추가되고 좌우에 핸들이 나타납니다. 직접 선택 툴( )로 앵커 포인트를 옮기거나 핸들을 조절하여 곡선 형태를 바꿔 봅니다.

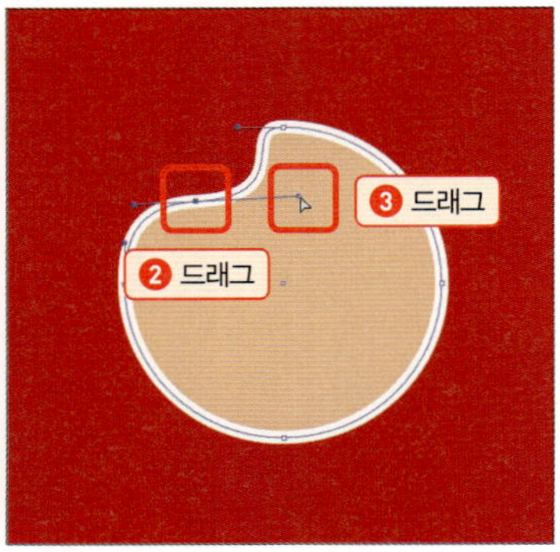

03 앵커 포인트 삭제하기 앵커 포인트 삭제 툴()로 사각형 오브젝트 상단의 왼쪽 앵커 포인트를 클릭합니다. 클릭한 지점의 앵커 포인트가 삭제되면서 양쪽 앵커 포인트가 직선 패스로 연결됩니다.

■ 직선으로 연결된 패스

04 앵커 포인트 삭제 툴()로 원형 오브젝트 상단의 가운데 앵커 포인트도 클릭합니다. 클릭한 지점의 앵커 포인트가 삭제되면서 곡선 패스로 연결됩니다.

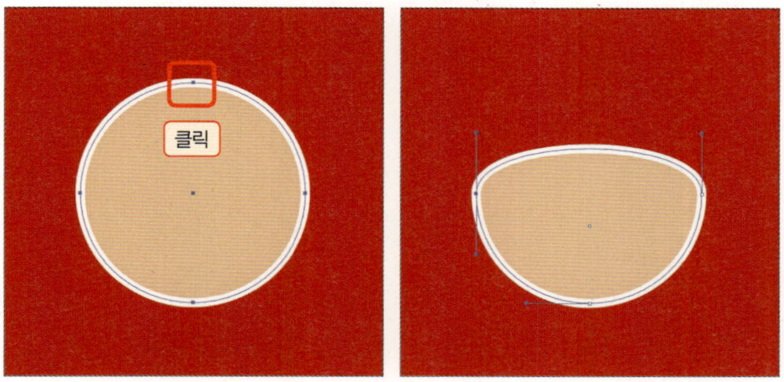

■ 곡선으로 연결된 패스

SECTION 04

직선을 곡선으로, 곡선을 직선으로 바꾸기

• **핵심 기능 |** 앵커 포인트 전환 툴 (단축키 Shift+C)

앵커 포인트 전환 툴의 기능 익히기

01 곡선을 직선으로 바꾸기 Chapter_03 ▸ Section_04 ▸ convert.ai 파일을 불러옵니다. 앵커 포인트 전환 툴( )로 원형 오브젝트의 상단 가운데 앵커 포인트를 클릭합니다. 곡선이 직선으로 바뀝니다. 나머지 세 군데 앵커 포인트도 클릭하여 마름모로 바꿉니다.

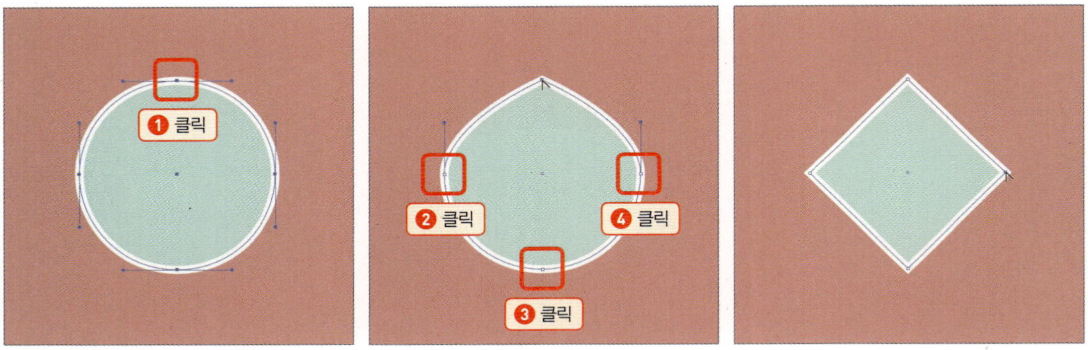

02 직선을 곡선으로 바꾸기 앵커 포인트 전환 툴( )로 사각형 오브젝트의 상단 가운데 앵커 포인트를 드래그합니다. 직선이 곡선으로 바뀝니다. 곡선에 있는 앵커 포인트는 클릭만 하면 직선으로 바뀌지만 직선에 있는 앵커 포인트는 드래그하여 핸들을 원하는 방향과 크기로 조절해 주어야 합니다.

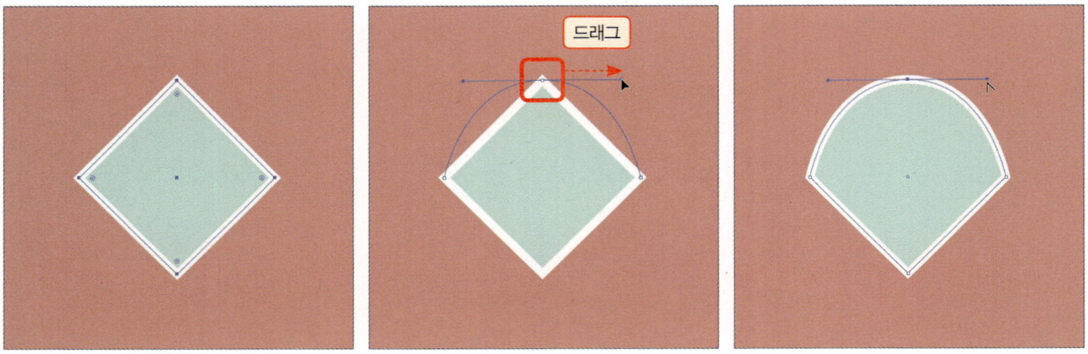

Tip 앵커 포인트 전환 툴([N])로 곡선을 직선으로 바꾸기는 쉽지만 직선을 곡선으로 바꿔 원형 오브젝트를 만들기는 쉽지 않습니다. 이럴 때는 도형 툴로 원형 오브젝트를 다시 그리는 것이 좋습니다.

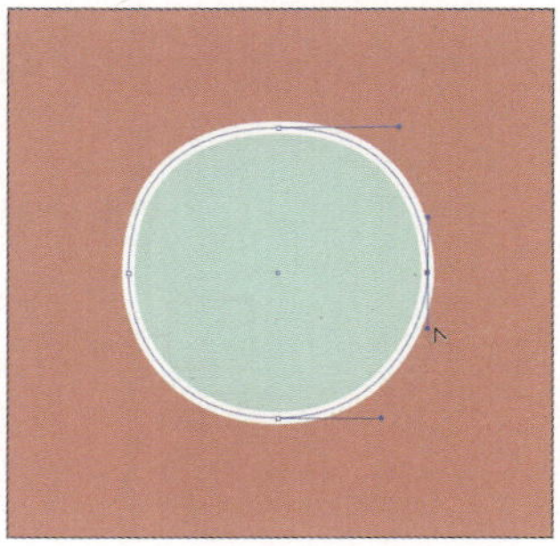

• **준비 파일** castle_guide.ai • **완성 파일** castle_result.ai

응용 예제 | 성 그리기

펜 툴([펜])로 가이드를 따라 멋진 성을 그리고 채색해 봅니다.

■ 가이드 이미지

■ 완성 이미지

01 Chapter_03 ▸ Section_04 ▸ castle_guide.ai 파일을 불러옵니다.

02 펜 툴()로 가운데 지붕의 꼭대기를 클릭하고 가이드를 따라 나머지 앵커 포인트를 클릭합니다. 시작 지점으로 돌아오면 닫힌 삼각형이 만들어집니다.

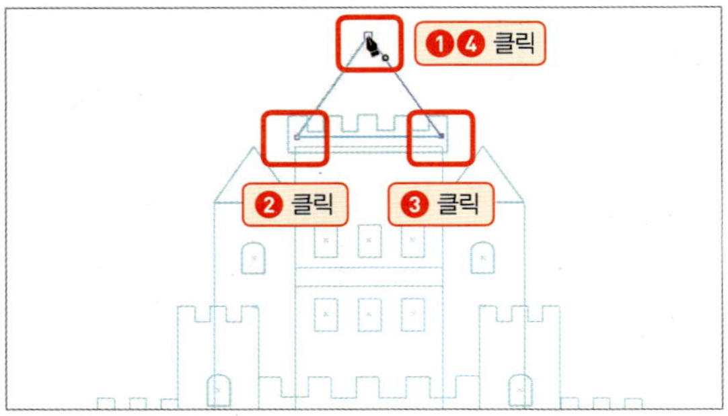

03 지붕 오브젝트가 선택된 상태에서 메뉴 바의 [Window]−[Swatches]를 선택합니다. 색상 견본 패널에서 자주색을 클릭하여 면을 채웁니다.

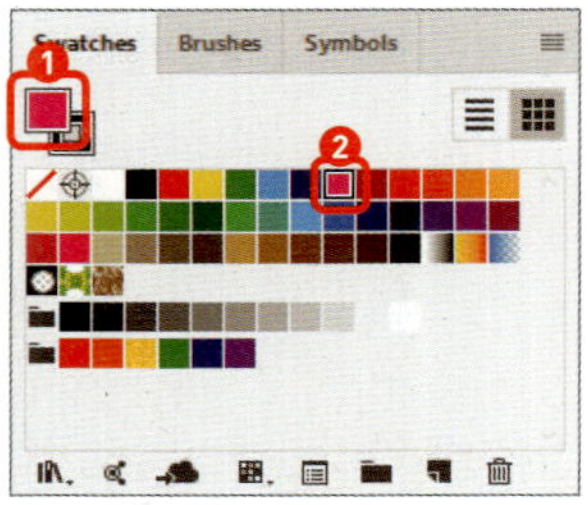

Tip 툴 박스에서 면 색 사각형이 선 색 사각형 앞에 있어야 면의 색상이 지정됩니다. 면 색 사각형이 선 색 사각형 뒤에 있다면 면 색 사각형을 클릭하여 앞으로 바꿉니다.

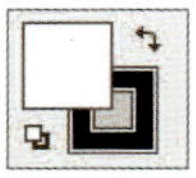

04 선택 툴()로 지붕 오브젝트를 선택한 후 Alt를 누른 채 드래그하여 복제합니다. 복제한 지붕은 바운딩 박스의 모서리를 드래그하여 왼쪽 지붕의 가이드에 맞게 축소합니다.

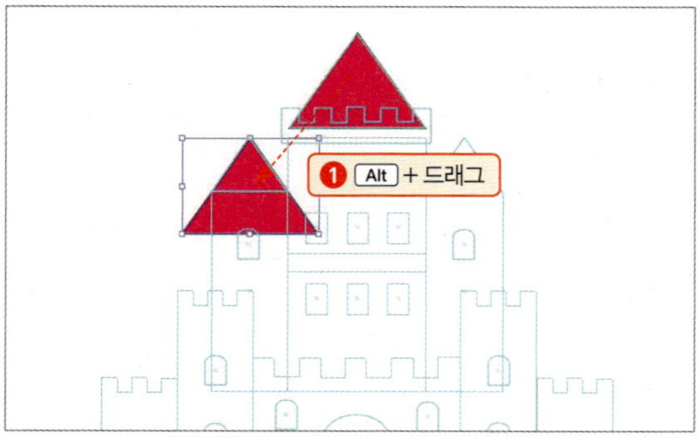

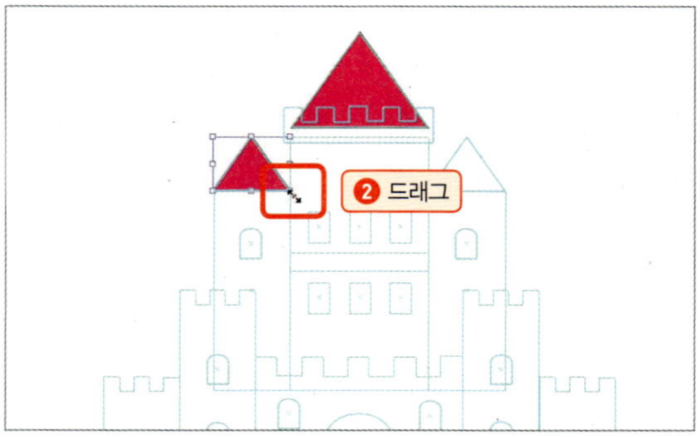

05 선택 툴(▶)로 왼쪽 지붕을 선택한 후 Alt 를 누른 채 드래그하여 오른쪽 지붕으로 복제합니다.

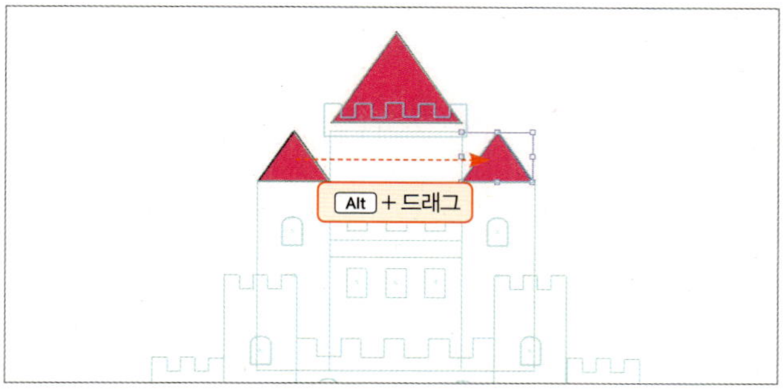

06 펜 툴(✒)로 가운데 벽면의 왼쪽 상단 앵커 포인트를 클릭합니다. Shift 를 누른 채 가이드를 따라 나머지 앵커 포인트를 클릭한 후 시작 지점으로 돌아와 닫힌 사각형을 만듭니다. 앞에서 면 색을 자주색으로 설정했기 때문에 벽면을 그리는 동안 면이 자주색으로 채워집니다. 색상 견본 패널에서 밝은 회색을 클릭해 사각형 색상을 바꿉니다.

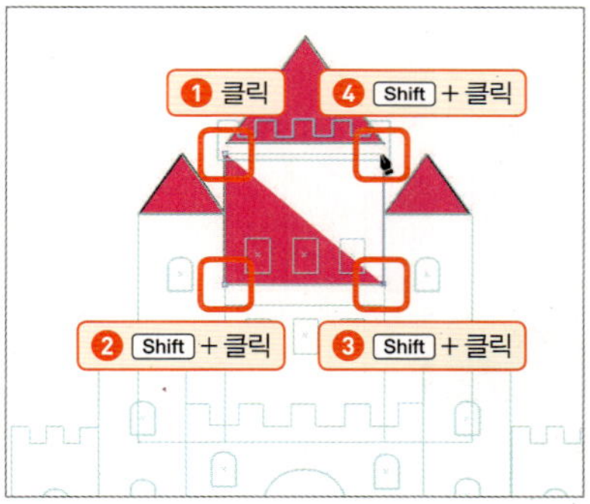

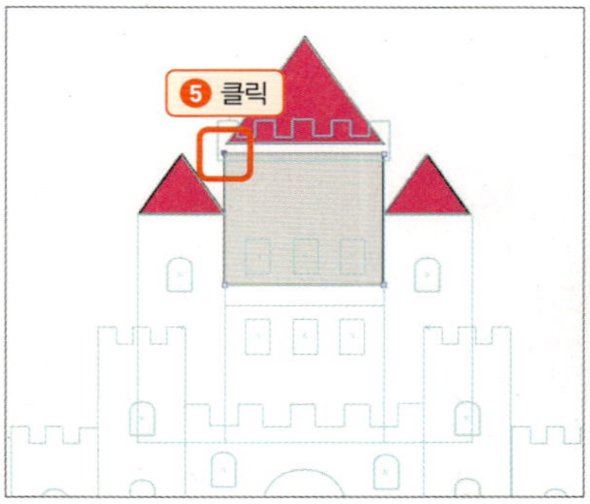

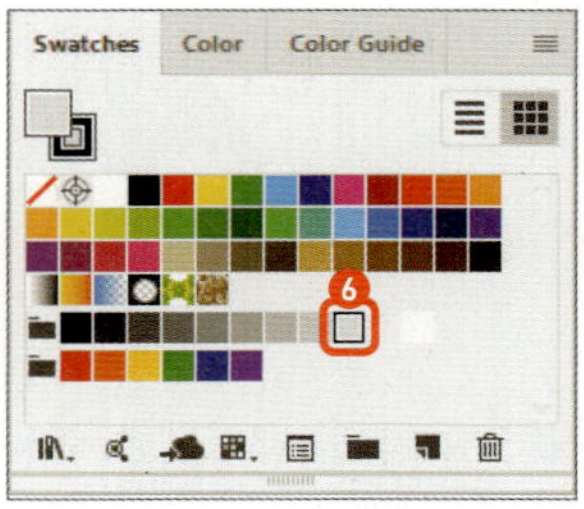

Tip 사각형에서는 시작 지점을 마지막으로 클릭하지 않아도 면이 채워진 것처럼 보입니다. 하지만 오브젝트가 닫힌 상태가 아닌 열린 상태이므로 반드시 시작 지점으로 돌아가 오브젝트를 닫습니다.

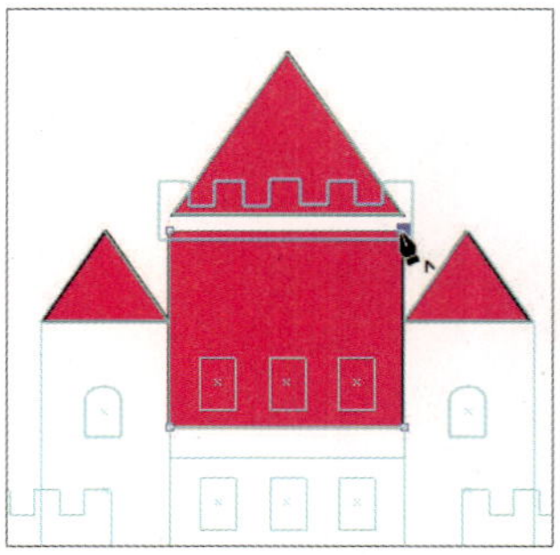

■ 열린 상태

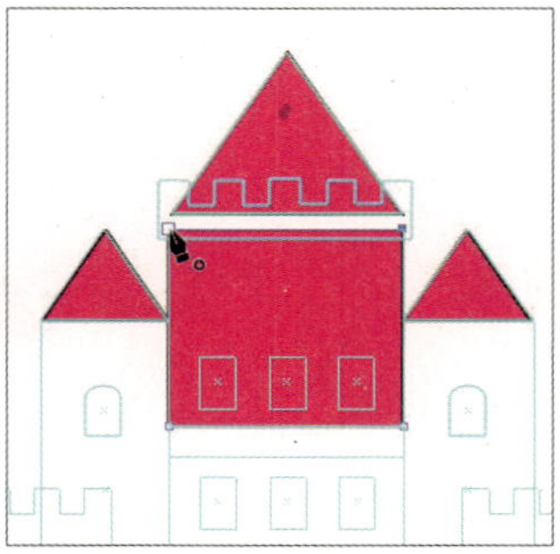

■ 닫힌 상태

07 가운데 벽면이 선택된 상태에서 선택 툴(▶)로 [Alt]를 누른 채 드래그하여 아래쪽 벽면으로 복제합니다. 바운딩 박스를 드래그하여 가이드에 맞춰 크기를 조절합니다.

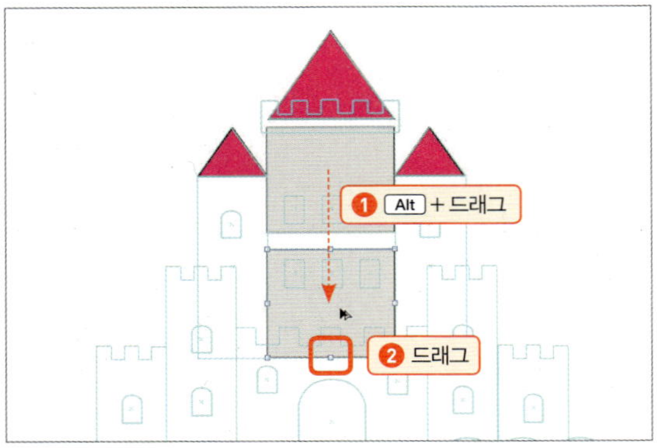

08 [Shift]를 누른 채 펜 툴(✒)로 벽과 벽 사이에 닫힌 사각형을 그립니다. 색상 견본 패널에서 중간 밝기 회색을 클릭해 사각형을 회색으로 채웁니다.

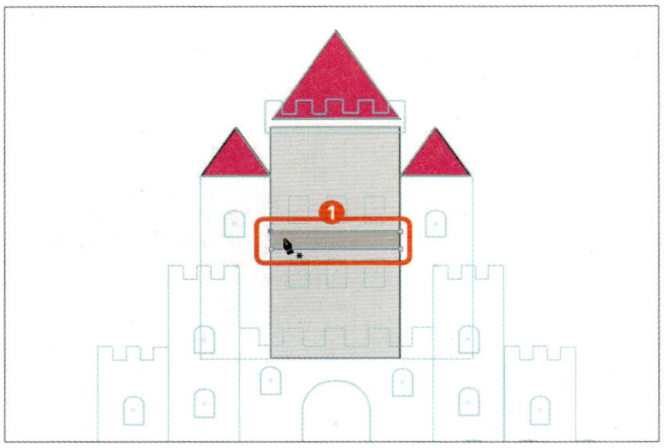

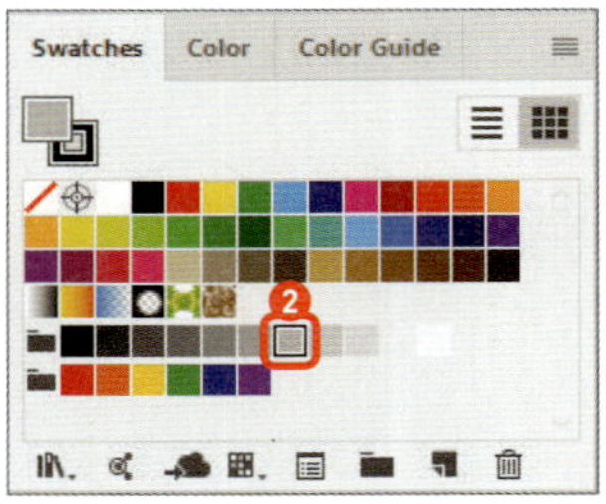

09 [Shift]를 누른 채 펜 툴(✒)로 가운데 성벽 오브젝트의 가이드를 따라 도형을 그립니다.

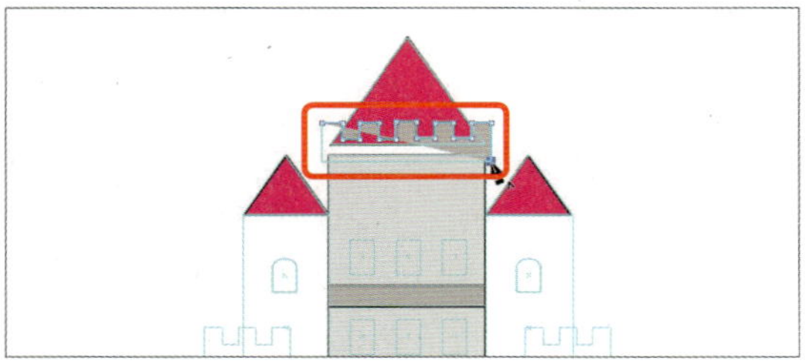

Tip 복잡한 오브젝트를 그릴 때는 [Ctrl]+[+]를 눌러 화면을 확대한 후 작업합니다. 반대로 [Ctrl]+[-]를 누르면 화면이 축소됩니다.

10 Shift를 누른 채 펜 툴( )로 성의 왼쪽 벽면을 그립니다. 선택 툴( )로 Alt를 누른 채 오른쪽 벽면으로 드래그하여 복제합니다.

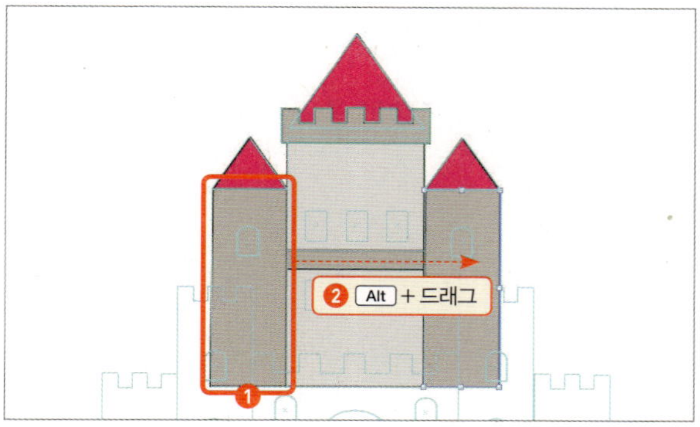

11 Shift를 누른 채 펜 툴( )로 맨 아래에 있는 성벽을 그립니다. 선택 툴( )로 Alt를 누른 채 드래그하여 성벽을 3개 복제하고 다음과 같이 배치합니다. 성벽 2개는 색상 견본 패널에서 밝은 회색을 클릭하여 색상을 채웁니다.

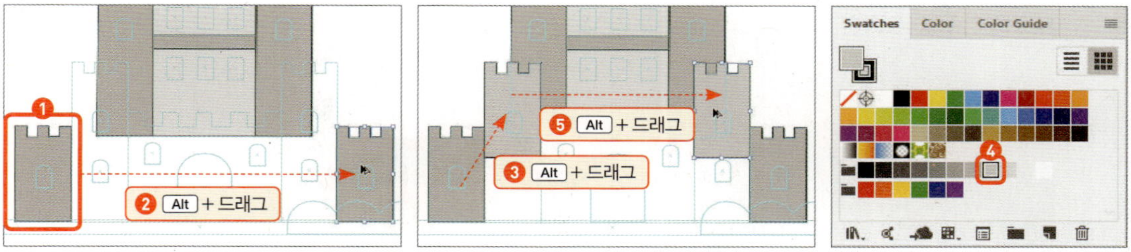

12 성벽의 높이가 다르기 때문에 직접 선택 툴( )로 왼쪽 성벽의 아래 앵커 포인트를 선택한 후 Shift를 누르고 오른쪽의 앵커 포인트도 함께 선택합니다. 직접 선택 툴( )로 선택한 앵커 포인트와 앵커 포인트 사이의 패스를 아래로 드래그하여 성벽의 길이를 가이드에 맞게 늘립니다.

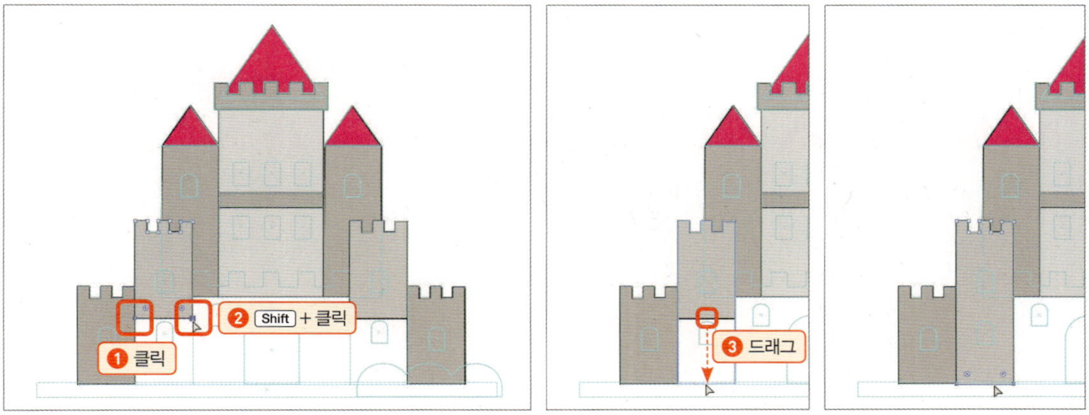

13 같은 방법으로 오른쪽 성벽을 늘립니다.

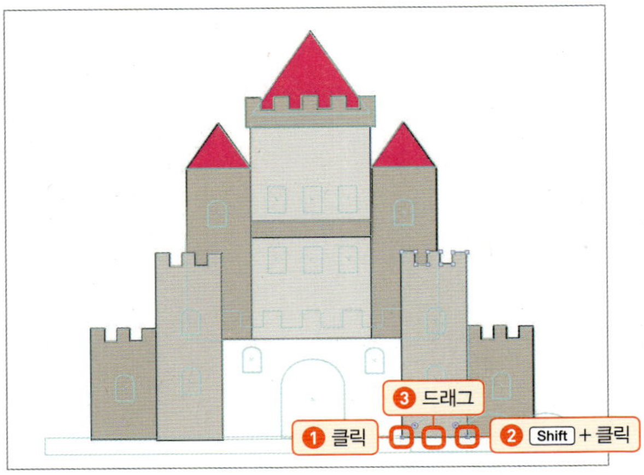

14 펜 툴( )로 성의 중앙 성벽도 그리고 색상 견본 패널에서 주위 회색보다 밝은 회색을 클릭하여 색상을 채웁니다.

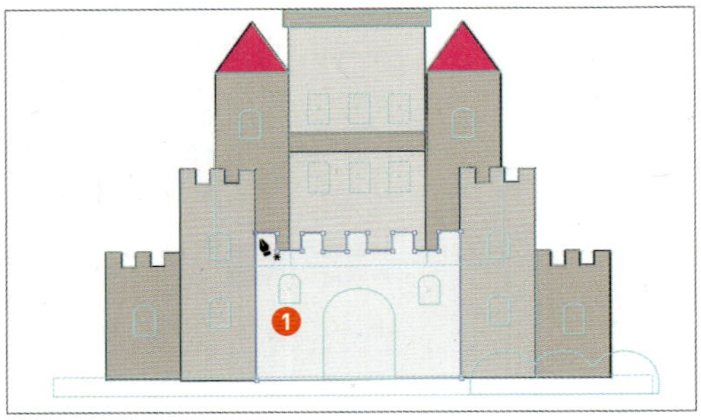

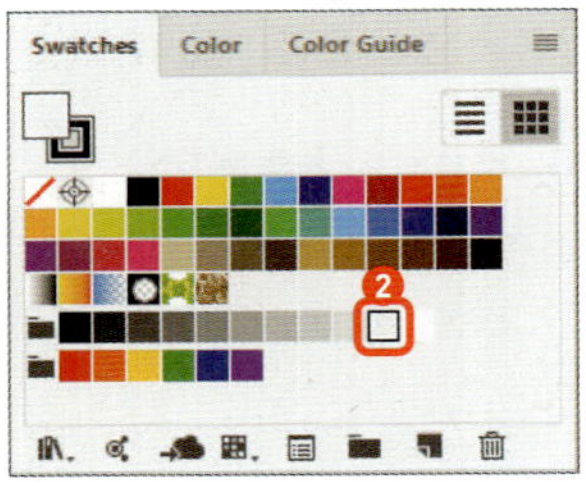

15 펜 툴( )로 사각형 창을 그린 후 색상 견본 패널에서 주위 회색보다 어두운 회색을 클릭해 색상을 채웁니다. 선택 툴( )로 Alt 를 누른 채 드래그하여 창을 6개 복제합니다.

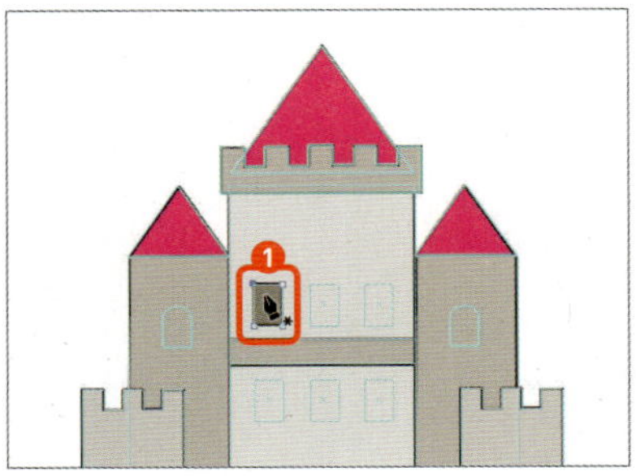

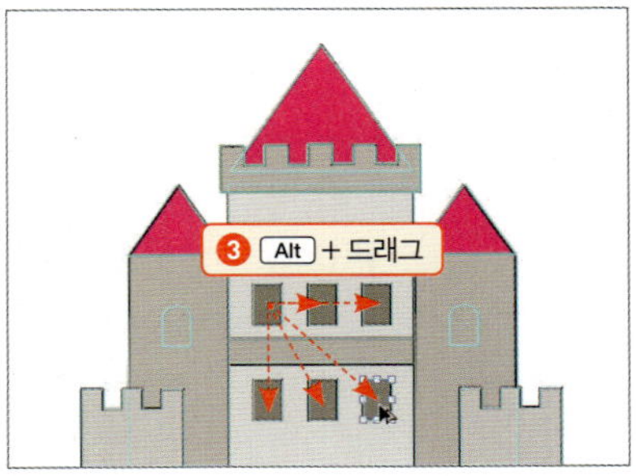

16 펜 툴(✎)로 오른쪽 벽면 창의 가이드를 무시하고 오각형을 그립니다. 앵커 포인트 전환 툴(⌃)로 오각형 상단의 앵커 포인트를 드래그하여 직선을 곡선으로 바꿉니다.

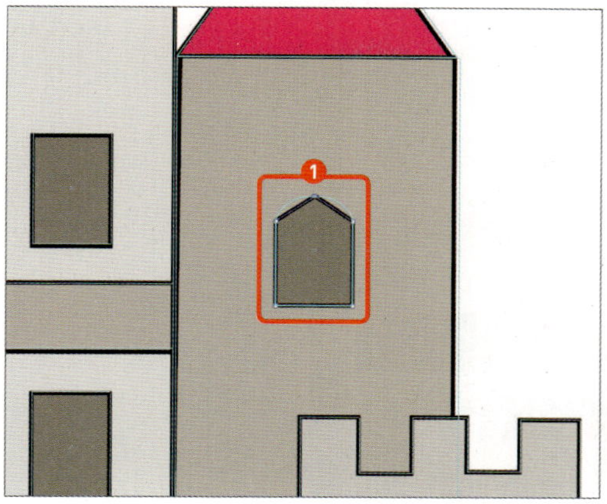

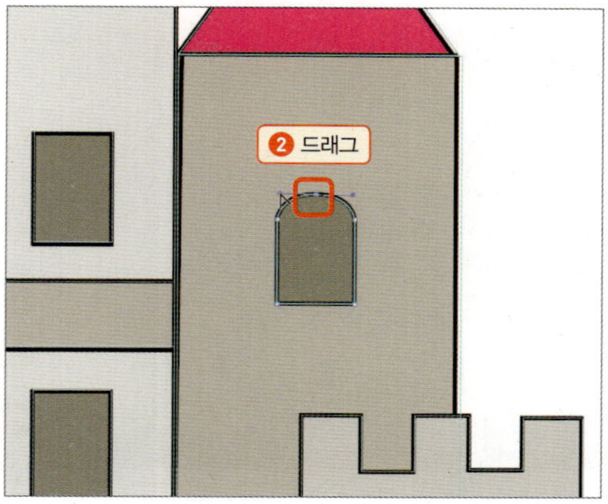

17 선택 툴(▶)로 완성한 곡선 창을 Alt 를 누른 채 드래그하여 10개 더 복제한 후 다음과 같이 배치합니다. 가운데 문으로 사용한 곡선 창은 바운딩 박스를 드래그하여 크기를 늘리고 직접 선택 툴(▷)로 앵커 포인트 위치와 핸들 양끝 방향점을 조절하여 가이드에 맞게 조정합니다.

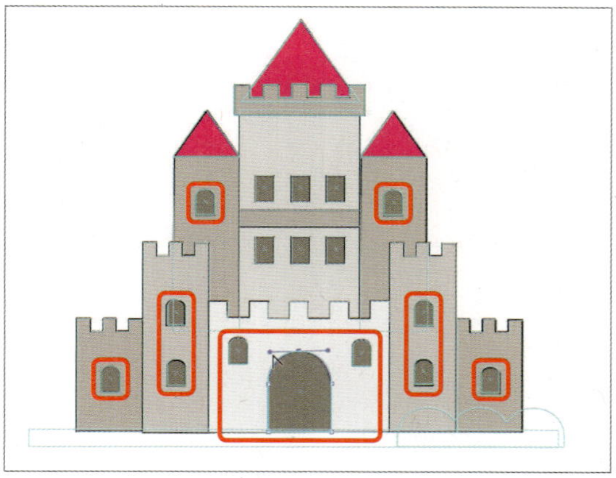

18 펜 툴(✎)로 성 바로 밑에 사각형을 그리고 색상 견본 패널에서 연두색을 클릭해 색상을 채웁니다.

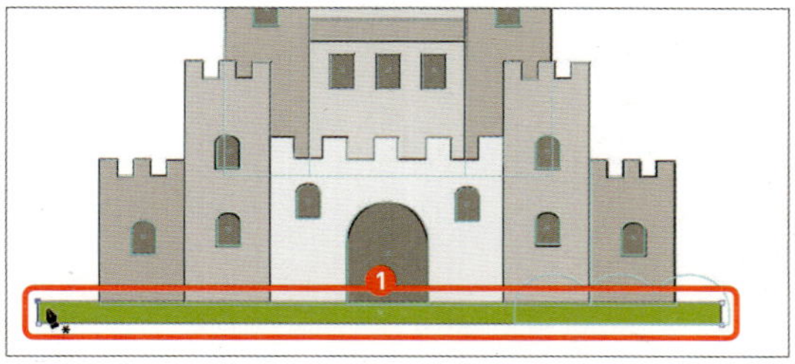

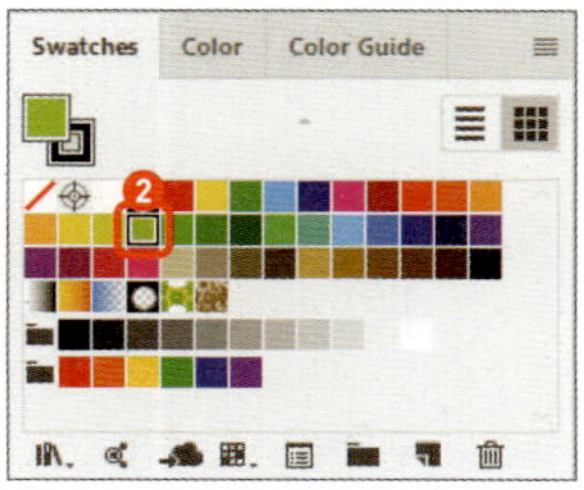

19 펜 툴()로 오른쪽 화단을 가이드를 따라 핸들을 조절해 가면서 그립니다. 색상 견본 패널에서 녹색을 클릭해 색상을 채워 성을 완성합니다.

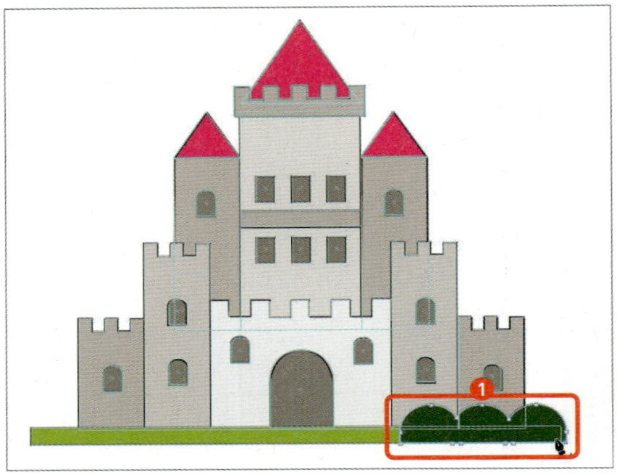

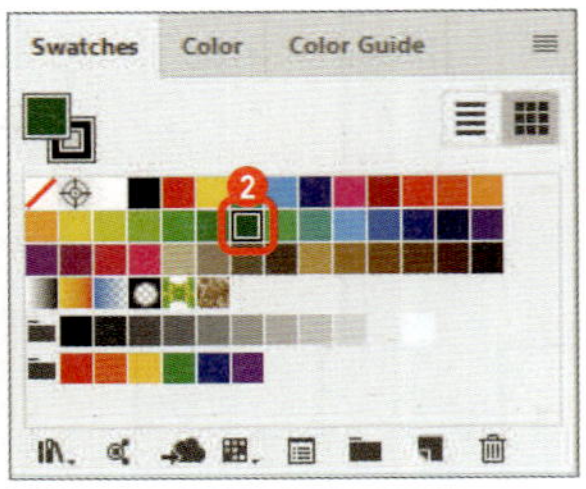

혼자해보기 | 펜 툴로 물고기 그리기

• **준비 파일** fish_guide.ai • **완성 파일** fish_result.ai

펜 툴을 이용해 다양한 곡선으로 그려진 물고기를 그려 봅니다.

■ 가이드 이미지

■ 완성 이미지

SECTION

05 곡률을 보며 곡선 그리기

• **핵심 기능 |** 곡률 전환 툴(단축키 Shift+~)

곡률 전환 툴로 곡선 그리기

곡률 전환 툴( )은 클릭한 지점을 지지대 삼아 다음 지점과 연결되는 곡선을 가이드로 보여 줍니다. 따라서 가이드 형태를 보면서 곡선을 쉽게 그릴 수 있습니다. 또한 무빙 앵커 포인트를 드래그하여 이미 그려진 곡선의 크기나 곡률도 변경할 수 있습니다.

01 시작 지점 클릭하기 Chapter_03 ▸ Section_05 ▸ flower.ai 파일을 불러옵니다. 곡률 전환 툴( )로 시작 지점을 클릭한 후 위로 조금 떨어진 지점을 클릭합니다.

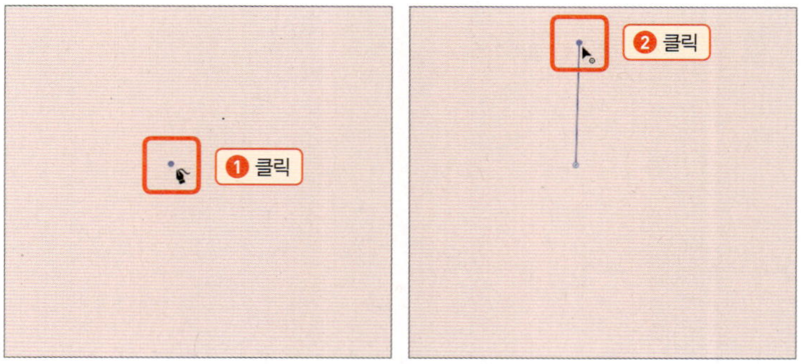

02 꽃잎 형태 만들기 마우스 포인터를 움직여 보면 두 번째 클릭한 지점을 지지대 삼아 곡선 형태가 만들어집니다. 오른쪽으로 조금 떨어진 지점과 바로 아래 지점을 클릭하여 꽃잎 형태가 되도록 만듭니다.

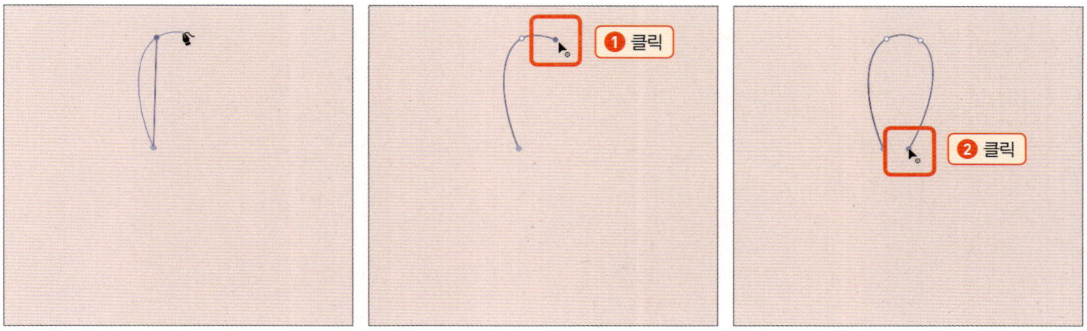

03 자연스러운 곡선 형태 만들기 두 번째 꽃잎을 그리려면 다음 지점으로 마우스 포인터를 옮깁니다. 앞에서 그린 곡선이 변형되는데 일단은 다음 지점을 클릭하여 곡선을 만들고 이어서 오른쪽 아래 지점도 클릭합니다. 자연스럽지 않은 꽃잎과 꽃잎의 연결 부분을 더블클릭하여 매끄러운 굴곡을 각지게 바꿔 줍니다. 이처럼 원하는 형태가 아닌 곡선 부분 또는 앵커 포인트를 더블클릭하면 각이 생깁니다.

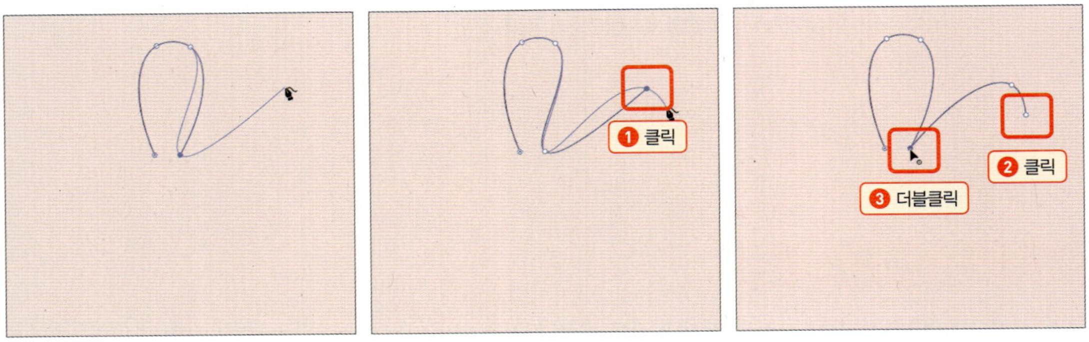

04 같은 방법으로 계속해서 꽃 모양을 만듭니다. 시작 지점으로 돌아와 클릭하면 곡률 전환 툴 사용이 종료됩니다.

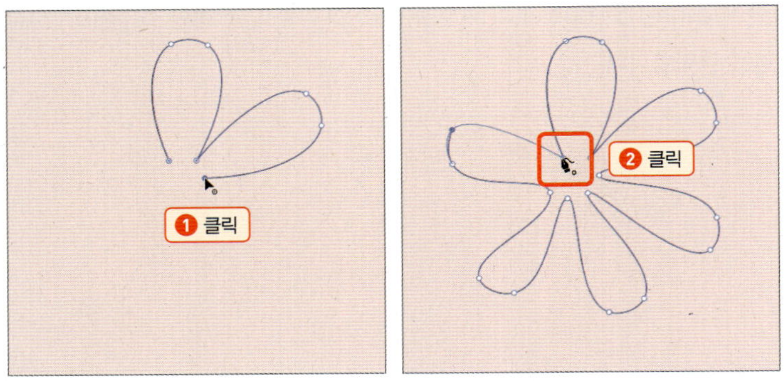

05 완성하기 곡률 전환 툴( )이 계속 선택된 상태로 패스를 드래그하면 곡선 형태를 수정할 수 있습니다. 원하는 꽃 모양으로 만든 후 옵션 바에서 면 색과 선 색, Stroke를 설정하여 완성합니다.

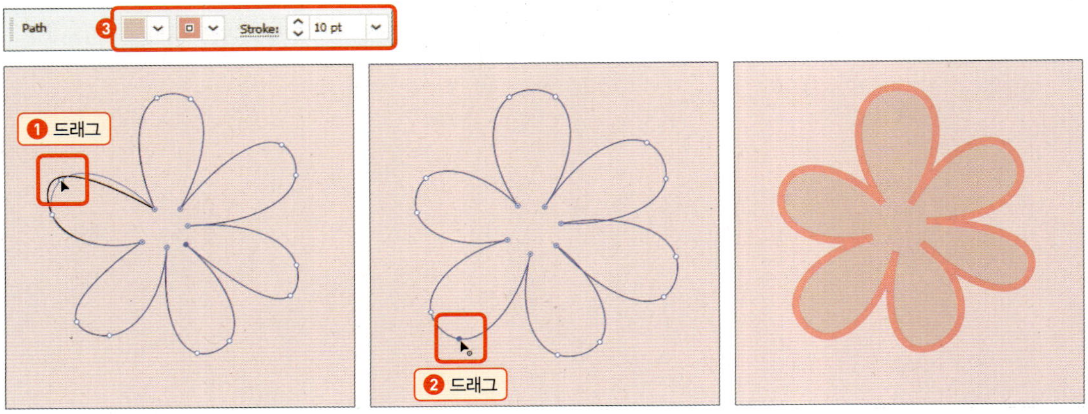

응용 예제 배트맨 그리기

곡률 전환 툴( )로 가이드를 따라 배트맨 모양을 그려 봅니다.

■ 가이드 이미지 ■ 완성 이미지

01 Chapter_03 ▸ Section_05 ▸ batman_guide.ai 파일을 불러옵니다. 옵션 바에서 면 색을 색상 없음, 선 색을 흰색으로 설정합니다.

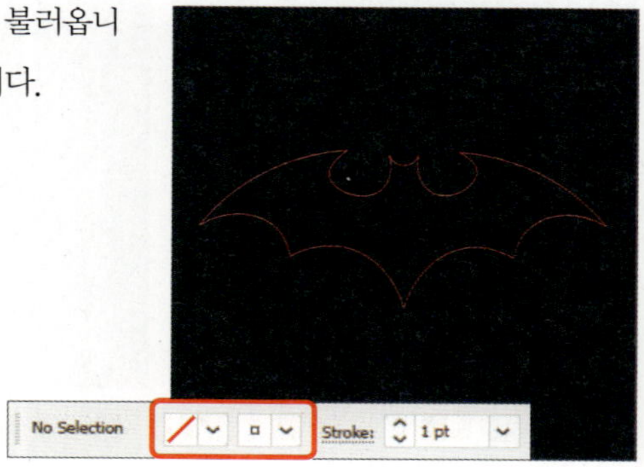

02 곡률 전환 툴( )로 시작 지점을 클릭한 후 Alt 를 누른 채 왼쪽 날개의 아래쪽 꼭짓점을 클릭합니다. Alt 를 누른 채 클릭하면 마우스 포인터를 따라 곡선이 생기지 않으므로 직선을 그릴 수 있습니다.

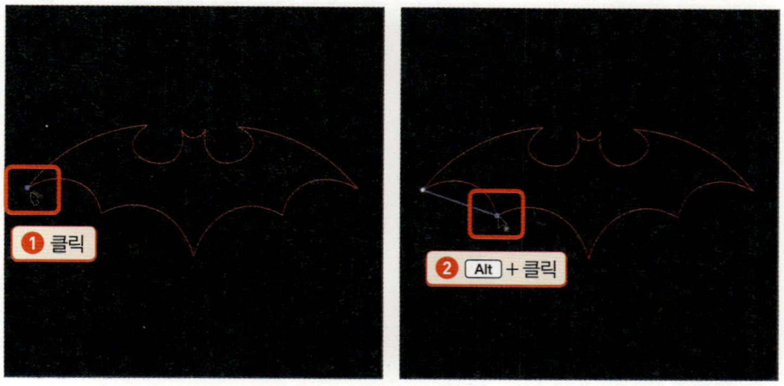

03 계속해서 Alt 를 누른 채 배트맨의 각 꼭짓점을 클릭합니다. 마지막 시작 지점으로 돌아와 Alt 에서 손가락을 떼고 클릭합니다.

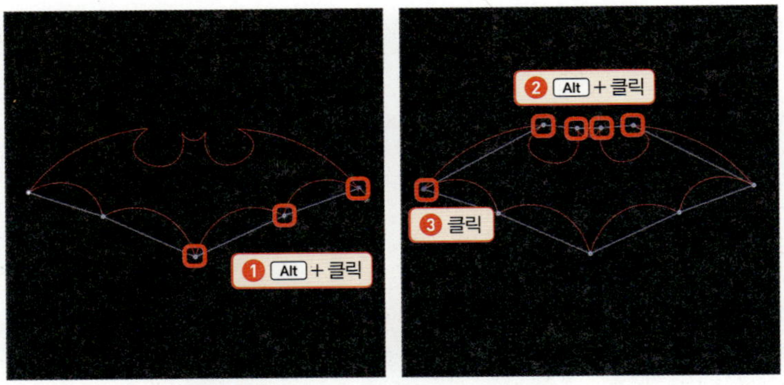

04 곡률 전환 툴( )로 패스를 가이드 쪽으로 드래그하면 직선이 곡선으로 바뀝니다. 클릭한 패스 위에 생성되는 무빙 앵커 포인트 위치에 따라 곡선의 곡률과 형태를 조절할 수 있습니다.

05 오른쪽 날갯죽지처럼 곡률 전환 툴( )을 드래그해도 곡선이 한 번에 그려지지 않을 때는 기존 앵커 포인트와 앵커 포인트 사이에 있는 패스를 드래그하여 무빙 앵커 포인트를 추가로 생성한 후 가이드에 맞게 드래그합니다.

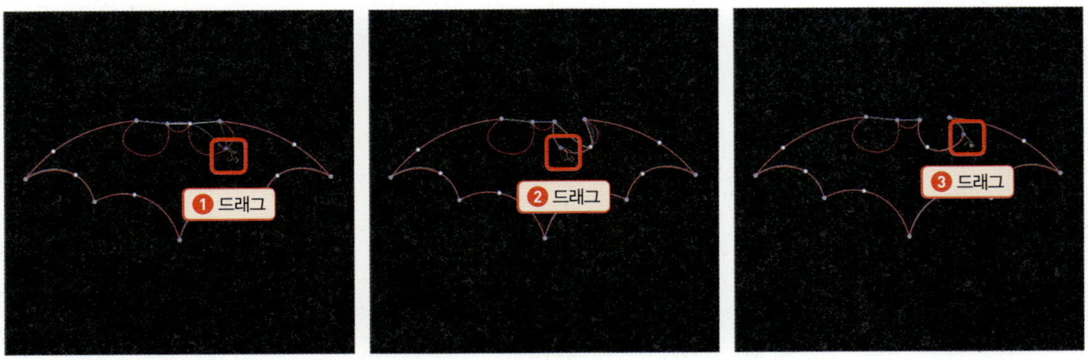

06 왼쪽 날갯죽지 곡선도 한 번에 그려지지 않습니다. 무빙 앵커 포인트를 추가로 생성하여 가이드에 맞게 그립니다. 옵션 바에서 면 색을 빨간색으로 설정하여 배트맨을 완성합니다.

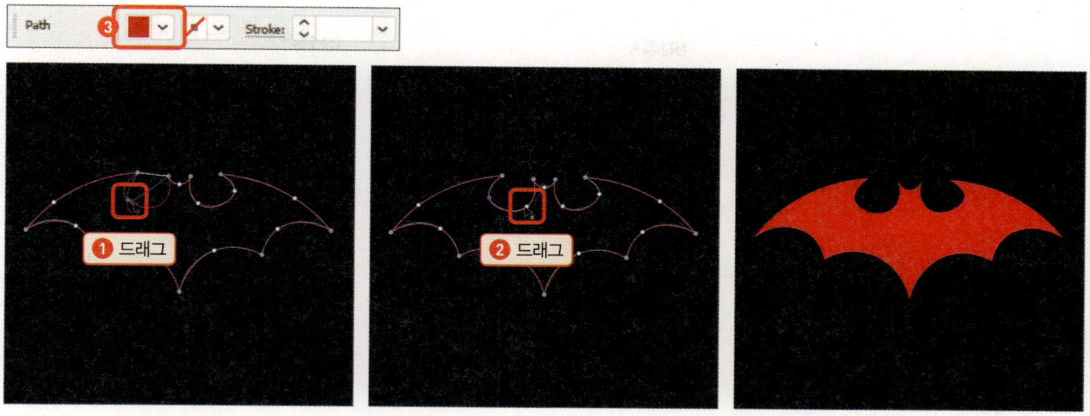

CHAPTER

04

도형 그리기

펜 툴로 정원을 그려 보면 모양을 정확하게 그리기도 어렵고 시간도 오래 걸립니다. 이럴 때 도형 툴을 이용하면 모양을 빠르고 정확하게 그릴 수 있습니다. 사각형 툴, 원형 툴, 다각형 툴, 별 툴을 이용하여 도형을 그리고 여러 도형을 합치거나 잘라내는 방식으로 오브젝트를 변형하는 방법을 알아봅니다.

01 ⁄ **사각형/원형 그리기** ▶ 사각형 툴, 모서리가 둥근 사각형 툴, 원형 툴

02 ⁄ **다각형 그리기** ▶ 다각형 툴

03 ⁄ **별 모양 그리기** ▶ 별 툴

SECTION 01

사각형/원형 그리기

• **핵심 기능 |** 사각형 툴(단축키 M), 모서리가 둥근 사각형 툴, 원형 툴(단축키 L)

기본 사각형과 원형 그리기

01 사각형 그리기 Chapter_04 ▸ Section_01 ▸ rectangle.ai 파일을 불러옵니다. 사각형 툴( )을 선택하고 옵션 바에서 면 색과 선 색을 원하는 색상으로 바꾸고 Stroke도 원하는 굵기로 입력합니다. 화면을 드래그하면 다양한 사각형을 그릴 수 있습니다.

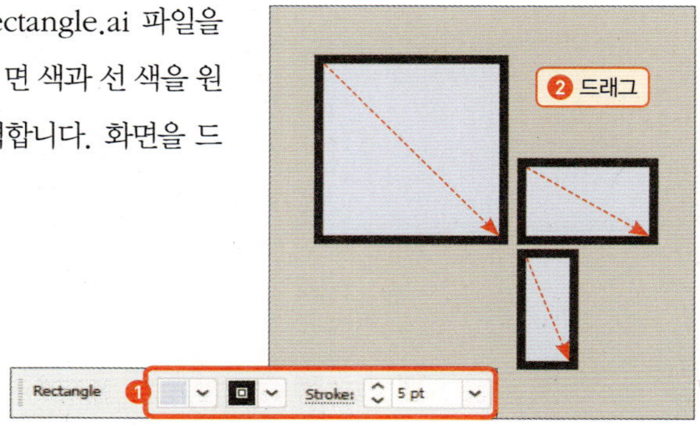

02 정사각형 그리기 사각형 툴( )로 Shift를 누른 채 드래그합니다. 클릭한 지점에서 드래그하는 방향으로 정사각형이 그려집니다. Alt+Shift를 누른 채 드래그합니다. 클릭한 지점이 중심이 되어 상하좌우로 커지면서 정사각형이 그려집니다.

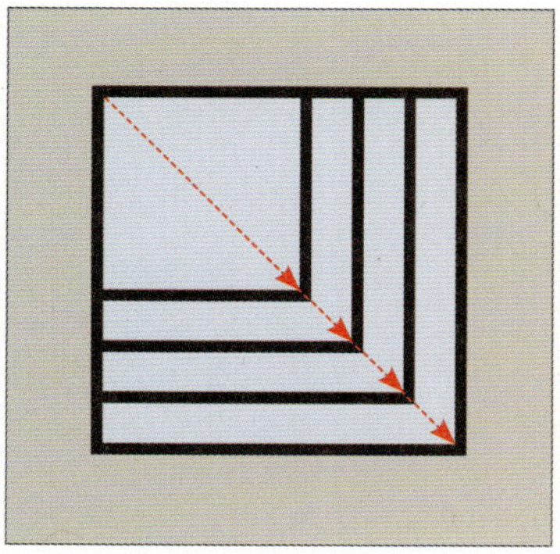

■ Shift를 누른 채 드래그

■ Alt+Shift를 누른 채 드래그

Tip Shift와 Alt를 눌러 정사각형을 그리는 원리는 다른 도형에서도 똑같이 적용됩니다.

03 원 그리기 원형 툴(◎)을 선택하고 화면을 드래그합니다. 다양한 원을 그릴 수 있습니다.

04 정원 그리기 원형 툴(◎)로 Shift를 누른 채 드래그합니다. 클릭한 지점에서 드래그하는 방향으로 정원이 그려집니다. Alt+Shift를 누른 채 드래그합니다. 클릭한 지점이 중심이 되어 상하좌우로 커지며 정원이 그려집니다.

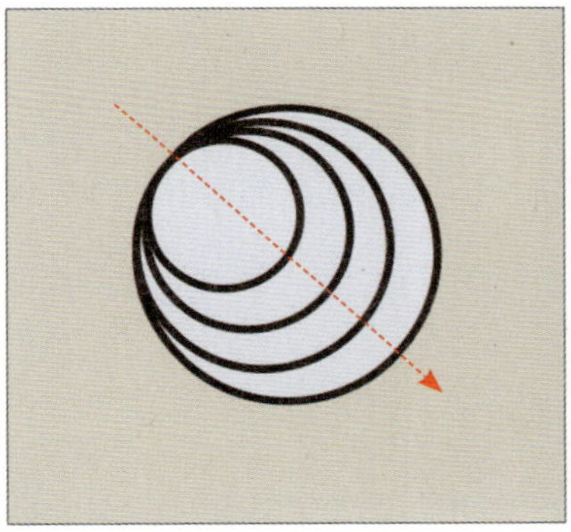

■ Shift를 누른 채 드래그

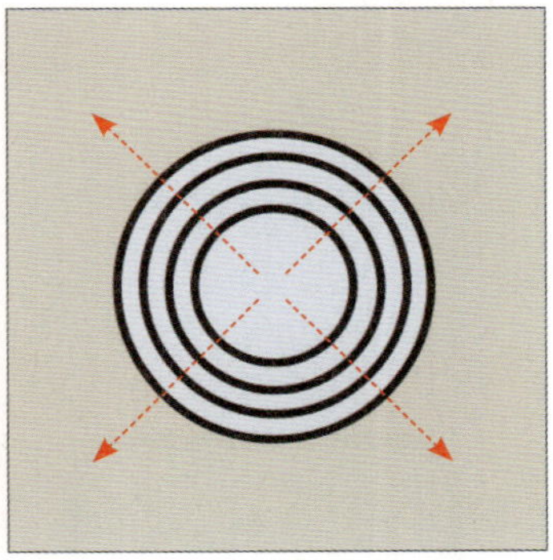

■ Alt+Shift를 누른 채 드래그

05 값을 입력하여 사각형 그리기 사각형 툴(□)을 선택하고 화면을 클릭합니다. 옵션 창에서 원하는 Width(너비)와 Height(높이)를 입력한 후 〈OK〉를 클릭하면 입력한 크기대로 사각형이 그려집니다.

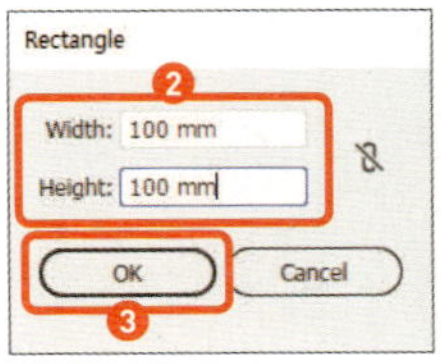

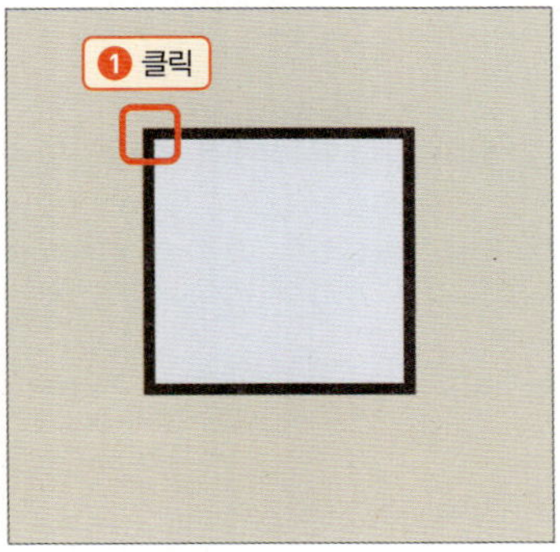

Tip 각 도형 툴을 선택하고 화면을 클릭하면 도형마다 크기와 각도를 입력할 수 있는 옵션 창이 나타납니다.

라이브 코너 이용하기

사각형 같이 모서리가 있는 도형을 선택 툴(▶)로 선택하면 오브젝트 내부에 작은 위젯이 나타납니다. 위젯을 드래그하면 모서리를 다양하게 변형할 수 있습니다.

01 위젯 확인하기 Chapter_04 ▸ Section_01 ▸ corner.ai 파일을 불러옵니다. 사각형 툴(□)로 Shift를 누른 채 드래그하여 정사각형을 그리고 선택 툴(▶)로 클릭하여 선택합니다. 모서리마다 작은 위젯이 나타납니다.

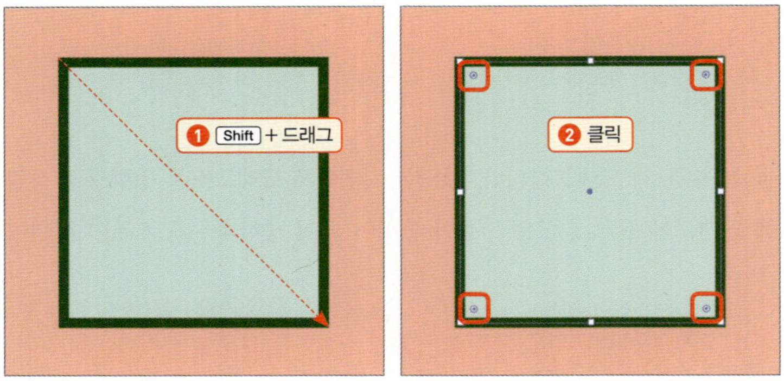

02 모서리 둥글게 하기 위젯에 마우스 포인터를 가져가면 마우스 포인터가 ▷ 모양으로 바뀝니다. 이때 위젯을 안쪽으로 드래그하면 드래그한 만큼 모서리가 둥글어집니다.

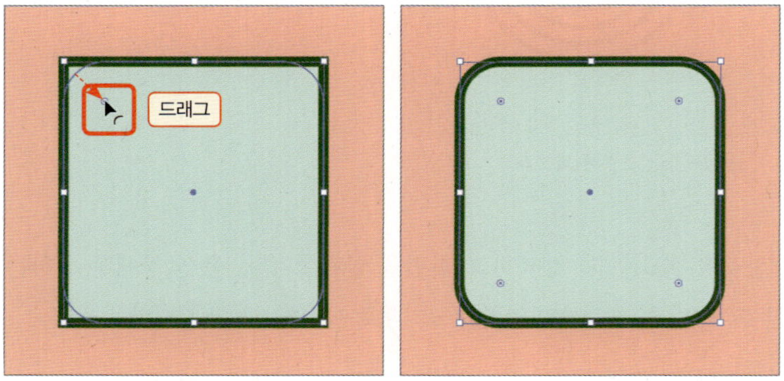

03 한쪽 모서리만 둥글게 하기 직접 선택 툴(▷)로 왼쪽 상단의 위젯을 클릭하고 안쪽으로 드래그합니다. 선택한 위젯의 모서리만 둥글어집니다.

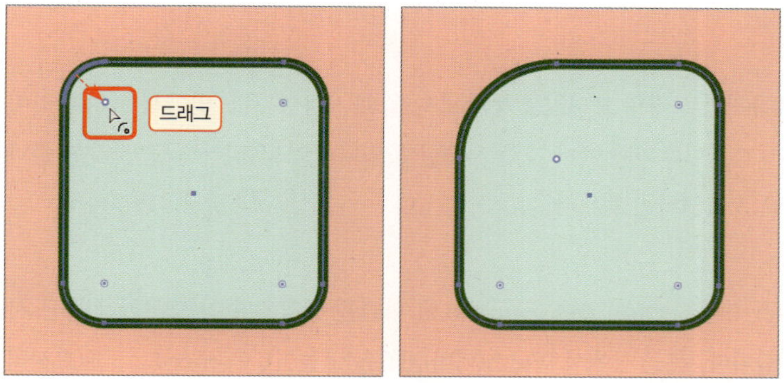

04 여러 모서리를 한꺼번에 둥글게 하기 직접 선택 툴(▷)로 오른쪽 상단 위젯을 클릭한 후 Shift를 누른 채 왼쪽 위젯도 클릭하여 위젯 두 개를 선택합니다. 선택된 위젯 중 하나를 안쪽으로 드래그하면 선택된 모서리가 모두 같은 곡률로 둥글어집니다.

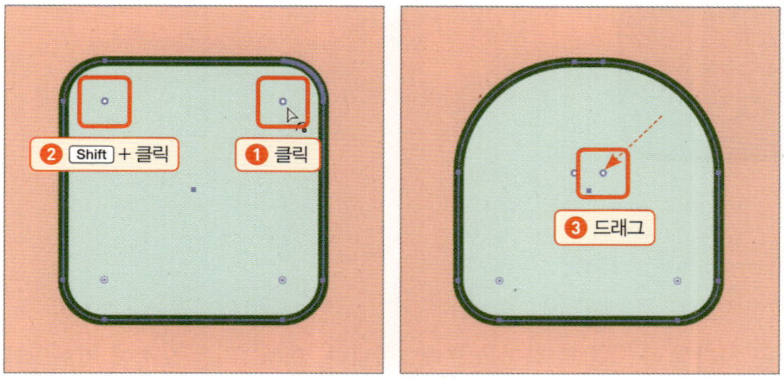

05 옵션 창에서 조절하기 변형하고자 하는 위젯을 선택하고 더블클릭합니다. 옵션 창에서 Corner(모서리 모양), Radius(모서리를 둘러싼 원의 반지름), Rounding(둥근 정도)을 설정하고 〈OK〉를 클릭하면 모서리의 모양을 다양하게 조절할 수 있습니다.

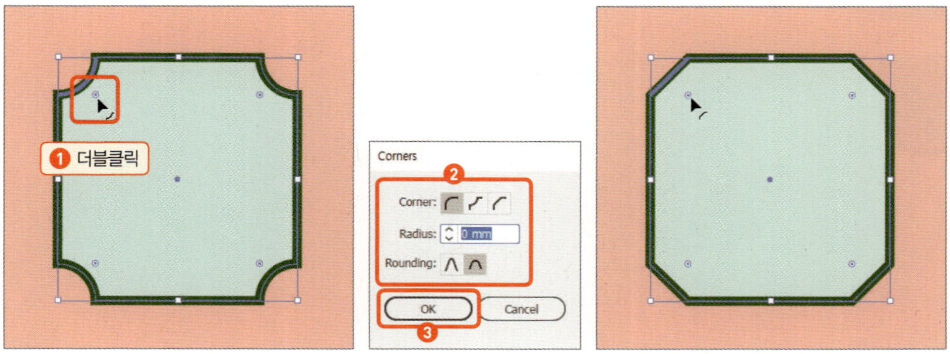

Tip 위젯이 선택된 상태에서 Alt를 누르면 Corner 옵션( )의 순서대로 모서리 모양이 변경됩니다.

모서리가 둥근 사각형 툴 이용하기

모서리가 둥근 사각형 툴( )은 툴 이름처럼 사각형 모서리를 둥글게 만들 때 사용합니다. 앞에서 살펴본 라이브 코너 기능이 없었던 일러스트레이터 CC 이전 버전에서 자주 사용한 툴입니다. 모서리가 둥근 사각형 툴과 라이브 코너 중에서 본인에게 편한 것으로 작업하면 됩니다.

01 화면을 클릭하여 그리기 Chapter_04 ▸ Section_01 ▸ rounded.ai 파일을 불러옵니다. 모서리가 둥근 사각형 툴( )을 선택하고 화면을 클릭합니다. 옵션 창에서 Width(너비), Height(높이), Corner Radius(모서리 반지름)를 입력한 후 〈OK〉를 클릭합니다. 이 방법을 이용하면 크기와 모양이 동일한 도형을 여러 개 그릴 수 있습니다.

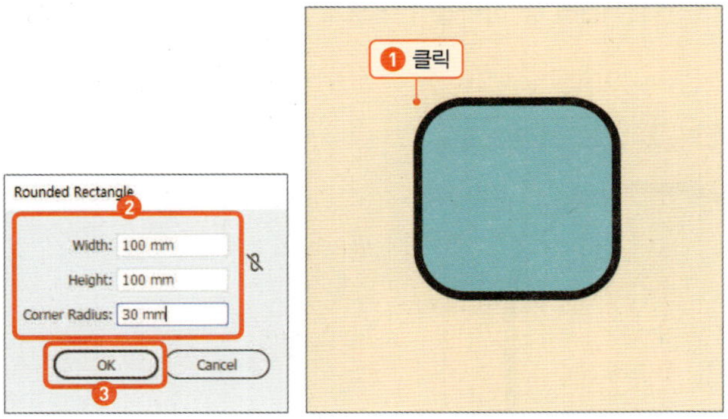

02 드래그하여 그리기 모서리가 둥근 사각형 툴( )로 화면을 드래그합니다. 드래그하는 도중에 키보드의 위쪽, 아래쪽 화살표(↑, ↓)를 누르면 모서리의 둥근 정도가 변하는 모습을 보면서 도형을 그릴 수 있습니다. 위쪽 화살표(↑)를 누르면 점점 더 둥글어지고, 아래쪽 화살표(↓)를 누르면 점점 더 직각에 가까워집니다. 사용자가 원하는 모양이 될 때 마우스에서 손가락을 떼면 도형이 완성됩니다.

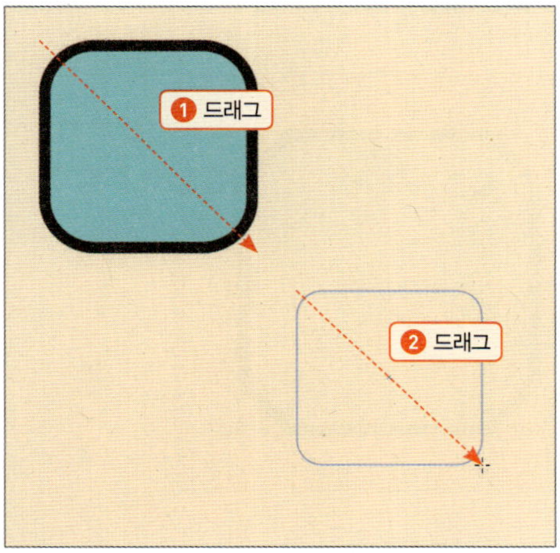

응용 예제 앱 아이콘 만들기

도형 툴을 이용하여 뮤직 앱과 사진 앱 아이콘을 만들어 봅니다.

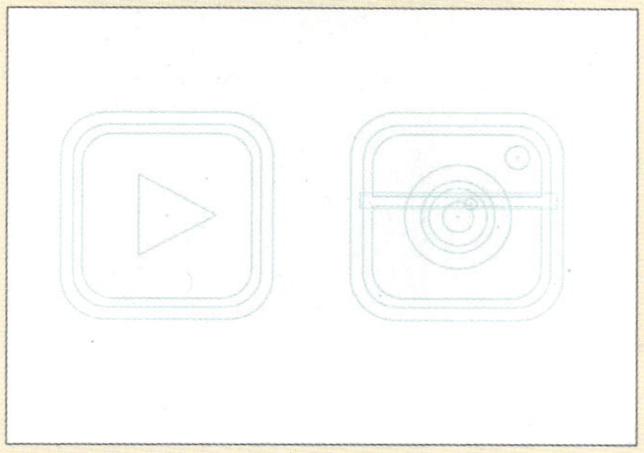

■ 가이드 이미지

■ 완성 이미지

01 Chapter_04 ▸ Section_01 ▸ icon_guide.ai 파일을 불러옵니다.

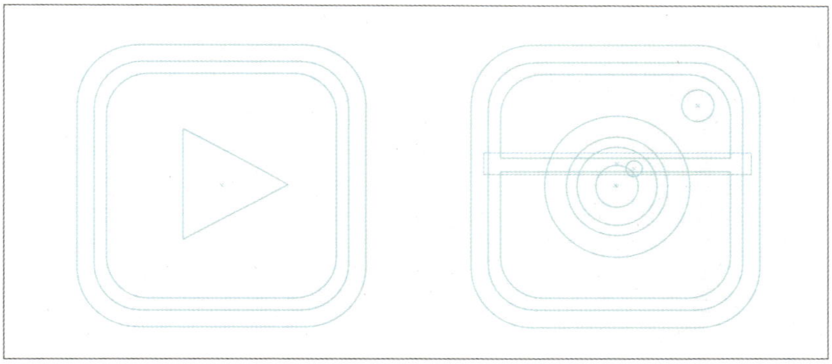

02 사각형 툴( )로 Shift를 누른 채 드래그하여 왼쪽 아이콘의 가장 바깥에 있는 가이드에 맞게 정사각형을 그립니다. 선택 툴( )로 정사각형 내부 위젯을 안쪽으로 드래그하여 모서리를 곡선 가이드에 맞춥니다.

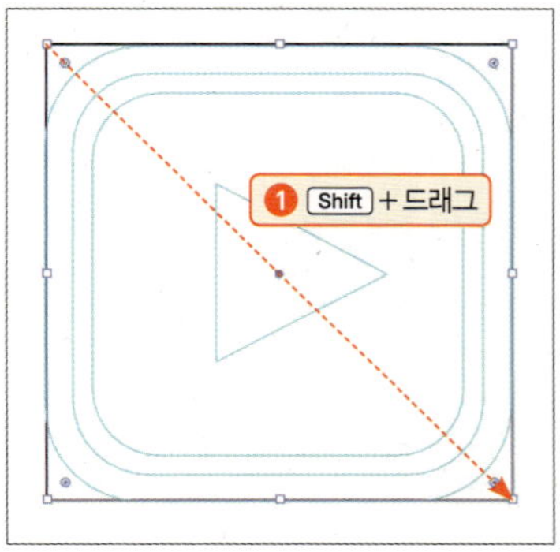

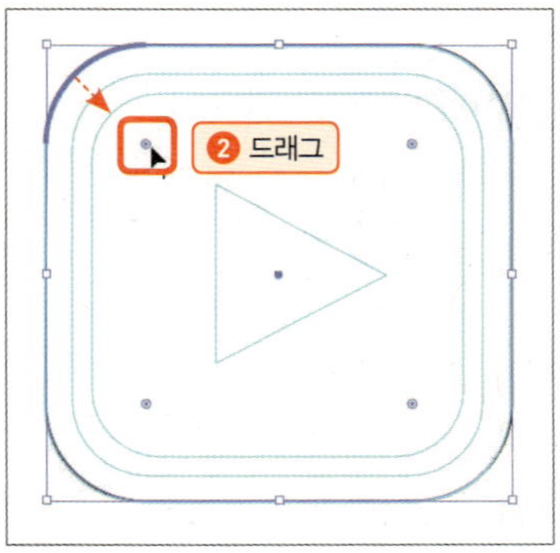

03 색상 패널에서 면 색을 클릭한 후 C=70, M=81, Y=76, K=54로 설정하고, 선 색을 클릭한 후 색상 없음으로 설정합니다.

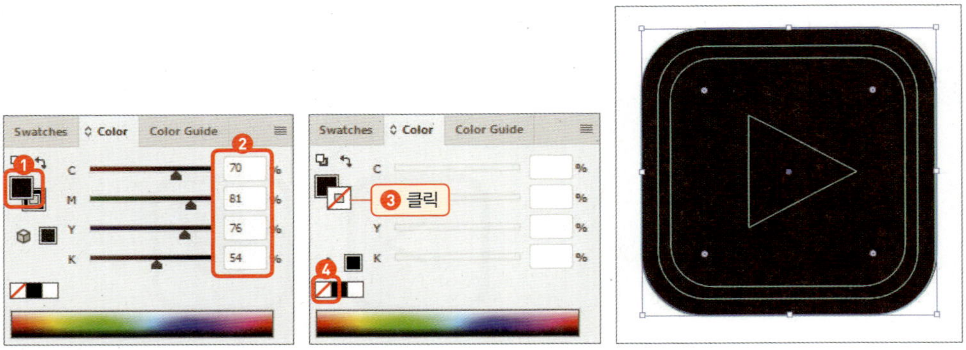

Tip 색상 패널에서 CMYK 색상으로 보려면 패널 오른쪽 상단 목록(☰)을 클릭한 후 CMYK를 선택합니다.

04 02~03 단계를 반복하여 내부에 크기가 다른 정사각형 두 개를 만들고 색상 패널에서 면 색을 각각 C=7, M=20, Y=0, K=0과 C=22, M=42, Y=0, K=0으로 설정합니다. 면 색을 채울 때는 툴 박스의 면 색을 클릭하여 면 색이 선 색 앞에 놓이도록 한 다음 작업합니다.

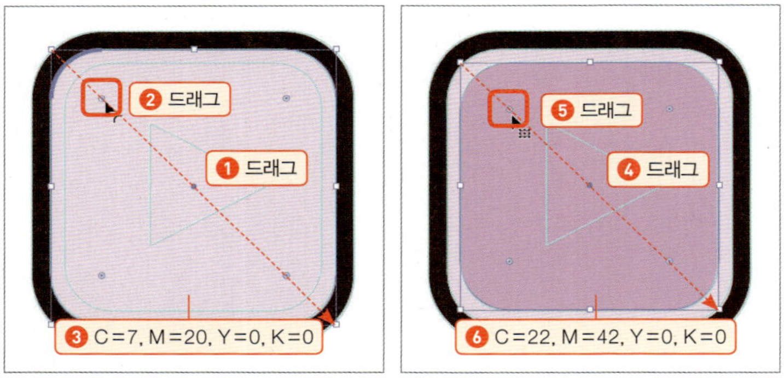

05 펜 툴(✒)로 가이드를 따라 삼각형을 그린 뒤 색상 패널에서 면 색을 흰색, 선 색을 가장 바깥에 있는 정사각형 면 색인 C=70, M=81, Y=76, K=54로 설정합니다. 옵션 바에서 Stroke를 12pt로 설정합니다.

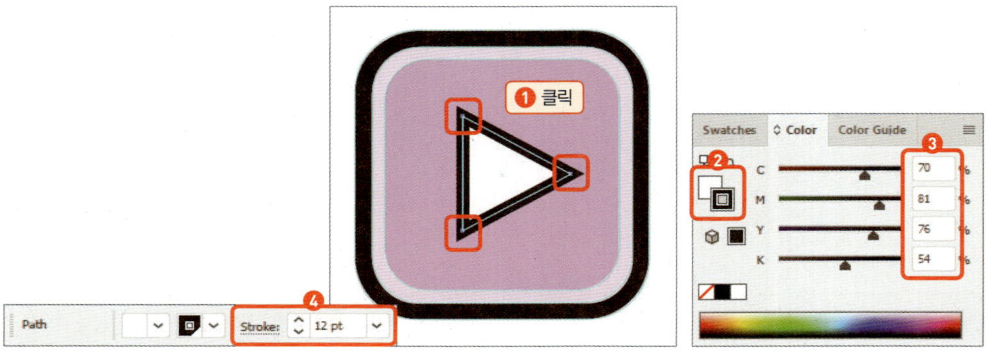

06 화면을 확대한 후 직접 선택 툴(▷)로 삼각형 내부 위젯을 안쪽으로 약간만 드래그합니다. 패스의 모서리는 각진 채로 유지되지만 도형의 모서리는 둥글게 바뀝니다.

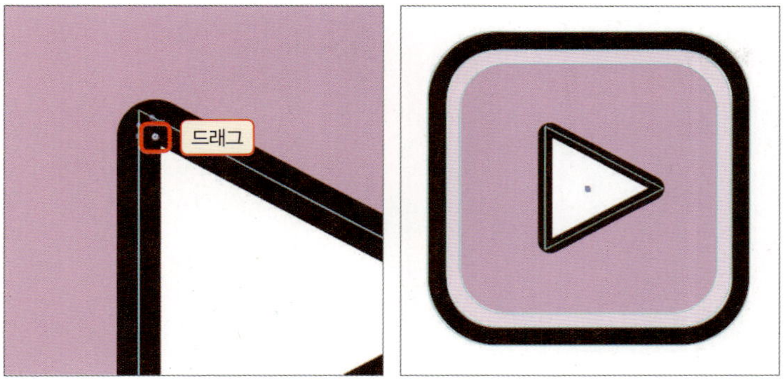

07 선택 툴(▶)로 정사각형 3개가 모두 포함되도록 오른쪽 상단 흰 바탕부터 드래그한 후 Alt 를 누른 채 드래그하여 오른쪽으로 복제합니다.

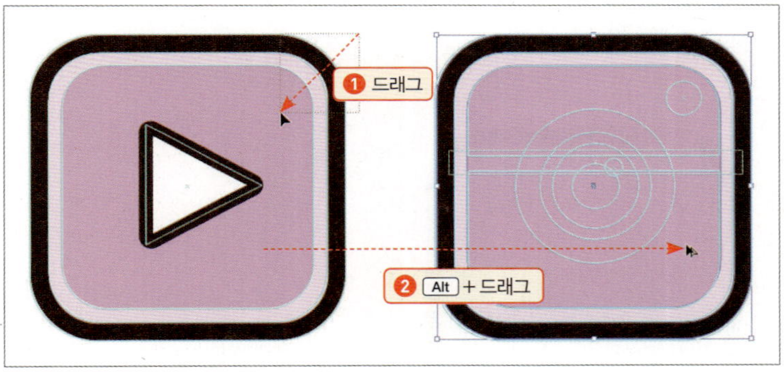

Tip 선택 툴(▶)로 오브젝트 일부만 드래그해도 오브젝트 전체가 선택됩니다. 이처럼 여러 오브젝트를 한꺼번에 선택할 때는 드래그하는 것이 Shift 를 누른 채 하나하나 클릭하여 선택하는 방법보다 편리합니다.

08 선택 툴(▶)로 안쪽 두 번째 정사각형을 선택하고 색상 패널에서 면 색을 C=21, M=2, Y=2, K=0으로 변경합니다. 같은 방법으로 맨 안쪽 정사각형의 면 색을 C=61, M=8, Y=5, K=0으로 변경합니다.

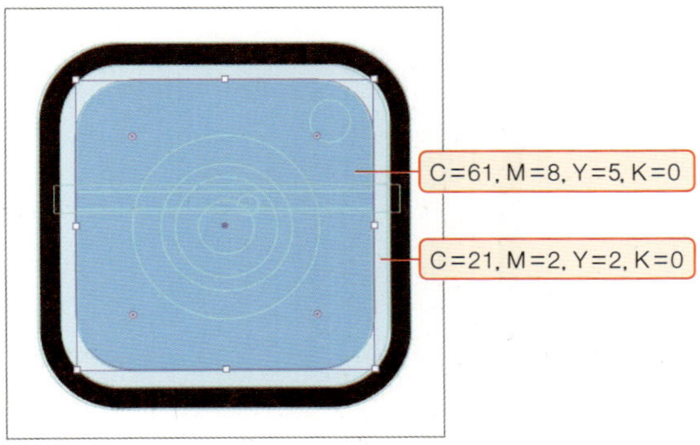

09 직접 선택 툴(▷)로 맨 안쪽 정사각형 내부를 클릭합니다. Shift 를 누른 채 정사각형 내부의 상단 위젯 두 개를 순서대로 클릭한 후 바깥쪽으로 드래그하여 정사각형 상단의 곡선 모서리가 직각이 되도록 만듭니다.

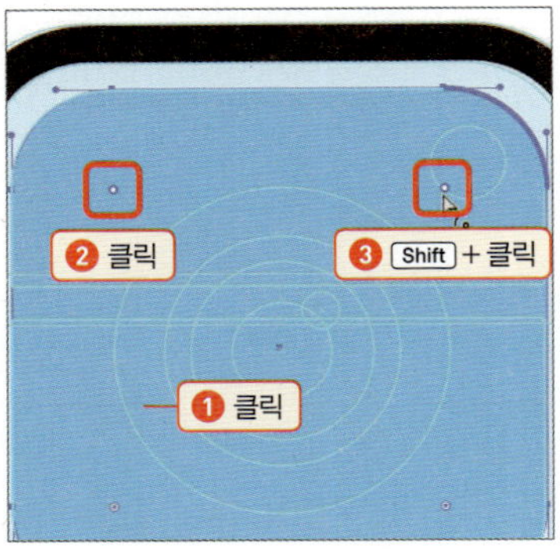

Tip 선택 툴(▶)로 위젯을 드래그하면 오브젝트의 모든 모서리가 변경되지만 직접 선택 툴(▷)로 특정 위젯만 선택하고 드래그하면 선택된 위젯이 있는 모서리만 모양이 바뀝니다.

10 직접 선택 툴(▷)로 Shift 를 누른 채 정사각형 상단 양쪽 앵커 포인트와 앵커 포인트 사이에 있는 패스를 클릭하여 선택한 후 아래로 드래그하여 가이드에 맞게 배치합니다.

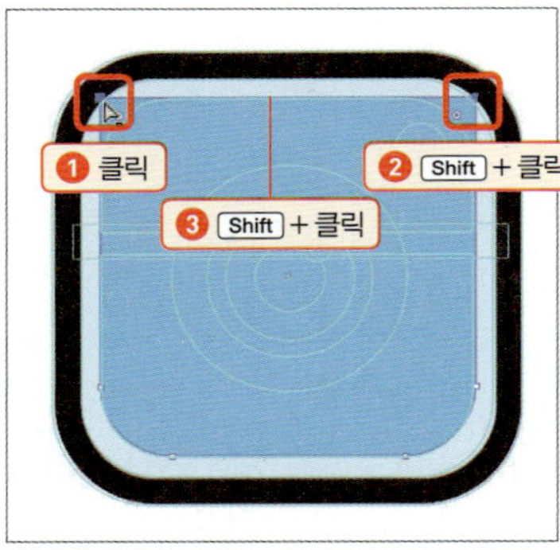

11 선택 툴(▶)로 아래에 있는 오브젝트를 선택하고 Alt 를 누른 채 위로 드래그하여 복제합니다. 복사한 오브젝트의 바운딩 박스 모서리에서 살짝 벗어난 위치에 마우스 포인터를 가져가면 마우스 포인터가 ↰ 모양으로 바뀝니다. 이때 Shift 를 누른 채 드래그하여 180° 회전시킵니다.

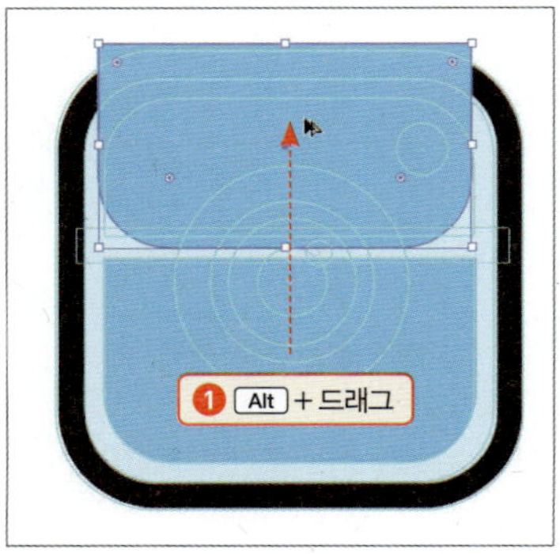

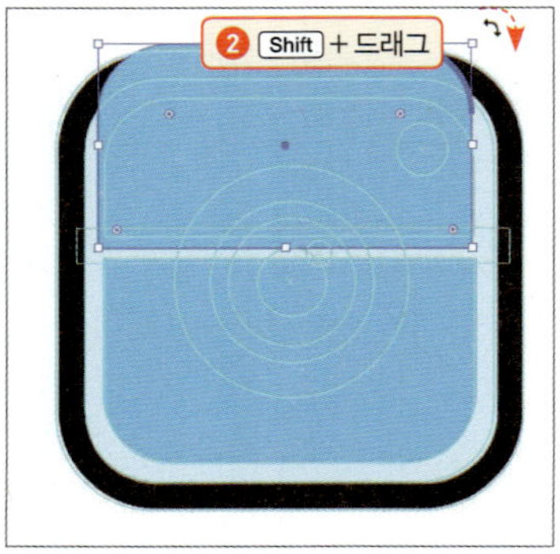

12 선택 툴(▶)로 회전한 오브젝트를 가이드에 맞게 아래로 내립니다. 직접 선택 툴(▷)로 하단 양쪽 앵커 포인트와 앵커 포인트 사이에 있는 패스를 위로 드래그하여 가이드에 맞춥니다. 색상 패널에서 면 색을 C=75, M=26, Y=0, K=0으로 변경합니다.

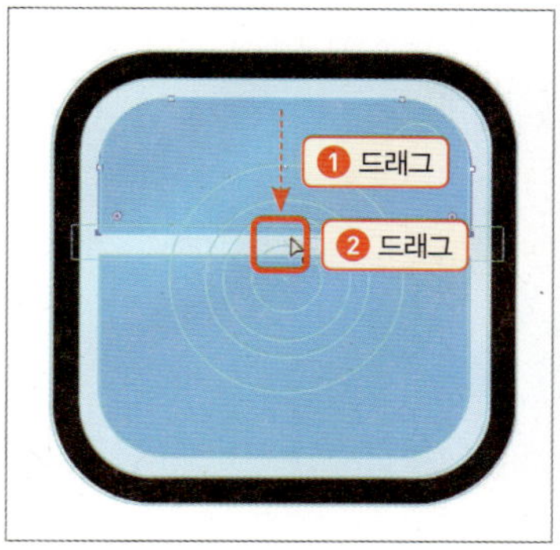

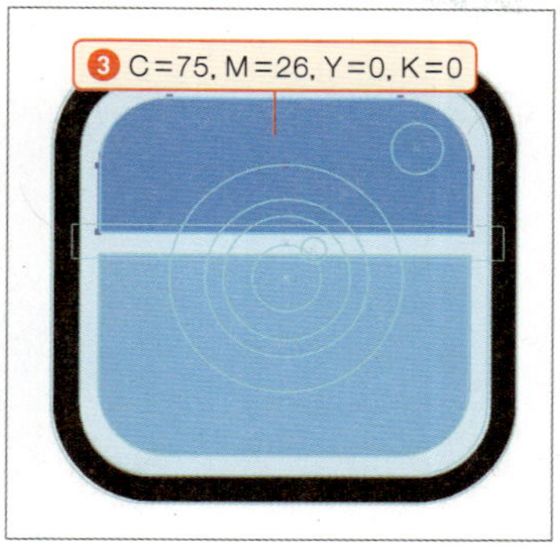

13 사각형 툴(□)로 가로로 긴 직사각형을 가이드에 맞춰 그립니다. 색상 패널에서 색상을 바깥쪽 정사각형의 면 색인 C=70, M=81, Y=76, K=54로 설정합니다. 같은 면 색을 유지한 채로 원형 툴(○)을 선택하고 Shift를 누른 채 드래그하여 아이콘 중앙에 정원을 그립니다.

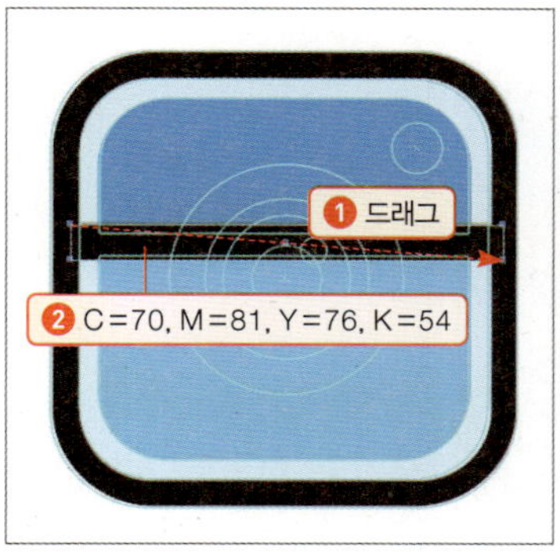

14 원형 툴(○)로 Shift를 누른 채 드래그하여 원을 5개 더 그리고 면 색을 각각 다음과 같이 변경하여 완성합니다.

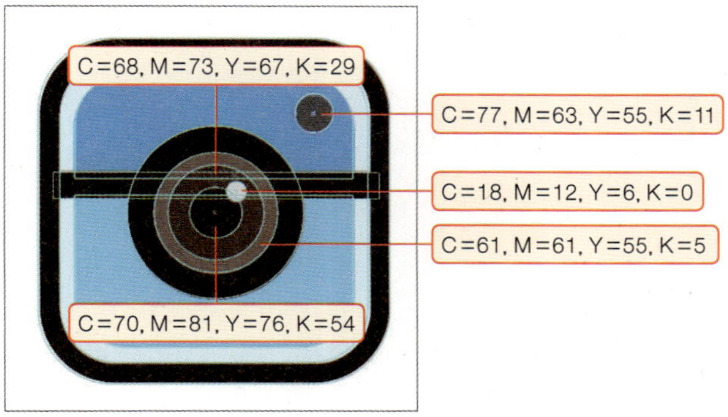

SECTION 02

다각형 그리기

• 핵심 기능 | 다각형 툴

다각형 그리기

01 드래그하여 그리기 Chapter_04 ▸ Section_02 ▸ polygon.ai 파일을 불러옵니다. 다각형 툴( )을 선택하고 화면에 드래그하여 원하는 크기와 방향이 되었을 때 마우스에서 손가락을 뗍니다. 기본으로 육각형이 그려집니다.

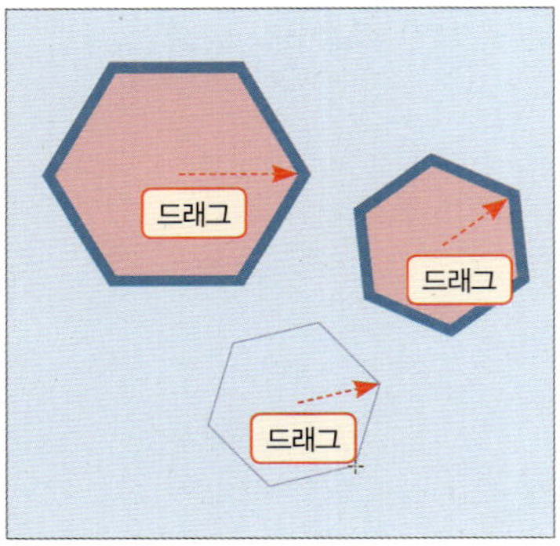

02 클릭하여 그리기 다각형 툴( )로 화면을 클릭합니다. 옵션 창에서 다각형을 둘러싼 Radius(원의 반지름)와 Sides(꼭짓점 개수)를 입력한 후 〈OK〉를 클릭하면 육각형 이외의 다각형을 그릴 수 있습니다.

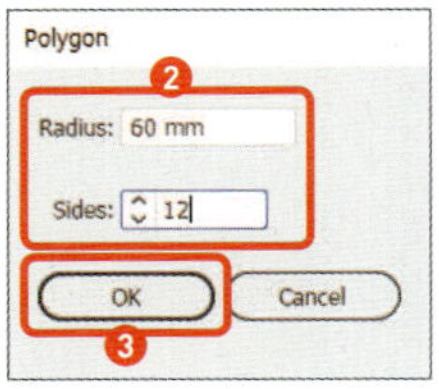

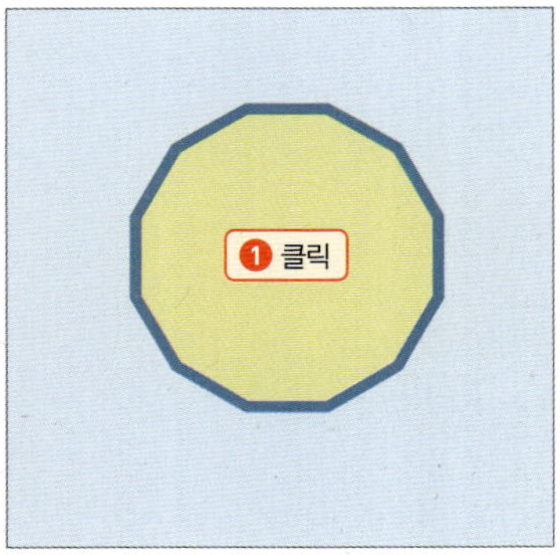

Tip Radius(원의 반지름)보다 Sides(꼭짓점 개수)가 커지면 원에 가까워 보입니다.

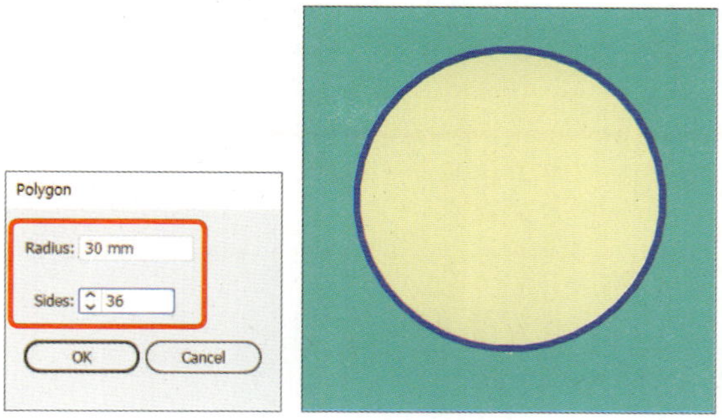

03 모서리 변형하기 직접 선택 툴( )로 다각형 내부 위젯을 드래그하여 모서리를 다양하게 변형할 수 있습니다.

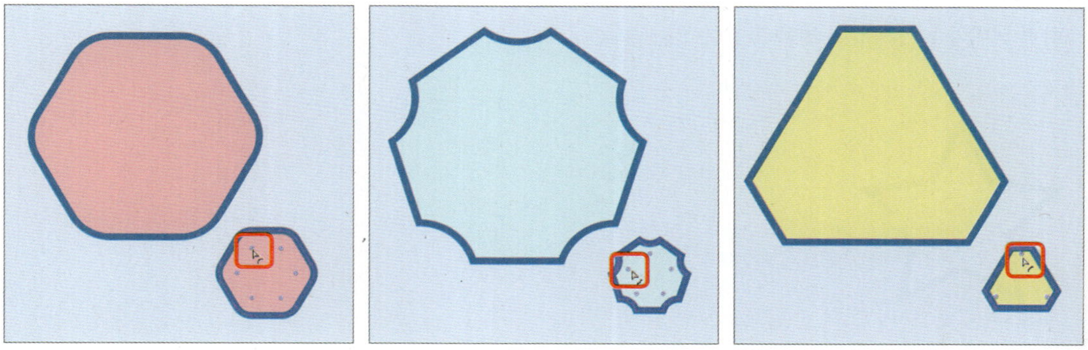

Tip 다각형 내부에 위젯이 하나밖에 보이지 않을 때는 직접 선택 툴( )로 다각형을 선택하면 모든 꼭짓점의 위젯이 보입니다.

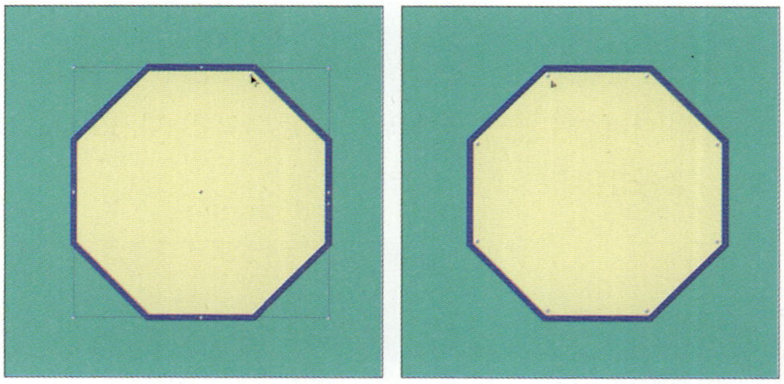

SECTION

03 별 모양 그리기

• **핵심 기능 |** 별 툴(☆)

별 그리기

01 드래그하여 그리기 Chapter_04 ▸ Section_03 ▸ star.ai 파일을 불러옵니다. 별 툴(☆)을 선택하고 화면에 드래그하여 원하는 크기와 방향이 되었을 때 마우스에서 손가락을 떼면 별이 그려집니다. Shift 를 누른 채 드래그하면 너비와 높이가 같은 별을 그릴 수 있습니다.

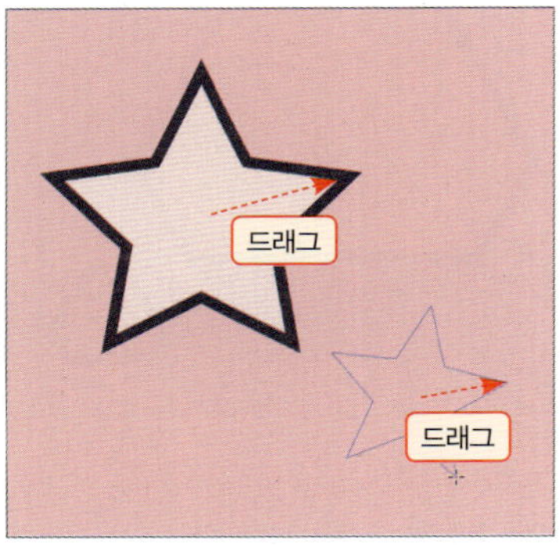

02 클릭하여 그리기 별 툴(☆)을 선택하고 화면을 클릭합니다. 옵션 창에서 Radius 1(별의 솟은 부분의 반지름), Radius 2(파인 부분의 반지름), Points(별의 다리 개수)를 입력하고 〈OK〉를 클릭합니다. Radius 1과 Radius 2의 값의 차가 작을수록 별의 다리 길이가 짧아집니다.

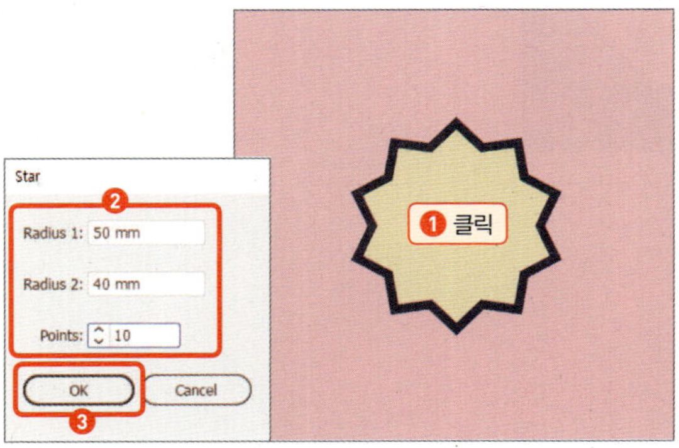

■ Radius 1과 Radius 2의 값의 차가 10mm일 때

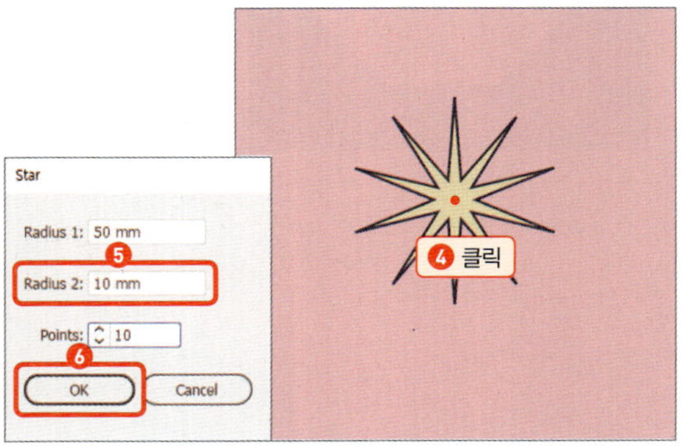

■ Radius 1과 Radius 2의 값의 차가 40mm일 때

03 별의 다리 길이 조절하기 별 툴(☆)로 드래그하는 도중 Ctrl을 누르면 Ctrl을 누른 지점의 별 크기에서 다리 길이를 조절할 수 있습니다. Ctrl을 누른 채 마우스 포인터를 아래로 드래그하면 Radius 2 값이 고정된 채로 다리 길이가 늘어납니다. 반대로 Ctrl을 누른 채 마우스 포인터를 위로 드래그하면 Radius 1 값이 고정된 채로 다리 길이가 조절됩니다.

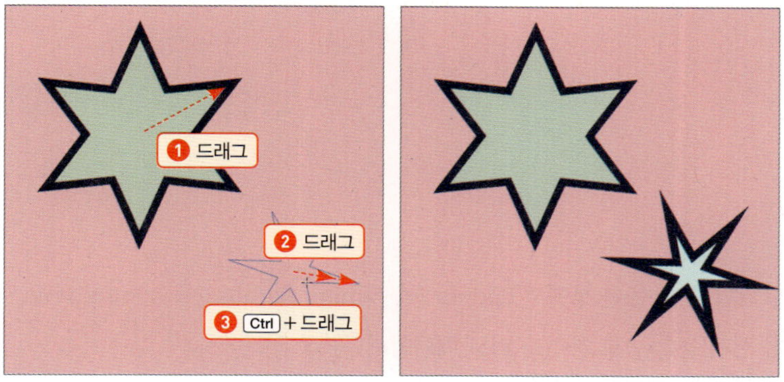

• **준비 파일** star_guide.ai • **완성 파일** star_result.ai

응용 예제 프로모션 배지 만들기

별 툴(☆)로 일러스트레이터 프로모션 배지를 만들어 봅니다.

■ 가이드 이미지

■ 완성 이미지

01 Chapter_04 ▸ Section_03 ▸ star_guide.ai 파일을 불러옵니다.

02 별 툴()을 선택하고 화면을 클릭합니다. 옵션 창에서 Radius 1을 50mm, Radius 2를 40mm, Points를 24로 입력하고 〈OK〉를 클릭합니다. 선택 툴()로 가이드 위로 배치합니다.

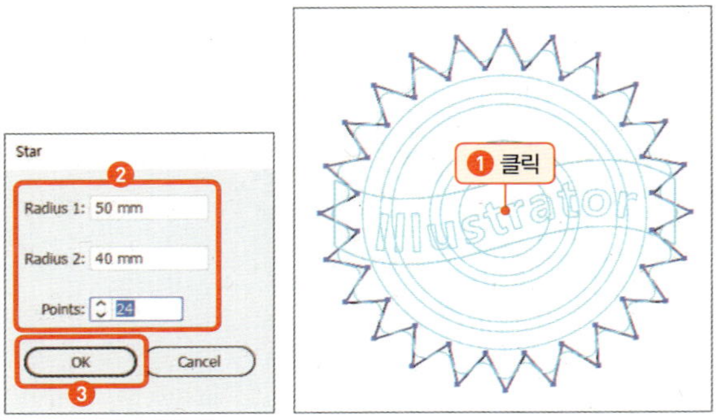

03 직접 선택 툴()로 오브젝트의 내부를 선택한 후 위젯을 안쪽으로 드래그하여 가이드에 맞게 모서리를 동그랗게 만듭니다. 색상 패널에서 면 색을 C=60, M=90, Y=0, K=0으로 설정합니다.

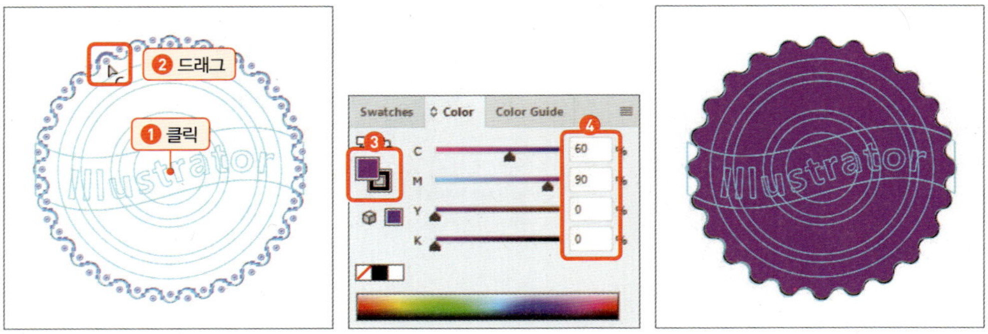

04 원형 툴(⬭)을 선택한 후 Alt + Shift 를 누른 채 오브젝트 중앙에서부터 상하좌우로 커지는 정원을 그립니다. 선택 툴(▶)로 가이드 크기에 맞게 정원을 배치하고 색상 패널에서 면 색을 흰색으로 채웁니다.

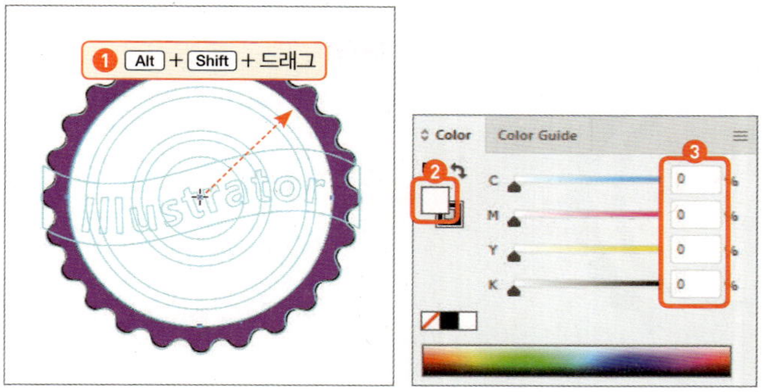

05 정원이 선택된 상태로 메뉴 바에서 [Object]–[Path]–[Offset Path]를 선택합니다. 옵션 창이 열리면 Offset을 -5mm로 입력하고 〈OK〉를 클릭합니다. 선택된 정원보다 5mm 작은 원이 중심점이 같은 위치에 생성됩니다. 새로 생성된 원은 면 색을 처음 사용한 색상인 C=60, M=90, Y=0, K=0으로 채웁니다.

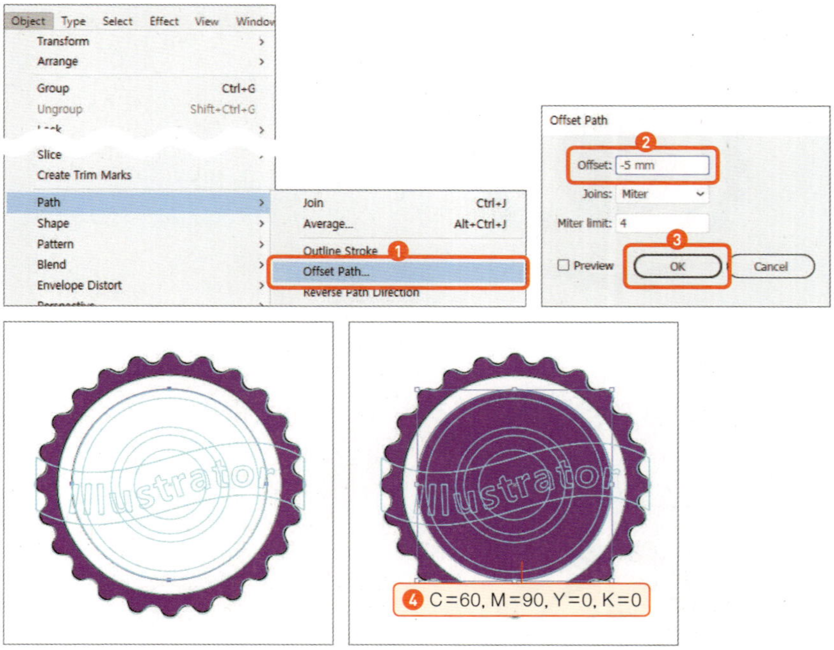

Tip 원형 툴(⬭)로 Shift 를 누른 채 드래그하여 정원을 만들어도 됩니다. 하지만 중심점이 정확하게 일치하는 원을 만들 때 Offset Path 메뉴를 활용하면 중심점을 맞추려고 원을 옮길 필요가 없어 편리합니다.

06 다시 메뉴 바에서 [Object]–[Path]–[Offset Path]를 선택합니다. 옵션 창이 열리면 Offset을 -3mm로 입력하고 〈OK〉를 클릭합니다. 새로 생성된 원의 면 색을 흰색으로 채웁니다.

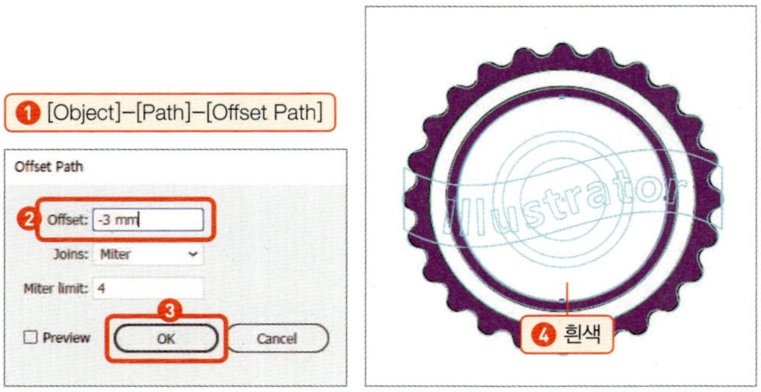

07 이번에는 약간 더 안쪽에 원을 만들어야 합니다. 메뉴 바에서 [Object]–[Path]–[Offset Path]를 선택하여 Offset을 -10mm로 입력한 후 〈OK〉를 클릭합니다. 면 색은 처음 사용한 C=60, M=90, Y=0, K=0으로 채웁니다.

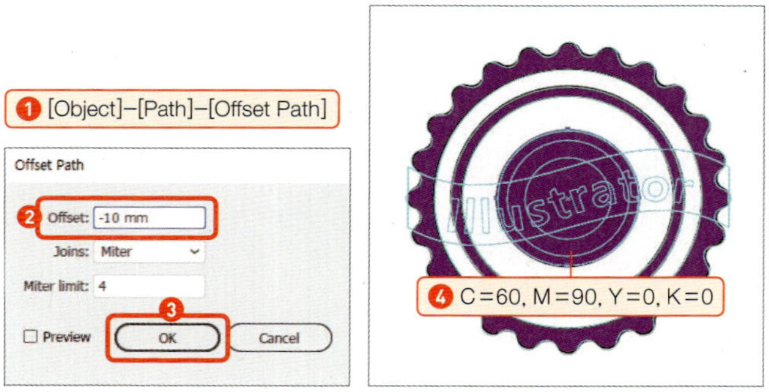

08 메뉴 바에서 [Object]–[Path]–[Offset Path]를 선택한 후 Offset을 -3mm로 입력하고 〈OK〉를 클릭합니다. 면 색을 흰색으로 채웁니다.

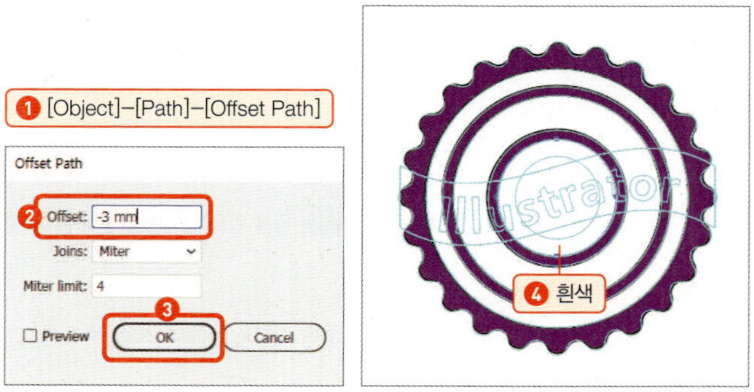

09 마지막으로 메뉴 바에서 [Object]-[Path]-[Offset Path]를 선택한 후 Offset을 -5mm로 입력하고 〈OK〉를 클릭합니다. 면 색은 처음 사용한 C=60, M=90, Y=0, K=0으로 채웁니다.

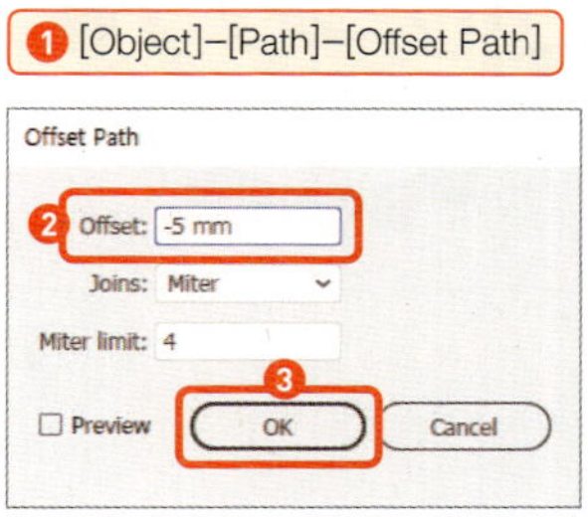

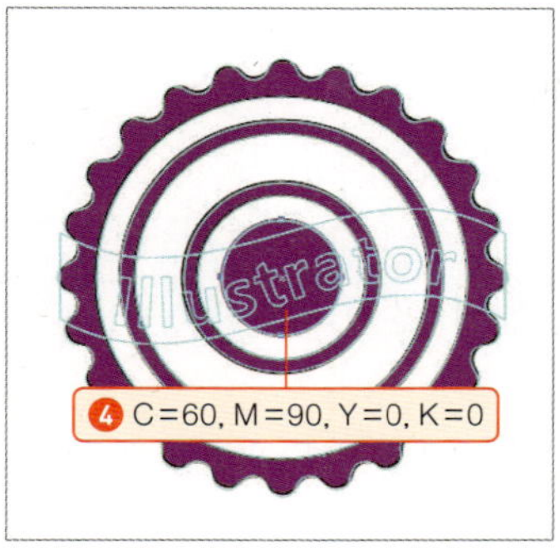

10 사각형 툴(□)로 배지 너비에 딱 맞는 사각형을 그립니다. 옵션 바에서 면 색을 흰색, 선 색을 짙은 보라색, Stroke를 5pt로 설정합니다.

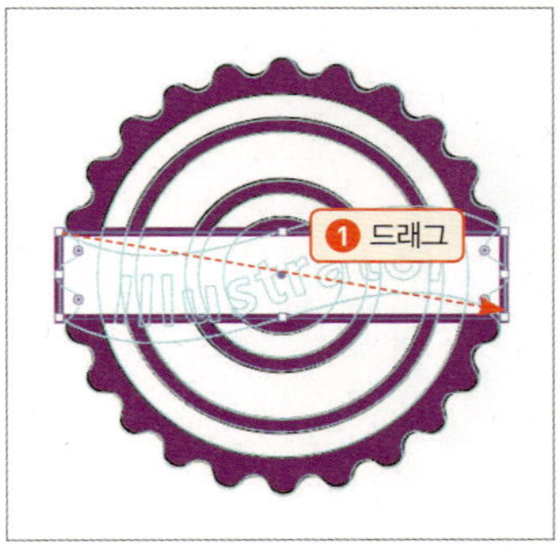

11 사각형이 선택된 상태로 메뉴 바에서 [Effect]-[Warp]-[Flag]를 선택한 후 옵션 창의 Bend를 50%로 설정하고 〈OK〉를 클릭합니다. 사각형이 바람에 날리는 깃발 형태로 바뀝니다.

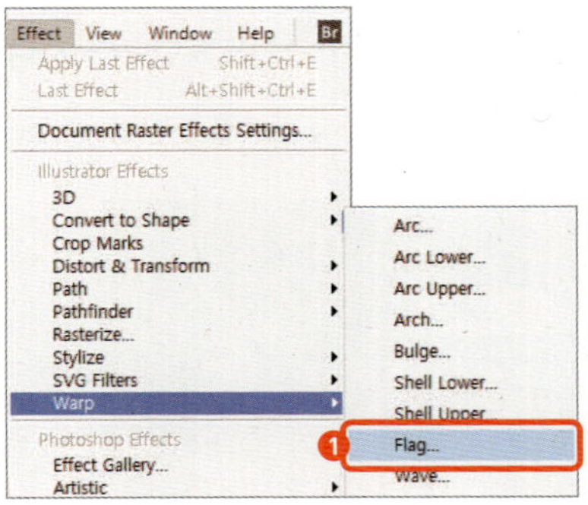

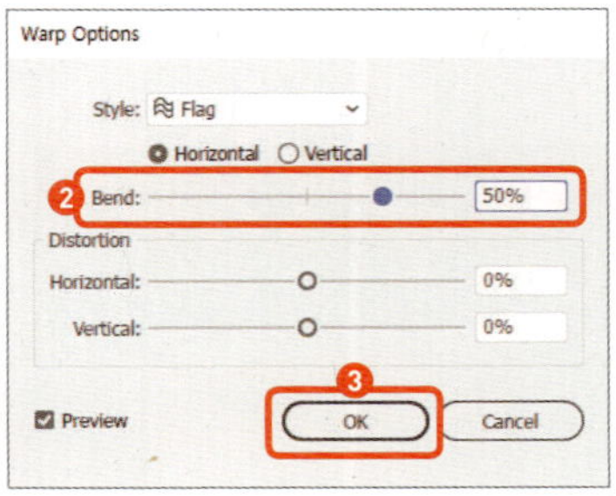

12 깃발 굴곡에 따라 텍스트가 흐르도록 입력하여 이미지를 완성합니다. 텍스트를 입력하는 방법은 Chapter 09에서 자세히 살펴봅니다.

• **준비 파일** tv_guide.ai • **완성 파일** tv_result.ai

응용 예제 | 레트로 TV 만들기

도형 툴을 이용해 아날로그 감성이 묻어나는 레트로 TV를 만들어 봅니다.

■ 가이드 이미지

■ 완성 이미지

01 Chapter_04 ▸ Section_03 ▸ tv_guide.ai 파일을 불러옵니다. 사각형 툴(▢)을 선택하고 가이드를 따라 드래그하여 사각형을 만듭니다. 선택 툴(▶)로 사각형 내부 위젯을 안쪽으로 드래그하여 가이드처럼 가장자리를 둥글게 만듭니다.

02 메뉴 바에서 [Effect]–[Warp]–[Inflate]를 선택합니다. 옵션 창에서 Bend를 20%로 설정하고 〈OK〉를 클릭하면 사각형 가장자리가 볼록하게 바뀝니다. 색상 패널에서 면 색을 C=7, M=3, Y=13, K=0으로 설정합니다.

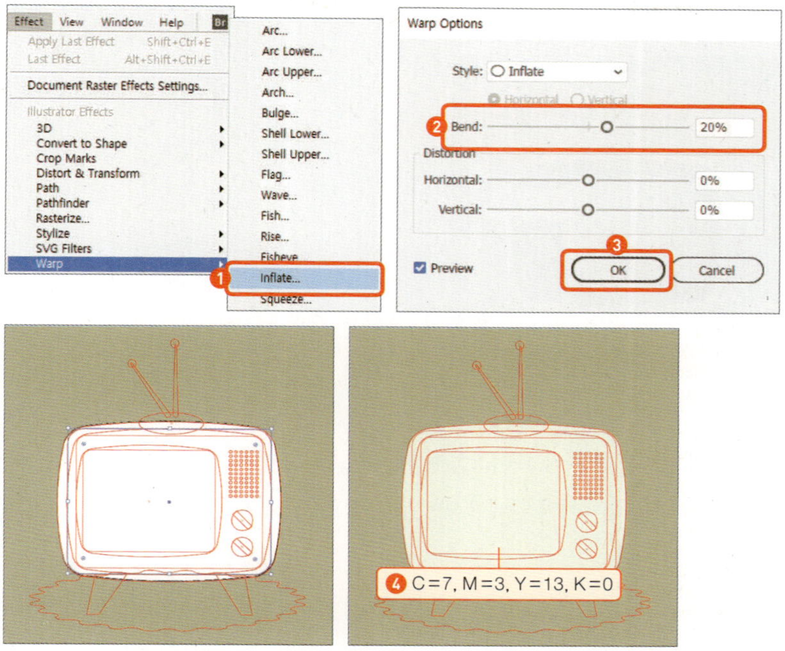

03 메뉴 바에서 [Object]–[Path]–[Offset Path]를 선택합니다. 옵션 창에서 Offset을 -5mm로 입력하고 〈OK〉를 클릭합니다. 앞에서 만든 도형의 Warp 효과가 적용된 상태로 크기가 작은 도형이 만들어집니다. 색상 패널에서 면 색을 C=71, M=63, Y=66, K=19로 설정합니다.

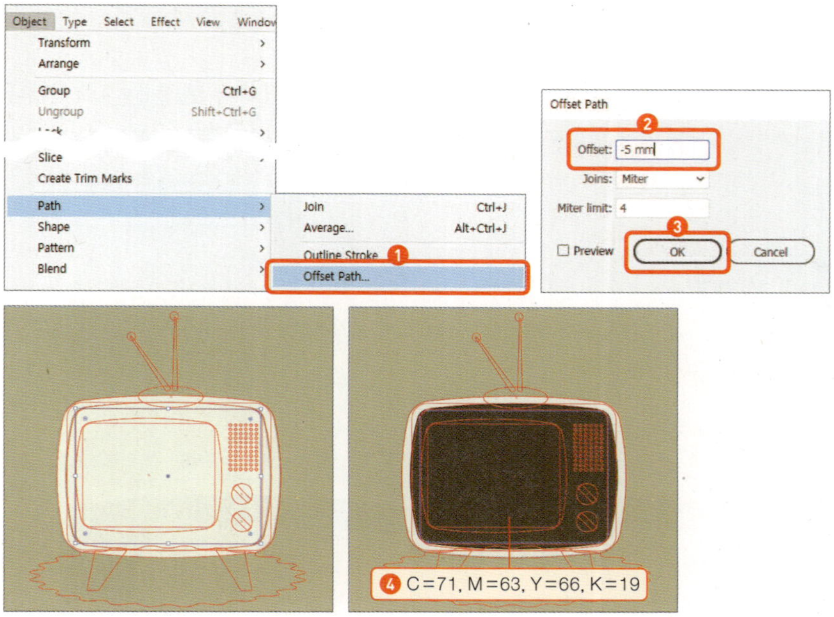

04 방금 만든 도형이 선택된 상태에서 메뉴 바에서 [Object]−[Path]−[Offset Path]를 한 번 더 선택합니다. 옵션 창에서 Offset을 -20mm로 입력하고 〈OK〉를 클릭합니다. 크기가 작은 직사각형이 만들어지면 선택 툴(▶)로 TV 화면 가이드에 맞춰 위치를 옮기고 크기를 조절합니다. 색상 패널에서 면 색을 C=31, M=19, Y=34, K=0으로 설정합니다.

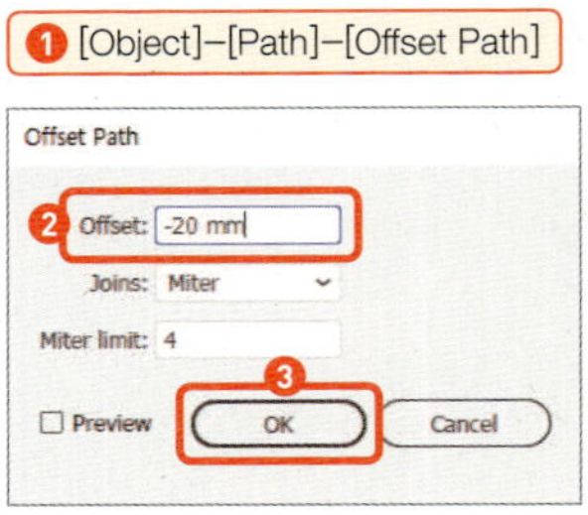

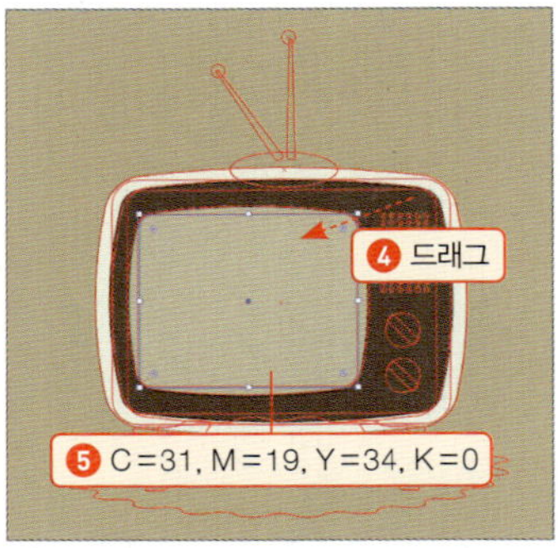

05 원형 툴(◯)로 안테나 아랫부분의 가이드를 따라 드래그하여 타원을 그리고 흰색으로 채웁니다. 메뉴 바에서 [Object]−[Arrange]−[Send to Back]을 선택하여 안테나 아랫부분을 TV 뒤로 배치합니다.

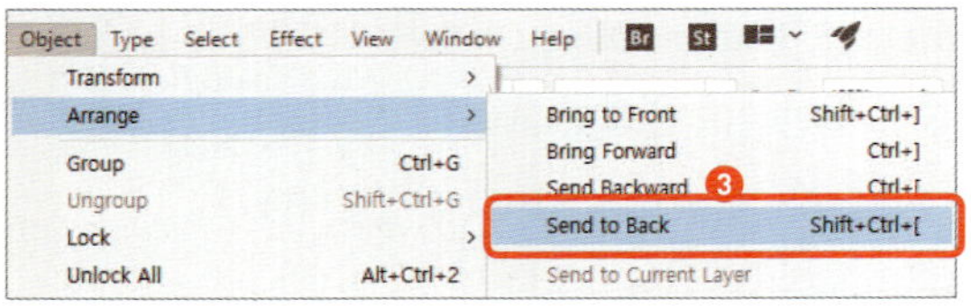

06 화면을 확대한 후 펜 툴(✒)을 선택하고 옵션 바에서 면 색을 흰색으로 설정합니다. 펜 툴(✒)로 안테나의 가이드를 따라 직선과 곡선을 그립니다. 원형 툴(◯)로 안테나 꼭지의 중심을 Alt+Shift를 누른 채 드래그하여 정원을 2개 그립니다.

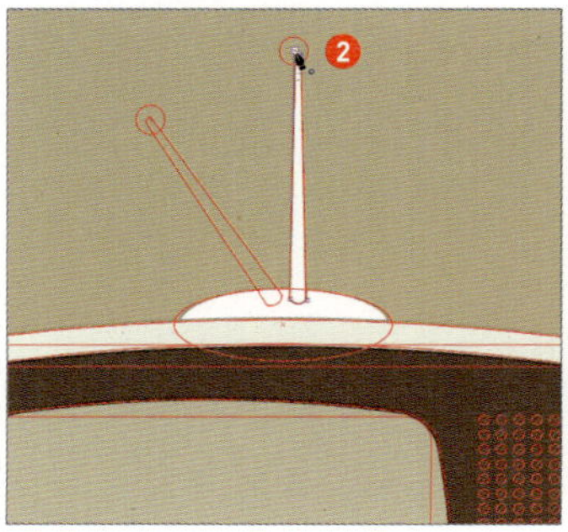

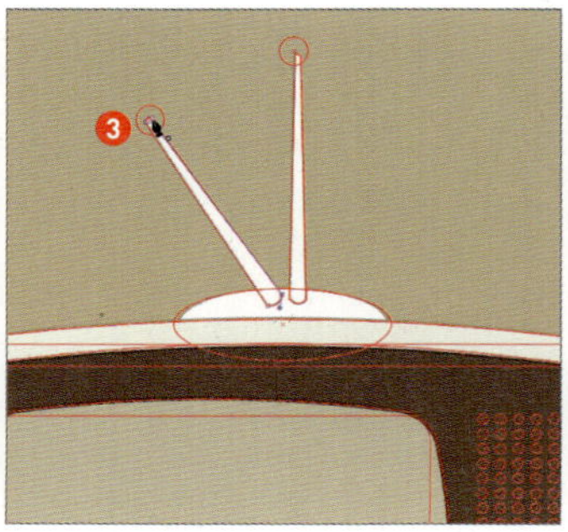

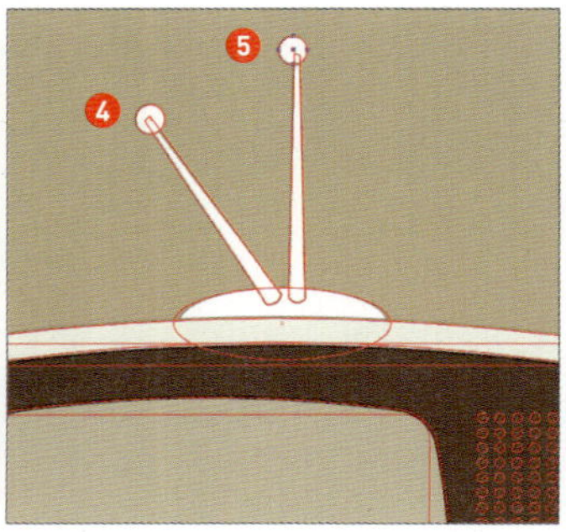

07 원형 툴()로 Alt + Shift 를 누른 채 드래그하여 스피커 부분의 원을 한 개 그리고 검은색으로 채웁니다. 선택 툴()로 원을 선택하고 Alt 를 누른 채 오른쪽으로 드래그하여 원을 5개 복제합니다. 선택 툴()로 Shift 를 누른 채 첫 번째 줄의 원을 모두 클릭하여 선택하고 Alt 를 누른 채 아래로 드래그하여 TV 스피커를 완성합니다.

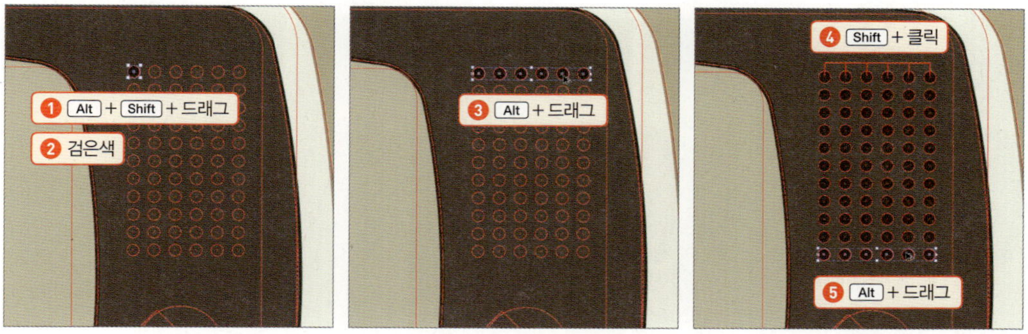

08 원형 툴()로 Alt + Shift 를 누른 채 드래그하여 채널 노브로 쓸 원을 그립니다. 색상 패널에서 면 색을 C=31, M=19, Y=34, K=0, 선 색을 검은색으로 설정합니다. 사각형 툴()로 노브 가운데를 드래그하여 세로로 긴 직사각형을 만들고 선택 툴()로 왼쪽으로 45° 회전시킵니다. Shift 를 누른 채 원과 직사각형을 클릭하여 선택하고 Alt 를 누른 채 아래로 드래그하여 복제합니다.

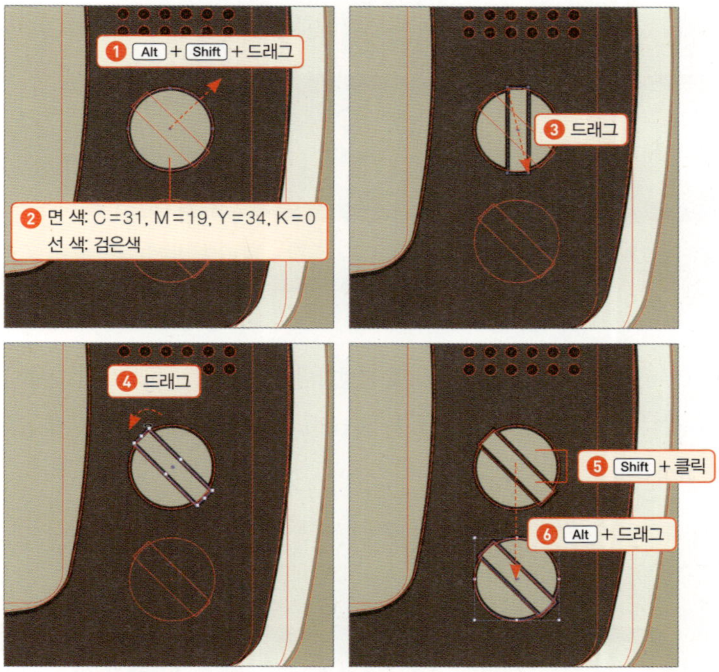

09 펜 툴( )을 선택하고 옵션 바에서 면 색을 흰색으로 설정한 후 TV 다리의 가이드를 따라 그립니다. 선택 툴( )로 Shift를 누른 채 TV의 양다리를 클릭하여 선택하고 [Object]–[Arrange]–[Send to Back]을 선택하여 TV 뒤쪽에 배치합니다.

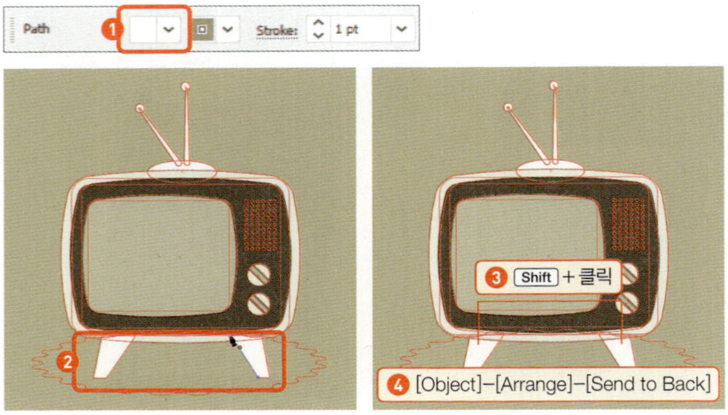

10 별 툴( )을 선택하고 TV 화면 가운데를 클릭합니다. 옵션 창이 나타나면 Radius 1을 30mm, Radius 2를 25mm, Points를 24로 입력한 후 〈OK〉를 클릭합니다. 별 모양이 나타나면 직접 선택 툴( )로 별의 내부 위젯을 안쪽으로 드래그하여 가장자리를 둥글게 만듭니다.

11 색상 패널에서 별 모양의 면 색을 C=65, M=50, Y=53, K=1로 설정합니다. 선택 툴( )로 별 모양의 바운딩 박스를 조절하여 TV 아래에 배치합니다. [Object]–[Arrange]–[Send to Back]을 선택하여 그림자를 TV 뒤로 배치하여 레트로 TV 이미지를 완성합니다.

혼자 해보기 | 도형 툴로 메모지 만들기

• **준비 파일** 없음 • **완성 파일** memo_result.ai

선과 점선을 이용해 메모지를 만들고 다각형 툴로 꾸며 봅니다.

■ 완성 이미지

CHAPTER

05

오브젝트의 병합과 분할

오브젝트를 합치고 분할하는 기능을 이용하면 다양한 모양의 오브젝트를 직접 그리는 것보다 훨씬 쉽고 편하게 만들 수 있습니다. 이 장에서는 오브젝트를 합치고 분할하는 방법과 오브젝트를 분할하지 않은 채로 채색하는 방법을 살펴봅니다.

SECTION 01

패스파인더 패널로 합치고 분할하기

• **핵심 기능 |** 패스파인더 패널(단축키 Ctrl+Shift+F9)

패스파인더 패널의 기능

패스파인더 패널을 이용하면 겹쳐 있는 여러 오브젝트를 하나로 합치거나 겹쳐진 영역만 남길 수 있습니다. 또 선으로 면을 나눌 수도 있습니다.

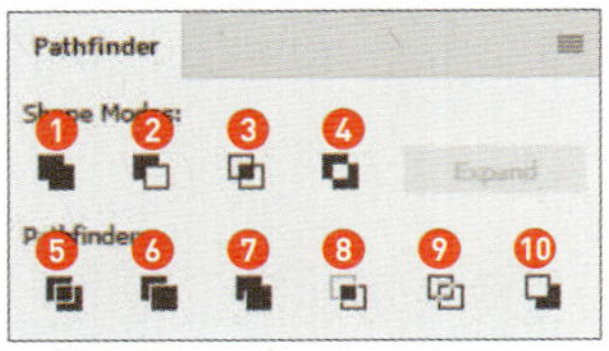

■ 패스파인더 패널

❶ **합치기** 오브젝트 여러 개를 합칩니다. 합친 영역은 맨 앞쪽 오브젝트 색상으로 채워집니다.

❷ **앞쪽 지우기** 앞쪽 오브젝트를 제거하면서 뒤쪽 오브젝트에서 앞쪽 오브젝트와 겹친 영역까지 제거합니다.

❸ **겹친 영역 남기기** 겹친 영역만 남기고 나머지는 제거합니다.

❹ **겹친 영역 지우기** 겹친 영역만 제거합니다.

❺ **나누기** 겹치는 모든 오브젝트 영역을 분할합니다.

❻ **자르기** 오브젝트 선을 제거하고 보이는 그대로 분할합니다.

❼ **병합하기** 같은 색상끼리 합친 후 보이는 그대로 분할합니다.

❽ **앞쪽 기준으로 나누기** 맨 앞쪽 오브젝트의 겹친 영역만 남기고 나머지는 제거합니다.

❾ **외곽선** 각 오브젝트의 면 색을 외곽선에 적용한 후 면은 제거하고 선만 남깁니다. 각 선은 겹쳐진 상태로 분할합니다.

❿ **뒤쪽 지우기** 맨 앞쪽 오브젝트의 겹치지 않는 영역만 남기고 나머지는 제거합니다.

패스파인더 패널로 오브젝트 합치고 분할하기

01 준비 파일 불러오기 Chapter_05 ▸ Section_01 ▸ pathfinder.ai 파일을 불러옵니다. 원 3개가 준비되어 있습니다. 선택 툴(▶)로 원의 크기와 배치 등을 변경하면서 패스파인더 패널의 사용법을 익혀 보겠습니다.

02 합치기 선택 툴(▶)로 원 2개를 첫 번째 그림과 같이 크기를 조절하여 배치합니다. 드래그하여 원 2개를 모두 선택한 후 패스파인더 패널의 합치기(◼)를 클릭합니다. 원 2개가 맨 앞 오브젝트 면 색으로 합쳐집니다.

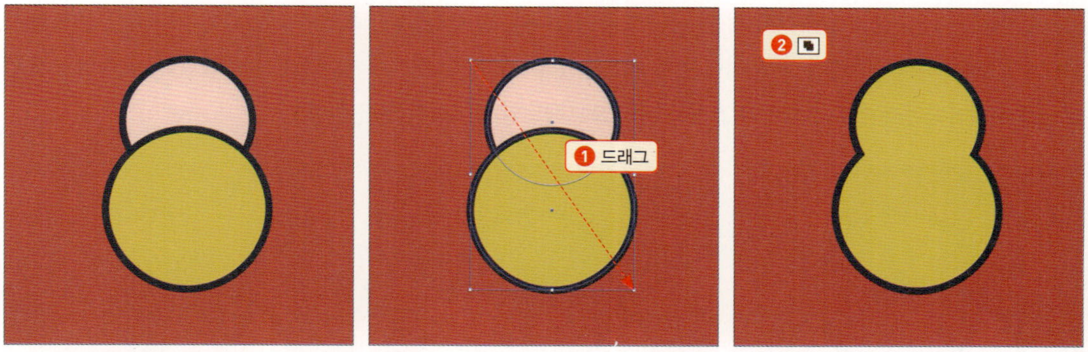

■ 오브젝트 2개를 합치기한 결과

03 Ctrl+Z를 눌러 합치기 전 상태로 돌아갑니다. 선택 툴(▶)로 원 3개를 첫 번째 그림과 같이 배치합니다. 드래그하여 원 3개를 모두 선택한 후 패스파인더 패널의 합치기(◼)를 클릭합니다. 맨 앞의 오브젝트의 면 색으로 합쳐집니다.

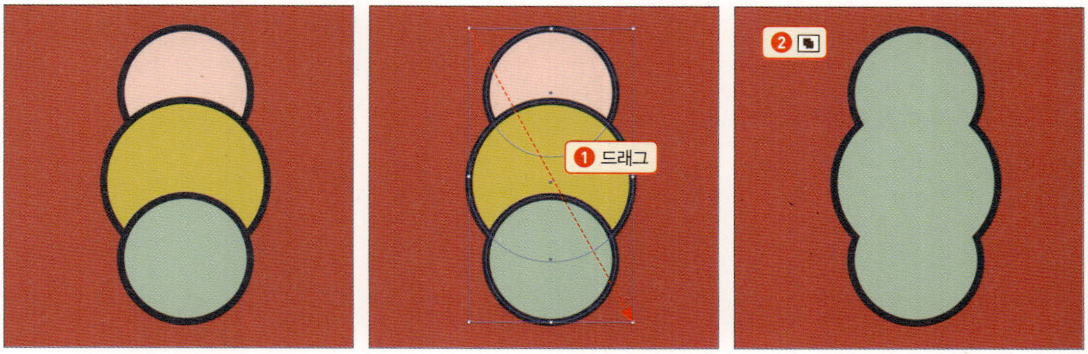

■ 오브젝트 3개를 합치기한 결과

04 앞쪽 지우기 Ctrl+Z를 눌러 합치기 전 상태로 돌아갑니다. 선택 툴()로 원 2개를 첫 번째 그림과 같이 배치합니다. 드래그하여 원 2개를 모두 선택한 후 패스파인더 패널의 앞쪽 지우기()를 클릭합니다. 앞쪽 오브젝트가 제거되면서 앞쪽 오브젝트와 겹치는 뒤쪽 오브젝트의 영역까지 제거됩니다.

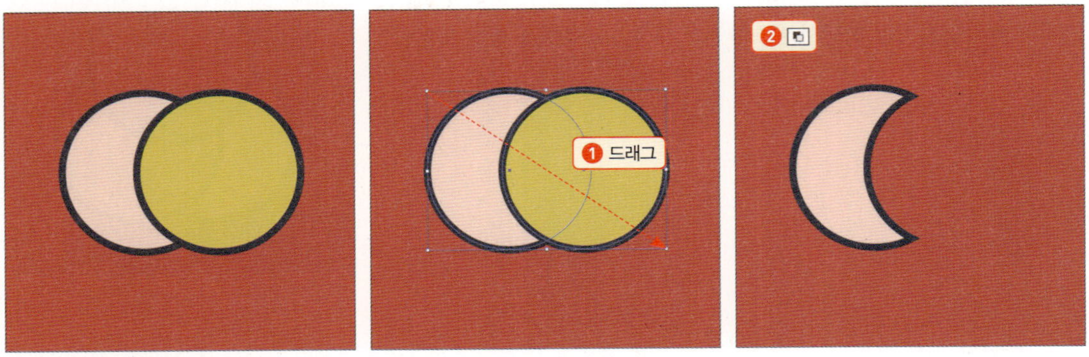

■ 오브젝트 2개를 앞쪽 지우기한 결과

05 Ctrl+Z를 눌러 앞쪽 지우기 전 상태로 돌아갑니다. 선택 툴()로 원 3개를 첫 번째 그림과 같이 배치합니다. 드래그하여 원 3개를 모두 선택한 후 패스파인더 패널의 앞쪽 지우기()를 클릭합니다. 앞쪽의 오브젝트 2개가 제거되면서 두 오브젝트와 겹치는 뒤쪽 오브젝트의 영역까지 제거됩니다.

■ 오브젝트 3개를 앞쪽 지우기한 결과

06 겹친 영역 남기기 같은 방법으로 오브젝트가 2개일 때와 3개일 때 패스파인더 패널의 겹친 영역 남기기()를 클릭합니다. 오브젝트가 2개일 때는 오브젝트 2개가 겹치는 영역만 남고, 오브젝트가 3개일 때는 오브젝트 3개가 공통으로 겹치는 영역만 남습니다.

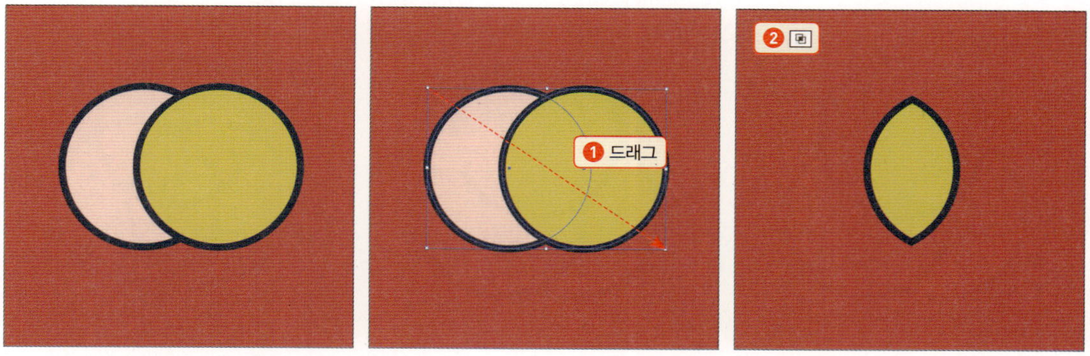

■ 오브젝트 2개를 겹친 영역 남기기한 결과

■ 오브젝트 3개를 겹친 영역 남기기한 결과

07 겹친 영역 지우기 같은 방법으로 오브젝트가 2개일 때와 3개일 때 패스파인더 패널의 겹친 영역 지우기(◘)를 클릭합니다. 오브젝트 2개가 겹친 경우에는 겹친 영역이 모두 제거됩니다. 반면 오브젝트 3개 이상이 겹친 경우에는 겹친 영역은 제거되지만 3개 이상의 오브젝트가 겹친 영역은 남습니다.

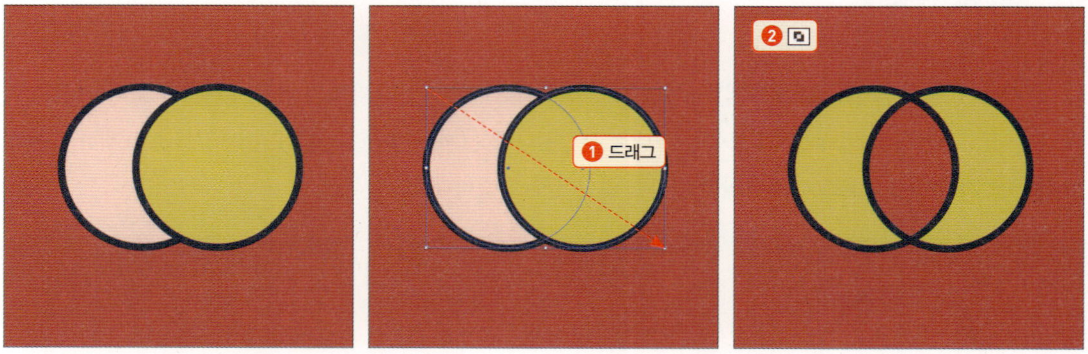

■ 오브젝트 2개를 겹친 영역 지우기한 결과

■ 오브젝트 3개를 겹친 영역 지우기한 결과

08 분할하기 선택 툴( )로 오브젝트 3개를 모두 선택한 후 패스파인더 패널의 나누기( )를 클릭합니다. 패스가 겹치는 모든 영역이 분할됩니다. 패스파인더 패널로 오브젝트를 분할하면 분할된 오브젝트는 그룹 상태로 남습니다. Ctrl + Shift + G를 눌러 그룹을 해제하고 선택 툴( )로 각 조각을 드래그하면 분할된 결과를 확인할 수 있습니다.

■ 오브젝트 3개를 나누기한 결과

09 자르기 선택 툴( )로 오브젝트 3개를 모두 선택하고 패스파인더 패널의 자르기( )를 클릭합니다. 외곽선이 모두 제거되고 오브젝트가 보이는 그대로 분할됩니다. Ctrl + Shift + G를 눌러 그룹을 해제하고 선택 툴( )로 각 조각을 드래그하면 분할된 결과를 확인할 수 있습니다.

■ 오브젝트 3개를 자르기한 결과

10 병합하기 선택 툴(▶)로 오른쪽 오브젝트를 클릭하고 Delete를 눌러 삭제합니다. 가운데 오브젝트를 선택하고 Ctrl+C, Ctrl+V를 눌러 복제한 후 오른쪽에 배치합니다.

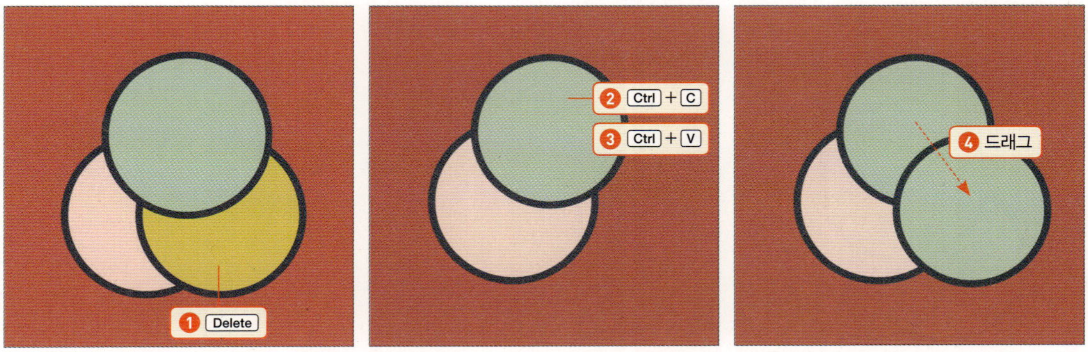

11 선택 툴(▶)로 드래그하여 오브젝트 3개를 모두 선택하고 패스파인더 패널의 병합하기( )를 클릭합니다. 자르기( )와 마찬가지로 오브젝트가 분할되는데 동일한 색상의 오브젝트는 합쳐진 채로 분할됩니다. Ctrl+Shift+G를 눌러 그룹을 해제하고 선택 툴(▶)로 각 조각을 드래그하면 분할된 결과를 확인할 수 있습니다.

■ 오브젝트 3개를 병합하기한 결과

12 앞쪽 기준으로 나누기 오브젝트 3개를 선택한 후 패스파인더 패널의 앞쪽 기준으로 나누기( )를 클릭합니다. 맨 앞 오브젝트에서 다른 오브젝트와 겹치는 영역만 외곽선 없이 남습니다.

■ 오브젝트 3개를 앞쪽 기준으로 나누기한 결과

13 외곽선만 남기기 오브젝트 3개를 선택한 후 패스파인더 패널의 외곽선([아이콘])을 클릭합니다. 각 오브젝트의 면 색이 외곽선에 적용되면서 면은 사라지고 선만 남습니다. Ctrl+Shift+G를 눌러 그룹을 해제하고 선택 툴([아이콘])로 각 선을 드래그해 보면 모두 분할된 것을 확인할 수 있습니다.

■ 오브젝트 3개를 외곽선만 남긴 결과

Tip 외곽선이 가늘어 보이지 않을 때는 옵션 바에서 Stroke를 10pt 이상으로 설정합니다.

14 뒤쪽 지우기 오브젝트 3개를 선택한 후 패스파인더 패널의 뒤쪽 지우기([아이콘])를 클릭합니다. 맨 앞쪽 오브젝트에서 다른 오브젝트와 겹치지 않는 영역만 남습니다.

■ 오브젝트 3개를 뒤쪽 지우기한 결과

응용 예제 꿀벌과 벌통 만들기

패스파인더 패널로 오브젝트를 합치거나 분할해 꿀벌과 벌통 이미지를 만들어 봅니다.

■ 가이드 이미지

■ 완성 이미지

01 Chapter_05 ▸ Section_01 ▸ bee_guide.ai 파일을 불러옵니다.

02 원형 툴(◯)을 선택하고 Alt 를 누른 채 드래그하여 벌의 얼굴을 정원으로 그립니다. 선택 툴(▶)로 Alt 를 누른 채 오른쪽으로 드래그하여 원을 복제합니다.

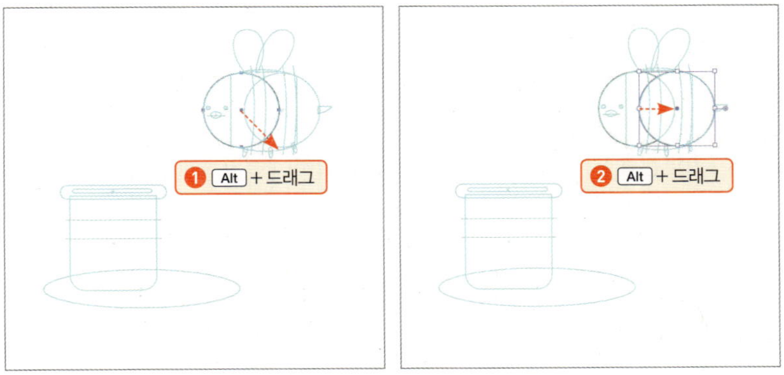

03 화면을 확대한 후 펜 툴( )로 다음과 같은 모양으로 패스를 그립니다.

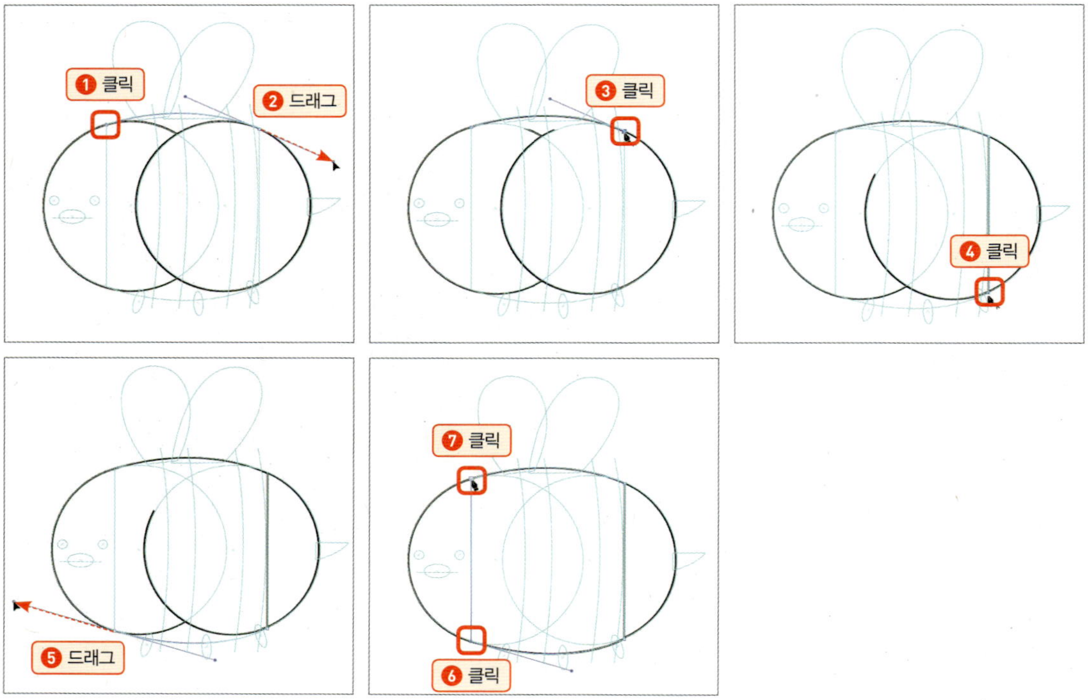

04 선택 툴( )로 Shift를 누른 채 방금 그린 형태와 원 두 개를 모두 선택한 후 패스파인더 패널에서 합치기( )를 클릭하여 오브젝트를 합칩니다.

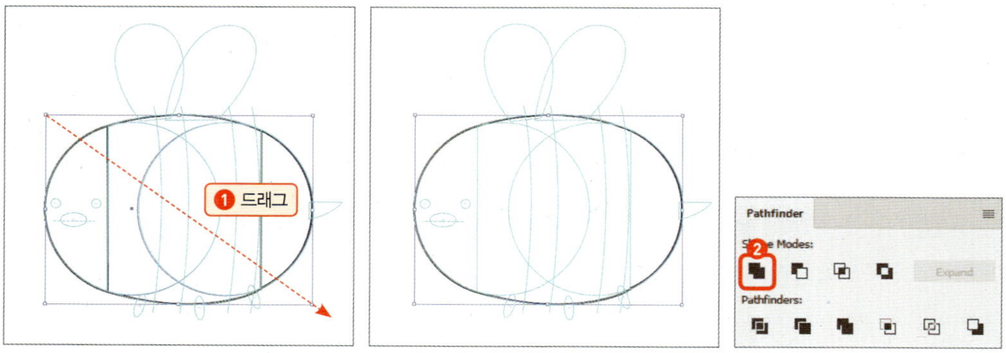

05 펜 툴( )을 선택하고 옵션 바에서 면 색을 색상 없음으로 설정한 후 벌의 몸통 바깥에서 시작되는 곡선 한 줄을 가이드를 따라 그립니다. 선택 툴( )로 Alt를 누른 채 오른쪽으로 드래그하여 곡선 3개를 복제합니다.

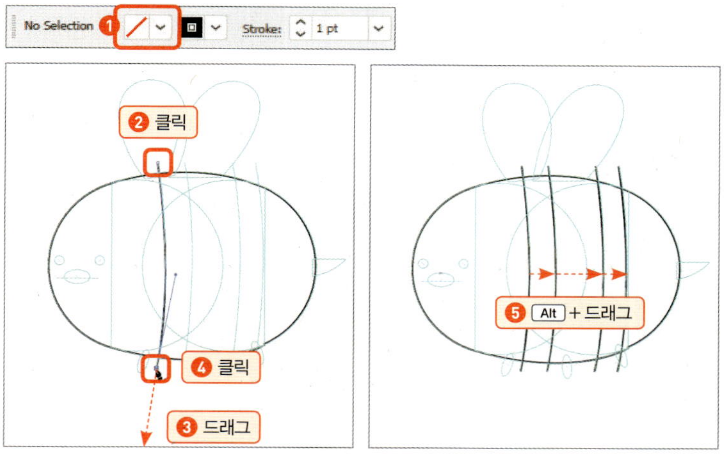

06 선택 툴(▶)로 벌의 몸통과 선 4개가 모두 선택되도록 드래그한 후 패스파인더 패널에서 나누기(◼)를 클릭하여 오브젝트를 분할합니다. Ctrl + Shift + G를 눌러 그룹을 해제한 후 색상 패널에서 각 오브젝트의 면 색과 선 색을 다음과 같이 설정합니다.

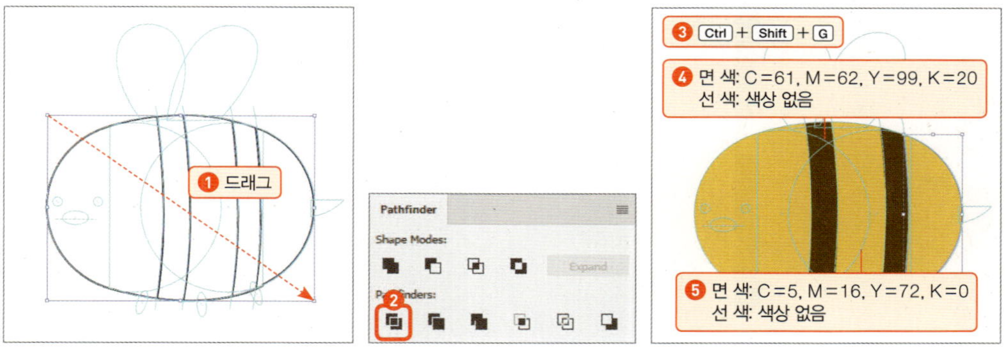

07 원형 툴(◯)을 선택하고 옵션 바에서 면 색을 흰색, 선 색을 검은색으로 설정한 후 입술을 타원으로 그립니다. 펜 툴(✒)을 선택하고 타원 절반을 가로지르는 선을 그립니다.

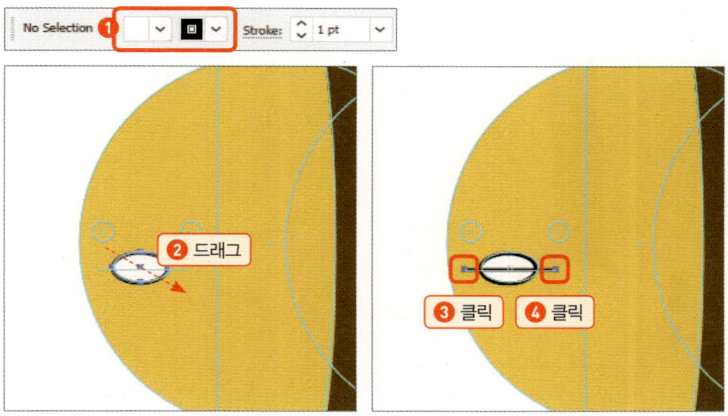

08 선택 툴(▶)로 Shift 를 누른 채 타원과 선을 클릭하여 선택하고 패스파인더 패널의 나누기(◘)를 클릭하여 오브젝트를 분할합니다. Ctrl + Shift + G 를 눌러 그룹을 해제하고 선택 툴(▶)로 위쪽 타원만 클릭하여 선택한 후 Delete 를 눌러 삭제합니다. 색상 패널에서 아래쪽 타원의 면 색과 선 색을 다음과 같이 설정합니다.

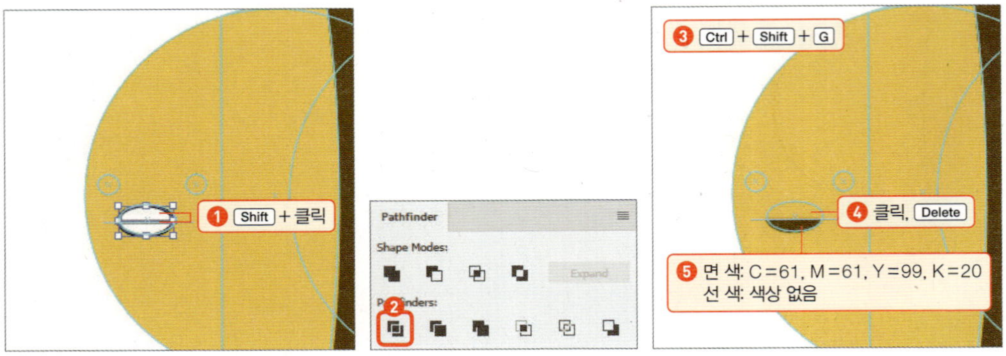

09 원형 툴(◯)로 Alt 를 누른 채 드래그하여 눈을 2개 그립니다.

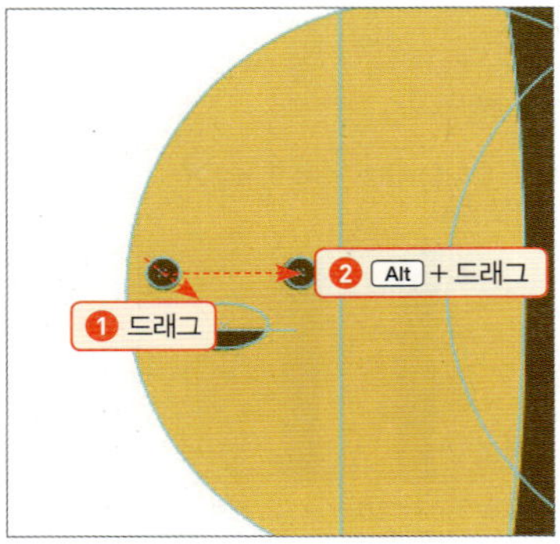

10 원형 툴(◯)로 타원을 그려 다리를 만들고 선택 툴(▶)로 바운딩 박스를 회전시켜 가이드에 맞게 배치합니다. 완성한 다리는 선택 툴(▶)로 Alt 를 누른 채 오른쪽으로 드래그하여 2개 더 복제하고 바운딩 박스를 회전시켜 가이드에 맞게 배치합니다.

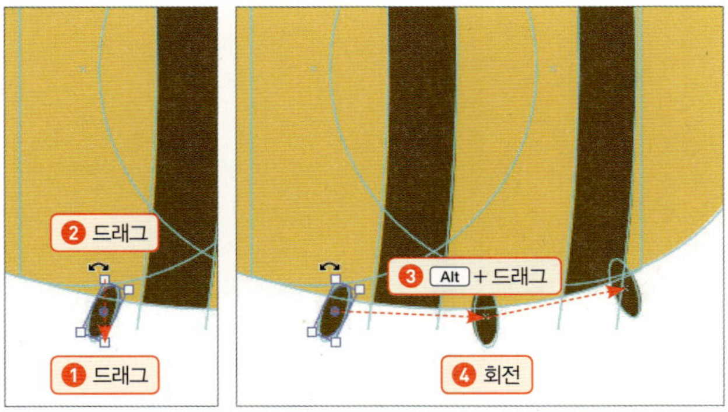

11 펜 툴()로 가이드에 맞게 꼬리를 그립니다.

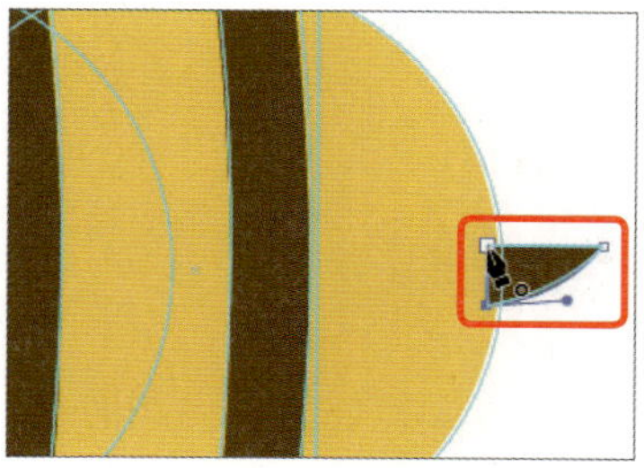

12 곡률 전환 툴()로 날개를 그립니다. 곡선으로 이어진 부분은 무빙 앵커 포인트를 더블클릭해 직선으로 만든 후 패스를 바깥쪽으로 드래그하면 자연스러운 곡선을 만들 수 있습니다. 또한 형태를 다 만든 후 앵커 포인트를 움직이거나 패스를 드래그하여 가이드에 맞춰도 됩니다.

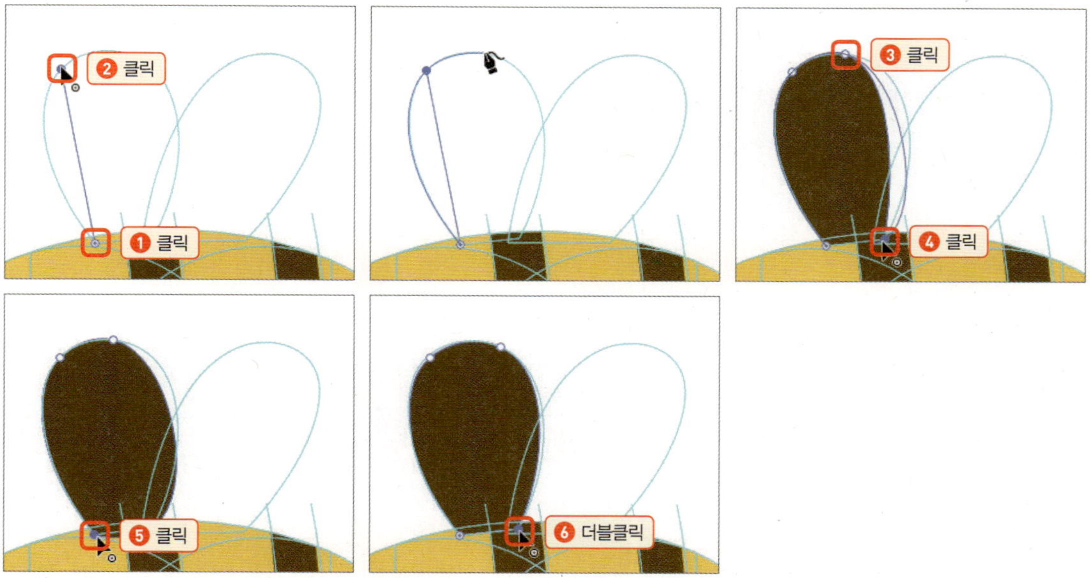

13 색상 패널에서 날개의 면 색과 선 색을 다음과 같이 변경합니다. 곡률 전환 툴()로 나머지 날개도 완성합니다.

14 선택 툴(▶)로 Shift 를 누른 채 날개 2개, 다리 3개, 꼬리를 선택하고 메뉴 바에서 [Object]–[Arrange]–[Send to Back]을 선택하여 몸통 오브젝트 뒤에 배치합니다.

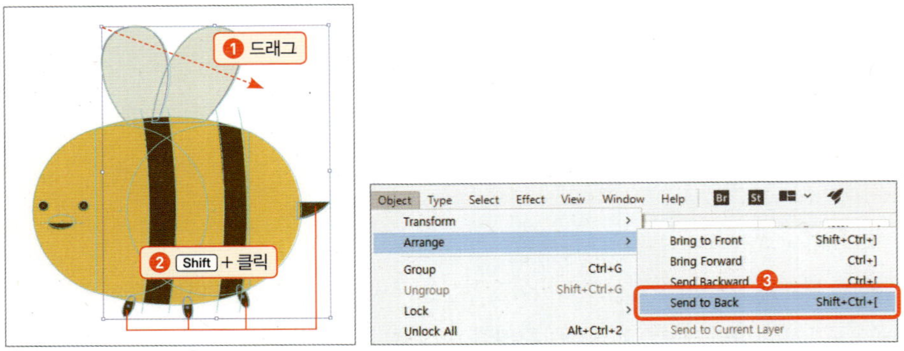

15 모서리가 둥근 사각형 툴(▢)로 꿀을 담는 병을 그립니다. 직접 선택 툴(▷)로 오브젝트를 선택하고 Shift 를 누른 채 하단 위젯 두 개를 아래로 드래그하여 가이드의 곡선에 맞추고, Shift 를 누른 채 상단 위젯 두 개를 위로 드래그하여 직선 형태로 만듭니다.

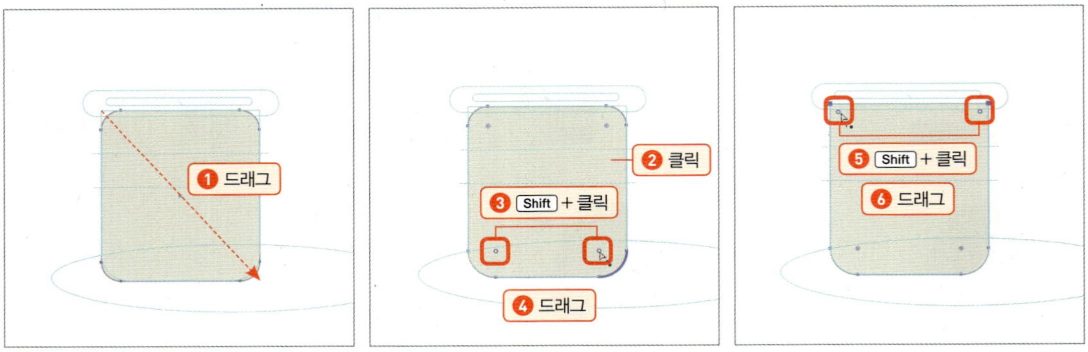

16 모서리가 둥근 사각형 툴(▢)로 병의 입구를 그립니다. 선택 툴(▷)로 Shift 를 누른 채 오브젝트 2개를 선택하고 패스파인더 패널에서 합치기(■)를 클릭합니다.

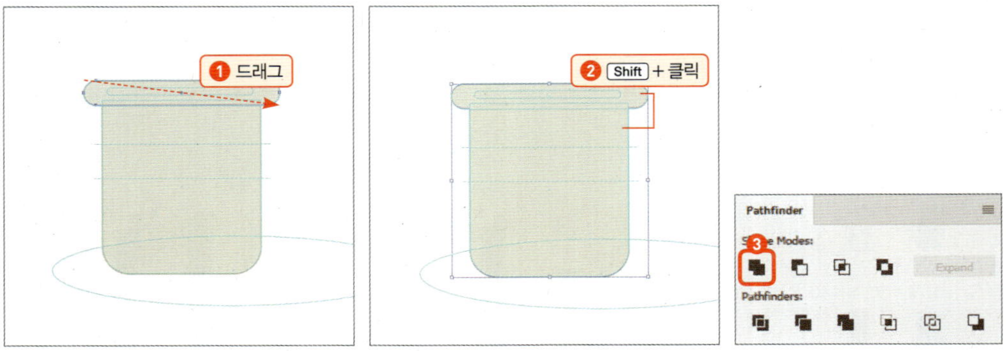

17 펜 툴()을 선택하고 옵션 바에서 면 색을 색상 없음, 선 색을 검은색으로 설정한 후 병을 가로지르는 선을 2개 그립니다. 선택 툴()로 병과 선 2개가 모두 선택되도록 드래그한 후 패스파인더 패널에서 나누기()를 클릭하여 오브젝트를 분할합니다. Ctrl+Shift+G를 눌러 그룹을 해제하고 색상 패널에서 각 오브젝트의 면 색과 선 색을 다음과 같이 설정합니다.

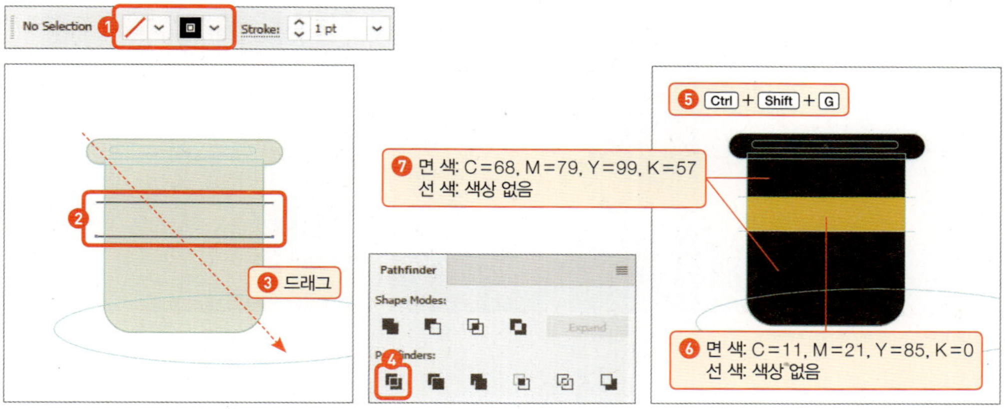

18 모서리가 둥근 사각형 툴()을 선택하고 옵션 바에서 면 색을 검은색, 선 색을 색상 없음으로 설정한 후 병의 입구 앞쪽에 직사각형을 그립니다.

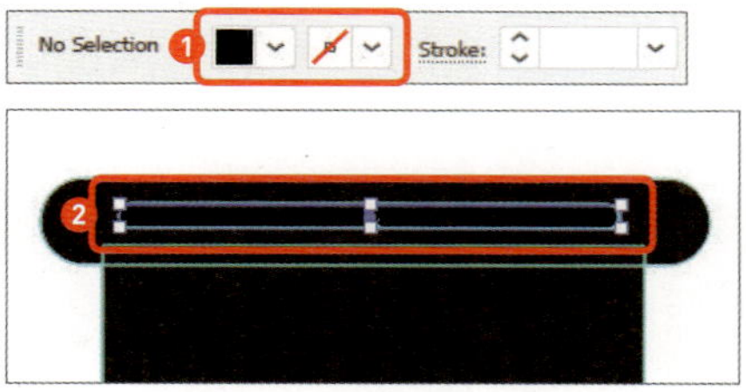

19 원형 툴()로 병의 그림자를 그린 후 색상 패널에서 면 색과 선 색을 다음과 같이 설정합니다. 메뉴 바에서 [Object]−[Arrange]−[Send to Back]을 선택하거나 단축키 Ctrl+Shift+[를 눌러 그림자를 병 뒤쪽에 배치합니다. 배경에 색상을 넣어 주면 이미지가 더 아기자기해 보입니다.

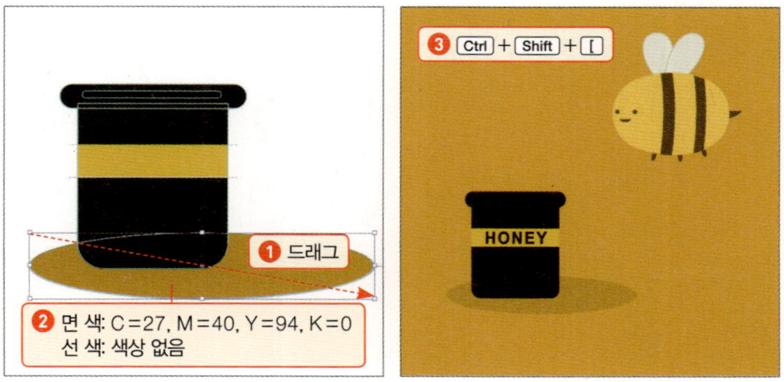

응용 예제 로켓 배송 이미지 만들기

패스파인더 패널로 오브젝트를 합치거나 분할해 로켓 배송 이미지를 만들어 봅니다.

■ 가이드 이미지

■ 완성 이미지

■ 응용 이미지

01 Chapter_05 ▸ Section_01 ▸ rocket_guide.ai 파일을 불러옵니다.

02 원형 툴(◯)로 화면을 클릭합니다. 옵션 창에서 Width를 50mm, Height를 150mm로 입력하고 〈OK〉를 클릭합니다. 선택 툴(▶)로 타원을 드래그하여 로켓 본체 위치로 옮깁니다.

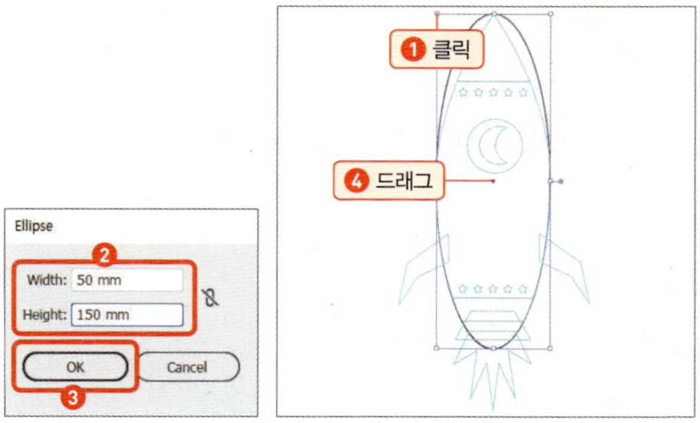

03 앵커 포인트 전환 툴([N])로 타원 꼭대기를 클릭하여 뾰족하게 만듭니다.

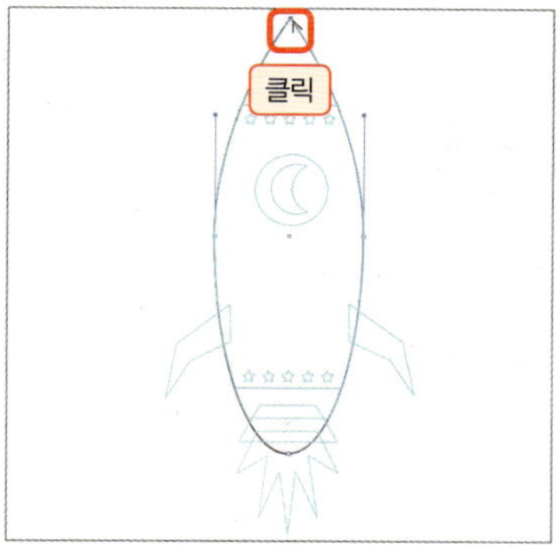

04 선 툴([/])로 가이드를 따라 원을 벗어나는 선을 3개 그립니다. 선택 툴([▶])로 타원과 선 3개가 모두 선택되도록 드래그한 후 패스파인더 패널에서 나누기([■])를 클릭합니다. 선을 따라 타원이 면 4개로 분할됩니다.

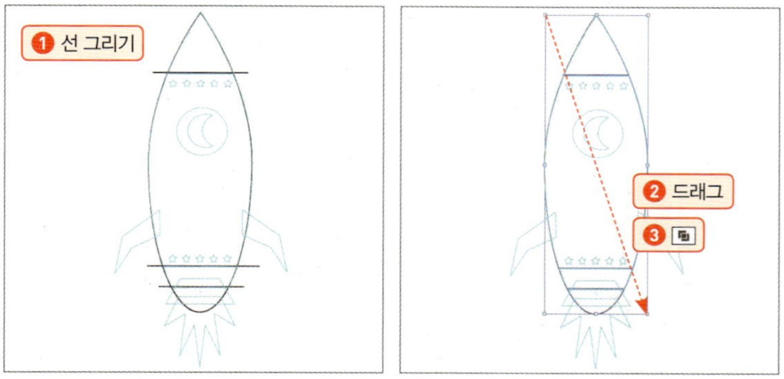

05 [Ctrl]+[Shift]+[G]를 눌러 그룹을 해제하고 선택 툴([▶])로 맨 아래 조각을 선택한 후 [Delete]를 눌러 삭제합니다. 나머지 면 3개는 색상 패널에서 면 색과 선 색을 다음과 같이 설정합니다.

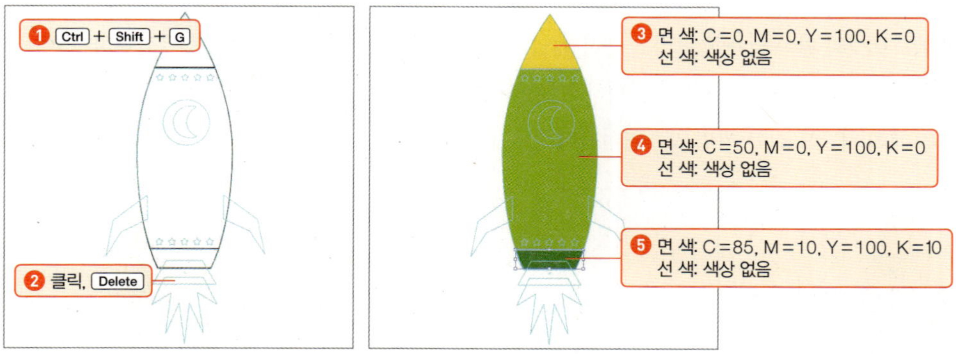

06 원형 툴(◯)로 Alt를 누른 채 드래그하여 정원을 그립니다. 색상 패널에서 면 색과 선 색을 다음과 같이 설정합니다.

07 원형 툴(◯)로 Alt를 누른 채 빈 곳을 드래그하여 방금 만든 원보다 조금 작은 원을 만듭니다. 선택 툴(▶)로 Alt를 누른 채 오른쪽으로 드래그하여 원을 복제합니다. 원 2개를 드래그하여 선택하고 패스파인더 패널의 앞쪽 지우기(◧)를 클릭합니다. 초승달 모양이 만들어지면 색상 패널에서 면 색과 선 색을 다음과 같이 설정합니다. 선택 툴(▶)로 달을 드래그하여 원 안쪽에 배치합니다.

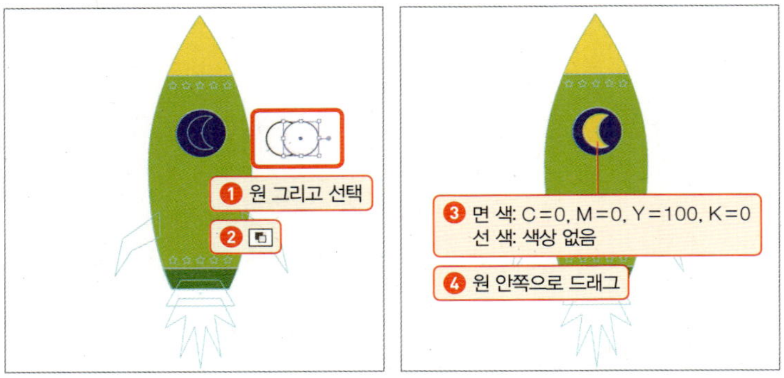

08 펜 툴(✒)로 로켓의 왼쪽 날개를 그리고 색상 패널에서 면 색과 선 색을 다음과 같이 설정합니다. 왼쪽 날개가 선택된 상태에서 마우스 오른쪽 버튼을 클릭하고 [Arrange]–[Send to Back]을 선택합니다. 날개가 맨 뒤에 배치됩니다. 오른쪽 날개도 같은 방법으로 완성합니다.

09 펜 툴( )로 로켓 연소 통을 그리고 색상 패널에서 면 색과 선 색을 다음과 같이 설정합니다. 로켓 연소통이 선택된 상태에서 마우스 오른쪽 버튼을 클릭한 후 [Arrange]-[Send to Back]을 선택하여 맨 뒤로 보냅니다.

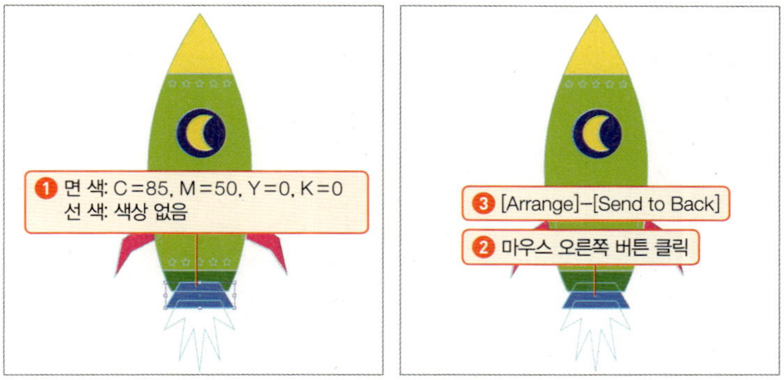

10 돋보기 툴( )로 화면을 확대하고 별 툴( )로 드래그하여 별을 그립니다. 선택 툴( )로 별의 바운드 박스를 조절하여 가이드 위에 배치하고 색상 패널에서 면 색과 선 색을 다음과 같이 설정합니다. 완성한 별은 선택 툴( )로 Alt 를 누른 채 오른쪽으로 드래그하여 4개 더 복제합니다.

11 선택 툴( )로 Shift 를 누른 채 별 5개를 모두 선택하고 정렬 패널에서 수직 위쪽 정렬( )을 클릭하여 높이를 맞추고 수평 가운데 분배( )를 클릭하여 별 사이 간격을 동일하게 맞춥니다. 별 5개가 선택된 상태에서 선택 툴( )로 Alt 를 누른 채 아래로 드래그하여 복제합니다.

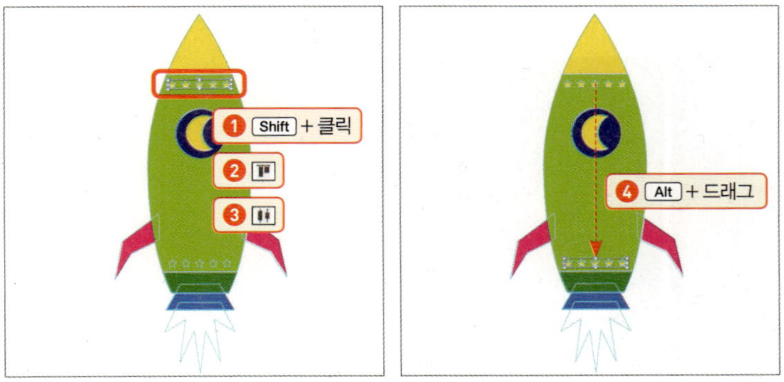

12 별 툴(☆)을 선택하고 옵션 바에서 면 색을 흰색, 선 색을 검은색으로 설정한 후 빈 곳을 클릭합니다. 옵션 창이 뜨면 Radius 1을 40mm, Radius 2를 20mm, Points를 12로 입력하고 〈OK〉를 클릭합니다. 선 툴(╱)로 별을 가로지르는 직선을 그립니다.

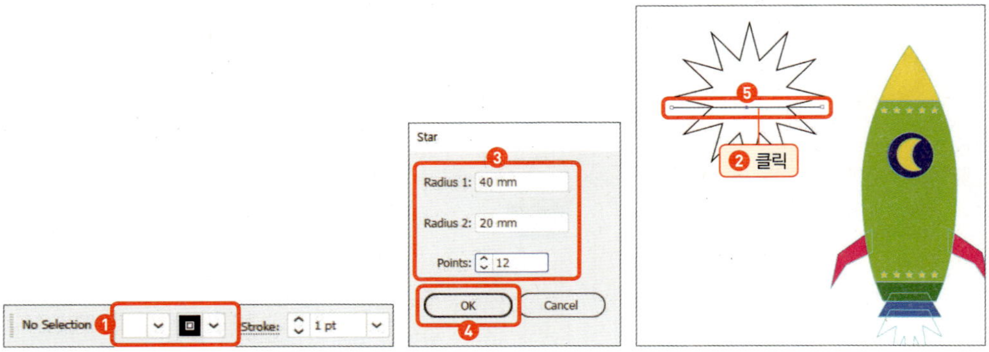

13 선택 툴(▶)로 드래그해서 별과 선을 선택한 후 패스파인더 패널에서 나누기( )를 클릭합니다. 선을 중심으로 별이 분할됩니다. Ctrl + Shift + G를 눌러 그룹을 해제한 후 선택 툴(▶)로 별의 윗부분을 선택하고 Delete를 눌러 삭제합니다.

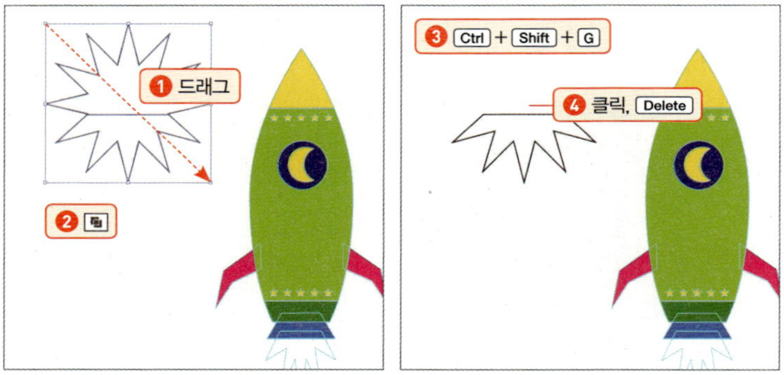

14 선택 툴(▶)로 불꽃으로 쓸 별 반쪽을 로켓 연소 통 아래로 옮기고 바운딩 박스를 조절하여 크기를 줄입니다. 색상 패널에서 불꽃의 면 색과 선 색을 다음과 같이 설정합니다. 불꽃을 마우스 오른쪽 버튼으로 클릭하고 [Arrange]–[Send to Back]을 선택하여 로켓 맨 뒤로 보냅니다. 배경색을 넣으면 이미지가 더 역동적으로 보입니다.

SECTION 02

셰이프 빌더 툴로 합치고 분할하기

• **핵심 기능 |** 셰이프 빌더 툴(단축키 Shift+M)

셰이프 빌더 툴의 기능 익히기

01 오브젝트 합치기 Chapter_05 ▸ Section_02 ▸ shape.ai 파일을 불러옵니다. 선택 툴( )로 드래그하여 위쪽 오브젝트 2개를 선택하고 셰이프 빌더 툴( )로 내부를 드래그합니다. 지나간 영역이 모두 합쳐집니다.

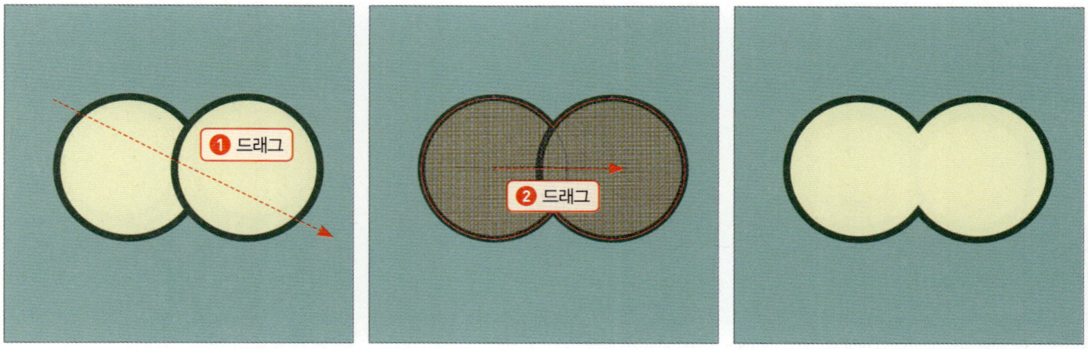

02 오브젝트 분할하기 Ctrl+Z를 눌러 합치기 전 상태로 돌아간 후 셰이프 빌더 툴( )로 선택된 오브젝트에서 겹쳐진 부분을 클릭합니다. 선택 툴( )로 각 조각을 드래그하면 오브젝트가 분할된 것을 확인할 수 있습니다.

Tip 패스파인더 패널과 달리 셰이프 빌더 툴을 이용하면 개별 오브젝트로 바로 분할할 수 있습니다.

03 앞쪽 지우기 Ctrl+Z를 눌러 분할하기 전 상태로 돌아간 후 셰이프 빌더 툴()로 Alt를 누른 채 오른쪽 오브젝트 내부를 드래그합니다. 지나간 영역이 제거됩니다.

04 같은 속성의 새 오브젝트 만들기 선택 툴()로 드래그하여 아래쪽 오브젝트 4개를 선택합니다. 셰이프 빌더 툴()로 오브젝트 사이의 빈 공간을 클릭합니다. 선택 툴()로 각 조각을 드래그하면 같은 속성을 가진 오브젝트가 만들어진 것을 확인할 수 있습니다.

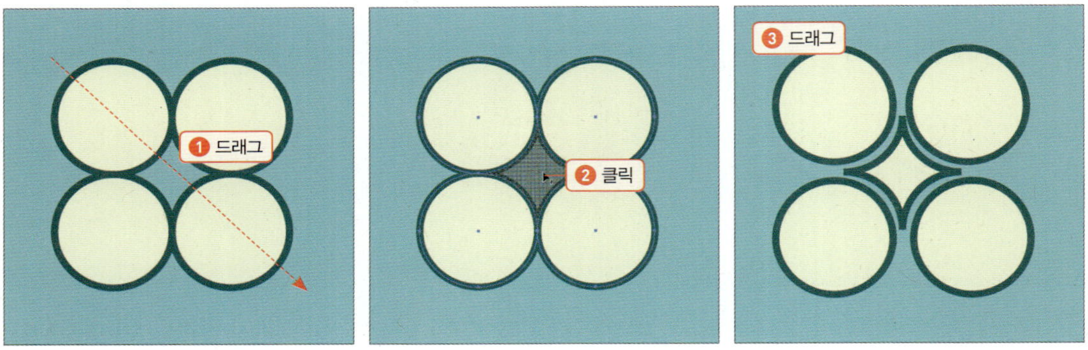

05 빈 공간을 면 하나로 합치기 Ctrl+Z를 눌러 오브젝트 4개가 선택된 상태로 만듭니다. 셰이프 빌더 툴()로 오브젝트 사이의 빈 공간을 포함하여 다음과 같이 드래그합니다. 마우스가 지나간 자리가 면 하나로 합쳐집니다.

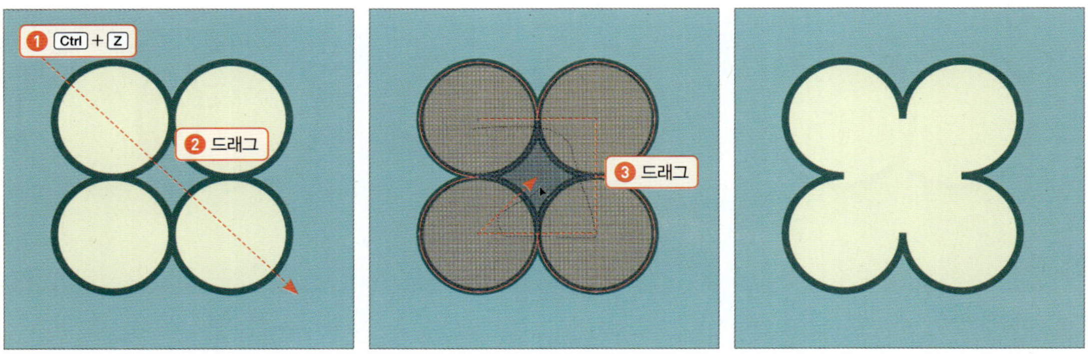

응용 예제 꽃 화분 만들기

셰이프 빌더 툴( )로 꽃 화분을 만들어 봅니다.

■ 가이드 이미지 ■ 완성 이미지 ■ 응용 이미지

01 Chapter_05 ▸ Section_02 ▸ flower_guide.ai 파일을 불러옵니다. 사각형 툴( )을 선택하고 색상 패널에서 면 색과 선 색을 다음과 같이 설정한 후 드래그하여 사각형을 만듭니다.

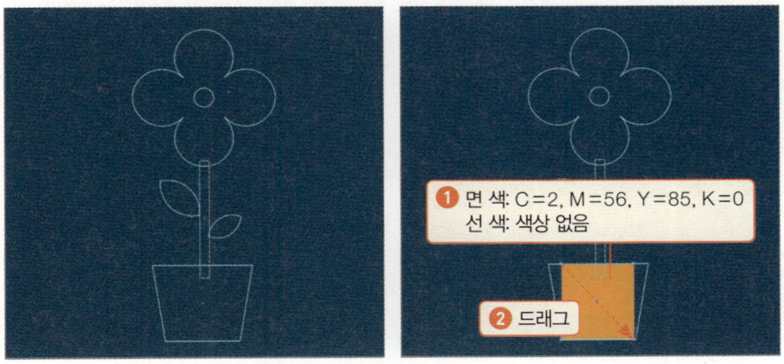

02 직접 선택 툴( )로 사각형의 왼쪽 상단 앵커 포인트를 선택하고 왼쪽으로 드래그하여 가이드에 맞춥니다. 오른쪽 상단 앵커 포인트도 드래그하여 가이드에 맞춥니다. 사각형 툴( )로 줄기 부분을 가이드에 맞게 그립니다.

03 원형 툴(◯)로 Alt 를 누른 채 드래그하여 꽃잎으로 쓸 원을 그립니다. 선택 툴(▶)로 원을 선택하고 Alt 를 누른 채 오른쪽으로 드래그하여 복제합니다. 선택 툴(▶)로 드래그하여 원 2개를 선택하고 Alt 를 누른 채 아래로 드래그하여 복제합니다.

04 선택 툴(▶)로 드래그하여 원 4개를 모두 선택하고 셰이프 빌더 툴(◎)로 원의 내부와 빈 공간을 훑으며 드래그합니다. 원 사이의 빈 공간이 합쳐지면서 오브젝트가 한 개로 바뀝니다. 선택 툴(▶)로 오브젝트를 선택하고 바운딩 박스 근처를 드래그하여 오브젝트를 왼쪽으로 90° 회전시킵니다.

Tip Shift 를 누른 채 드래그하면 45°, 90°, 180°로 손쉽게 회전시킬 수 있습니다.

05 원형 툴(◯)을 선택하고 Alt 를 누른 채 드래그하여 꽃잎 중앙에 작은 원을 그립니다. 선택 툴(▶)로 드래그하여 꽃잎과 작은 원을 모두 선택하고 셰이프 빌더 툴(◎)로 Alt 를 누른 채 가운데 원을 클릭하여 제거합니다. 선택 툴(▶)로 꽃잎을 줄기 위로 옮기고 바운딩 박스를 조절하여 가이드에 맞춥니다.

06 원형 툴( )로 Alt를 누른 채 드래그하여 원을 그립니다. 선택 툴( )로 Alt를 누른 채 오른쪽으로 드래그하여 원 2개가 약간 겹치도록 복제합니다. 선택 툴( )로 드래그하여 원 2개를 선택하고 셰이프 빌더 툴( )로 Alt를 누른 채 좌우의 겹치지 않는 영역을 클릭하여 제거합니다.

07 선택 툴( )로 방금 만든 오브젝트를 줄기 가운데로 옮깁니다. 바운딩 박스 근처를 드래그해 오브젝트를 회전시키고 바운딩 박스 모서리를 드래그해 크기를 조절합니다. 완성한 잎사귀는 선택 툴( )로 Alt를 누른 채 오른쪽으로 드래그하여 복제하고 회전 방향과 크기를 조절하여 이미지를 완성합니다.

SECTION 03

오브젝트를 분할하지 않고 채색하기

• **핵심 기능 |** 라이브 페인트 버킷 툴(단축키 K)

라이브 페인트 버킷 툴의 기능 익히기

01 준비 파일 불러오기 Chapter_05 ▸ Section_03 ▸ paint.ai 파일을 불러옵니다. 선택 툴()로 오브젝트가 모두 선택되도록 드래그합니다.

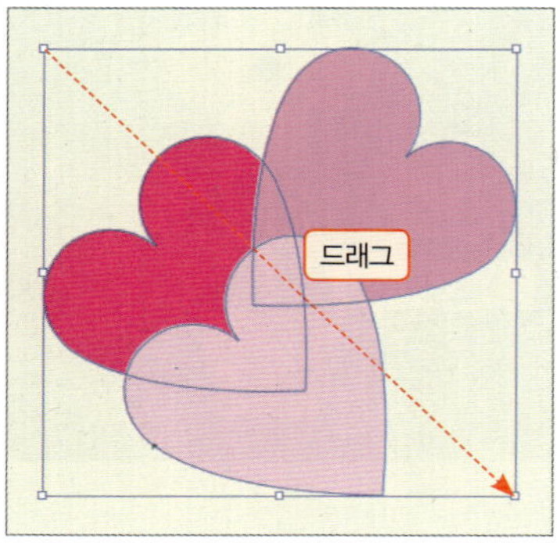

02 선택한 영역 채색하기 셰이프 빌더 툴()의 숨은 툴인 라이브 페인트 버킷 툴()을 선택하고 각 영역으로 마우스 포인터를 가져가면 개별 조각으로 선택됩니다. 이때 해당 영역을 클릭하면 현재 설정된 면 색이 채워집니다.

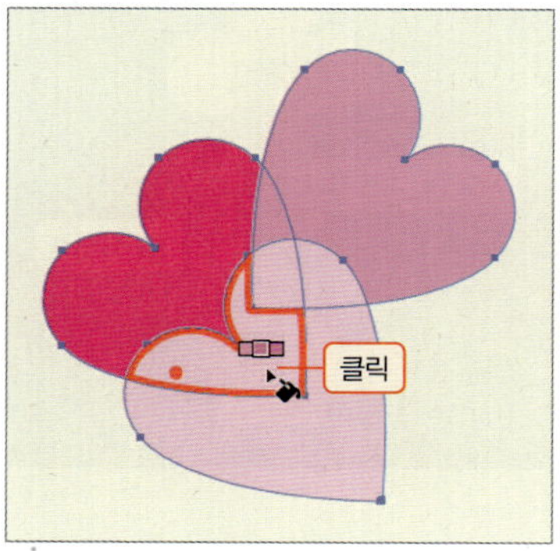

03 라이브 페인트 실행 상태 확인하기 라이브 페인트 버킷 툴( )로 각 조각을 채색하고 선택 툴( )로 오브젝트를 선택하면 바운딩 박스가 이전과 다른 형태라는 것을 알 수 있습니다. 라이브 페인트가 실행 중이라는 뜻입니다.

■ 라이브 페인트 실행 전 ■ 라이브 페인트 실행 중

> **Tip** 라이브 페인트가 실행 중일 때는 라이브 페인트 선택 툴( )로 각 영역을 클릭한 후 색상 패널에서 다른 색상을 설정하여 색상을 변경할 수 있습니다.
>
> 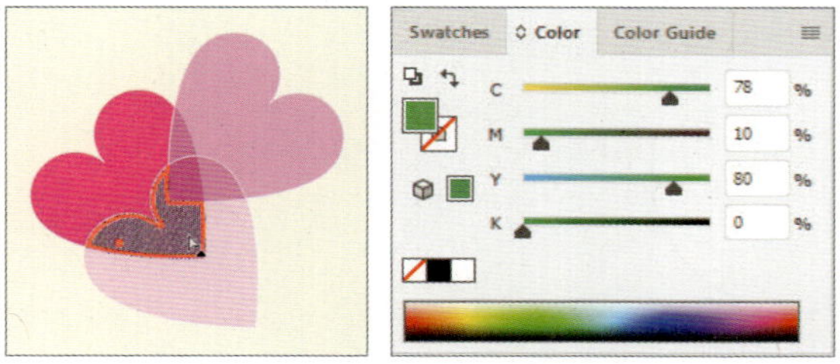
>

04 라이브 페인트 종료하기 선택 툴( )로 오브젝트를 선택하고 옵션 바에서 [Expand]를 클릭합니다. 라이브 페인트 실행이 끝나고 일반 바운딩 박스 형태로 돌아옵니다. 지금까지 채색된 영역은 모두 그룹으로 지정되어 있습니다. Ctrl+Shift+G를 눌러 그룹을 해제하고 선택 툴( )로 각 영역을 분리해 보면 라이브 페인트 툴로 채색한 면만 분리되고 선은 색상이 바뀌지 않은 채 보이는 형태로 묶여 있는 것을 볼 수 있습니다.

SECTION 04

핸드 드로잉한 도형을 정형화하기

• **핵심 기능 |** 셰이퍼 툴(단축키 Shift+N)

셰이퍼 툴의 기능 익히기

01 원 그리기 Chapter_05 ▸ Section_04 ▸ shaper.ai 파일을 불러옵니다. 셰이퍼 툴( )로 자유롭게 드래그하여 원을 그린 후 마우스에서 손가락을 떼면 자동으로 정형화된 원이 생성됩니다.

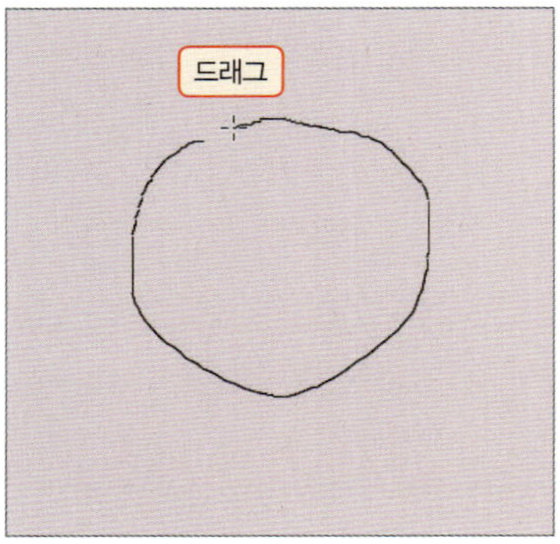

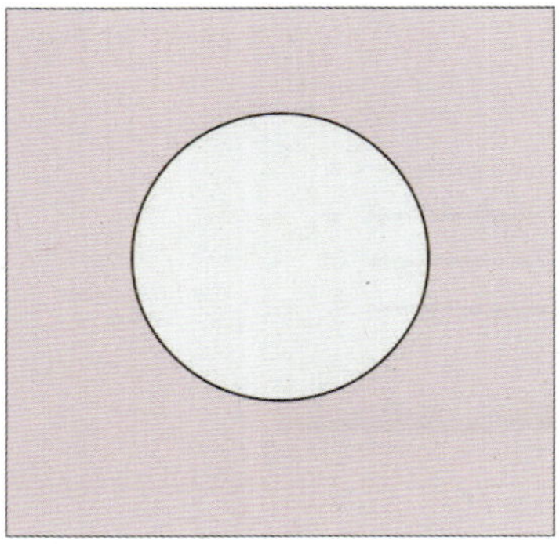

02 삼각형 그리기 셰이퍼 툴( )로 드래그하여 삼각형을 그린 후 마우스에서 손가락을 뗍니다. 삼각형과 유사하게만 그려도 삼각형이 완성됩니다.

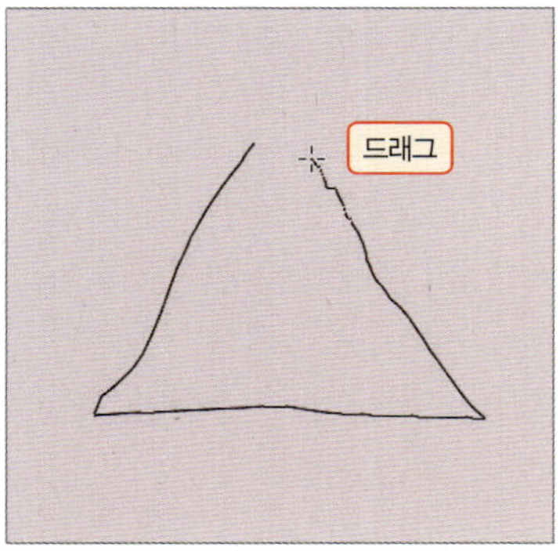

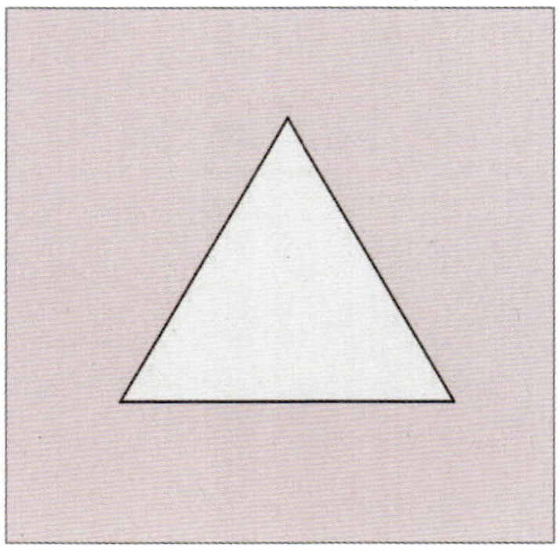

03 다각형 그리기 선택 툴(▶)로 방금 그린 삼각형을 선택한 후 위젯을 안쪽으로 드래그하여 모서리를 둥글게 바꿉니다. 마우스 포인터를 바깥쪽 바운딩 박스 오른쪽 상단 바로 아래에 보이는 작은 다이아몬드로 가져가면 +/– 마크가 나타납니다. 이때 다이아몬드를 클릭하고 아래로 드래그하면 손쉽게 다각형을 만들 수 있습니다.

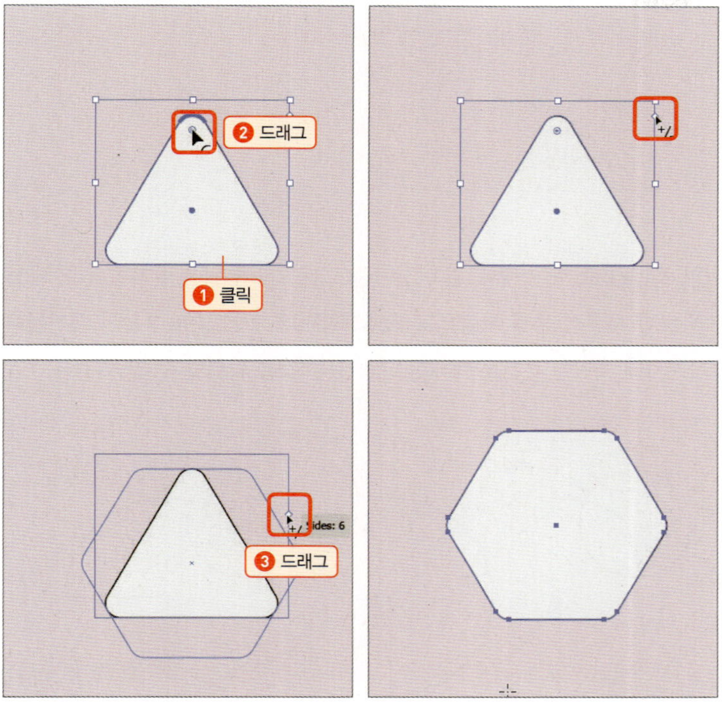

04 파이 만들기 셰이퍼 툴( )로 드래그하여 원을 그립니다. 선택 툴(▶)로 원을 선택하면 바운딩 박스 바깥쪽으로 돌출된 핸들이 보입니다. 핸들을 드래그하여 원하는 각도의 파이 형태를 만들 수 있습니다.

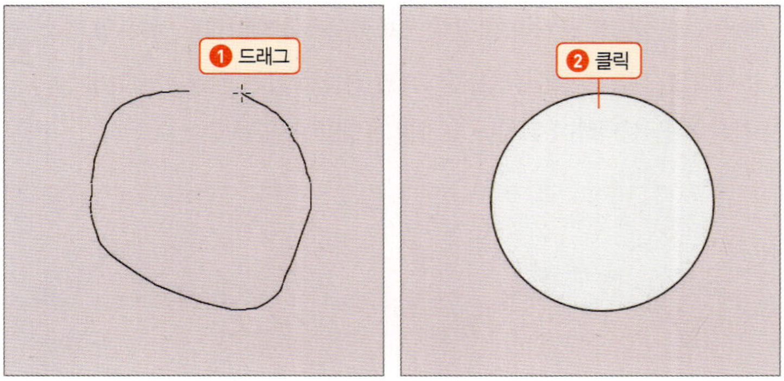

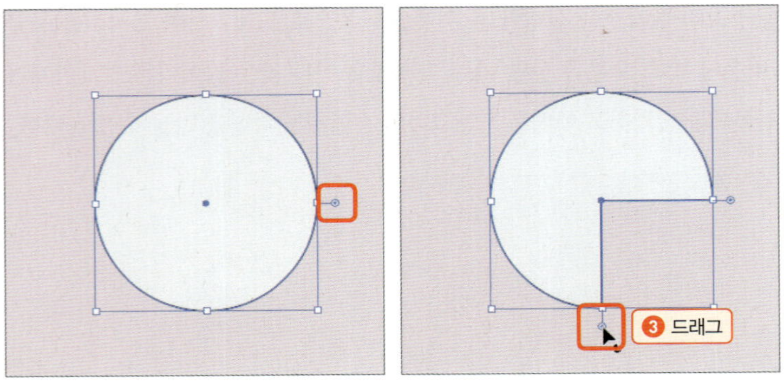

05 오브젝트 일부 영역 지우기 셰이퍼 툴()로 파이 형태 왼쪽 상단을 드래그하여 원을 추가합니다. 오브젝트 셰이퍼 툴()로 방금 추가한 원의 바깥 부분을 물결 모양으로 드래그합니다. 드래그한 부분이 제거됩니다. 셰이퍼 툴()을 오브젝트 내부로 가져가면 제거된 부분은 형태만 남아 있는 것을 확인할 수 있습니다.

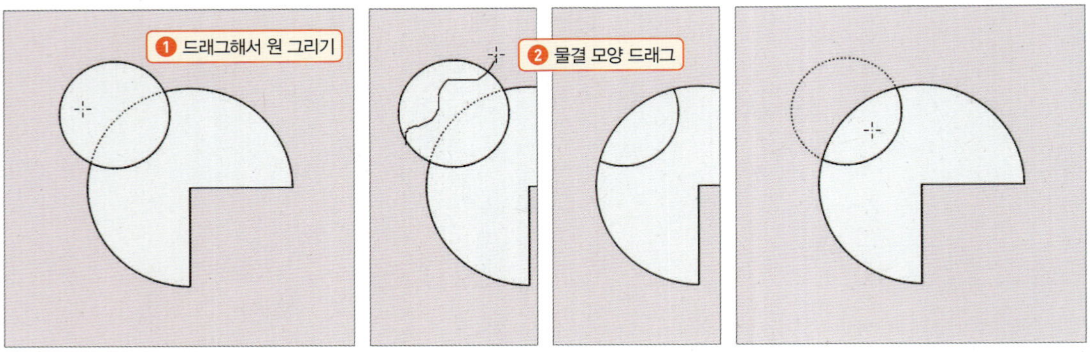

Tip 직선으로 드래그하면 선이 추가로 생성되고 오브젝트가 제거되지 않습니다. 지우고자 하는 부분은 꼭 물결 모양으로 드래그해야 합니다.

06 겹쳐져 있는 오브젝트 변형하기 셰이퍼 툴()로 클릭하여 전체 오브젝트를 선택합니다. 바운딩 박스 오른쪽 상단에 아래쪽을 가리키는 화살표가 나타납니다. 이 화살표를 클릭하면 별도로 작은 원을 선택하지 않아도 도형의 전체가 펼쳐집니다. 이 상태에서 작은 원을 선택하여 위치나 크기를 변경할 수 있습니다.

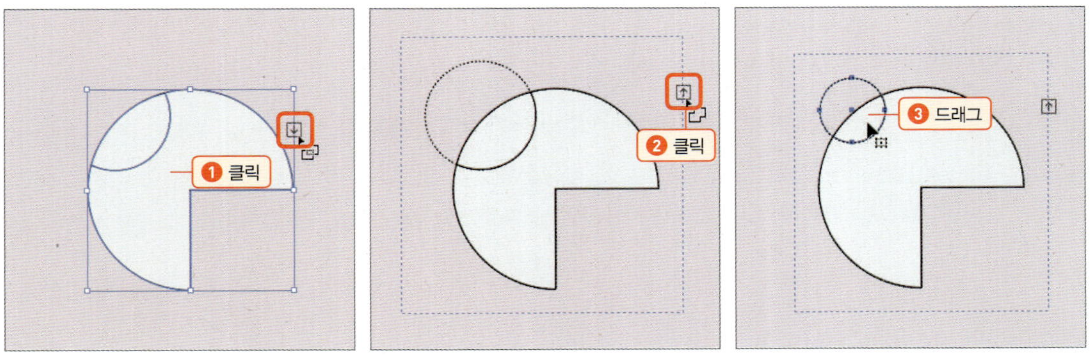

07 오브젝트의 속성 변경하기 셰이퍼 툴( )로 파이 형태를 선택한 후 색상 패널에서 면 색을 변경해 봅니다. 같은 방법으로 작은 원의 면 색도 변경해 봅니다.

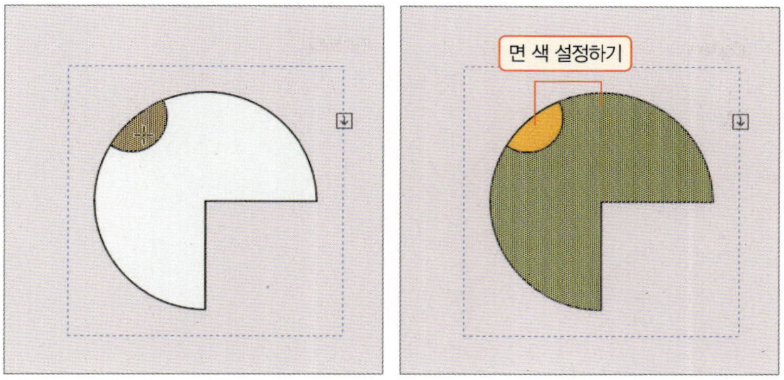

08 오브젝트 추가한 후 합치기 셰이퍼 툴( )로 드래그하여 파이 내부에 원을 추가합니다. 원의 내부를 물결 모양으로 드래그하면 기본 오브젝트와 새로 그린 원이 하나로 합쳐집니다.

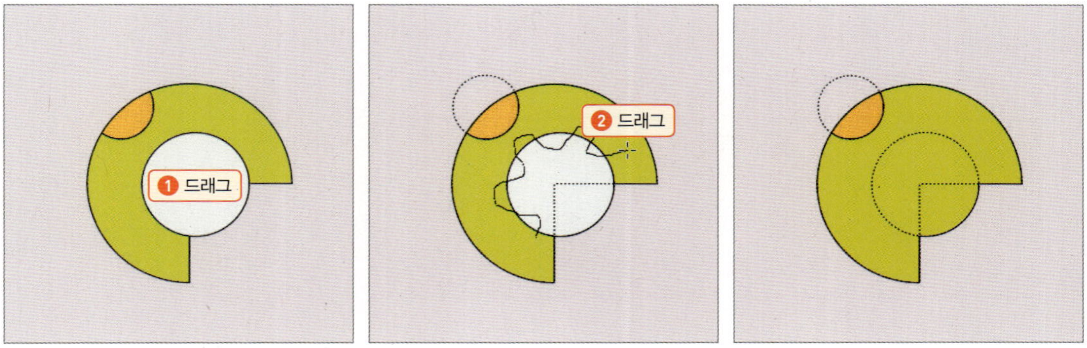

• **준비 파일** mountain.ai • **완성 파일** mountain_result.ai

응용 예제 산 만들기

셰이퍼 툴( )로 초승달이 뜬 산을 만들어 봅니다.

■ 완성 이미지

01 Chapter_05 ▸ Section_04 ▸ mountain.ai 파일을 불러옵니다. 셰이퍼 툴( )로 드래그하여 마름모를 만듭니다.

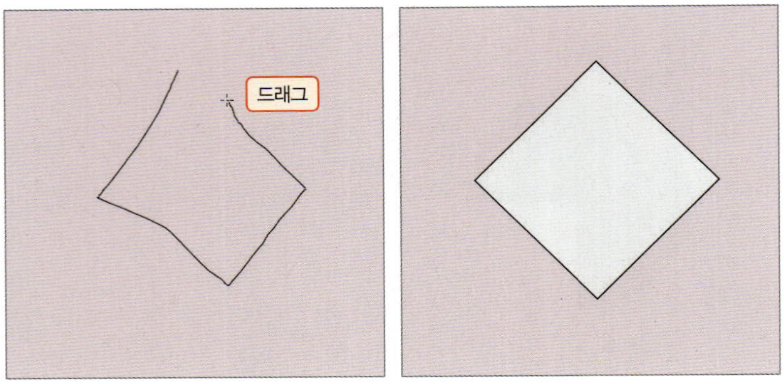

02 셰이퍼 툴( )로 마름모 중앙을 가로지르는 수평선을 그립니다.

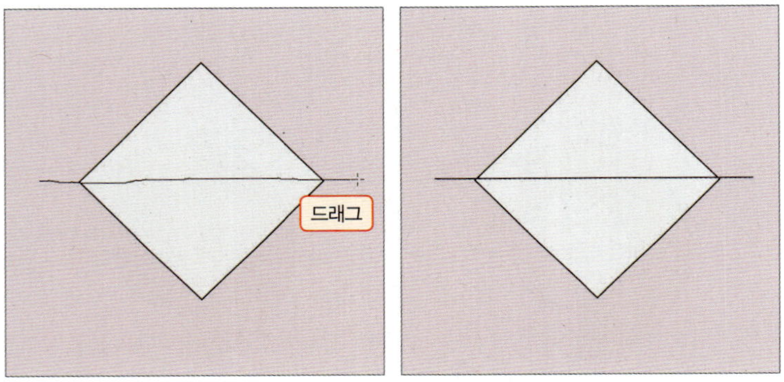

03 마름모 아랫부분을 물결 모양으로 드래그하여 삭제합니다.

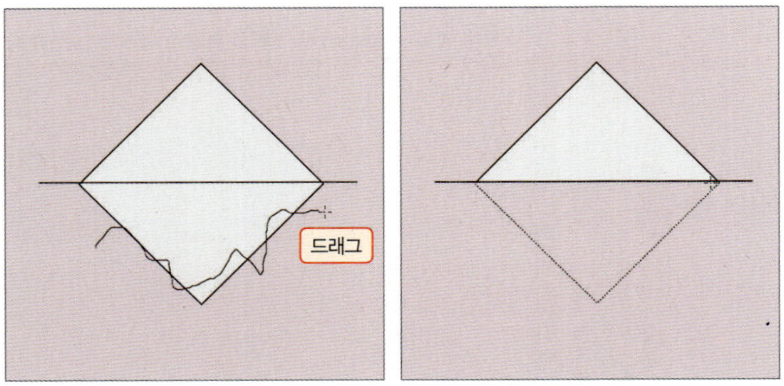

04 양쪽으로 튀어나온 선도 물결 모양으로 드래그하여 삭제합니다.

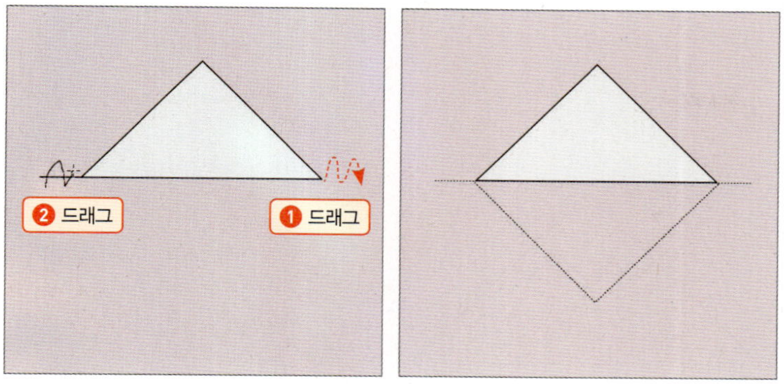

05 셰이퍼 툴(✓)로 드래그하여 삼각형 상단에 마름모를 만듭니다. 같은 방법으로 큰 마름모 좌우에 작은 마름모를 2개 더 만듭니다.

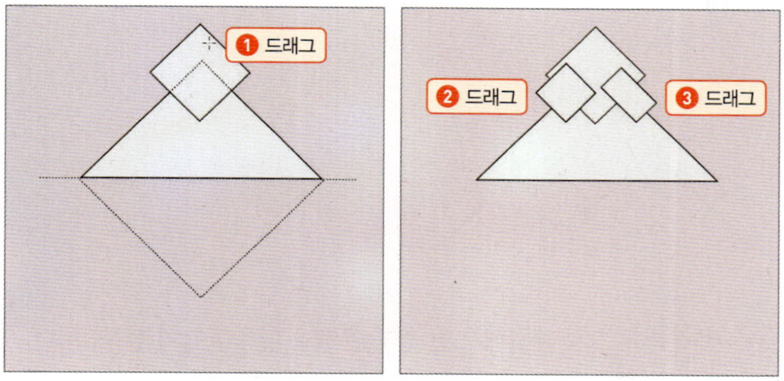

Tip 마름모 크기나 형태가 위와 달라도 상관없습니다.

06 셰이퍼 툴(✓)로 삼각형 바깥쪽으로 튀어나온 마름모를 물결 모양으로 드래그하여 제거합니다. 이때 드래그한 선이 바깥까지 이동하지 않으면 삼각형 위쪽에 걸쳐진 마름모 세 개가 합쳐질 수 있으므로 드래그할 때는 선이 오브젝트 바깥으로 튀어나가도록 그립니다.

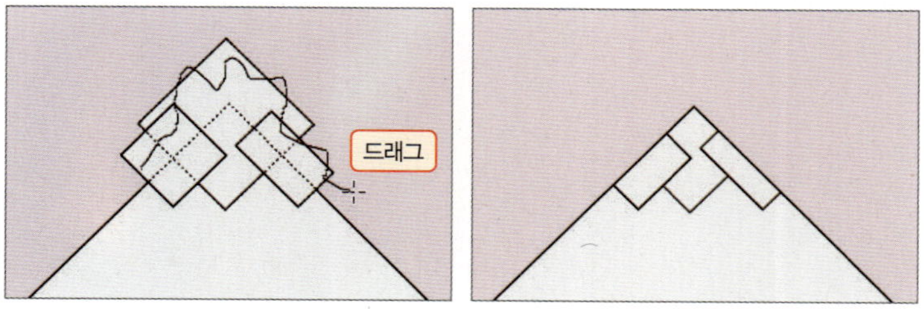

07 셰이퍼 툴( )로 내부에 남아 있는 부분을 다음과 같이 물결 모양으로 드래그하여 합칩니다. 이때 시작되는 선과 끝나는 선은 합치려는 영역 바깥으로 튀어나가지 않도록 해야 합니다. 물결 모양 선이 바깥으로 튀어나가면 오브젝트가 제거됩니다.

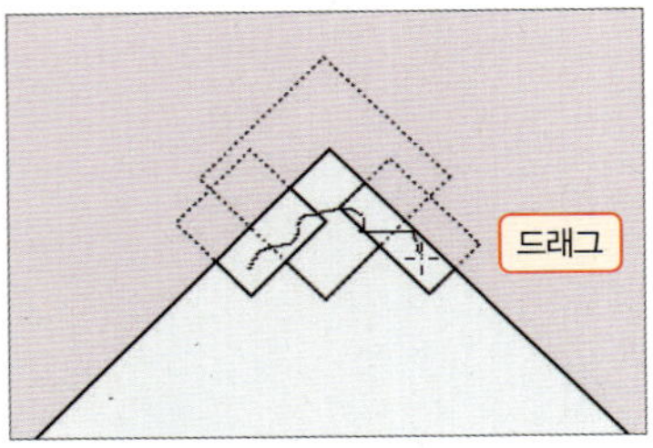

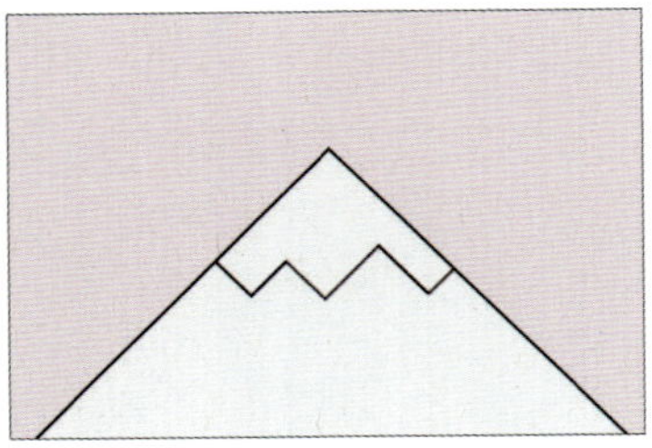

08 셰이퍼 툴( )로 가운데 마름모를 클릭하여 선택한 후 다른 형태보다 조금 아래로 내려오도록 드래그합니다.

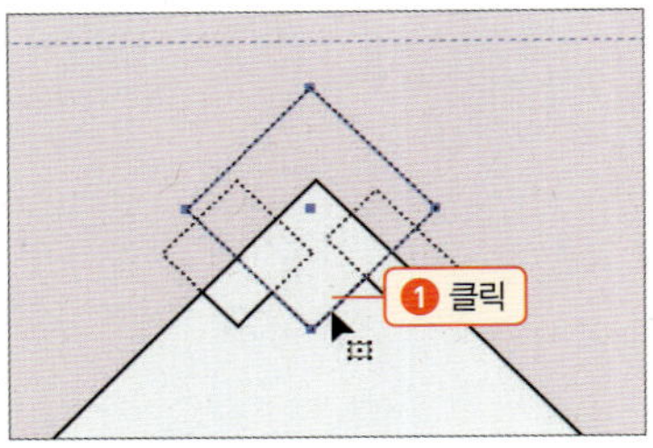

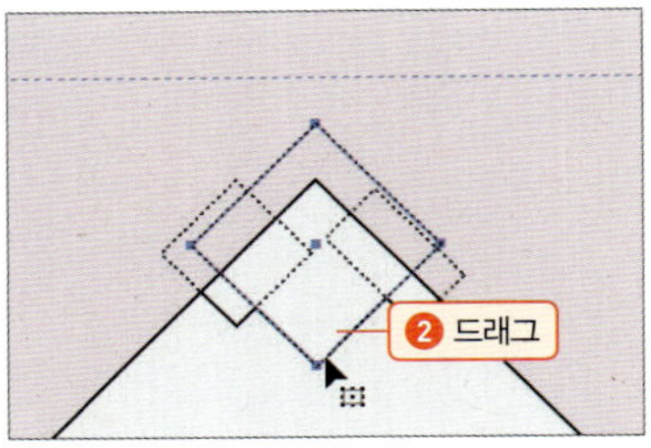

09 셰이퍼 툴( )로 삼각형 아랫부분을 클릭한 후 색상 패널에서 면 색과 선 색을 다음과 같이 설정합니다.

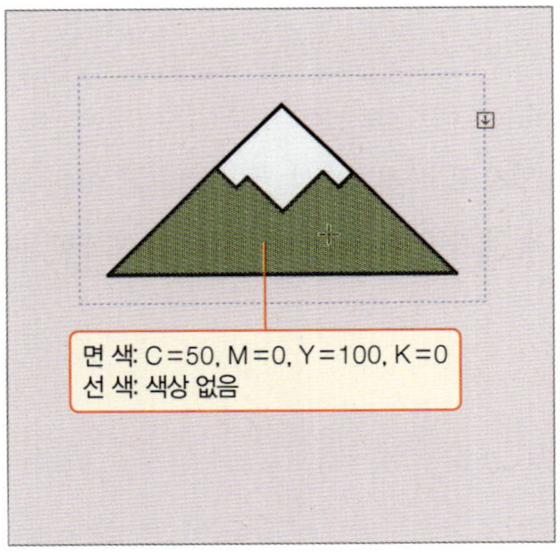

10 셰이퍼 툴()로 산 왼쪽 위에 원을 2개 겹쳐 그립니다. 왼쪽 원을 물결 모양으로 드래그하여 제거하면 초승달 모양만 남습니다.

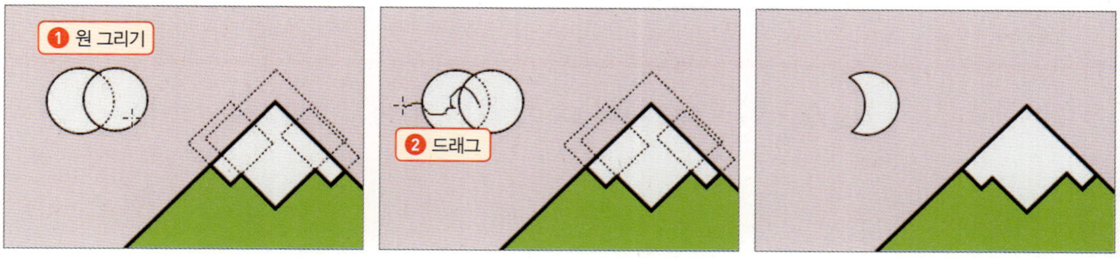

11 셰이퍼 툴()로 초승달을 클릭하여 좀 더 초승달처럼 보이도록 크기를 조절하고 색상 패널에서 면 색과 선 색을 다음과 같이 설정합니다.

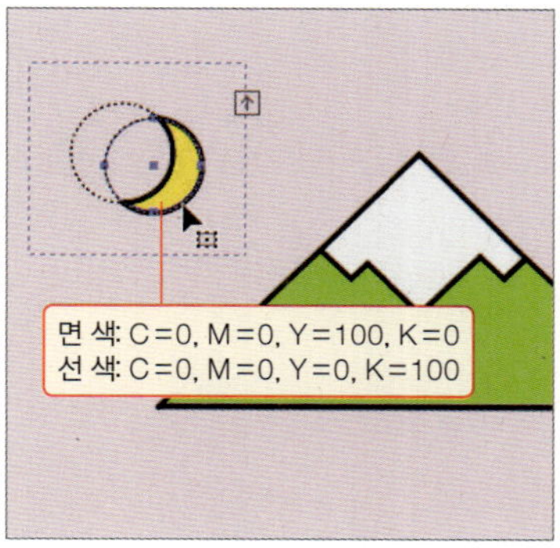

12 셰이퍼 툴()로 산 전체를 선택한 후 Alt를 누른 채 오른쪽으로 드래그하여 복제합니다. 셰이퍼 툴()로 산의 아랫부분을 클릭하고 색상 패널에서 면 색과 선 색을 다음과 같이 변경하여 이미지를 완성합니다.

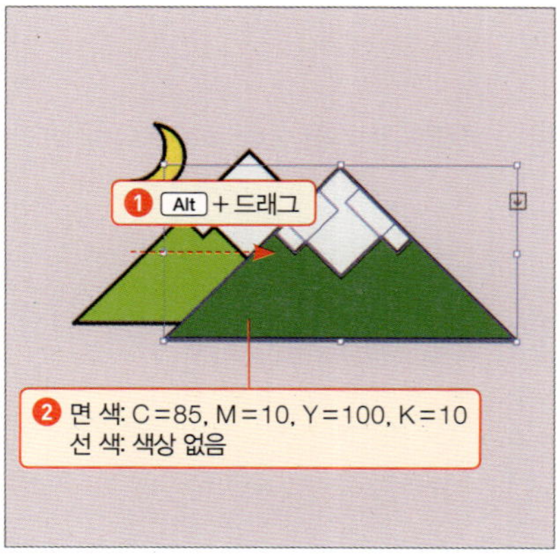

SECTION 05

다양한 분할 기법 익히기

• **핵심 기능 I** 지우개 툴(단축키 Shift+E), 나이프 툴, 가위 툴(단축키 C)

지우개 툴로 오브젝트 분할하기

지우개 툴()로 브러시 옵션을 조절하면 닫힌 오브젝트를 다양한 형태로 분할할 수 있습니다.

01 자유롭게 드래그하여 분할하기 Chapter_05 ▸ Section_05 ▸ eraser.ai 파일을 불러옵니다. 지우개 툴()로 오브젝트를 가로지르도록 자유롭게 드래그하면 지나간 흔적대로 오브젝트가 분할됩니다.

02 수평으로 분할하기 Shift를 누른 채 지우개 툴()로 드래그하면 오브젝트가 수평으로 분할됩니다.

03 대각선/수직으로 분할하기 Shift 를 누른 채 지우개 툴(◆)로 드래그하면 수평뿐만 아니라 45° 대각선 또는 수직으로 오브젝트를 분할할 수 있습니다.

04 오브젝트의 일부 삭제하기 지우개 툴(◆)로 오브젝트를 관통하지 않고 내부를 드래그하면 드래그한 부분이 삭제됩니다.

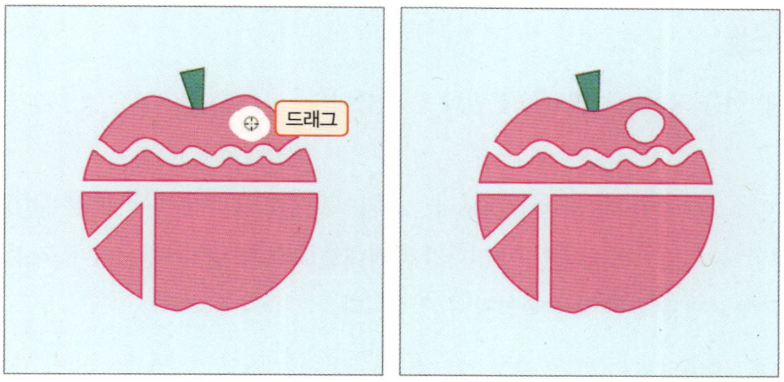

05 사각형 모양으로 삭제/분할하기 Alt 를 누른 채 지우개 툴(◆)로 드래그하면 드래그한 사각형 크기만큼 삭제됩니다. 오브젝트를 가로지르는 사각형을 드래그하면 오브젝트가 분할됩니다.

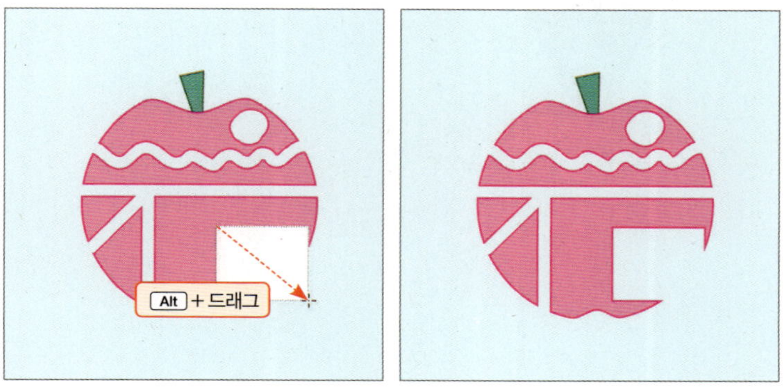

06 브러시 크기 조절하기 지우개 툴(◆)을 더블클릭합니다. 옵션 창에서 지우개 브러시의 방향과 크기 등을 조절할 수 있습니다. Size를 60pt로 입력하고 〈OK〉를 클릭한 후 화면을 드래그합니다. 지우개 브러시의 크기가 커진 것을 확인할 수 있습니다.

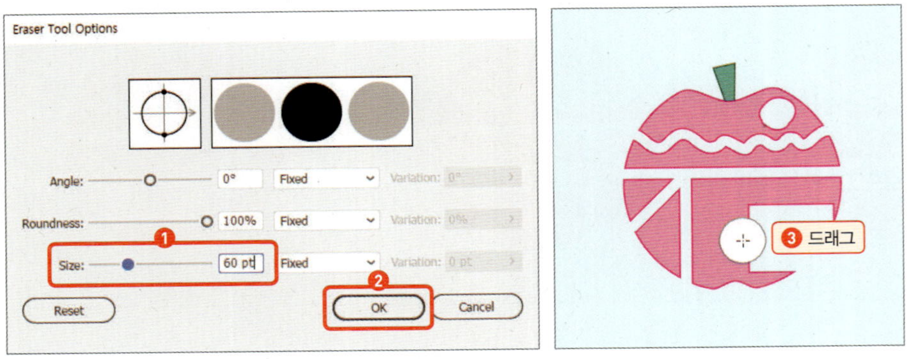

Tip 단축키 [또는]를 누르면 옵션 창을 열지 않고도 브러시 크기를 확대하거나 축소할 수 있습니다.

나이프 툴로 오브젝트 분할하기

나이프 툴(🔪)로 닫힌 오브젝트에 가는 선을 그어 오브젝트를 분할할 수 있습니다.

01 오브젝트를 가로질러 분할하기 Chapter_05 ▸ Section_05 ▸ knife.ai 파일을 불러옵니다. 나이프 툴(🔪)로 오브젝트의 일부를 가로질러 드래그합니다. 나이프 툴(🔪)이 지나간 흔적대로 오브젝트가 분할됩니다. 직접 선택 툴(▷)로 오브젝트 조각을 드래그해 보면 분할된 것을 확인할 수 있습니다.

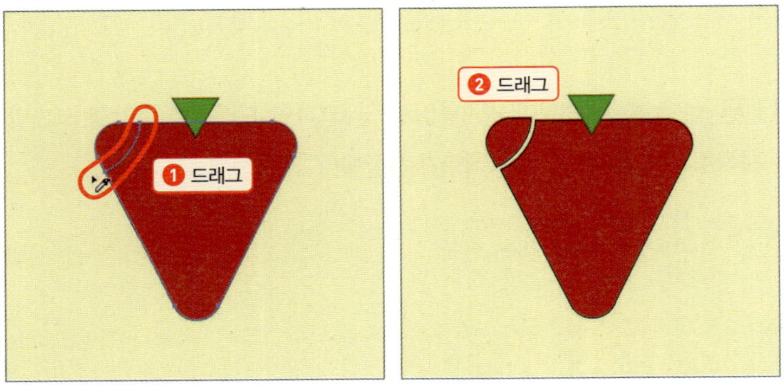

02 오브젝트 내부의 일부만 드래그하면 패스만 생성되고 오브젝트가 분할되지 않습니다.

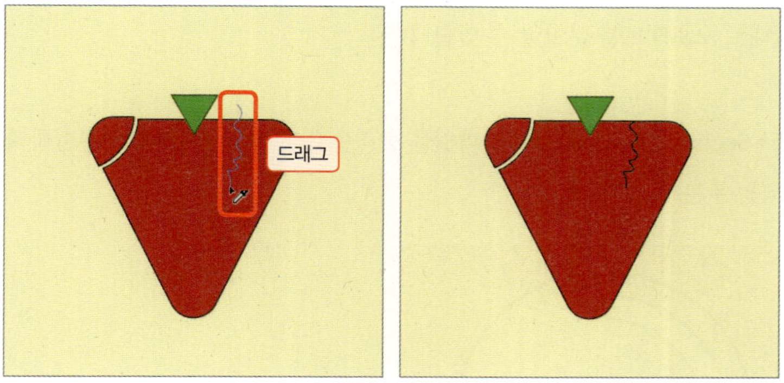

03 **수평으로 분할하기** Alt 를 누른 채 나이프 툴( )로 드래그하면 오브젝트가 수평으로 분할됩니다.

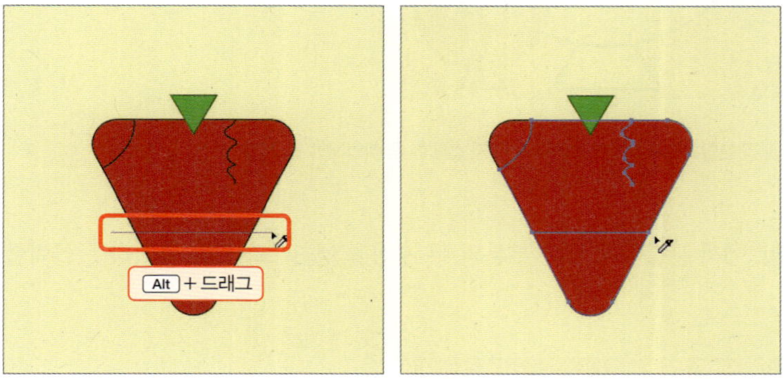

04 **45° 대각선/수직으로 분할하기** Alt 를 누른 채 나이프 툴( )로 드래그하면 오브젝트를 대각선 방향 또는 수직으로 분할할 수 있습니다.

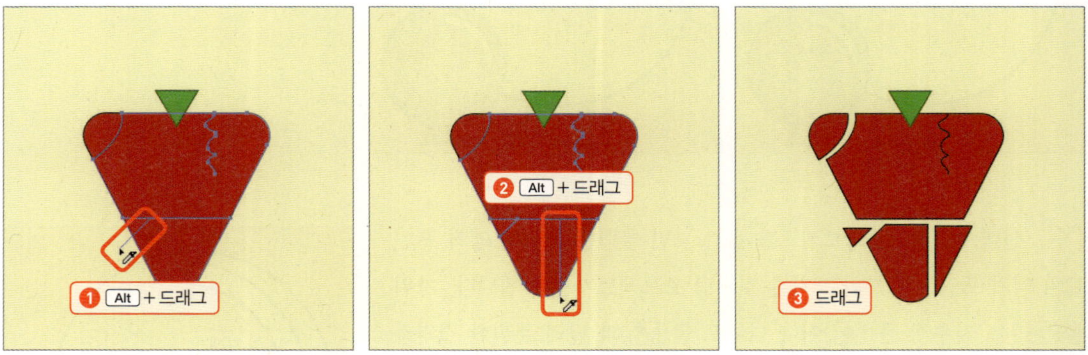

가위 툴로 오브젝트 분할하기

가위 툴( )을 사용하면 열린 패스 상태로 오브젝트를 분할할 수 있습니다.

01 오브젝트 분할하기 Chapter_05 ▸ Section_05 ▸ scissors.ai 파일을 불러옵니다. 선택 툴( )로 분할하려는 오브젝트(노란 풍선에서 빛이 반사되는 부분)를 선택합니다.

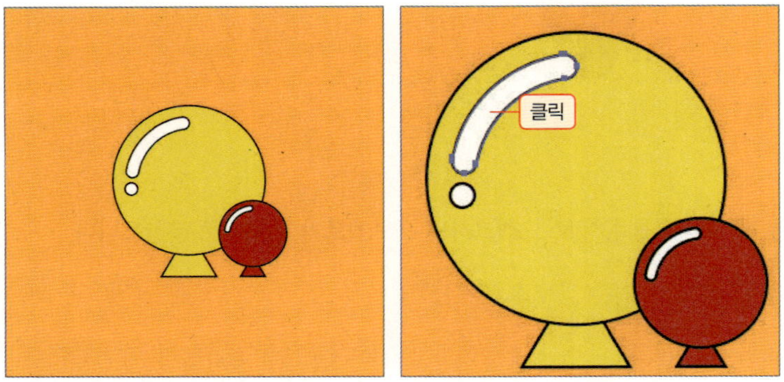

Tip 가위 툴( )은 지우개 툴이나 나이프 툴과 달리 분할하고자 하는 오브젝트를 먼저 선택한 후 작업해야 합니다.

02 가위 툴( )을 선택하고 오브젝트에서 분할하고 싶은 부분의 두 지점을 앵커 포인트를 추가하듯 클릭합니다.

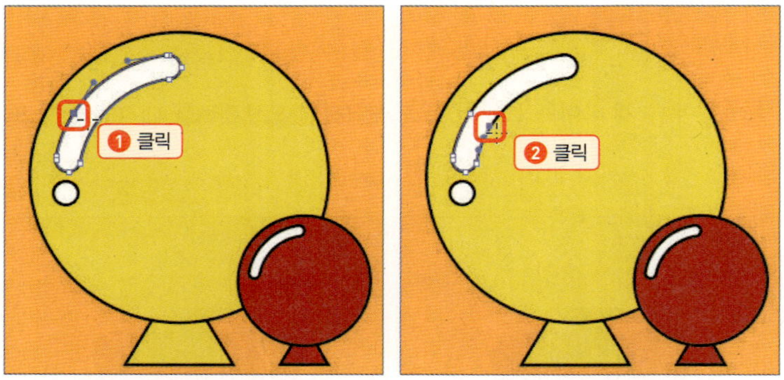

03 선택 툴( )로 오브젝트를 옮겨 보면 클릭한 지점의 앵커 포인트와 앵커 포인트를 가위로 자른 것처럼 오브젝트가 분할됩니다. 가위 툴( )은 지우개 툴( )이나 나이프 툴( )과 달리 분할한 결과가 닫힌 오브젝트가 아니라 열린 패스 형태로 남아 있습니다.

04 오브젝트 닫기 직접 선택 툴(▷)로 Shift 를 누른 채 위쪽 오브젝트의 열린 앵커 포인트 2개를 선택합니다. 앵커 포인트 2개가 선택된 상태에서 마우스 오른쪽 버튼을 클릭하여 [Join]을 선택하면 앵커 포인트 2개가 연결되면서 닫힌 오브젝트가 됩니다.

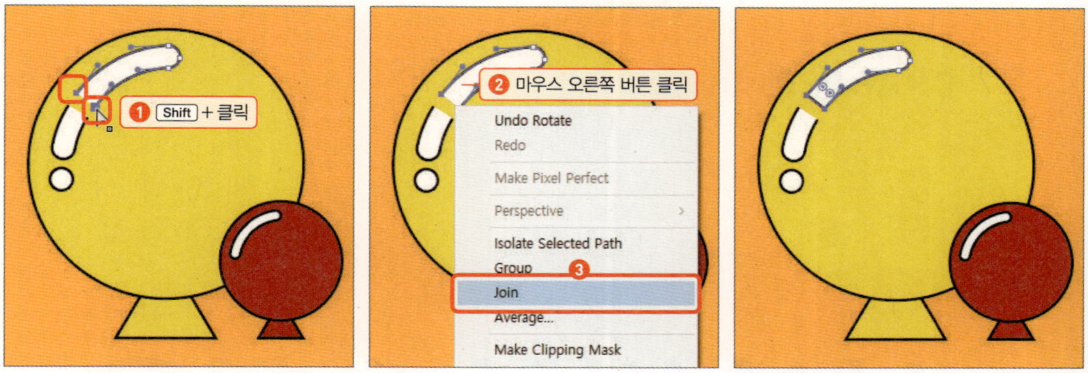

05 같은 방법으로 아래쪽 열린 오브젝트도 닫힌 오브젝트로 만듭니다.

CHAPTER

06

선의 변형과 활용

앞에서 펜 툴이나 도형 툴을 활용해 다양한 오브젝트를 생성하는 방법을 배웠습니다. 이 장에서는 선의 두께나 모양 등을 변형하거나 점선을 활용하여 이미지를 꾸미는 방법을 배워 봅니다. 또 브러시 패널에서 제공하는 브러시 종류를 살펴보고 활용하는 방법을 살펴봅니다.

SECTION 01

다양한 모양으로 선 그리기

• **핵심 기능 |** 직선 툴(단축키 \), 아크 툴, 나선 툴, 사각 그리드 툴, 원형 그리드 툴

다양한 선 툴의 기능 익히기

01 드래그하여 직선 그리기 Chapter_06 ▸ Section_01 ▸ line.ai 파일을 불러옵니다. 직선 툴( )로 화면을 드래그하여 원하는 방향과 길이가 되었을 때 마우스에서 손가락을 떼면 직선이 그려집니다. 선의 색상이나 두께 등은 옵션 바에서 조절할 수 있습니다. Shift를 누른 채 드래그하면 수평, 수직, 45° 대각선 방향으로 선이 그려집니다.

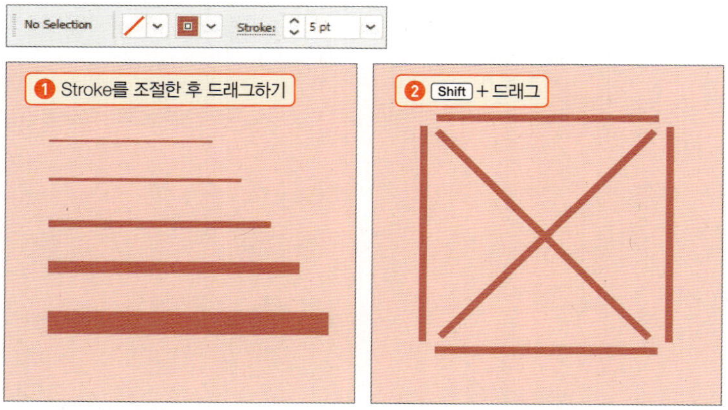

02 옵션 창으로 직선 그리기 직선 툴( )로 화면을 클릭하면 옵션 창이 나타납니다. 각 옵션 값을 입력하고 〈OK〉를 클릭합니다. 입력한 길이와 각도로 선이 그려집니다.

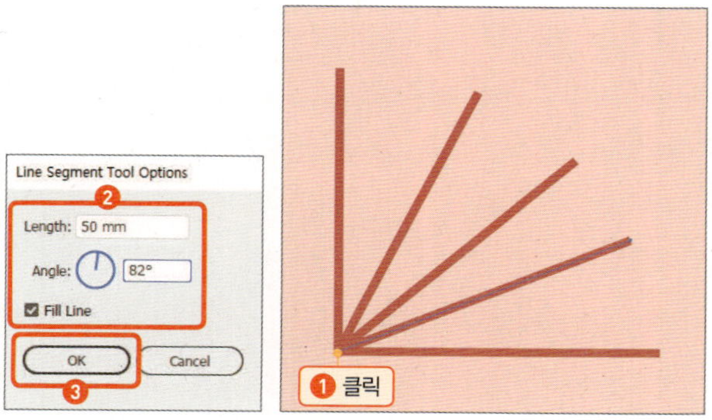

03 드래그하여 곡선 그리기 아크 툴( )을 선택하고 원하는 방향으로 드래그합니다. 원형의 1/4 크기에 해당하는 곡선이 그려집니다.

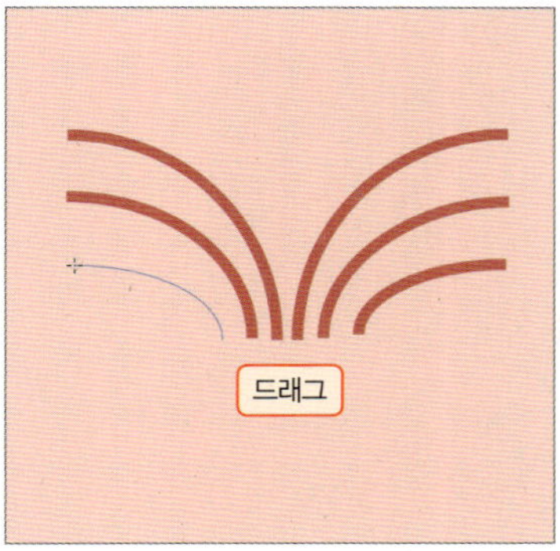

04 옵션 창으로 곡선 그리기 아크 툴( )로 화면을 클릭하면 옵션 창이 나타납니다. 옵션 창에서 각 옵션 값을 입력하고 〈OK〉를 클릭합니다. 입력한 옵션 값대로 곡선이 그려집니다.

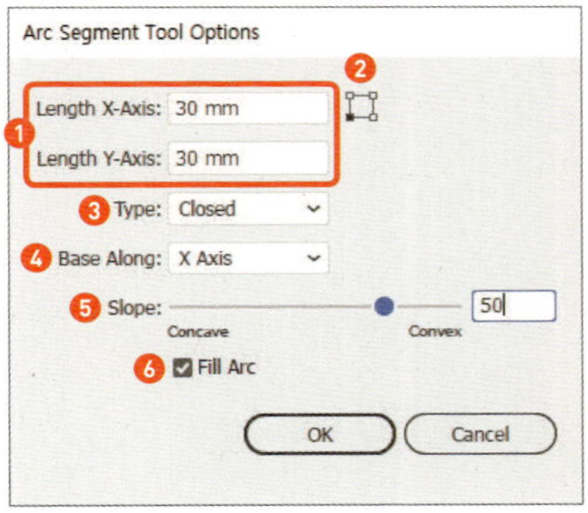

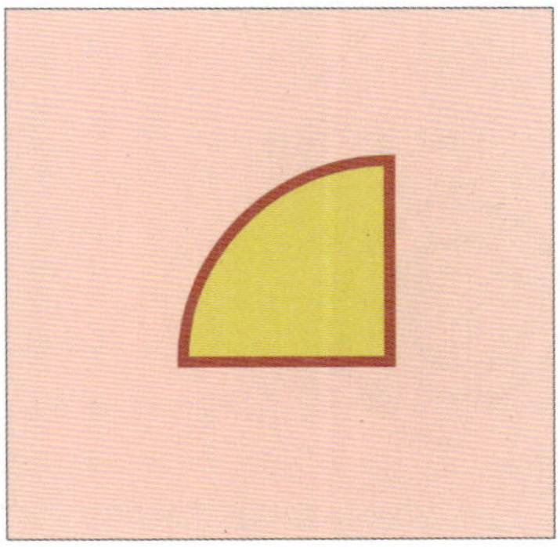

■ 아크 툴의 옵션 창

❶ Length X-Axis/Length Y-Axis X축과 Y축으로 뻗어 나가는 곡선의 길이를 설정합니다.

❷ Point Anchor 곡선이 시작되는 기준점을 설정합니다.

❸ Type Open을 선택하면 선만 보이고 Closed를 선택하면 닫힌 도형이 됩니다.

❹ Base Along X축과 Y축 중에서 기준 축을 설정합니다.

❺ Slope 곡선을 오목하게 또는 볼록하게 설정합니다.

❻ Fill Arc 곡선의 끝과 끝을 이어 주는 면을 생성합니다.

05 드래그하여 나선 그리기 나선 툴(◎)을 선택하고 화면을 드래그합니다. 소라 껍데기처럼 빙빙 비틀린 나선이 그려집니다.

06 옵션 창으로 나선 그리기 나선 툴(◎)로 화면을 클릭하면 옵션 창이 나타납니다. 각 옵션 값을 입력하고 〈OK〉를 클릭합니다. Decay 값이 너무 크면 원이 되고 너무 작으면 나선 형태를 알아보기가 힘들어지므로 값을 잘 조절해야 합니다.

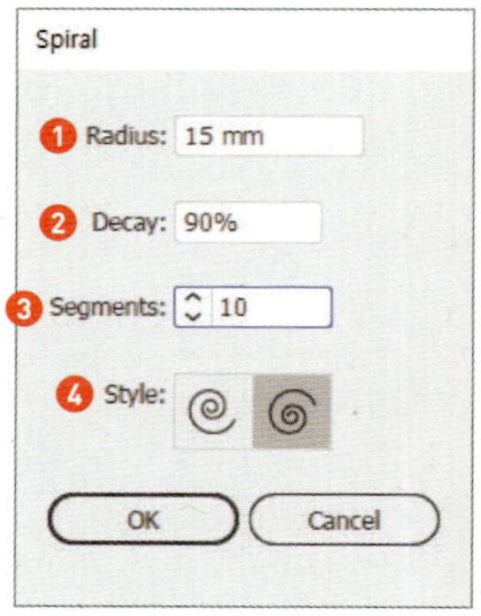

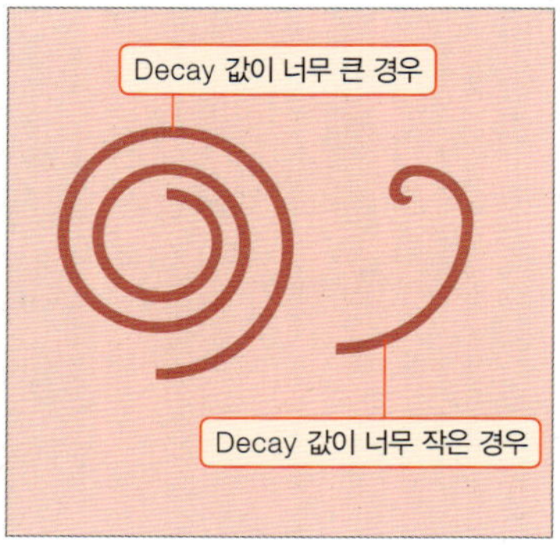

■ 나선 툴의 옵션 창

❶ **Radius** 나선 중심에서 바깥까지의 반지름을 설정합니다.

❷ **Decay** 나선의 회전 크기를 조절합니다. 100%면 원이 되고 값이 너무 작으면 나선 형태를 알기보기 힘들어집니다.

❸ **Segments** 나선의 회전 양을 조절합니다. 값이 클수록 회전 횟수가 늘어납니다.

❹ **Style** 나선의 회전 방향을 설정합니다.

07 드래그하여 사각 그리드 그리기 사각 그리드 툴(▦)을 선택하고 드래그하면 간격이 일정한 그리드가 그려집니다.

08 옵션 창으로 사각 그리드 그리기 사각 그리드 툴(▦)로 화면을 클릭하면 옵션 창이 나타납니다. 각 옵션 값을 입력하고 〈OK〉를 클릭합니다. 옵션 창에서는 그리드의 크기, 간격, 색상 채움 등을 설정할 수 있습니다.

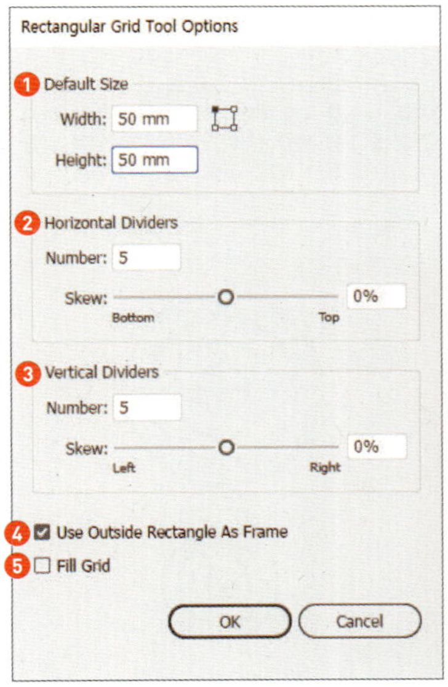

■ 사각 그리드 툴의 옵션 창

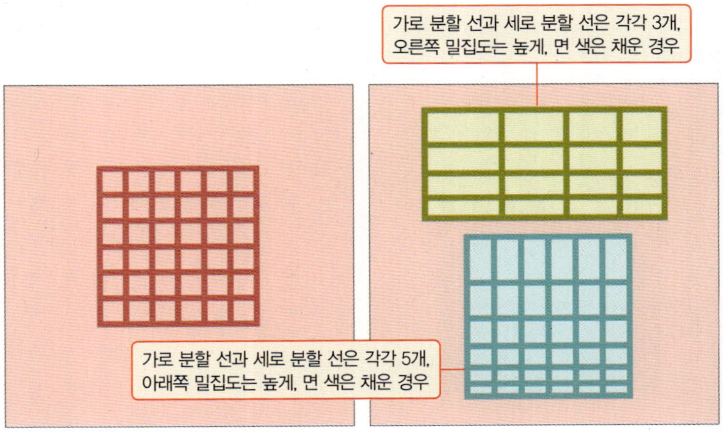

❶ Default Size 사각 그리드 크기를 설정합니다.

❷ Horizontal Dividers 가로 분할 선의 개수와 위아래 간격의 밀집도를 조절합니다.

❸ Vertical Dividers 세로 분할 선의 개수와 좌우 간격의 밀집도를 조절합니다.

❹ Use Outside Rectangle As Frame 그리드 가장자리를 선 또는 면으로 설정합니다.

❺ Fill Grid 그리드에 면 색을 적용합니다.

09 드래그하여 원형 그리드 그리기 원형 그리드 툴(◎)을 선택하고 드래그하면 간격이 일정한 원형 그리드가 그려집니다.

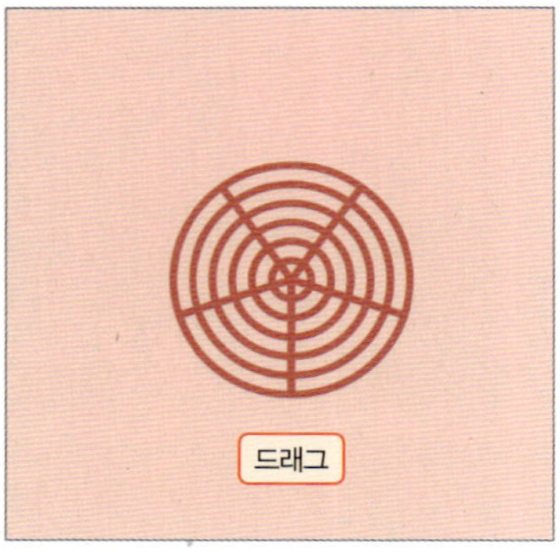

10 옵션 창으로 원형 그리드 그리기 원형 그리드 툴(◎)로 화면을 클릭하면 옵션 창이 나타납니다. 각 옵션값을 입력하고 〈OK〉를 클릭합니다. 옵션 창에서는 그리드의 크기, 간격, 색상 채움 등을 설정할 수 있습니다.

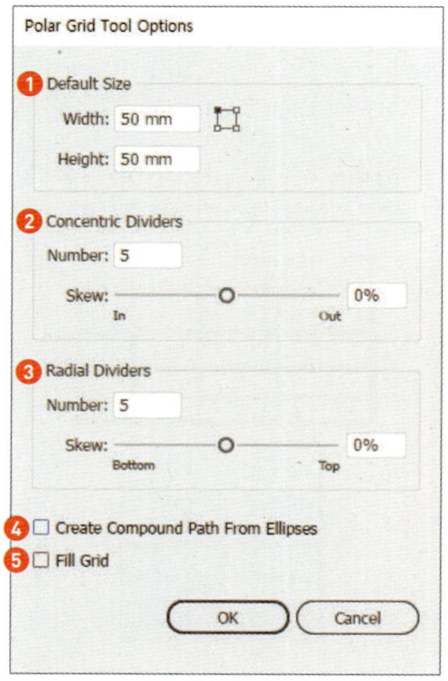

■ 원형 그리드 툴의 옵션 창

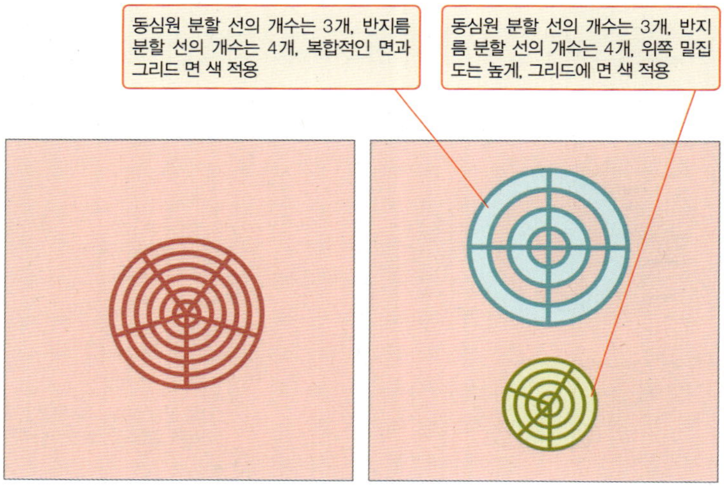

❶ Default Size 원형 그리드 크기를 설정합니다.

❷ Concentric Dividers 동심원 형태의 분할 선의 개수와 안쪽과 바깥쪽 간격의 밀집도를 조절합니다.

❸ Radial Dividers 반지름 형태의 분할 선 개수와 위아래 간격의 밀집도를 조절합니다.

❹ Create Compound Path From Ellipses 원형을 복합적인 면으로 만듭니다.

❺ Fill Grid 그리드에 면 색을 적용합니다.

• **준비 파일** calculator.ai • **완성 파일** calculator_result.ai

응용 예제 | 전자계산기 만들기

사각 그리드 툴(▦)로 전자계산기를 만들어 봅니다.

■ 완성 이미지

01 Chapter_06 ▸ Section_01 ▸ calculator.ai 파일을 불러옵니다. 사각 그리드 툴(▦)을 선택하고 색상 패널에서 면 색을 흰색, 선 색을 C=1, M=69, Y=57, K=0, Stroke를 12pt로 설정합니다. 화면을 클릭한 후 옵션 창에서 옵션 값을 다음과 같이 설정한 후 〈OK〉를 클릭합니다.

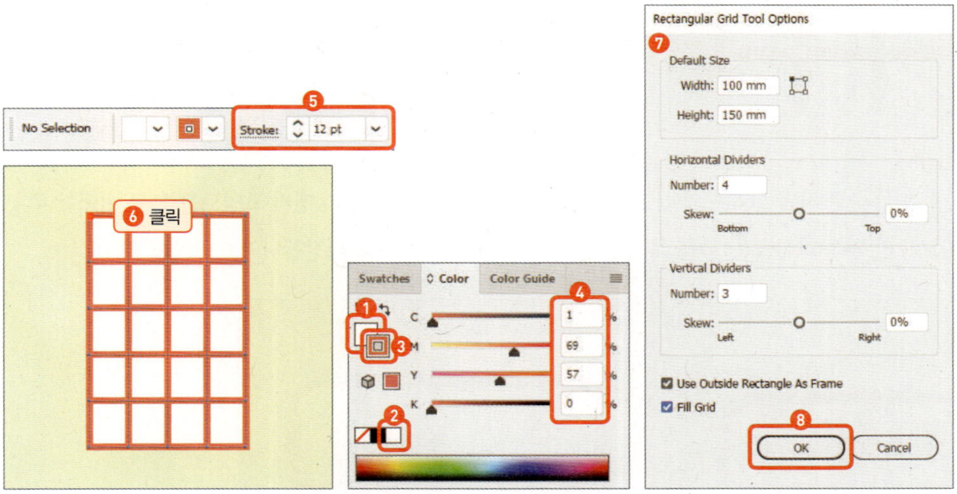

02 Ctrl+Shift+G를 눌러 사각 그리드의 그룹을 해제합니다. 직접 선택 툴(▷)로 Shift를 누른 채 사각형 상단 좌우 위젯을 각각 안쪽으로 드래그하여 윗부분만 둥글게 만듭니다.

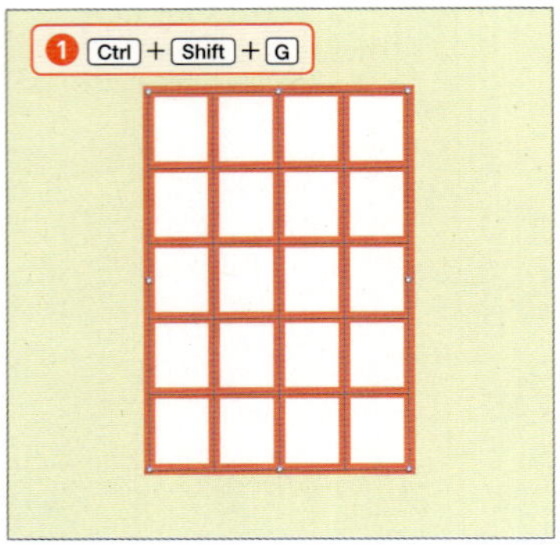

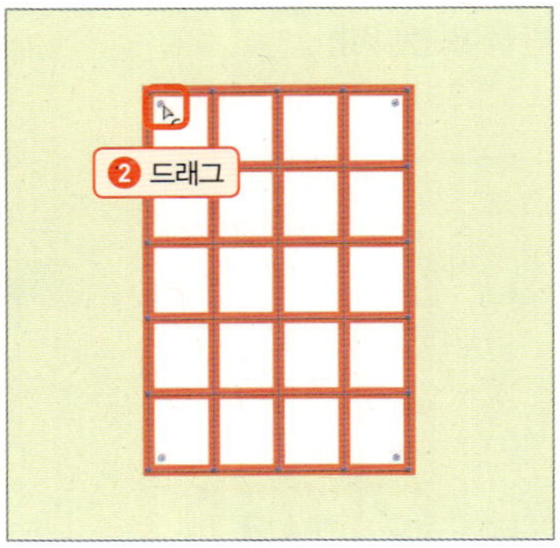

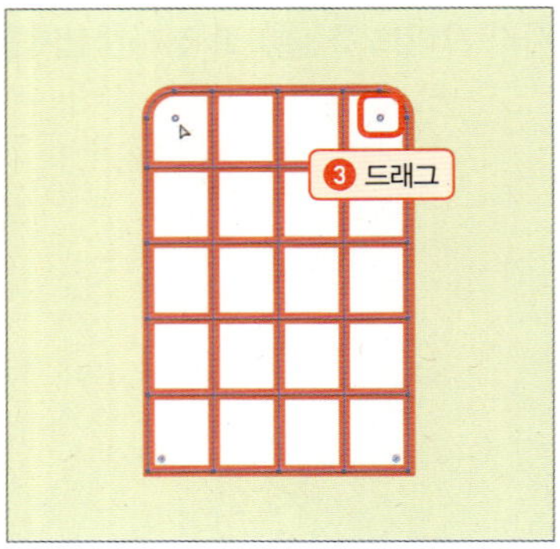

03 직접 선택 툴(▷)로 Shift를 누른 채 세로 분할 선의 위쪽 앵커 포인트를 모두 선택하고 아래로 드래그합니다. 맨 위의 칸이 하나로 합쳐진 것처럼 보입니다.

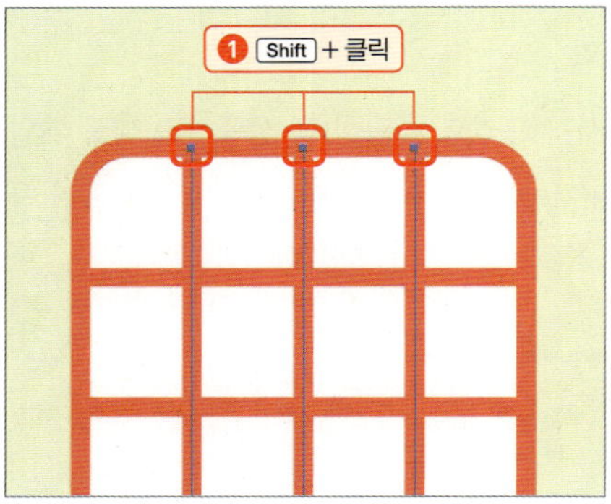

04 직접 선택 툴(▷)로 사각 그리드의 상단 부분을 드래그하여 곡선 부분의 앵커 포인트를 모두 선택합니다. 이 상태에서 키보드의 위쪽 화살표(↑)를 여러 번 눌러 선택된 부분을 위로 확장합니다.

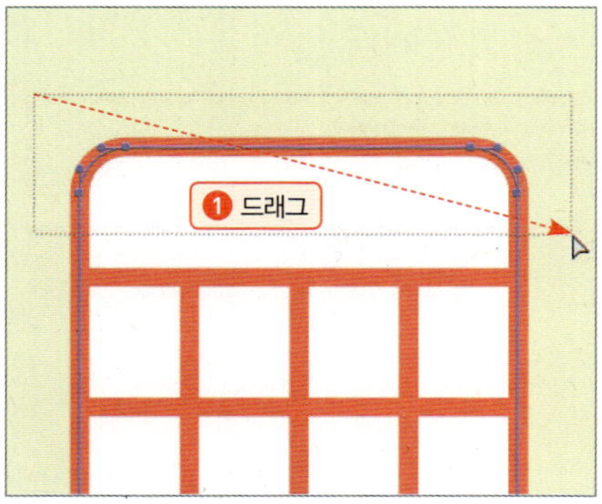

05 텍스트 툴(T)로 계산기 상단을 클릭하면 문자 입력 모드로 바뀌면서 기본 문자가 생성됩니다. 기본 문자를 지우고 12345를 입력합니다.

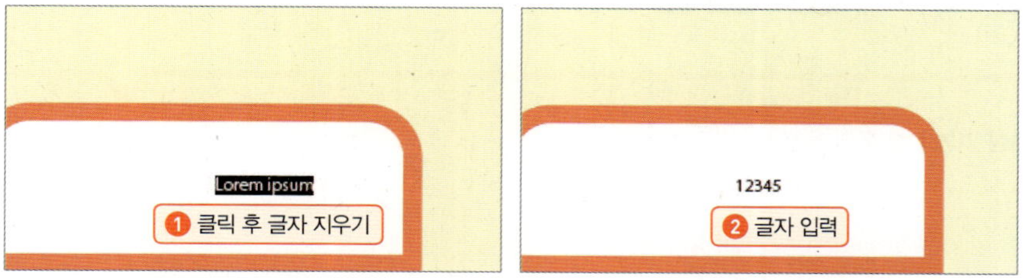

06 선택 툴(▶)로 문자를 선택하고 색상 패널에서 면 색을 C=18, M=85, Y=92, K=0으로 설정합니다. 옵션 바에서 Character 옵션을 Myriad Pro, Semibold, 48pt로 설정합니다. 같은 방법으로 나머지 숫자와 기호를 입력하여 계산기를 완성합니다.

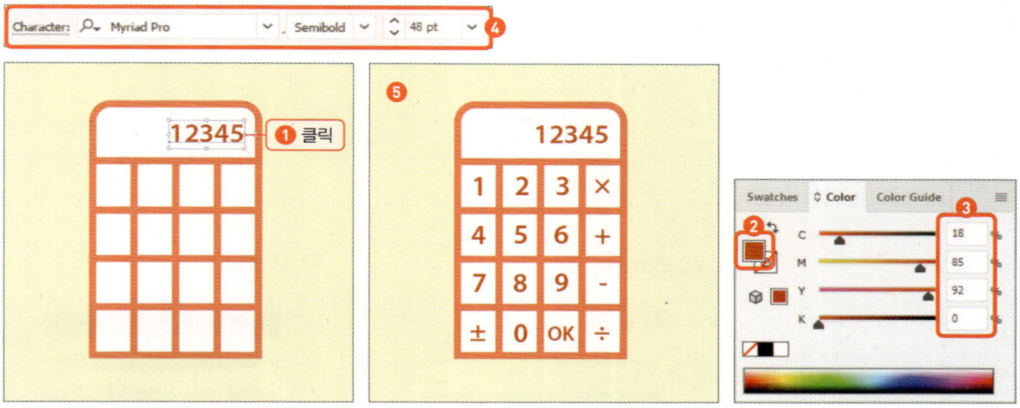

SECTION

02

선 스타일 설정하기

• **핵심 기능 |** 선 툴의 옵션 바, 스트로크 패널

선 스타일 설정하기

01 옵션 바 활용하기 Chapter_06 ▸ Section_02 ▸ linestyle.ai 파일을 불러옵니다. 직선 툴(／)을 선택하면 다음과 같은 옵션 바가 나타납니다. 각 옵션 값을 변경한 후 화면에 드래그하여 색상, 모양, 굵기 등이 어떻게 바뀌는지 살펴봅니다.

■ 직선 툴의 옵션 바

Tip Style 옵션은 면에만 적용되고 선에는 적용되지 않습니다.

❶ Stroke Color

선의 색상을 설정합니다.

❷ Stroke

선의 굵기를 설정합니다.

❸ Profile

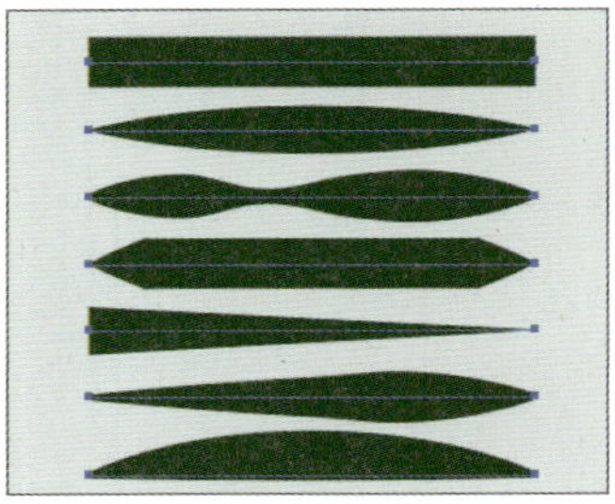

선의 형태를 변경합니다.

❹ Brush

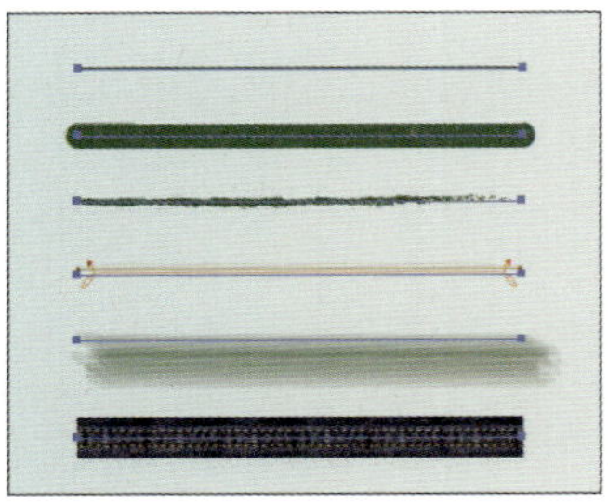

선에 다양한 브러시 효과를 적용합니다.

❺ Opacity

선의 불투명도를 조절합니다.

❻ Style

면에 미리 저장된 스타일을 적용합니다.

02 스트로크 패널 활용하기 메뉴 바에서 [Window]-[Stroke]를 선택합니다. 스트로크 패널에서는 선 툴은 물론 펜 툴과 도형 툴로 그린 선의 스타일을 다양하게 변경할 수 있습니다.

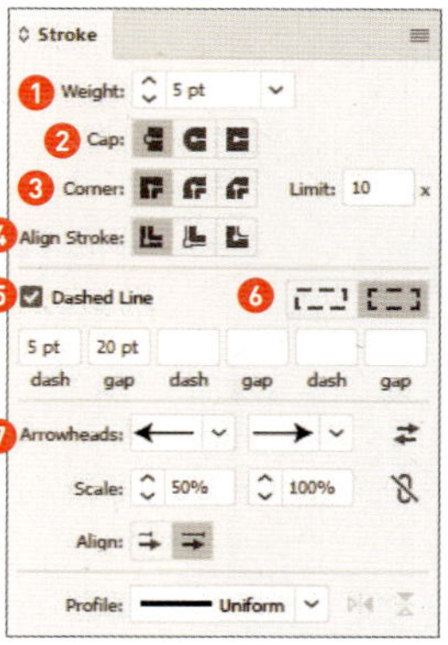

■ 스트로크 패널

❶ Weight

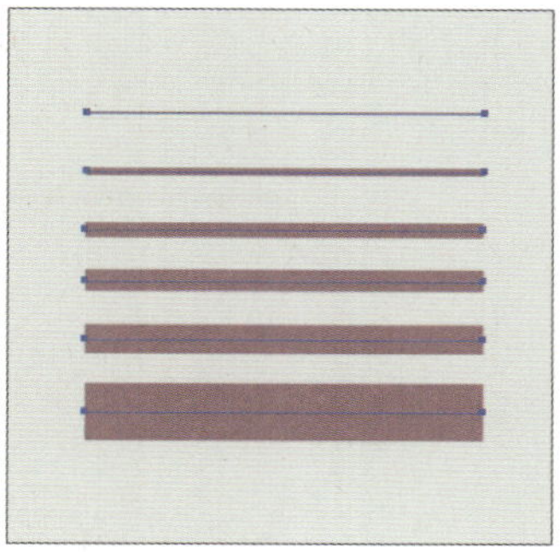

선의 굵기를 설정합니다.

❷ Cap

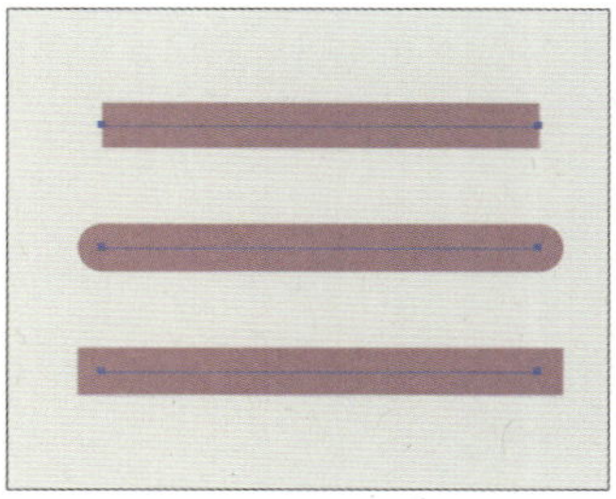

열린 선에서 선의 끝 모양과 패스의 앵커 포인트 위치를 조절합니다.

❸ Corner

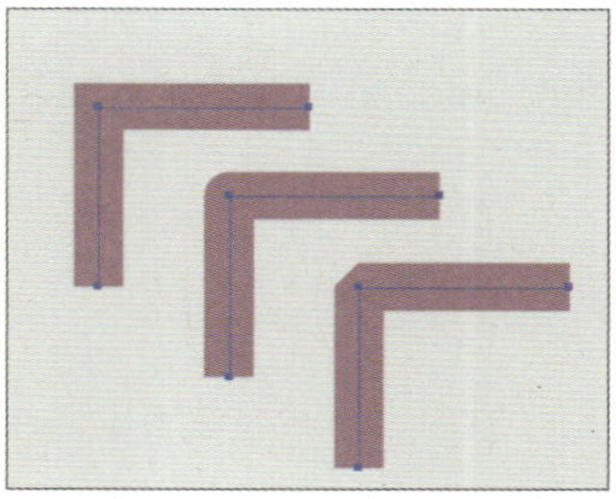

도형에서 각지거나 꺾인 부분의 형태를 조절합니다. Limit가 1인 경우에는 바깥 영역이 45°가 됩니다.

❹ Align Stroke

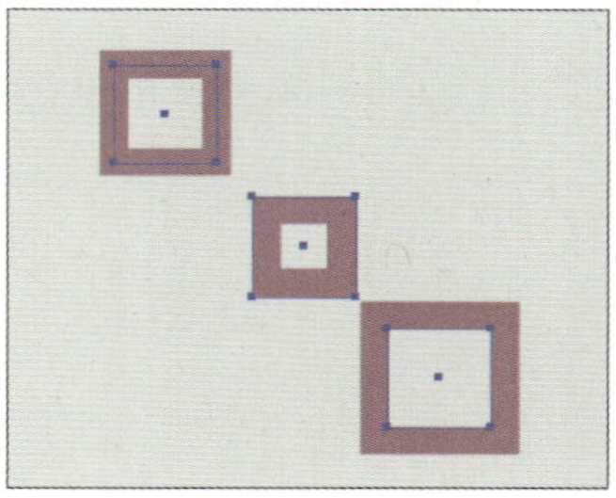

닫힌 도형의 패스 위치를 조절합니다. 패스가 선의 중심, 안쪽, 바깥쪽 중 어디에 위치하느냐에 따라 도형 크기가 달라집니다.

❺ Dashed Line

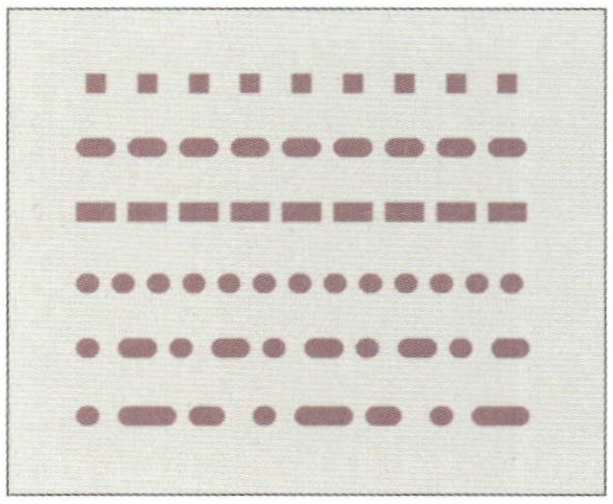

다양한 형태와 간격으로 점선을 만듭니다.

❻ 점선 간격 길이

도형 모서리의 점선을 연결시킬지 말지 설정합니다.

❼ Arrowheads

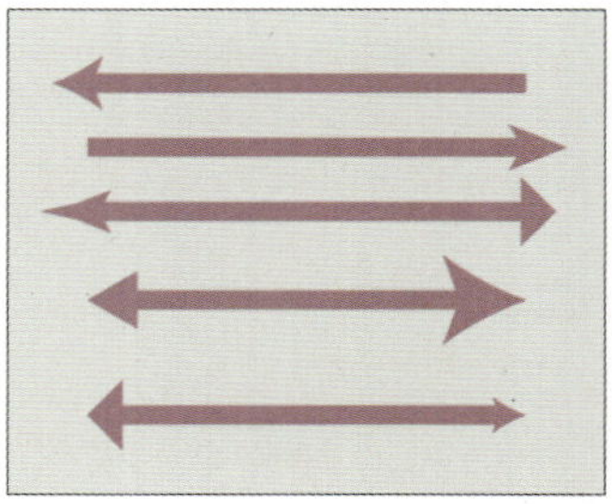

선을 화살표로 변경합니다. 화살촉의 방향과 크기, 화살촉을 패스에 포함시킬지 말지 설정합니다.

응용 예제 쿠폰 만들기

선 스타일을 변형하여 다양한 곳에서 활용할 수 있는 쿠폰을 만들어 봅니다.

■ 가이드 이미지

■ 완성 이미지

01 Chapter_06 ▸ Section_02 ▸ coupon_guide.ai 파일을 불러옵니다.

02 사각형 툴(□)을 선택하고 화면을 클릭합니다. 옵션 창에서 Width를 120mm, Height를 70mm로 입력하고 〈OK〉를 클릭한 후 선택 툴(▶)을 이용해 가이드 위로 배치합니다.

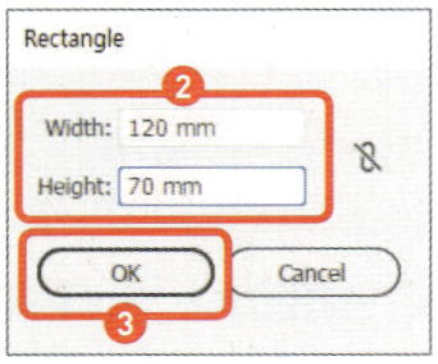

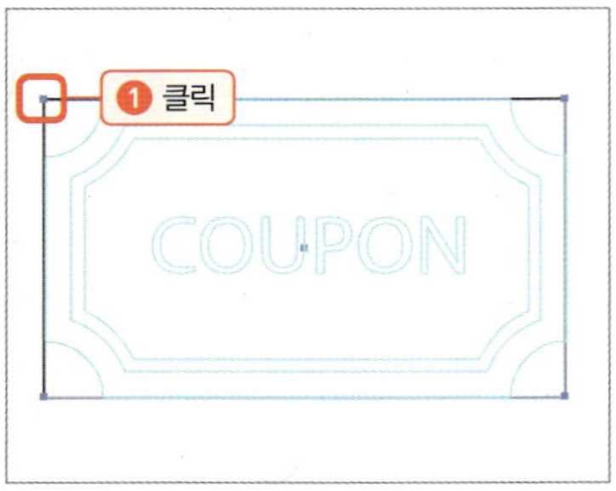

03 선택 툴(▶)로 사각형을 선택한 후 사각형 내부 위젯을 안쪽으로 드래그하여 모서리를 둥글게 만듭니다.

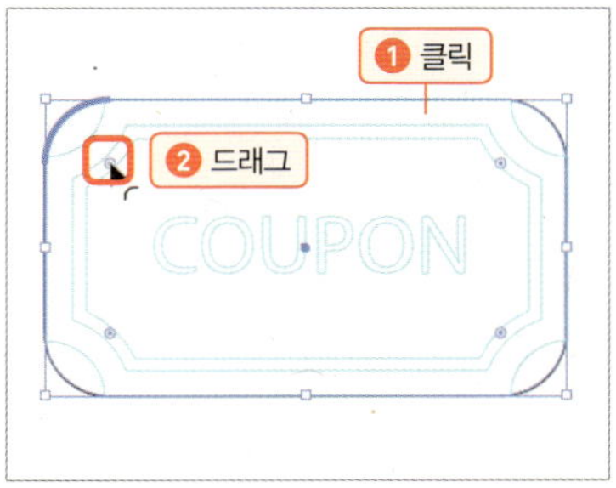

04 직접 선택 툴(▷)로 Shift 를 누른 채 사각형 내부 위젯 4개를 모두 선택합니다. Alt 를 누른 채 선택된 위젯 중 하나를 클릭하면 모서리 모양이 오목하게 바뀝니다.

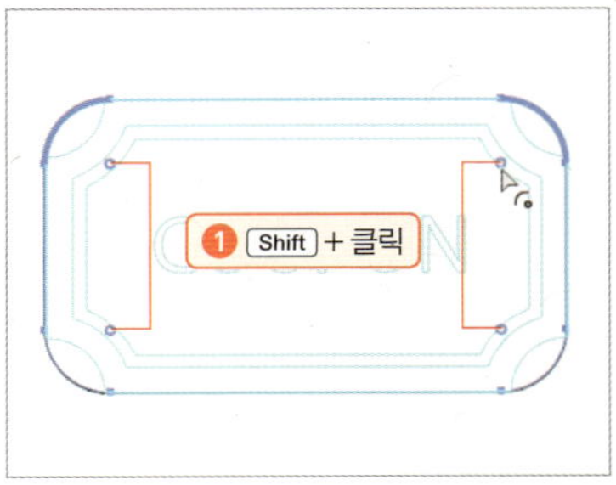

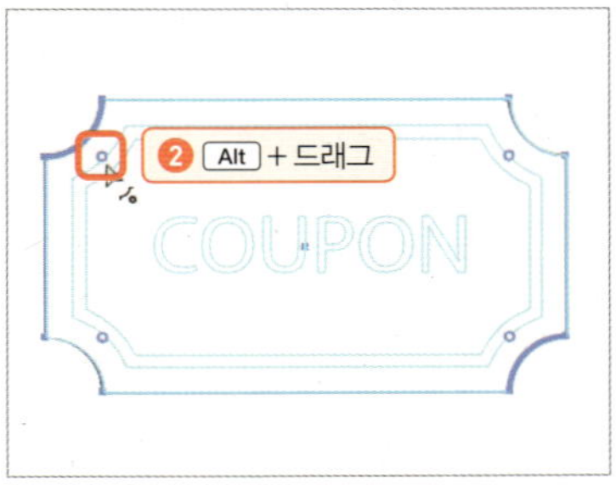

05 색상 패널에서 오브젝트 선 색을 C=44, M=86, Y=3, K=0으로 변경하고 옵션 바에서 Stroke를 6pt로 설정합니다.

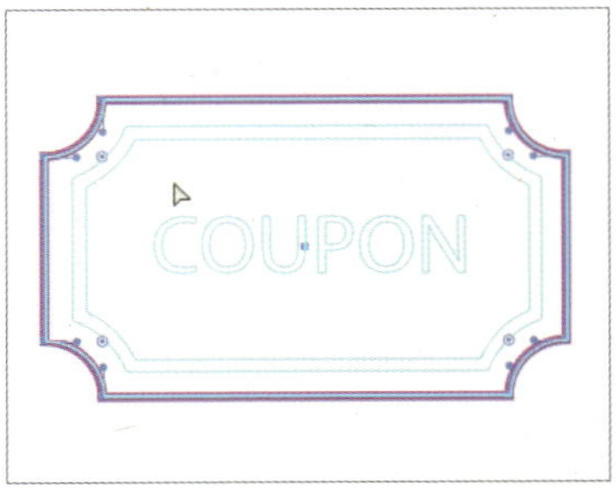

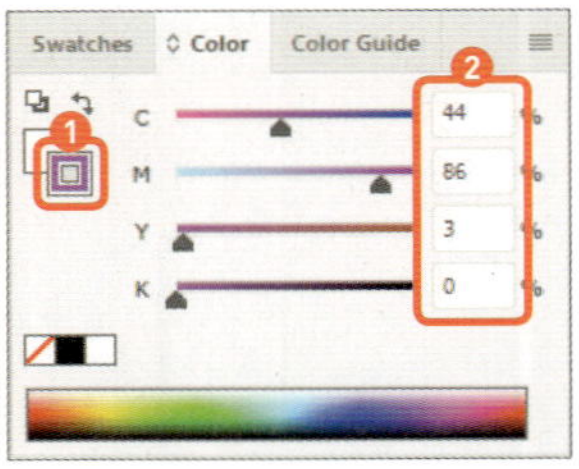

06 오브젝트가 선택된 상태로 메뉴 바에서 [Object]–[Path]–[Offset Path]를 선택합니다. 옵션 창에서 Offset을 -6mm로 입력하고 〈OK〉를 클릭하면 기존 오브젝트보다 약간 작은 오브젝트가 만들어집니다.

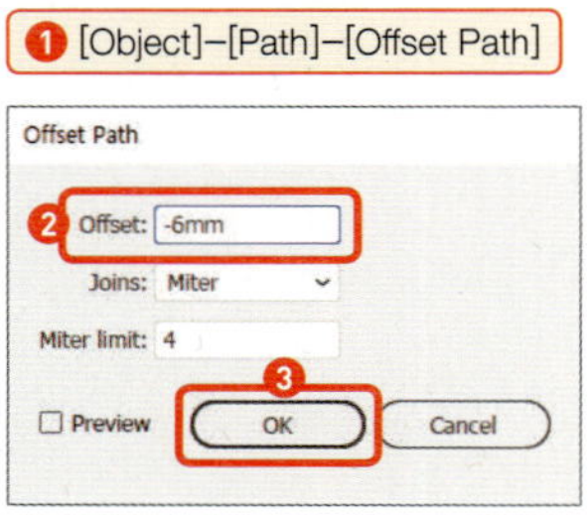

07 스트로크 패널에서 Weight를 4pt, Dashed Line을 체크, dash를 8pt, gap을 10pt로 설정합니다. 색상 패널에서 오브젝트의 선 색을 바깥쪽 오브젝트 선 색보다 조금 연한 색인 C=12, M=37, Y=1, K=0으로 변경합니다.

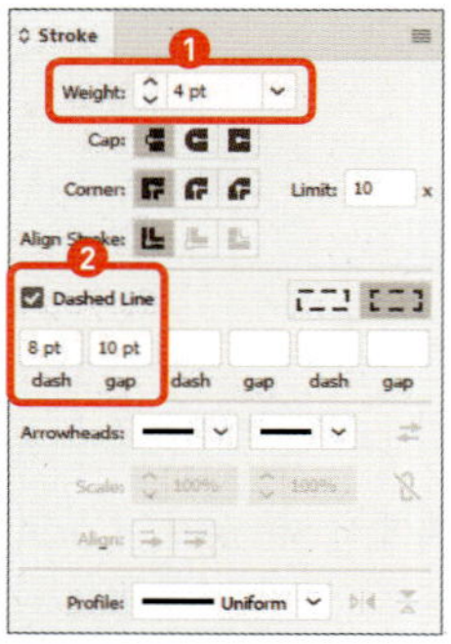

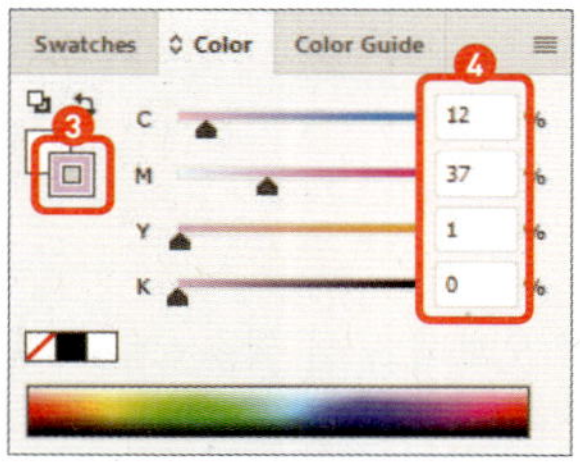

08 메뉴 바에서 [Object]–[Path]–[Offset Path]를 선택합니다. 옵션 창에서 Offset을 -3mm로 입력하고 〈OK〉를 클릭합니다.

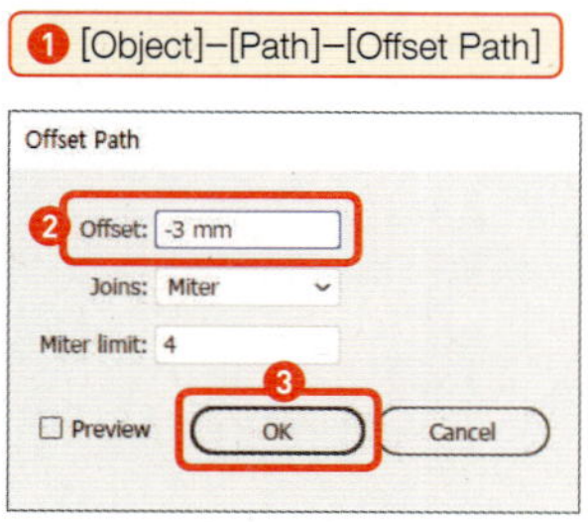

09 스트로크 패널에서 Weight를 2pt, Dashed Line을 체크, dash를 2pt, gap을 5pt로 설정하여 얇은 점선을 만듭니다.

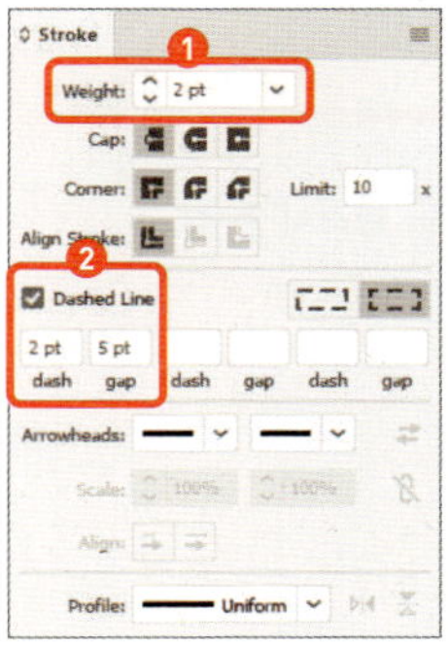

10 텍스트 툴(T)로 오브젝트 가운데를 클릭한 후 COUPON을 입력합니다. 선택 툴(▶)로 문자를 선택하고 색상 패널에서 면 색을 흰색, 선 색을 C=44, M=86, Y=3, K=0으로 설정합니다. 옵션 바에서 Stroke를 2pt, Character 옵션을 Arial, Bold, 48pt로 설정해 스티커를 완성합니다.

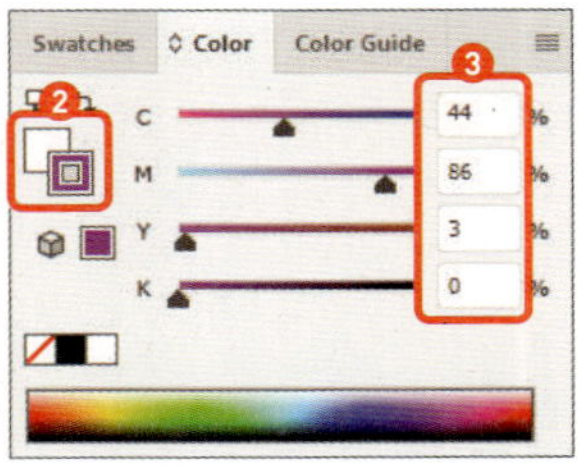

혼자 해보기 | 다양한 쿠폰 만들기

• **준비 파일** coupon_guide.ai • **완성 파일** coupon_result2.ai

선의 두께, 점선, 색상 등을 변경하여 다양한 쿠폰을 만들어 봅니다.

SECTION

03

자유롭게 드로잉하기

• **핵심 기능 I** 연필 툴(단축키 N), 페인트 브러시 툴(단축키 B), 물방울 브러시 툴

연필 툴의 기능 익히기

01 연필 툴의 옵션 창 열기 Chapter_06 ▸ Section_03 ▸ pencil.ai 파일을 불러옵니다. 툴 박스에서 연필 툴( )을 더블클릭하면 다음과 같은 옵션 창이 나타납니다.

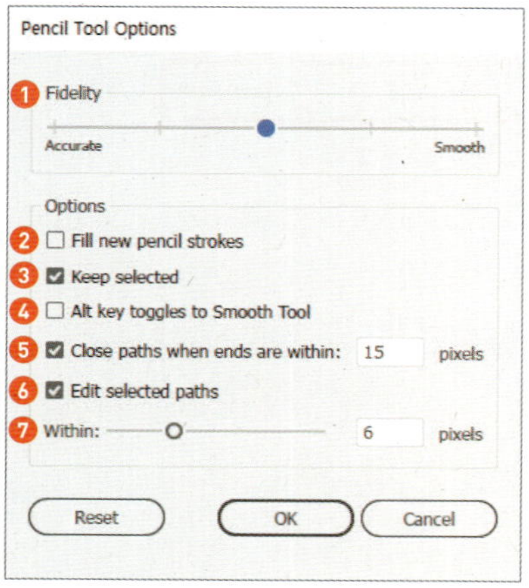

■ 연필 툴의 옵션 창

❶ Fidelity 사용자가 그리는 곡선의 부드러운 정도를 나타냅니다.

❷ Fill new pencil strokes 오브젝트에 선 색과 함께 면 색이 적용됩니다.

❸ Keep selected 오브젝트를 그린 후 오브젝트가 선택된 상태를 유지합니다.

❹ Alt key toggles to Smooth Tool Alt 를 눌러 스무드 툴( )로 전환시킵니다.

❺ Close paths when ends are within 값에 따라 시작 패스 지점과 종료 패스 지점이 멀어도 닫히도록 설정합니다.

❻ Edit selected paths 그려진 패스를 연필 툴( )로 수정할 수 있습니다.

❼ Within 수정이 가능한 거리입니다. 거리가 설정한 값보다 크면 새 패스가 만들어집니다.

02 연필 툴로 자유롭게 드로잉하기 연필 툴의 옵션 창에서 Fidelity를 기본값인 가운데로 두고 〈OK〉를 클릭합니다. 화면을 연필 툴( )로 드래그하면 선이 실제로 드래그한 선보다 조금 부드럽게 그려집니다.

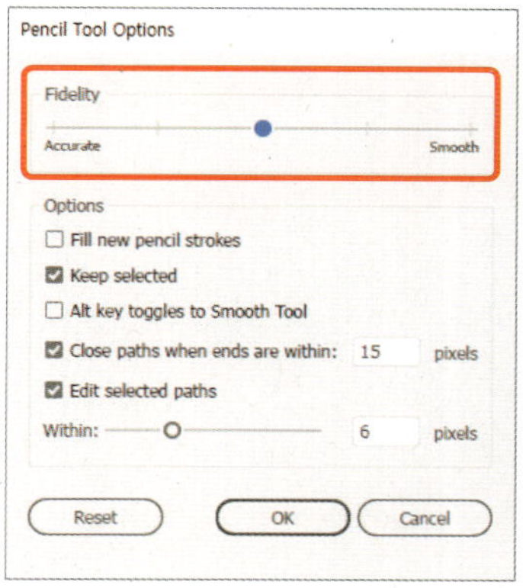

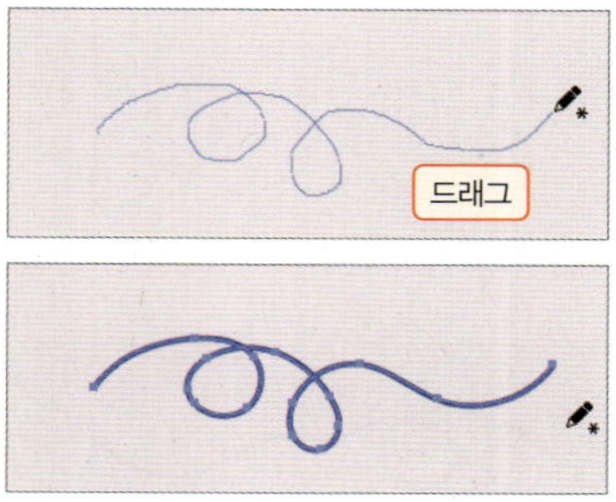

■ Fidelity를 기본으로 설정한 경우

03 연필 툴의 옵션 창에서 Fidelity를 Smooth로 선택하고 화면을 드래그합니다. 선이 실제 드래그한 선보다 훨씬 부드럽고 자연스럽게 그려집니다. Fidelity를 Accurate로 선택하고 화면을 드래그하면 실제 드래그한 선 그대로 그려집니다.

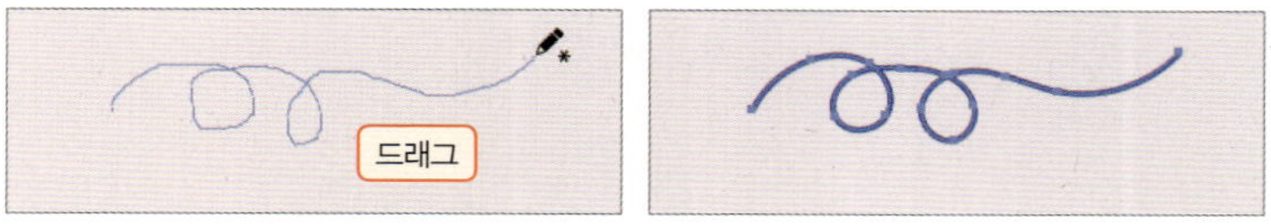

■ Fidelity를 Smooth로 설정한 경우

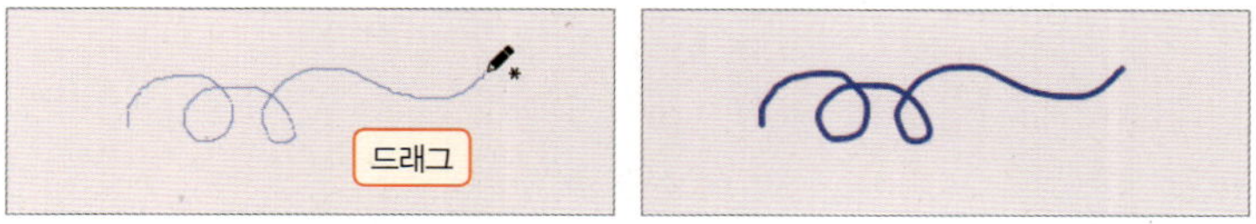

■ Fidelity를 Accurate로 설정한 경우

04 곡선을 부드럽게 수정하기 연필 툴의 옵션 창에서 Fidelity를 기본값으로 두고 화면을 자유롭게 드래그합니다. 스무드 툴( )을 선택하고 드래그한 선에서 각지거나 자연스럽지 않은 부분을 드래그합니다. 스무드 툴( )이 지나간 자리가 부드럽게 변합니다.

05 선의 일부분 지우기 선택 툴(▶)로 앞에서 그린 선 중에 하나를 선택하고 패스 지우개 툴( )로 패스 중간을 드래그합니다. 패스 지우개 툴( )이 지나간 영역만큼 선이 지워집니다.

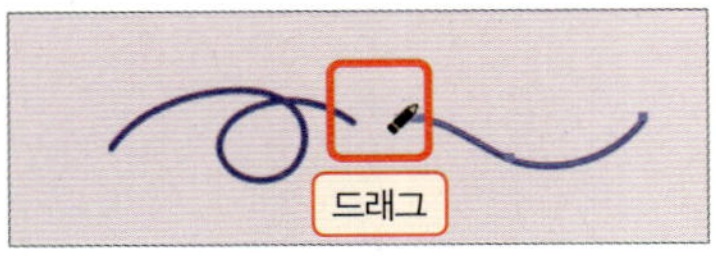

06 끊긴 선 연결하기 연결 툴( )로 선의 끊긴 부분을 드래그하면 연결됩니다.

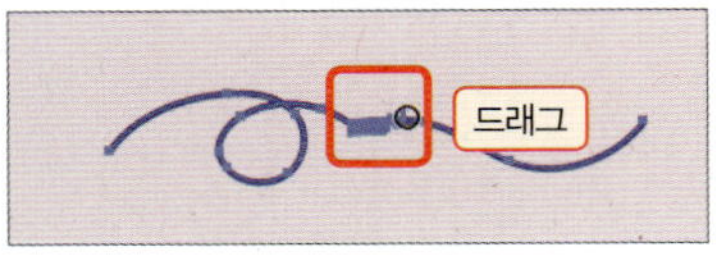

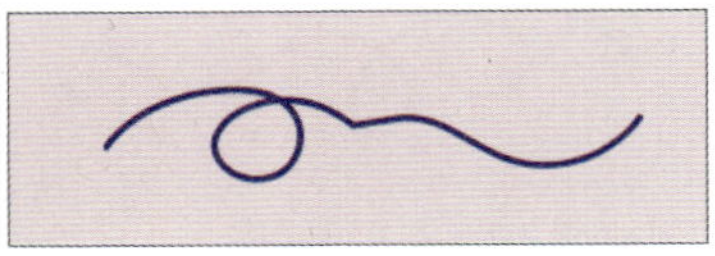

페인트 브러시 툴, 물방울 브러시 툴의 기능 익히기

01 페인트 브러시 툴의 옵션 창 열기 Chapter_06 ▸ Section_03 ▸ paintbrush.ai 파일을 불러옵니다. 툴 박스에서 페인트 브러시 툴( )을 더블클릭하면 다음과 같은 옵션 창이 나타납니다.

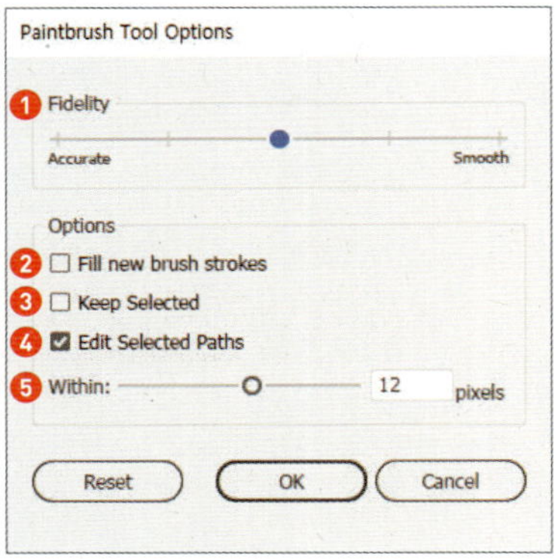

■ 페인트 브러시 툴의 옵션 창

❶ **Fidelity** 사용자가 그리는 곡선의 부드러운 정도를 나타냅니다.

❷ **Fill new brush strokes** 오브젝트에 선 색과 함께 면 색이 적용됩니다.

❸ **Keep Selected** 오브젝트를 그린 후 오브젝트가 선택된 상태를 유지합니다.

❹ **Edit Selected Paths** 그려진 패스를 페인트 브러시 툴( )로 수정할 수 있습니다.

❺ **Within** 수정이 가능한 거리입니다. 거리가 설정한 값보다 크면 새 패스가 만들어집니다.

02 페인트 브러시 툴로 자유롭게 드로잉하기 페인트 브러시 툴의 옵션 창에서 Fidelity를 기본값인 가운데로 두고 〈OK〉를 클릭합니다. 화면을 페인트 브러시 툴(🖌)로 드래그하면 선이 실제 드래그한 선보다 조금 부드럽게 그려집니다.

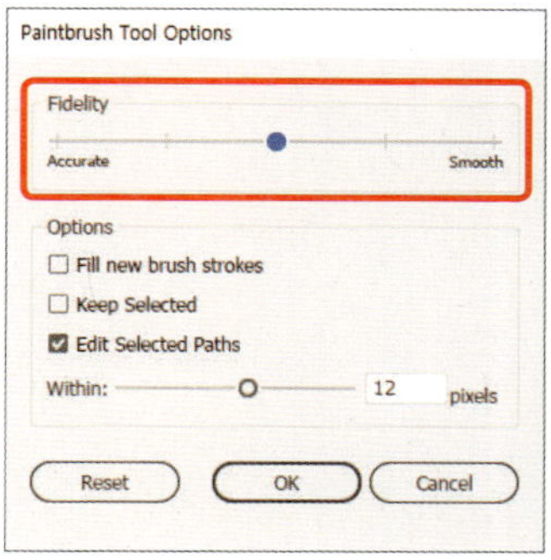

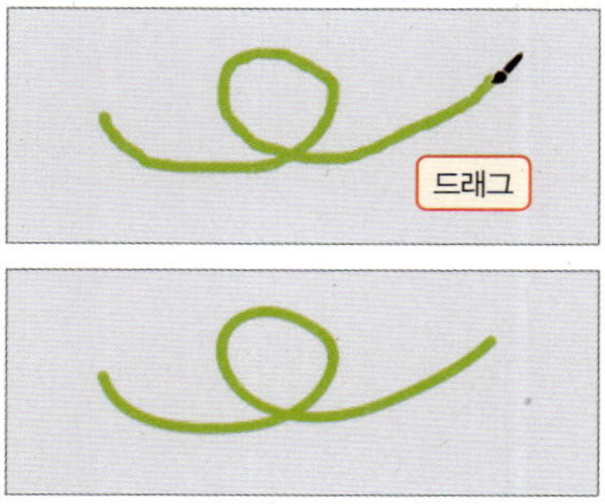

■ Fidelity를 기본으로 설정한 경우

03 페인트 브러시 툴의 옵션 창에서 Fidelity를 Smooth로 선택하고 화면을 드래그합니다. 선이 실제 드래그한 선보다 훨씬 부드럽고 자연스럽게 그려집니다. Fidelity를 Accurate로 선택하고 화면을 드래그하면 실제 드래그한 선 그대로 그려집니다.

■ Fidelity를 Smooth로 설정한 경우

■ Fidelity를 Accurate로 설정한 경우

04 선 수정하기 페인트 브러시 툴(🖌)로 수정하고 싶은 부분을 다시 드래그하면 드래그한 형태로 수정됩니다.

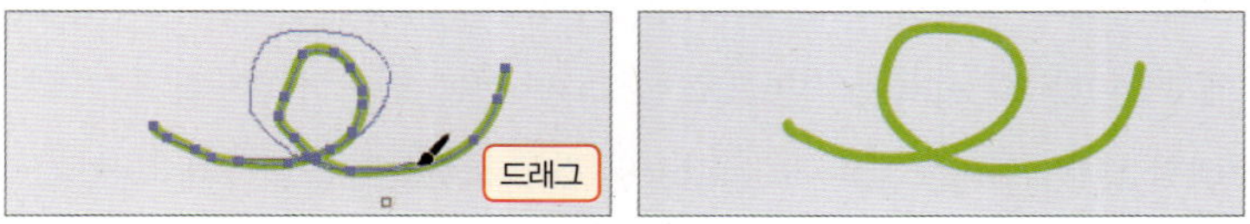

Tip 태블릿에서 작업할 때 페인트 브러시 툴을 사용하면 압력을 감지합니다. 반면 연필 툴은 PC에서 마우스를 사용하는 것과 같습니다.

05 물방울 브러시 툴의 옵션 창 보기 툴 박스에서 물방울 브러시 툴( )을 더블클릭하면 다음과 같은 옵션 창이 나타납니다.

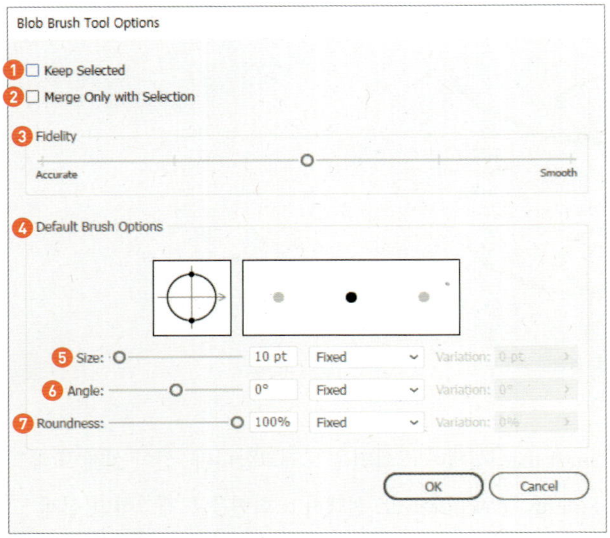

■ 물방울 브러시 툴의 옵션 창

❶ **Keep Selected** 오브젝트를 그린 후 오브젝트가 선택된 상태를 유지합니다.

❷ **Merge Only with Selection** 선택된 오브젝트와 새로 그리는 영역을 합칩니다.

❸ **Fidelity** 사용자가 그리는 곡선의 부드러운 정도를 나타냅니다.

❹ **Default Brush Options** 아래 옵션을 조절하면 미리보기로 보여 줍니다.

❺ **Size** 물방울 브러시 툴의 크기를 조절합니다.

❻ **Angle** 물방울 브러시 툴의 회전 각도를 조절합니다.

❼ **Roundness** 물방울 브러시 툴의 둥근 정도를 조절합니다.

06 물방울 브러시 툴로 자유롭게 드로잉하기 물방울 브러시 툴의 옵션 창에 Fidelity, Size, Angle, Roundness 값을 변경한 후 화면을 드래그합니다. Fidelity를 기본으로 설정하면 선이 조금 더 부드럽게 그려지고, Size 값을 크게 설정할수록 선이 두꺼워집니다. Angle 값과 Roundness 값을 조절하면 브러시의 회전 각도와 둥근 정도가 달라집니다.

■ Fidelity를 기본으로 설정한 경우

■ Size 값을 조절한 경우

■ Angle 값과 Roundness 값을 조절한 경우

07 물방울 브러시 툴( )로 드래그한 선을 선택 툴( )로 선택합니다. 연필 툴( )이나 페인트 브러시 툴( )로 드래그하여 그린 선은 선으로 그려지지만 물방울 브러시 툴( )로 드래그하여 그린 선은 면으로 그려집니다.

■ 페인트 브러시로 그린 선

■ 물방울 브러시 툴로 그린 선

• **준비 파일** cookie_guide.ai • **완성 파일** cookie_result.ai

응용 예제 쿠키와 물병 그리기

손으로 그린 그림처럼 보이는 쿠키와 물병 이미지를 만들어 봅니다.

■ 가이드 이미지

■ 완성 이미지

01 Chapter_06 ▸ Section_03 ▸ cookie_guide.ai 파일을 불러옵니다.

02 연필 툴()로 병의 입구를 드래그합니다. 마우스에서 손가락을 떼면 가장자리가 자동으로 둥글게 변합니다. 같은 방법으로 병의 입구 중간에 선을 그립니다.

03 계속해서 연필 툴()로 병을 그립니다. 선이 어색한 부분은 스무드 툴()로 드래그하여 부드럽게 만듭니다.

04 연필 툴()로 스푼을 그리고 스무드 툴()로 보정합니다.

05 연필 툴( )로 왼쪽 쿠키는 동그랗게, 오른쪽 쿠키는 가이드를 따라 꽃 모양으로 그립니다.

06 물방울 브러시 툴( )을 더블클릭하여 옵션 창을 연 후 Size를 15pt로 설정하고 〈OK〉를 클릭합니다. 색상 패널에서 면 색을 C=14, M=2, Y=4, K=0, 선 색을 색상 없음으로 설정하고 물방울 브러시 툴( )로 병을 드래그하여 채색합니다. 채색할 때는 가장자리에 딱 맞추기보다 약간 벗어나거나 안쪽으로 드래그해야 자연스럽습니다. 채색이 끝나면 선택 툴( )로 오브젝트를 선택한 후 마우스 오른쪽 버튼을 클릭하고 [Arrange]–[Send to Back]을 선택하여 맨 뒤로 보냅니다.

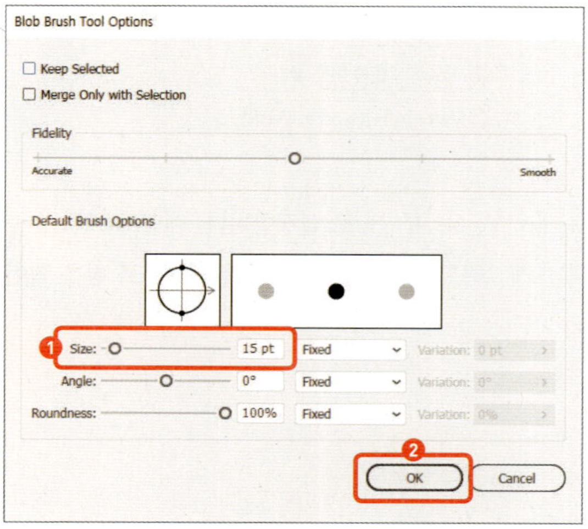

07 색상 패널에서 면 색을 흰색으로 변경하고 물방울 브러시 툴( )로 병 내부를 드래그하여 채색합니다. 선택 툴( )로 스푼을 선택하고 마우스 오른쪽 버튼을 클릭한 후 [Arrange]–[Bring to Front]를 선택해 스푼이 맨 앞에 오도록 만듭니다.

08 색상 패널에서 면 색을 C=23, M=22, Y=41, K=0으로 설정하고 물방울 브러시 툴( )로 왼쪽 쿠키와 오른쪽 쿠키를 드래그합니다. 채색이 끝나면 Shift 를 누른 채 선택 툴( )로 왼쪽 쿠키와 오른쪽 쿠키를 선택하고 마우스 오른쪽 버튼을 클릭한 후 [Arrange]–[Send to Back]을 선택해 맨 뒤로 보냅니다.

09 색상 패널에서 면 색을 색상 없음, 선 색을 C=51, M=60, Y=68, K=39로 설정합니다. 페인트 브러시 툴( )로 왼쪽 쿠키는 크기가 다른 초코 쿠키 형태가 되도록 드래그하고 오른쪽 쿠키는 균일한 크기로 점을 찍어 비스킷 모양을 만듭니다.

10 물방울 브러시툴( )을 더블클릭하여 옵션 창을 연 후 Size를 30pt로 변경하고 〈OK〉를 클릭합니다. 색상 패널에서 면 색을 C=7, M=17, Y=2, K=0, 선 색을 색상 없음으로 설정하고 물방울 브러시 툴( )로 아래 배경을 드래그하여 채색합니다. 채색이 끝나면 선택 툴( )로 배경을 선택하고 마우스 오른쪽 버튼을 클릭한 후 [Arrange]–[Send to Back]을 선택해 맨 뒤로 보냅니다. 손 그림 쿠키 이미지가 완성됩니다.

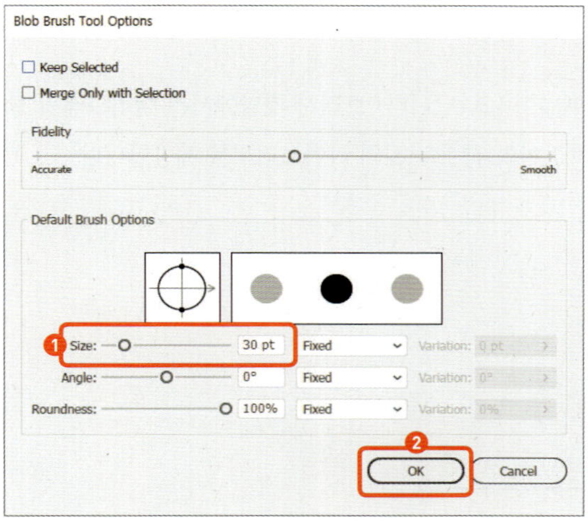

SECTION
04
브러시 패널 활용하기

• **핵심 기능 |** 브러시 패널

브러시 패널의 기능

메뉴 바에서 [Window]–[Brushes]를 선택하면 브러시 패널이 나타납니다. 브러시 패널에서는 캘리그래픽 브러시, 아트 브러시, 브리슬 브러시, 스캐터 브러시, 패턴 브러시와 각 브러시의 라이브러리를 제공합니다.

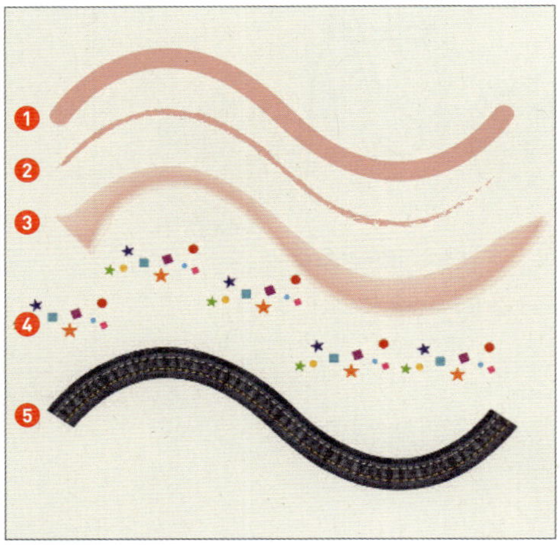

■ 브러시 모양

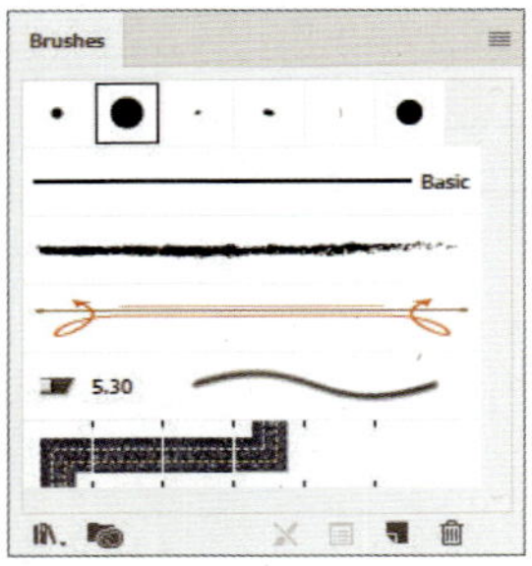

■ 브러시 패널

❶ **캘리그래픽 브러시** 일반적으로 손글씨를 쓸 때 자주 사용하는 브러시입니다. 붓으로 그린 느낌이 납니다.

❷ **아트 브러시** 크레파스로 그린 느낌이 나는 브러시입니다. 동일한 아트 브러시라도 옵션 값에 따라 다른 느낌이 납니다.

❸ **브리슬 브러시** 유화나 수채화 느낌이 납니다.

❹ **스캐터 브러시** 등록된 오브젝트를 흩뿌려 놓은 느낌이 납니다.

❺ **패턴 브러시** 등록된 오브젝트를 패턴으로 반복하여 보여 줍니다. 주로 원이나 사각형 같은 도형의 가장자리에 효과를 줄 때 사용합니다.

캘리그래픽 브러시, 아트 브러시 활용하기

01 캘리그래픽 브러시 적용하기 Chapter_06 ▸ Section_04 ▸ brushes.ai 파일을 불러옵니다. 페인트 브러시 툴(🖌)로 곡선을 그린 후 브러시 패널의 캘리그래픽 브러시 중 하나를 클릭합니다. 캘리그래픽 브러시가 패스에 적용됩니다.

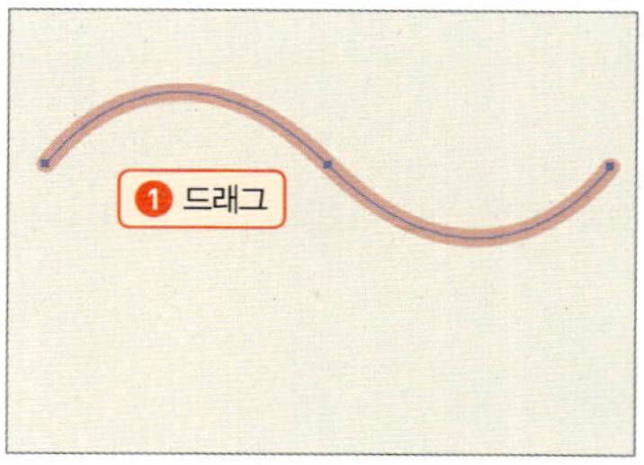

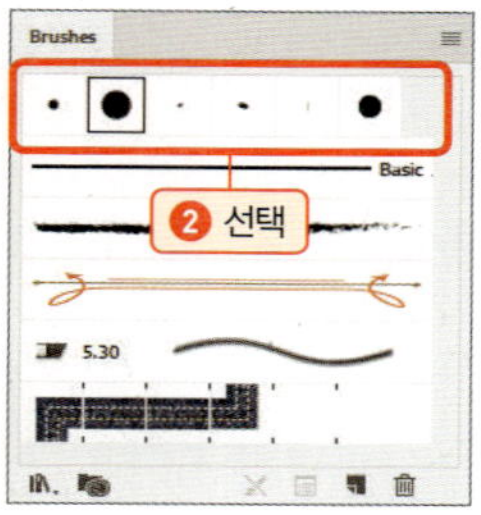

02 새 캘리그래픽 브러시 등록하기 브러시 패널의 오른쪽 상단에서 목록(☰)을 클릭한 후 [New Brush]를 선택합니다. 옵션 창에서 Calligraphic Brush를 선택하고 〈OK〉를 클릭합니다.

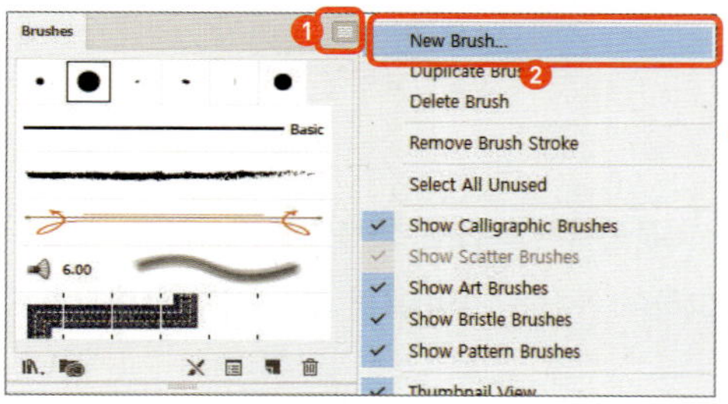

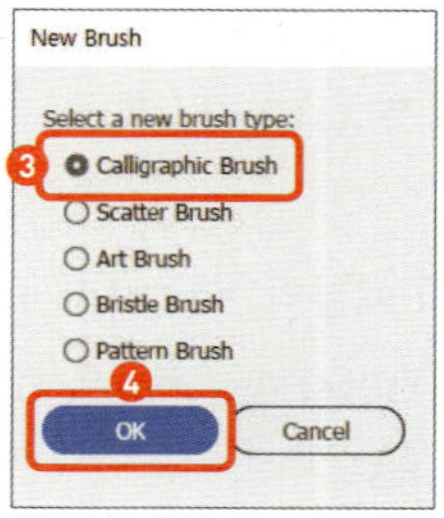

03 캘리그래픽 브러시 옵션 창에서 Angle(브러시의 각도), Roundness(둥근 정도), Size(크기)를 입력하고 〈OK〉를 클릭하면 브러시 패널에 새 브러시가 등록됩니다. 새 브러시를 선택하고 페인트 브러시 툴(🖌)로 곡선을 그려 봅니다.

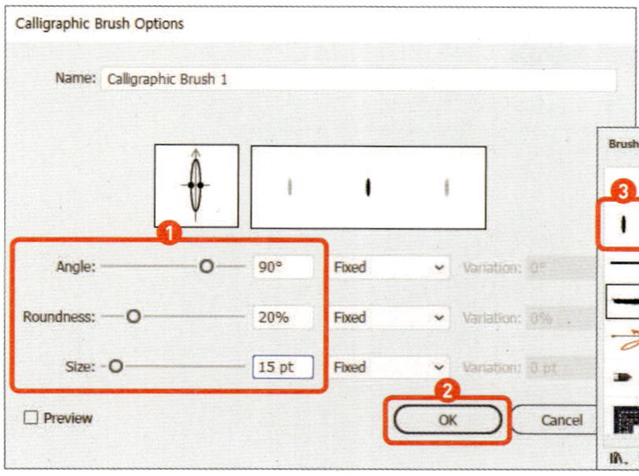

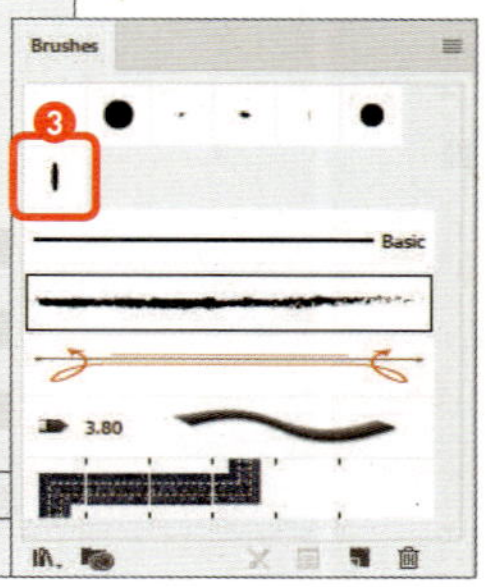

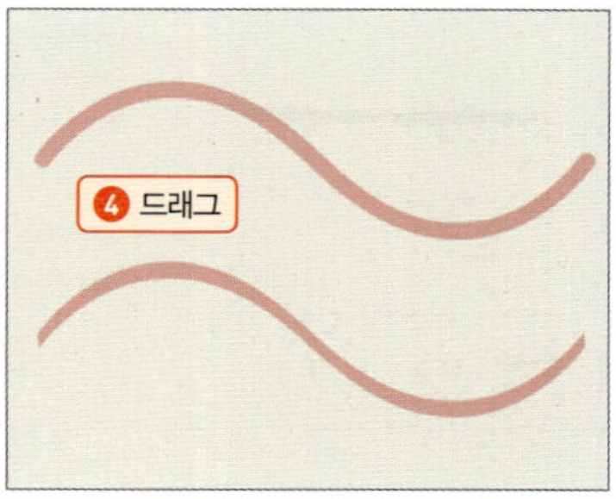

Tip 화면의 오브젝트를 선택한 상태에서 캘리그래픽 브러시의 옵션을 변경하고 〈OK〉를 클릭하면 다음과 같은 알림 창이 나타납니다. 〈Apply to Strokes〉를 클릭하면 화면의 오브젝트에 바로 적용되고 〈Leave Strokes〉를 클릭하면 브러시 패널의 옵션만 변경되고 화면의 오브젝트에는 적용되지 않습니다.

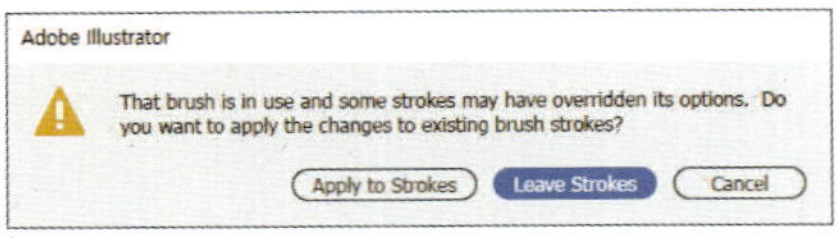

04 아트 브러시 적용하기 페인트 브러시 툴( )로 곡선을 그립니다. 브러시 패널에서 크레파스 느낌이 나는 아트 브러시를 클릭하여 패스에 적용합니다.

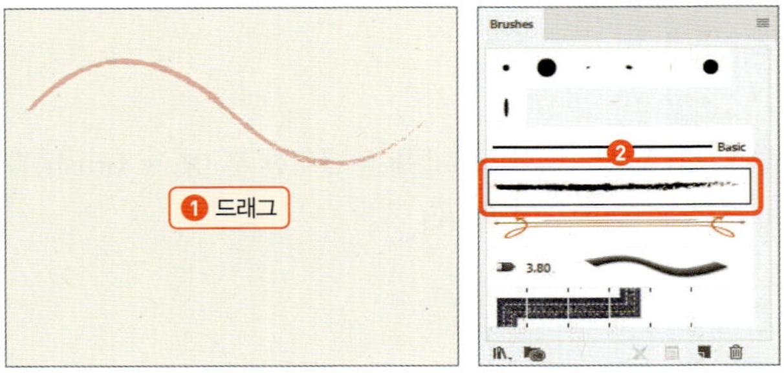

05 아트 브러시 옵션 조절하기 브러시 패널의 아트 브러시를 더블클릭하고 옵션 창에서 브러시 방향을 위로 선택한 후 〈OK〉를 클릭합니다. 페인트 브러시 툴( )로 드래그하여 곡선을 그려 보면 같은 아트 브러시라도 좀 더 거친 느낌이 나는 것을 알 수 있습니다.

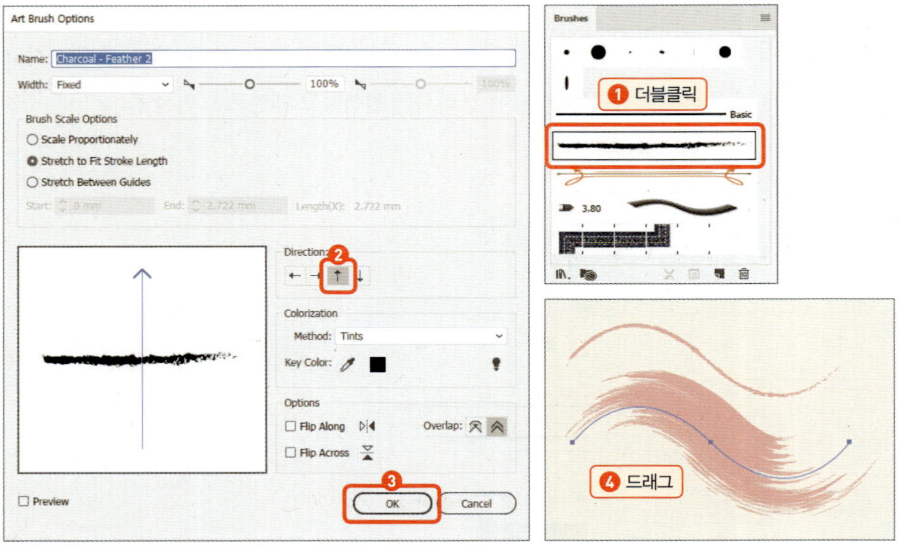

06 **다양한 아트 브러시 적용하기** 브러시 패널에서는 크레파스 느낌이 나는 아트 브러시 외에도 좌우가 굽은 화살표 모양인 아트 브러시도 제공합니다. 페인트 브러시 툴(🖌)로 곡선을 그린 후 적용해 봅니다.

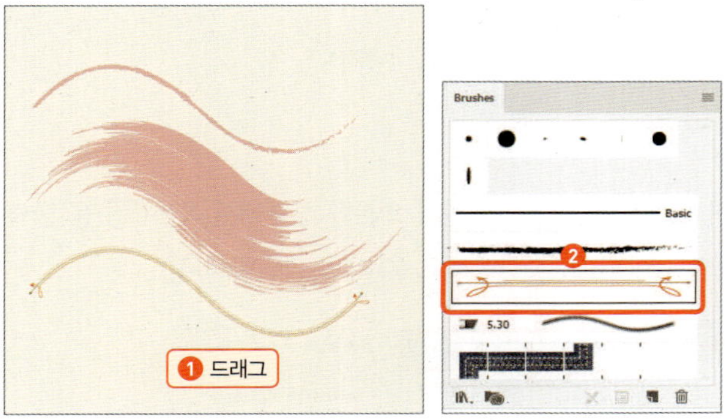

• **준비 파일** vip.ai • **완성 파일** vip_result.ai

응용 예제 별 모양 타이포그래피 만들기

아트 브러시로 나만의 별 모양 타이포그래피를 만들어 봅니다.

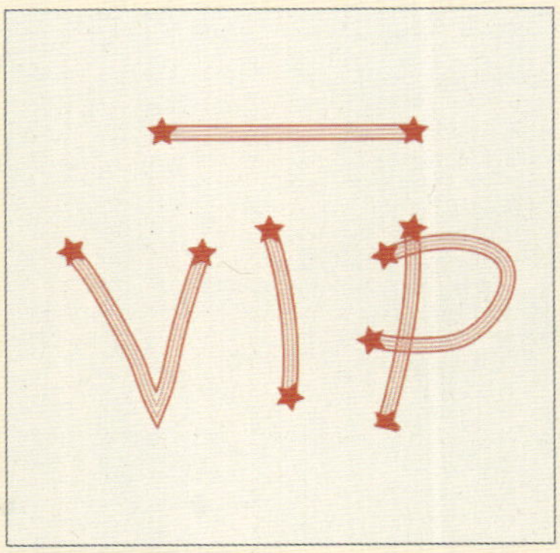

■ 완성 이미지

01 Chapter_06 ▸ Section_04 ▸ vip.ai 파일을 불러옵니다. 직선 툴(／)을 선택하고 옵션 바에서 Stroke를 1pt로 설정한 후 화면을 드래그하여 선을 그립니다. 선택 툴(▶)로 선을 선택하고 Alt를 누른 채 아래로 드래그하여 선을 3개 복제합니다. 색상 패널에서 맨 위와 맨 아래, 가운데 선 2개를 다음과 같이 설정합니다.

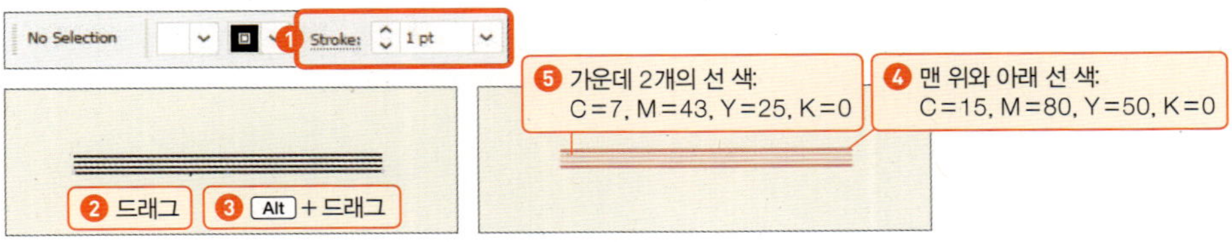

02 별 툴(☆)로 Alt+Shift를 누른 채 드래그하여 선의 왼쪽에 별을 그리고 색상 패널에서 면 색을 다음과 같이 설정합니다. 선택 툴(▶)로 왼쪽 별을 선택하고 Alt를 누른 채 드래그하여 오른쪽에 복제합니다.

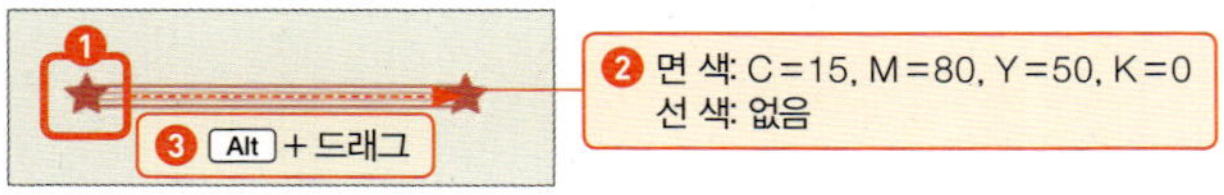

03 선택 툴(▶)로 오브젝트 전체를 드래그하여 선택하고 브러시 패널의 오른쪽 상단에서 목록(≡)을 클릭한 후 [New Brush]를 선택합니다. 옵션 창이 열리면 Art Brush를 선택하고 〈OK〉를 클릭합니다.

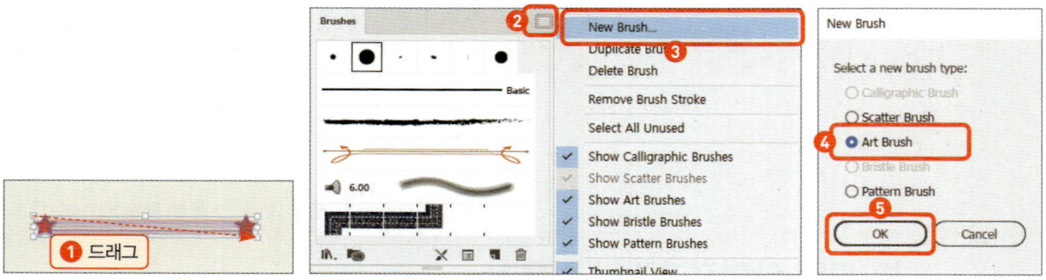

04 아트 브러시 옵션 창에서 Stretch Between Guides를 선택하고 그림의 양쪽 점선을 별 안쪽으로 옮긴 후 〈OK〉를 클릭합니다. 브러시 패널에 방금 만든 오브젝트가 아트 브러시로 등록된 것을 확인할 수 있습니다.

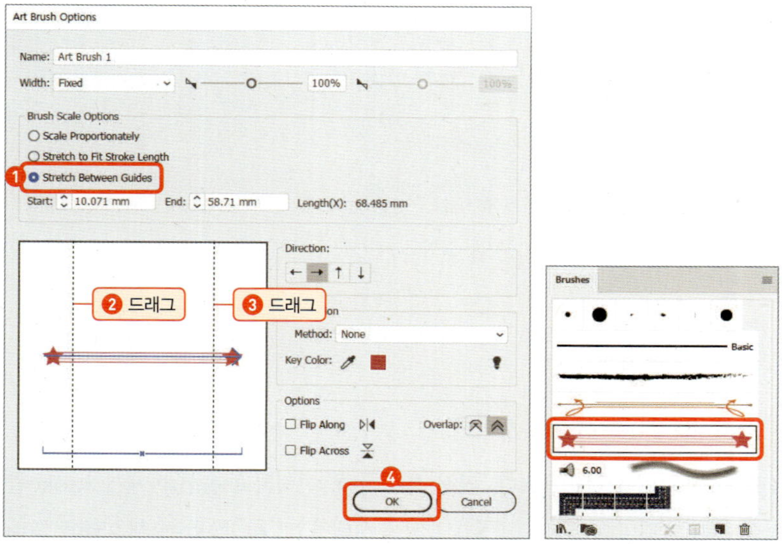

05 연필 툴(✎)을 선택하고 색상 패널에서 선 색을 검은색으로 설정한 후 화면을 드래그하여 손글씨처럼 보이도록 VIP를 그립니다.

06 선택 툴(▶)로 손글씨를 드래그하여 모두 선택하고 브러시 패널에서 방금 만든 아트 브러시를 클릭하여 적용합니다.

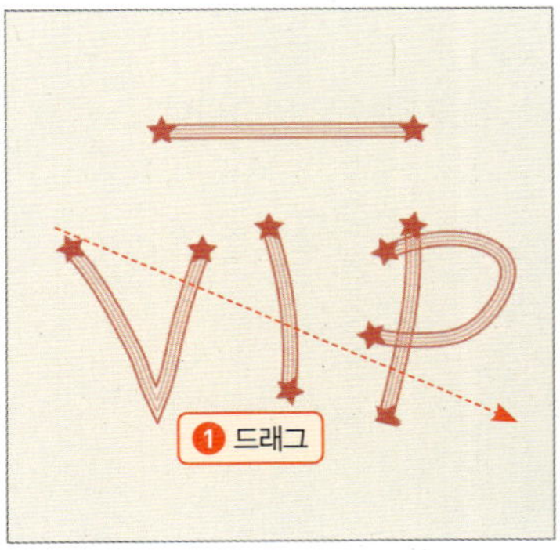

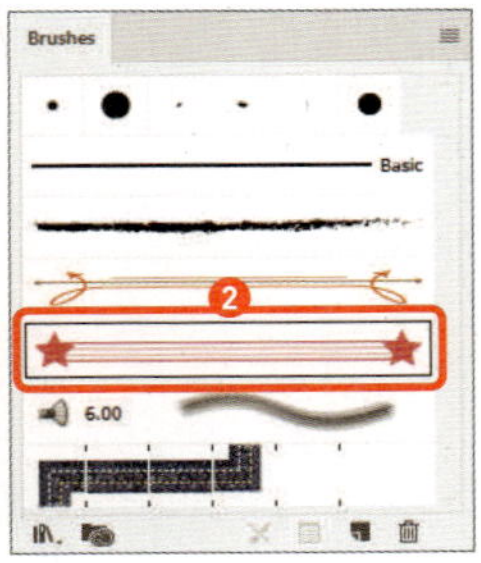

브리슬 브러시, 스캐터 브러시, 패턴 브러시 활용하기

01 **브리슬 브러시 적용하기** Chapter_06 ▸ Section_04 ▸ brushes.ai 파일을 불러옵니다. 페인트 브러시 툴(🖌)로 곡선을 그립니다. 브러시 패널에서 브리슬 브러시를 클릭하여 패스에 적용합니다.

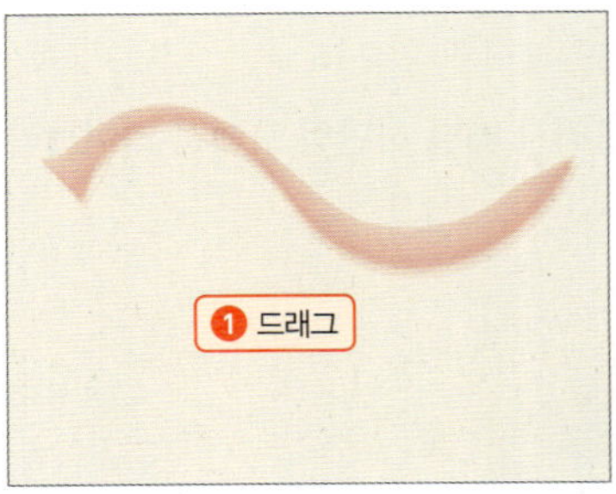

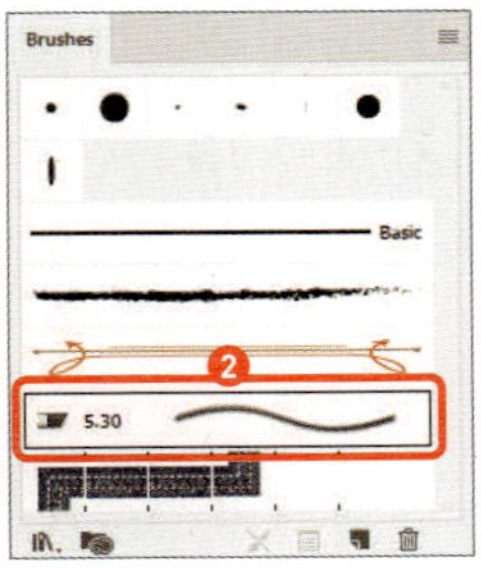

02 브리슬 브러시 옵션 조절하기 브러시 패널의 브리슬 브러시를 더블클릭합니다. 옵션 창의 Shape에서는 다양한 브리슬 브러시를 선택할 수 있고, 선택한 브러시는 다시 Brush Options에서 크기, 길이, 밀집도 등을 조절할 수 있습니다. 브리슬 브러시의 옵션을 다음과 같이 설정하고 〈OK〉를 클릭한 후 페인트 브러시 툴(✓)로 곡선을 그려 봅니다.

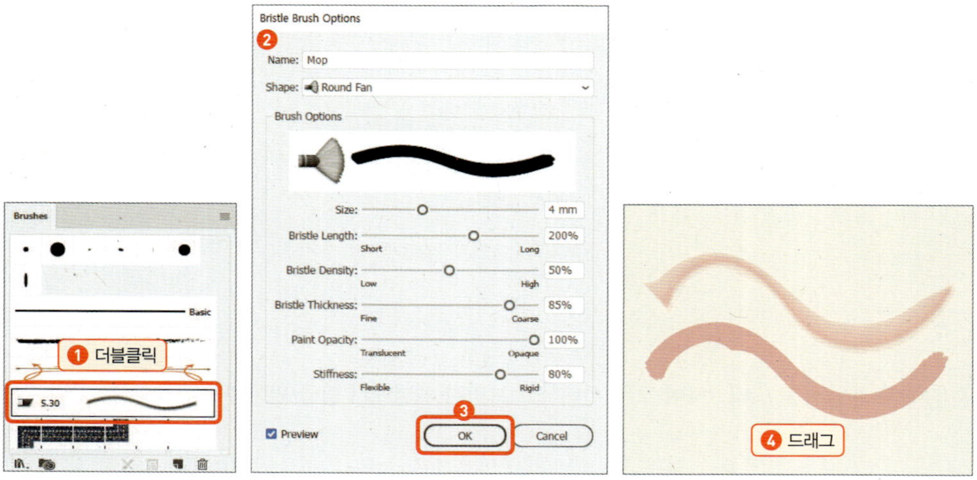

03 옵션 값에 따라 유화나 수채화 느낌을 낼 수도 있고 파스텔의 부드러운 느낌을 낼 수도 있습니다.

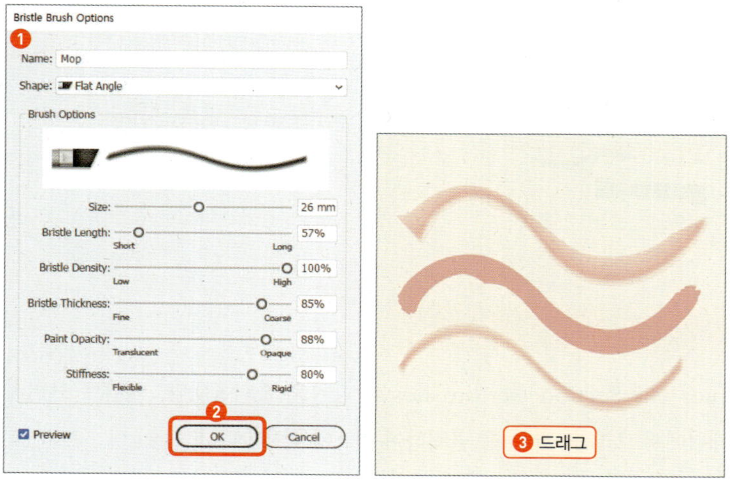

04 스캐터 브러시 적용하기 페인트 브러시 툴(✓)로 곡선을 그린 후 브러시 패널 하단의 브러시 라이브러리(IN.)를 클릭하고 [Decorative]-[Decorative_Scatter]를 선택합니다.

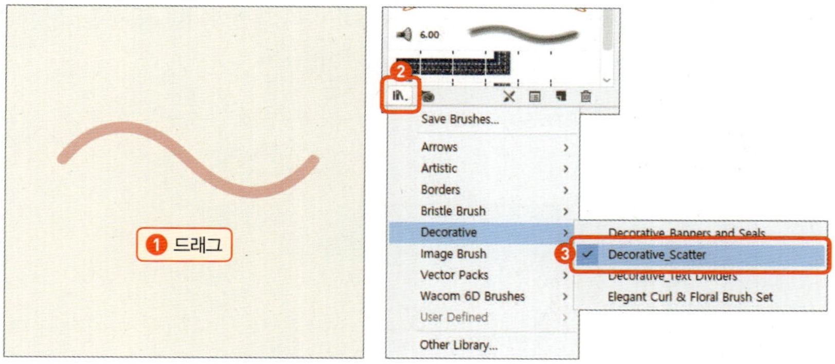

05 스캐터 라이브러리 불러오기 화면의 패스가 선택된 상태로 스캐터 라이브러리의 분홍색 하트 모양을 클릭합니다. 분홍색 하트가 브러시 패널에 등록되면서 패스에도 적용됩니다. 브러시 패널의 하트 모양 스캐터 브러시를 더블클릭합니다.

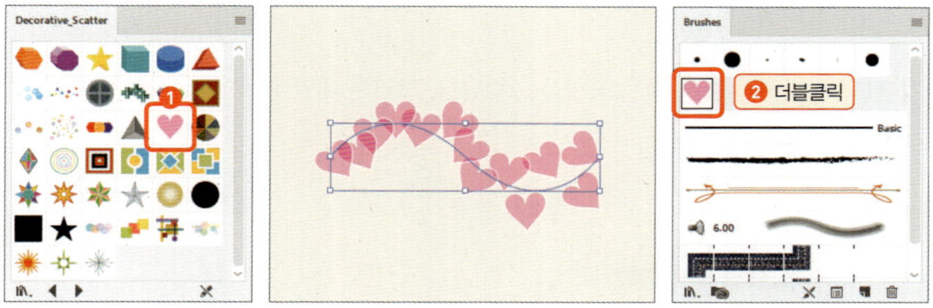

06 스캐터 브러시 옵션 조절하기 옵션 창이 열리면 Size(브러시의 크기), Spacing(간격), Scatter(흩뿌려지는 정도), Rotation(회전)을 고정시키거나 무작위로 변경할 수 있습니다. 옵션 창에서 왼쪽 아래에 있는 Preview를 체크하고 각 옵션 값을 변경하여 스캐터 브러시가 어떻게 바뀌는지 살펴봅니다.

07 모든 옵션을 Fixed로 고정하면 하트가 규칙적인 크기와 간격으로 패스를 따라 회전합니다. 옵션을 조절하여 마음에 드는 형태가 되면 〈OK〉를 클릭하여 적용합니다.

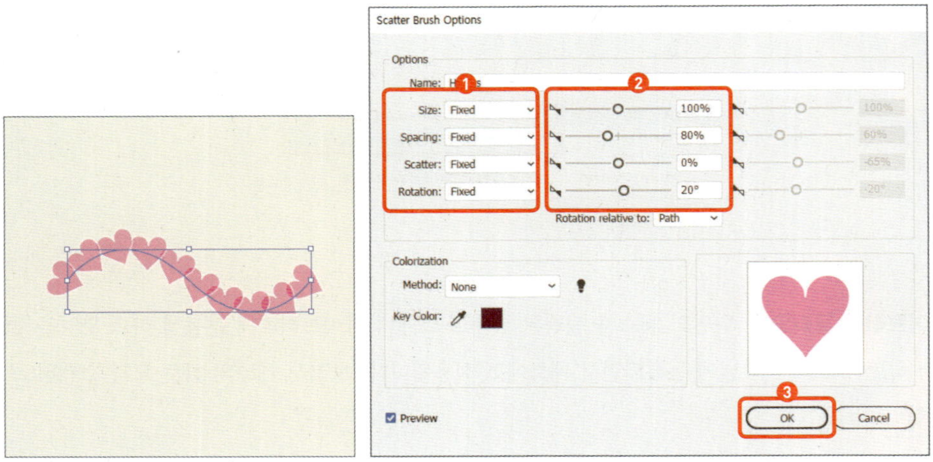

08 **패턴 브러시 적용하기** 페인트 브러시 툴( )로 곡선을 그립니다. 브러시 패널에서 패턴 브러시를 클릭하면 패스에 적용됩니다.

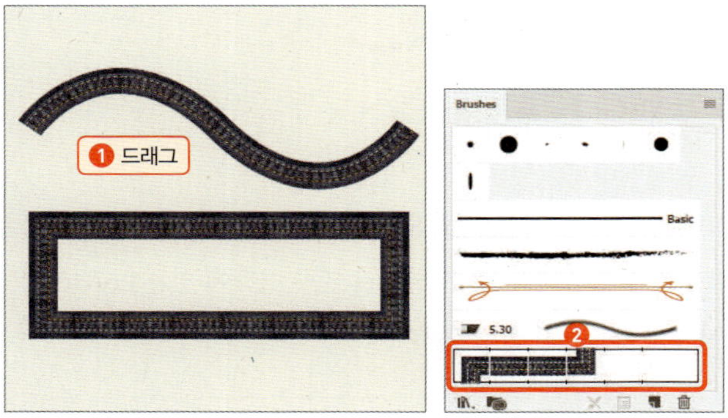

09 **패턴 라이브러리 불러오기** 브러시 패널 하단의 브러시 라이브러리( )를 클릭하고 [Borders]-[Borders_Decorative]를 선택하면 다양한 패턴 브러시를 불러와 사용할 수 있습니다.

• **준비 파일** pattern.ai • **완성 파일** pattern_result.ai

응용 예제 | 패턴 프레임 만들기

패턴 브러시를 이용해 액자 이미지로 활용할 수 있는 프레임을 만들어 봅니다.

■ 완성 이미지

01 Chapter_06 ▸ Section_04 ▸ pattern.ai 파일을 불러옵니다. 사각형 툴(▢)을 선택하고 화면을 클릭합니다. 옵션 창에서 Width와 Height를 각각 20mm로 입력하고 〈OK〉를 클릭합니다. 정사각형이 만들어지면 색상 패널에서 면 색을 다음과 같이 설정합니다.

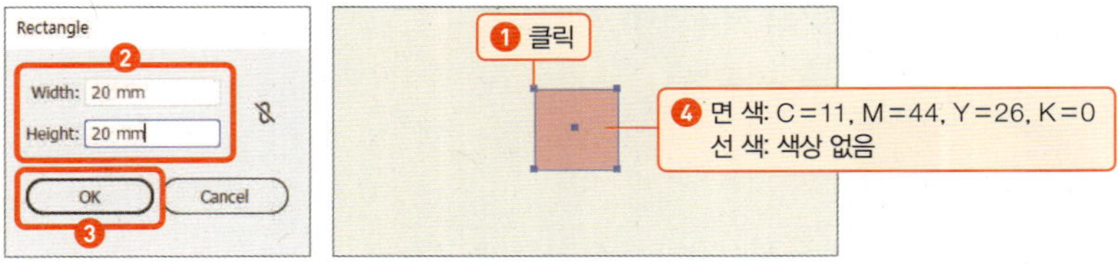

02 사각형 툴(▢)로 화면을 클릭한 후 옵션 창에서 Width를 10mm, Height를 20mm로 입력하고 〈OK〉를 클릭합니다. 색상 패널에서 면 색을 다음과 같이 설정합니다. 선택 툴(▶)로 드래그하여 사각형 2개를 모두 선택하고 옵션 바에서 정렬 옵션을 수직 위쪽 정렬(▔)과 수평 오른쪽 정렬(▕)로 설정하여 처음 만든 사각형의 오른쪽에 배치합니다.

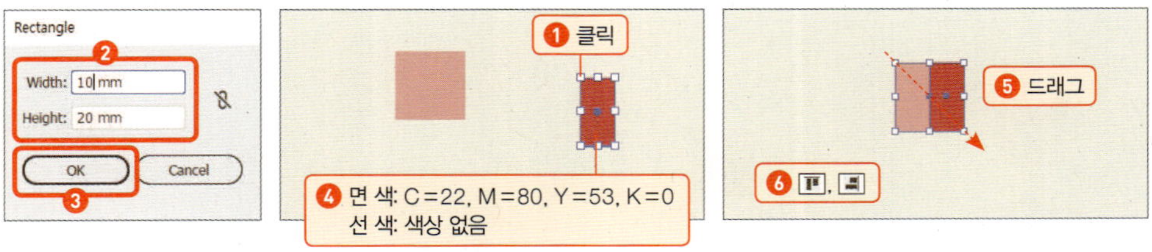

03 직접 선택 툴(▷)로 Shift를 누른 채 나중에 만든 작은 사각형의 아래쪽 앵커 포인트만 선택한 후 왼쪽으로 드래그하여 사선으로 배치합니다.

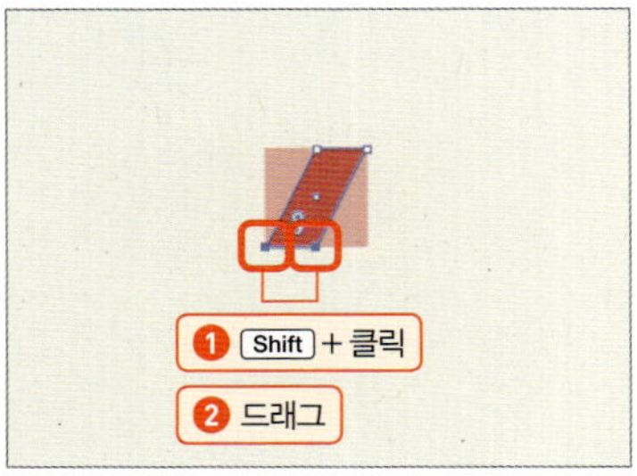

04 사각형 툴(□)로 화면을 클릭합니다. 옵션 창에서 Width와 Height를 각각 20mm로 입력하고 〈OK〉를 클릭합니다.

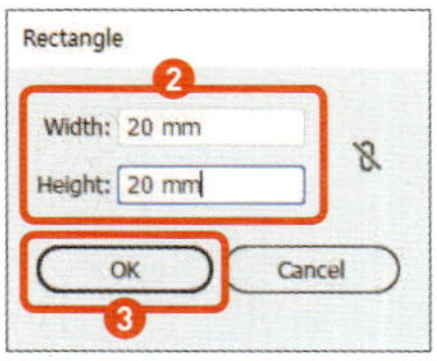

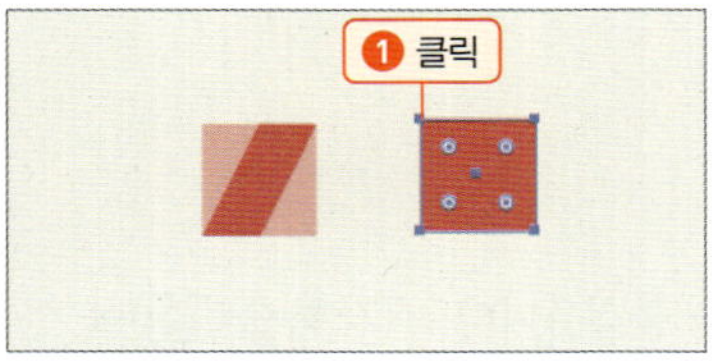

05 원형 툴(○)로 화면을 클릭합니다. 옵션 창에서 Width와 Height를 각각 20mm로 입력하고 〈OK〉를 클릭합니다. 색상 패널에서 면 색을 사각형과 다른 색상으로 채웁니다.

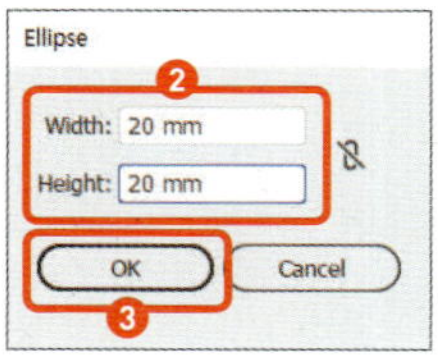

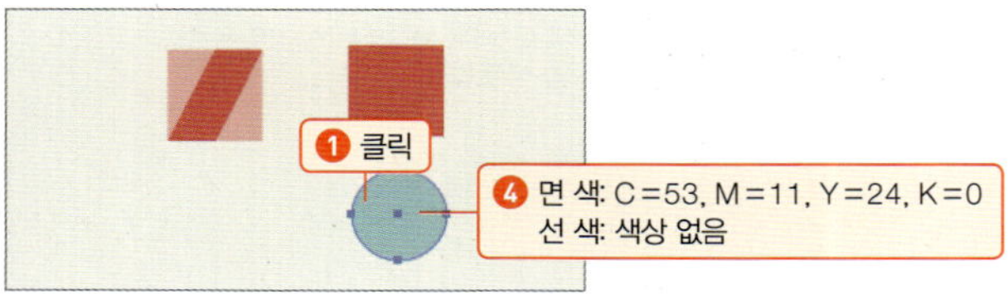

06 앵커 포인트 전환 툴(N)로 원의 상하좌우 앵커 포인트를 클릭하여 마름모로 만듭니다. 선택 툴(▶)로 드래그하여 정사각형과 마름모를 모두 선택하고 옵션 바에서 정렬 옵션을 수직 가운데 정렬(⊪)과 수평 가운데 정렬(⊥)로 설정하여 마름모를 정사각형 중앙에 배치합니다.

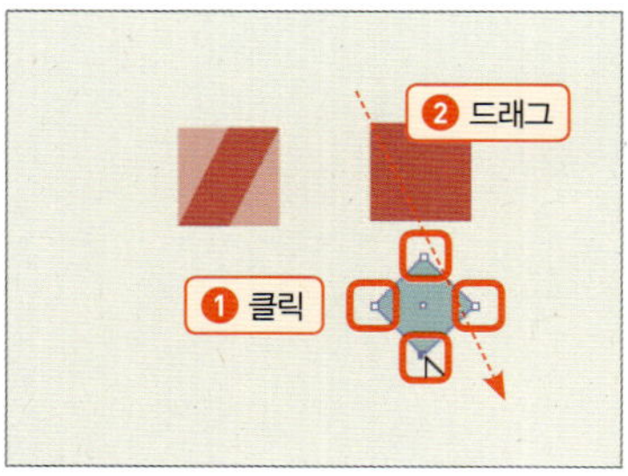

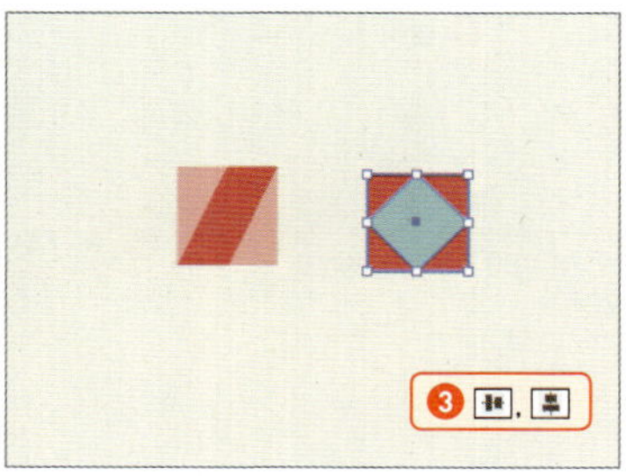

07 선택 툴(▶)로 앞에서 만든 오브젝트 2개를 모두 선택한 후 Shift 를 누른 채 바운딩 박스의 모서리를 드래그하여 크기를 줄입니다.

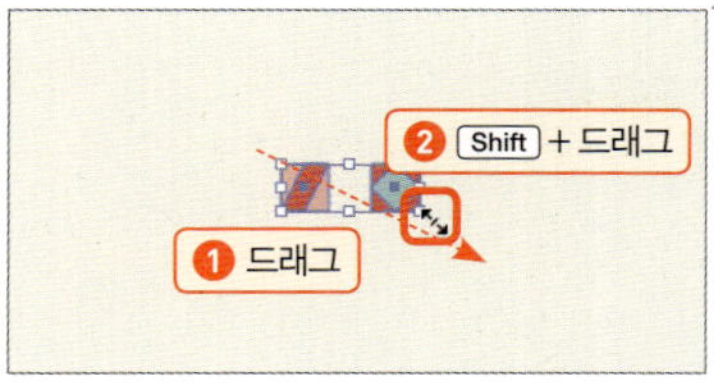

08 선택 툴(▶)로 오른쪽 오브젝트를 드래그하여 모두 선택하고 색상 견본 패널로 드래그하여 등록합니다.

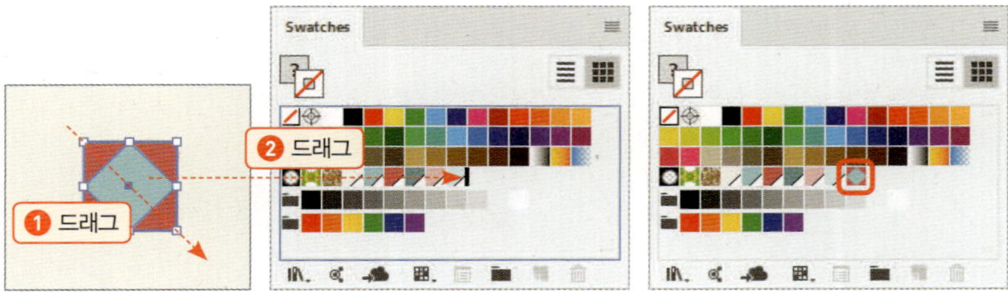

09 사각형 툴(□)로 화면을 클릭합니다. 옵션 창에서 Width와 Height를 각각 73mm로 입력하고 〈OK〉를 클릭합니다. 색상 패널에서 면 색을 흰색으로 설정합니다.

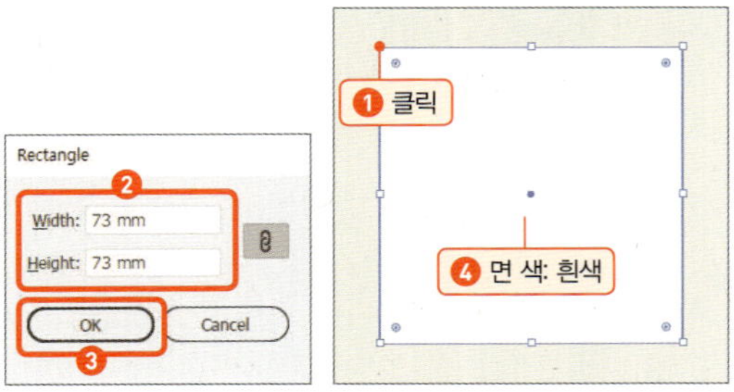

10 선택 툴(▶)로 왼쪽 오브젝트를 드래그하여 모두 선택합니다. 브러시 패널 오른쪽 상단의 목록(≡)을 클릭해 New Brush를 선택합니다. 옵션 창에서 Pattern Brush를 선택하고 〈OK〉를 클릭합니다.

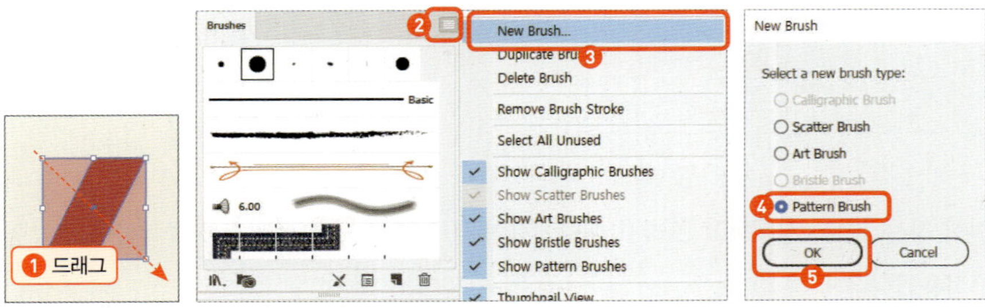

11 패턴 브러시의 옵션 창을 보면 사각형의 모서리 부분이 비어 있습니다. 이 상태로 패턴을 등록하면 정사각형 모서리가 오른쪽과 같아집니다.

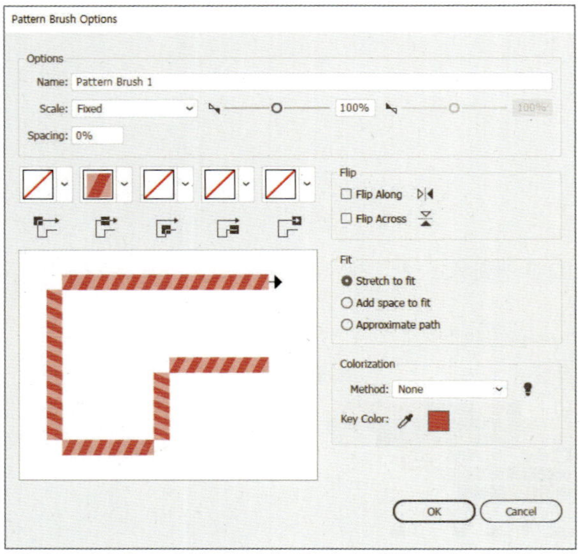
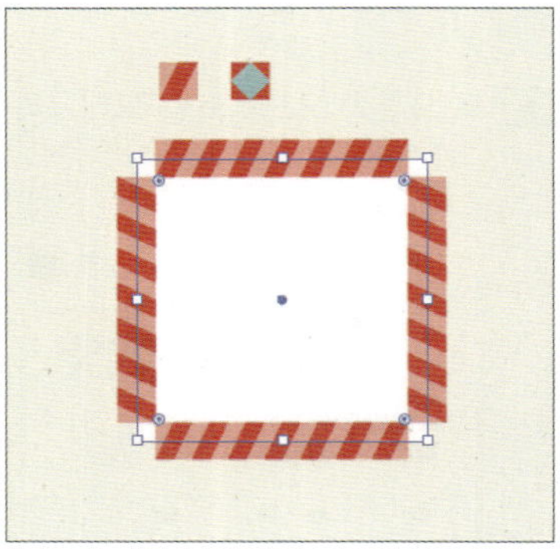

12 패턴 브러시 옵션 창의 가장 왼쪽 옵션을 클릭하고 색상 견본 패널에 등록한 이미지를 선택한 후 <OK>를 클릭합니다.

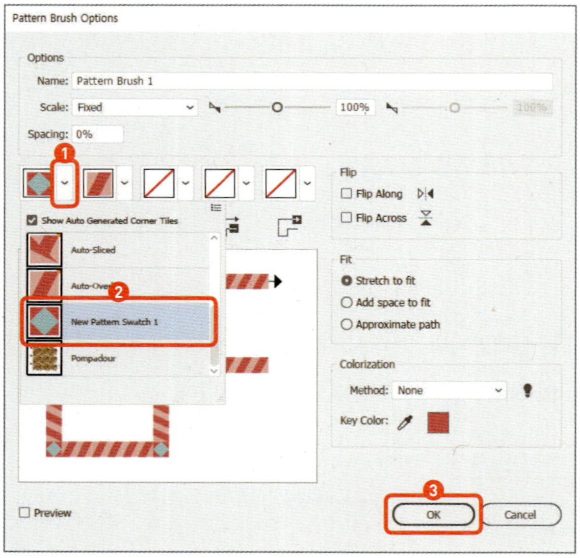

13 선택 툴(▶)로 흰색 정사각형을 선택하고 브러시 패널에서 방금 등록한 패턴 브러시를 클릭하면 사각형 모서리에 패턴 브러시가 적용됩니다.

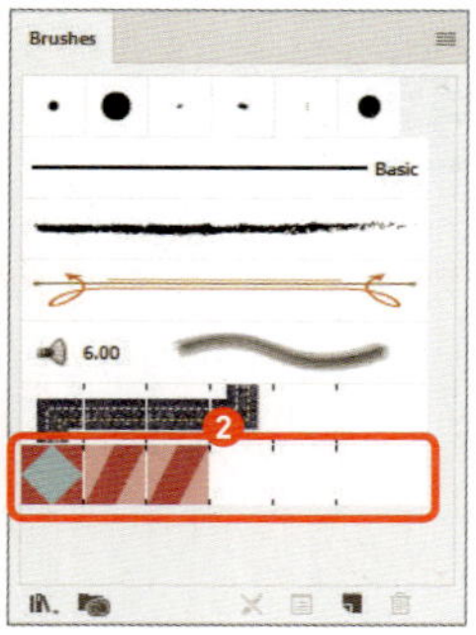

Tip 다각형에 패턴 브러시 적용하기

01 다각형에 방금 등록한 패턴 브러시를 적용하면 안쪽 움푹 들어간 부분의 모서리 안쪽이 비게 됩니다. 이때는 패턴 브러시를 더블클릭한 후 옵션 창에서 안쪽 각도 목록을 펼쳐 색상 견본 패널에 등록한 이미지를 선택하고 〈OK〉를 클릭합니다.

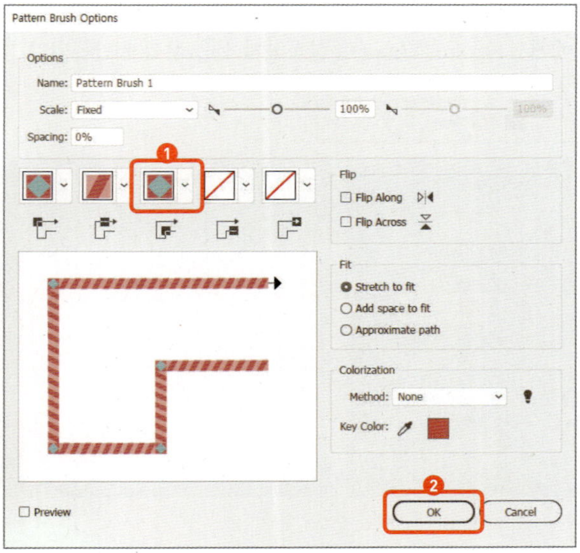

02 페인트 브러시의 패널도 변경되고 안쪽 움푹 들어간 부분도 패턴으로 채워집니다.

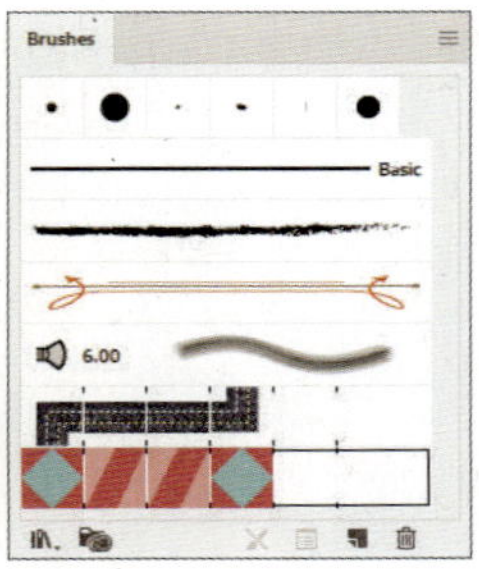

SECTION 05

패스 라인 변형하기

• **핵심 기능 I** 너비 툴

너비 툴의 기능 익히기

01 준비 파일 불러오기 Chapter_06 ▸ Section_05 ▸ width.ai 파일을 불러옵니다. 직선 툴( )로 수직선을 그리고 옵션 바에서 Stroke를 60pt로 설정하여 선을 두껍게 만듭니다.

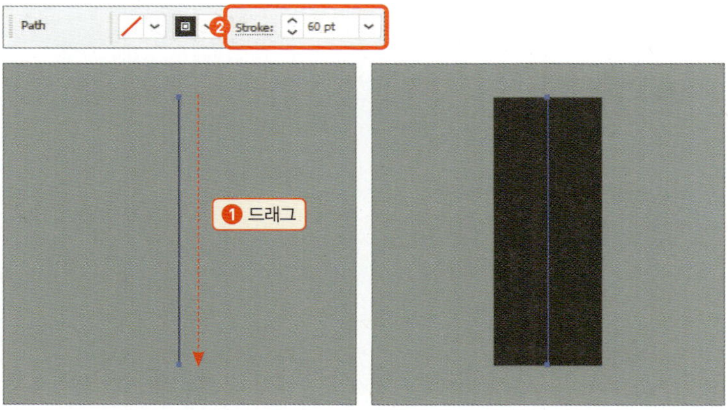

02 패스 라인 늘이기 너비 툴( )을 선택하고 패스로 마우스 포인터를 가져가면 앵커 포인트가 생깁니다. 패스에서 원하는 위치를 클릭하고 바깥쪽으로 드래그하면 패스 라인이 드래그하는 방향으로 늘어나 선이 두꺼워집니다.

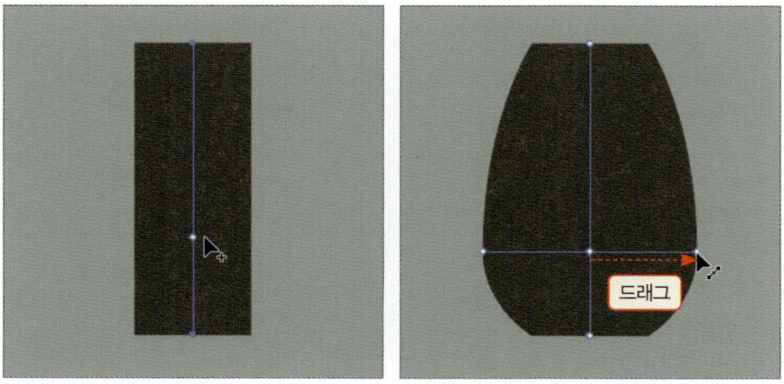

03 패스 라인 줄이기 맨 처음 그린 패스의 상단을 클릭한 후 안쪽으로 드래그하여 너비를 줄입니다. 이와 같은 방식으로 패스를 따라 앵커 포인트를 여러 개 만든 후 패스 라인을 변형할 수 있습니다.

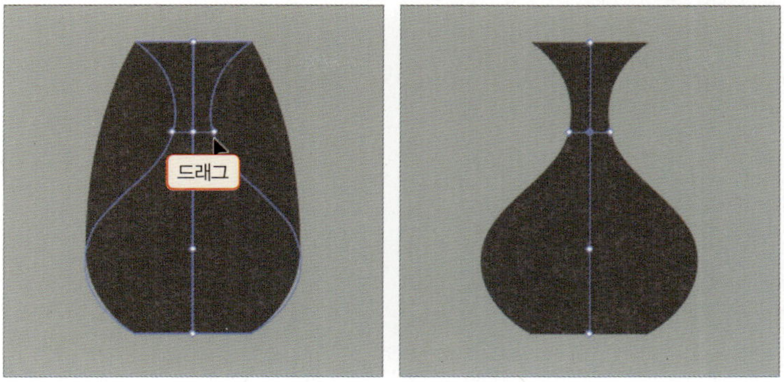

04 패스 라인의 맨 위 줄이기 패스의 맨 위 양 끝부분으로 마우스 포인터를 가져가면 자동으로 양쪽 모서리에 앵커 포인트가 생깁니다. 이 앵커 포인트를 안쪽으로 드래그하여 너비를 줄입니다.

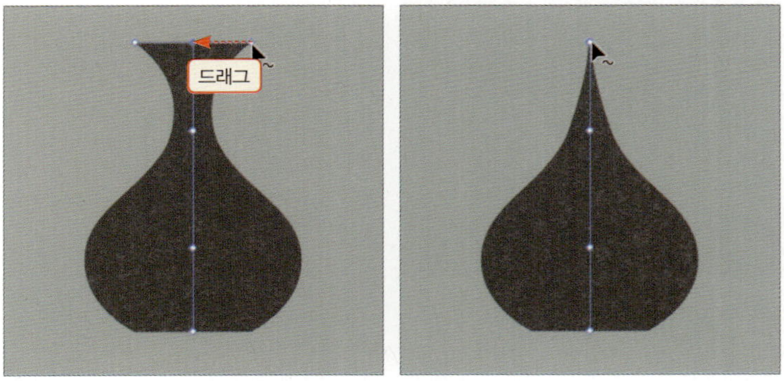

05 기존의 패스 라인 조절하기 02 단계에서 만든 앵커 포인트에 마우스 포인터를 가져간 후 안쪽으로 드래그하여 너비를 다시 좁힐 수 있습니다.

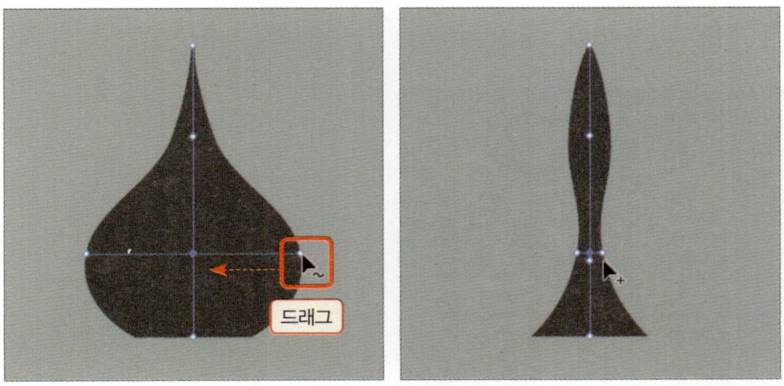

06 03 단계에서 만든 앵커 포인트를 바깥쪽으로 드래그하여 너비를 넓힙니다.

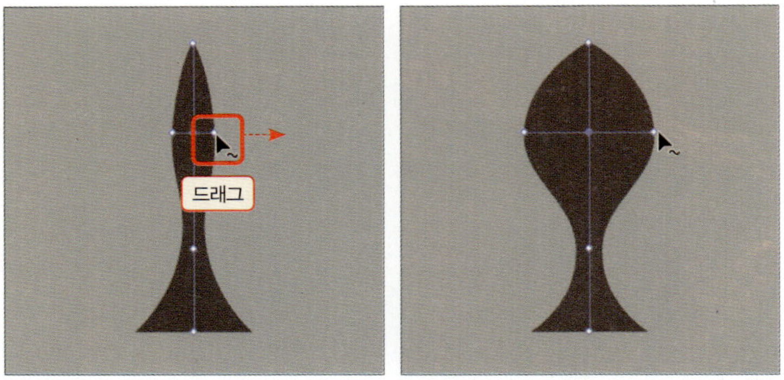

07 패스에 생긴 앵커 포인트는 드래그하여 위치를 옮길 수도 있습니다.

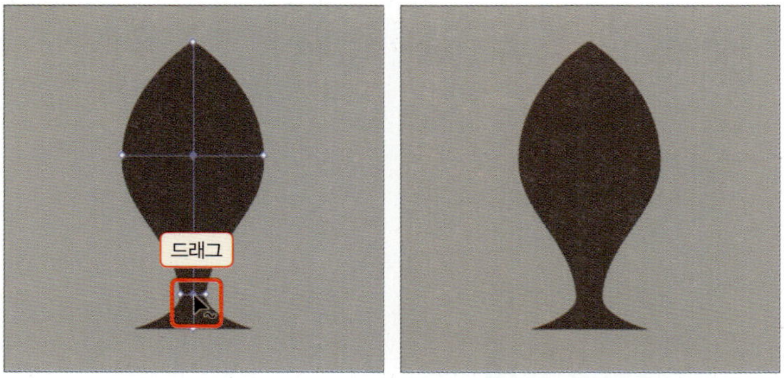

• **준비 파일** swirl.ai • **완성 파일** swirl_result1.ai

응용 예제 | 물결 문양 만들기

너비 툴( )로 화려한 물결 문양 이미지를 만들어 봅니다.

■ 완성 이미지

01 Chapter_06 ▸ Section_05 ▸ swirl.ai 파일을 불러옵니다. 연필 툴(✏)을 더블클릭하여 옵션 창을 연 후 Fidelity를 Smooth로 설정하고 〈OK〉를 클릭합니다.

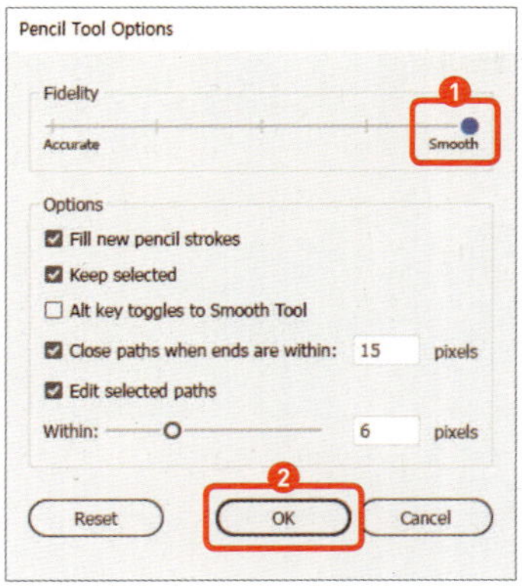

02 색상 패널에서 면 색과 선 색을 다음과 같이 설정하고 연필 툴(✏)로 자유롭게 드래그하여 나선을 그립니다. 마우스에서 손가락을 떼면 선이 실제로 그린 선보다 부드럽게 그려집니다.

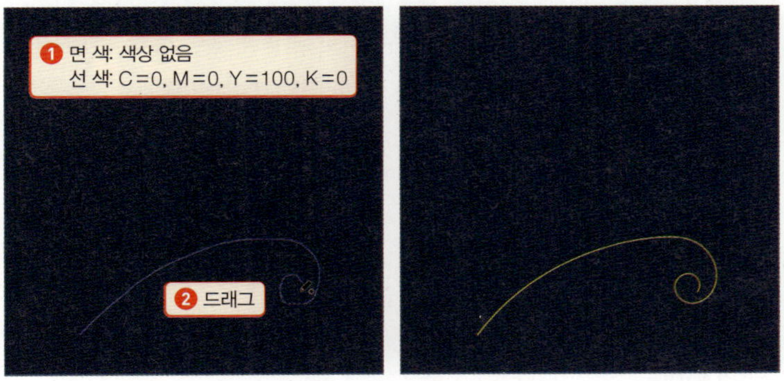

03 계속해서 연필 툴(✏)로 드래그하여 나선을 추가합니다.

04 선택 툴()로 화면에 그린 선을 모두 선택합니다. 옵션 바에서 Stroke를 7pt로 설정하고 Profile을 첫 번째 프로필로 설정합니다. 선이 좀 더 생동감 있게 바뀝니다.

05 너비 툴()로 중심이 되는 패스의 한 지점을 클릭한 후 바깥쪽으로 드래그하여 나선을 두껍게 만듭니다.

06 계속해서 너비 툴()로 다른 나선의 너비도 조절합니다.

07 나선형 툴(◎)을 선택하고 화면에 드래그하여 작은 나선을 그립니다. 옵션 바에서 Stroke를 7pt, Profile을 첫 번째 프로필로 설정합니다.

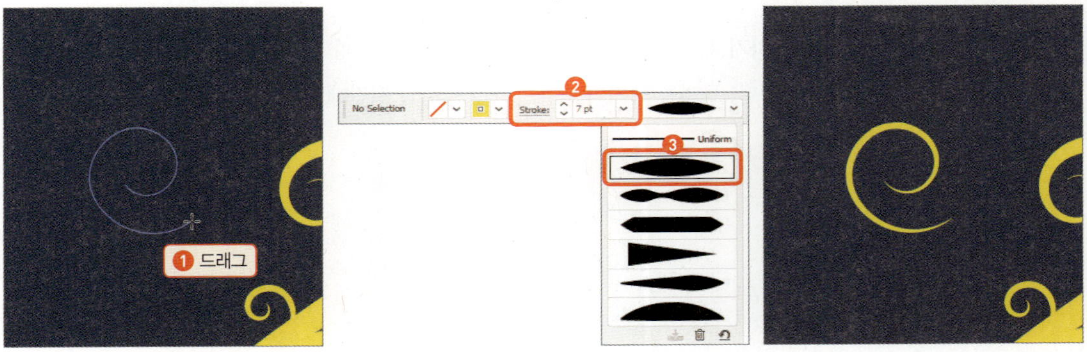

08 나선형 툴(◎)로 화면을 클릭하여 세부 옵션을 입력하고 〈OK〉를 클릭해 원하는 방향의 나선을 추가합니다.

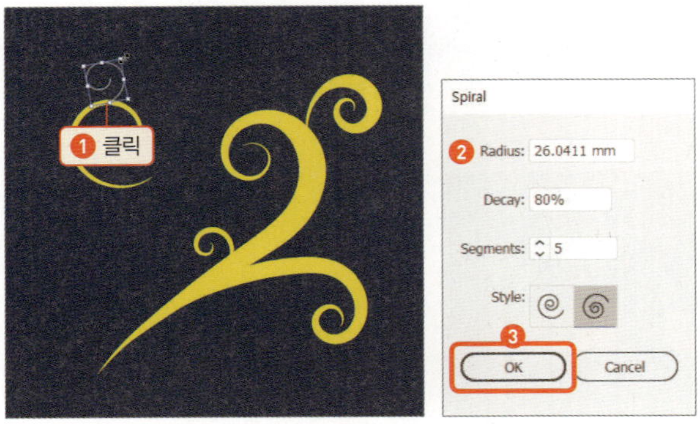

09 다양한 방법으로 나선을 추가하고 너비 툴( )로 선의 너비를 조절하여 화려한 문양의 이미지를 만듭니다.

다양한 변형 툴의 기능 익히기

01 **워프 툴로 패스 라인 변형하기** Chapter_06 ▸ Section_05 ▸ path.ai 파일을 불러옵니다. 워프 툴( )로 사각형의 패스 라인을 드래그합니다. 브러시 크기와 드래그하는 방향과 시간에 따라 패스 라인이 변형됩니다.

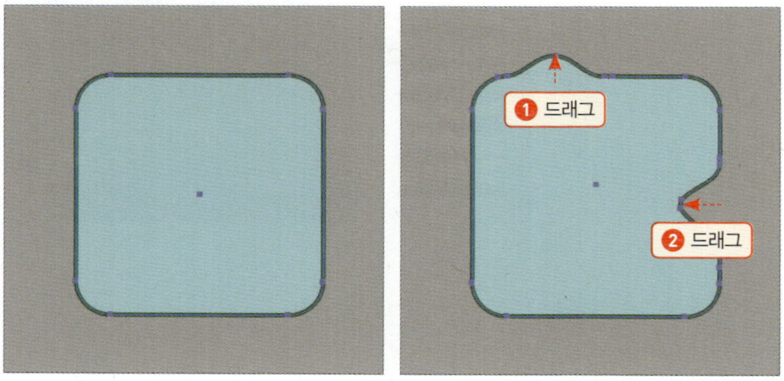

02 **트윌 툴로 패스 라인 회전시키기** 트윌 툴( )로 패스 라인을 클릭하면 클릭한 시간에 따라 회전수가 커지거나 줄어듭니다

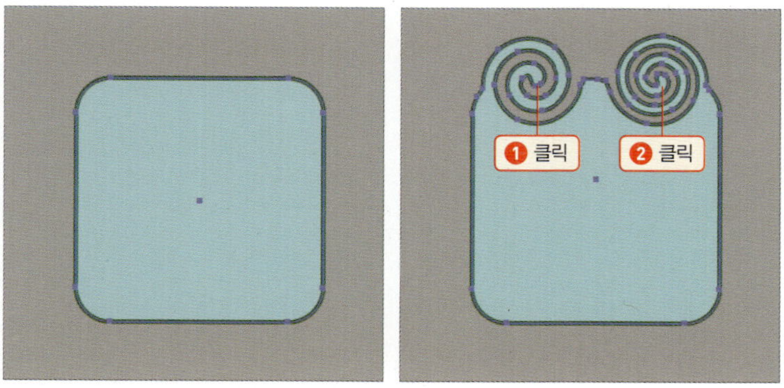

Tip 트윌 툴( )을 더블클릭하여 옵션 창에서 회전 방향을 변경할 수도 있습니다.

03 퍼커 툴로 패스 라인 뾰족하게 만들기 퍼커 툴( )로 패스 라인을 드래그하면 드래그하는 방향으로 패스 라인이 뾰족해집니다.

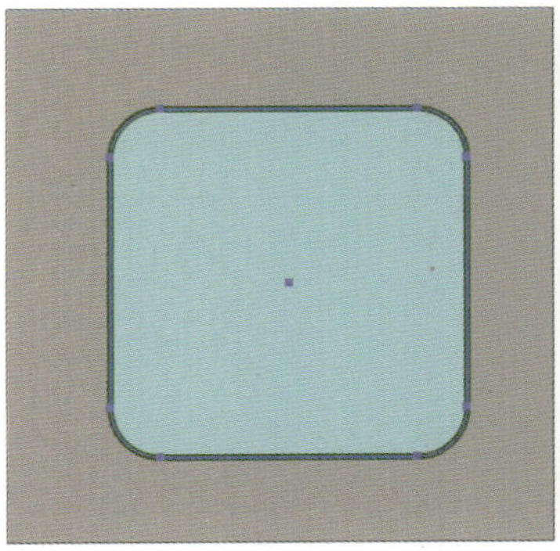

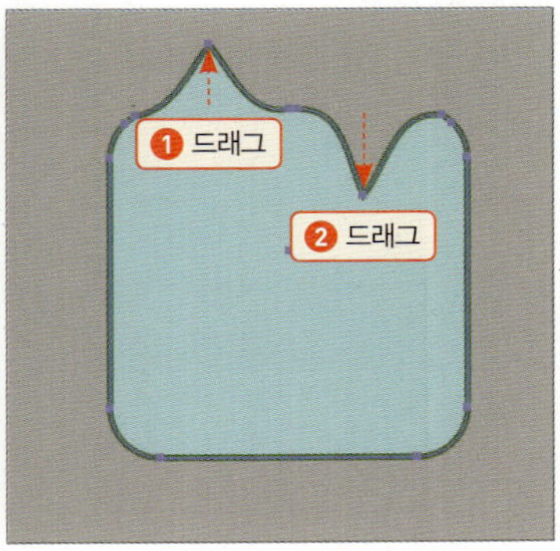

04 블롯 툴로 반원 형태 만들기 블롯 툴( )로 패스를 클릭하면 클릭한 지점에 따라 면의 안쪽 또는 바깥쪽으로 반원 형태가 생깁니다.

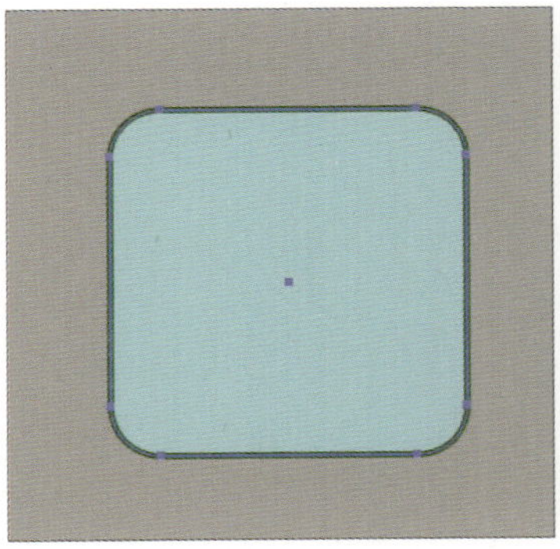

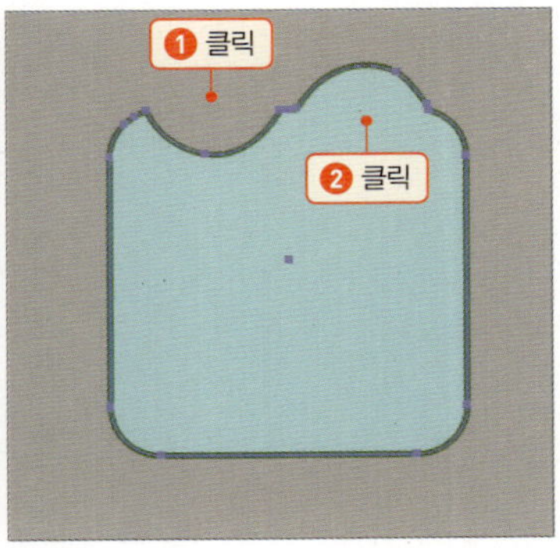

05 나머지 변형 툴의 기능 보기 스캘럽 툴( ), 크리스털라이즈 툴( ), 링클 툴( )은 모두 패스 영역을 낮은 높이로 찌그러트리는 역할을 합니다. 비슷해 보이지만 패스 라인이 각각 다른 형태로 왜곡되는 것을 볼 수 있습니다.

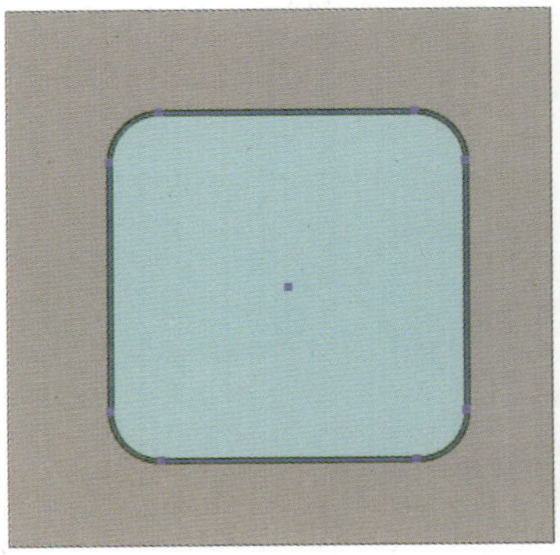

■ 원본

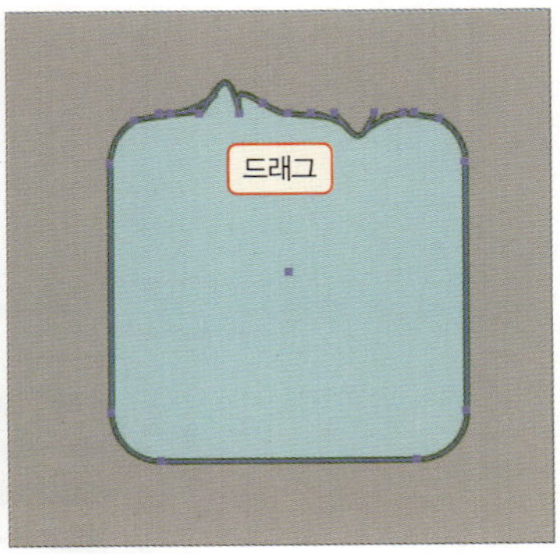

■ 스캘럽 툴( )

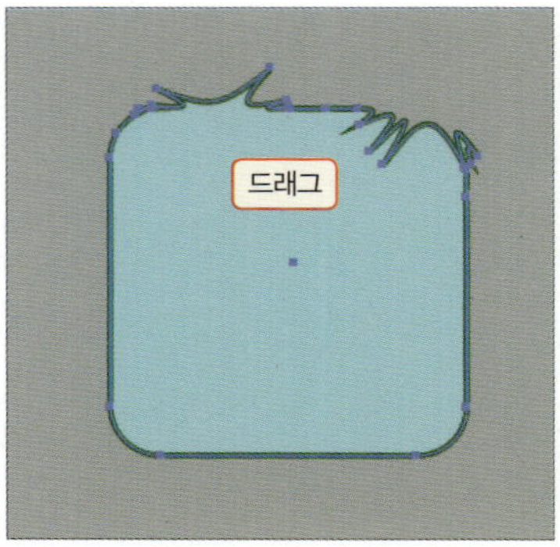

■ 크리스털라이즈 툴( )

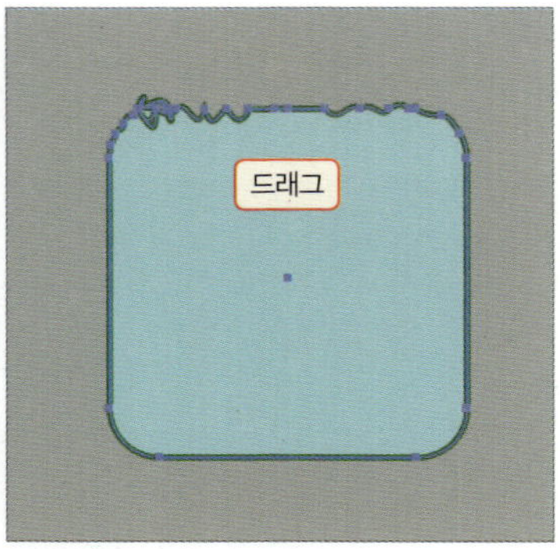

■ 링클 툴( )

• **준비 파일** swirl_guide.ai • **완성 파일** swirl_result2.ai

응용 예제 데칼코마니 이미지의 외곽선 조절하기

데칼코마니 이미지의 좌우 외곽선을 동일하게 조절해 봅니다.

■ 준비 이미지

■ 완성 이미지

01 Chapter_06 ▸ Section_05 ▸ swirl_guide.ai 파일을 불러옵니다. 선택 툴( )로 모든 오브젝트를 선택하고 옵션 바에서 Stroke를 7pt, Profile을 두 번째 프로필로 설정하여 적용합니다.

02 각 오브젝트를 보면 패스 라인 두께가 가운데를 중심으로 마주보는 형태가 아닙니다. 이런 경우에는 선을 2등분 또는 4등분으로 분할한 후 Profile을 적용하여 균일하게 만들 수 있습니다. 선택 툴(▶)로 첫 번째 오브젝트를 선택한 후 가위 툴(✂)로 상단과 하단 부분을 클릭하여 패스를 분리합니다.

03 선택 툴(▶)로 첫 번째 오브젝트의 분리된 왼쪽 부분을 클릭하고 옵션 바에 Profile을 첫 번째 프로필로 설정합니다. 분리된 오른쪽 부분도 클릭하고 옵션 바에 Profile을 첫 번째 프로필로 설정합니다.

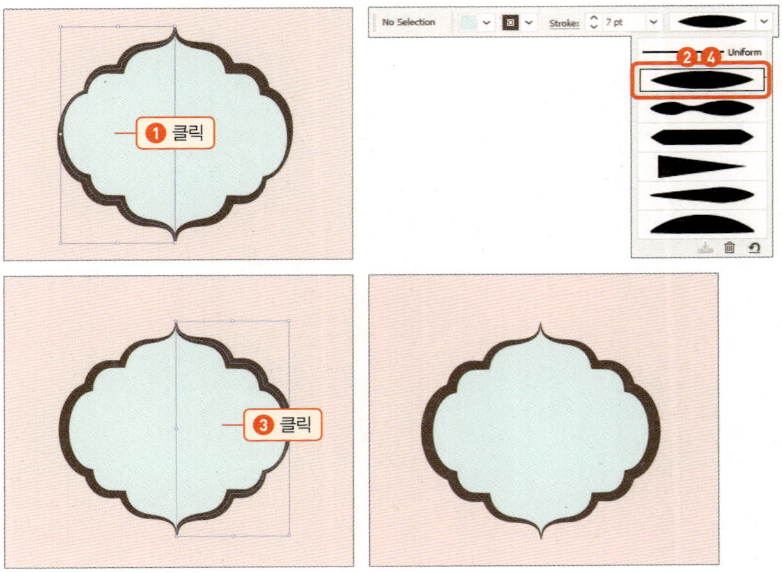

04 나머지 오브젝트도 가위 툴(✂)로 패스를 분할하고 원하는 Profile을 적용해 이미지를 완성합니다.

CHAPTER

07

오브젝트 채색하기

오브젝트의 면에 색을 채우는 방법은 여러 가지입니다. 이 장에서는 오브젝트에 단색을 채우는 방법, 여러 배색을 채우는 방법, 그레이디언트 효과를 넣어 채우는 방법, 패턴을 적용하여 채우는 방법을 배웁니다. 또 마스크를 이용하여 오브젝트 형태에 맞게 미리 준비한 이미지로 면을 채우거나 실사처럼 자연스럽게 색상을 적용하는 방법도 알아봅니다.

01 / **단색으로 채색하기** ▶ 색상 견본 패널, 색상 패널

02 / **색상 배색에서 골라 채색하기** ▶ 색상 가이드 패널, 어도비 색상 테마 패널

03 / **그레이디언트 적용하기** ▶ 그레이디언트 패널, 그레이디언트 툴

04 / **패턴 적용하기** ▶ 패턴 옵션, 패턴 라이브러리

05 / **사진을 문양처럼 활용하기** ▶ 클리핑 마스크, 투명 마스크

06 / **실사처럼 보이도록 채색하기** ▶ 메시 툴

SECTION 01

단색으로 채색하기

• **핵심 기능 |** 색상 견본 패널, 색상 패널

색상 견본 패널과 색상 피커 창

01 색상 견본 살펴보기 색상 견본(Swatches) 패널은 단색, 그레이디언트, 패턴 등의 요소를 모아 둔 곳입니다. 사용자가 자주 사용하는 색상이나 패턴을 등록할 수 있습니다.

■ 색상 견본 패널

❶ **면 색/선 색** 면의 색상과 선의 색상을 지정합니다.

❷ **패널 보기** 패널의 보기 형태를 목록 또는 그리드 중에서 선택합니다.

❸ **색상 목록** 기본 색상, 그레이디언트, 패턴 등을 제공합니다. 사용자가 지정한 색상이나 패턴을 등록할 수도 있습니다.

❹ **라이브러리 메뉴** 색상 견본 라이브러리에서 다양한 색상 표와 패턴을 불러옵니다.

❺ **색상 테마 열기** 현재 선택한 색상에 대한 어도비 색상 테마를 불러옵니다.

❻ **라이브러리에 추가하기** 패널에 등록한 색상을 라이브러리에 저장합니다.

❼ **색상 꺼내기/숨기기** 패널의 보기 상태를 변경합니다. 단색, 그레이디언트, 패턴 등만 보이도록 할 수 있습니다.

❽ **색상 수정하기** 옵션 창에서 색상의 이름, 형식, 모드 등을 설정합니다.

❾ **그룹 만들기** 원하는 색상을 그룹으로 묶습니다.

❿ **새 색상 만들기** 새 색상 견본을 등록합니다.

⓫ **휴지통** 불필요한 색상 견본을 삭제합니다.

02 색상 피커 창에서 색상 지정하기 색상 견본 패널에서 면 색 또는 선 색을 더블클릭하여 색상 피커 창을 엽니다. 원하는 색상을 선택하고 〈OK〉를 클릭하면 클릭한 지점의 색상이 면 색 또는 선 색으로 설정됩니다.

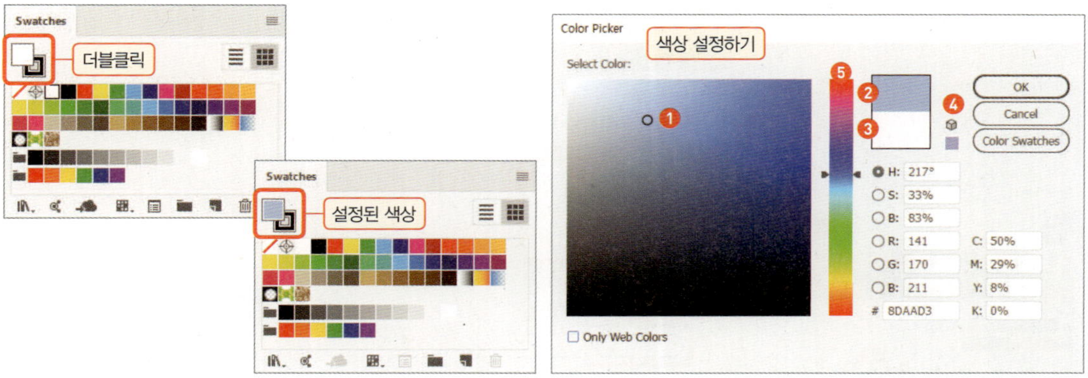

■ 색상 피커 창

❶ **색상 영역** 색상을 클릭한 지점입니다.

❷ **선택한 색상** 색상 피커 창에서 클릭한 지점의 색상을 보여 줍니다.

❸ **현재 색상** 선택한 오브젝트의 색상 또는 클릭하기 전의 색상을 보여 줍니다.

❹ **웹용 색상 전환** 웹용 색상으로 바꿔 줍니다.

❺ **스펙트럼** 색상을 선택하기 위한 스펙트럼 슬라이더입니다. 상하로 드래그하여 색상을 선택합니다.

Tip 색상 피커 창에서 Only Web Colors를 체크하면 웹용 색상 모드로 볼 수 있습니다.

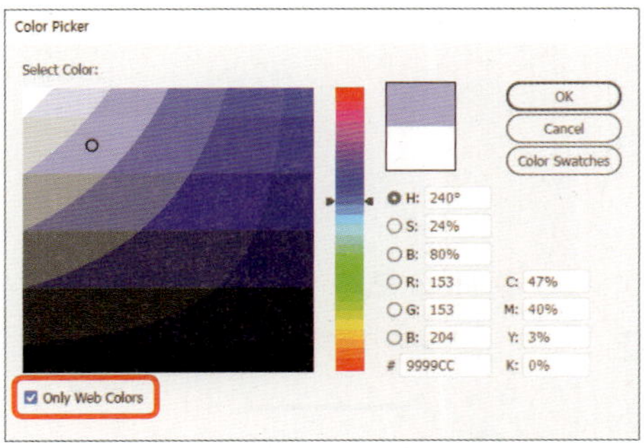

03 새 색상 등록하기 색상 견본 패널 하단의 새 색상( )을 클릭합니다. 옵션 창에서 C, M, Y, K 값을 입력하고 〈OK〉를 클릭하면 패널에 새로운 색상이 등록됩니다.

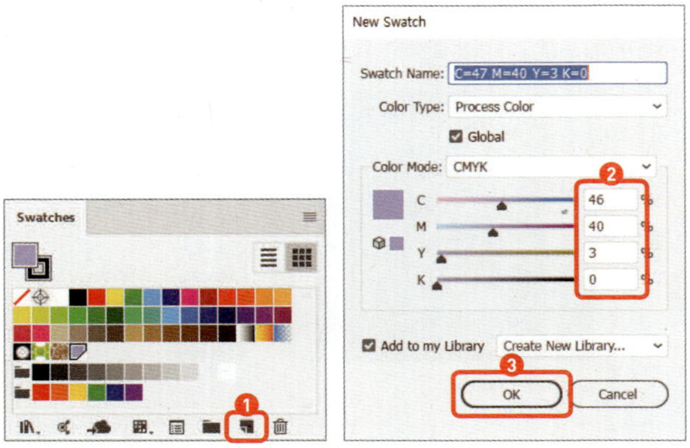

색상 패널과 색상 모드

색상(Color) 패널은 다양한 색상 모드를 이용하여 색상을 지정하는 곳입니다. 작업 목적에 맞는 색상 모드를 선택한 후 스펙트럼에서 원하는 색상을 선택하고 개별 슬라이더를 움직이면서 정교하게 색상을 설정할 수 있습니다.

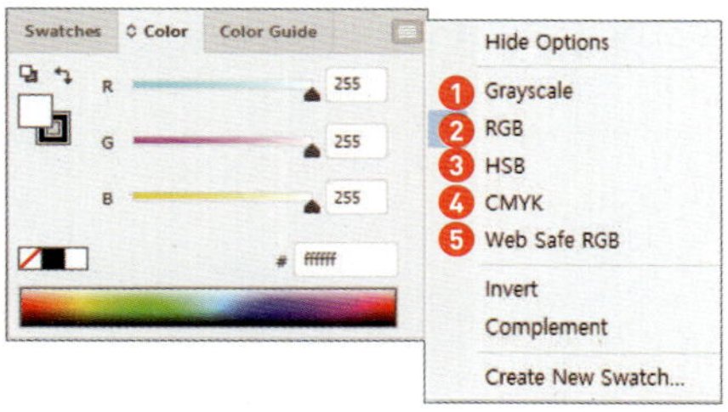

■ 색상 패널과 색상 모드

❶ Grayscale 모드

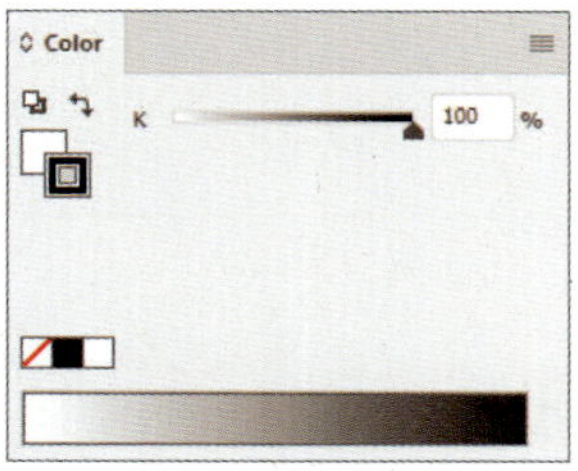

흑백 이미지에 사용되는 색상 모드로 이미지를 검은색, 회색, 흰색으로만 표현합니다.

❷ RGB 모드

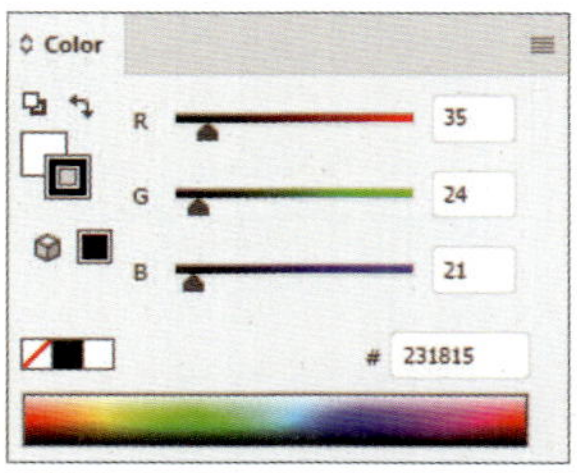

온라인 이미지에 적합한 색상 모드로 빛의 삼원색인 빨강(Red), 초록(Green), 파랑(Blue)으로 이루어져 있습니다.

❸ HSB 모드

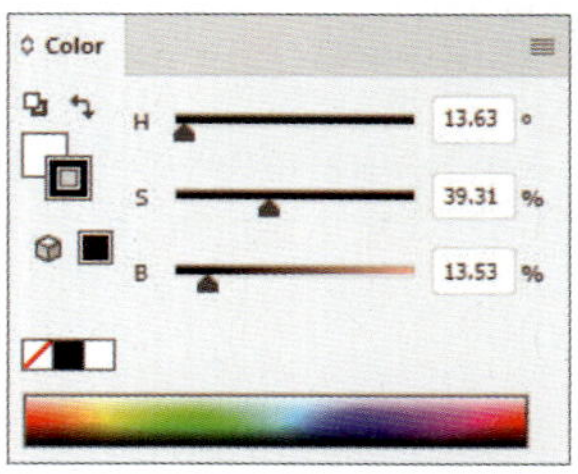

Hue, Saturation, Brightness로 구성되어 있어 색상, 채도, 명도를 조절할 수 있습니다.

④ CMYK 모드

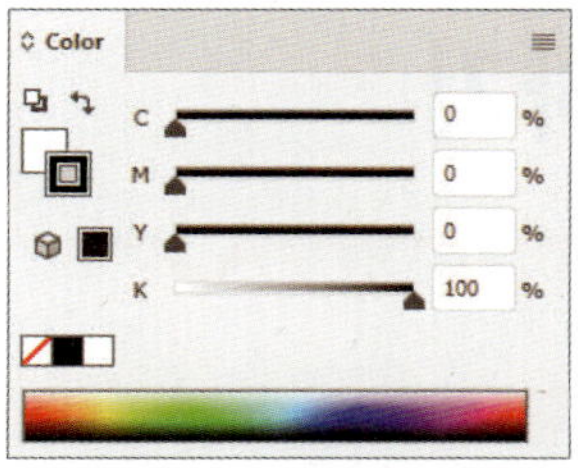

인쇄 출력을 위한 색상 모드로 청록색(Cyan), 자홍색(Magenta), 노란색(Yellow), 검은색(blacK)으로 이루어져 있습니다.

⑤ Web Safe RGB 모드

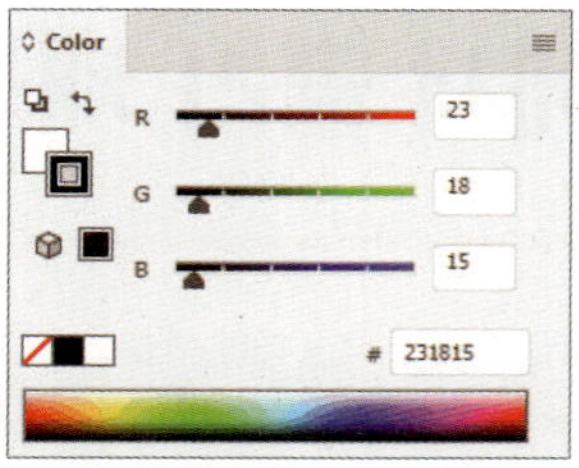

웹 안전 RGB 색상 모드로 웹 브라우저마다 색상이 다르게 표현되는 현상을 막기 위해 적용합니다. 웹 브라우저에서 공통으로 사용하는 216가지 색상으로 표현합니다.

Tip 작업 문서의 색상 모드를 변경하려면 메뉴 바에서 [File]-[Document Color Mode]를 선택하고 RGB 모드 또는 CMYK 모드를 선택합니다.

SECTION 02

색상 배색에서 골라 채색하기

• **핵심 기능 |** 색상 가이드 패널, 어도비 색상 테마 패널

색상 가이드 패널의 배색 적용하기

01 색상 가이드 패널 열기 Chapter_07 ▸ Section_02 ▸ icebar1.ai 파일을 불러온 후 메뉴 바에서 [Window]–[Color Guide]를 선택하여 색상 가이드 패널을 엽니다.

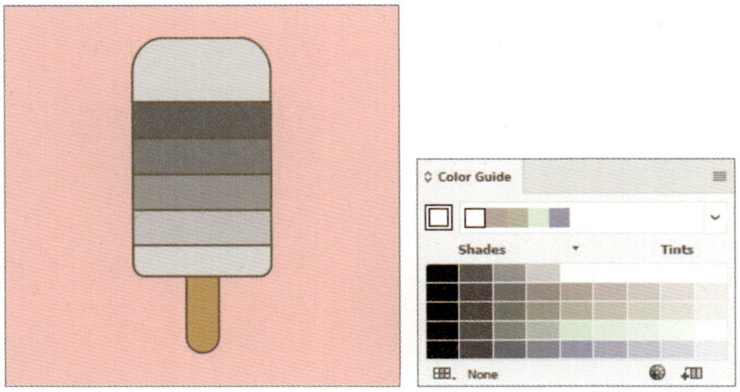

02 아이스 바에 배색 적용하기 색상 가이드 패널에서 오른쪽 상단의 목록 펼침(⌄)을 클릭하고 마음에 드는 배색을 선택합니다. 선택 툴(▶)로 아이스 바의 맨 위 오브젝트를 클릭한 후 선택한 색상 가이드의 색상을 클릭해 적용합니다. 같은 방법으로 아이스 바의 나머지 오브젝트도 색상을 변경합니다.

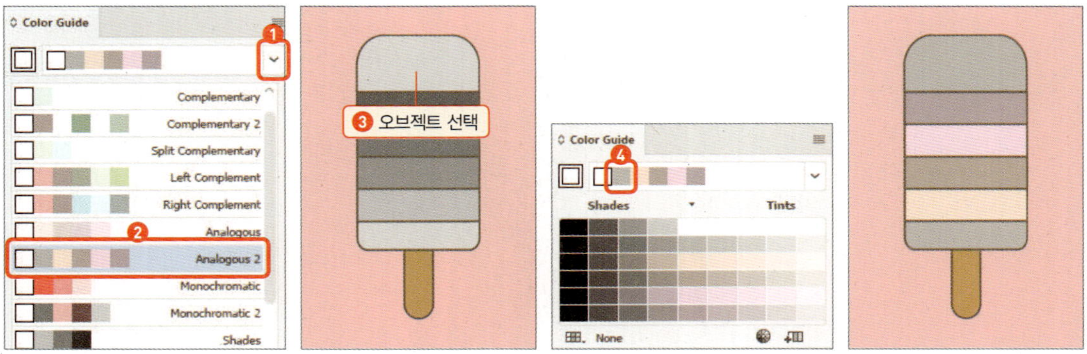

03 배색 저장하기 색상 가이드 패널 하단의 색상 견본 패널에 저장( )을 클릭합니다. 현재 선택된 색상 가이드가 색상 견본 패널에 저장됩니다.

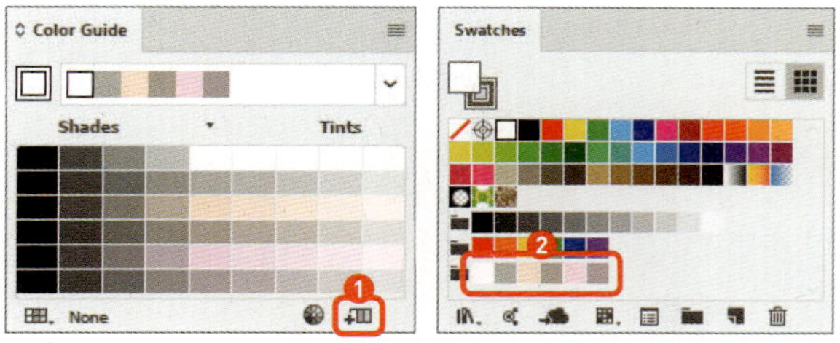

04 배색 변경하기 색상 가이드 패널 하단의 색상 편집( )을 클릭합니다. 색상 편집 창이 뜨면 색상환의 동그라미를 회전시켜 현재 배색에 색상을 변경하거나 추가 및 제거합니다. 설정이 끝나면 〈OK〉를 클릭합니다.

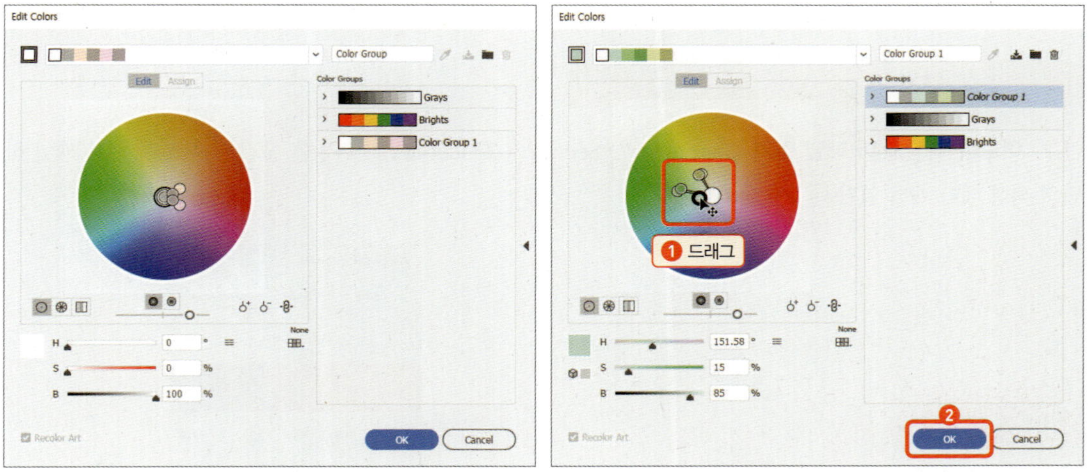

05 다음과 같은 알림 창이 뜹니다. 〈Yes〉를 클릭하면 색상 견본 패널의 색상이 변경한 색상으로 바로 바뀌고, 〈No〉를 클릭하면 색상 견본 패널의 색상 그룹은 그대로 유지된 채 색상 가이드 패널의 색상만 변경됩니다. 〈Yes〉를 클릭합니다.

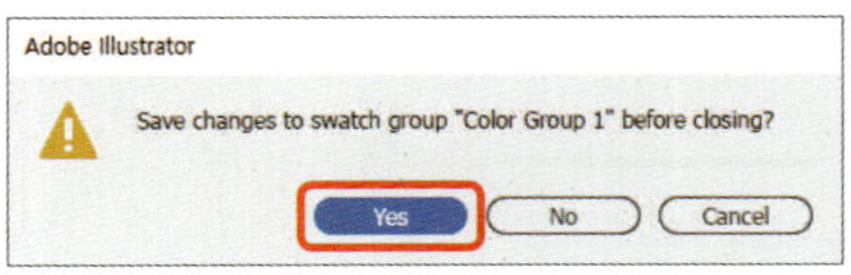

06 변경한 배색 적용하기 선택 툴(▶)로 아이스 바 전체를 드래그하여 선택한 후 Alt 를 누른 채 왼쪽으로 드래그하여 복제합니다. 복제한 아이스 바의 오브젝트를 하나씩 선택하여 색상 견본 패널에서 변경된 색상으로 적용합니다.

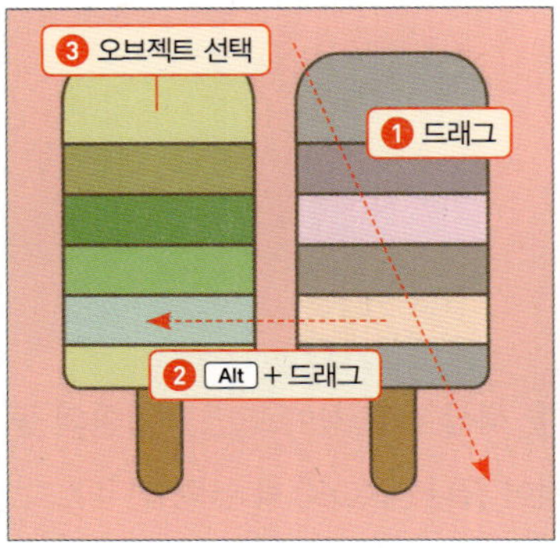

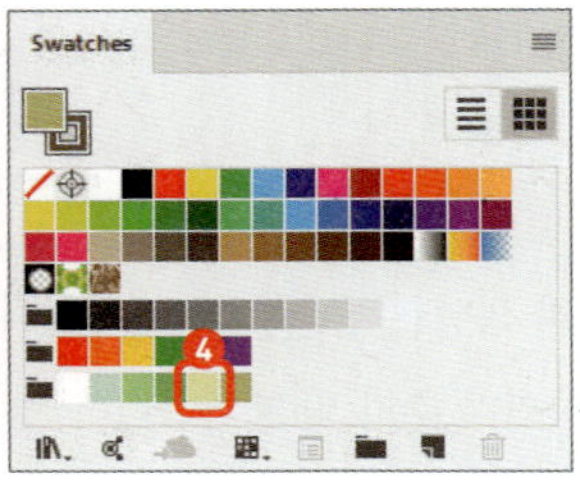

어도비 색상 테마 패널의 배색 적용하기

01 어도비 색상 테마 패널 열기 Chapter_07▸Section_02▸icebar2.ai 파일을 불러온 후 색상 견본 패널 하단의 색상 테마 패널 열기(◎)를 클릭합니다.

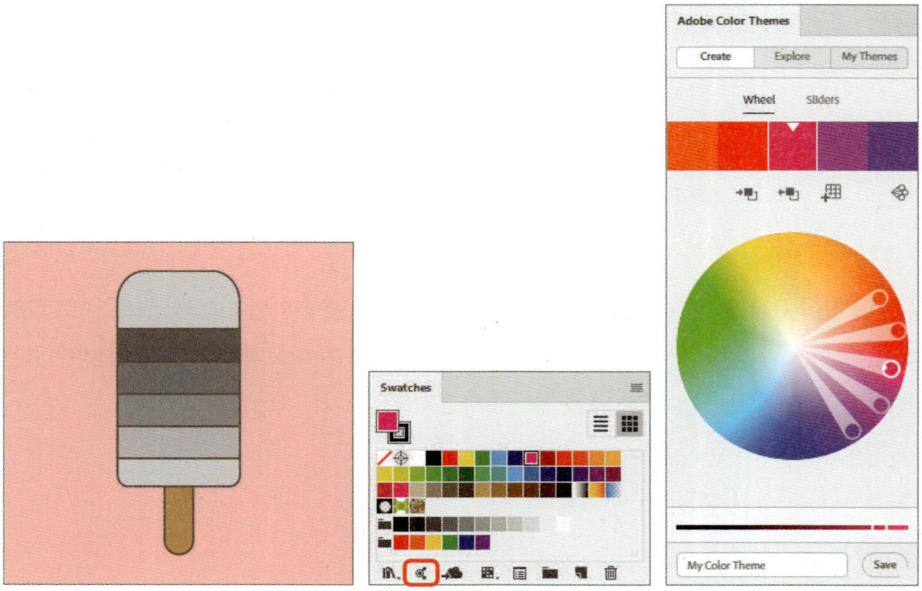

02 배색 변경하기 중앙의 기본 색상 부분을 드래그하면 전체 색상이 함께 회전합니다. 중앙의 기본 색상 이외의 색상을 움직이면 색상들이 같은 간격으로 벌어집니다. 색상의 개별 위치를 변경시켜 원하는 배색을 만들어 봅니다.

■ 중앙의 기본 색상 회전

■ 가장 왼쪽 색상 회전

■ 원하는 배색이 될 때까지 회전

03 색상 규칙 보기 어도비 색상 테마 창에서 오른쪽의 색상 규칙([아이콘])을 클릭하면 다양한 옵션이 나타납니다. 유사색인 Analogous가 기본으로 선택되어 있습니다.

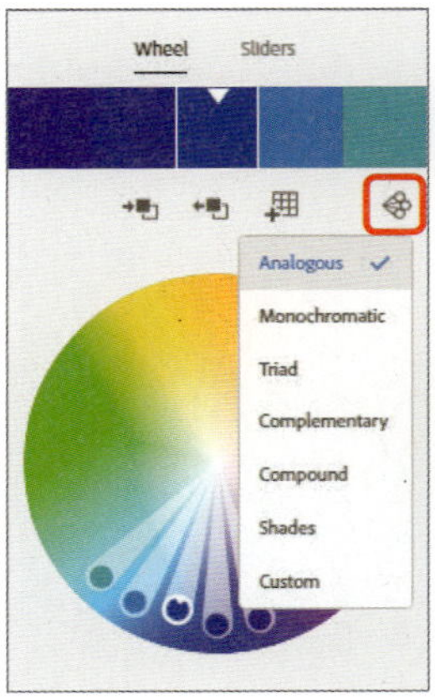

■ Analogous

■ Monochromatic

■ Triad

■ Complementary

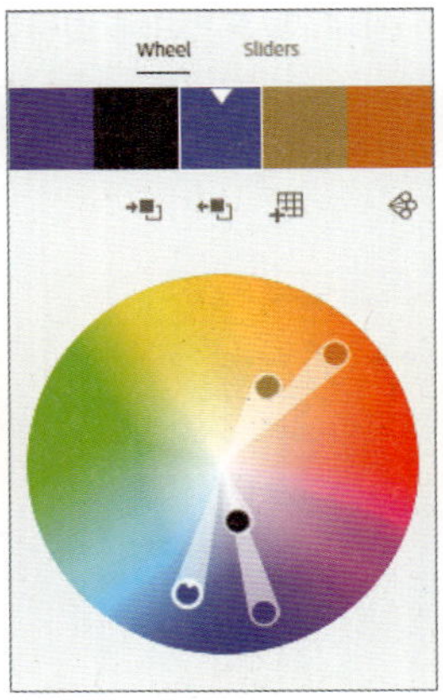

■ Compound

■ Shades

Tip 어도비 색상 테마 창의 색상 견본에서 추가(▦)를 클릭하면 선택한 배색이 색상 견본 패널에 저장됩니다.

04 클라우드에 등록된 색상 테마 저장하기 Explore를 클릭하면 다른 사용자가 라이브러리 클라우드에 등록해 놓은 색상 테마를 볼 수 있습니다. 마음에 드는 색상 테마를 고른 후 오른쪽 하단의 더 보기(•••)를 클릭하여 색상 견본 패널에 저장합니다.

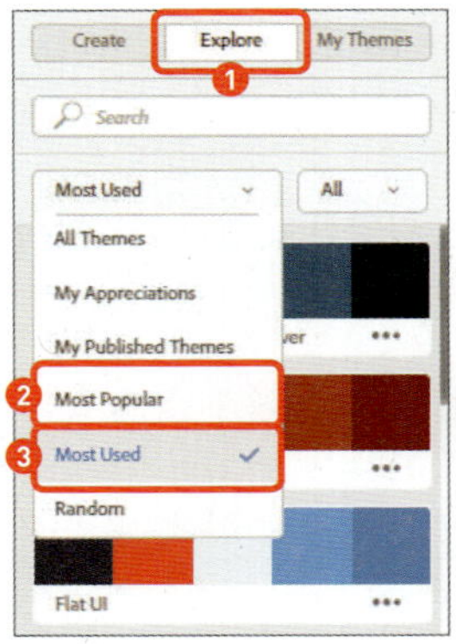

■ 보기 옵션 선택

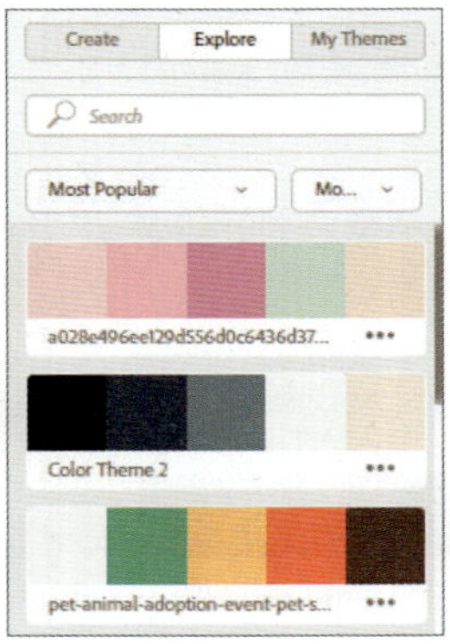

■ 가장 인기 있는 색상 테마 보기

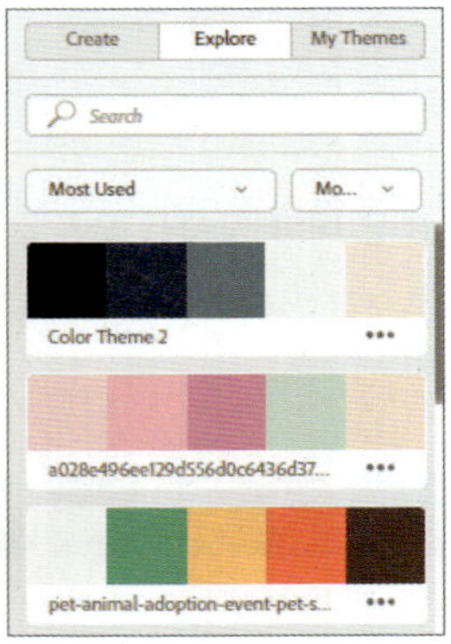

■ 가장 많이 사용한 색상 테마 보기

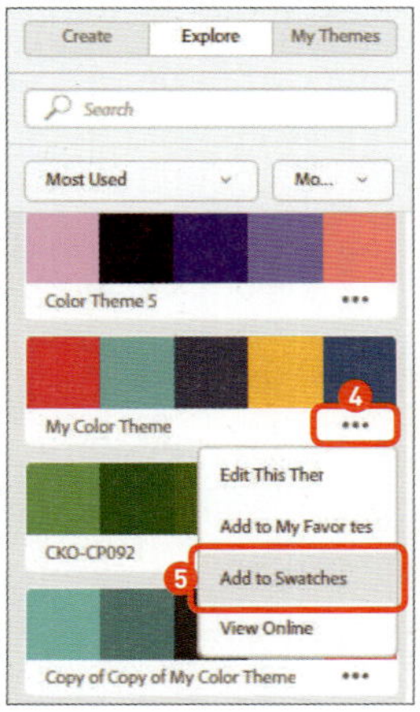

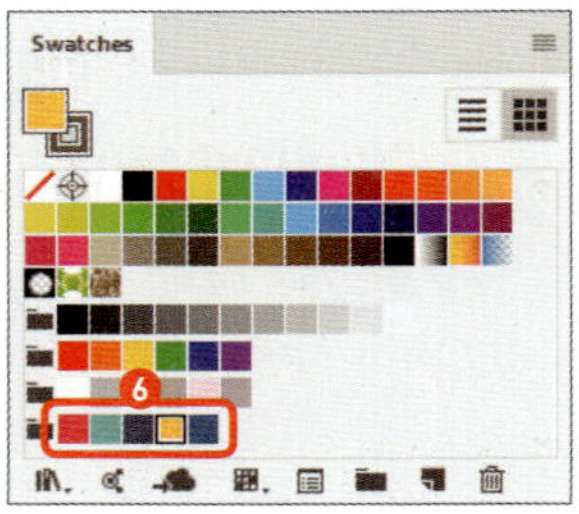

05 오브젝트에 적용하기 선택 툴(▶)로 아이스 바의 맨 위의 오브젝트를 클릭한 후 색상 견본 패널에서 방금 등록한 색상을 클릭해 적용합니다. 같은 방법으로 아이스 바의 나머지 오브젝트도 색상을 변경합니다.

Tip http://color.adobe.com 사이트에 접속하면 웹 브라우저에서 색상을 직접 조절할 수 있고, 내가 만든 색상 테마를 클라우드에 저장한 후 일러스트레이터에서 불러와 사용할 수 있습니다.

SECTION 03

그레이디언트 적용하기

• **핵심 기능 |** 그레이디언트 패널, 그레이디언트 툴(단축키 G)

선형 그레이디언트 적용하기

01 선형 그레이디언트 적용하기 Chapter_07 ▸ Section_03 ▸ linear.ai 파일을 불러옵니다. 사각형 툴(▢)을 선택하고 Alt + Shift 를 누른 채 드래그하여 정사각형을 그립니다. 그레이디언트 패널에서 Type을 선형 그레이디언트로 설정합니다.

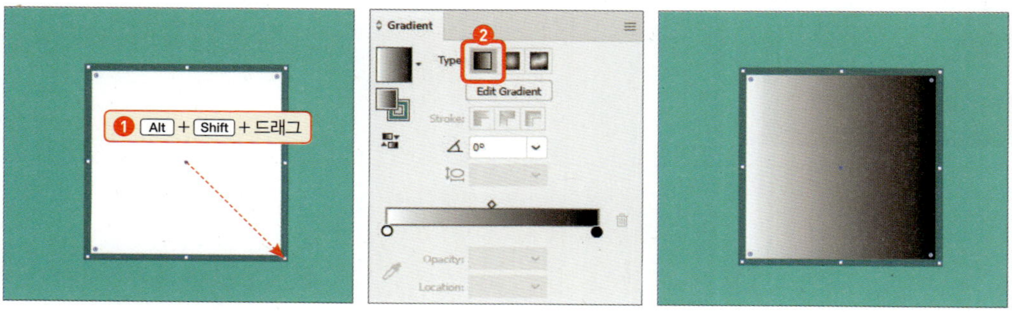

02 그레이디언트 색상 변경하기 그레이디언트 스펙트럼 아래에 있는 왼쪽 슬라이더 아이콘(◉)을 더블클릭합니다. 원하는 색상을 색상 견본 패널 또는 색상 패널에서 선택할 수 있습니다. 여기서는 색상 견본 패널을 클릭하고 원하는 색상을 선택합니다. 같은 방법으로 오른쪽 슬라이더 아이콘의 색상도 변경합니다.

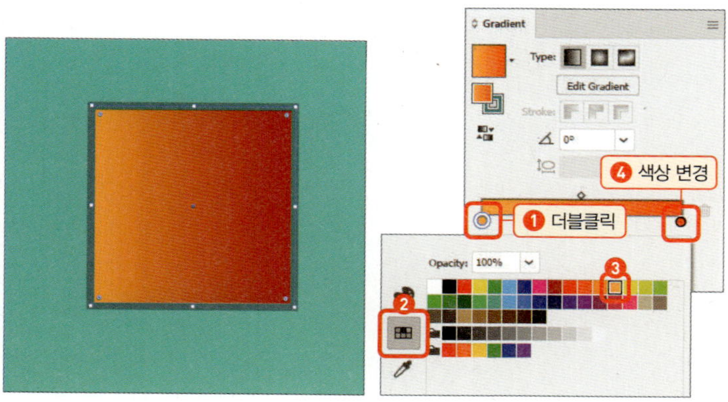

Tip 그레이디언트 패널의 스포이트 아이콘(✎)을 선택하여 색상 패널 또는 화면 내에서 원하는 색상을 가져와도 됩니다.

03 그레이디언트 색상 추가하기 그레이디언트 슬라이더와 슬라이더 사이를 클릭하면 새로운 슬라이더가 나타납니다. 새로 생긴 슬라이더 아이콘을 더블클릭하여 02 단계와 같은 방법으로 색상을 변경합니다. 사각형의 그레이디언트 색상이 더욱 다양해집니다.

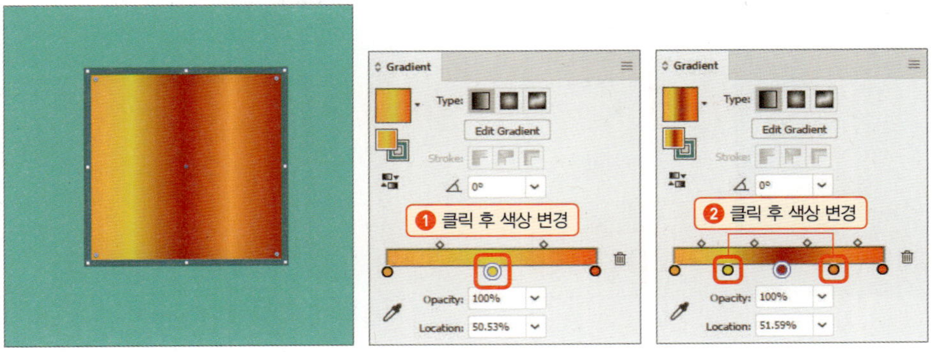

04 그레이디언트 색상 제거하기 삭제할 슬라이더 아이콘을 선택하고 패널 아래로 드래그하면 선택한 색상이 제거됩니다. 슬라이더 아이콘이 선택된 상태에서 휴지통(🗑)을 클릭해도 제거할 수도 있습니다.

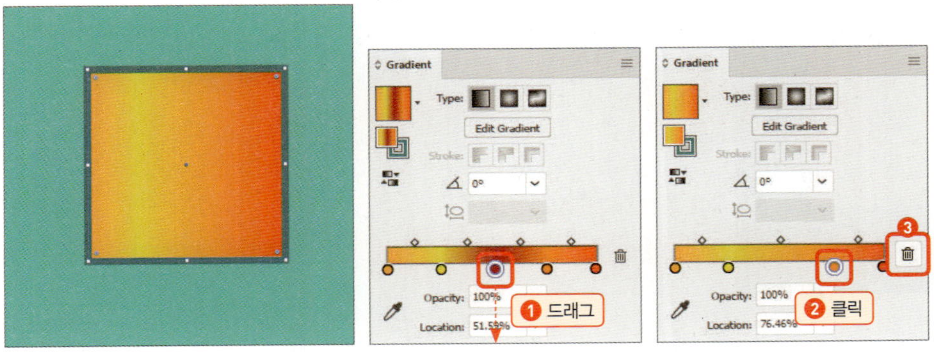

05 그레이디언트 간격 조절하기 슬라이더 아이콘을 좌우로 드래그하면 그레이디언트의 간격을 조절할 수 있습니다.

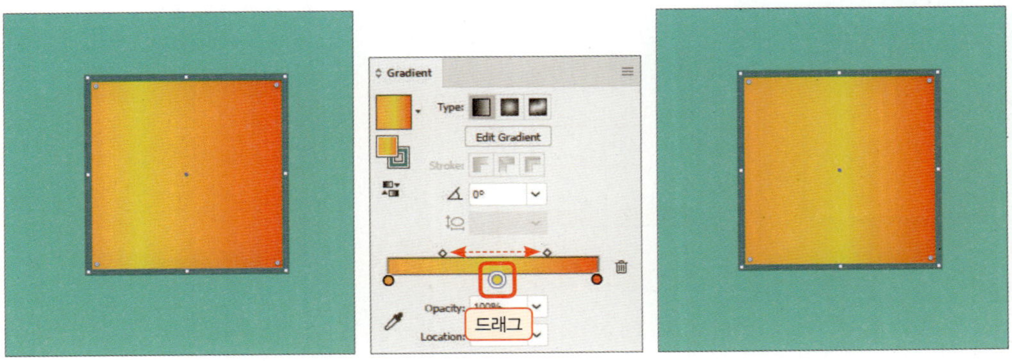

06 그레이디언트 색상의 불투명도 조절하기 슬라이더 아이콘을 선택하고 Opacity 값을 변경하여 불투명도를 조절할 수 있습니다. 수치가 0%에 가까울수록 투명해지고 100%에 가까울수록 불투명해집니다.

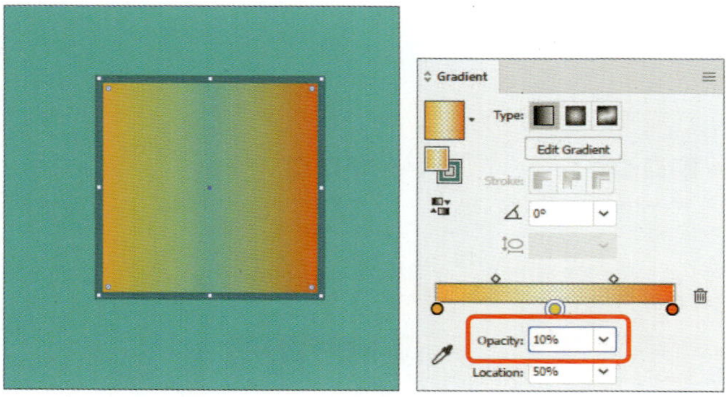

07 그레이디언트 색상 비율 조절하기 슬라이더 상단의 다이아몬드 모양를 좌우로 드래그하여 색상과 색상 사이의 그레이디언트 비율을 조절할 수 있습니다.

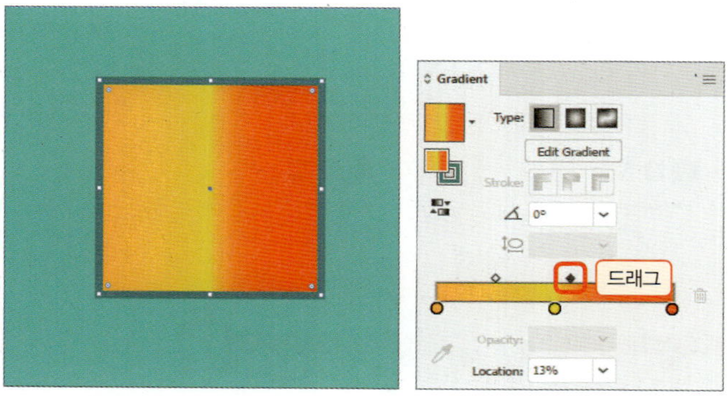

08 그레이디언트 각도 조절하기 그레이디언트 패널의 각도에 값을 입력하여 그레이디언트의 기울기를 조절할 수 있습니다.

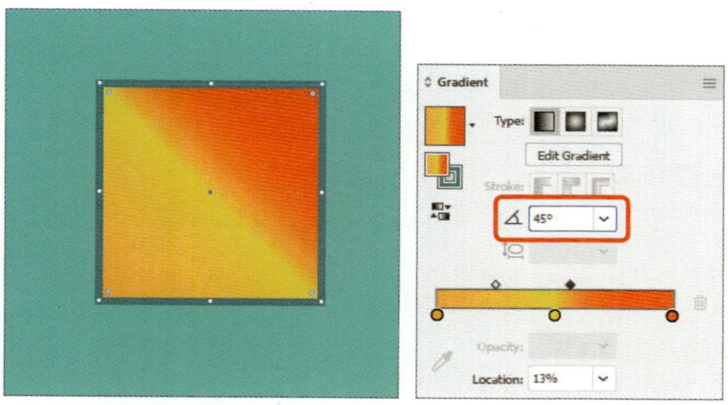

09 그레이디언트 조절 바 보기 그레이디언트 패널의 〈Edit Gradient〉 또는 스포이트 아이콘( )을 클릭하면 사각형 내부에 그레이디언트 조절 바가 나타납니다.

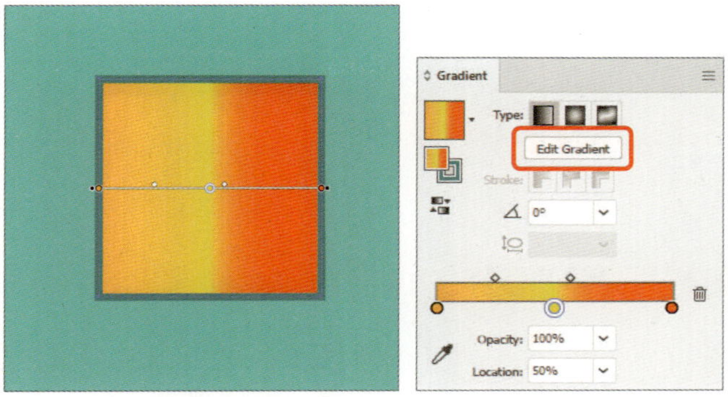

Tip 툴 박스의 그레이디언트 툴( )을 클릭해도 사각형 내부에 그레이디언트 조절 바가 나타납니다.

10 조절 바에서 슬라이더 아이콘 추가하기 그레이디언트 조절 바에 마우스 포인터를 가져가면 마우스 포인터가 모양으로 바뀝니다. 이때 클릭하여 슬라이더 아이콘을 추가합니다. 추가된 슬라이더 아이콘을 더블클릭하면 색상을 변경할 수 있습니다.

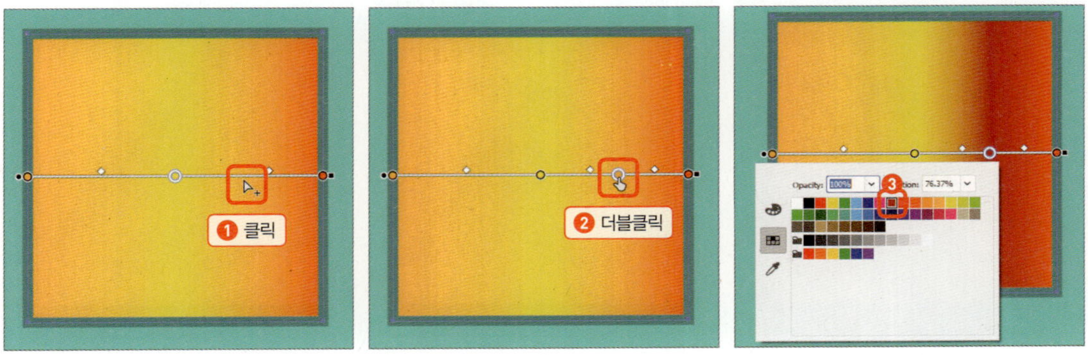

11 조절 바에서 그레이디언트 크기 변경하기 그레이디언트 조절 바의 오른쪽 가장자리에 마우스 포인터를 가져가면 마우스 포인터가 모양으로 바뀝니다. 그 상태에서 드래그하여 그레이디언트가 적용되는 범위의 너비를 조절합니다.

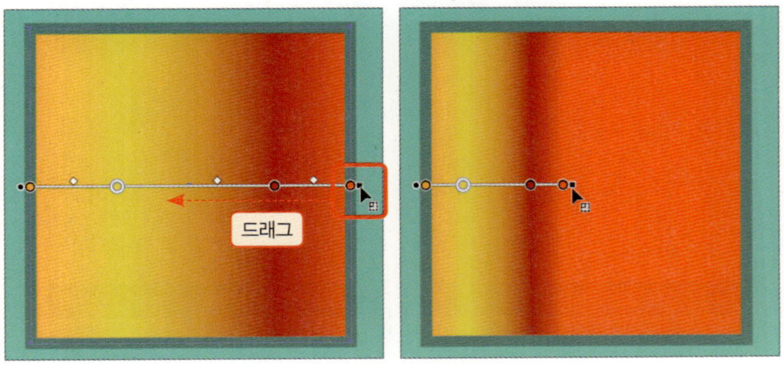

12 조절 바에서 그레이디언트 위치 변경하기 그레이디언트 조절 바의 왼쪽 가장자리 검은 점에 마우스 포인터를 가져가면 마우스 포인터가 [▶] 모양으로 바뀝니다. 이때 드래그하여 그레이디언트의 위치를 변경할 수 있습니다. 마우스에서 손가락을 떼면 드래그할 때 나타났던 점선의 하단에 그레이디언트 조절 바가 위치합니다.

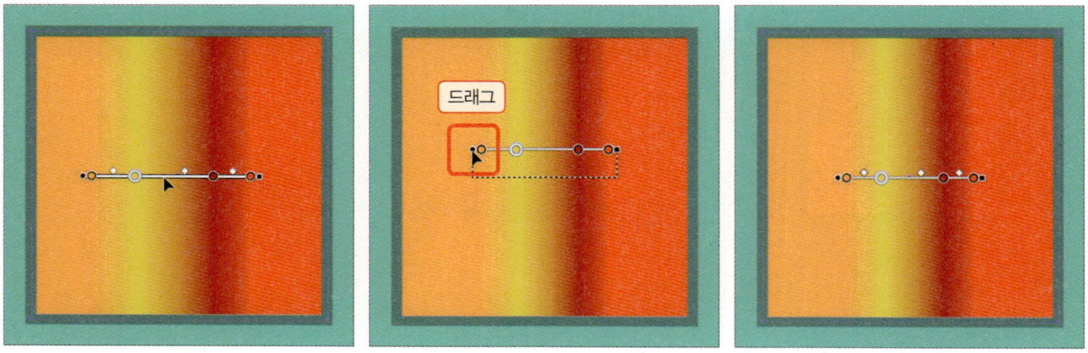

13 조절 바에서 그레이디언트 회전시키기 그레이디언트 조절 바의 오른쪽 가장자리에 마우스 포인터를 가져가면 마우스 포인터가 [↻] 모양으로 바뀝니다. 이때 드래그하여 그레이디언트의 각도를 변경합니다. 마찬가지로 마우스에서 손가락을 떼면 드래그할 때 나타났던 점선의 하단에 그레이디언트 조절 바가 위치합니다.

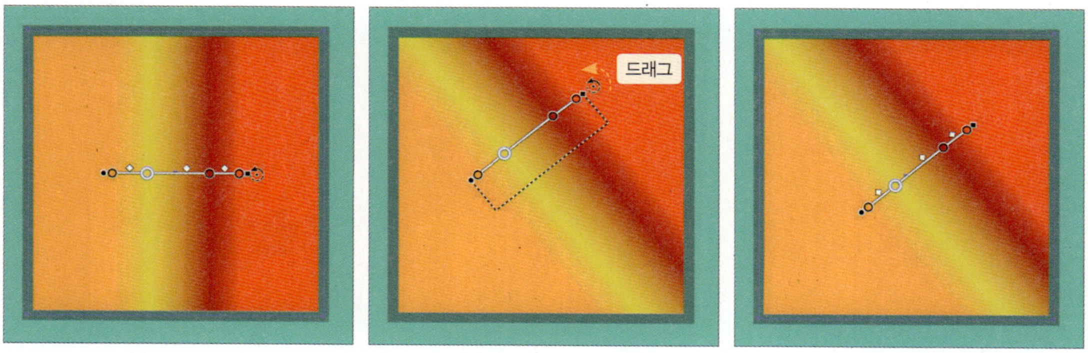

14 그레이디언트 툴([■])로 조절 바의 위치를 옮기거나 길이를 조정하거나 회전시켜 그레이디언트의 크기와 방향을 자유자재로 변경해 봅니다.

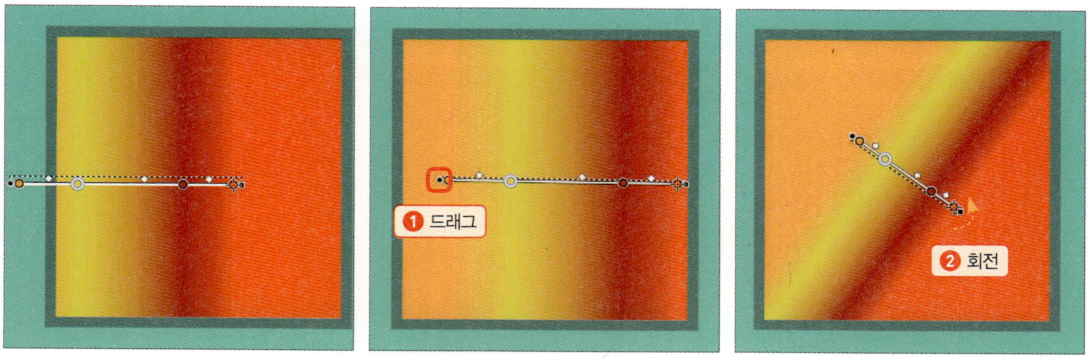

15 선 영역에 그레이디언트 적용하기 툴 박스에서 면 색과 선 색을 반전시키면 그레이디언트 패널의 면 색과 선 색도 같이 반전되면서 도형의 선 영역에 그레이디언트가 적용됩니다.

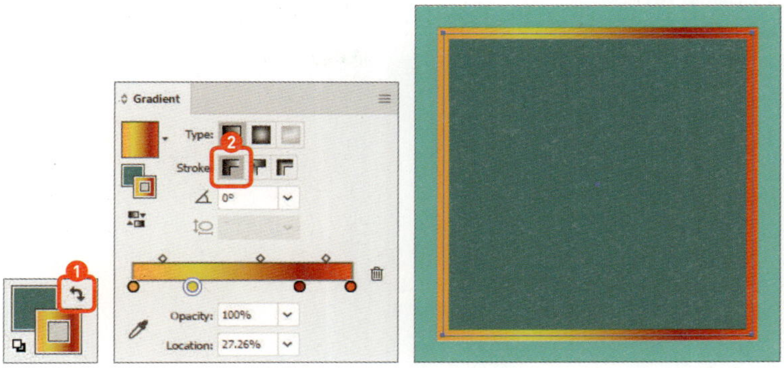

원형 그레이디언트 적용하기

01 원형 그레이디언트 적용하기 Chapter_07 ▸ Section_03 ▸ radial.ai 파일을 불러옵니다. 원형 툴( )을 선택하고 Alt + Shift 를 누른 채 드래그하여 정원을 그린 후 그레이디언트 패널에서 Type을 Radial로 설정해 원형 그레이디언트를 적용합니다. 그레이디언트 슬라이더의 색상도 자유롭게 변경합니다.

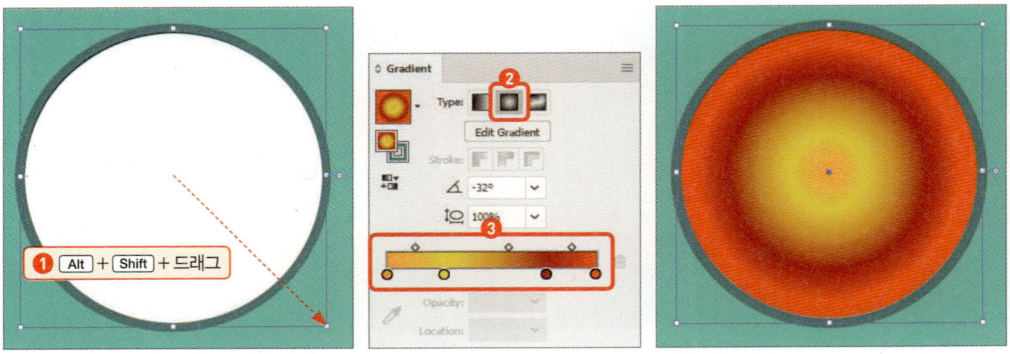

02 그레이디언트 조절 바 보기 그레이디언트 패널에서 〈Edit Gradient〉를 클릭하거나 그레이디언트 툴( )을 선택합니다. 정원 내부에 그레이디언트 조절 바가 나타납니다.

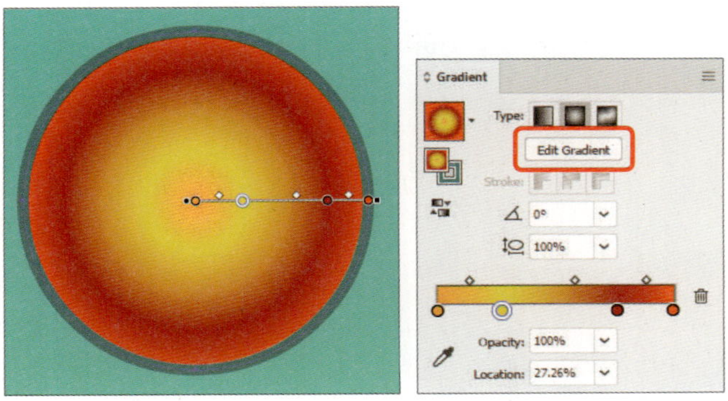

03 그레이디언트 크기 조절하기 그레이디언트 조절 바의 오른쪽 가장자리에 마우스 포인터를 가져가면 마우스 포인터가 ▶ 모양으로 바뀝니다. 이때 드래그하여 그레이디언트의 크기를 조절합니다. 점선 가운데 ◎ 표시를 안쪽 또는 바깥쪽으로 드래그해도 그레이디언트의 크기를 조절할 수 있습니다.

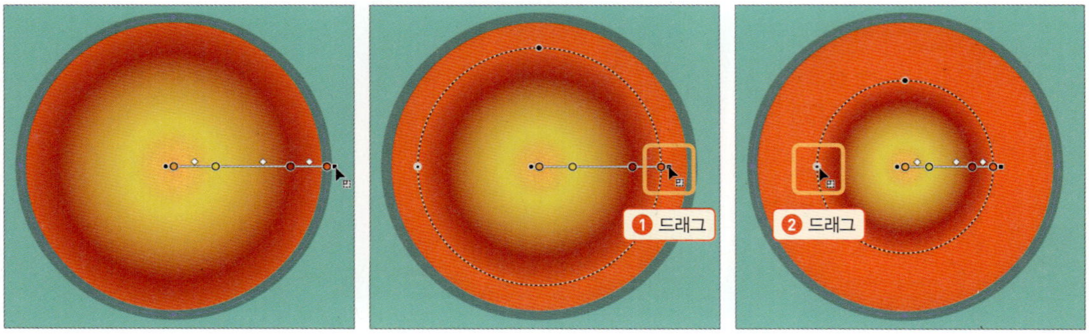

04 그레이디언트 위치 변경하기 그레이디언트 조절 바로 마우스 포인터를 가져가면 마우스 포인터가 ▶ 모양으로 바뀝니다. 이때 드래그하여 그레이디언트의 위치를 변경합니다. 반면 그레이디언트 조절 바의 왼쪽 가장자리에 마우스를 가져가면 포인터가 ▶ 모양으로 바뀌는데, 이때 드래그하면 그레이디언트가 적용되는 점선 내부의 그레이디언트 중심 위치를 변경할 수 있습니다.

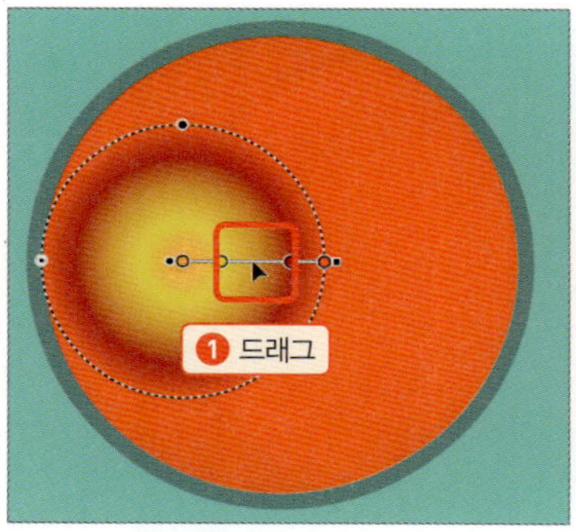

■ 그레이디언트 위치 변경

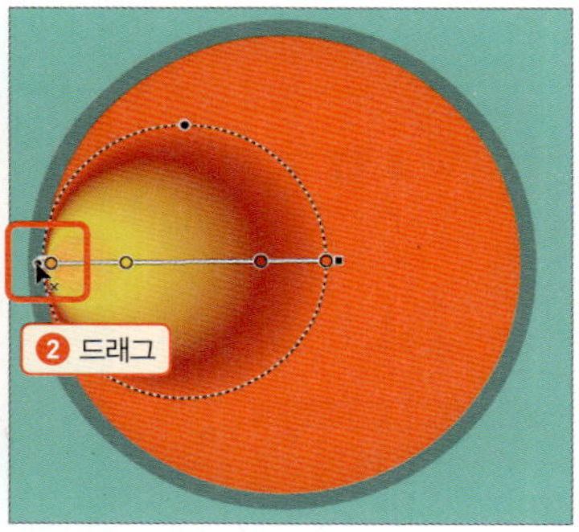

■ 그레이디언트 중심 옮기기

05 타원형 그레이디언트 만들기 마우스 포인터를 점선 상단의 ● 표시로 가져가면 마우스 포인터가 ▶ 모양으로 바뀝니다. 이때 아래로 드래그하여 타원형의 그레이디언트를 만듭니다.

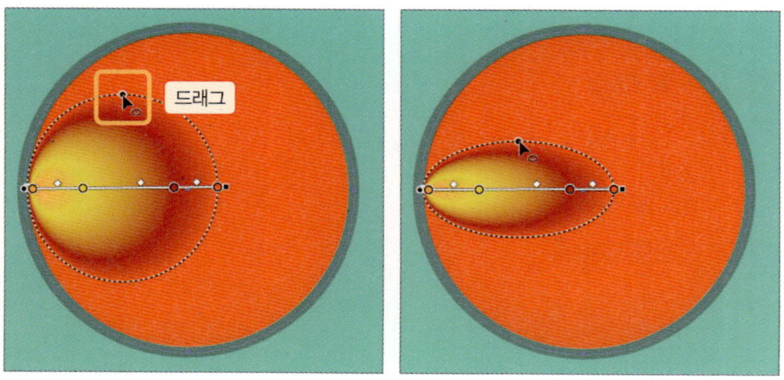

06 그레이디언트 회전시키기 마우스 포인터를 그레이디언트 가장자리의 점선으로 가져가면 마우스 포인터가 [아이콘] 모양으로 바뀝니다. 이때 드래그하면 점선이 회전하면서 그레이디언트 방향이 바뀝니다. 반면 그레이디언트 오른쪽 가장자리 부분을 클릭한 후 드래그하면 점선의 형태는 유지된 채 내부 그레이디언트만 회전합니다.

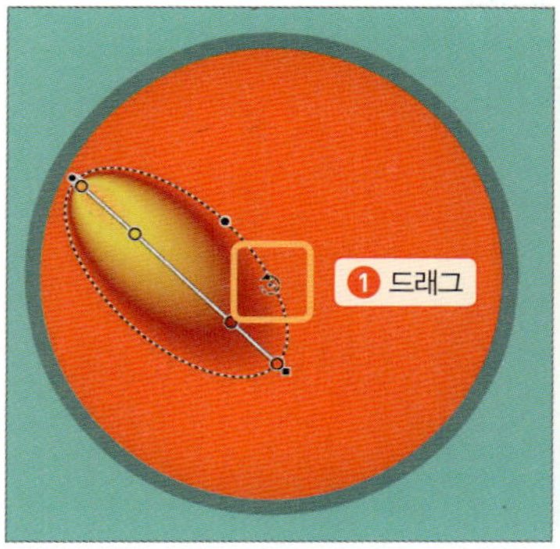

■ 점선과 그레이디언트 회전

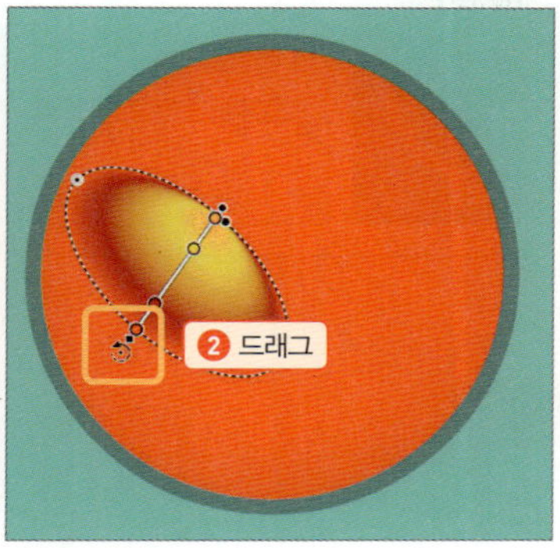

■ 그레이디언트만 회전

07 그레이디언트 툴([아이콘])로 조절 바의 위치를 옮기거나 길이를 조정하여 그레이디언트의 크기와 방향을 자유자재로 변경해 봅니다.

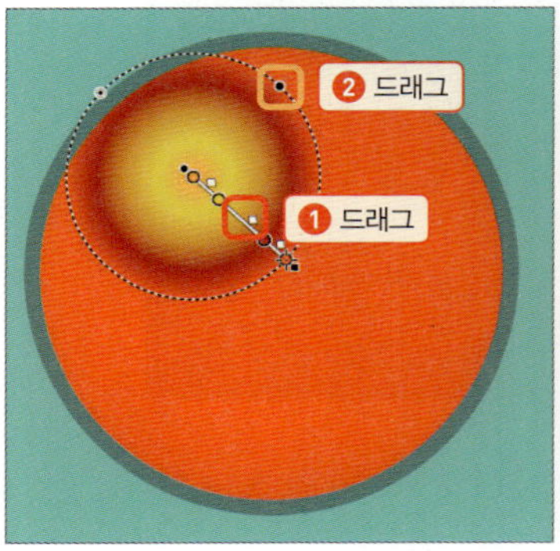

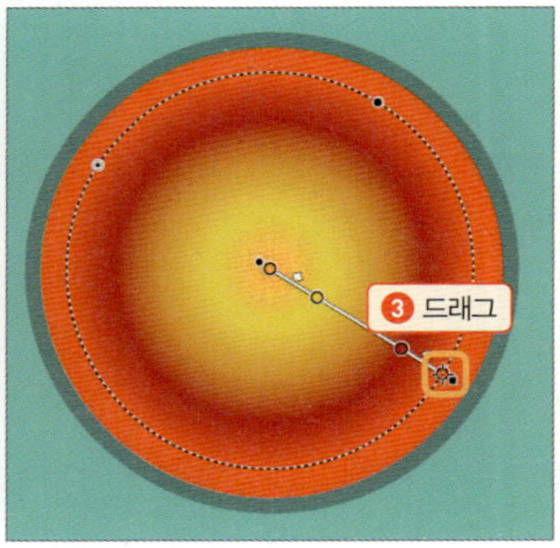

08 선 영역에 그레이디언트 적용하기 툴 박스에서 면 색과 선 색을 반전시키면 그레이디언트 패널의 면 색과 선 색도 같이 반전되면서 도형의 선 영역에 그레이디언트가 적용됩니다.

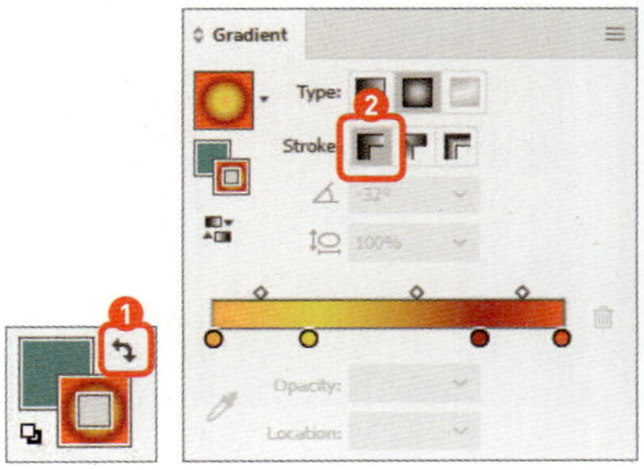

Tip 그레이디언트 패널의 섬네일 하단에 있는 색상 반전( )을 클릭하면 그레이디언트에 적용된 색상의 순서가 바뀝니다.

프리폼 그레이디언트 적용하기

01 프리폼 그레이디언트 적용하기 Chapter_07 ▸ Section_03 ▸ freeform.ai 파일을 불러온 후 선택 툴( )로 하트를 선택합니다. 그레이디언트 패널에서 Type을 Freeform으로 설정하면 자동으로 오브젝트 내부에 컬러 스톱이 생성되면서 색상이 변경됩니다.

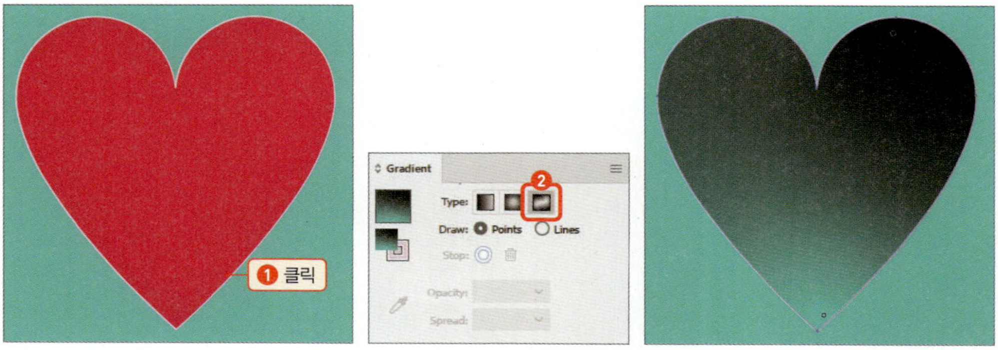

Tip 오브젝트 내부에 컬러 스톱의 개수나 색상은 자동으로 변경되므로 오브젝트에 따라 다르게 적용될 수 있습니다.

02 프리폼 그레이디언트 색상과 범위 변경하기 하트 오른쪽 상단에 있는 컬러 스톱을 더블클릭하여 색상 견본이 뜨면 원하는 색상을 선택한 후 화면의 빈 곳을 클릭합니다. 다시 마우스 포인터를 컬러 스톱으로 가져가 점선이 나타나면 ◎ 표시를 바깥쪽으로 드래그하여 색상의 적용 영역을 넓힙니다.

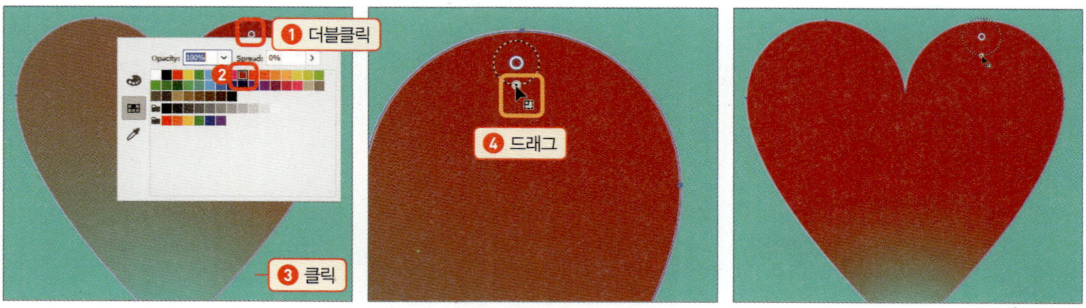

Tip 컬러 스톱이 선택된 상태에서 그레이디언트 패널의 Spread 값을 변경하여 색상 범위를 넓힐 수도 있습니다.

03 컬러 스톱 옮기기 하트 하단의 컬러 스톱을 선택한 후 살짝 위로 드래그합니다. 그레이디언트가 적용되는 위치가 변경됩니다. 옮긴 컬러 스톱을 더블클릭하여 색상을 변경합니다.

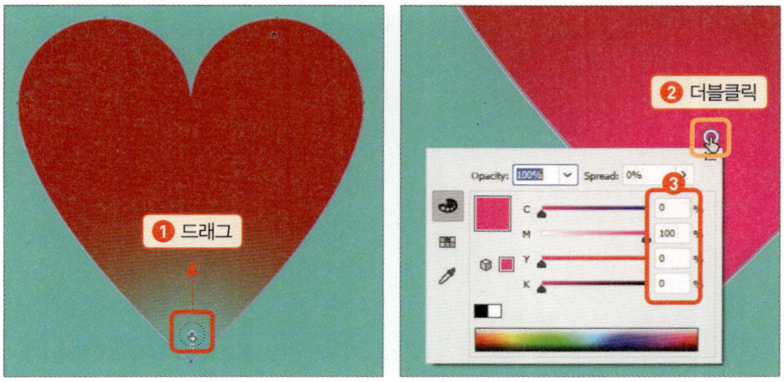

04 컬러 스톱 추가하기 마우스 포인터를 컬러 스톱이 없는 곳으로 옮기면 마우스 포인터가 모양으로 바뀝니다. 이때 클릭해 컬러 스톱을 추가하고 추가된 컬러 스톱을 더블클릭하여 색상을 변경합니다.

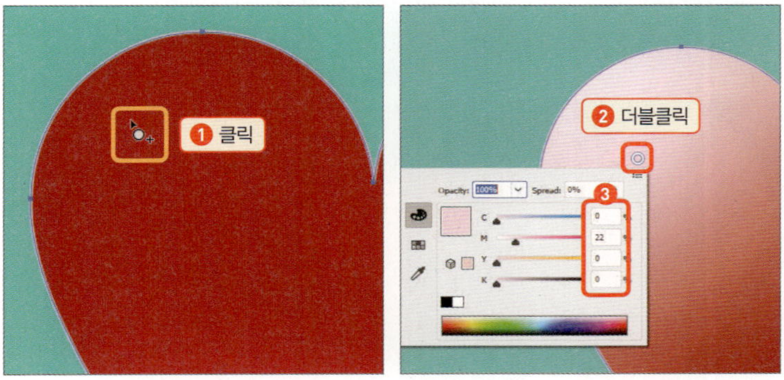

05 프리폼 그레이디언트 선 추가하기 그레이디언트 패널에서 Draw를 Lines로 선택하고 오브젝트를 클릭하면 컬러 스톱이 추가되면서 선이 마우스 포인터를 따라 다닙니다. 다음 지점을 클릭해 봅니다. 곡률 툴로 선을 그리는 것처럼 다음 포인트를 지지하는 곡선이 그려집니다.

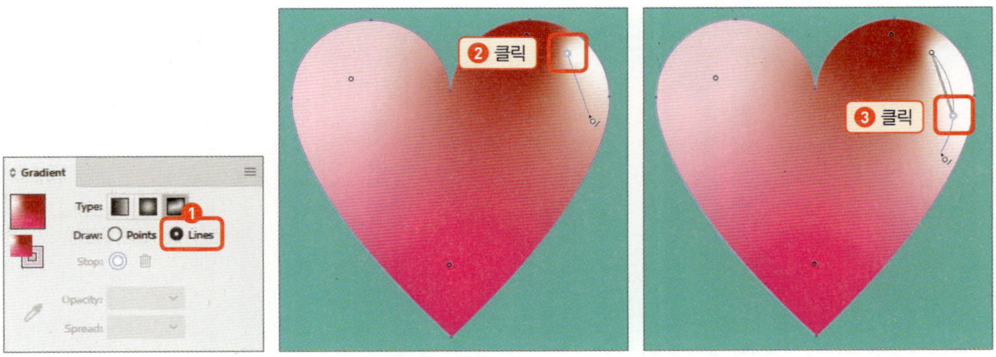

06 프리폼 그레이디언트 선 종료하고 색상 변경하기 원하는 지점까지 클릭하여 선을 연결한 후 Ctrl을 눌러 라인 옵션의 사용을 종료합니다. 선을 연결하는 지점에 있는 컬러 스톱을 더블클릭하여 색상을 변경합니다.

Tip 오브젝트의 바깥 영역을 클릭해도 라인 옵션의 사용이 종료됩니다. 선을 다시 연결하려면 Shift를 누른 채 선의 가장자리에 있는 컬러 스톱을 클릭합니다.

07 프리폼 그레이디언트 선의 컬러 스톱 옮기기 방금 그린 선에서 두 번째 지점에 있는 컬러 스톱을 클릭하여 선택한 후 드래그하여 아래로 내립니다. 선 모양도 같이 바뀝니다.

08 컬러 스톱 제거하기 하트 아래쪽에 있는 컬러 스톱을 화면 밖으로 드래그하여 제거합니다. 같은 방법으로 선의 마지막 지점에 있는 컬러 스톱도 드래그하여 제거합니다.

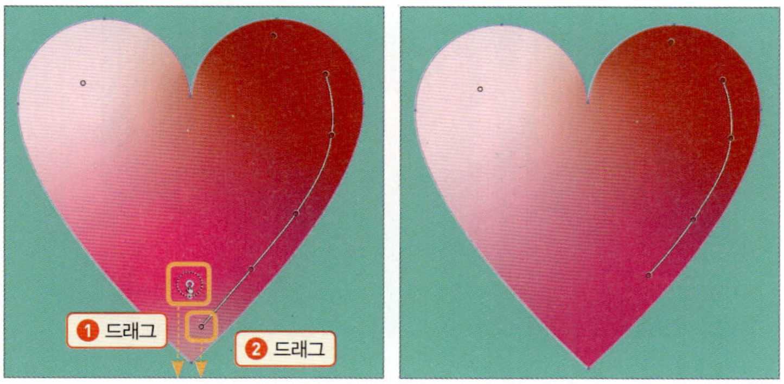

Tip 컬러 스톱이 선택된 상태에서 Delete를 누르거나 그레이디언트 패널의 휴지통( )을 클릭해도 제거됩니다.

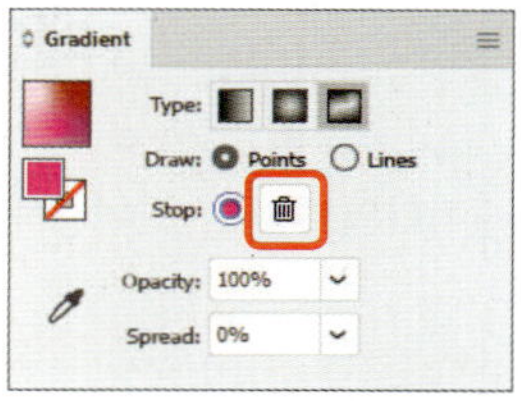

Tip 프리폼 그레이디언트의 라인 옵션 사용법

01 Chapter_07 ▸ Section_03 ▸ freeform_use.ai 파일을 불러옵니다. 프리폼 그레이디언트 라인을 그릴 때 시작 지점으로 돌아가 클릭하면 패스가 닫히면서 라인 옵션의 사용이 종료됩니다.

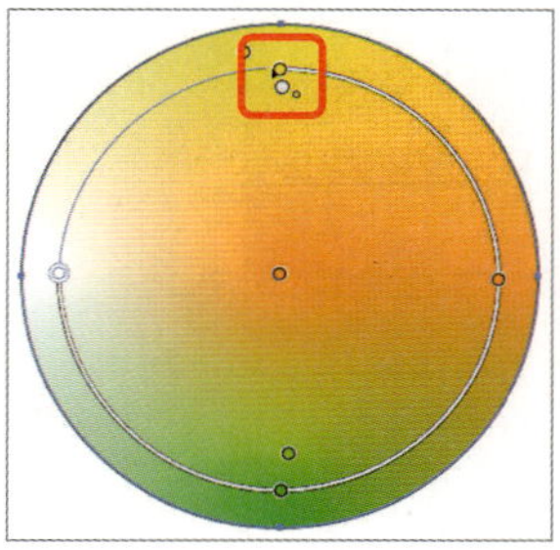

02 Alt를 누른 채 컬러 스톱을 클릭하면 곡선이 직선으로 변경됩니다. 직선인 상태에서 Alt를 누른 채 클릭하면 곡선으로 변경됩니다.

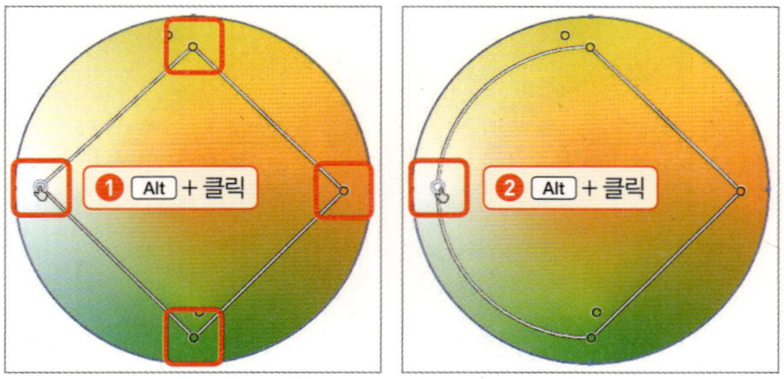

03 특정 부분만 곡선으로 변경하고 싶다면 선의 가운데 부분을 클릭하여 컬러 스톱을 추가한 후 컬러 스톱을 바깥으로 드래그합니다.

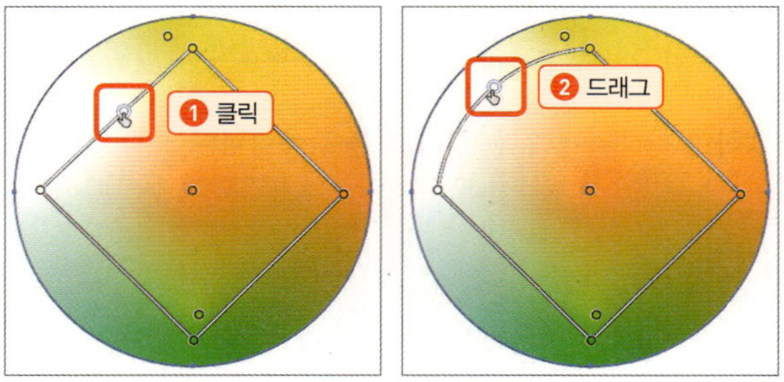

• **준비 파일** coffee_guide.ai • **완성 파일** coffee_result.ai

응용 예제 | 테이크아웃 컵 만들기

그레이디언트 패널을 이용해 뜨거운 음료가 담긴 테이크아웃 컵을 만들어 봅니다.

■ 가이드 이미지

■ 완성 이미지

01 Chapter_07 ▸ Section_03 ▸ coffee_guide.ai 파일을 불러옵니다. 사각형 툴(▢)로 가이드를 따라 맨 위에 사각형을 그립니다.

02 그레이디언트 패널에서 Type을 Linear로 설정하여 사각형에 그레이디언트를 적용합니다.

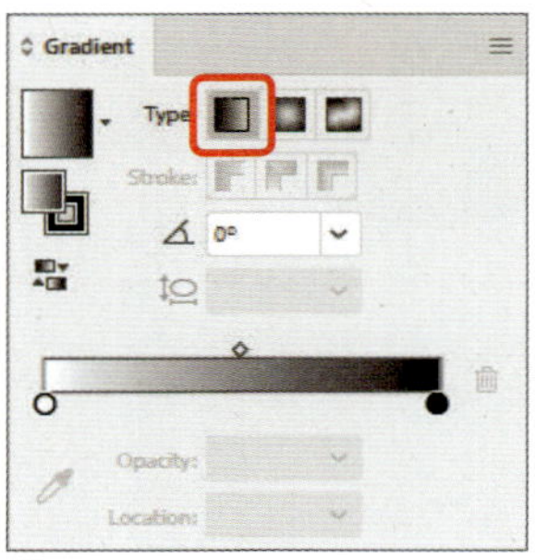

03 그레이디언트 패널의 오른쪽 슬라이더 아이콘을 더블클릭하여 색상을 회색(C=0, M=0, Y=0, K=42)으로 변경하고 Location을 90%로 옮깁니다. 슬라이더 위쪽 마름모를 오른쪽으로 살짝 드래그합니다. 그레이디언트 조절 바의 맨 오른쪽을 클릭하여 슬라이더를 추가한 후 더블클릭하여 밝은 회색(C=0, M=0, Y=0, K=10)으로 설정합니다.

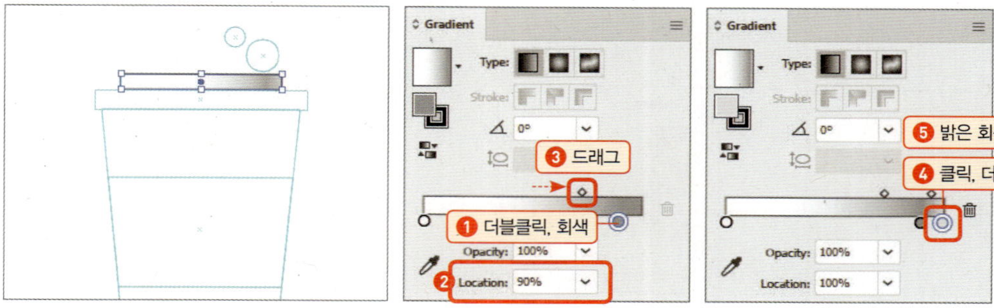

04 사각형 툴(▢)로 가이드를 따라 새로운 사각형을 하나 그립니다. 앞에서 설정한 그레이디언트 효과가 똑같이 적용됩니다.

Tip 그레이디언트 효과가 적용되지 않는다면 두 번째 사각형이 선택된 상태에서 스포이트 툴(✎)로 첫 번째 사각형을 클릭하여 그레이디언트를 복제합니다.

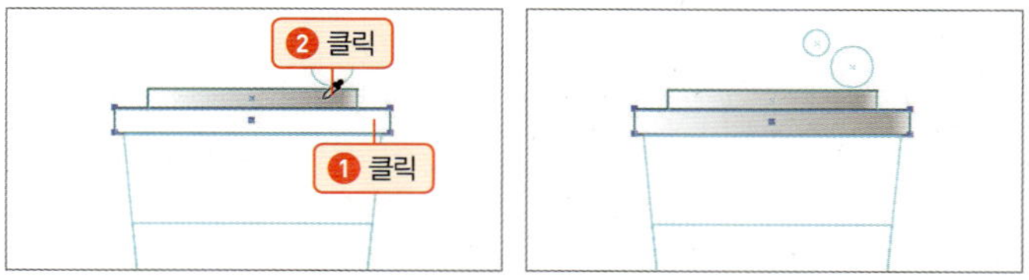

05 사각형 툴( )로 테이크아웃 컵 크기만 한 사각형을 그립니다. 그레이디언트 패널에서 가운데 슬라이더 아이콘을 더블클릭하여 색상을 연한 커피색(C=25, M=40, Y=65, K=0)으로 변경하고 Location을 80%로 설정합니다. 슬라이더 위쪽에 있는 왼쪽 마름모를 왼쪽으로 드래그합니다. 직접 선택 툴( )로 컵 하단의 왼쪽 앵커 포인트를 클릭하여 오른쪽으로 드래그하고, 오른쪽 앵커 포인트를 클릭하여 왼쪽으로 드래그합니다.

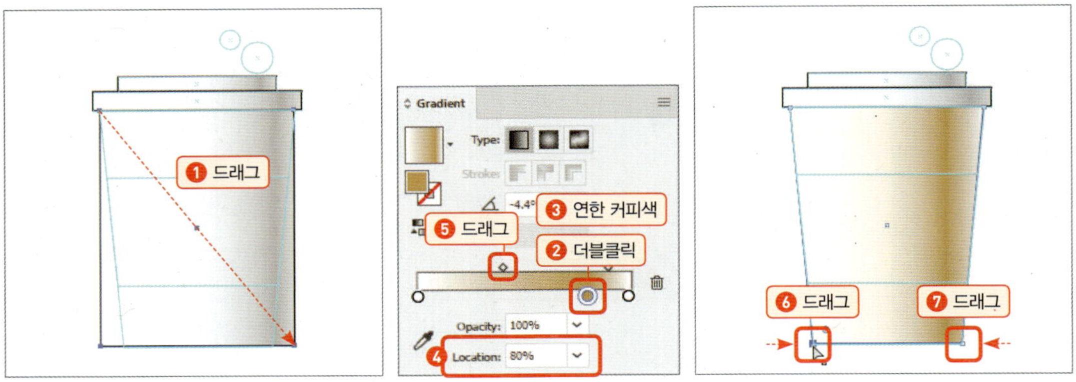

06 그레이디언트 툴( )을 선택하고 마우스 포인터를 조절 바의 오른쪽 끝 부분에서 살짝 벗어나도록 가져갑니다. 마우스 포인터가 회전 모양으로 바뀌면 컵의 각도에 맞게 그레이디언트를 아래로 살짝 드래그합니다. 그레이디언트 슬라이더 위쪽에 있는 왼쪽 마름모를 오른쪽으로 살짝 드래그하여 조금 더 입체적으로 보이게 만듭니다.

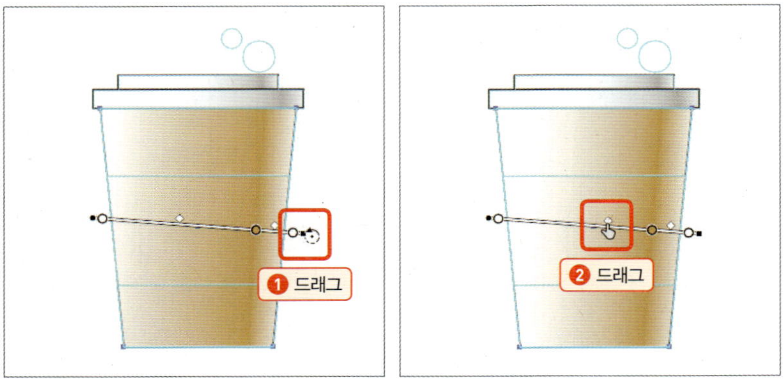

07 펜 툴( )로 컵 홀더를 가이드를 따라 그립니다.

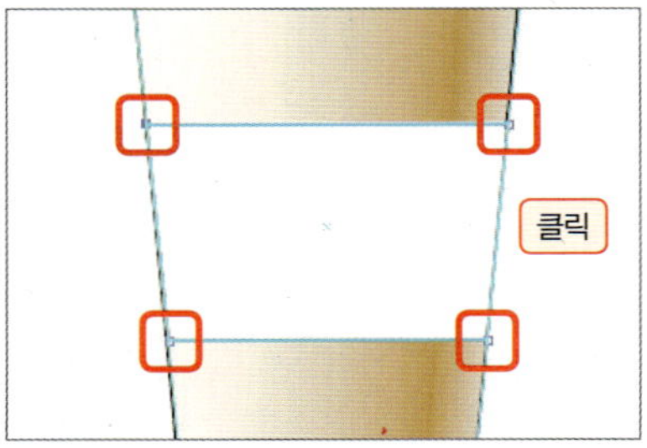

08 색상 견본 패널 하단의 라이브러리(IN.)를 클릭하고 [Patterns]−[Decorative]−[Vonster Patterns]를 선택한 후 Alyssa 패턴을 클릭하여 적용합니다.

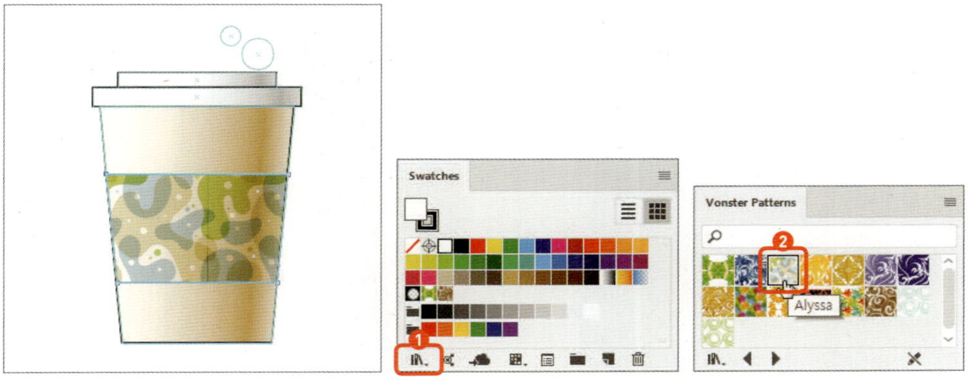

Tip Vonster Patterns 목록이 보이지 않으면 색상 견본 패널에 이미 등록되어 있는 Alyssa 패턴을 클릭하여 적용합니다.

09 원형 툴( )로 Alt + Shift 를 누른 채 컵 상단 가이드에 맞는 원을 그립니다. 그레이디언트 패널에서 Type을 Radial, 선 색은 색상 없음으로 설정합니다.

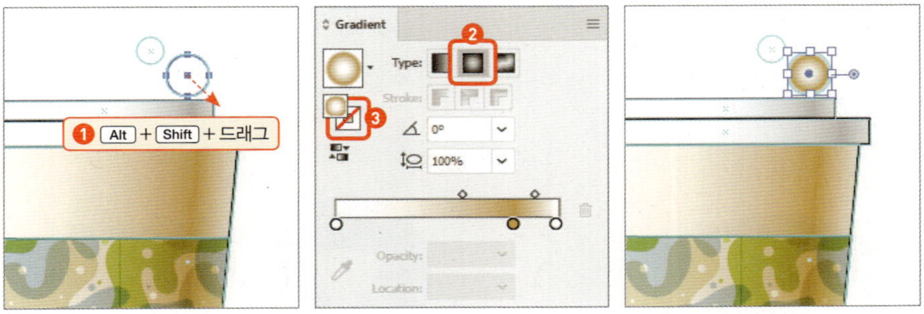

10 그레이디언트 패널에서 왼쪽 슬라이더 아이콘을 클릭하고 Opacity를 0%, Location을 60%로 설정합니다. 가운데 슬라이더 아이콘을 더블클릭하고 색상을 하늘색(C=72, M=16, Y=0, K=0)으로 변경한 후 Opacity를 30%, Location을 85%로 설정합니다. 마지막으로 오른쪽 슬라이더 아이콘을 더블클릭하고 색상을 흰색(C=0, M=0, Y=0, K=0)으로 변경한 후 Opacity를 0%, Location을 100%로 설정합니다.

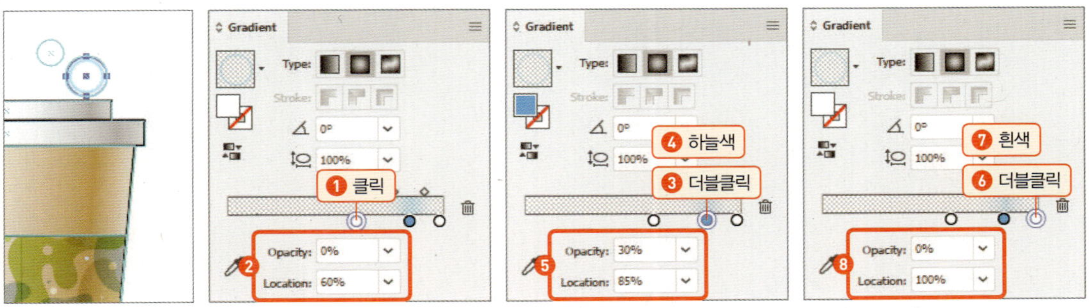

11 원형 툴(◎)로 Alt + Shift 를 누른 채 드래그하여 작은 원을 하나 더 그립니다. 앞에서 설정한 그레이디언트 효과가 똑같이 적용됩니다. 배경색에 맞춰 공기 방울의 색상이나 투명도를 조절하면 이미지가 더 자연스러워집니다.

• **준비 파일** logo.ai • **완성 파일** logo_result1.ai, logo_result2.ai

응용 예제 입체 로고 만들기

그레이디언트 패널을 이용해 리본 모양 입체 로고를 만들어 봅니다.

■ 완성 이미지

■ 응용 이미지

01 Chapter_07 ▸ Section_03 ▸ logo.ai 파일을 불러옵니다. 원형 툴( )을 선택하고 옵션 바에서 면 색을 색상 없음, 선 색을 검은색으로 설정합니다. 원형 툴( )로 Shift 를 누른 채 드래그하여 정원을 그립니다. 선택 툴( )로 Alt 를 누른 채 오른쪽으로 드래그하여 원을 복제합니다.

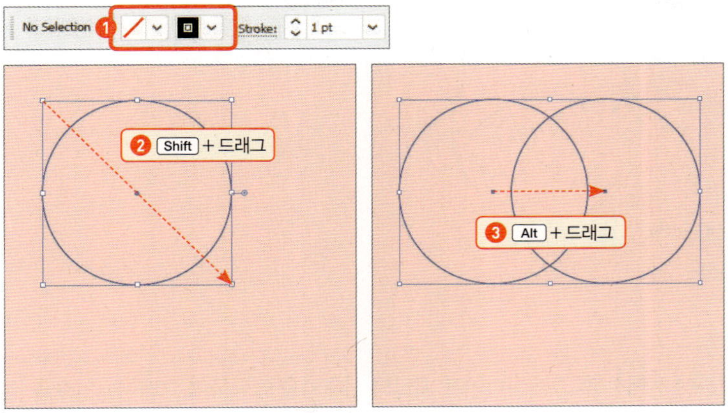

02 선택 툴( )로 오른쪽의 정원을 선택하고 Alt 를 누른 채 아래로 드래그하여 원 3개를 다음과 같이 배치합니다. 다시 아래쪽 원을 선택하고 Alt 를 누른 채 위로 드래그하여 중앙에 원을 복제합니다.

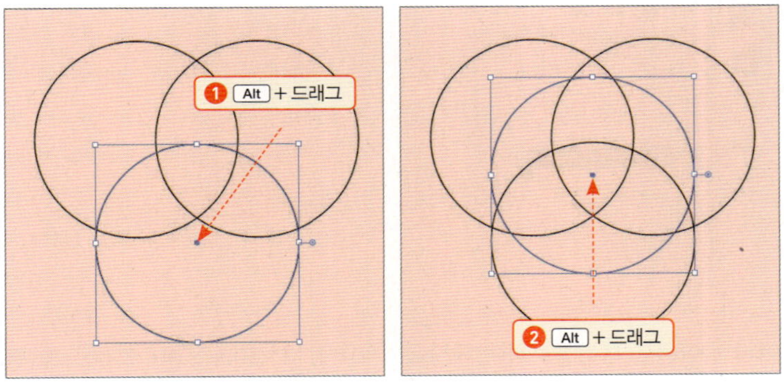

03 선택 툴( )로 전체 오브젝트가 모두 선택되도록 드래그한 후 셰이프 빌더 툴( )로 다음과 같이 원이 겹치는 부분을 드래그하여 합칩니다.

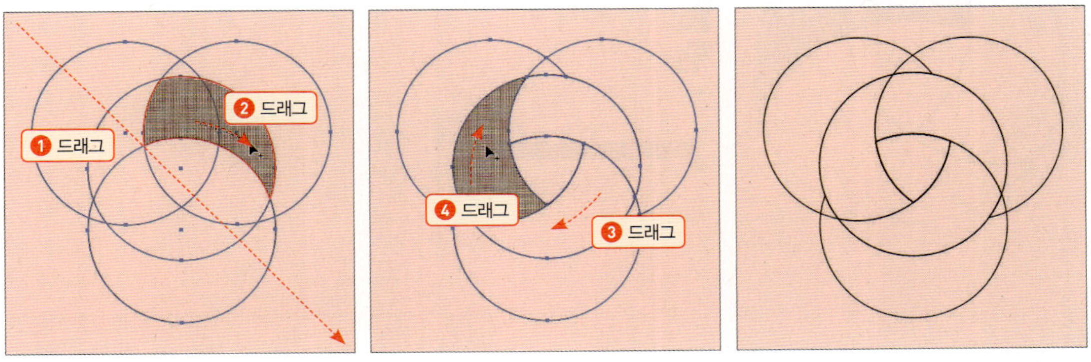

04 선택 툴(▶)로 Shift를 누른 채 오른쪽의 바깥쪽 원, 왼쪽 원, 아래쪽 원을 클릭하여 선택한 후 Delete를 눌러 삭제합니다.

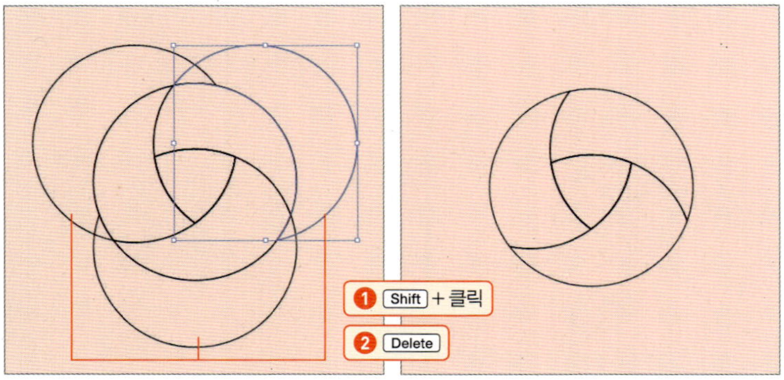

05 선택 툴(▶)로 오른쪽 면을 클릭하여 선택한 후 그레이디언트 패널의 섬네일을 클릭하여 그레이디언트를 적용합니다.

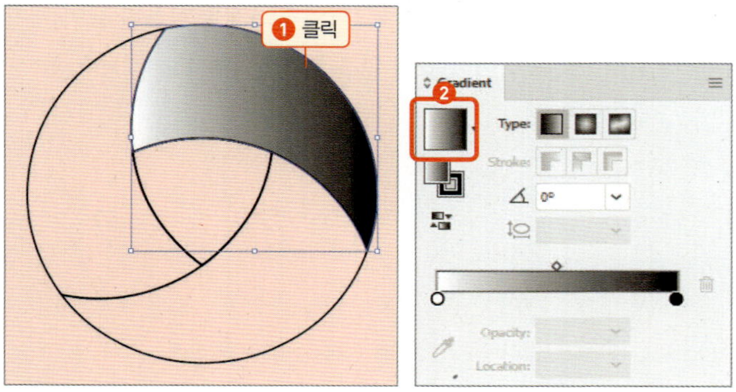

06 그레이디언트 패널의 왼쪽 슬라이더 아이콘을 더블클릭하여 색상을 C=100, M=100, Y=0, K=0으로 변경합니다. 오른쪽 슬라이더 아이콘도 더블클릭하여 색상을 C=100, M=0, Y=0, K=0으로 변경합니다.

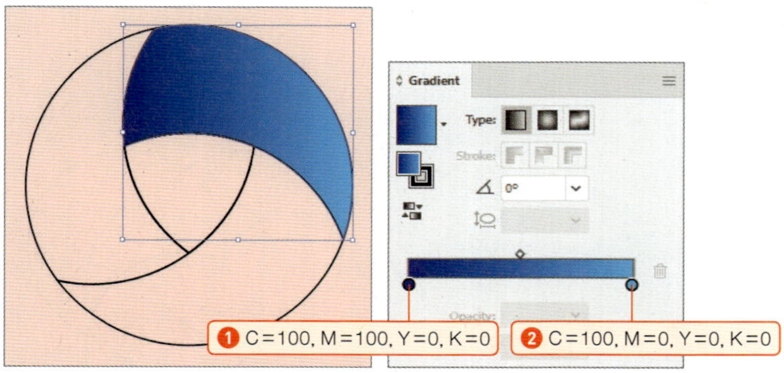

07 그레이디언트 툴( )을 선택하고 마우스 포인터를 조절 바의 오른쪽 끝 부분에서 살짝 벗어나도록 가져갑니다. 마우스 포인터가 회전 모양으로 바뀌면 아래로 드래그하여 그레이디언트 방향을 변경합니다.

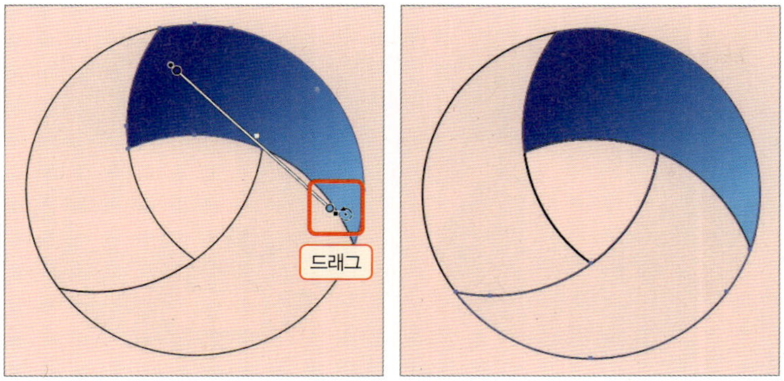

08 선택 툴( )로 아래쪽 면을 선택하고 스포이트 툴( )로 그레이디언트가 적용된 오른쪽 면을 클릭하여 그레이디언트를 복제합니다. 그레이디언트 툴( )로 아래쪽 면의 조절 바를 위로 드래그하여 그레이디언트 방향을 변경합니다. 왼쪽 면도 같은 방법으로 그레이디언트를 적용하고 조절 바를 위로 드래그합니다.

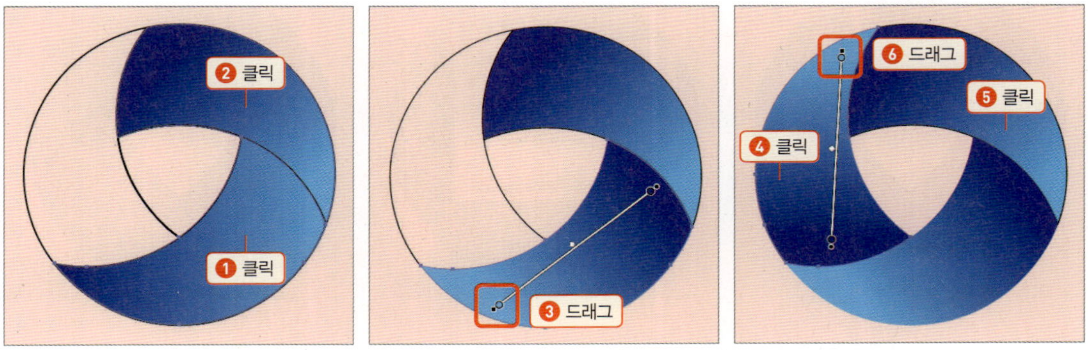

09 선택 툴( )로 전체 오브젝트가 모두 선택되도록 드래그한 후 옵션 바에서 선 색을 색상 없음으로 변경합니다. 그레이디언트가 적용된 상태로도 좋지만 다양한 색상으로 프리폼 그레이디언트를 적용해 봅니다. 선택 툴( )로 오른쪽 면을 클릭하여 선택한 후 그레이디언트 패널에서 Type을 Freeform으로 설정합니다.

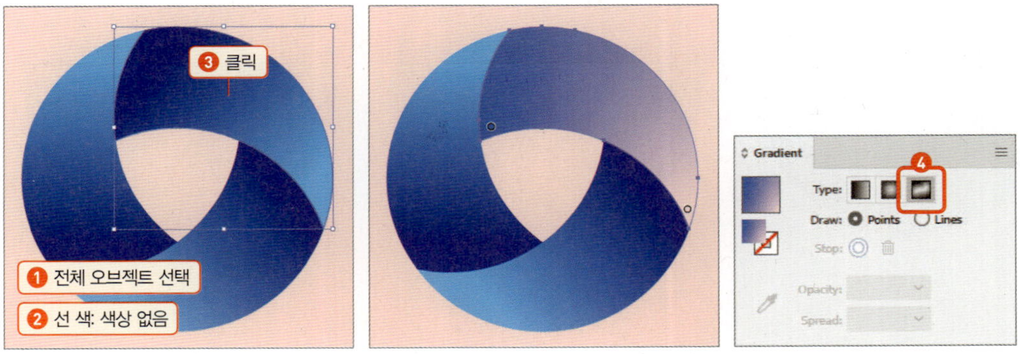

10 오른쪽 면의 상단에 있는 컬러 스톱을 클릭하여 선택하고 그레이디언트 패널의 스포이트를 클릭한 후 아래쪽 면의 남색 부분을 클릭합니다. 나머지 컬러 스톱도 같은 방법으로 색상을 하늘색으로 변경합니다.

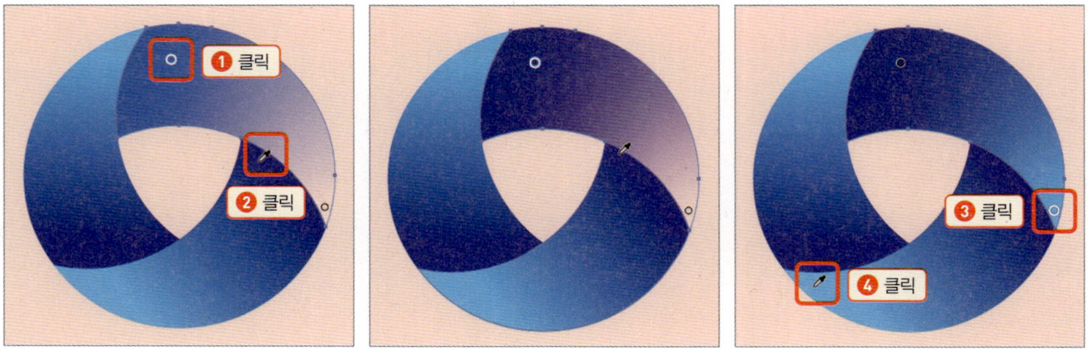

11 그레이디언트 패널의 스포이트를 클릭하여 선택을 해제합니다. 컬러 스톱이 없는 가운데 부분을 클릭하여 컬러 스톱을 생성한 후 더블클릭하여 색상을 우윳빛 연두색(C=35, M=0, Y=46, K=0)으로 변경합니다.

12 같은 방법으로 아래쪽 면과 왼쪽 면에도 컬러 스톱이 없는 부분을 클릭하여 컬러 스톱을 생성한 후 더블클릭하여 색상을 우윳빛 연두색(C=35, M=0, Y=46, K=0)으로 변경합니다.

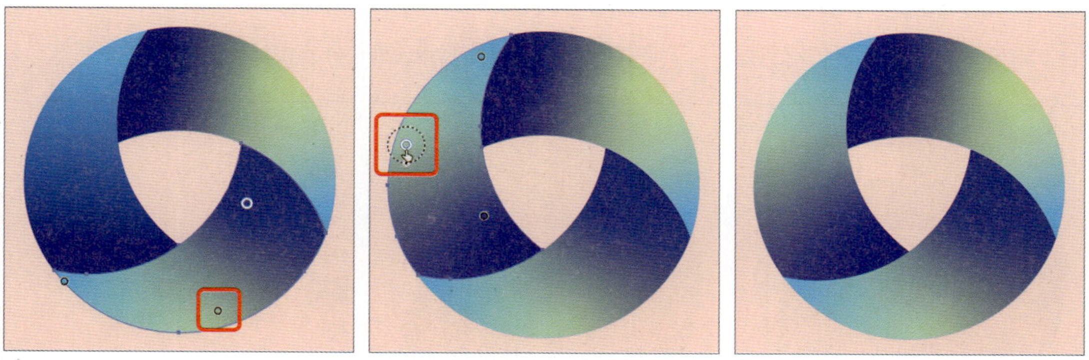

SECTION 04

패턴 적용하기

• **핵심 기능 I** 패턴 옵션, 패턴 라이브러리

패턴 생성하고 변경하기

01 패턴 요소 등록하기 Chapter_07 ▸ Section_04 ▸ pattern.ai 파일을 불러옵니다. 원형 툴(◯)을 선택하고 색상 패널에서 면 색을 C=6, M=22, Y=0, K=0, 선 색을 색상 없음으로 설정한 후 Alt+Shift를 누른 채 드래그하여 정원을 그립니다. 선택 툴(▶)로 원을 선택하고 색상 견본 패널로 드래그하여 등록합니다.

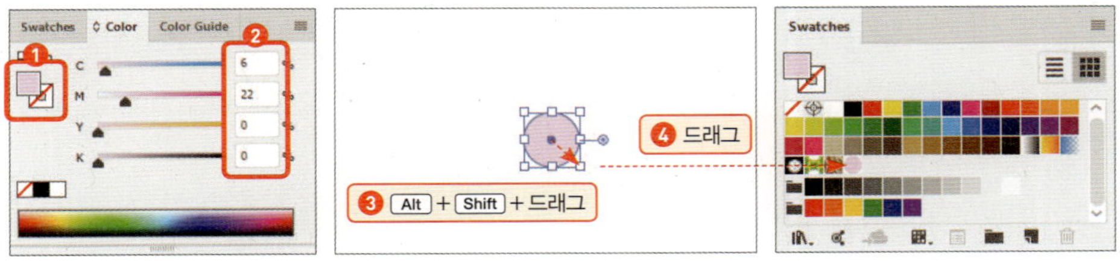

02 패턴으로 채우기 선택 툴(▶)로 원을 선택하고 Delete를 눌러 삭제합니다. 사각형 툴(▭)로 Alt+Shift를 누른 채 드래그하여 정사각형을 그린 후 색상 견본 패널에서 방금 등록한 패턴을 클릭하여 사각형에 적용합니다.

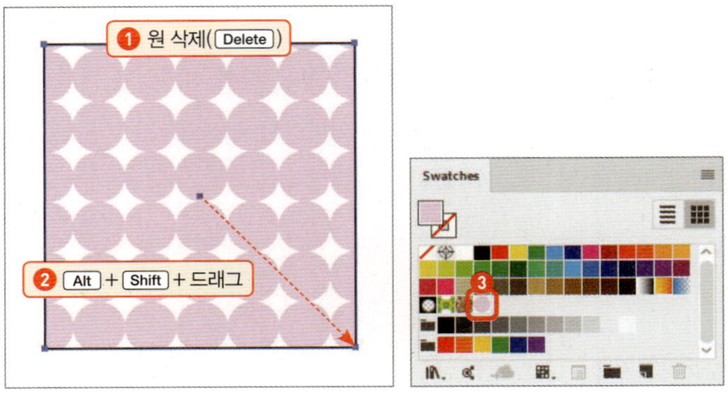

03 사각형 크기 조절하기 선택 툴(▶)로 사각형을 선택한 후 바운딩 박스를 드래그하여 크기를 조절합니다. 사각형을 축소하거나 확대해도 패턴의 위치와 크기가 고정됩니다.

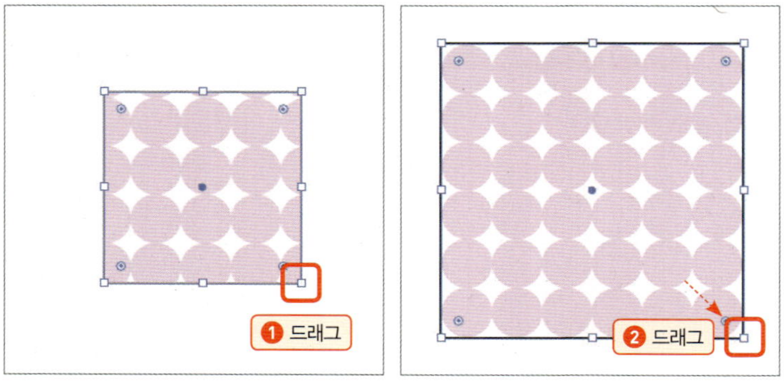

04 스케일 툴(▶)을 더블클릭한 후 옵션 창에서 Transform Patterns를 체크하고 〈OK〉를 클릭합니다. 다시 선택 툴(▶)로 사각형의 바운딩 박스를 드래그하여 크기를 조절합니다. 사각형이 확대되거나 축소되면 패턴 크기도 같은 비율로 확대되거나 축소됩니다. 단 패턴 위치는 고정되어 있습니다.

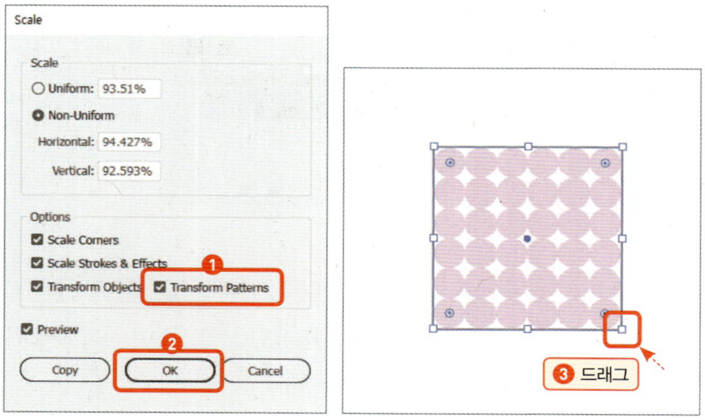

05 패턴 간격 벌리기 메뉴 바에서 [Widow]−[Pattern Options]를 선택한 후 옵션 창의 섬네일을 더블클릭하면 화면이 패턴 편집 모드로 전환됩니다. 옵션 창에서 Size Tile to Art를 체크하고 H Spacing과 V Spacing을 각각 15mm로 입력합니다. 패턴 간격이 벌어집니다.

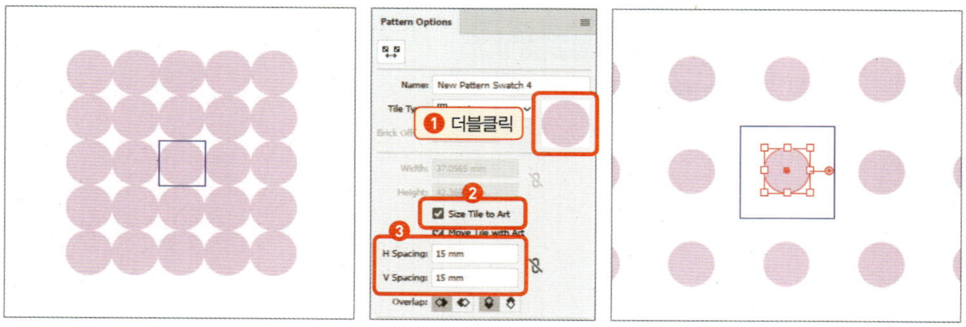

06 패턴 색상 변경하기 선택 툴(▶)로 패턴 내부의 원을 선택한 후 색상 패널에서 색상을 C=22, M=2, Y=2, K=0으로 변경합니다.

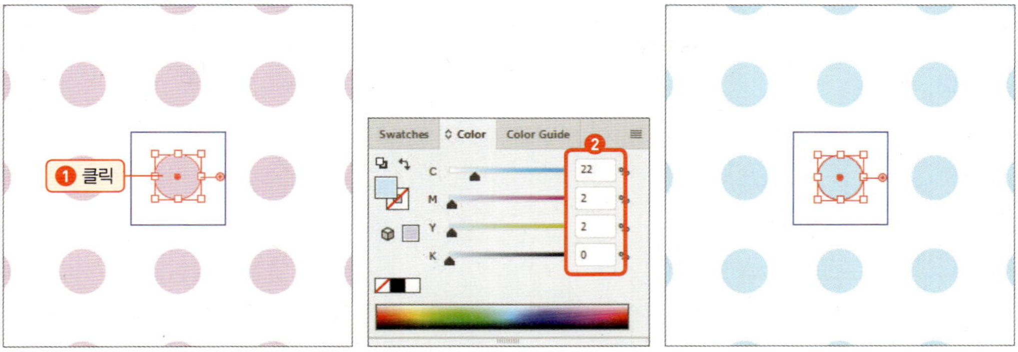

07 패턴 모양 변경하기 앵커 포인트 전환 툴(N)로 원의 상단 앵커 포인트를 클릭하여 직선 모드로 변경합니다. 직접 선택 툴(▷)로 상단 앵커 포인트를 위로 드래그하여 원을 물방울 모양으로 바꿉니다. 선택 툴(▶)로 물방울 모양을 Alt 를 누른 채 드래그하여 복제한 후 바운딩 박스를 드래그하여 크기를 줄입니다.

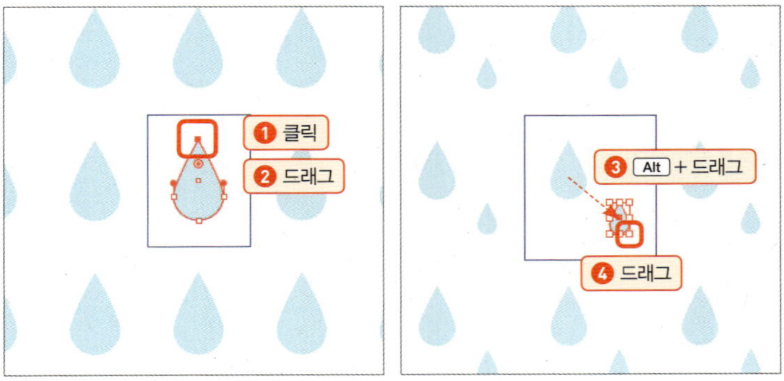

08 옵션 창에서 H Spacing과 V Spacing을 각각 0mm로 입력합니다.

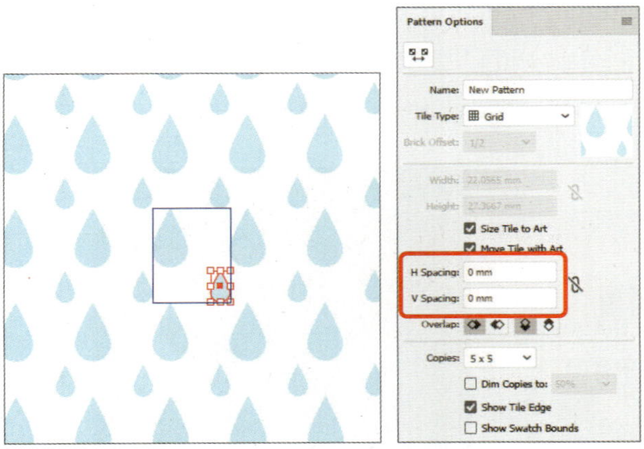

09 수정한 패턴 저장하기 화면 상단의 Save a Copy를 클릭합니다. 새 패턴 창이 뜨면 패턴 이름을 입력하고 〈OK〉를 클릭합니다. 색상 견본 패널에 수정한 패턴이 등록됩니다. 화면 상단의 왼쪽 화살표를 클릭하여 일반 모드로 돌아옵니다. 사각형의 패턴이 수정된 패턴으로 바뀌어 있습니다.

10 실습에서는 배경을 따로 만들지 않아 화면이 투명하게 처리되어 있습니다. 이 상태에서 배경색을 적용하면 다양한 느낌을 낼 수 있습니다.

패턴 라이브러리 활용하기

01 패턴 라이브러리에서 패턴 적용하기 Chapter_07 ▸ Section_04 ▸ bag.ai 파일을 불러온 후 선택 툴(▶)로 가방을 선택합니다. 색상 견본 패널의 라이브러리(IN.)를 클릭한 후 [Patterns]−[Decorative]−[Decorative Legacy]를 선택하고 Herringbone 1 Color를 클릭하여 패턴을 적용합니다.

02 패턴 편집 모드로 전환하기 메뉴 바에서 [Widow]–[Pattern Options]를 선택한 후 옵션 창의 섬네일을 더블클릭합니다. 화면이 패턴 편집 모드로 전환됩니다.

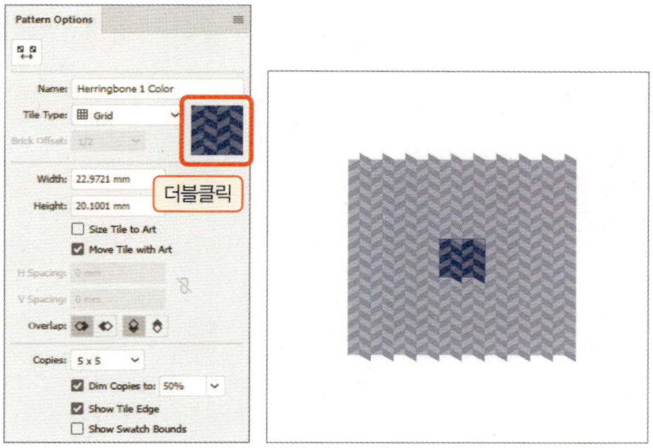

03 패턴 배경 색상 변경하기 선택 툴(▶)로 사각형 가장자리를 클릭한 후 색상 패널에서 면 색을 C=3, M=77, Y=73, K=0으로 설정하여 패턴의 배경색을 변경합니다.

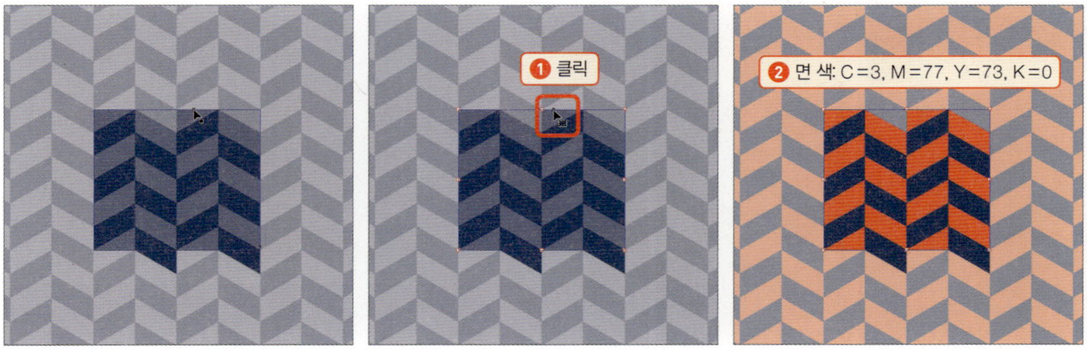

04 패턴 색상 변경하기 선택 툴(▶) 로 영역을 넓게 드래그하여 패턴과 배경을 함께 선택합니다. Shift를 누른 채 파란색 가장자리를 클릭해 패턴 영역만 선택합니다. 색상 패널에서 면 색을 C=27, M=98, Y=95, K=26으로 설정하여 패턴 색상을 변경합니다.

05 패턴 크기 변경하기 현재는 패턴 영역만 선택된 상태이므로 선택 툴(▶)로 넓게 드래그하여 패턴과 배경을 함께 선택합니다. Shift를 누른 채 바운딩 박스를 대각선 안쪽 방향으로 드래그하여 패턴 크기를 줄입니다.

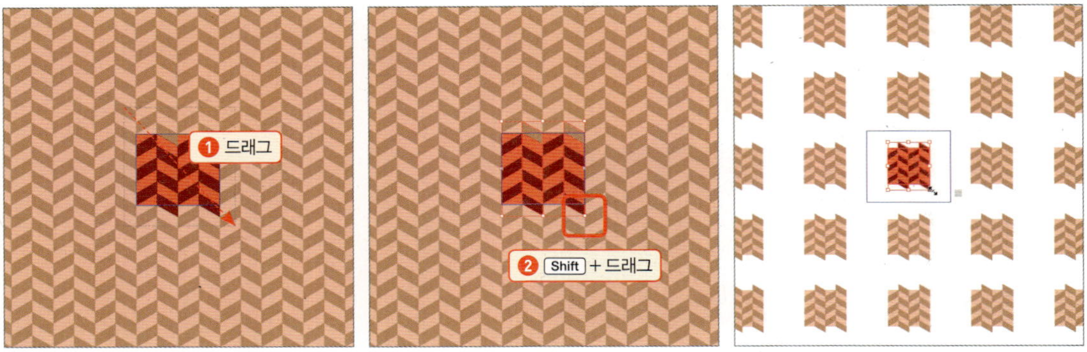

06 패턴 타입 변경하기 패턴 옵션 패널에서 Tile Type을 Hex by Row로 설정하고 Size Tile to Art를 체크합니다. 벌어진 간격이 좁혀집니다.

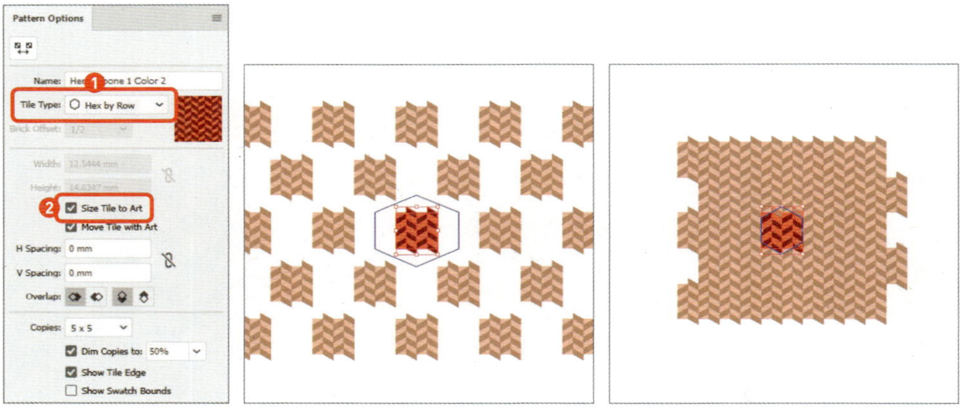

07 수정한 패턴 저장하기 화면 상단의 왼쪽 화살표를 클릭하여 일반 모드로 돌아옵니다. 가방에 새로 변경한 패턴이 적용되어 있습니다.

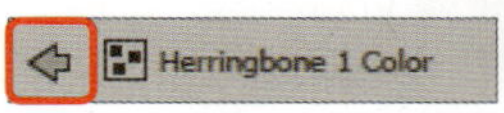

■ 패턴 수정 전

■ 패턴 수정 후

SECTION 05

사진을 문양처럼 활용하기

• **핵심 기능** | 클리핑 마스크, 투명 마스크

마스크의 원리

마스크에는 두 가지 종류가 있습니다. 어떤 형태 속에 이미지나 패턴을 적용하는 클리핑 마스크와 투명도를 조절하는 투명 마스크입니다. 클리핑 마스크를 이용하면 겹친 두 오브젝트 중 위에 있는 오브젝트 내부에만 뒤에 있는 이미지나 배경이 보이도록 할 수 있습니다. 투명 마스크를 이용하면 흑백 그레이디언트를 적용한 부분만 반투명하게 만들 수 있습니다.

■ 클리핑 마스크

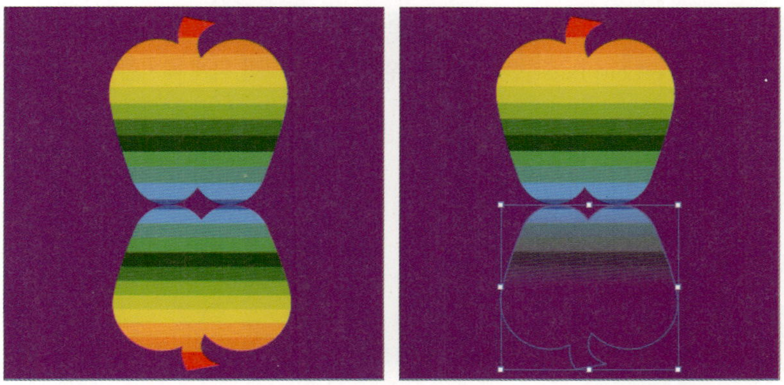

■ 투명 마스크

• **준비 파일** bg1.jpg, bg2.jpg, bg3.jpg, wood.jpg, ice.ai • **완성 파일** ice_result.ai

응용 예제 막대 아이스 바 만들기

막대 아이스 바를 만들고 마스크 기능을 활용해 반투명한 그림자를 추가해 봅니다.

■ 준비 이미지

■ 완성 이미지

01 Chapter_07 ▸ Section_05 ▸ ice.ai 파일을 불러옵니다.

02 메뉴 바에서 [File]–[Place]를 선택하여 wood.jpg 파일을 불러온 후 화면을 드래그하여 삽입합니다. 마우스 오른쪽 버튼을 클릭하고 [Arrange]–[Send to Back]을 선택하여 왼쪽 아이스크림 뒤에 배치합니다.

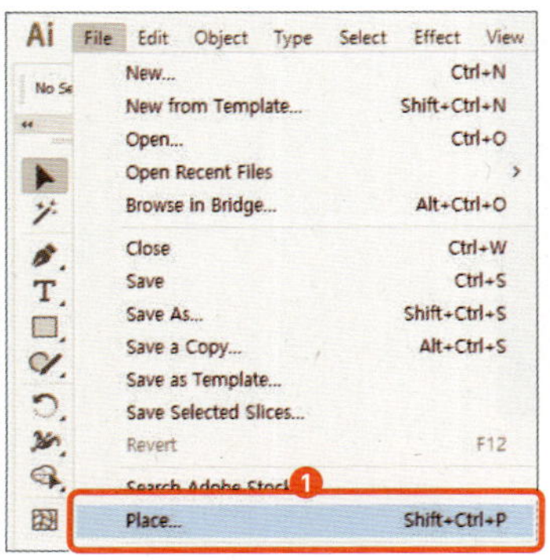

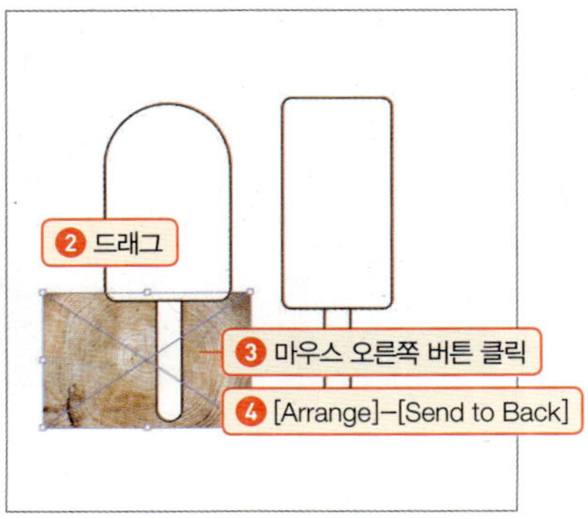

03 선택 툴(▶)로 Shift를 누른 채 나무 막대와 방금 삽입한 나무 배경을 클릭하여 선택한 후 마우스 오른쪽 버튼을 클릭하고 [Make Clipping Mask]를 선택합니다. 나무 막대 내부에만 나무 배경이 적용됩니다.

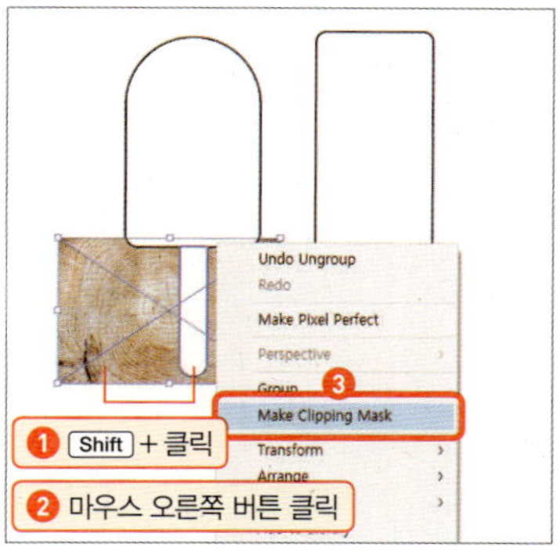

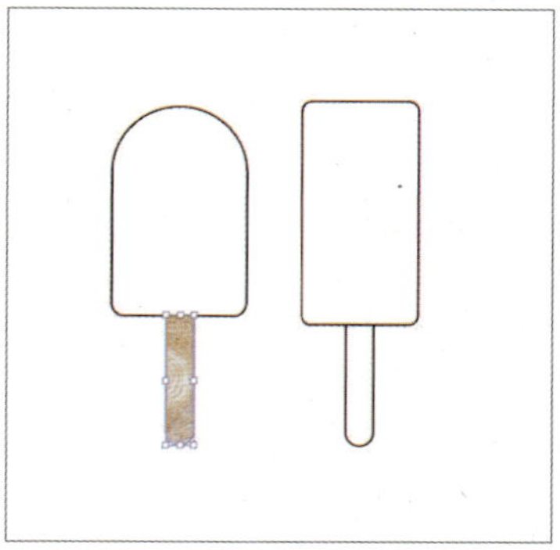

04 메뉴 바에서 [File]−[Place]를 선택하여 bg2.jpg 파일을 불러온 후 화면을 드래그하여 왼쪽 아이스크림보다 크게 삽입합니다. 마우스 오른쪽 버튼을 클릭하고 [Arrange]−[Send to Back]을 선택하여 왼쪽 아이스크림 뒤에 배치합니다. 선택 툴(▶)로 Shift를 누른 채 왼쪽 아이스크림과 불러온 배경 이미지를 클릭하여 선택한 후 마우스 오른쪽 버튼을 클릭하고 [Make Clipping Mask]를 선택합니다.

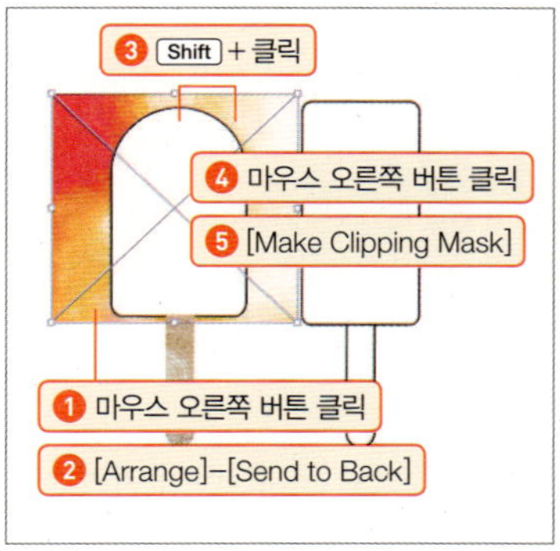

05 직접 선택 툴(▷)로 왼쪽 아이스크림 부분을 클릭하면 네모난 마스크 영역이 선택됩니다. 이 상태에서 배경의 마스크 이미지를 오른쪽으로 살짝 드래그하여 원하는 부분이 보이도록 만듭니다.

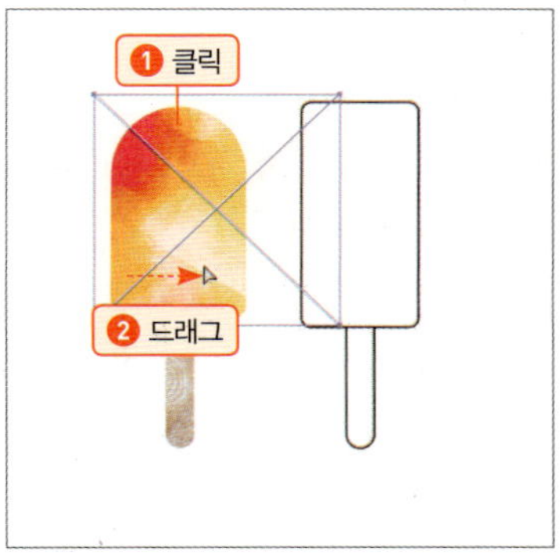

06 04~05 단계와 같은 방법으로 wood.jpg, bg3.jpg 파일을 불러와 오른쪽 아이스크림에 클리핑 마스크를 적용합니다. 선택 툴(▶)로 왼쪽 아이스크림 전체를 드래그하여 선택한 후 Ctrl+G를 눌러 그룹으로 묶습니다. 같은 방법으로 오른쪽 아이스크림도 그룹으로 묶습니다.

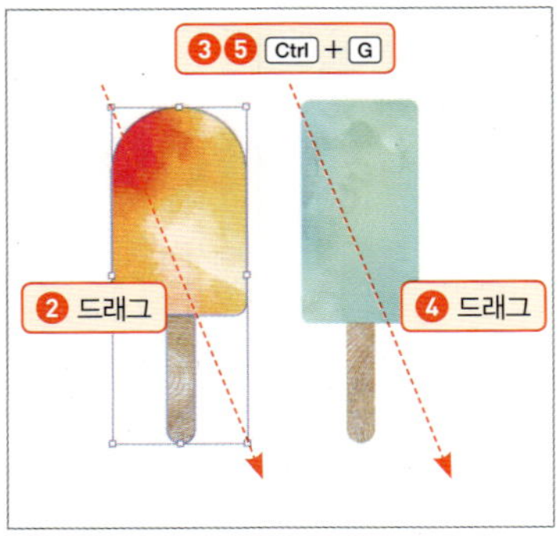

Tip 마스크를 취소하려면 오브젝트를 선택하고 마우스 오른쪽 버튼을 클릭한 후 [Release Clipping Mask]를 선택합니다. 마스크를 취소하면 오브젝트와 마스크 이미지가 분리되는데, 이때 오브젝트는 선과 면의 색상이 지정되지 않은 채 형태만 보입니다.

07 선택 툴(▶)로 드래그하여 전체 오브젝트를 선택한 후 Alt를 누른 채 오른쪽으로 드래그하여 아이스크림 2개를 복제합니다.

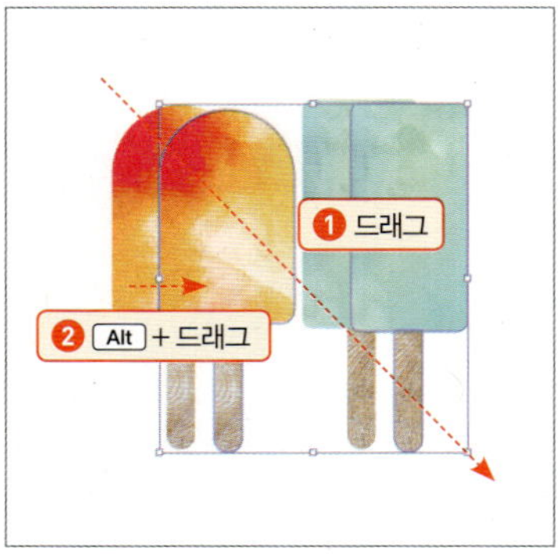

08 선택 툴(▶)로 Shift를 누른 채 뒤쪽에 보이는 아이스크림 2개를 선택합니다. 기울이기 툴( )로 상단 오른쪽 모서리를 드래그하여 45° 기울입니다. 선택 툴(▶)로 드래그하여 크기를 줄이고 각 아이스크림을 앞에 서 있는 아이스크림의 나무 막대 쪽으로 옮깁니다.

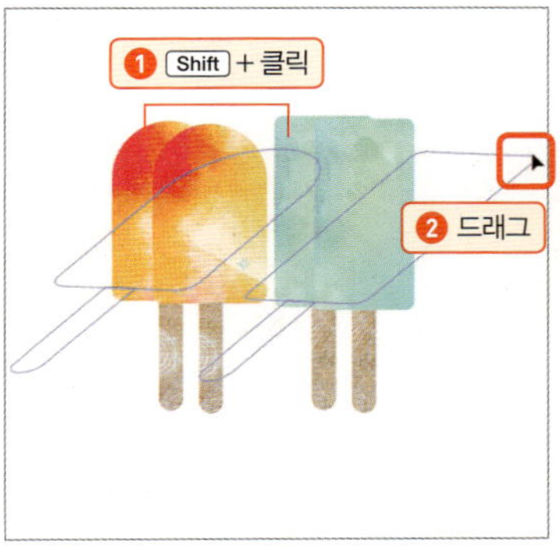

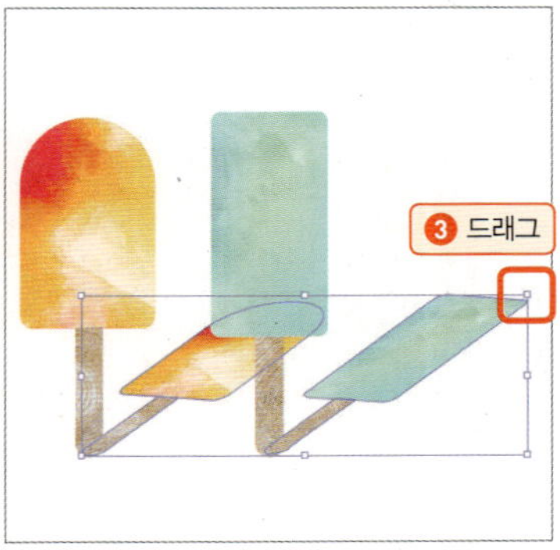

09 사각형 툴( )로 기울어진 아이스크림 2개를 덮을 만한 크기의 사각형을 그립니다. 메뉴 바에서 [Window]−[Gradient]를 선택하고 그레이디언트 패널의 섬네일을 클릭합니다. 그레이디언트 툴( )을 선택하고 마우스 포인터를 그레이디언트 조절 바로 가져가 회전시킨 후 그레이디언트의 검은색 부분이 위로 오도록 조절합니다.

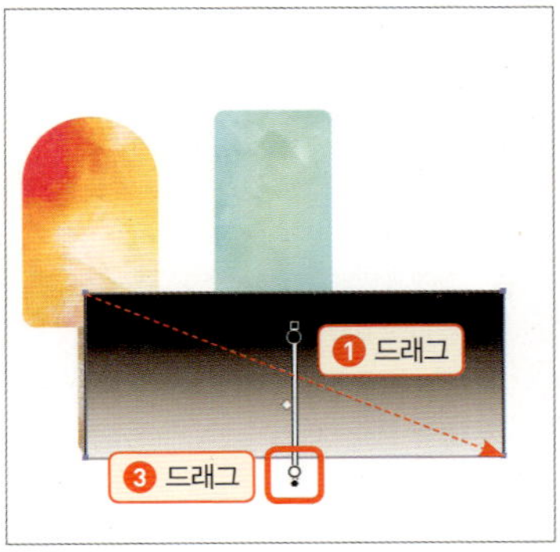

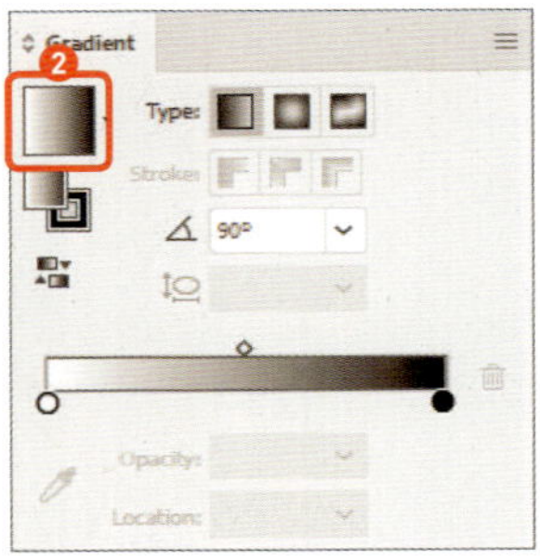

Tip 투명 마스크에서 순도 100% 검은색은 오브젝트를 100% 투명하게 보여 주고, 순도 100% 흰색은 오브젝트를 100% 그대로 보여 줍니다. 또한 중간 단계인 회색은 밝기에 따라 투명도가 달라지는데, 어두운 회색일수록 더 투명하게 보입니다.

10 선택 툴(▶)로 Shift 를 누른 채 기울어진 아이스크림 그룹 2개와 그레이디언트가 적용된 사각형을 모두 선택합니다. 메뉴 바에서 [Window]-[Transparency]를 선택한 후 투명도 패널에서 〈Make Mask〉를 클릭합니다. 그레이디언트의 검은색 영역이 투명하게 변하면서 이미지가 완성됩니다.

Tip 투명 마스크 영역을 해제하고 싶다면 투명도 패널에서 〈Release〉를 클릭합니다. 오브젝트와 마스크 영역이 분리됩니다.

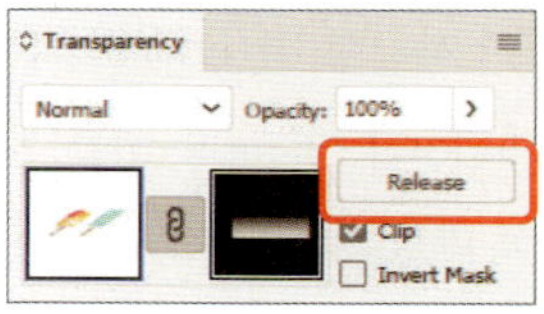

SECTION 06

실사처럼 보이도록 채색하기

• **핵심 기능 I** 메시 툴(단축키 U)

메시 툴의 기능 익히기

메시 툴()은 여러 색상을 그레이디언트보다 더 다양한 형태로 자연스럽게 섞어 줍니다. 주로 실사 이미지의 색상을 표현할 때 사용합니다.

01 원 그리기 Chapter_07 ▸ Section_06 ▸ mesh.ai 파일을 불러옵니다. 원형 툴()로 Alt + Shift 를 누른 채 드래그하여 원을 그립니다.

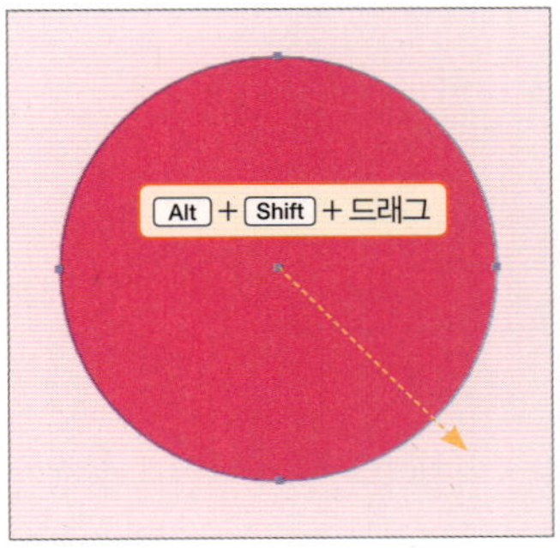

02 메뉴를 이용해 메시 만들기 메뉴 바에서 [Object]–[Create Gradient Mesh]를 선택하고 옵션 창에서 메시의 Rows(가로 선의 개수)를 4, Columns(세로 선의 개수)를 4, Appearance(색상 표시)를 To Center, Highlight(하이라이트)를 100%로 설정하고 〈OK〉를 클릭합니다.

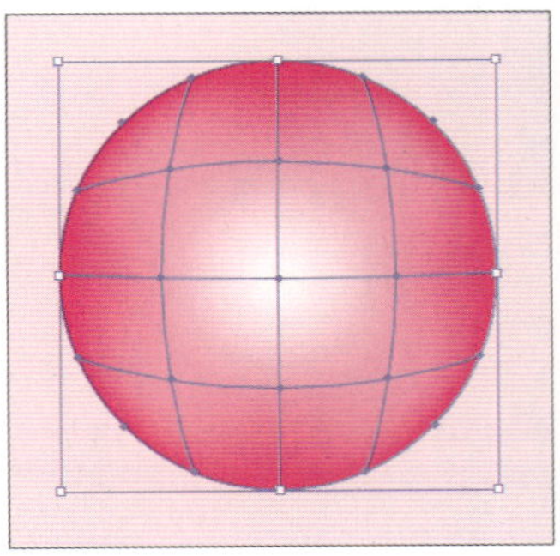

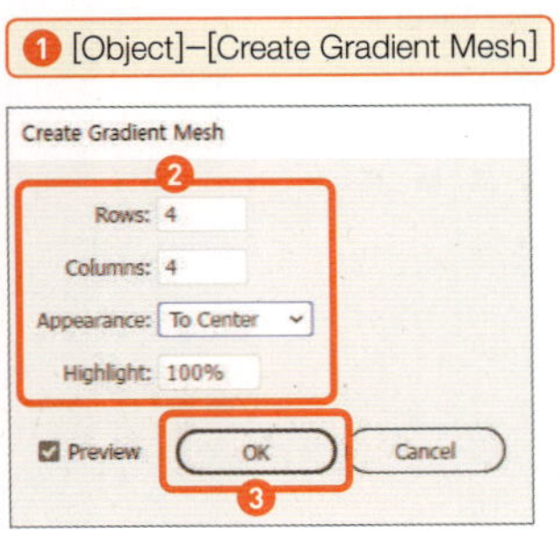

03 메시의 색상 변경하기 메시가 생성되면 직접 선택 툴( )로 원의 왼쪽 상단 앵커 포인트를 클릭한 후 색상 견본 패널에서 원하는 색상을 클릭합니다. 나머지 앵커 포인트도 다른 색상으로 지정합니다.

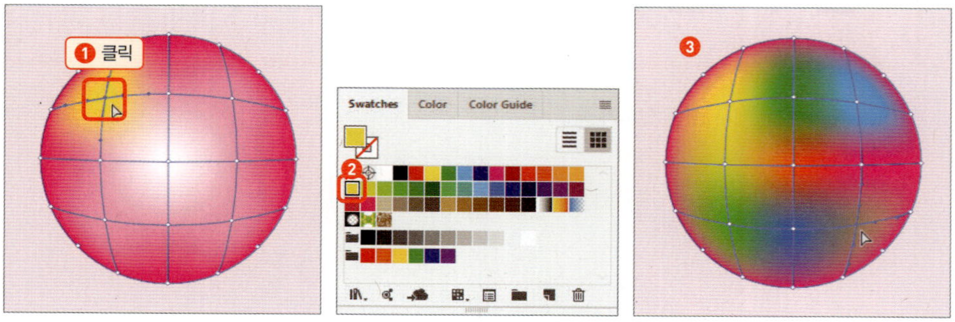

04 메시 툴로 메시 만들기 다시 원형 툴( )로 Alt + Shift 를 누른 채 드래그하여 원을 그립니다. 색상 견본 패널에서 면 색을 흰색으로 설정하고 메시 툴( )로 원의 내부를 클릭하면 클릭한 지점에 앵커 포인트와 패스가 생기면서 메시가 생성됩니다. 클릭한 지점의 색상은 현재 면 색인 흰색이 적용됩니다.

05 메시의 색상 변경하기 메시 툴( )로 원의 다른 지점을 클릭하면 클릭하는 지점마다 앵커 포인트가 생깁니다. 직접 선택 툴( )로 앵커 포인트 하나를 클릭하고 색상 견본 패널에서 원하는 색상을 클릭하여 적용합니다.

06 그레이디언트 크기와 방향 조절하기 직접 선택 툴(▷)로 앵커 포인트의 위치를 옮기거나 핸들러를 조절하면 그레이디언트의 크기나 방향을 조절할 수 있습니다.

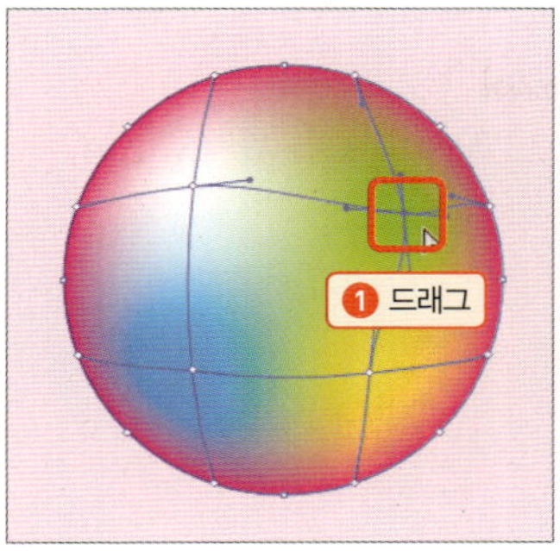

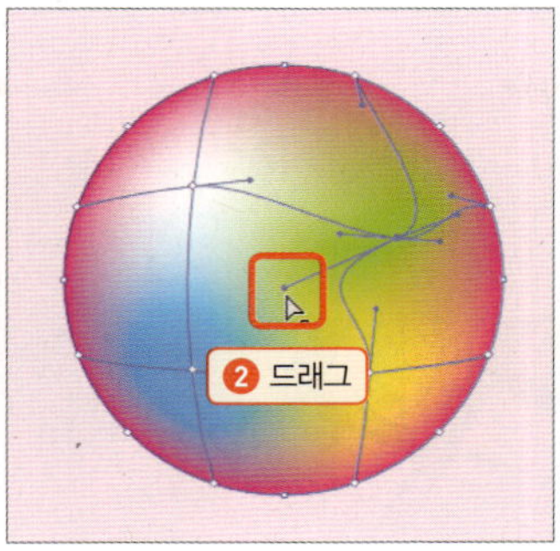

• **준비 파일** banana.jpg • **완성 파일** banana_result.ai

응용 예제 진짜처럼 보이는 바나나 이미지 만들기

메시 툴(▦)을 이용해 진짜 바나나처럼 보이는 이미지를 만들어 봅니다.

■ 준비 이미지

■ 완성 이미지

01 메뉴 바에서 [File]–[New]를 선택하고 New Document 창에서 Print를 선택한 후 Width와 Height를 각각 210mm로 입력하고 〈Create〉를 클릭합니다.

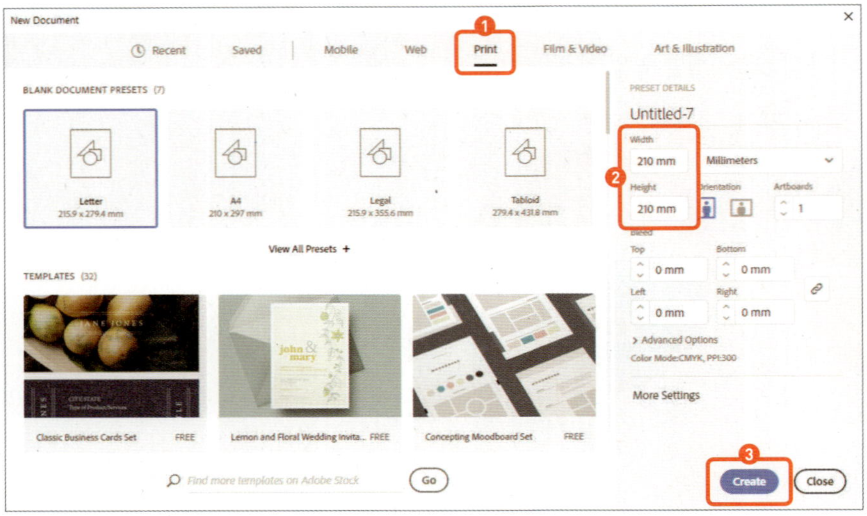

02 메뉴 바에서 [File]–[Place]를 선택하고 banana.jpg 파일을 불러 온 후 화면을 드래그하여 원하는 크기로 배치합니다.

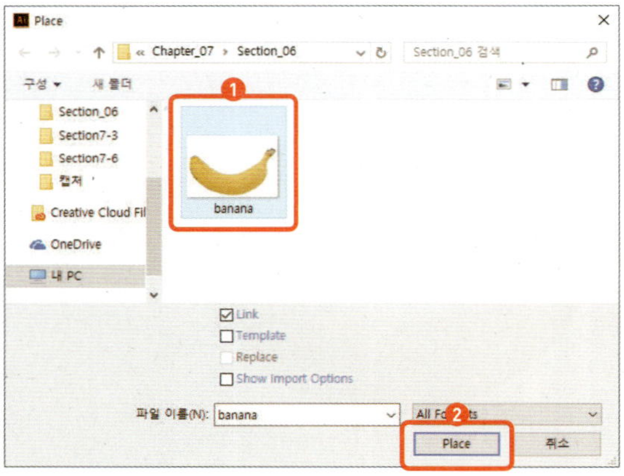

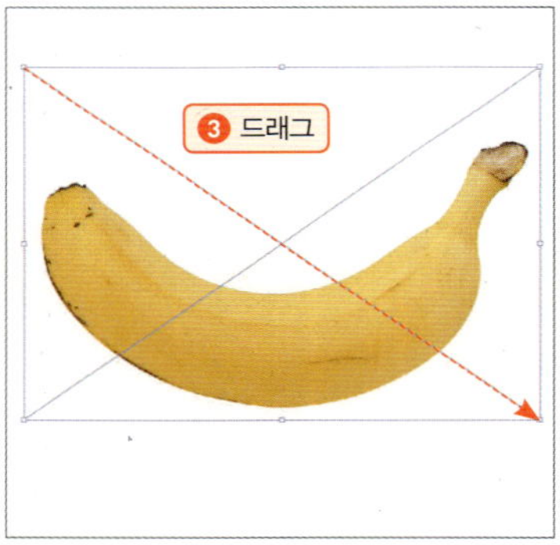

03 레이어 패널에서 Layer 1의 눈 아이콘(👁) 옆을 클릭하여 자물쇠(🔒)로 잠그고 새 레이어(■) 버튼을 클릭하여 Layer 2를 추가합니다.

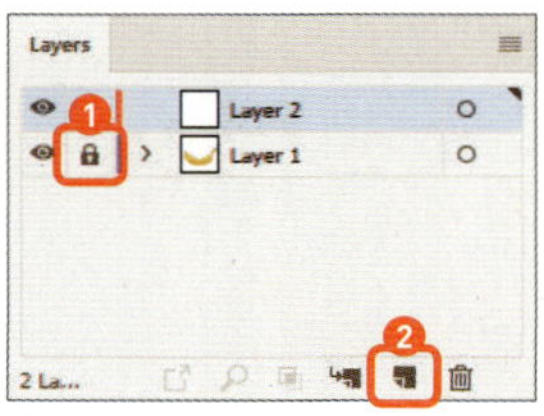

04 사각형 툴()로 바나나를 덮을 만한 크기의 사각형을 그린 후 Ctrl 을 누른 채 Layer 2의 눈 아이콘을 클릭합니다. 도형 색상은 보이지 않고 형태만 보입니다. 선택 툴()로 사각형의 바운딩 박스를 드래그하여 크기를 바나나 몸통에 딱 맞게 맞춥니다.

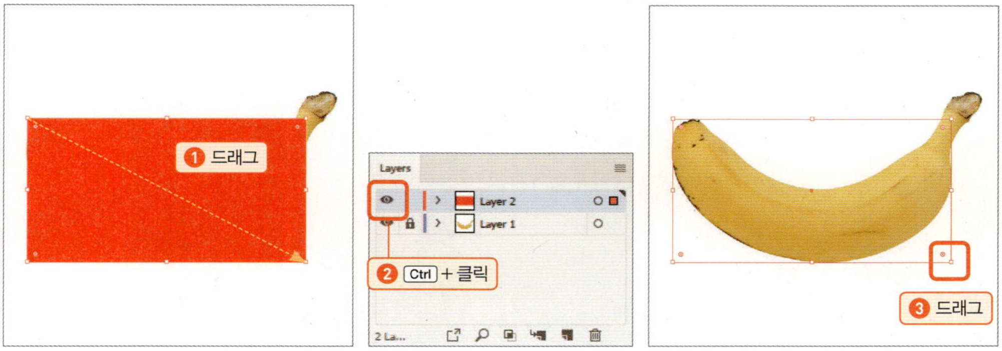

05 메시 툴()로 사각형의 가운데를 클릭합니다. 앵커 포인트와 패스가 나타나면 가운데 앵커 포인트와 상단 앵커 포인트를 각각 드래그하여 바나나 형태에 맞도록 옮깁니다.

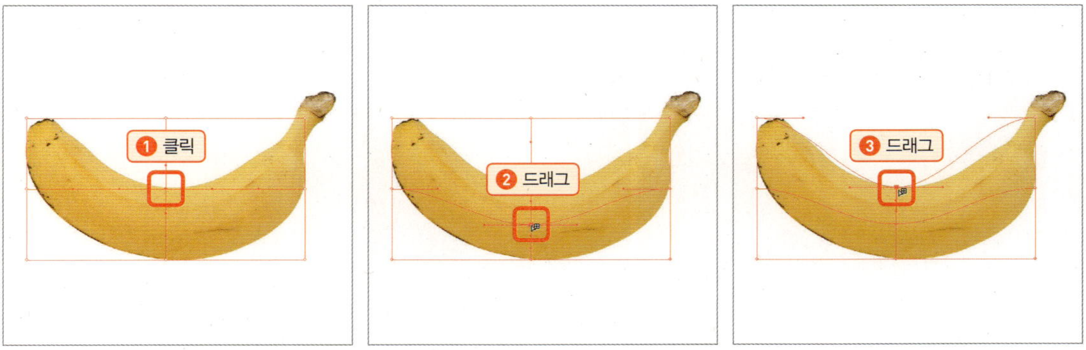

06 직접 선택 툴()로 사각형 왼쪽 가장자리 부분을 드래그하여 앵커 포인트 3개를 모두 선택한 후 가운데 앵커 포인트가 바나나 머리 중앙에 가도록 드래그하여 옮깁니다.

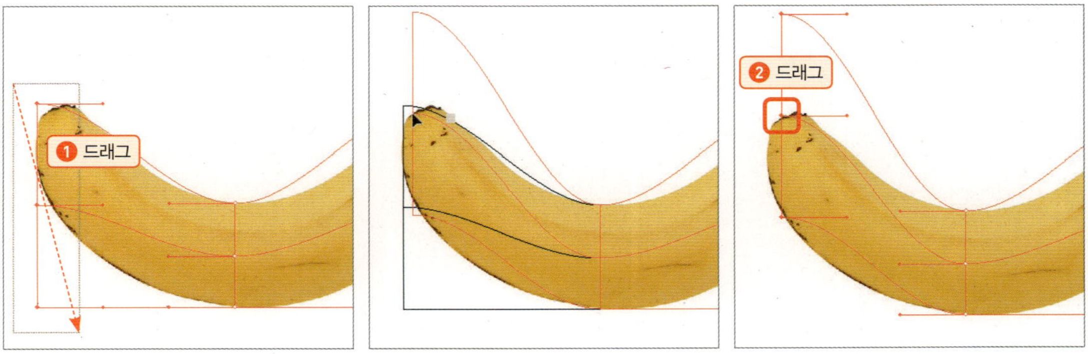

07 스케일 툴( )로 사각형 왼쪽 가장자리 맨 위의 앵커 포인트를 아래로 드래그하여 선택된 앵커 포인트 영역을 축소합니다. 바나나 왼쪽 끝부분과 너비가 비슷해질 때까지 줄입니다.

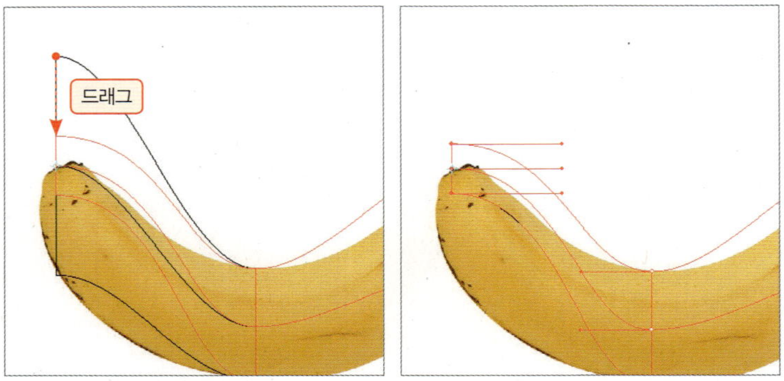

08 회전 툴( )로 사각형 왼쪽 가장자리 맨 위의 앵커 포인트를 아래로 드래그합니다. 다음과 같이 선택된 앵커 포인트 영역이 회전합니다. 바나나 각도와 비슷해지도록 회전시킵니다.

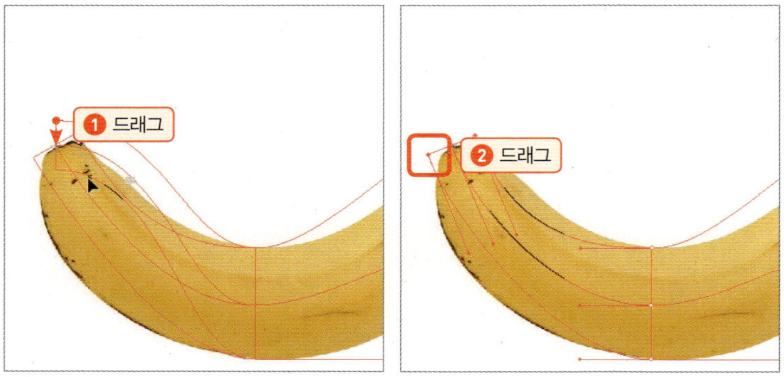

09 오른쪽 끝부분의 앵커 포인트 3개도 06~08 단계를 반복하여 바나나 형태와 비슷하게 맞춥니다.

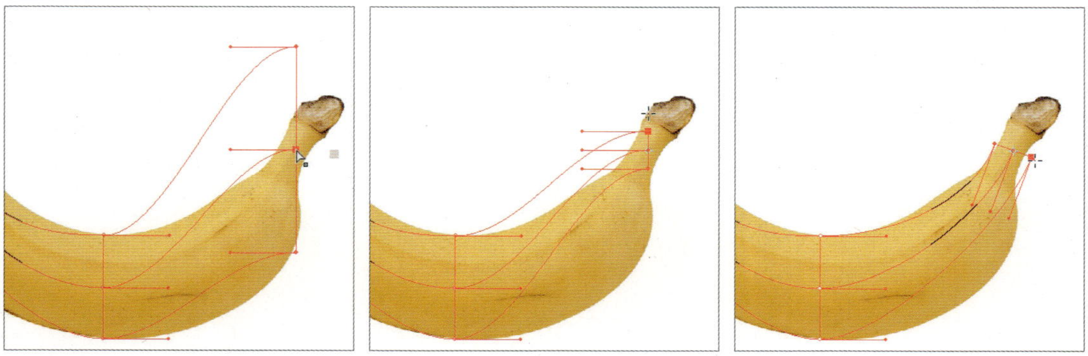

10 메시 툴( )을 선택하고 각 앵커 포인트를 클릭한 후 핸들러를 조절하여 곡선을 대강 바나나에 맞춰 조절합니다.

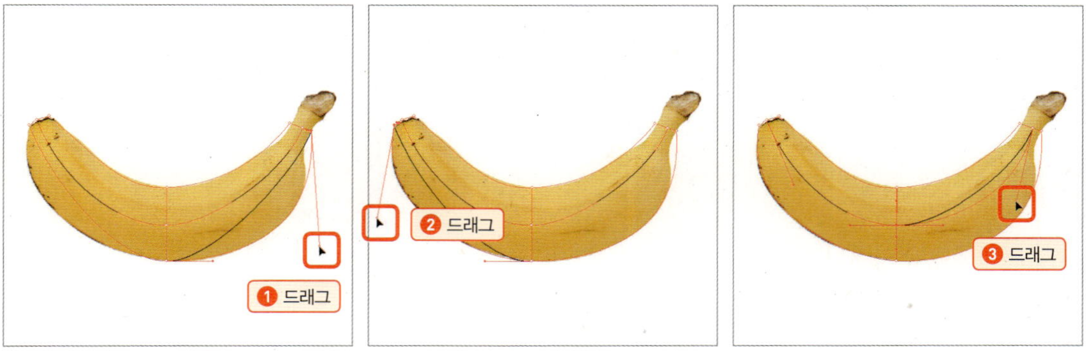

11 곡선을 정밀하게 작업할 수 있도록 돋보기 툴( )로 화면을 확대합니다. 메시 툴( )로 바나나 가장자리에서 떨어진 부분의 패스를 클릭하면 다음과 같이 앵커 포인트와 패스가 추가됩니다. 이때 앵커 포인트를 클릭하면 핸들러가 나타나는데 핸들러를 드래그하여 바나나에 맞도록 패스 곡선을 조절합니다. 다른 부분에도 앵커 포인트를 추가하여 바나나를 둘러싸게 만듭니다.

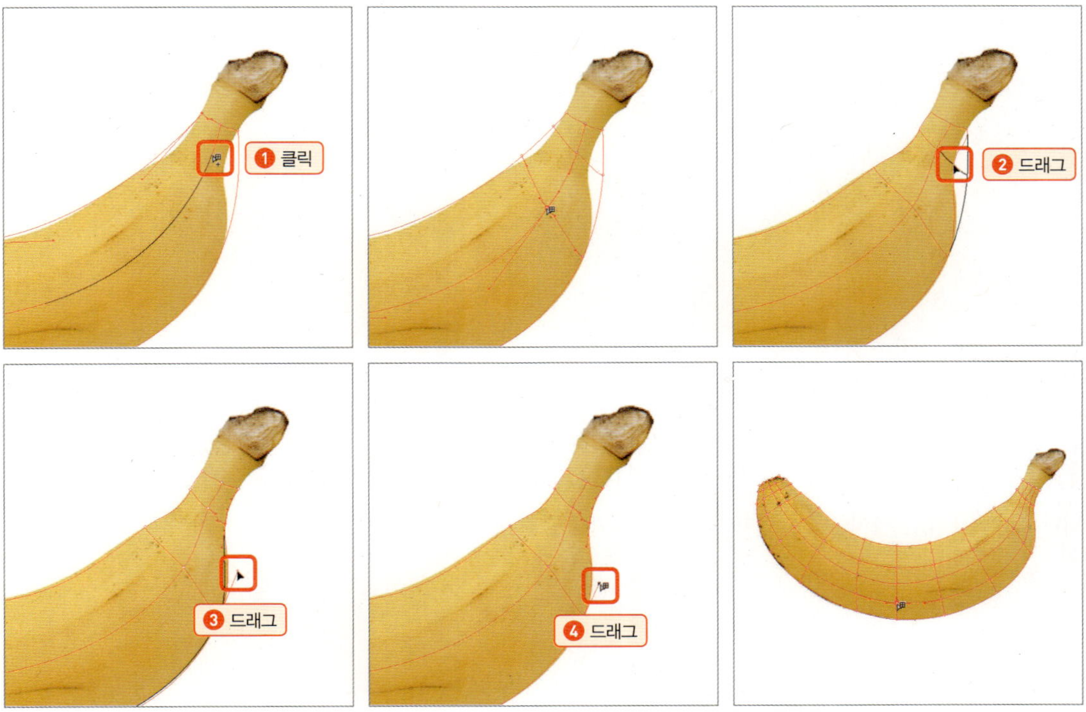

12 이제 바나나 색상으로 메시 영역을 채워 보겠습니다. 색상이 변해가는 것을 확인할 수 있도록 메뉴 바에서 [Window]–[Navigator]를 선택합니다. 메시 툴( )로 바나나 꼭지의 왼쪽 끝 앵커 포인트를 클릭한 후 스포이트 툴( )로 앵커 포인트 바로 옆 부분을 클릭합니다. 같은 방법으로 나머지 앵커 포인트도 클릭하고 계속해서 스포이트 툴( )로 바로 옆을 클릭합니다.

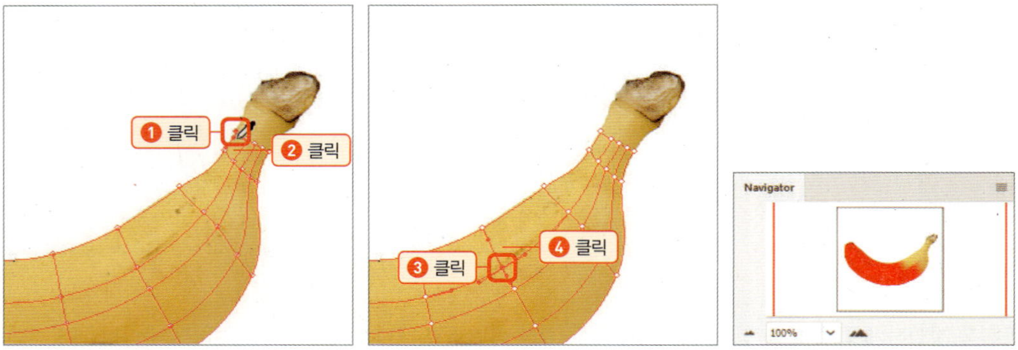

Tip 메시 툴( )과 스포이트 툴( )을 번갈아가며 클릭하는 것이 번거로울 수 있습니다. 이럴 때는 메시 툴의 단축키인 U와 스포이트 툴의 단축키인 I를 눌러가며 작업하면 편리합니다.

13 빠트린 영역이 생기지 않도록 내비게이터 패널을 확인하면서 앵커 포인트를 꼼꼼하게 클릭합니다.

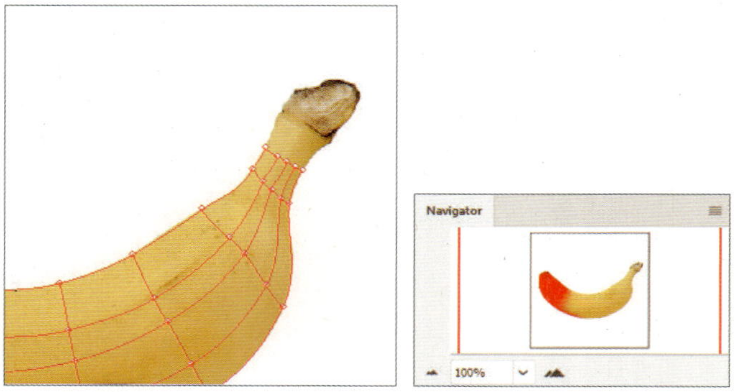

14 모든 메시 영역을 채웠다면 레이어 패널에서 Layer 2의 눈 아이콘을 Alt를 누른 채 클릭하여 보이게 합니다. Layer 1의 눈 아이콘을 클릭하여 사진 이미지를 숨긴 후 결과를 확인합니다.

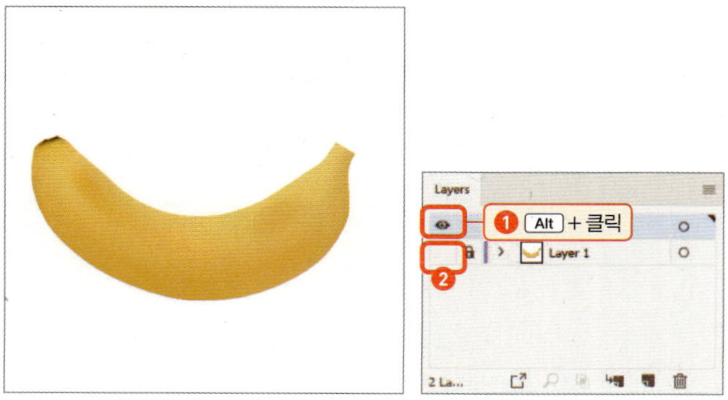

15 원본 사진처럼 정교하게 작업하고 싶다면 계속해서 메시 툴( )로 패스를 추가하여 작업합니다.

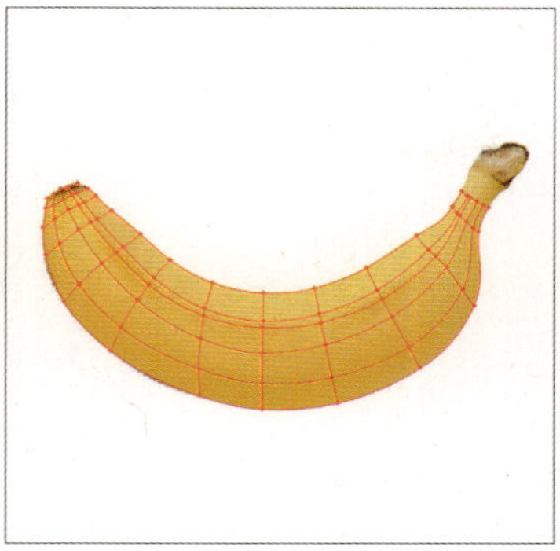

CHAPTER

08

오브젝트의 회전과 반전

지금까지 간단한 크기 조절이나 회전에 바운딩 박스를 이용하였습니다. 이 장에서는 오브젝트를 회전시키고 반전시키고 비틀고 기울이고 왜곡하는 등 좀 더 정교하게 변형하는 방법을 알아봅니다. 이러한 기능을 이용하면 오브젝트를 정교하게 변형할 수 있어 작업이 수월해집니다.

01 / **오브젝트 회전시키기** ▶ 회전 툴

02 / **오브젝트 반전시키기** ▶ 반전 툴

03 / **오브젝트 크기 조절하기** ▶ 스케일 툴

04 / **오브젝트 기울이기/휘기/왜곡하기** ▶ 셰어 툴, 리셰이프 툴, 퍼펫 워프 툴, 프리 트랜스폼 툴

05 / **오브젝트 형태와 색상 연결하기** ▶ 블렌드 툴

SECTION 01

오브젝트 회전시키기

• **핵심 기능** | 회전 툴( )(단축키 R)

회전 툴의 기능 익히기

회전 툴( )을 이용하면 기준점을 중심으로 오브젝트를 회전시키거나 회전 영역을 복제할 수 있습니다.

01 회전 기준점 보기 Chapter_08 ▸ Section_01 ▸ rotate.ai 파일을 불러옵니다. 선택 툴( )로 오브젝트를 선택한 후 회전 툴( )을 클릭하면 오브젝트 중심에 기준점이 생깁니다.

02 원하는 각도로 회전시키기 회전 툴( )을 더블클릭하여 옵션 창을 연 후 Angle(각도)을 45°로 입력하고 〈OK〉를 클릭합니다. 오브젝트가 기준점을 중심으로 45° 회전합니다.

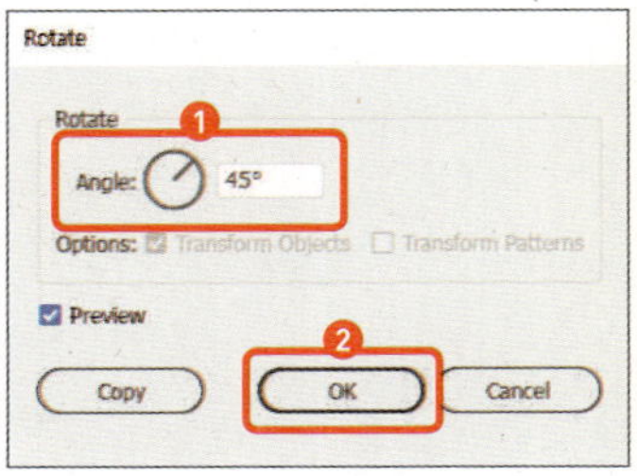

03 기준점을 변경한 후 회전시키기 Ctrl+Z를 눌러 회전하기 전 상태로 되돌립니다. 회전 툴()을 선택하고 Alt를 누른 채 오브젝트 아래의 한 지점을 클릭합니다. 클릭한 지점으로 기준점이 옮겨지고 옵션 창이 자동으로 열립니다. 옵션 창에서 Angle(각도)을 45°로 입력한 후 〈OK〉를 클릭하면 변경된 기준점을 중심으로 오브젝트가 회전합니다.

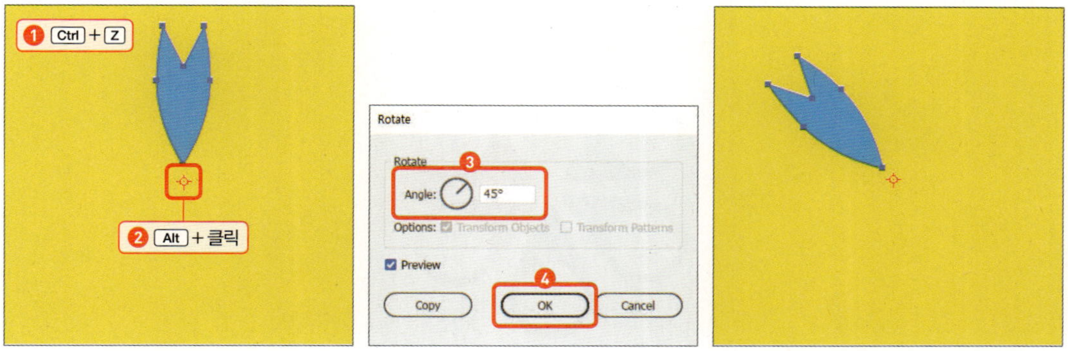

04 복제하기 Ctrl+Z를 눌러 회전하기 전 상태로 되돌립니다. 회전 툴()을 선택하고 Alt를 누른 채 오브젝트 아래의 한 지점을 클릭하여 기준점을 옮깁니다. 옵션 창이 열리면 Angle(각도)을 45°로 입력하고 〈Copy〉를 클릭합니다. 원래 오브젝트는 그대로 있고 기준점을 중심으로 45° 회전한 오브젝트가 복제됩니다.

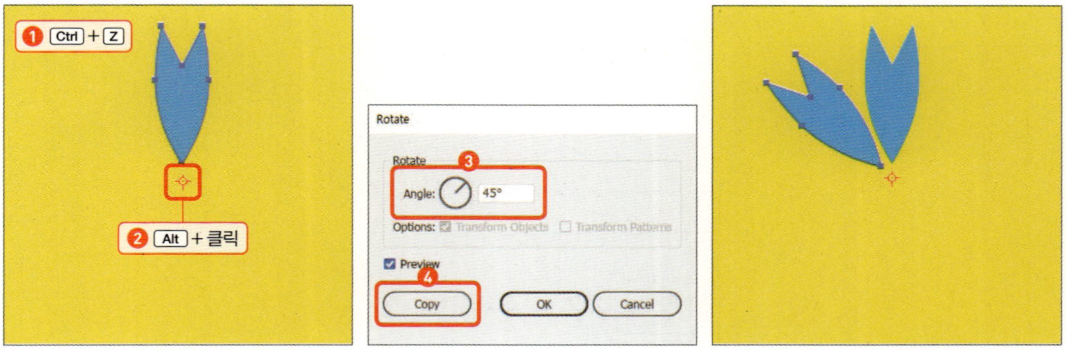

05 단축키로 복제하기 한 번 복제된 오브젝트는 Ctrl+D를 누르면 계속해서 같은 각도로 복제됩니다.

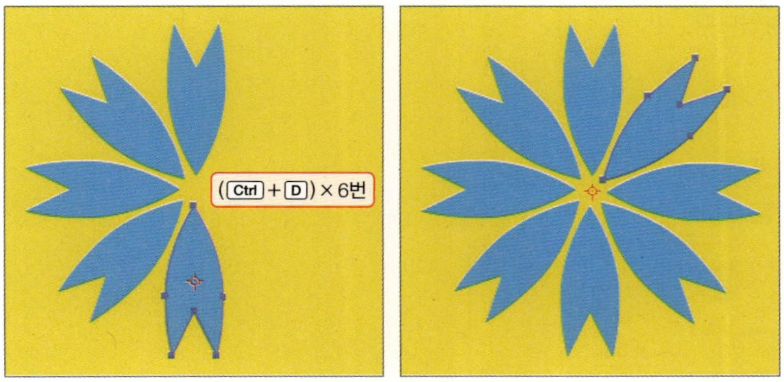

응용 예제 원형 인포그래픽 만들기

회전 툴과 빠른 복제 기능을 이용해 원형 인포그래픽을 만들어 봅니다.

■ 완성 이미지

01 Chapter_08 ▸ Section_01 ▸ rotation.ai 파일을 불러옵니다. 원형 툴(◯)로 화면을 클릭해 옵션 창을 연 후 Width(너비)와 Height(높이)를 각각 20mm로 입력하고 〈OK〉를 클릭합니다.

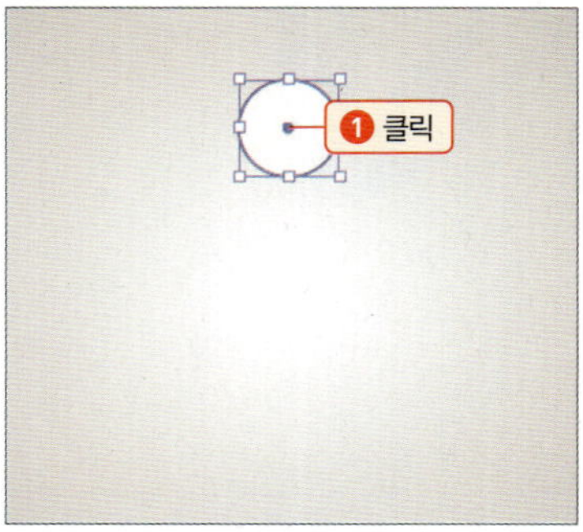

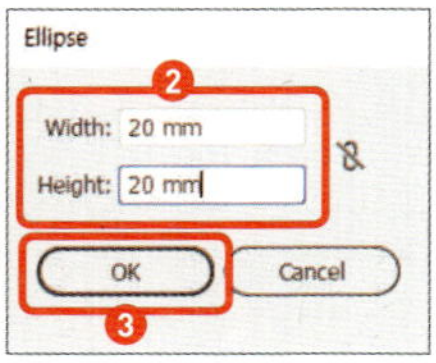

02 메뉴 바에서 [Object]–[Path]–[Offset Path]를 선택한 후 Offset을 3mm로 입력하고 〈OK〉를 클릭합니다. 처음 그린 원보다 약간 큰 원이 생성됩니다.

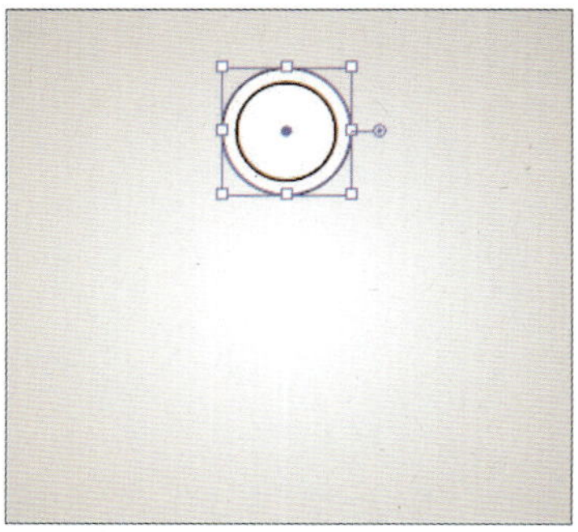

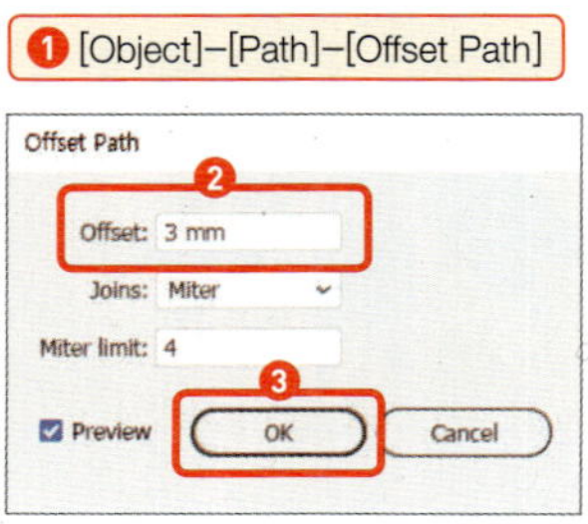

03 앵커 포인트 전환 툴( )로 바깥 원의 하단 앵커 포인트를 클릭하여 직선으로 바꿉니다. 직접 선택 툴( )로 앵커 포인트를 아래로 드래그하여 늘립니다.

04 선택 툴( )로 드래그하여 오브젝트 2개를 모두 선택한 후 Ctrl+G를 눌러 그룹으로 묶습니다. 회전 툴( )을 선택하고 Alt를 누른 채 오브젝트 하단의 한 지점을 클릭하여 기준점을 옮깁니다. 옵션 창이 열리면 Angle(각도)을 60°로 입력하고 〈Copy〉를 클릭합니다.

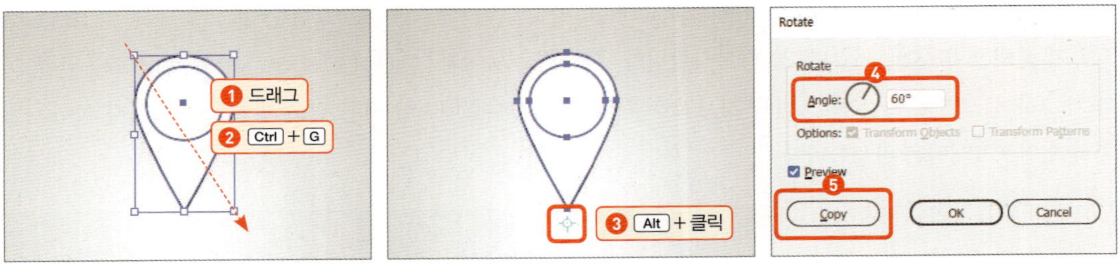

05 선택된 오브젝트가 60° 각도에 복제됩니다. Ctrl+D를 4번 눌러 오브젝트를 4개 더 복제합니다.

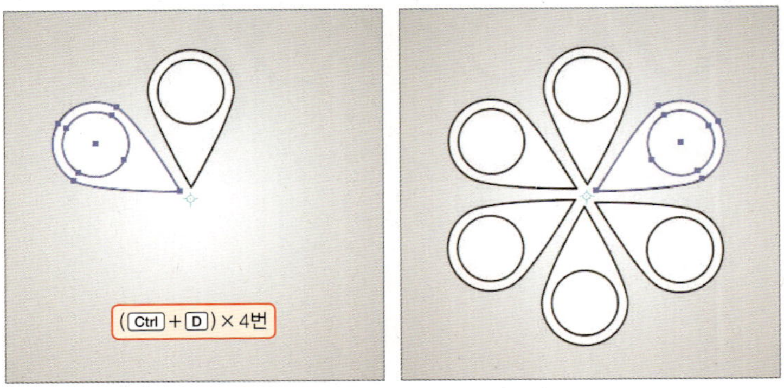

06 직접 선택 툴(▷)로 각 그룹의 바깥에 있는 오브젝트를 선택하고 색상 패널에서 면 색을 다음과 같이 설정합니다. 선택 툴(▶)로 드래그하여 전체 오브젝트를 선택하고 옵션 바에서 선 색을 색상 없음으로 설정합니다.

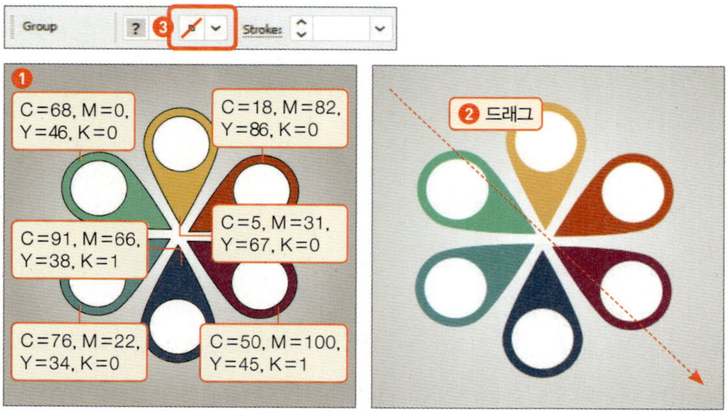

07 메뉴 바에서 [File]–[Open]을 선택하고 icon.ai 파일을 불러옵니다. 선택 툴(▶)로 휴지통 아이콘을 드래그하여 선택한 후 Ctrl+C를 눌러 복사합니다. 화면으로 돌아와 Ctrl+V를 눌러 붙여 놓고 바운딩 박스를 드래그하여 크기를 줄인 후 노란색 오브젝트 원의 한가운데에 배치합니다. 같은 방법으로 나머지 아이콘을 배치하여 인포그래픽을 완성합니다.

SECTION 02

오브젝트 반전시키기

- **핵심 기능 |** 반전 툴( )(단축키 O)

반전 툴의 기능 익히기

반전 툴( )을 이용하면 기준점을 중심으로 오브젝트를 수직 · 수평 또는 원하는 각도로 반전시킬 수 있고 반전한 영역을 복제할 수도 있습니다.

01 반전 기준점 보기 Chapter_08 ▸ Section_02 ▸ reflect.ai 파일을 불러옵니다. 선택 툴( )로 오브젝트를 선택한 후 반전 툴( )을 클릭하면 오브젝트 중심에 기준점이 생깁니다.

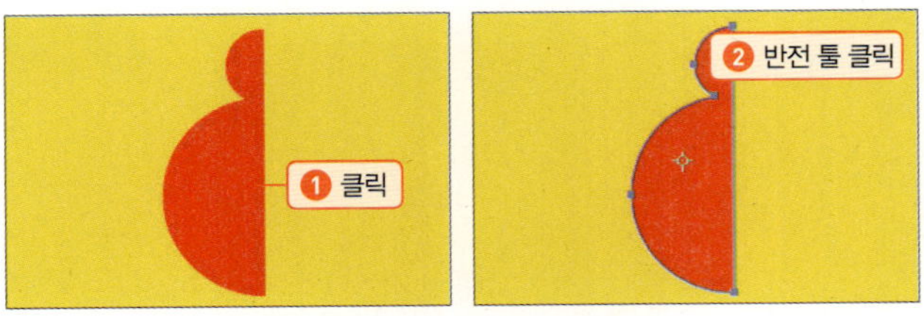

02 수직/수평 방향으로 반전하기 반전 툴( )을 더블클릭하여 옵션 창을 엽니다. Axis(축)를 Horizontal(수평)로 설정하면 오브젝트가 기준점을 중심으로 수직 방향으로 반전하고, Vertical(수직)로 설정하면 수평 방향으로 반전합니다. 각 옵션을 선택한 후 〈OK〉를 클릭하여 결과를 확인합니다.

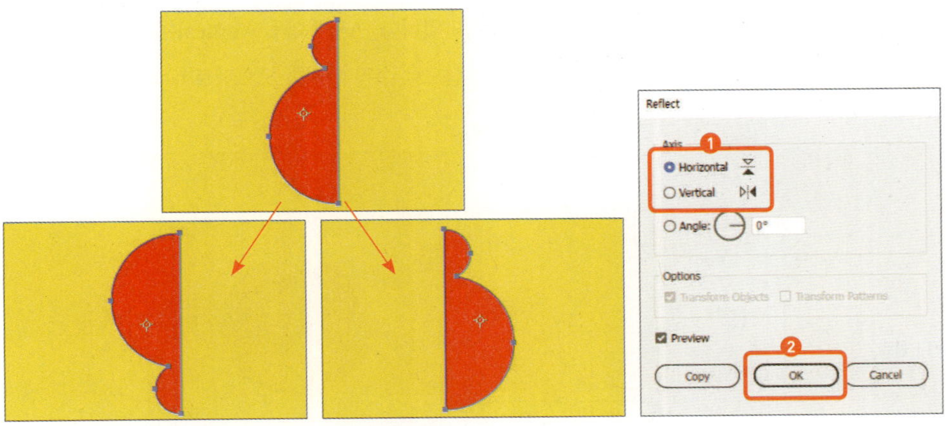

- Horizontal을 선택한 결과
- Vertical을 선택한 결과

03 원하는 각도로 반전시키기 Ctrl+Z를 눌러 반전하기 전 상태로 되돌립니다. 반전 툴( )을 더블클릭하여 옵션 창을 열고 Angle(각도)을 120°로 입력한 후 〈OK〉를 클릭합니다. 오브젝트가 기준점을 중심으로 입력한 각도만큼 반전합니다.

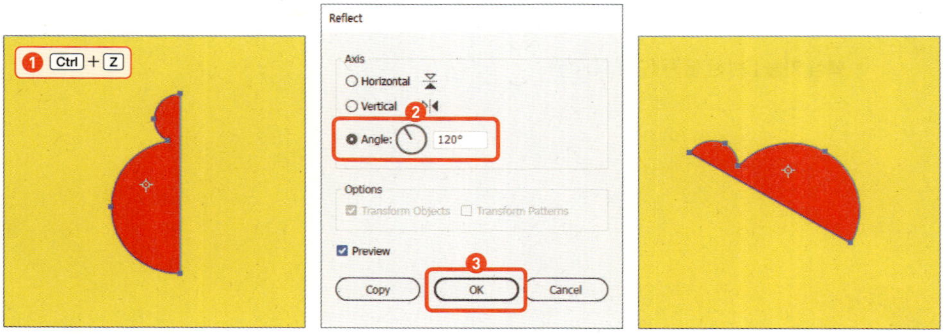

04 기준점을 변경한 후 반전시키기 Ctrl+Z를 눌러 반전하기 전 상태로 되돌립니다. 반전 툴( )을 선택한 상태에서 Alt를 누른 채 오브젝트의 오른쪽 한 지점을 클릭합니다. 클릭한 지점으로 기준점이 옮겨지고 옵션 창이 열립니다. Axis(축)를 Vertical(수직)로 설정하고 〈OK〉를 클릭하면 이동된 기준점을 중심으로 오브젝트가 수평 방향으로 반전합니다.

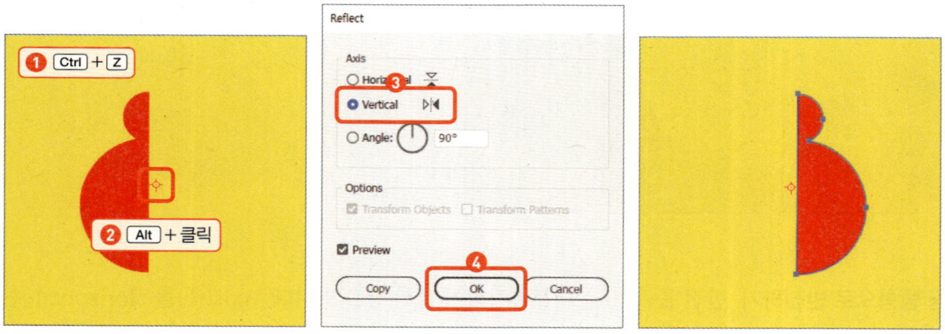

05 복제하기 Ctrl+Z를 눌러 반전하기 전 상태로 되돌립니다. 반전 툴( )을 선택하고 Alt를 누른 채 오브젝트의 오른쪽 한 지점을 클릭하여 기준점을 옮기고 옵션 창을 엽니다. Axis(축)을 Vertical(수직)로 설정하고 〈Copy〉를 클릭합니다. 원래 오브젝트는 그대로 있고 기준점을 중심으로 수평 반전한 오브젝트가 복제됩니다.

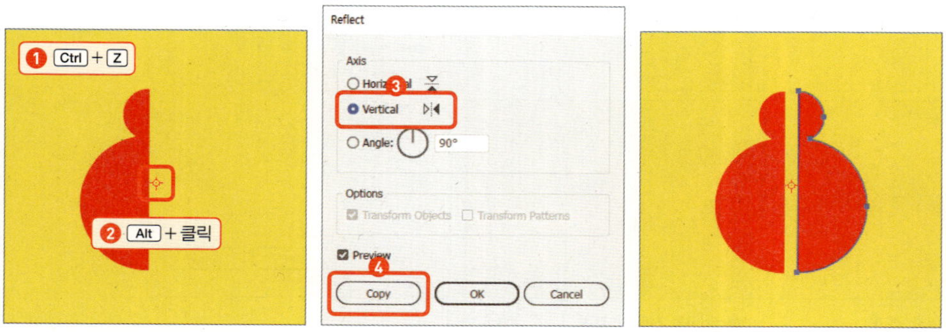

응용 예제 봄 느낌이 나는 쇼핑몰 배너 만들기

반전 툴( )을 이용하여 면 4개로 구성된 하트를 만든 후 쇼핑몰 배너로 활용해 봅니다.

■ 완성 이미지

01 Chapter_08 ▸ Section_02 ▸ heart.ai 파일을 불러옵니다. 원형 툴( )로 Alt + Shift 를 누른 채 드래그하여 정원을 만듭니다.

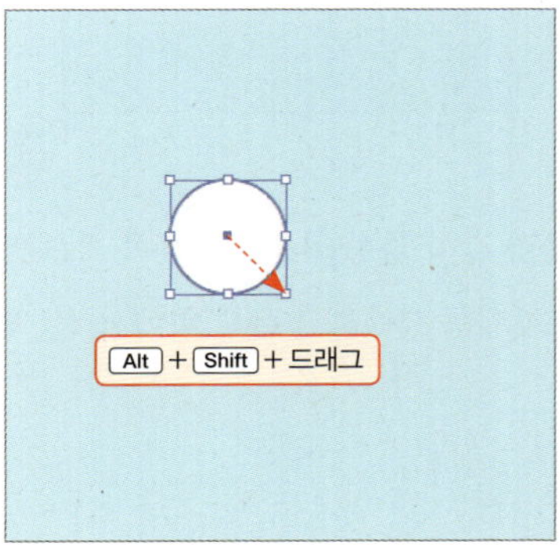

02 펜 툴( )로 하트의 왼쪽 부분을 그립니다. 이때 펜 툴( )로 이전 앵커 포인트 위치를 클릭하여 새 앵커 포인트를 만들면 이전 앵커 포인트가 사라집니다. 따라서 앵커 포인트가 겹치는 위치를 클릭할 때는 Shift 를 누른 채 클릭하여 이전 앵커 포인트가 사라지지 않도록 합니다.

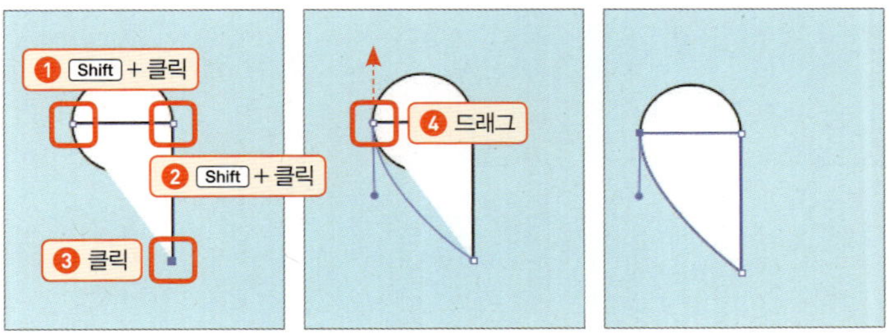

03 선택 툴( )로 드래그하여 오브젝트 2개를 선택하고 셰이프 빌더 툴( )로 두 오브젝트 위를 드래그하여 하나로 합칩니다.

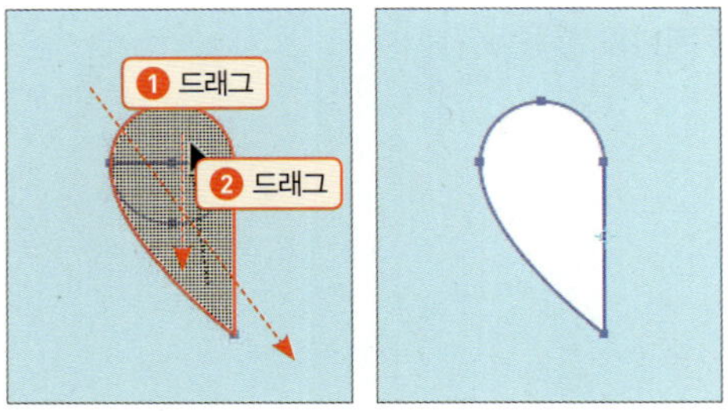

04 반전 툴( )을 선택한 후 Alt를 누른 채 오브젝트의 오른쪽 수직 중앙을 클릭하여 기준점을 옮깁니다. 옵션 창에서 Axis(축)을 Vertical(수평)로 설정하고 〈Copy〉를 클릭하여 오브젝트를 반전하여 복제합니다.

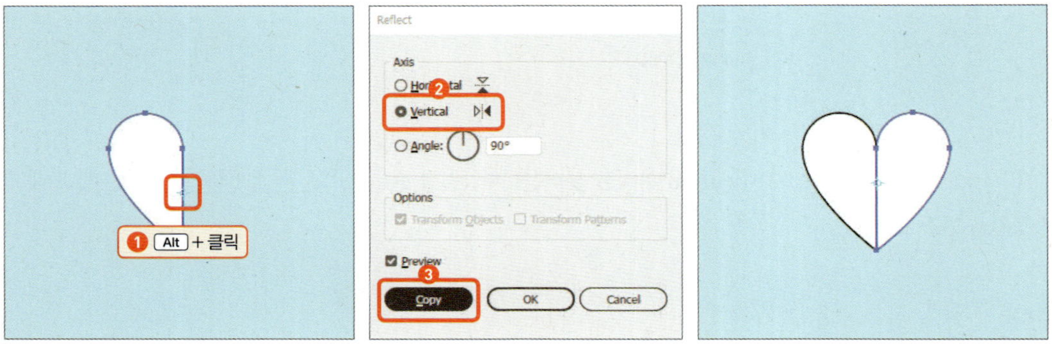

05 선택 툴( )로 왼쪽 오브젝트를 선택하고 색상 패널에서 면 색을 다음과 같이 설정합니다. 오른쪽 오브젝트의 면 색도 다음과 같이 설정합니다. 선택 툴( )로 드래그하여 오브젝트 2개를 선택하고 옵션 바에서 선 색을 색상 없음으로 설정합니다.

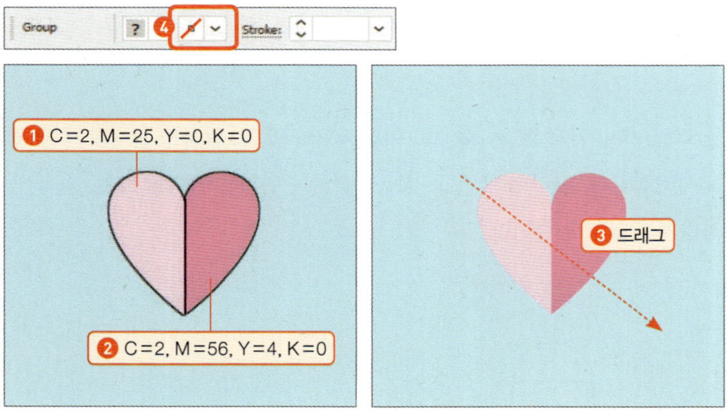

06 오브젝트 2개가 모두 선택된 상태에서 선택 툴(▶)로 Alt 를 누른 채 오른쪽으로 드래그하여 하트를 복제합니다. 복제한 하트는 바운딩 박스를 조절하여 원래 하트의 절반 너비로 줄인 후 원래 있던 하트의 중앙에 배치합니다. 크기를 줄인 하트의 왼쪽과 오른쪽 면 색은 반대로 설정합니다. 선택 툴(▶)로 드래그하여 전체 오브젝트를 선택합니다.

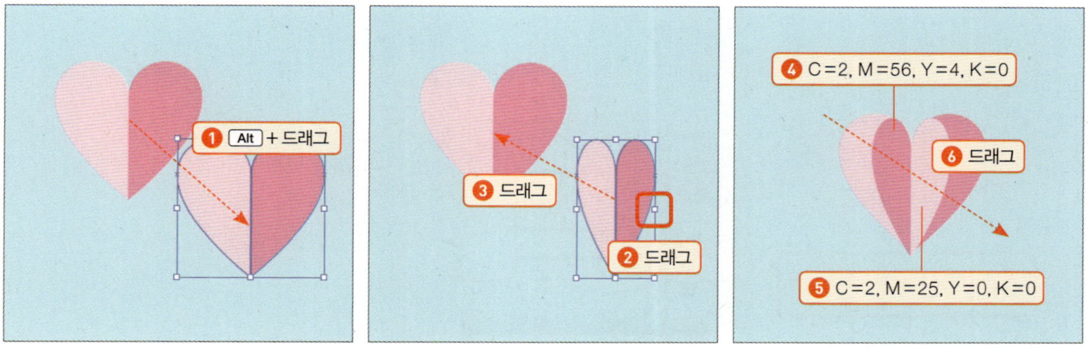

07 메뉴 바에서 [Effect]-[Stylize]-[Drop Shadow]를 선택합니다. 옵션 창에서 Mode를 Multiply, Opacity를 75%, X Offset과 Y Offset을 각각 0mm, Blur를 3mm, Color를 C=17, M=92, Y=0, K=0으로 설정하고 〈OK〉를 클릭합니다. 하트 오브젝트에 그림자가 생겨 입체적으로 보입니다.

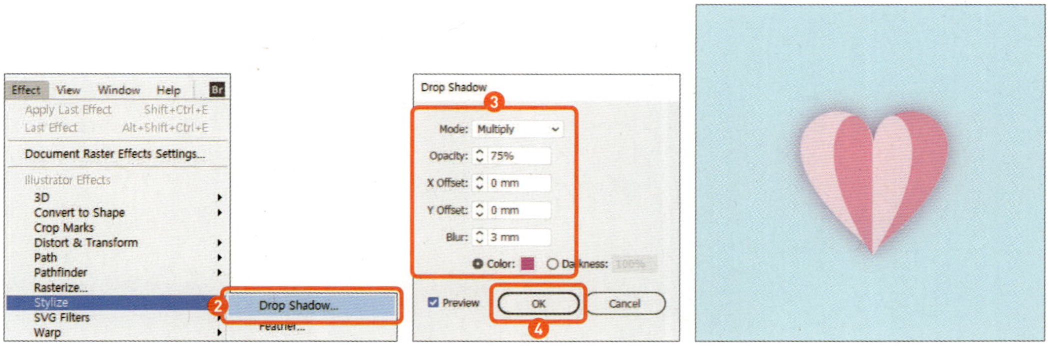

08 전체 오브젝트가 선택된 상태에서 Alt 를 누른 채 드래그하여 오브젝트를 복제하고 바운딩 박스를 드래그하여 크기를 줄이고 회전시킵니다.

09 텍스트 툴(T)로 화면 아랫부분을 클릭한 후 Spring Festival을 입력합니다. 선택 툴(▶)로 문자를 선택하고 색상 패널에서 면 색을 C=0, M=100, Y=0, K=0, 선 색을 색상 없음으로 설정한 후 옵션 바에서 Character 옵션을 Arial, Bold, 55pt로 설정해 배너를 완성합니다.

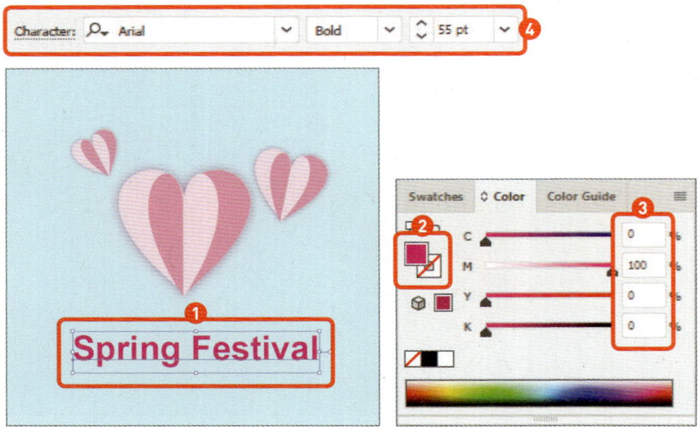

SECTION 03

오브젝트 크기 조절하기

- **핵심 기능 |** 스케일 툴(단축키 S)

스케일 툴의 기능 익히기

스케일 툴()을 사용하면 오브젝트의 크기 조절은 물론 속성도 변경할 수 있습니다.

01 기준점 보기 Chapter_08 ▸ Section_03 ▸ scale.ai 파일을 불러옵니다. 선택 툴()로 오브젝트를 선택하고 스케일 툴()을 클릭하면 오브젝트 중심에 기준점이 생깁니다.

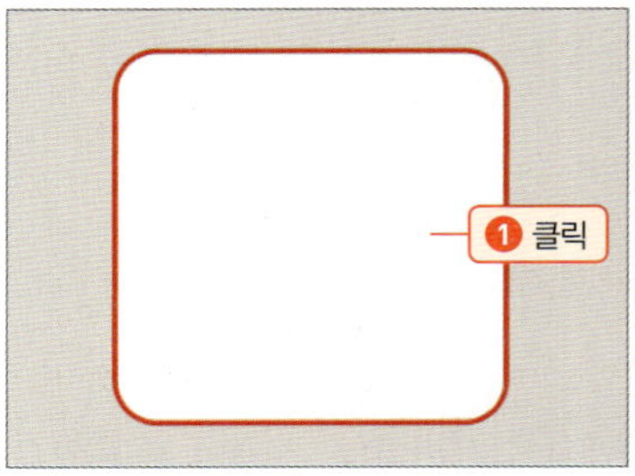

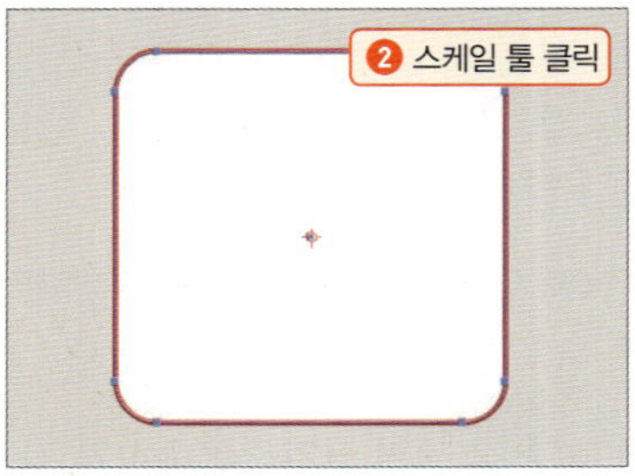

02 50% 크기로 줄이기 스케일 툴()을 더블클릭하여 옵션 창을 엽니다. Uniform으로 입력하면 도형의 수평과 수직 크기가 입력한 값으로 균일하게 조절됩니다. Scale Corners는 모서리의 둥근 정도를 나타내고, Scale Strokes&Effects는 선의 굵기와 효과를 나타냅니다. Uniform, Scale Corners, Scale Strokes&Effects를 다음과 같이 설정하고 〈Copy〉를 클릭하여 결과를 비교합니다.

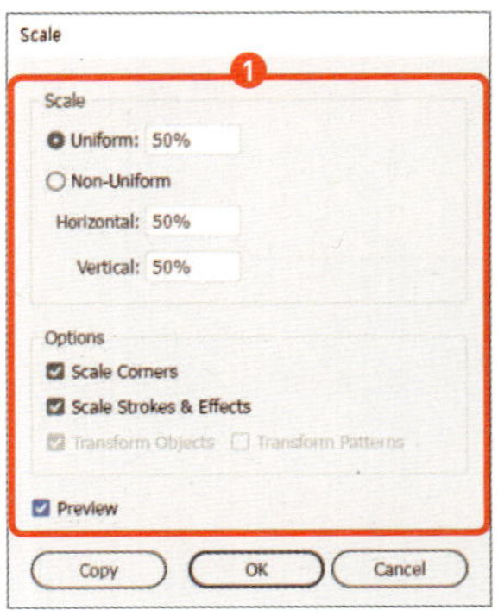

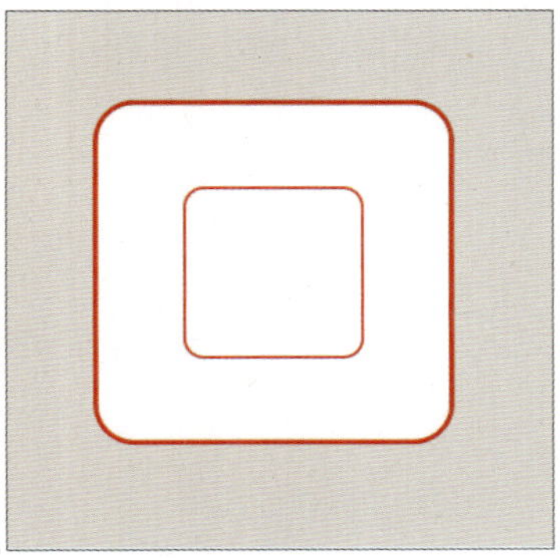

■ 오브젝트 크기, 모서리의 둥근 정도, 선 굵기가 모두 50% 비율로 조정

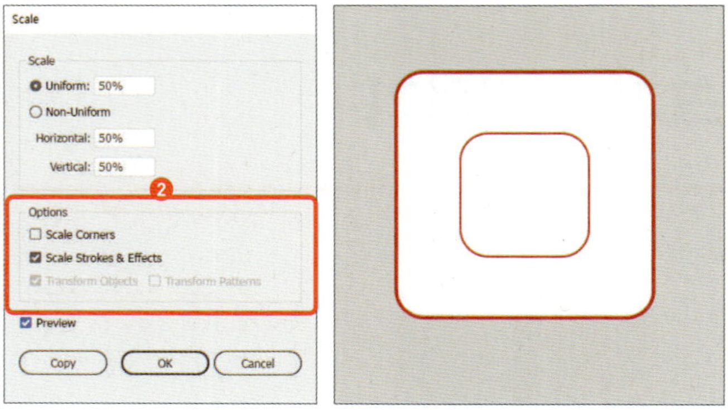

■ 오브젝트 크기와 선 굵기를 50% 비율로 조정, 모서리의 둥근 정도는 그대로 유지

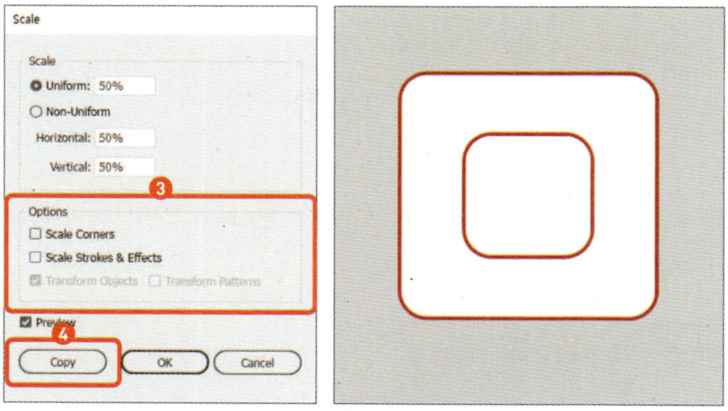

■ 오브젝트 크기를 50% 비율로 조정, 모서리의 둥근 정도와 선 굵기는 그대로 유지

Tip 옵션 창을 열지 않고 스케일 툴( )로 오브젝트를 드래그하면 기준점을 중심으로 오브젝트 크기를 조절할 수 있습니다.

03 기준점을 옮긴 후 복제하기 Ctrl+Z를 눌러 크기를 조절하기 전 상태로 되돌립니다. 스케일 툴( )로 Alt를 누른 채 오브젝트의 하단 오른쪽 지점을 클릭합니다. 클릭한 지점으로 기준점이 옮겨지고 옵션 창이 열립니다. Uniform을 90%로 입력하고 〈Copy〉를 클릭합니다.

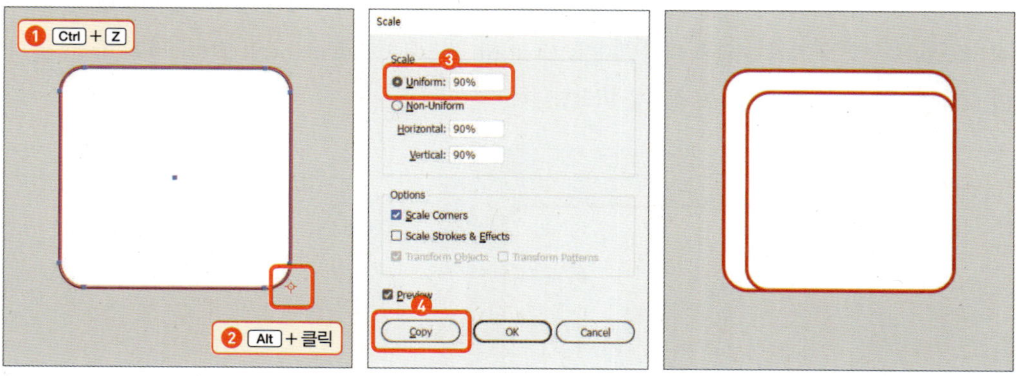

04 단축키로 복제하기 계속해서 Ctrl+D를 누르면 같은 옵션 값을 유지한 채로 기준점을 중심으로 하는 오브젝트가 복제됩니다.

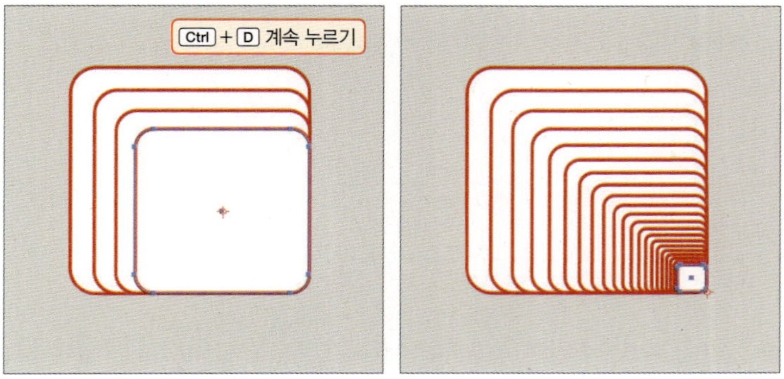

• **준비 파일** infographic.ai • **완성 파일** infographic_result.ai

응용 예제 반투명 목록형 인포그래픽 만들기

스케일 툴( )을 이용하여 반투명한 목록형 인포그래픽을 만들어 봅니다.

■ 완성 이미지

01 Chapter_08 ▸ Section_03 ▸ infographic.ai 파일을 불러옵니다. 원형 툴( )로 화면을 클릭한 후 옵션 창에서 Width와 Height를 각각 120mm로 입력하고 〈OK〉를 클릭합니다. 색상 패널에서 면 색과 선 색을 다음과 같이 설정합니다.

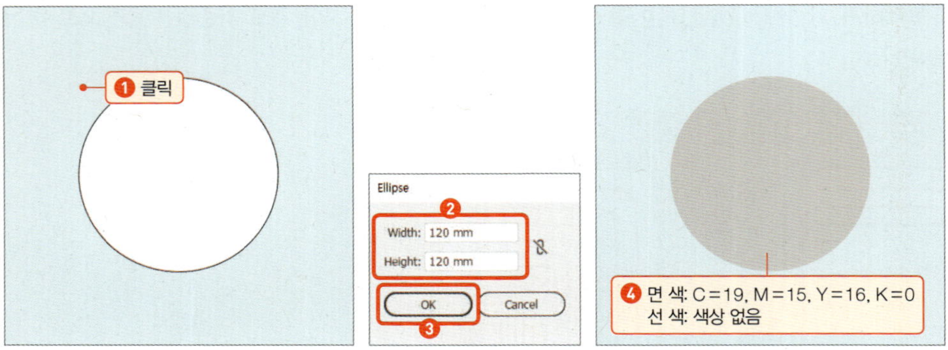

02 원이 선택된 상태에서 스케일 툴( )을 더블클릭하여 옵션 창을 엽니다. Non-Uniform을 선택하고 Horizontal를 90%, Vertical을 15%로 입력한 후 〈OK〉를 클릭합니다.

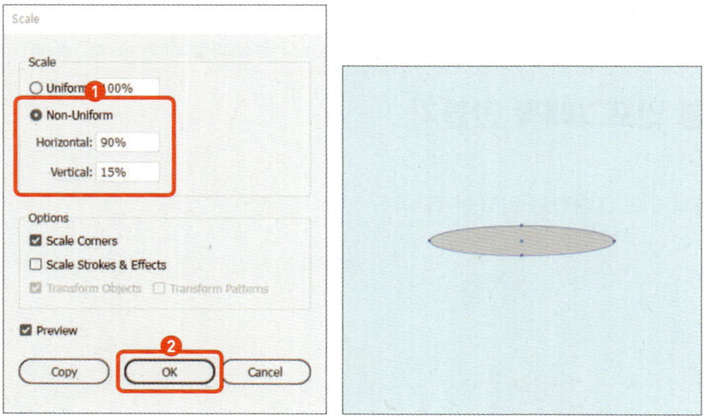

03 다시 스케일 툴( )을 더블클릭하여 옵션 창을 엽니다. Non-Uniform의 Horizontal을 100%, Vertical을 130%로 입력하고 〈Copy〉를 클릭하여 오브젝트를 복제합니다.

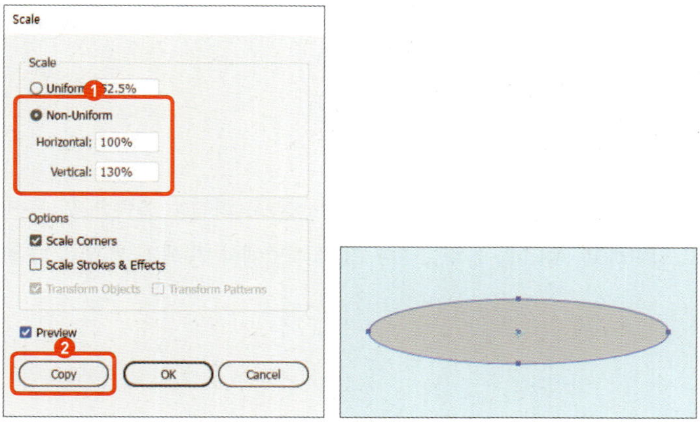

04 방금 복제한 오브젝트가 더 크기 때문에 뒤쪽 오브젝트가 보이지 않지만 Ctrl+A를 눌러 전체 오브젝트를 선택합니다. 패스파인더 패널에서 나누기(⧉)를 클릭하여 오브젝트를 분할하고 Ctrl+Shift+G를 눌러 그룹을 해제합니다.

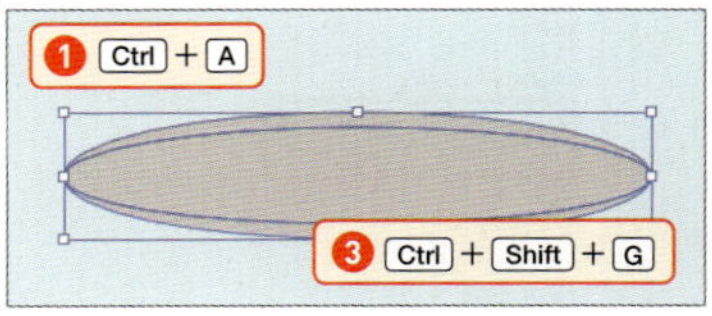

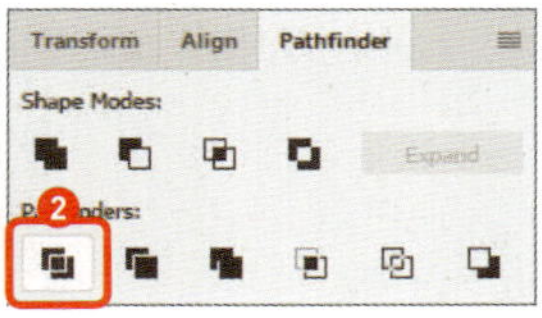

05 선택 툴(▶)로 분할된 맨 위의 오브젝트를 선택하고 Delete를 눌러 삭제합니다. 선택 툴(▶)로 맨 아래에 놓인 오브젝트를 선택하고 색상 패널에서 면 색을 다음과 같이 설정합니다. 선택 툴(▶)로 맨 위의 오브젝트를 클릭하여 선택합니다.

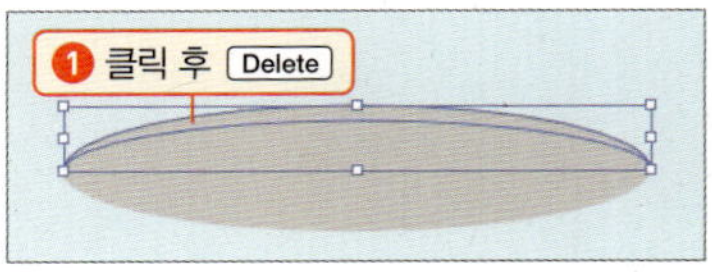

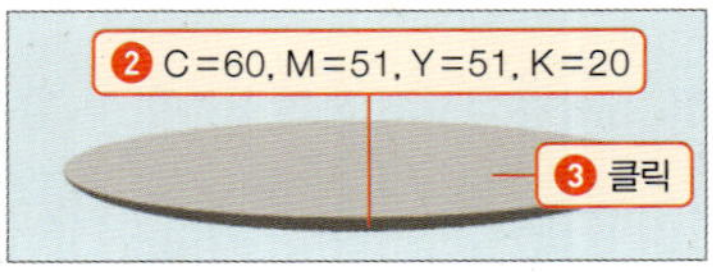

06 메뉴 바에서 [Effect]–[Stylize]–[Inner Glow]를 선택합니다. 옵션 창이 열리면 Mode를 Screen, Opacity를 50%, Blur를 6mm로 입력하고 〈OK〉를 클릭합니다.

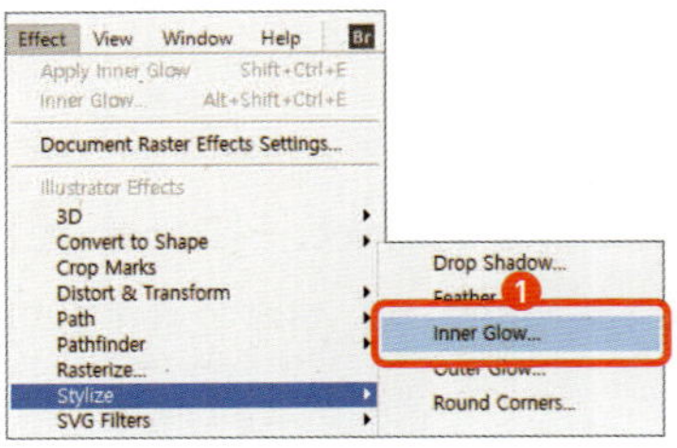

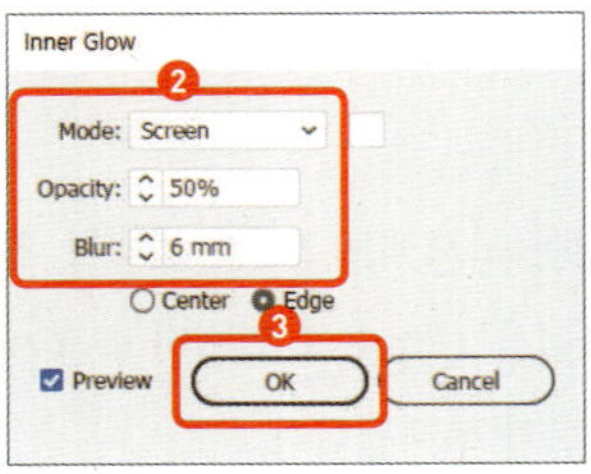

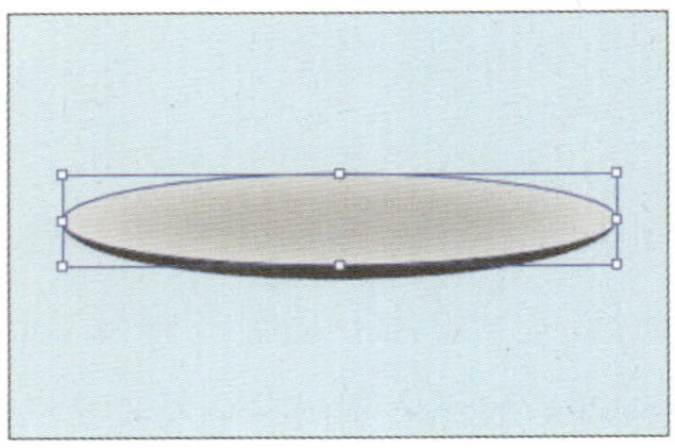

07 선택 툴(▶)로 드래그하여 오브젝트 2개를 선택하고 스케일 툴(⊡)을 더블클릭합니다. 옵션 창에서 Uniform을 85%로 입력하고 〈Copy〉를 클릭하여 원래 오브젝트를 축소하여 복제합니다.

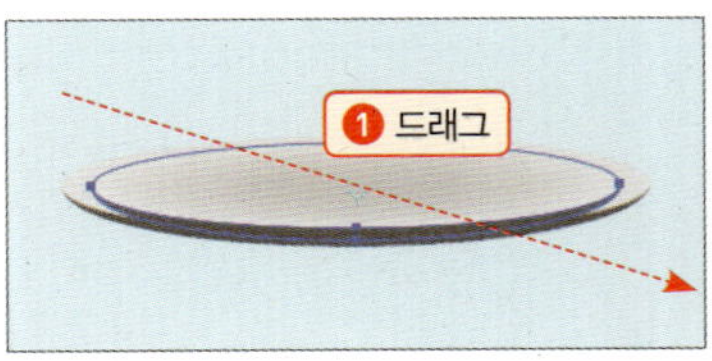

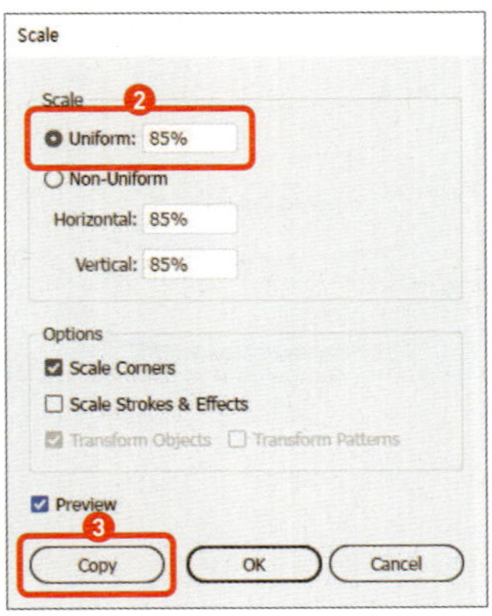

08 메뉴 바에서 [Object]–[Transform]–[Move]를 선택합니다. 옵션 창에서 Vertical을 -12mm로 입력하고 〈OK〉를 클릭합니다. 축소해서 복제한 오브젝트가 위로 12mm 이동합니다.

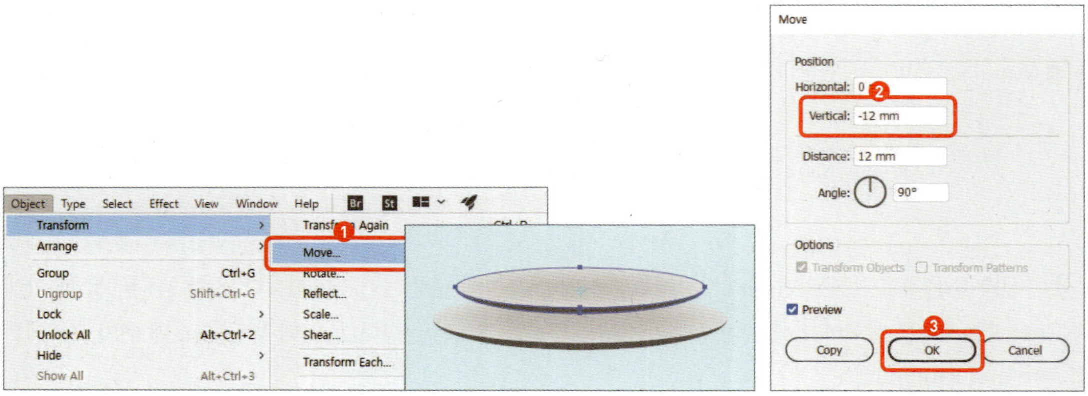

09 07~08 단계를 반복하여 오브젝트 3개를 더 축소하여 복제한 후 같은 간격으로 배치합니다.

10 선택 툴(▶)로 드래그하여 맨 처음 만든 오브젝트 2개를 선택한 후 메뉴 바에서 [Object]–[Transform]–[Move]를 선택합니다. 옵션 창에서 Vertical을 12mm로 입력하고 〈Copy〉를 클릭합니다. 현재 오브젝트 위치에서 아래로 12mm 떨어진 위치에 오브젝트가 복제됩니다.

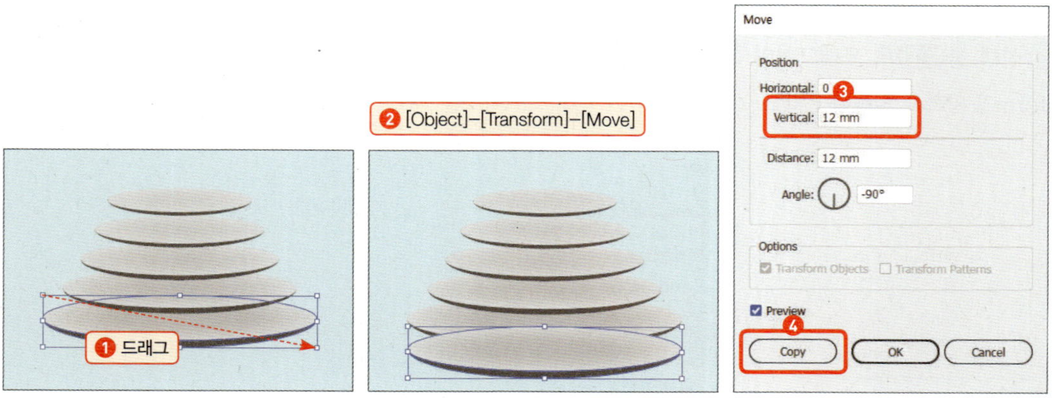

11 복제된 오브젝트가 선택된 상태에서 스케일 툴(⊡)을 더블클릭합니다. 옵션 창에서 Uniform을 85%로 입력하고 〈OK〉를 클릭합니다.

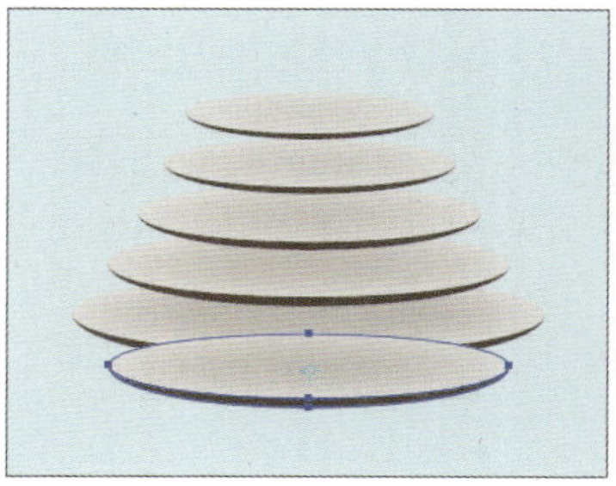

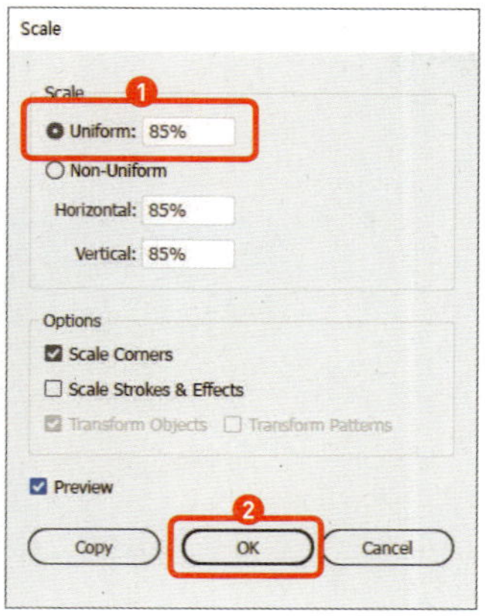

12 메뉴 바에서 [Object]–[Arrange]–[Send to Back]을 선택하여 오브젝트를 맨 뒤로 보냅니다.

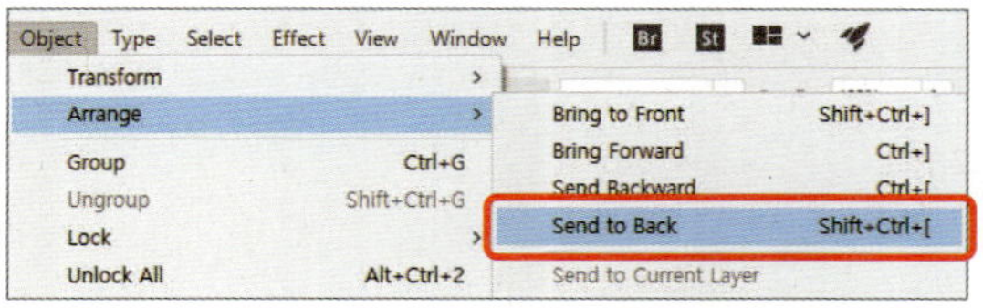

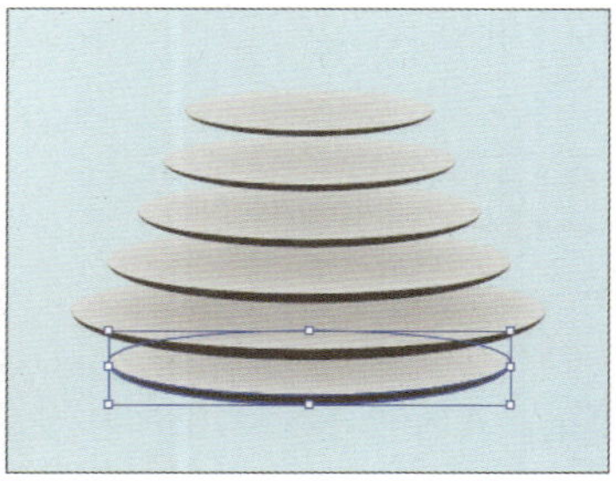

13 10~12 단계를 반복하여 오브젝트를 3개 더 축소하여 복제한 후 같은 간격으로 배치합니다.

14 선택 툴(▶)로 드래그하여 맨 위의 오브젝트 2개를 선택하고 색상 패널에서 면 색을 다음과 같이 변경합니다. 나머지 오브젝트도 같은 방법으로 면 색을 변경합니다.

15 사각형 툴(□)로 드래그하여 선처럼 보이는 가는 직사각형을 만듭니다. 선택 툴(▶)로 맨 위 오브젝트의 오른쪽에 배치하고 Alt 를 누른 채 아래로 드래그하여 복제합니다. 같은 방법으로 위에 3개, 아래에 4개를 더 복제합니다. 직사각형의 면 색은 14 단계에서 설정한 것과 똑같이 설정합니다.

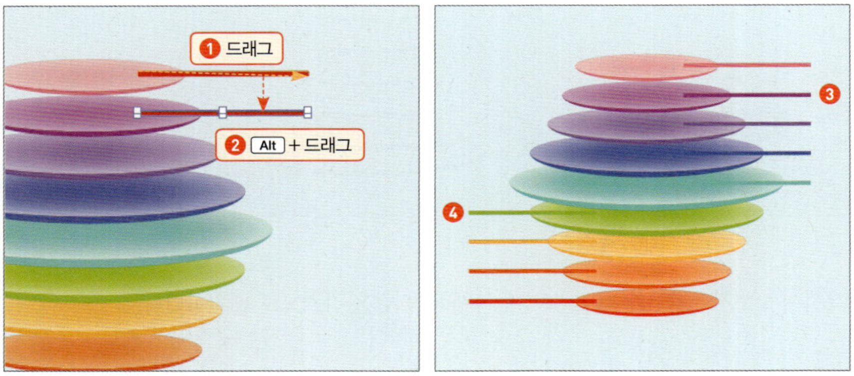

16 텍스트 툴(T)로 직사각형 오른쪽을 클릭하고 A B C D E를 세로로 입력합니다. 텍스트 툴(T)로 각 문자를 드래그하여 선택한 후 면 색을 14 단계에서 설정한 것과 똑같이 설정합니다.

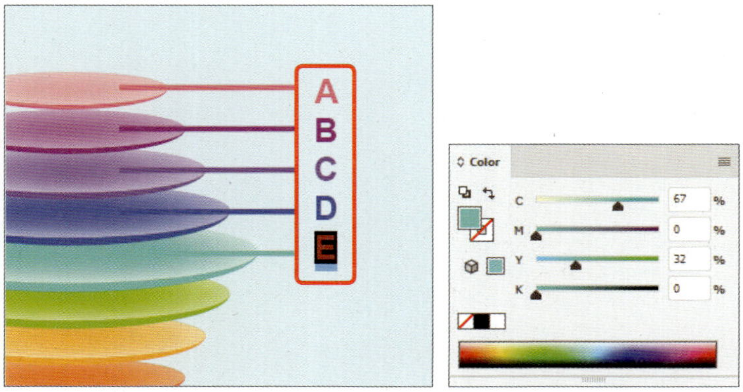

17 선택 툴(▶)로 문자를 선택하고 옵션 바에서 Character를 Arial, Bold, 27pt로 설정합니다. 같은 방법으로 F G H I도 입력하여 반투명 목록형 인포그래픽을 완성합니다.

SECTION 04

오브젝트 기울이기/휘기/왜곡하기

• **핵심 기능 I** 셰어 툴, 리셰이프 툴, 퍼펫 워프 툴, 프리 트랜스폼 툴

셰어 툴의 기능 익히기

셰어 툴()은 오브젝트를 비스듬하게 기울일 때 사용합니다.

01 기준점 보기 Chapter_08 ▸ Section_04 ▸ shear.ai 파일을 불러옵니다. 선택 툴()로 오브젝트를 선택하고 스케일 툴()의 숨은 툴인 셰어 툴()을 클릭하면 오브젝트 중심에 기준점이 생깁니다.

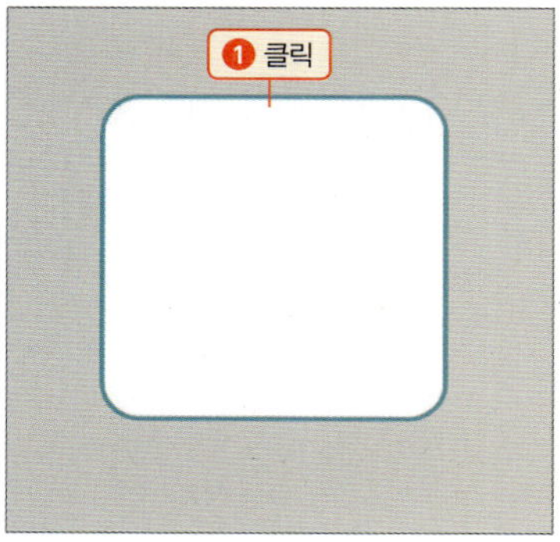

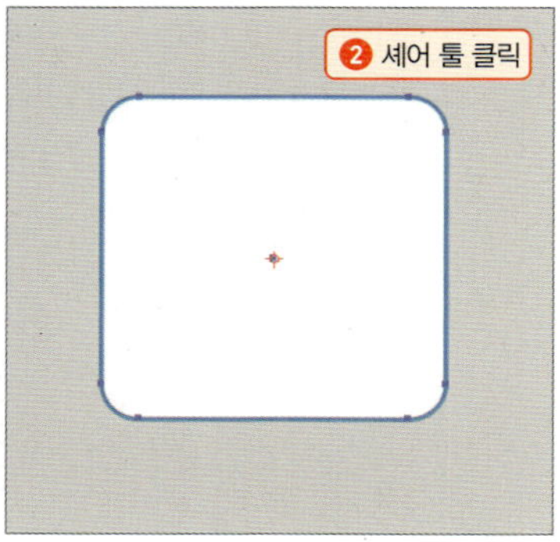

02 오브젝트 기울이기 셰어 툴()로 오브젝트를 드래그합니다. 드래그하는 방향에 따라 오브젝트가 기울어집니다.

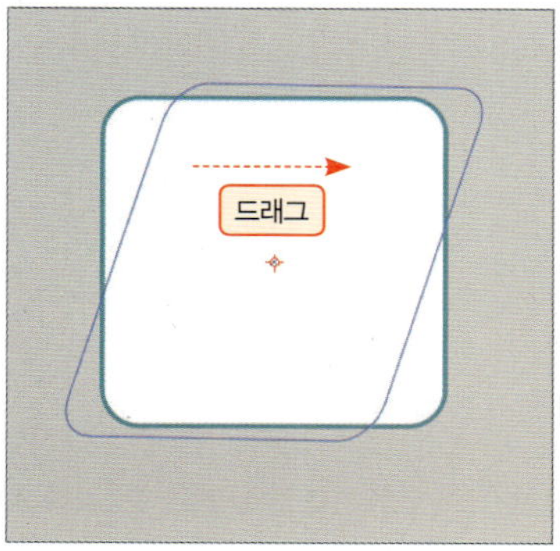

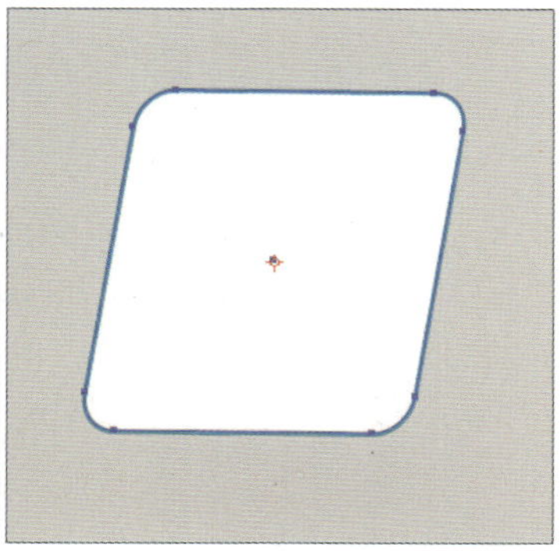

03 기울기 각도와 축 설정하기 Ctrl+Z를 눌러 기울기 전 상태로 되돌린 후 셰어 툴(☐)을 더블클릭하여 옵션 창을 엽니다. Shear Angle(기울기 각도)을 설정하고, Axis(기울어지는 축)를 Horizontal(수평) 또는 Vertical(수직)로 선택하거나 Angle(각도)을 직접 입력하여 설정할 수 있습니다. Shear Angle, Axis를 각각 다음과 같이 설정한 후 〈OK〉를 클릭하여 결과를 비교합니다.

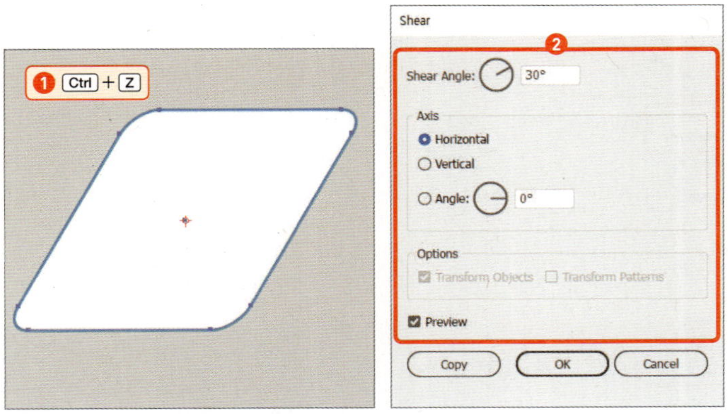

■ 오브젝트가 기준점의 수평 방향으로 30° 기울어짐

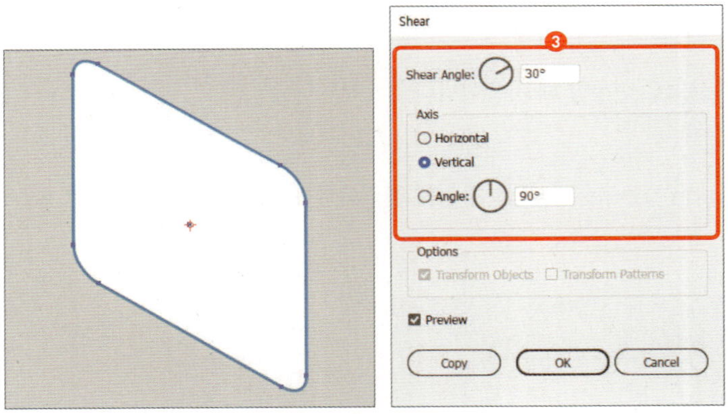

■ 오브젝트가 기준점의 수직 방향으로 30° 기울어짐

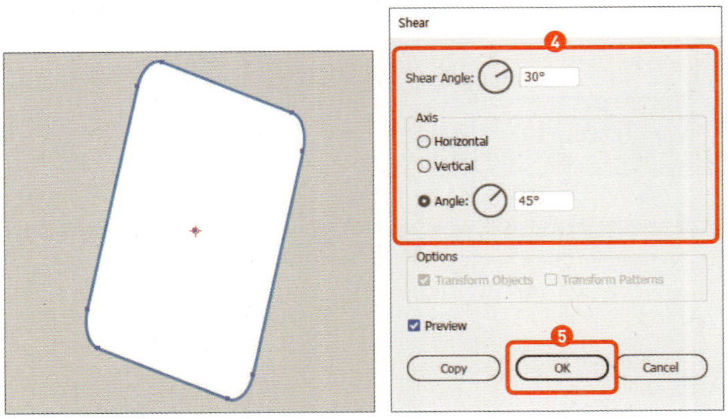

■ 오브젝트가 기준점의 45° 방향으로 30° 기울어짐

04 기준점을 이동한 후 복제하기 Ctrl+Z를 눌러 기울기 전 상태로 되돌립니다. 셰어 툴( )로 Alt를 누른 채 오브젝트 하단의 오른쪽 한 지점을 클릭하여 기준점을 옮깁니다. 옵션 창이 열리면 Shear Angle을 30°로 입력하고 Axis를 Horizontal로 설정한 후 〈Copy〉를 클릭합니다. 오브젝트가 이동된 기준점을 중심으로 30° 기울어진 채 복제됩니다.

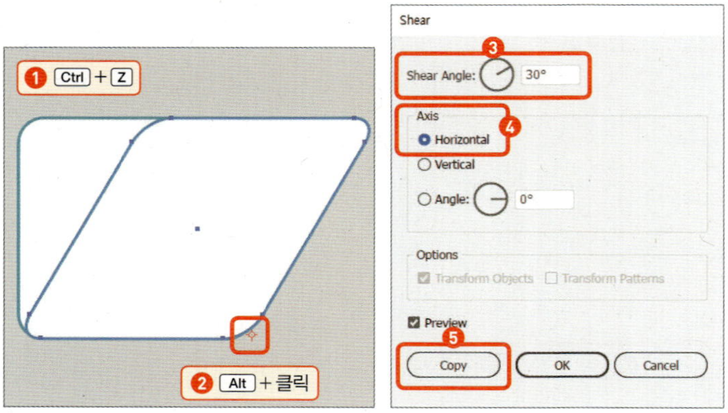

리셰이프 툴의 기능 익히기

리셰이프 툴( )은 오브젝트의 패스를 곡선으로 변형할 때 사용합니다.

01 패스만 선택하기 Chapter_08 ▸ Section_04 ▸ reshape.ai 파일을 불러옵니다. 직접 선택 툴( )로 오브젝트의 패스만 선택합니다.

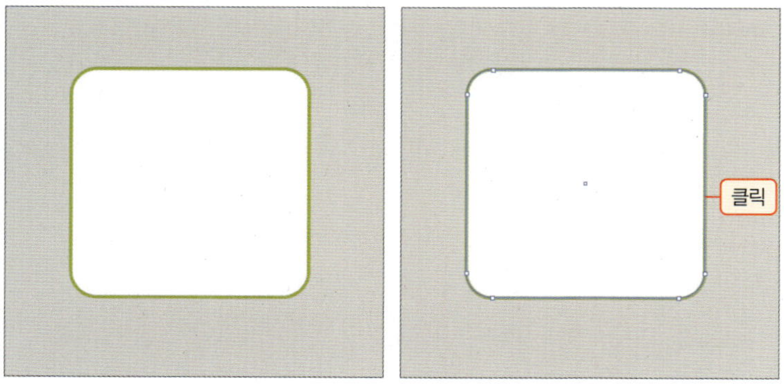

Tip 직접 선택 툴( )로 면을 클릭하면 면과 패스가 함께 선택되어 앵커 포인트가 푸른색으로 채워집니다. 반면 패스만 선택하면 앵커 포인트가 흰색으로 나타납니다.

02 곡선 패스로 변형하기 리셰이프 툴()로 패스를 드래그합니다. 드래그하는 방향과 크기에 따라 패스가 곡선 형태로 바뀝니다.

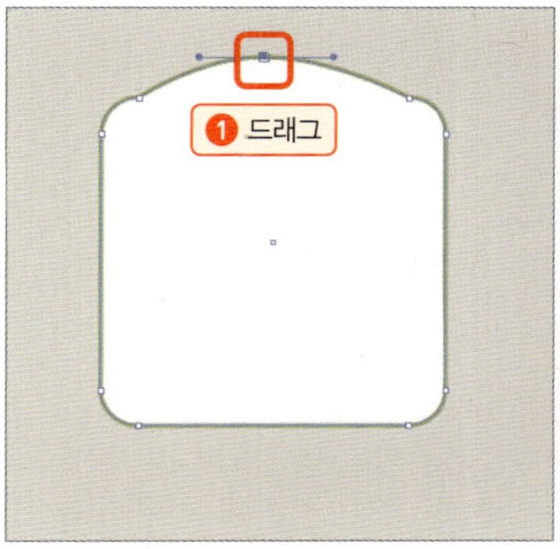

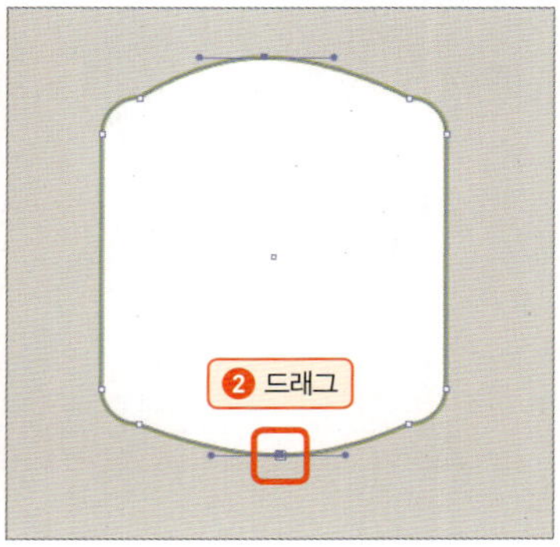

퍼펫 워프 툴의 기능 익히기

퍼펫 워프 툴()은 오브젝트의 패스를 다각형 형태로 고정시킨 후 휘게 할 때 사용합니다. 오브젝트에 변화를 주어 움직임을 표현할 수 있습니다.

01 변형할 부분 선택하기 Chapter_08 ▸ Section_04 ▸ warp.ai 파일을 불러옵니다. 오징어 다리가 움직이는 것처럼 표현해 보겠습니다. 선택 툴()로 오징어 왼쪽 다리를 선택합니다.

02 변형 포인트 추가하기 퍼펫 워프 툴()로 선택된 영역 내부를 클릭합니다. 오브젝트 내부에 자동으로 폴리곤 형태와 변형 포인트가 나타납니다. 선택된 영역 내부의 다른 지점을 클릭하여 변형 포인트를 추가합니다.

03 왼쪽으로 휘기 퍼펫 워프 툴()로 맨 아래의 변형 포인터를 왼쪽으로 드래그합니다. 위의 변형 포인터 2개는 고정된 채 드래그하는 부분만 자연스럽게 휩니다. 가운데 변형 포인트도 드래그하여 휘게 합니다.

04 여러 방향으로 휘기 두 번째 다리도 선택 툴()로 선택한 후 퍼펫 워프 툴()로 선택된 영역 내부를 클릭하여 변형 포인터를 여러 개 만듭니다. 각 위치의 변형 포인트를 드래그하여 꼬불꼬불한 오징어 다리를 만듭니다.

05 나머지 다리도 각각 선택하여 다음과 같이 완성합니다.

프리 트랜스폼 툴의 기능 익히기

프리 트랜스폼 툴(▣)은 오브젝트의 크기 조절, 회전, 비틀기를 모두 할 수 있습니다.

01 프리 트랜스폼 툴의 툴 박스 보기 Chapter_08 ▸ Section_04 ▸ transform.ai 파일을 불러옵니다. 선택 툴(▶)로 오브젝트를 선택하고 퍼펫 워프 툴(✦)의 숨은 툴인 프리 트랜스폼 툴(▣)을 클릭합니다. 화면에 프리 트랜스폼 툴(▣)이 기본으로 선택된 툴 박스가 나타납니다.

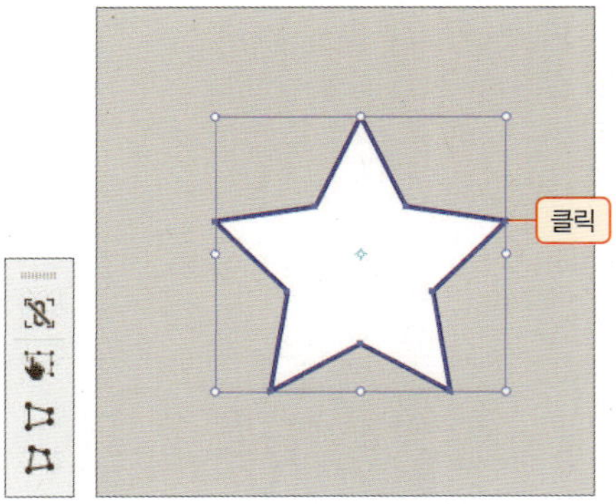

02 크기 조절하기/회전시키기 마우스 포인터를 바운딩 박스의 상하좌우 모서리로 가져가면 마우스 포인터가 ▣ 모양으로 바뀝니다. 이때 오브젝트를 드래그하여 크기를 조절하거나 회전시킬 수 있습니다.

■ 크기 조절

■ 회전

Tip 마우스 포인터가 바운딩 박스의 모서리에서 멀어지면 마우스 포인터가 ▣ 모양으로 바뀝니다. 이때는 오브젝트를 회전시킬 수만 있습니다.

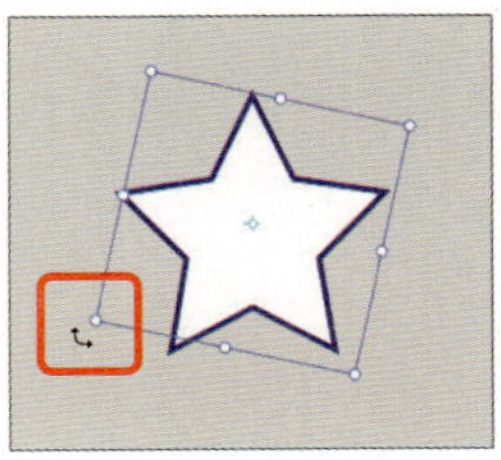

03 기울이기 마우스 포인터를 바운딩 박스의 모서리가 아닌 바운딩 박스의 가장자리 지점으로 가져가면 마우스 포인터가 [아이콘] 모양으로 바뀝니다. 이때 드래그하면 오브젝트가 수평 방향으로 기울어지면서 크기까지 조절됩니다.

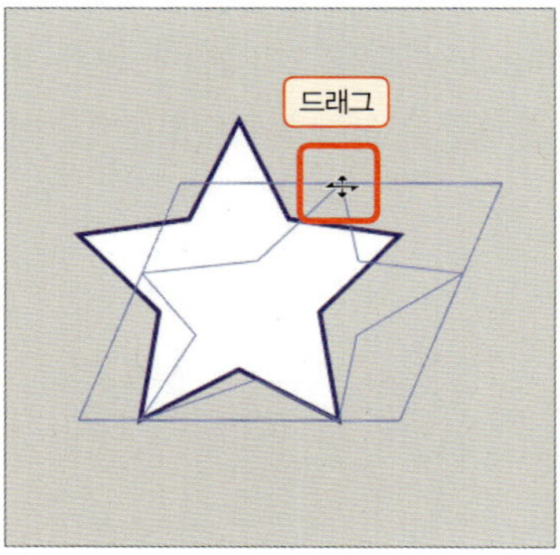

■ 수평 방향으로 기울이기

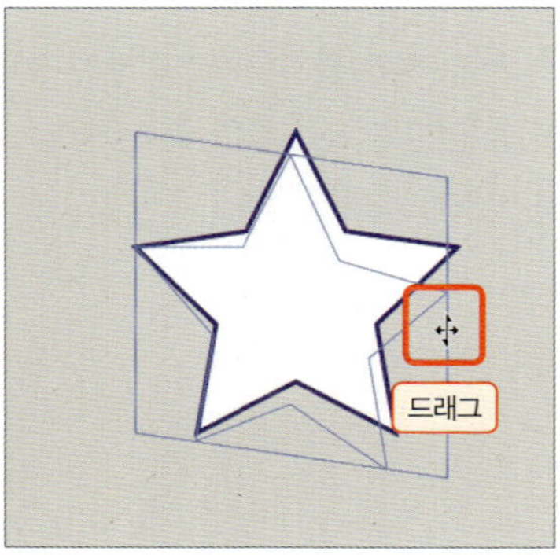

■ 수직 방향으로 기울이기

Tip 프리 트랜스폼 툴의 툴 박스에서 콘스트레인 툴([아이콘])을 클릭하면 오브젝트 크기는 조절할 수 없고 기울기만 조절할 수 있습니다.

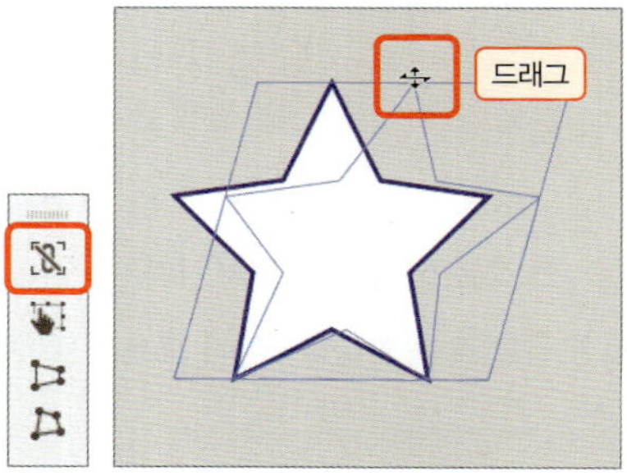

04 원근 변형하기 툴 박스에서 원근 변형 툴([아이콘])을 선택하고 오브젝트를 드래그합니다. 오브젝트가 드래그하는 방향에 따라 원근감 있게 변형됩니다.

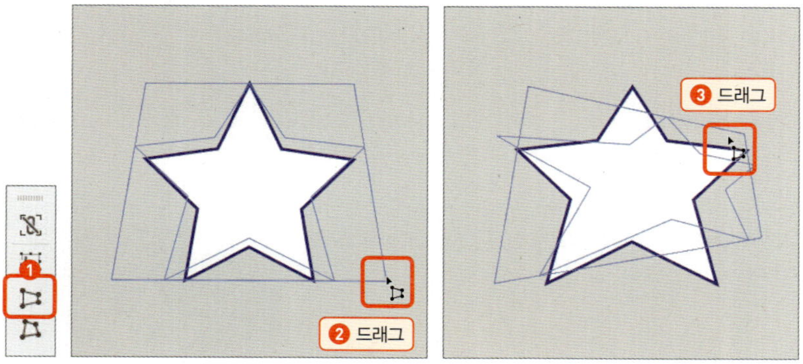

05 자유 변형하기 툴 박스에서 자유 변형 툴( )을 선택하고 오브젝트를 드래그합니다. 선택한 지점의 앵커 포인트 방향으로 오브젝트가 변형됩니다.

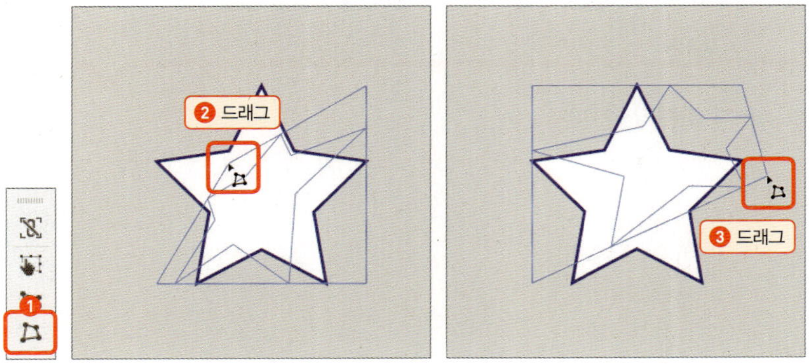

SECTION 05

오브젝트의 형태와 색상 연결하기

• **핵심 기능 |** 블렌드 툴(단축키 W)

블렌드 툴의 기능 익히기

블렌드 툴( )을 이용하면 두 도형의 형태와 색상을 자연스럽게 연결한 블렌드 이미지를 만들 수 있습니다.

01 두 도형 연결하기 Chapter_08 ▸ Section_05 ▸ blend.ai 파일을 불러옵니다. 맨 밑에 외곽선이 없고 형태와 색상이 다른 도형이 있습니다. 블렌드 툴( )로 원의 내부를 클릭한 후 다시 사각형의 내부를 클릭합니다. 두 도형 사이가 그레이디언트가 적용된 것처럼 색상이 채워지면서 자연스러운 형태로 연결됩니다.

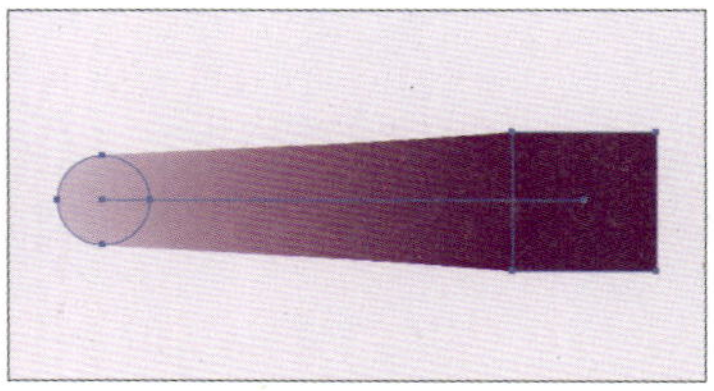

Tip 도형의 외곽선에 색상이 지정되어 있다면 다음과 같이 색의 변화를 알아보기가 어렵습니다.

02 블렌드 단계 지정하기 블렌드가 적용된 오브젝트가 선택된 상태로 블렌드 툴( )을 더블클릭합니다. 옵션 창에서 Spacing의 Specified Steps를 10으로 변경하고 〈OK〉를 클릭합니다. 오브젝트와 오브젝트 사이에 방금 입력한 값(10)만큼 오브젝트가 생성됩니다.

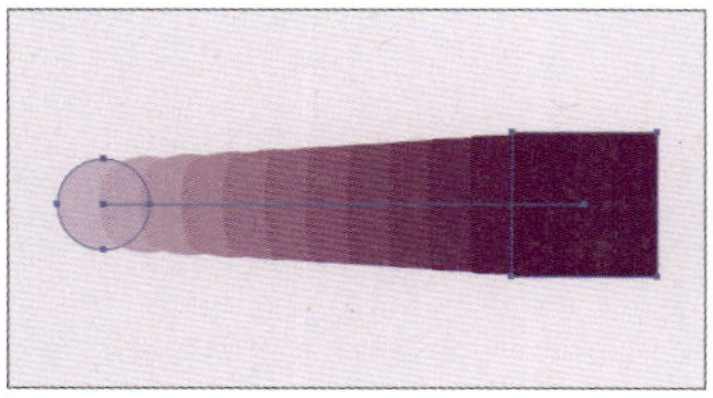

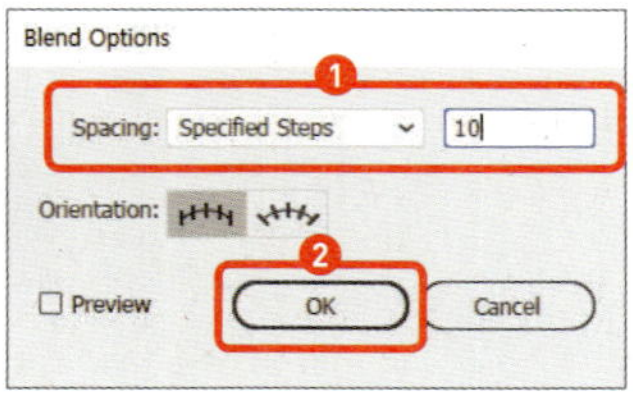

Tip 블렌드 툴( )을 처음으로 실행하면 오브젝트와 오브젝트 사이에 Smooth Color가 적용되어 01 단계와 같이 그레이디언트가 적용된 것처럼 색상이 연결됩니다.

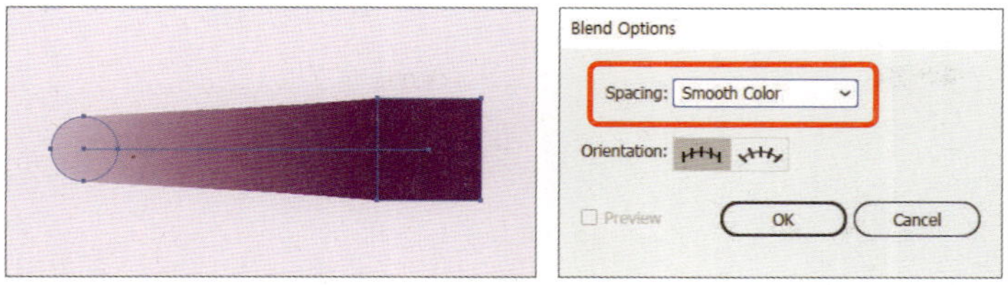

03 블렌드 간격 지정하기 블렌드가 적용된 오브젝트가 선택된 상태에서 다시 블렌드 툴( )을 더블클릭합니다. 옵션 창에서 Spacing의 Specified Distance를 30mm로 변경하고 〈OK〉를 클릭합니다. 오브젝트와 오브젝트 사이에 30mm 간격으로 오브젝트가 생성됩니다.

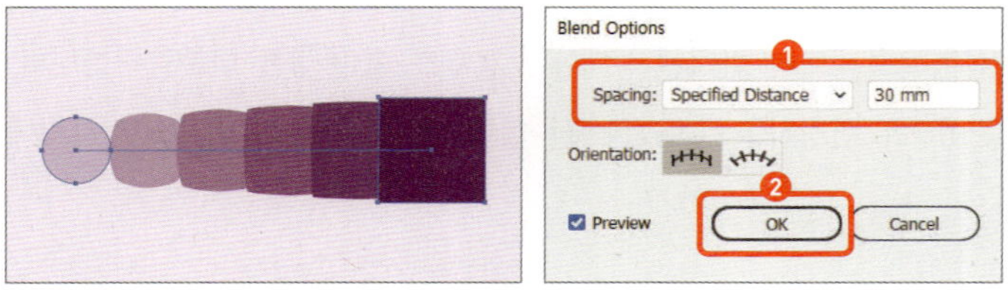

04 다음 실습을 위해 작업 화면의 바깥을 클릭하여 선택을 해제합니다. 블렌드 툴( )을 더블클릭하여 옵션 창을 열고 Spacing을 Smooth Color로 선택한 후 〈OK〉를 클릭합니다.

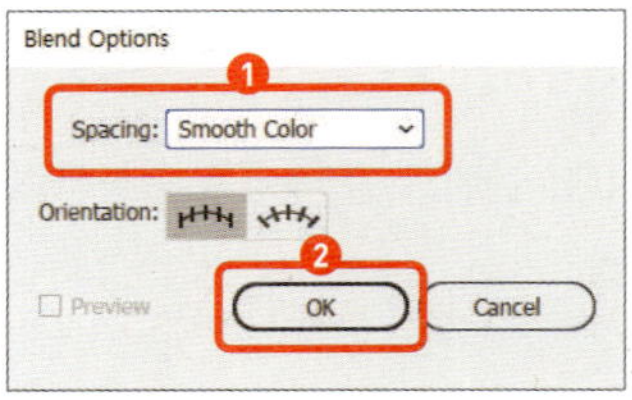

05 두 도형 연결하기 블렌드 툴( )을 선택하고 마우스 포인터를 오각형의 왼쪽 지점으로 가져갑니다. 마우스 포인터가 모양으로 바뀌면 색상이 채워졌다는 뜻이므로 그 지점을 그대로 클릭합니다. 다시 마우스 포인터를 오른쪽 원의 왼쪽 지점으로 가져갑니다. 마우스 포인터가 모양으로 바뀌면 그 지점을 클릭합니다. 두 오브젝트에서 클릭한 지점의 색이 섞이면서 자연스럽게 연결됩니다.

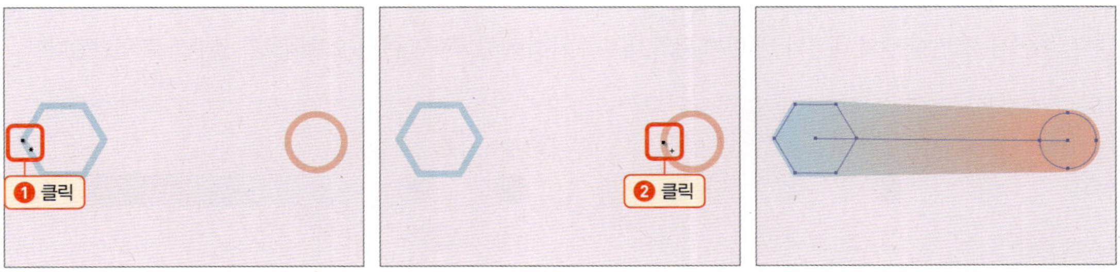

06 연결 형태 다르게 하기 Ctrl+Z를 눌러 이전 상태로 되돌린 후 블렌드 툴()로 오각형의 왼쪽 지점을 클릭합니다. 그다음에는 원의 왼쪽이 아닌 위쪽을 클릭합니다. 두 오브젝트 사이에 색이 채워지는 형태가 **05** 단계와 다른 것을 알 수 있습니다.

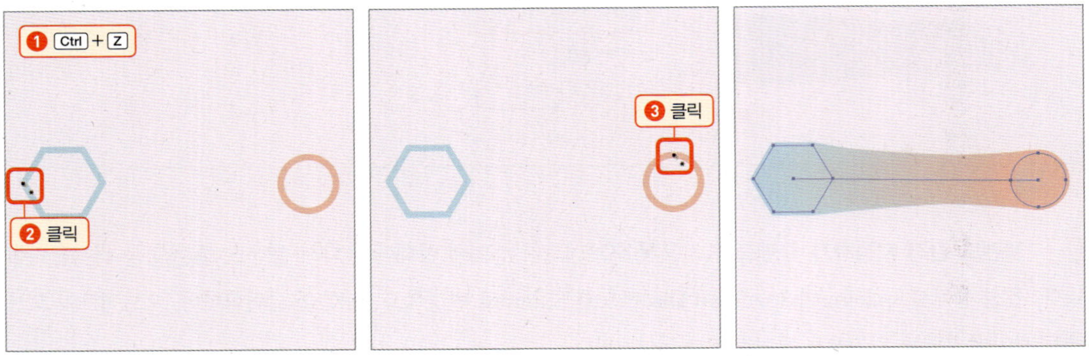

07 블렌드 간격 지정하기 블렌드가 적용된 오브젝트가 선택된 상태에서 블렌드 툴()을 더블클릭합니다. 옵션 창에서 Spacing의 Specified Steps를 10으로 변경하고 〈OK〉를 클릭합니다. 오브젝트와 오브젝트 사이에 10mm 간격으로 오브젝트가 생성됩니다.

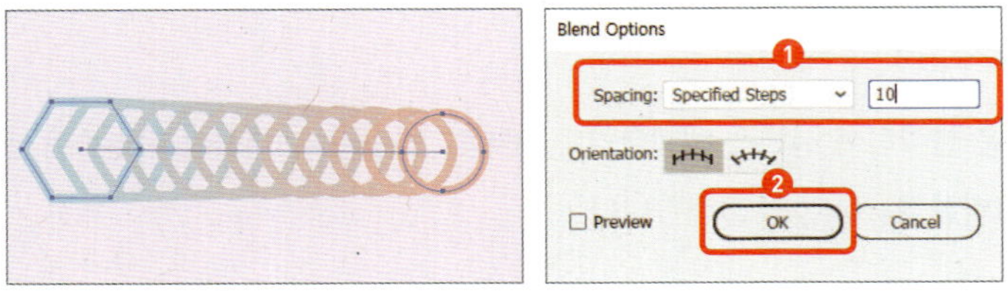

08 다음 실습을 위해 작업 화면의 바깥을 클릭하여 오브젝트 선택을 해제합니다. 블렌드 툴()을 더블클릭하여 옵션 창을 열고 Spacing을 Smooth Color로 선택한 후 〈OK〉를 클릭합니다.

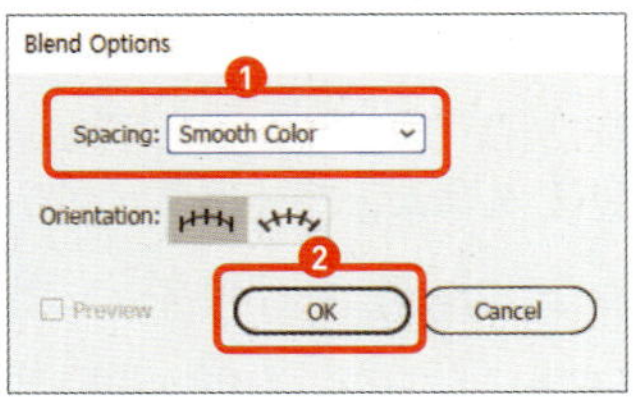

09 여러 오브젝트 연결하기 블렌드 툴()로 첫 번째 원의 내부를 클릭하고 다시 두 번째 원의 내부를 클릭합니다. 이어서 세 번째 원의 내부와 네 번째 원의 내부를 차례로 클릭하면 여러 오브젝트가 블렌드로 연결됩니다.

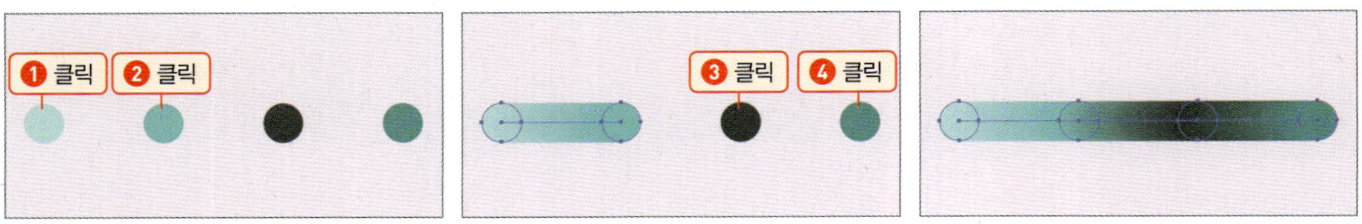

10 블렌드 내부의 패스 조절하기 직접 선택 툴(▷)로 블렌드 내부의 패스에 있는 앵커 포인트 하나를 클릭합니다. 클릭한 앵커 포인트는 드래그하여 옮길 수 있고 옵션 바의 곡선 변환 옵션을 클릭하여 직선을 곡선으로 변경할 수 있습니다.

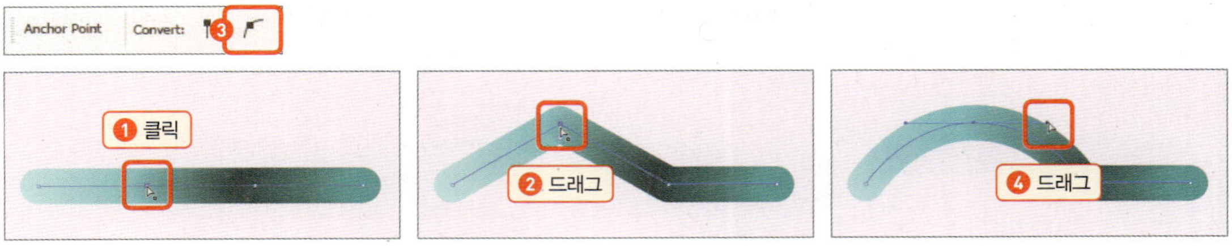

11 두 선 연결하기 블렌드 툴( )로 왼쪽의 패스를 클릭한 후 다시 오른쪽의 패스를 클릭합니다. 두 패스가 자연스러운 색상으로 채워지면서 연결됩니다. 클릭한 오른쪽 패스의 앵커 포인트 위치에 따라 패스 사이를 연결하는 중간 단계의 형태가 달라집니다.

12 내부 창으로 이동하기 선택 툴(▶)로 블렌드된 오브젝트를 더블클릭하면 별도의 편집 모드 창으로 이동합니다. 여기에서는 원래 패스를 개별적으로 선택하여 크기, 위치, 색상 등을 조절할 수 있습니다. 편집 모드 창에서 빠져나올 때는 창의 상단 왼쪽에 있는 화살표( )를 클릭합니다.

13 새 패스에 블렌드 적용하기 펜 툴(✎)로 자유롭게 패스를 그립니다. 선택 툴(▶)로 패스와 이미 만들어진 블렌드 오브젝트를 드래그하여 함께 선택한 후 메뉴 바에서 [Object]–[Blend]–[Replace Spine]을 선택합니다. 기존의 블렌드가 새 패스에 적용됩니다.

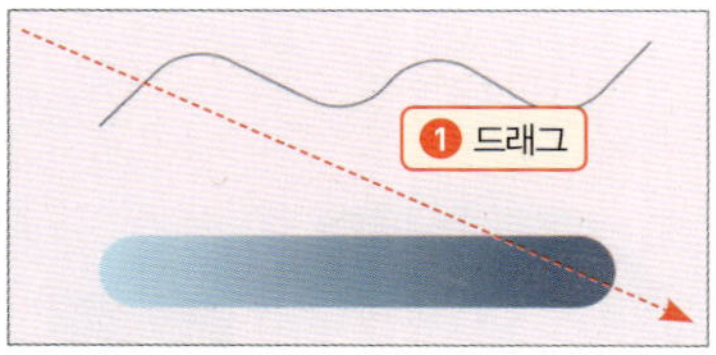

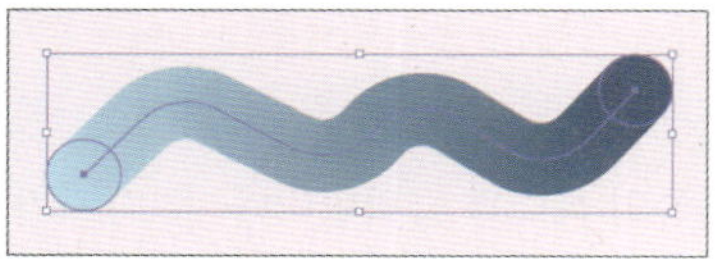

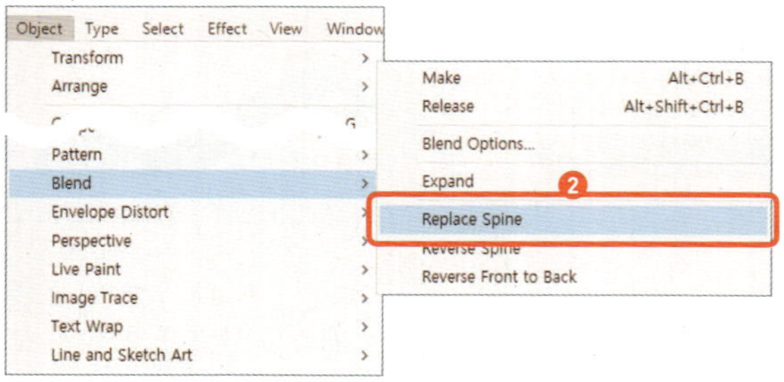

• **준비 파일** love.ai • **완성 파일** love_result.ai

응용 예제 입체 문자 만들기

블렌드 툴(▣)을 이용해 입체 문자를 만들어 봅니다.

■ **완성 이미지**

01 Chapter_08 ▸ Section_05 ▸ love.ai 파일을 불러옵니다. 원형 툴(◯)을 선택하고 옵션 바에서 면 색을 흰색, 선 색을 색상 없음으로 설정한 후 Alt + Shift 를 누른 채 드래그하여 선이 없는 작은 정원을 그립니다.

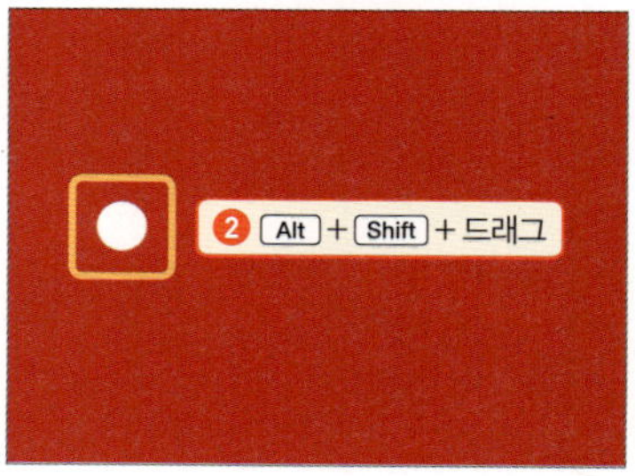

02 그레이디언트 패널에서 Type을 Linear, 각도를 -45°, 좌우 그레이디언트 슬라이드 색상을 다음과 같이 설정합니다. 선택 툴( )로 그레이디언트가 적용된 오브젝트를 선택하고 Alt 를 누른 채 오른쪽으로 드래그하여 나란히 복제합니다.

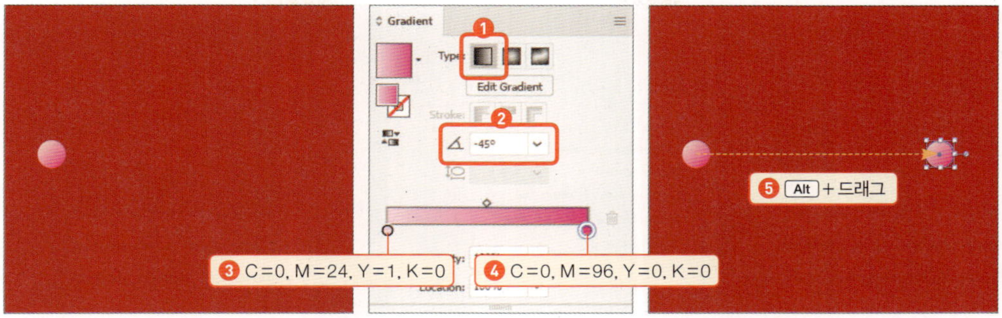

03 블렌드 툴( )을 더블클릭하여 옵션 창을 엽니다. Spacing의 Specified Steps를 1000으로 입력하고 〈OK〉를 클릭한 후 화면의 왼쪽 오브젝트 내부를 클릭하고 다시 오른쪽 오브젝트 내부를 클릭합니다.

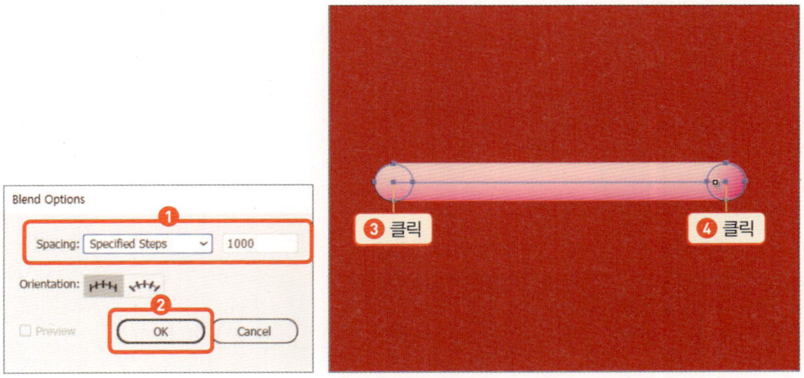

04 선택 툴( )로 블렌드가 적용된 오브젝트를 선택한 후 Alt 를 누른 채 드래그하여 오브젝트를 3개 더 복제합니다.

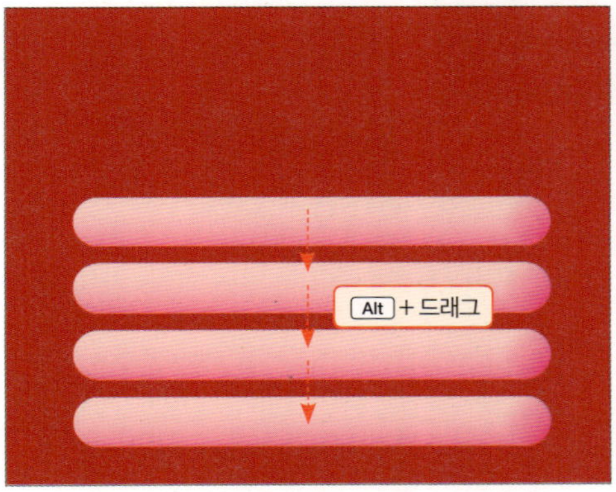

05 연필 툴()을 선택하고 선 색을 흰색으로 설정한 후 더블클릭합니다. 옵션 창이 열리면 Fidelity를 Smooth로 변경하고 〈OK〉를 클릭합니다. 연필 툴()로 손글씨처럼 자연스럽게 문자 L, O, V, E를 그립니다. 한 글자를 그릴 때마다 라인이 끊기지 않도록 주의합니다.

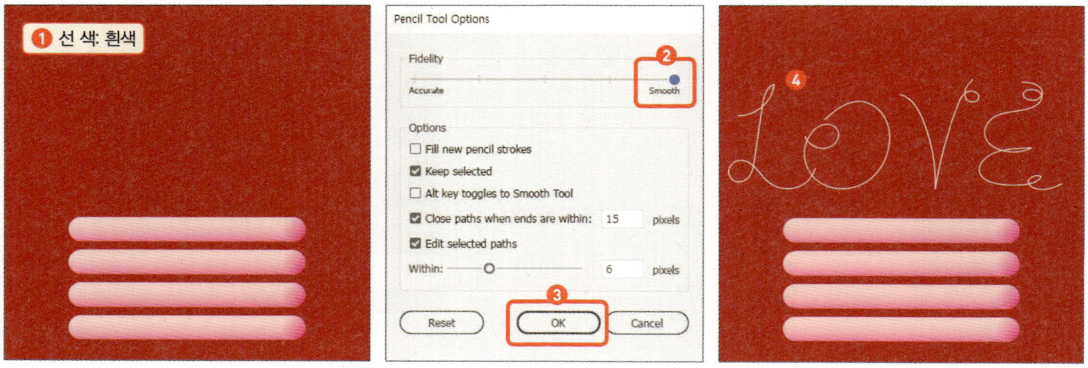

06 선택 툴()로 Shift를 누른 채 L과 첫 번째 블렌드 오브젝트를 선택한 후 메뉴 바에서 [Object]-[Blend]-[Replace Spine]을 선택해 블렌드를 텍스트화합니다.

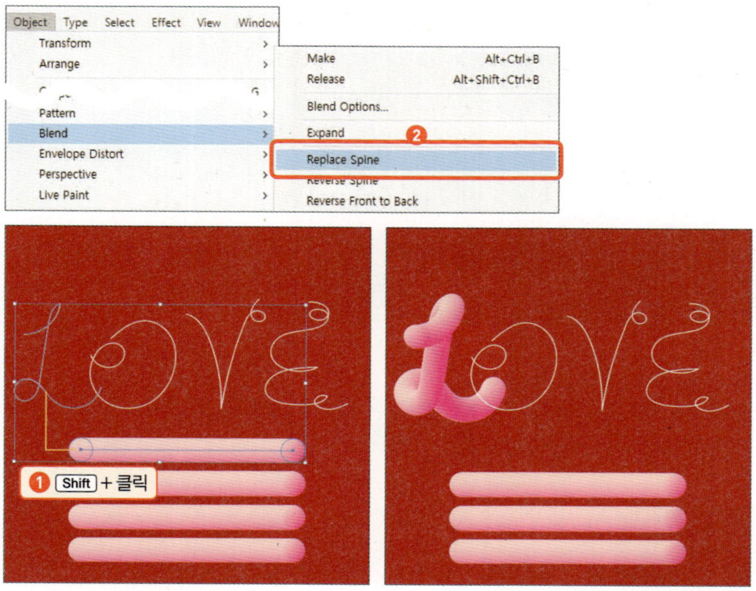

07 나머지 텍스트도 블렌드 오브젝트와 함께 선택하여 입체 문자 이미지를 완성합니다.

혼자 해보기 | 모래시계 이미지 만들기

• **준비 파일** line.ai • **완성 파일** line_result.ai

다양한 색상으로 블렌드를 만들어 모래시계 이미지를 완성합니다.

■ 완성 이미지

CHAPTER

09

타이포그래피

일러스트레이터의 문자 입력과 편집 기능을 이용하면 간단한 문서나 타이틀을 손쉽게 만들 수 있습니다. 문자를 입력할 때는 프로그램에서 제공하는 기본 폰트를 이용해도 되고 나만의 폰트를 만들어 사용해도 됩니다. 이 장에서는 개별 문자를 입력하고 다양한 형태로 변형하는 방법과 글줄이 긴 문단을 편집하는 방법을 알아봅니다.

01 / **문자 입력하기** ▶ 텍스트 툴, 캐릭터 패널

02 / **문단 편집하기** ▶ Area Type Option 메뉴, 패러그래프 패널

03 / **문자 변형하기** ▶ Envelope Distort 메뉴

SECTION 01

문자 입력하기

• **핵심 기능 |** 텍스트 툴[T](단축키 [T]), 캐릭터 패널

텍스트 툴의 종류

텍스트 툴([T])은 문자를 입력하는 툴입니다. 툴 박스에서 텍스트 툴([T])을 길게 누르면 여러 가지 숨은 툴이 나타납니다.

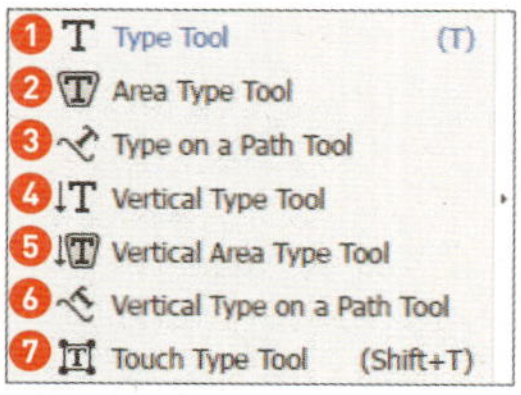

■ 텍스트 툴의 종류

❶ **텍스트 툴** 클릭하거나 드래그하여 문자를 가로 방향으로 입력합니다.

❷ **영역 텍스트 툴** 닫힌 오브젝트 내부에 문자를 가로 방향으로 입력합니다.

❸ **패스 텍스트 툴** 패스 라인에 맞춰 문자를 가로 방향으로 입력합니다.

❹ **세로 텍스트 툴** 클릭하거나 드래그하여 문자를 세로 방향으로 입력합니다.

❺ **세로 영역 텍스트 툴** 닫힌 오브젝트 내부에 문자를 세로 방향으로 입력합니다.

❻ **세로 패스 텍스트 툴** 패스 라인에 맞춰 문자를 세로 방향으로 입력합니다.

❼ **터치 텍스트 툴** 텍스트 속성을 유지한 채 문자를 한 글자씩 변형합니다.

캐릭터 패널

캐릭터 패널은 문자의 크기, 간격 등 여러 속성을 변경할 때 사용합니다. 텍스트 툴([T])을 선택하면 패널이 자동으로 열리지만 메뉴 바에서 [Window]–[Type]–[Character]를 선택해도 열 수 있습니다.

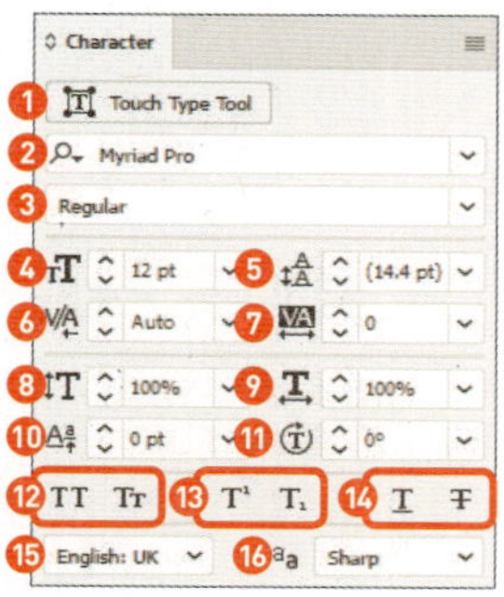

■ 캐릭터 패널

❶ **Touch Type Tool** 터치 텍스트 툴을 선택합니다.

❷ **폰트 목록** 시스템에 설치된 폰트 목록에서 폰트를 선택합니다.

❸ **스타일** 선택된 폰트의 스타일을 지정합니다.

❹ **크기** 폰트 크기를 조절합니다.

❺ **줄 간격** 줄 간격을 조절합니다.

❻ **부분 자간** 입력 커서 좌우에 있는 두 문자의 간격을 조절합니다.

⑦ **자간** 문자의 간격을 조절합니다.

⑧ **세로 높이** 문자의 세로 비율을 조절합니다.

⑨ **가로 너비** 문자의 가로 비율을 조절합니다.

⑩ **기준선 옮기기** 원하는 문자를 선택하고 기준선보다 위 또는 아래에 배치합니다.

⑪ **회전** 원하는 문자를 선택하여 회전시킵니다.

⑫ **대소문자 전환** 글자를 대문자 혹은 소문자로 바꿉니다.

⑬ **위첨자/아래첨자** 글자를 위첨자 또는 아래첨자로 적용합니다.

⑭ **선 넣기** 문자 아래나 가운데에 선을 넣습니다.

⑮ **언어 선택** 언어를 선택합니다.

⑯ **외곽선 값** 안티 에일리어스를 적용하여 문자 가장자리의 부드러운 정도를 설정합니다.

폰트 목록 옵션

캐릭터 패널에서 폰트 목록을 클릭하면 다음과 같은 옵션 창이 나타납니다. 이 옵션 창에서는 다양한 폰트를 원하는 옵션으로 정렬한 후 즐겨찾기에 등록하여 사용할 수 있습니다.

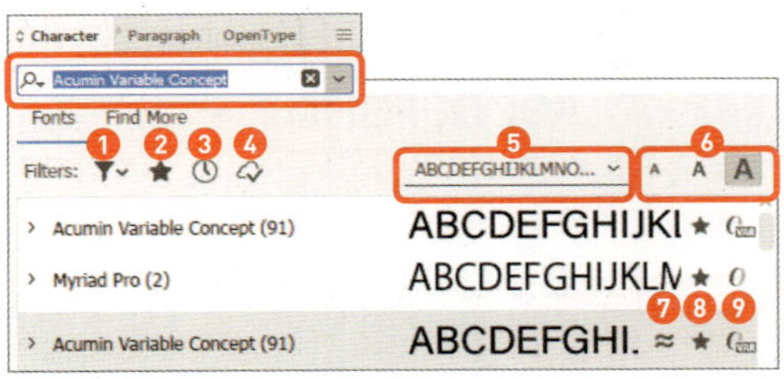

■ 폰트 목록

① **분류별 폰트 필터링** 클릭하여 옵션을 지정하면 설정 옵션에 따라 문자를 나열합니다.

② **즐겨찾기** 즐겨찾기에 등록된 문자 목록을 보여 줍니다.

③ **최근 목록** 최근에 등록된 문자 목록을 보여 줍니다.

④ **활성 폰트 표시** 어도비에서 제공하는 사용 가능한 문자 목록을 보여 줍니다.

⑤ **샘플 텍스트** 제공된 샘플 텍스트를 선택하면 유사한 문자 목록을 보여 줍니다.

⑥ **크기별 폰트** 작은 크기, 중간 크기, 큰 크기로 문자 목록을 정렬합니다.

⑦ **유사한 폰트** 선택한 문자와 유사한 종류의 문자 목록으로 정렬합니다.

⑧ **즐겨찾기 등록** 자주 사용하는 문자를 즐겨찾기로 등록합니다.

⑨ **변형 문자** VAR 표시가 있는 문자의 옵션을 제공합니다.

Tip VAR() 표시가 있는 문자를 선택하면 캐릭터 패널에 변형 옵션()이 생깁니다. 이 옵션을 클릭하면 문자의 두께, 너비, 기울기 등을 조절할 수 있는 옵션이 표시되어 문자를 편리하게 변형할 수 있습니다.

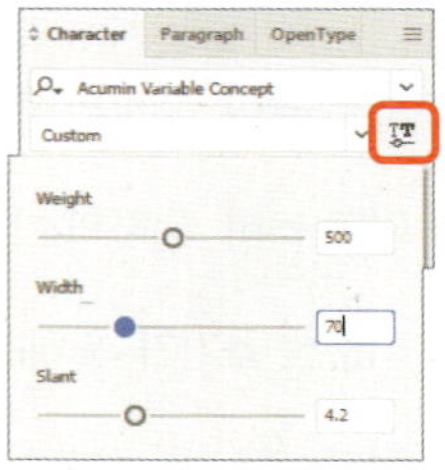

가로 방향으로 문자 입력하기

01 문자 선택하기 Chapter_09 ▸ Section_01 ▸ type.ai 파일을 불러옵니다. 캐릭터 패널에서 폰트 목록을 클릭한 후 맨 아래에 VAR() 표시가 있는 문자를 선택합니다.

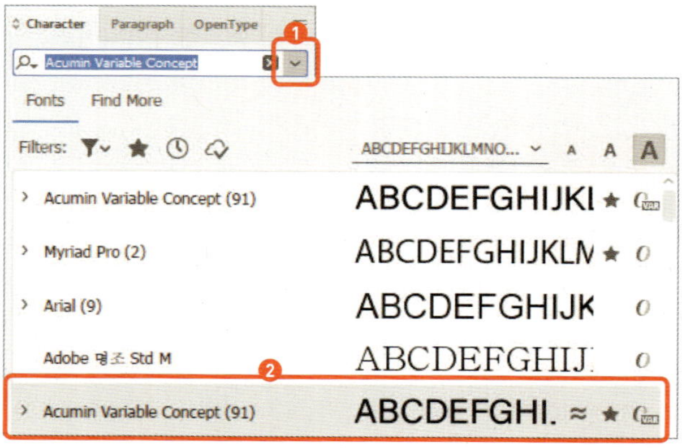

02 가로 방향으로 문자 입력하기 텍스트 툴(T)로 화면을 클릭하면 기본 문자가 입력되면서 문자 입력 모드로 바뀝니다. SHOPPING을 입력합니다.

03 폰트와 크기 변경하기 텍스트 툴(T)로 입력한 문자를 드래그하고 캐릭터 패널에서 크기를 36pt로 변경합니다.

04 변형 옵션으로 문자 크기 조절하기 캐릭터 패널에서 변형 옵션(T)을 클릭한 후 화면 크기에 맞게 Weight(두께)를 660, Width(너비)를 105로 조절합니다.

05 문자 색상 변경하기 선택 툴(▶)로 문자를 선택하고 색상 견본 패널에서 원하는 색상을 클릭하여 문자 색상을 변경합니다.

세로 방향으로 문자 입력하기

01 세로 방향으로 문자 입력하기 Chapter_09 ▸ Section_01 ▸ v_type.ai 파일을 불러옵니다. 세로 텍스트 툴(![IT])로 화면을 클릭하면 기본 문자가 세로로 입력된 채로 나타납니다. 이 상태에서 SHOPPING을 입력합니다.

02 폰트, 크기, 줄 간격 변경하기 세로 텍스트 툴(![IT])로 입력한 문자를 드래그하고 캐릭터 패널에서 폰트를 Arial, 스타일을 Bold, 크기를 14pt, 줄 간격은 -200으로 변경합니다. 줄 간격 값이 음수면 간격이 좁혀지고 양수면 넓혀집니다.

03 문자 색상 변경하기 선택 툴(▶)로 문자를 선택하고 색상 견본 패널에서 원하는 색상을 클릭하여 문자의 색상을 변경합니다.

열린 패스를 따라 문자 입력하기

01 곡선 패스 그리기 Chapter_09 ▸ Section_01 ▸ 1_type.ai 파일을 불러옵니다. 펜 툴( )을 선택하고 면 색을 색상 없음, 선 색을 검은색으로 설정한 후 앞치마 아랫부분의 곡선을 따라 패스를 그립니다.

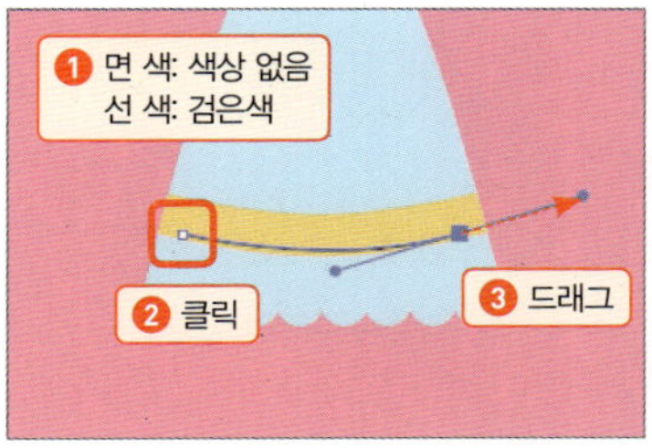

Tip 패스를 다 그린 후에는 펜 툴( )로 Ctrl을 누른 채 다른 지점을 클릭하여 패스를 종료합니다.

02 패스를 따라 문자 입력하기 패스 텍스트 툴( )을 선택하고 마우스 포인터를 패스로 가져가면 마우스 포인터가 ( ) 모양으로 바뀝니다. 이때 곡선 왼쪽 지점을 클릭하면 패스 색상이 사라지고 기본 문자가 패스를 따라 자동으로 나타납니다.

03 폰트와 크기 변경하기 패스 텍스트 툴( )로 COOKING CLASS를 입력하고 입력한 문자를 드래그한 후 캐릭터 패널에서 폰트를 Arial, 스타일을 Bold, 크기를 14pt로 변경합니다.

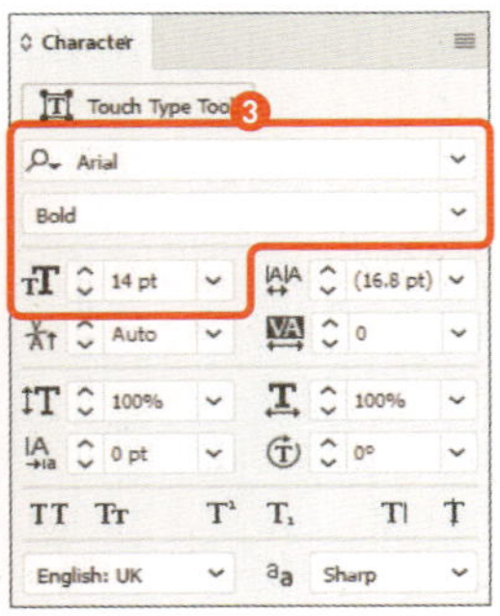

> **Tip** 패스의 문자 시작 지점 재설정하기
>
> 패스 텍스트 툴(![])로 문자를 입력하면 처음 클릭하는 지점에서 문자 입력이 시작됩니다. 문자의 시작 지점이 사용자가 원하는 위치가 아닐 때는 직접 선택 툴(![])로 문자가 시작되는 부분에 마우스 포인터를 가져갑니다. 마우스 포인터가 ![] 모양으로 바뀌면 사각형 박스를 드래그하여 문자의 시작 지점을 변경할 수 있습니다.

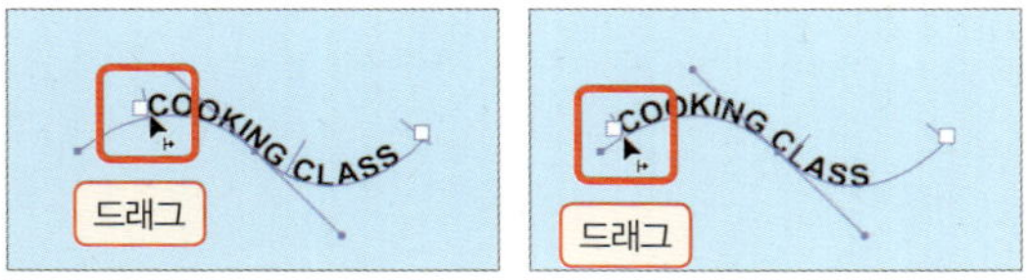

■ 패스 위의 문자 시작 지점 옮기기

04 문자 색상 변경하기 색상 견본 패널에서 흰색을 클릭하여 문자의 색상을 변경합니다.

닫힌 패스를 따라 문자 입력하기

01 닫힌 오브젝트 만들기 Chapter_09 ▸ Section_01 ▸ c–type.ai 파일을 불러옵니다. 원형 툴(![])을 선택하고 옵션 바에서 원하는 면 색과 선 색을 설정한 후 Alt + Shift 를 누른 채 드래그하여 정원을 그립니다. 메뉴 바에서 [Object]–[Path]–[Offset Path]를 선택하고 옵션 창이 열리면 Offset을 -10mm로 입력한 후 〈OK〉를 클릭합니다.

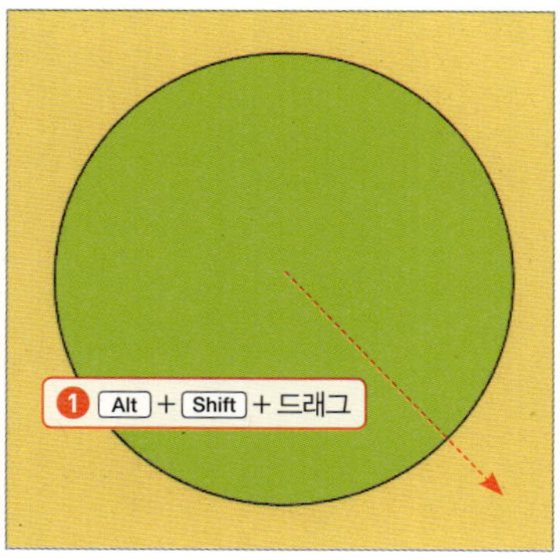

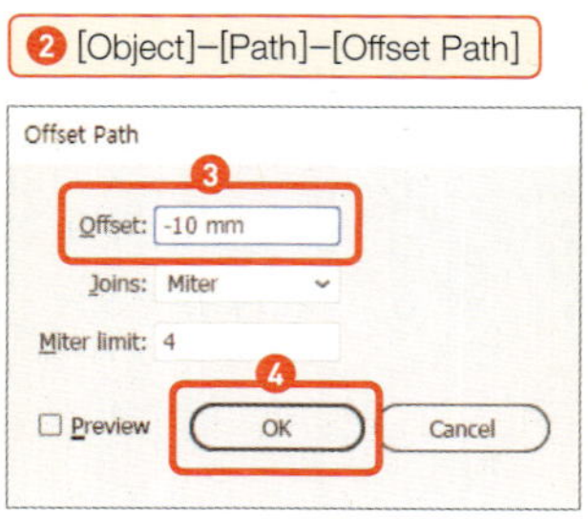

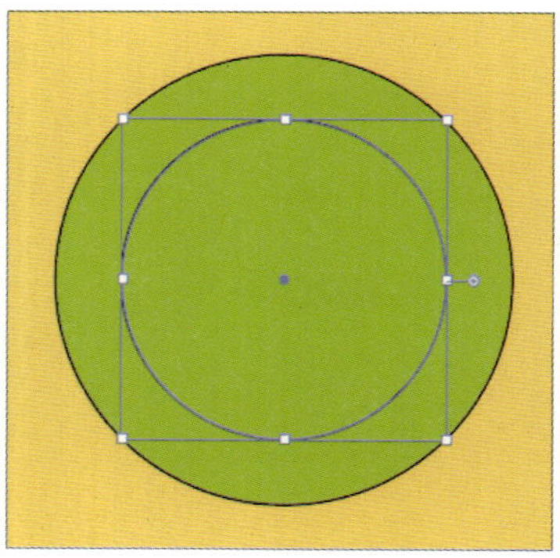

02 닫힌 패스를 따라 문자 입력하기 패스 텍스트 툴( )로 작은 원의 패스를 클릭합니다. 닫힌 오브젝트의 색상 정보가 사라지면서 기본 문자가 입력됩니다. Thank You!를 연속해서 입력하면 닫힌 오브젝트를 따라 문자가 입력됩니다.

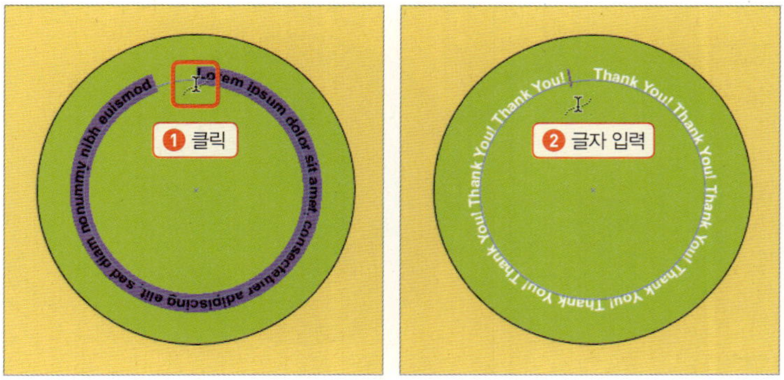

03 넘친 문자 조절하기 패스 끝부분에 빨간색 마크가 생기면 문자 길이가 패스 길이보다 길어 보이지 않는 문자가 있다는 뜻입니다. 선택 툴( )로 패스를 선택한 후 캐릭터 패널에서 문자 크기를 줄이거나 문자 간격을 음수로 입력하여 조절합니다.

04 패스의 안쪽으로 문자 배치하기 직접 선택 툴( )을 선택하고 패스 가운데의 파란 선으로 마우스 포인터를 가져갑니다. 마우스 포인터가 ( ) 모양으로 바뀌면 닫힌 오브젝트 내부로 드래그합니다. 문자가 패스 라인 바깥쪽이 아닌 안쪽으로 재배치됩니다.

05 넘친 문자 조절하기 문자가 패스 라인 안쪽에 배치되면서 문자 길이가 패스 길이보다 길어 보이지 않는 문자가 있다는 표시인 빨간색 ⊞ 박스가 나타납니다. 캐릭터 패널에서 문자 간격을 음수로 입력하여 빨간색 박스가 보이지 않도록 조절합니다.

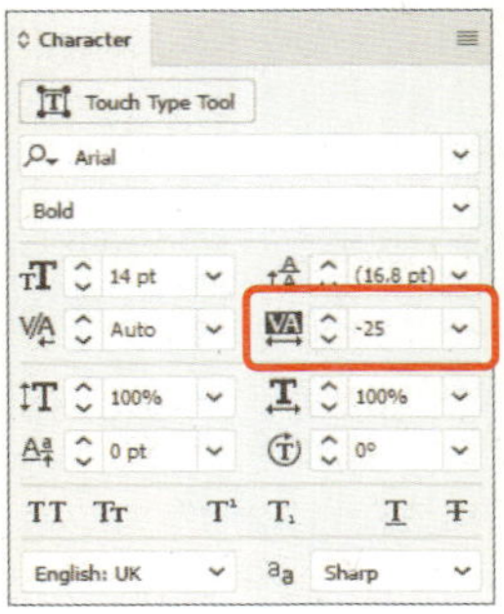

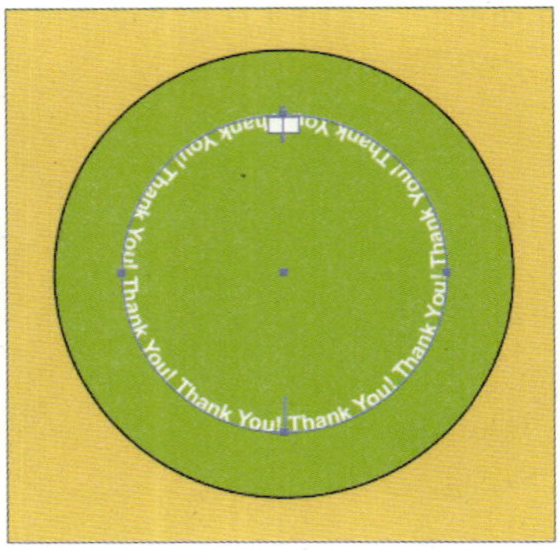

06 반복 연습하기 01~05 단계를 반복하여 중간 크기의 원을 추가하고 패스 라인 바깥쪽으로 Thank You!를 입력하여 다음과 같이 완성합니다.

닫힌 오브젝트 내부에 문자 입력하기

01 닫힌 오브젝트 만들기 Chapter_09 ▸ Section_01 ▸ a_type.ai 파일을 불러옵니다. 사각형 툴(▢)로 트럭 내부를 드래그하여 사각형을 만든 후 영역 텍스트 툴(Ⓣ)을 사각형 내부로 가져갑니다. 마우스 포인터가 Ⓘ 모양으로 바뀌면 사각형 내부를 클릭합니다. 사각형의 색상 정보가 사라지면서 기본 문자가 입력됩니다.

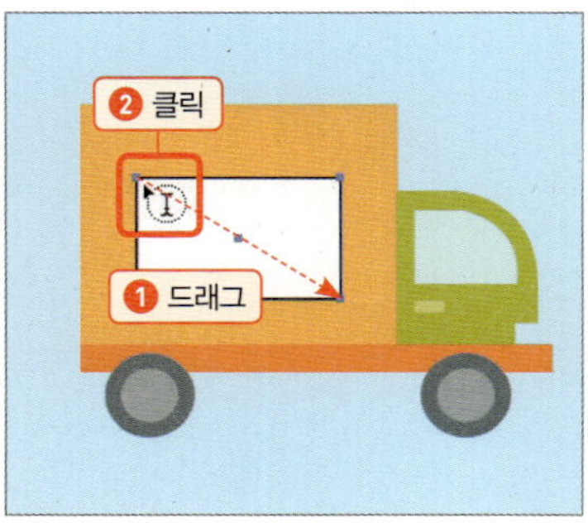

02 닫힌 오브젝트 내부에 문자 입력하기 영역 텍스트 툴()로 QUICK DELIVERY를 입력하고 드래그하여 선택합니다. 캐릭터 패널에서 폰트를 Arial, 스타일을 Bold Italic, 크기를 24pt로 변경합니다.

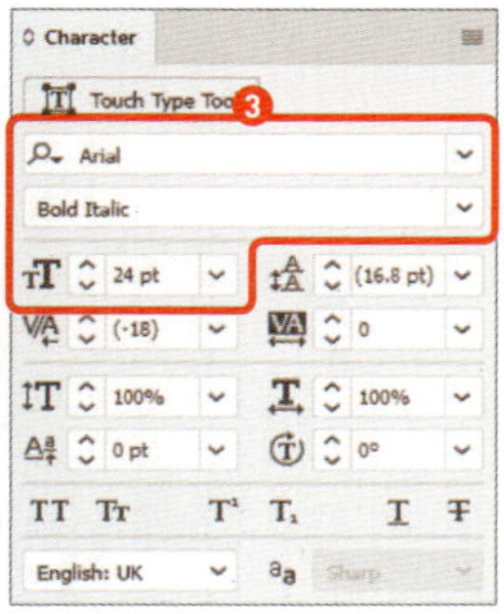

03 색상 변경하기 영역 텍스트 툴()로 입력한 문자를 드래그하여 선택한 후 색상 견본 패널에서 흰색을 클릭하여 색상을 변경합니다.

04 중앙 정렬하기 텍스트 툴의 옵션 바에서 Paragraph를 중앙 정렬로 변경합니다.

05 줄 간격 늘리기 문자가 두 줄 모두 선택된 상태에서 캐릭터 패널의 줄 간격을 40pt로 설정하여 넓힙니다.

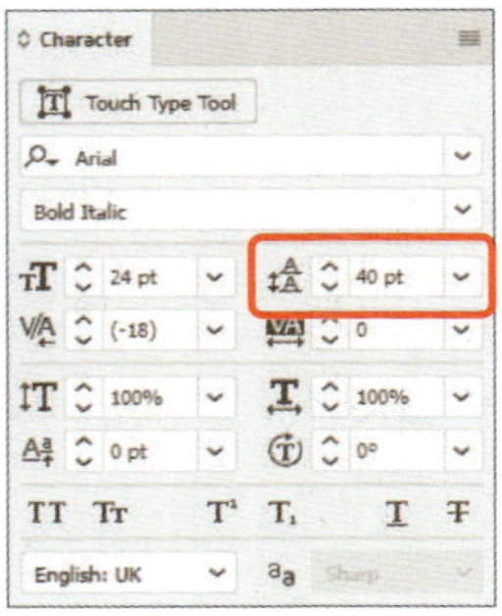

Tip 문자는 정형화된 도형 오브젝트뿐만 아니라 하트처럼 비정형 오브젝트에도 입력할 수 있습니다. 입력한 문자열에 빈 공간이 많으면 형태가 제대로 보이지 않으므로 띄어쓰기나 줄 바꿈을 하지 않고 입력하는 것이 보기에 좋습니다.

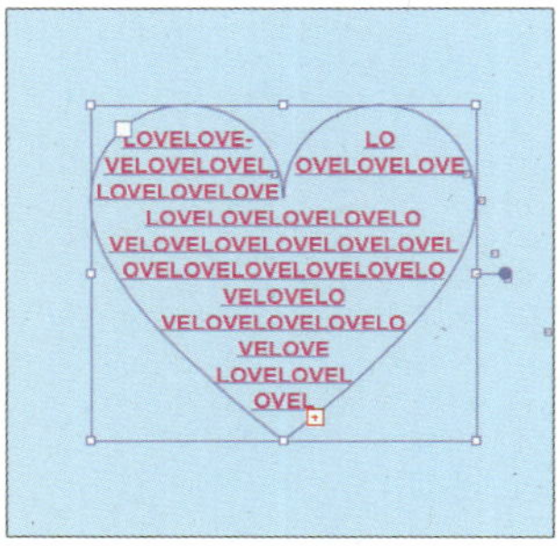

■ 불규칙적인 빈 공간이 생기지 않도록 꽉 채워 입력해야 안정적임

문자를 한 자 한 자 변형하기

01 문자 입력하기 Chapter_09 ▸ Section_01 ▸ t_type.ai 파일을 불러옵니다. 텍스트 툴(T)로 화면을 클릭한 후 BIG SALE을 두 줄로 입력하고 전체를 드래그합니다. 옵션 바에서 Paragraph를 중앙 정렬로 설정하고 캐릭터 패널에서 폰트를 Arial, 스타일을 Bold, 크기를 63pt로 변경합니다.

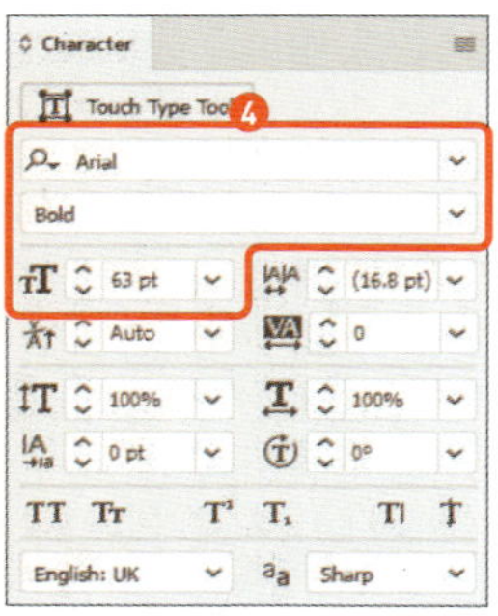

02 문자 색상 변경하기 텍스트 툴(T)로 한 문자씩 드래그하여 색상 견본 패널에서 면 색을 원하는 색으로 자유롭게 설정합니다.

03 개별 문자 가로/세로 조절하기 터치 텍스트 툴(⌘)로 문자 B를 클릭합니다. 자동으로 클릭한 문자 한 자만 선택됩니다. 그 상태에서 바운딩 박스의 오른쪽 하단을 드래그하여 너비를 늘리고 왼쪽 상단을 드래그하여 높이를 키웁니다.

04 개별 문자 회전시키기 터치 텍스트 툴(⌘)로 문자 B를 클릭한 상태에서 바운딩 박스의 오른쪽 상단을 드래그하여 대각선 방향으로 키웁니다. 마우스 포인터를 문자 위쪽의 작은 동그라미에 가져간 후 왼쪽으로 드래그하여 회전시킵니다.

05 **개별 문자 폰트 변경하기** 터치 텍스트 툴(⌧)로 문자 I를 클릭합니다. 바운딩 박스 아래에 자동으로 다른 폰트의 문자를 추천합니다. 원하는 폰트를 클릭하여 폰트를 변경합니다.

06 터치 텍스트 툴(⌧)로 나머지 문자를 선택하여 원하는 스타일로 변경합니다. 터치 텍스트 툴(⌧)로 문자를 변형시켜도 문자 속성은 그대로 유지됩니다.

Tip **문자를 일반 오브젝트로 변환하기(o_type.ai 파일 참고)**

문자를 입력하여 완성한 ai 파일을 다른 사람에게 공유하거나 인쇄소로 보낼 때 받는 사람의 컴퓨터에 보내는 파일에 포함된 폰트가 없을 수 있습니다. 이럴 때는 문자의 폰트 속성을 해제하고 일반 오브젝트로 변환한 후 보내야 합니다. 문자를 일반 오브젝트로 변환하려면 메뉴 바에서 [Type]-[Create Outline]을 선택합니다. 문자가 문자처럼 생긴 도형으로 바뀝니다. 이때 변경된 문자는 그룹으로 묶인 상태입니다. 그룹을 해제하면 개별 문자를 따로 편집할 수 있습니다. 다만 한 가지 주의할 점은 문자를 일반 오브젝트로 변환하면 문자처럼 보일뿐 문자가 아니라는 점입니다. 실제로는 문자 속성이 사라진 상태이므로 다른 문자로 수정할 수 없습니다.

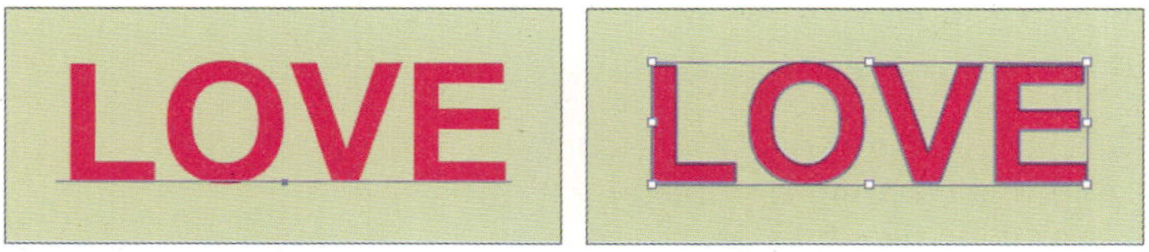

■ 문자를 일반 오브젝트로 변환

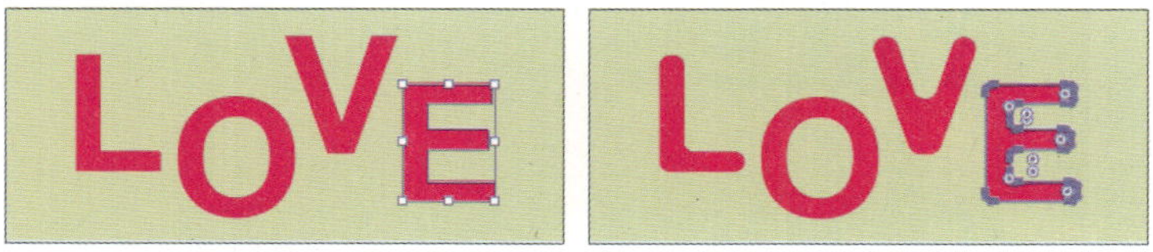

■ 그룹을 해제한 후 개별 오브젝트로 편집 가능

SECTION

02

문단 편집하기

• **핵심 기능 I** Area Type Option 메뉴, 패러그래프 패널

문단 만들고 이미지 삽입하기

01 문단 만들기 Chapter_09 ▸ Section_02 ▸ pic.ai 파일을 불러옵니다. 텍스트 툴(T)로 화면을 드래그합니다. 문단 영역이 생기며 영역 내부에 자동으로 문장이 입력됩니다.

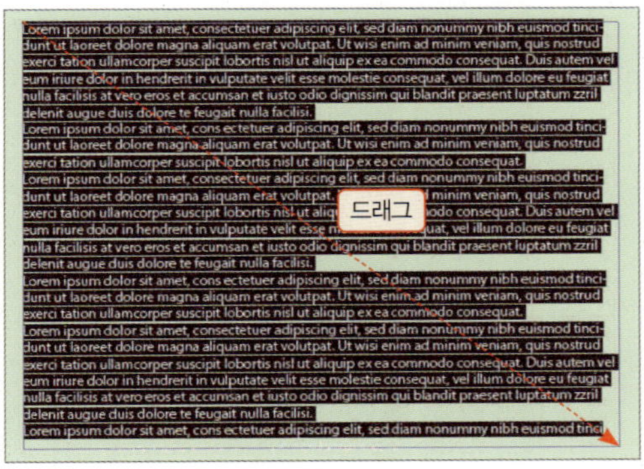

02 단 수 설정하기 메뉴 바에서 [Type]–[Area Type Options]를 선택합니다. 옵션 창에서 Columns의 Number를 2로 입력하고 〈OK〉를 클릭합니다. 문단이 2단으로 바뀝니다.

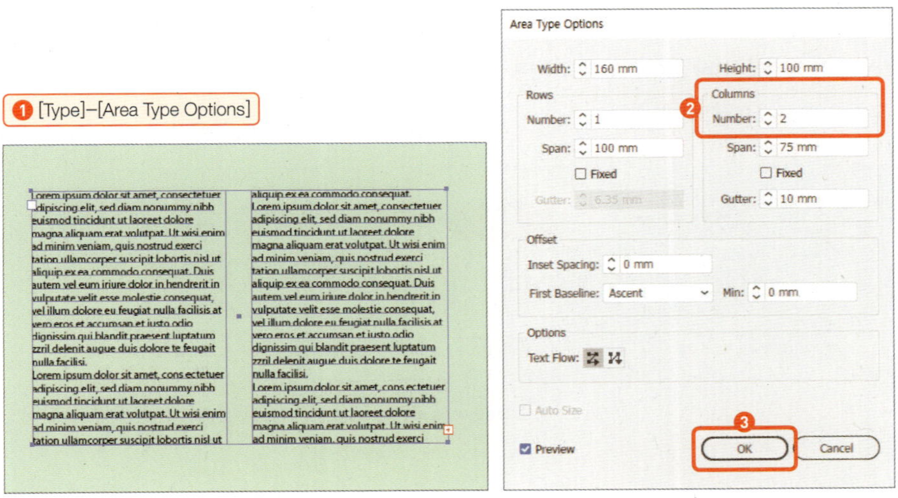

03 **텍스트 붙여 넣기** 윈도우에서 Chapter_09 ▸ Section_02 폴더의 stay.txt 파일을 더블클릭하여 엽니다. 메모장이 열리면 Ctrl + A, Ctrl + C를 눌러 전체 문장을 복사합니다. 일러스트레이터 작업 화면으로 돌아와 Ctrl + V를 눌러 기존 문장을 지우고 복사한 문장을 붙여 넣습니다. 단을 2단으로 설정했으므로 문장이 자동으로 양쪽에 입력됩니다.

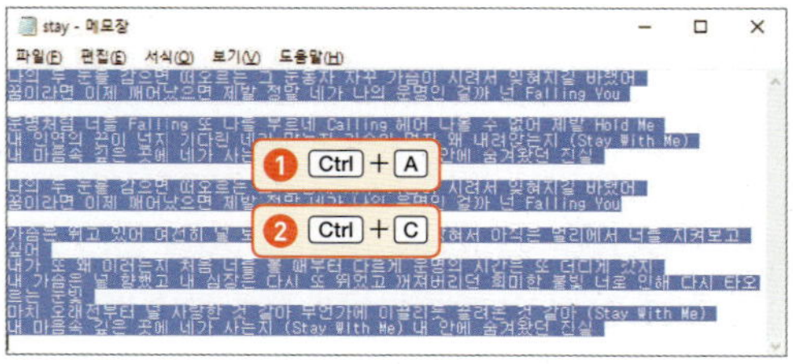

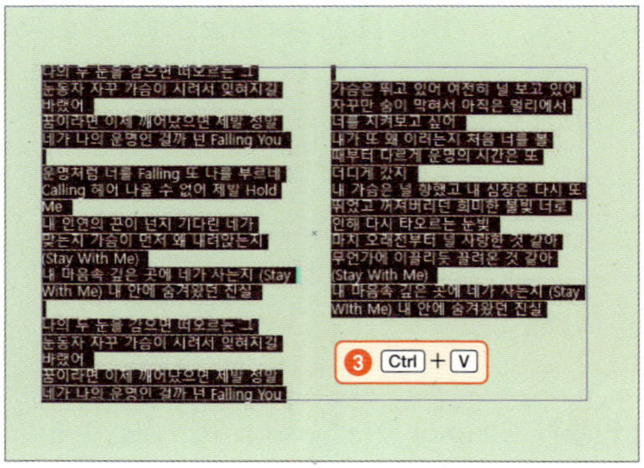

04 **문장 정렬하기** 전체 문장이 선택된 상태로 메뉴 바에서 [Window]-[Type]-[Paragraph]를 선택합니다. 패러그래프 패널이 열리면 마지막 행 왼쪽 정렬(≣)을 클릭하여 문장을 정렬합니다.

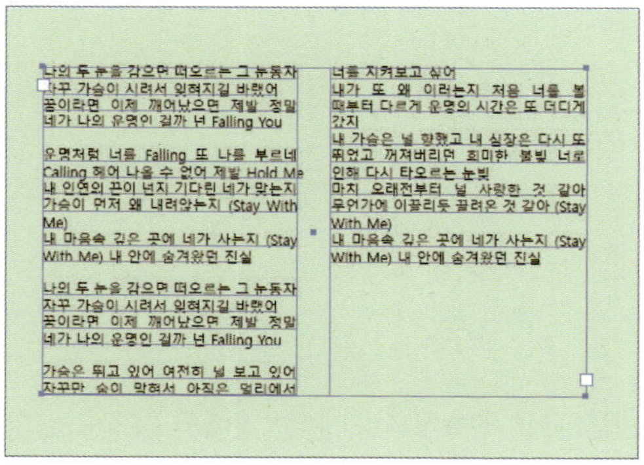

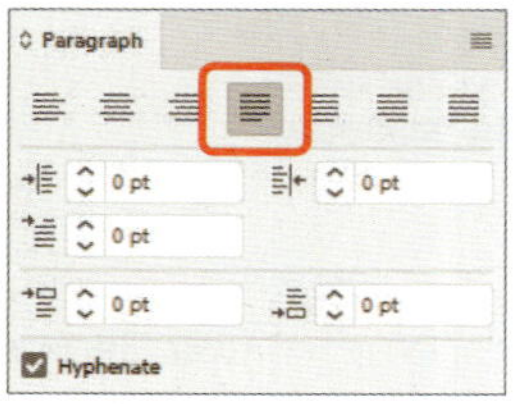

05 **이미지 불러오기** 메뉴 바에서 [File]-[Place]를 선택하고 Chapter_09 ▸ Section_02 ▸ star.jpg 파일을 불러온 후 문단의 왼쪽 상단 모서리를 시작점으로 드래그하여 이미지를 삽입합니다. 선택 툴(▶)로 Shift를 누른 채 불러온 이미지와 문단을 모두 선택합니다.

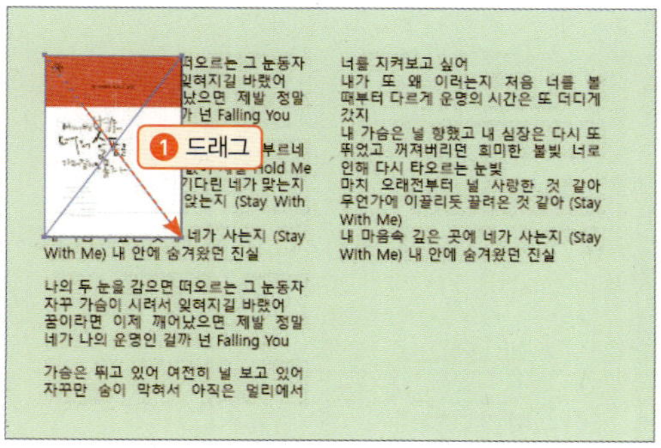

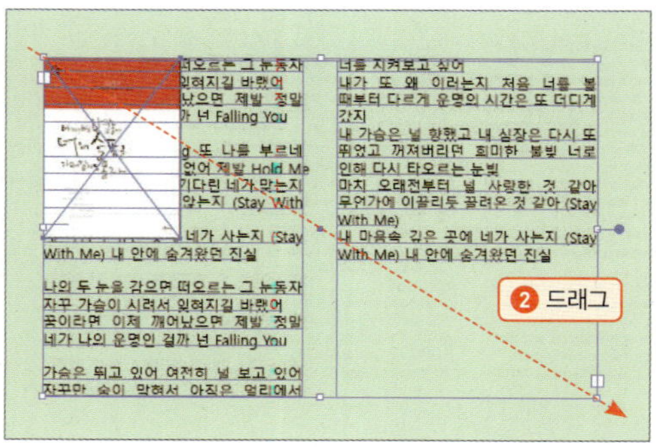

06 이미지에 여백을 설정하고 문단에 연결하기 메뉴 바에서 [Object]–[Text Warp]–[Text Warp Options]를 선택하고 Offset을 10pt로 설정한 후 〈OK〉를 클릭합니다. 다시 메뉴 바에서 [Object]–[Text Warp]–[Make]를 선택하면 이미지 상하좌우에 여백이 10pt 만큼 생기고 이미지가 문단에 자연스럽게 연결됩니다.

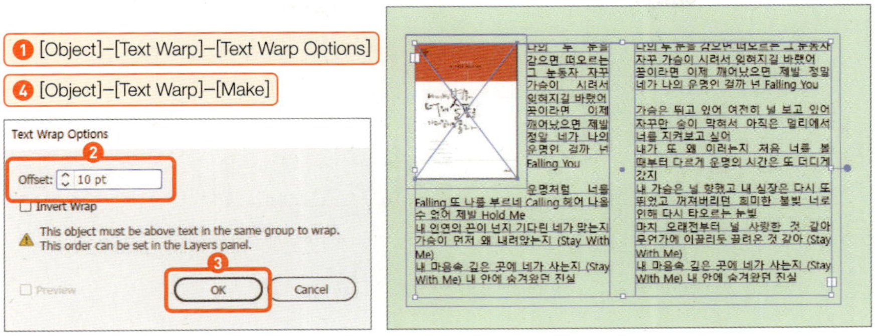

07 이미지 옮기기 선택 툴(▶)로 이미지를 선택한 후 다른 곳으로 옮겨 봅니다. 위치가 바뀌어도 이미지는 상하좌우 여백이 유지됩니다.

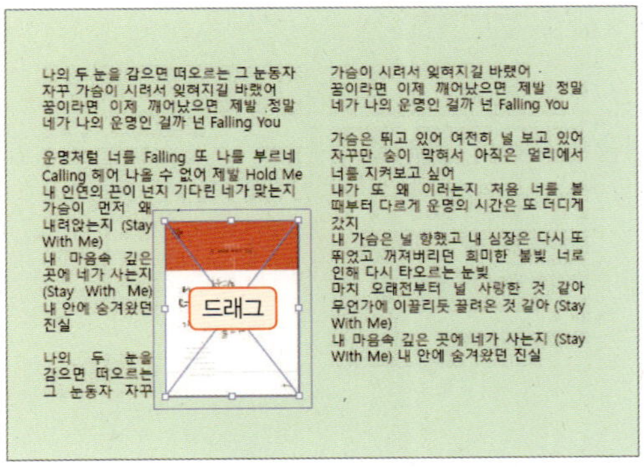

08 이미지와 문단 연결 해제하기 메뉴 바에서 [Object]–[Text Warp]–[Release]를 선택합니다. 처음 이미지를 불러온 상태와 같이 문단과 이미지가 분리됩니다.

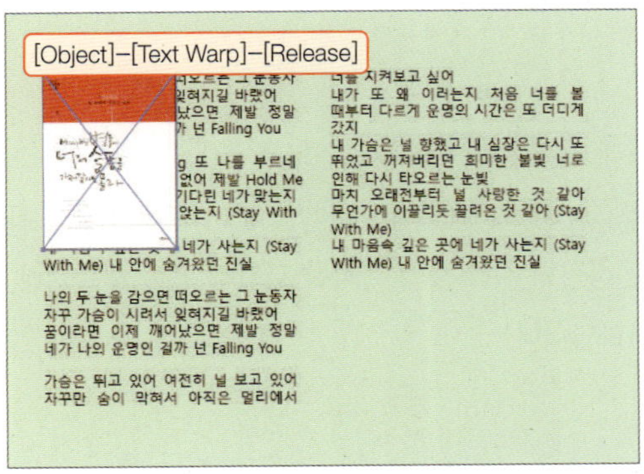

분리된 문단 연결하기

01 1단 문단 만들기 Chapter_09 ▸ Section_02 ▸ para.ai 파일을 불러옵니다. 텍스트 툴(T)로 화면을 드래그하여 문단 영역을 만듭니다. 메뉴 바에서 [Type]–[Area Type Options]를 선택하고 Column의 Number를 1로 입력한 후 〈OK〉를 클릭합니다.

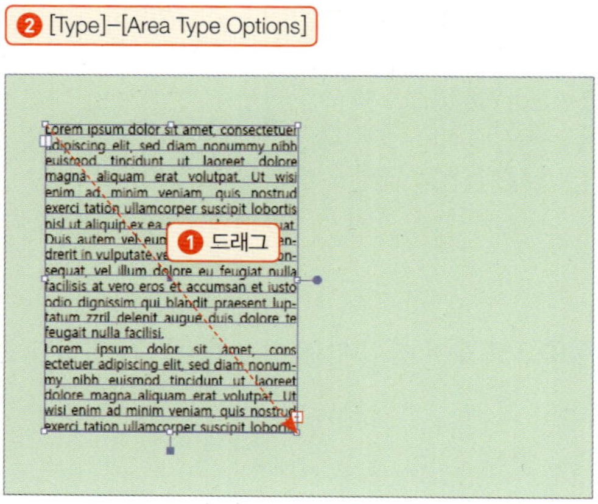

02 1단 문단 복제하기 선택 툴(▶)로 앞서 만든 문단 영역을 선택하고 Alt를 누른 채 드래그하여 복제합니다.

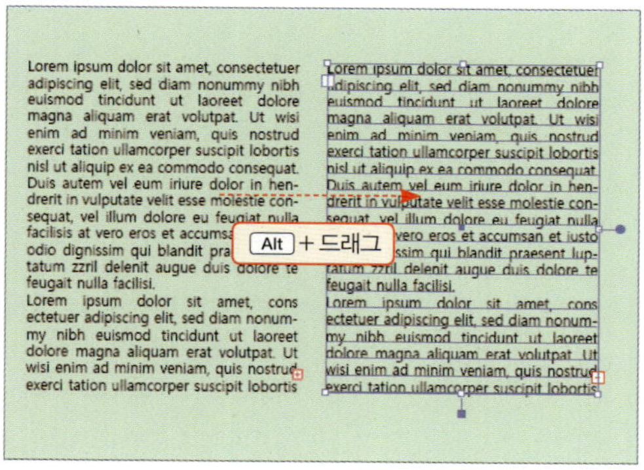

03 텍스트 붙여 넣기 텍스트 툴(T)로 왼쪽 문단 영역을 드래그하여 선택합니다. 윈도우에서 Chapter_09 ▸ Section_02 폴더의 stay.txt 파일을 더블클릭하여 메모장을 열고 Ctrl+A, Ctrl+C를 눌러 전체 문장을 복사합니다. 일러스트레이터 작업 화면으로 돌아와 왼쪽 문단에 Ctrl+V를 눌러 복사한 문장을 붙여 넣습니다. 텍스트가 문단 영역을 벗어났다는 표시로 빨간색 ⊞ 마크가 나타납니다.

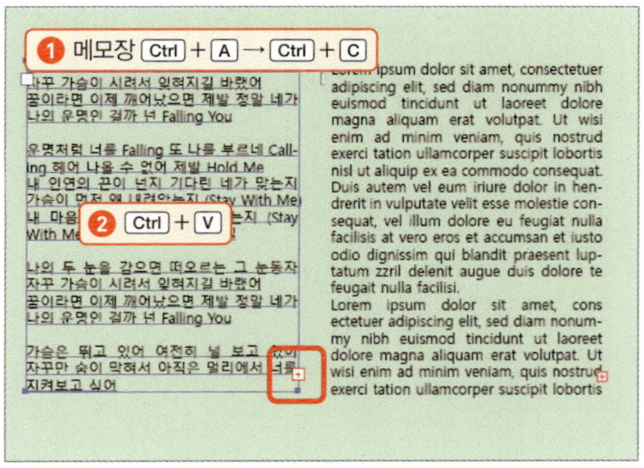

04 **문단 연결하기** 텍스트 툴(T)로 오른쪽 문단 영역을 드래그한 후 Delete 를 눌러 삭제합니다. 선택 툴(▶)로 오른쪽 빈 문단 영역의 왼쪽 사각 박스를 클릭합니다. 마우스 포인터가 [아이콘] 모양으로 바뀌면 왼쪽 문단 영역 하단의 빨간색 마크로 마우스 포인터를 가져갑니다. 마우스 포인터가 [아이콘] 모양으로 바뀌면 클릭합니다.

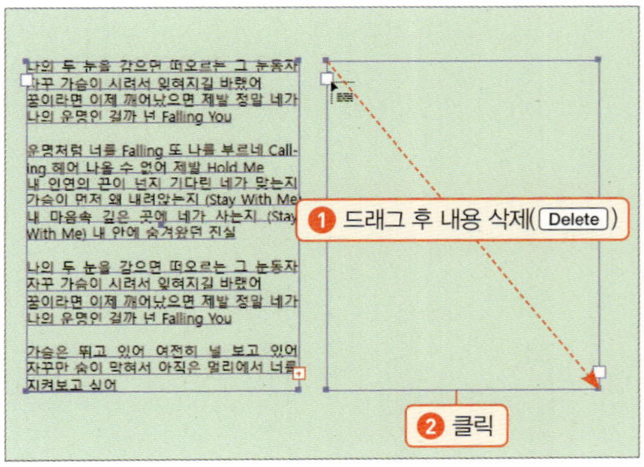

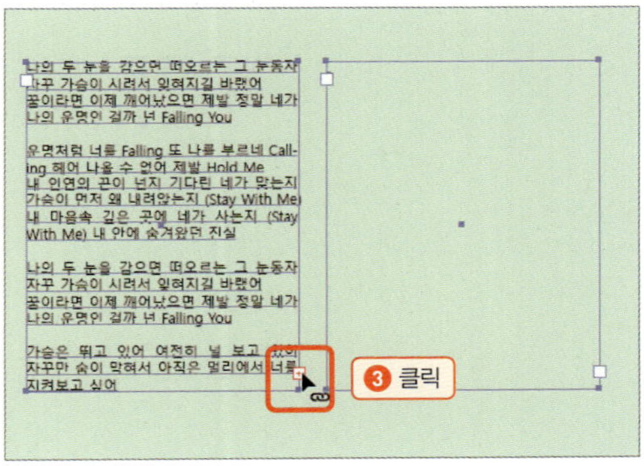

05 문단 영역 2개가 연결되어 첫 번째 문단 영역 하단에 숨겨졌던 문장이 오른쪽 문단 영역으로 올라옵니다.

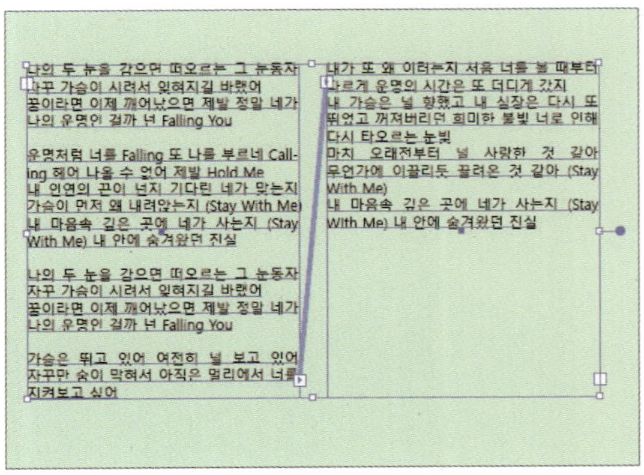

06 문단 분리하기 선택 툴( )로 오른쪽 문단 영역 왼쪽 상단의 사각 박스를 클릭한 후 왼쪽 문단 영역과 연결된 선을 따라가면 마우스 포인트가 체인이 해제된 모양이 됩니다. 이때 클릭하면 원래대로 문단이 분리됩니다.

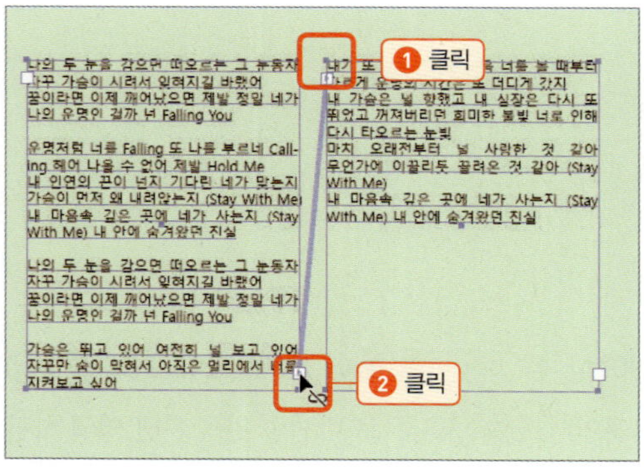

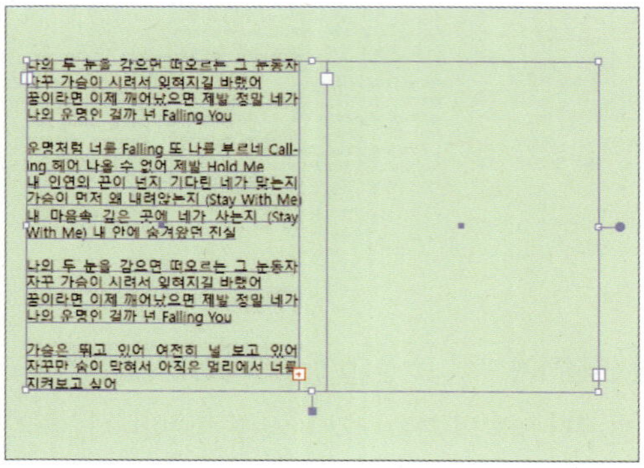

SECTION 03

문자 변형하기

• **핵심 기능** I Envelope Distort 메뉴

율동감 있는 문자 만들기

01 문자 입력하기 Chapter_09 ▸ Section_03 ▸ warp.ai 파일을 불러옵니다. 텍스트 툴(T)로 화면을 클릭하여 Thank You!를 입력하고 드래그한 후 캐릭터 패널에서 폰트를 Arial, 스타일을 Bold, 크기를 24pt로 설정합니다. 색상 견본 패널에서 면 색을 흰색으로 선택하여 색상을 변경합니다.

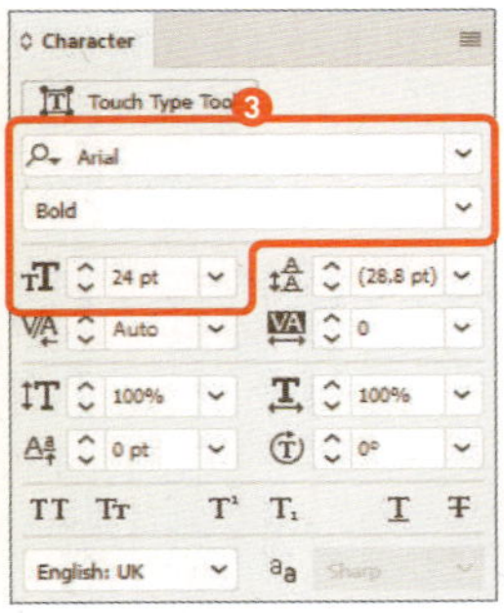

02 문자 복제하기 선택 툴(▶)로 입력한 문자를 클릭하여 선택하고 Alt를 누른 채 아래로 드래그하여 문자를 2개 더 복제합니다.

03 워프 스타일 적용하기 선택 툴(▶)로 첫 번째 문자를 클릭하여 선택하고 메뉴 바에서 [Object]–[Envelope Distort]–[Make with Warp]를 선택합니다. 옵션 창이 열리면 Style 목록을 펼쳐 다양한 형태의 워프 스타일을 확인합니다. Arc를 선택하고 Bend를 50%로 입력한 후 〈OK〉를 클릭합니다. 나머지 문자 2개도 같은 방법으로 워프 스타일을 적용해 봅니다.

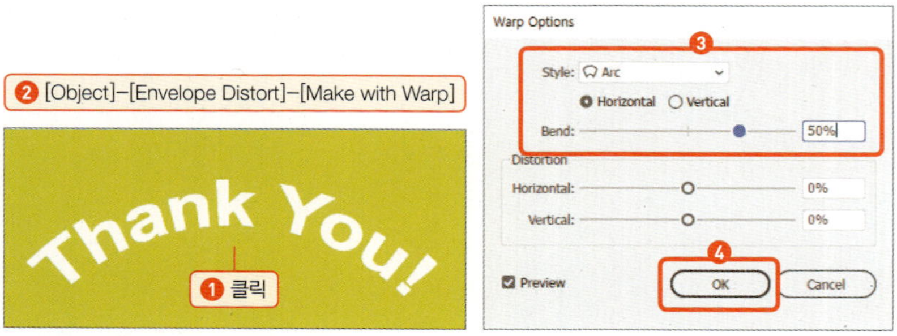

■ Arc 스타일

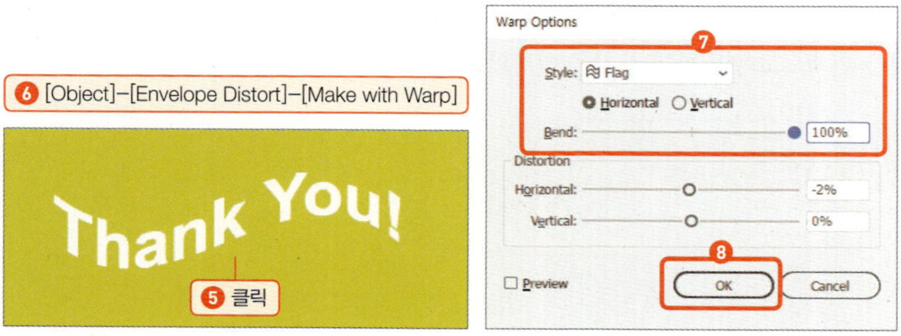

■ Flag 스타일

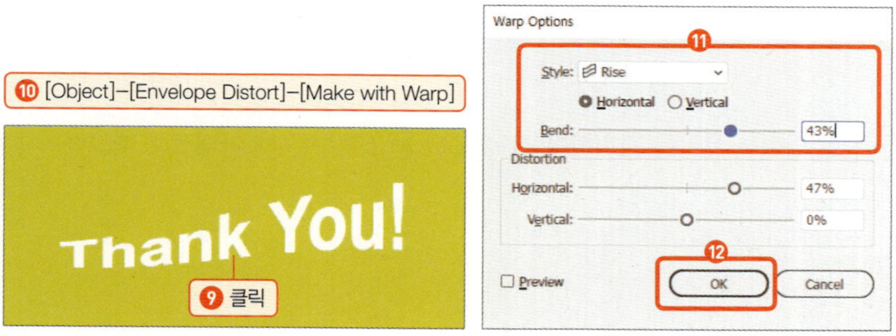

■ Rise 스타일

04 문자 변형하기 선택 툴(▶)로 첫 번째 문자를 클릭하여 선택하고 메뉴 바에서 [Object]–[Envelope Distort]–[Reset with Mesh]를 선택합니다. 옵션 창에서 메시의 Rows(행 수)를 2, Columns(열 수)를 6으로 입력하고 〈OK〉를 클릭합니다. 문자에 메시가 생기면 직접 선택 툴(▷)로 개개의 앵커 포인트를 자유롭게 드래그하여 문자 모양을 변형합니다.

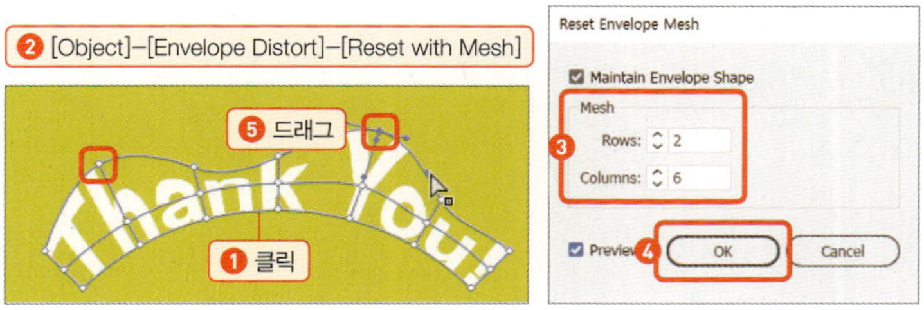

05 문자 수정하기 문자를 변형해도 문자 속성은 그대로 남아 있습니다. 선택 툴(▶)로 문자를 선택한 후 옵션 바에서 Edit Contents( )를 클릭하면 텍스트 모드로 전환됩니다. 텍스트 툴(T)을 클릭하고 Love You를 다시 입력합니다.

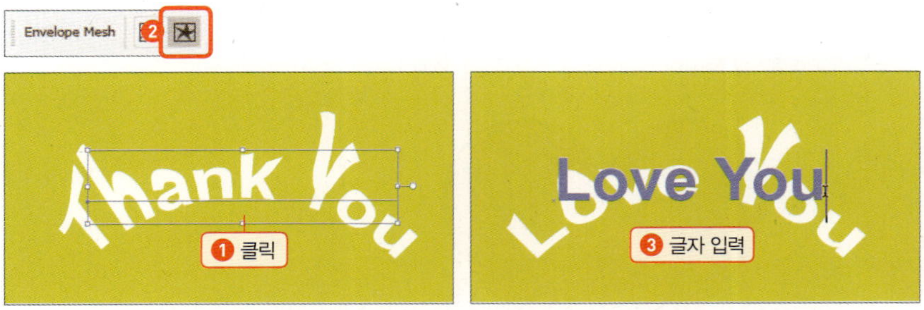

Tip 문자를 수정한 후 다시 형태를 변형하고 싶다면 옵션 바에서 Edit Envelope( )를 클릭합니다.

06 일반 오브젝트로 변환하기 메뉴 바에서 [Object]–[Envelope Distort]–[Expand]를 선택합니다. 문자 속성이 사라지고 문자 형태의 오브젝트로 변환됩니다.

비정형 오브젝트 안에 문자 입력하기

01 하트 오브젝트 조각내기 Chapter_09 ▸ Section_03 ▸ love.ai 파일을 불러옵니다. 나이프 툴( )로 다음과 같이 드래그하여 하트 오브젝트를 조각냅니다.

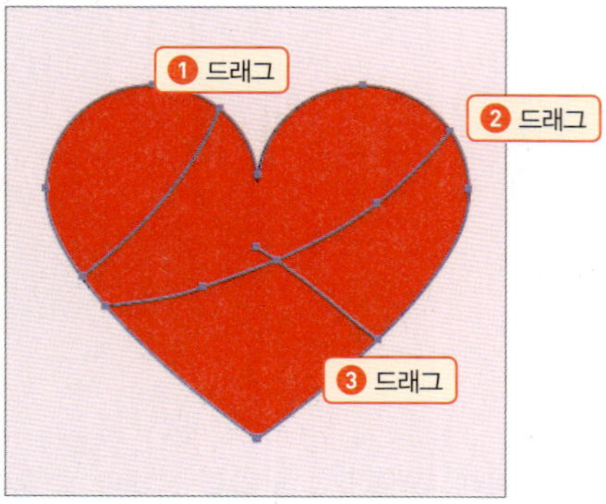

02 불필요한 패스 제거하기 구분한 영역에서 튀어나간 패스는 불필요하므로 셰이퍼 빌더 툴( )을 선택한 후 Alt 를 누른 채 해당 패스를 드래그하여 제거합니다.

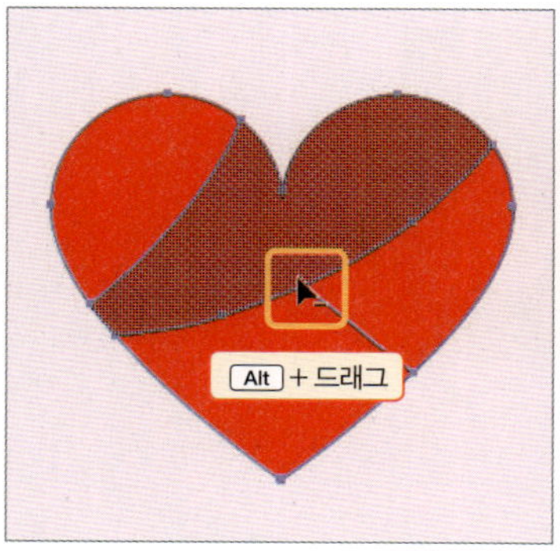

03 문자 입력하고 색상 지정하기 텍스트 툴( )로 하트의 윗부분을 클릭한 후 LOVE를 입력합니다. 선택 툴( )로 입력한 문자를 선택하고 Alt 를 누른 채 드래그하여 문자를 3개 더 복제합니다. 선택 툴( )로 문자 4개를 드래그한 후 캐릭터 패널에서 폰트, 스타일, 크기를 원하는 대로 설정합니다. 각 문자의 색상은 색상 패널에서 각각 다른 색상으로 채웁니다.

04 하트 오브젝트 위로 보내기 선택 툴(▶)로 조각난 하트를 드래그하여 모두 선택한 후 마우스 오른쪽 버튼을 클릭하고 [Arrange]–[Bring to Front]를 선택합니다.

05 조각에 문자 삽입하기 선택 툴(▶)로 Shift 를 누른 채 하트의 첫 번째 조각과 첫 번째 문자를 함께 선택합니다. 메뉴 바에서 [Object]–[Envelope Distort]–[Make with Top Object]를 선택합니다. 첫 번째 조각 내부에 문자가 삽입됩니다.

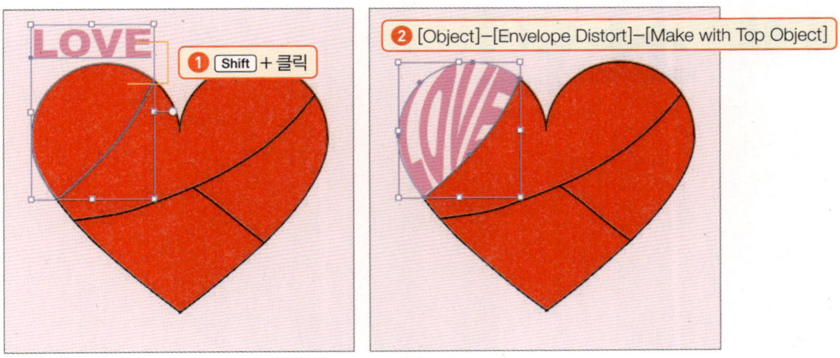

06 같은 방법으로 나머지 조각에도 문자를 삽입하여 타이포그래피를 완성합니다.

CHAPTER

10

다양한 효과와 입체 표현

심벌은 필요할 때마다 꺼내 쓸 수 있도록 패널에 등록해 놓은 오브젝트를 말합니다. 이 장에서는 심벌을 등록하고 사용하는 방법, 오브젝트에 적용할 수 있는 다양한 효과, 오브젝트를 입체적으로 만드는 방법을 알아봅니다.

SECTION
01 심벌 사용하기

• **핵심 기능 I** 심벌 스프레이 툴(단축키 Shift+S), 심벌 패널

심벌을 라이브러리에 등록하고 사용하기

01 심벌 등록하기 Chapter_10 ▸ Section_01 ▸ symbol.ai 파일을 불러옵니다. 선택 툴( )로 별을 선택한 후 심벌 패널로 드래그합니다. 옵션 창이 뜨면 Export Type을 Graphic으로 설정하고 〈OK〉를 클릭합니다.

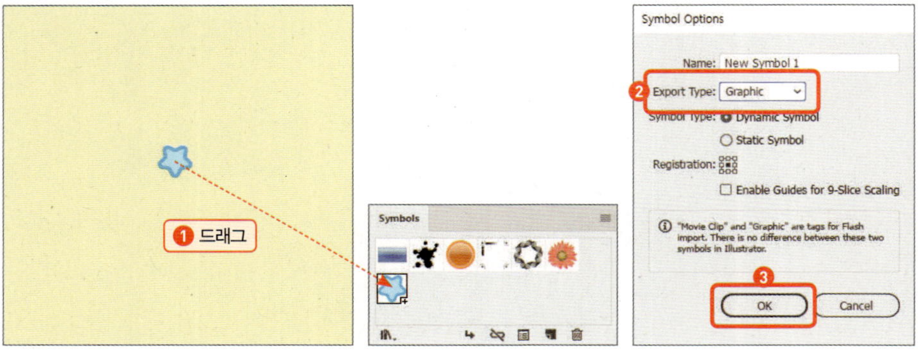

Tip Export Type 중 Movie Clip은 플래시 파일을 만들 때 사용하는 것으로 현재는 거의 사용하지 않습니다.

02 심벌 뿌리기 심벌 스프레이 툴( )로 화면을 드래그합니다. 스프레이어로 물을 뿌리듯 심벌이 화면에 흩뿌려집니다. 여러 번 드래그하여 심벌을 추가합니다.

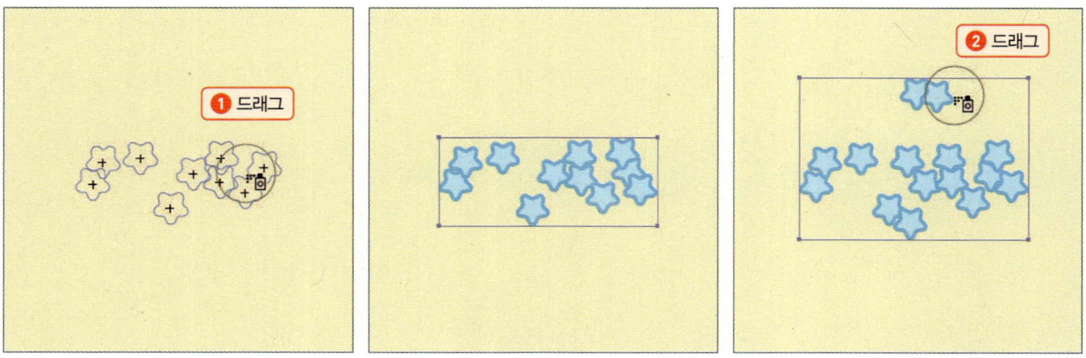

03 심벌 이동하기 심벌 이동 툴(아이콘)로 심벌을 드래그하면 드래그한 방향으로 심벌이 옮겨집니다. 또한 아래에 있는 심벌을 Shift 를 누른 채 클릭하면 위로 옮겨집니다.

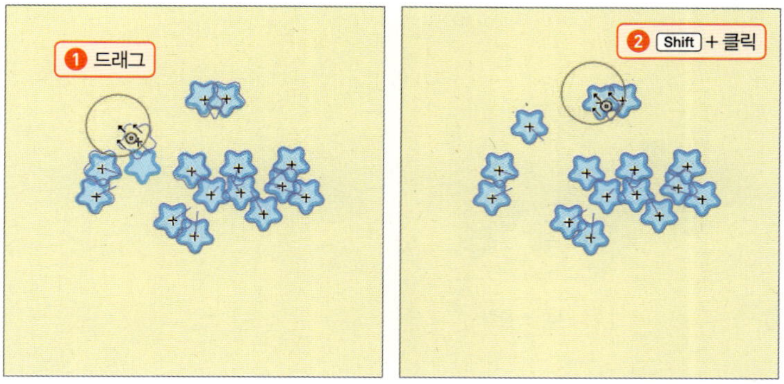

04 심벌 모으기/흩기 심벌 모으기 툴(아이콘)을 선택하고 원하는 지점을 클릭한 채로 마우스를 길게 누릅니다. 클릭한 지점을 기준으로 주위에 있던 심벌이 모여듭니다. 반대로 Alt 를 누른 채 마우스를 길게 누르면 주위 심벌이 흩어집니다.

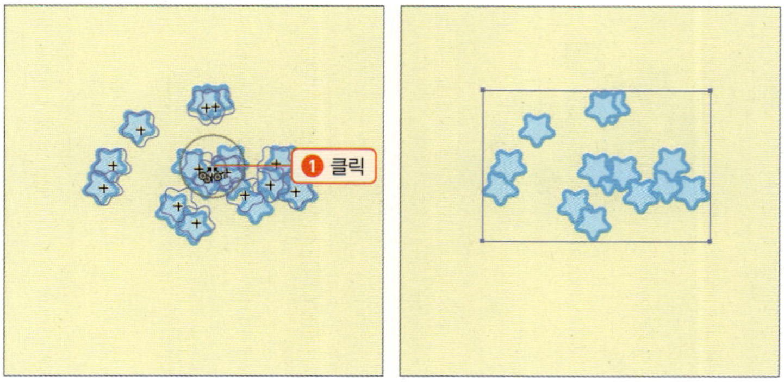

■ 심벌 모으기

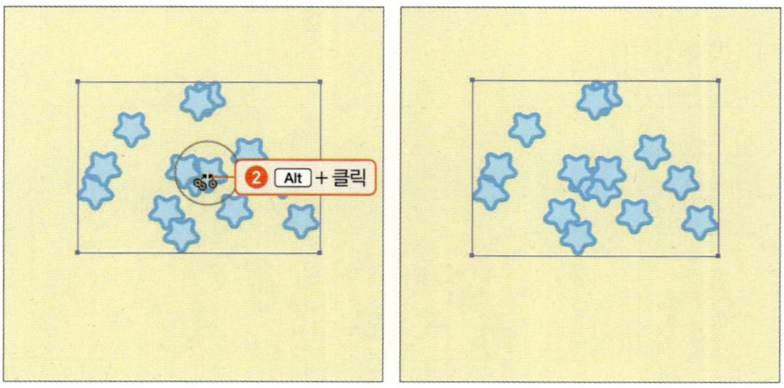

■ 심벌 흩기

05 심벌 크기 조절하기 심벌 크기 조절 툴( )로 심벌을 클릭하면 심벌의 크기가 커집니다. Alt를 누른 채 심벌을 클릭하면 심벌 크기가 작아집니다.

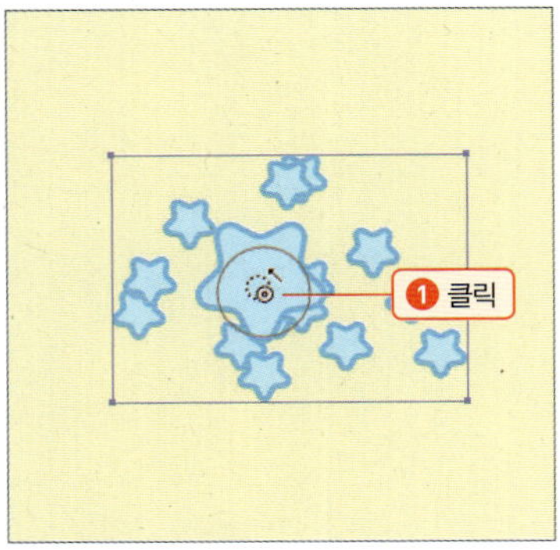

■ 심벌 확대

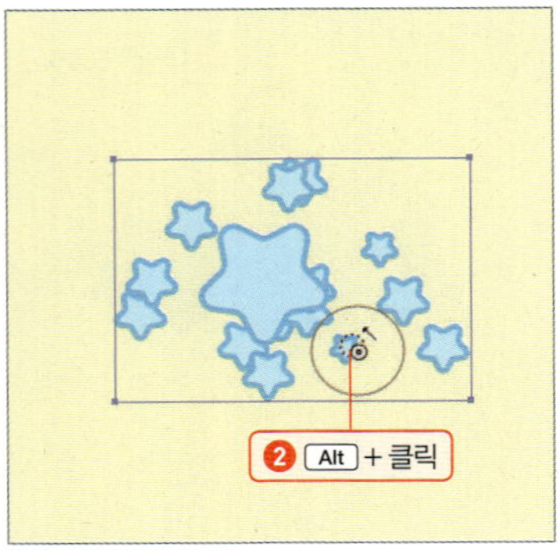

■ 심벌 축소

06 심벌 회전시키기 심벌 회전 툴( )로 심벌을 드래그합니다. 심벌이 방향이 바뀌며 회전합니다.

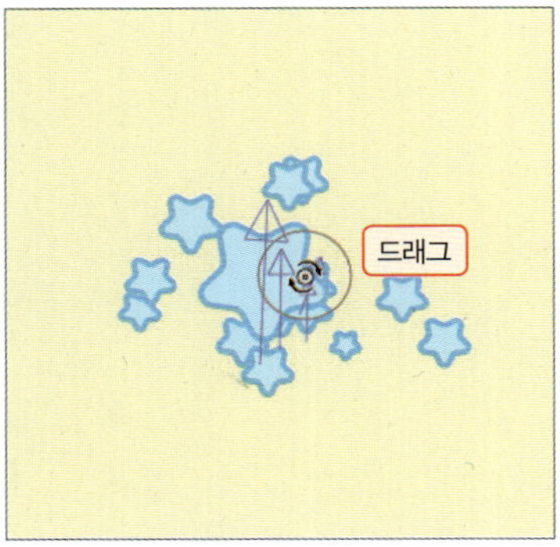

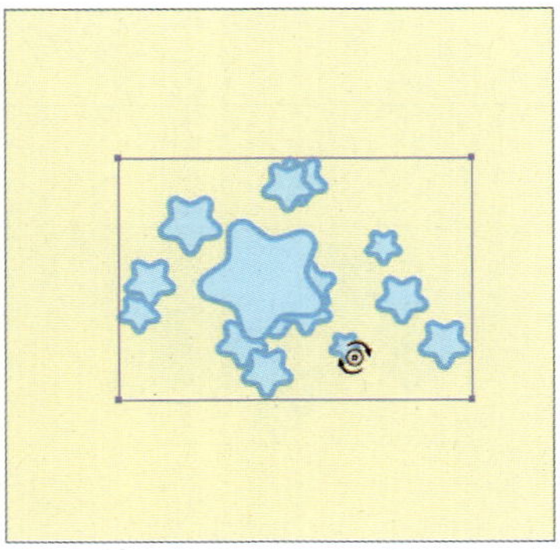

07 심벌 색상 변경하기 심벌 채색 툴( )을 선택하고 툴 박스에서 면 색을 더블클릭합니다. 색상 피커에서 원하는 색상을 선택하고 〈OK〉를 클릭합니다. 심벌 채색 툴( )로 심벌을 클릭하면 변경된 색상이 심벌에 적용됩니다. 여러 번 클릭하면 할수록 색상이 선명해집니다.

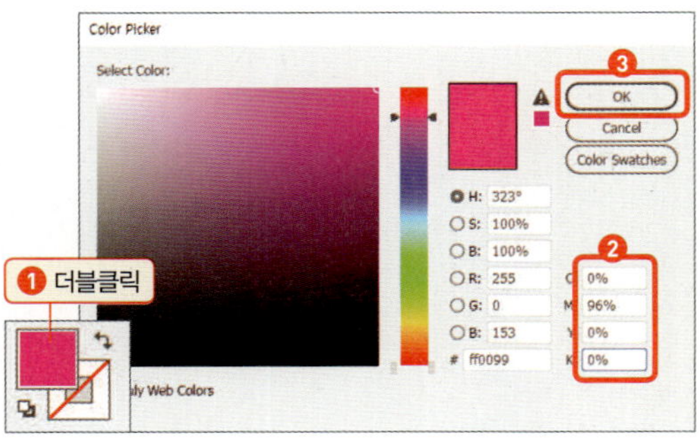

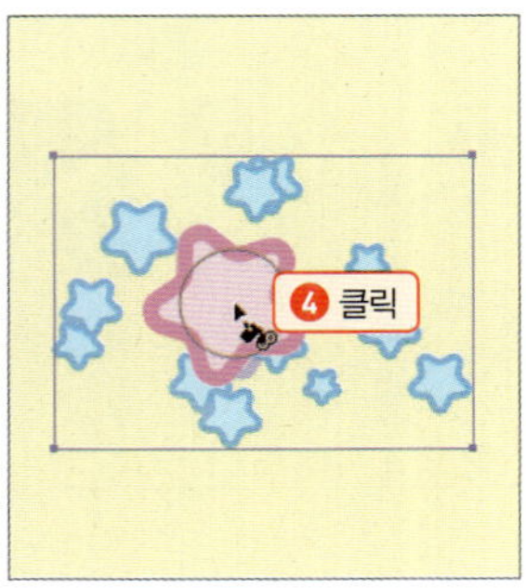

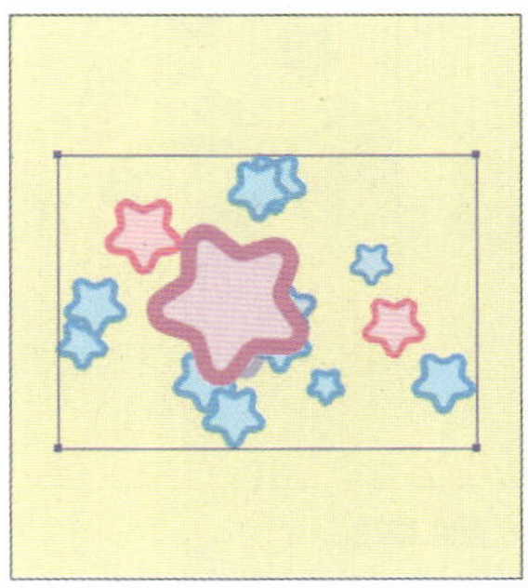

08 심벌 투명도 조절하기 심벌 투명도 조절 툴( )로 심벌을 클릭합니다. 여러 번 클릭하면 할수록 심벌이 더 투명해집니다.

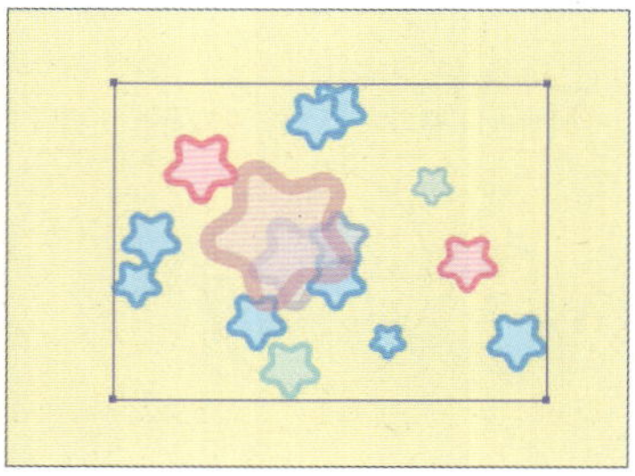

09 심벌에 그래픽 스타일 적용하기 메뉴 바에서 [Window]−[Graphic Styles]를 선택합니다. 그래픽 스타일 패널에서 원하는 스타일을 클릭합니다. 심벌 스타일 툴( )로 심벌을 클릭하면 그래픽 스타일에서 지정한 스타일이 심벌에 적용됩니다.

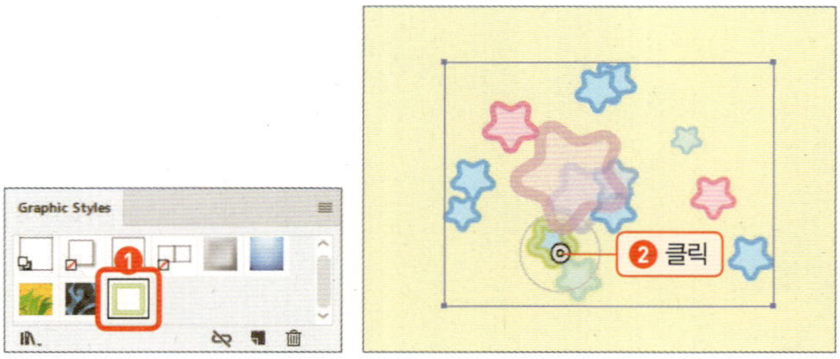

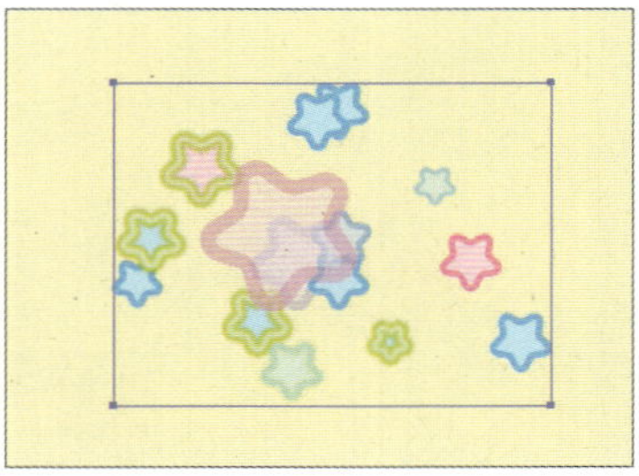

• **준비 파일** heart.ai • **완성 파일** heart_result.ai, green_result.ai

응용 예제 하트 나무 만들기

심벌 툴을 이용하여 나뭇잎이 하트 모양인 나무를 만들어 봅니다.

■ 완성 이미지

■ 응용 이미지

01 Chapter_10 ▸ Section_01 ▸ heart.ai 파일을 불러옵니다. 원형 툴(◯)로 Alt + Shift 를 누른 채 드래그하여 정원을 만듭니다. 펜 툴(✒)로 다음과 같이 패스를 그려 하트 반쪽을 만듭니다.

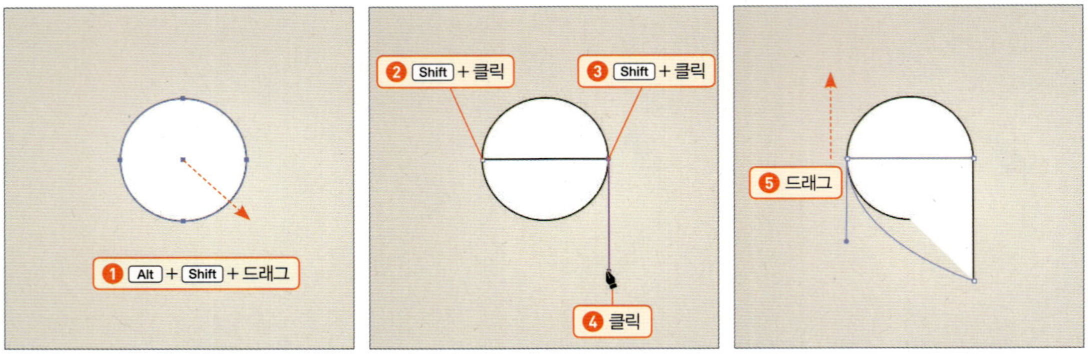

02 선택 툴(▶)로 드래그하여 두 오브젝트를 선택한 후 패스파인더 패널에서 합치기(■)를 클릭합니다.

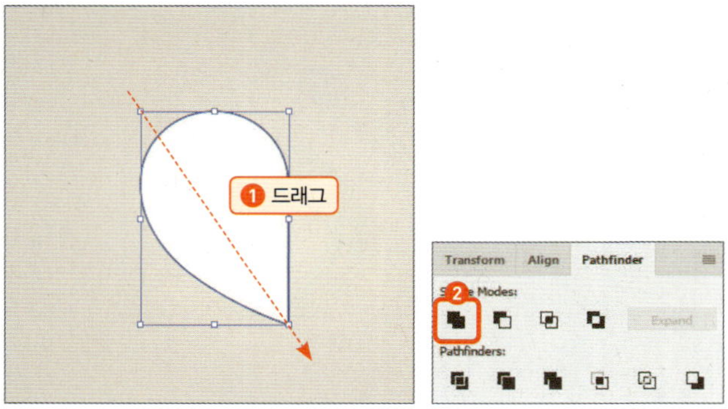

03 반전 툴(▷◁)을 선택하고 Alt 를 누른 채 하트의 오른쪽 면 가운데를 클릭하여 기준점을 옮깁니다. 옵션 창이 열리면 Axis를 Vertical로 설정하고 〈Copy〉를 클릭합니다.

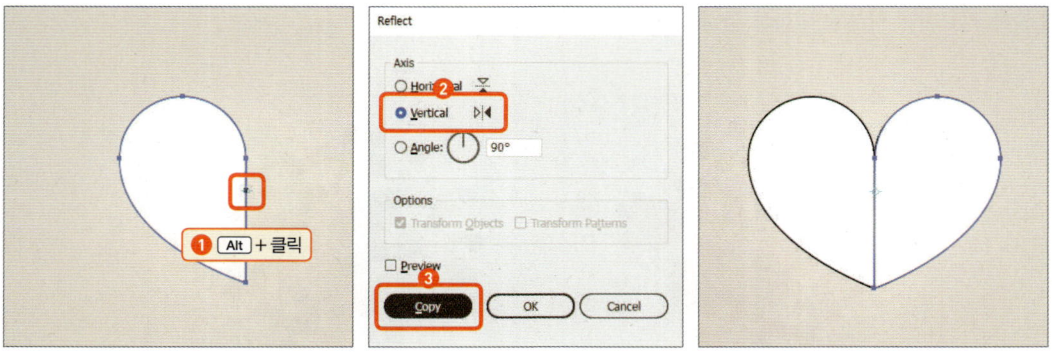

04 선택 툴(▶)로 드래그하여 두 오브젝트를 선택한 후 패스파인더 패널에서 합치기(■)를 클릭합니다.

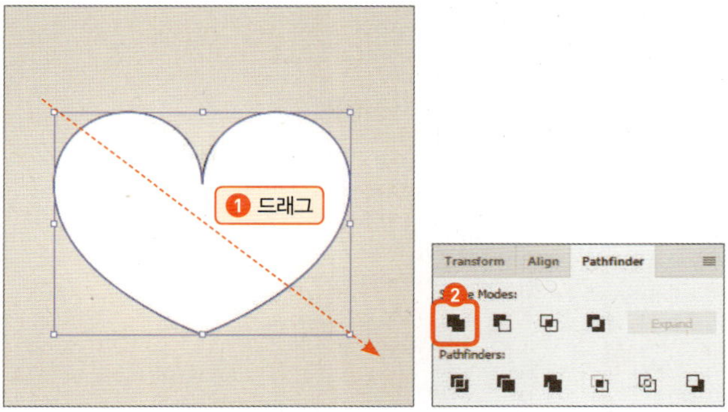

05 오브젝트가 선택된 상태에서 옵션 바의 선 색을 색상 없음으로 설정합니다. 그레이디언트 패널에서 Type을 Linear, 각도를 -45°, 왼쪽 슬라이더 색상을 C=13, M=100, Y=100, K=4, 오른쪽 슬라이더 색상을 C=26, M=100, Y=74, K=23으로 설정합니다. 선택 툴(▶)로 Shift를 누른 채 하트의 바운딩 박스 모서리를 드래그하여 작게 줄입니다.

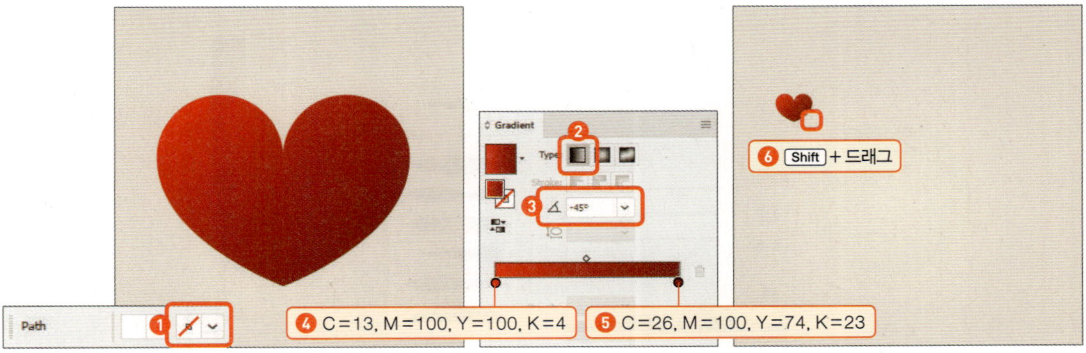

06 선택 툴(▶)로 하트를 선택하고 Alt를 누른 채 드래그하여 복제합니다. Shift를 누른 채 하트의 바운딩 박스 모서리를 드래그하여 더 작게 줄입니다. 그레이디언트 패널에서 왼쪽 슬라이더 색상을 C=0, M=74, Y=100, K=0, 오른쪽 슬라이더 색상을 C=13, M=100, Y=100, K=4로 변경합니다.

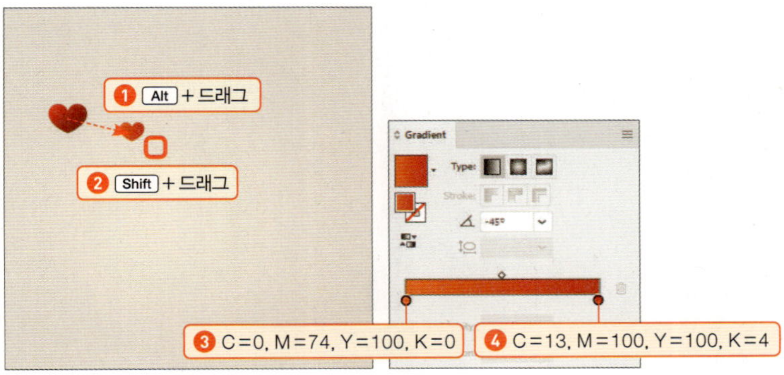

07 선택 툴(▶)로 하트를 심벌 패널로 각각 드래그하여 등록합니다. 옵션 창이 뜨면 Export Type을 Graphic으로 설정하고 〈OK〉를 클릭합니다.

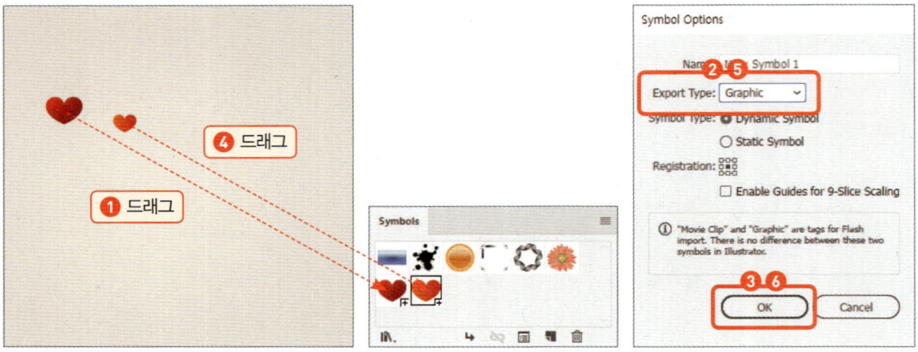

08 연필 툴(✎)로 화면을 드래그하여 약간 구불구불한 세로 선을 그립니다. 색상 패널에서 면 색을 색상 없음, 선 색을 C=38, M=75, Y=100, K=48로 설정합니다. 옵션 바에서 Stroke를 40pt, Profile을 Width Profile 4로 설정합니다.

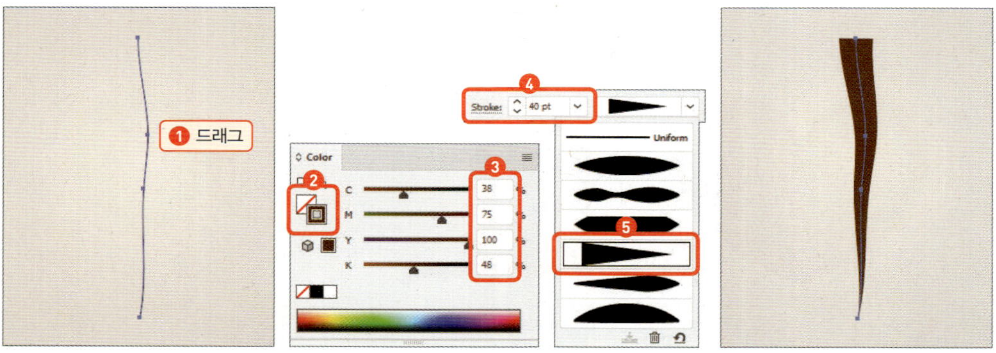

09 선택 툴(▶)로 오브젝트를 선택한 후 Shift를 누른 채 회전시켜 나무줄기로 만듭니다. 연필 툴(✎)로 드래그하여 나뭇가지를 그립니다.

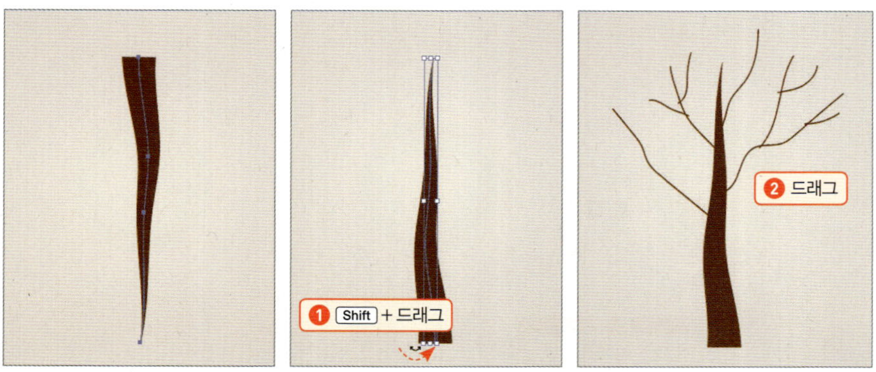

10 선택 툴(![selection tool])로 나뭇가지를 선택하고 가지마다 Stroke를 다르게 설정한 후 Profile을 모두 Width Profile 4로 설정합니다.

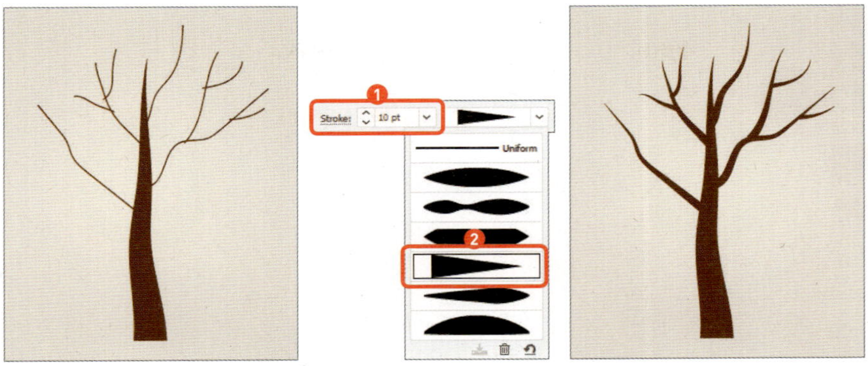

11 심벌 패널에서 첫 번째 하트 심벌을 선택하고 심벌 스프레이 툴(![symbol sprayer tool])로 나뭇가지 주위를 드래그합니다.

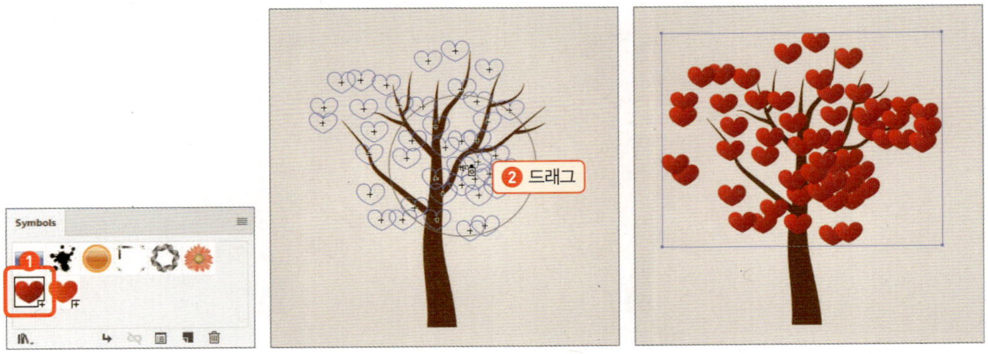

12 심벌 패널에서 두 번째 하트 심벌을 선택하고 심벌 스프레이 툴(![symbol sprayer tool])로 나뭇가지 주위를 드래그합니다.

13 심벌 크기 조절 툴()로 나무 중앙을 클릭하여 심벌을 크게 키웁니다.

14 심벌 패널에서 첫 번째 하트 심벌을 선택하고 심벌 회전 툴()로 나무의 왼쪽 하트를 드래그하여 방향을 바꿉니다. 나무의 오른쪽 하트도 드래그하여 방향을 바꿔 하트 나무를 완성합니다.

SECTION 02

3D 입체 오브젝트 만들기

• **핵심 기능 I** 3D 메뉴

3D Extrude&Bevel 옵션 창

3D Extrude&Bevel 옵션 창에서는 선택한 오브젝트를 3차원 입체 형태로 만들고 미리 만들어 둔 심벌을 입체 면에 매핑하는 작업을 할 수 있습니다. 옵션 창은 메뉴 바에서 [Effect]–[3D]–[Extrude&Bevel]을 선택하면 나타납니다.

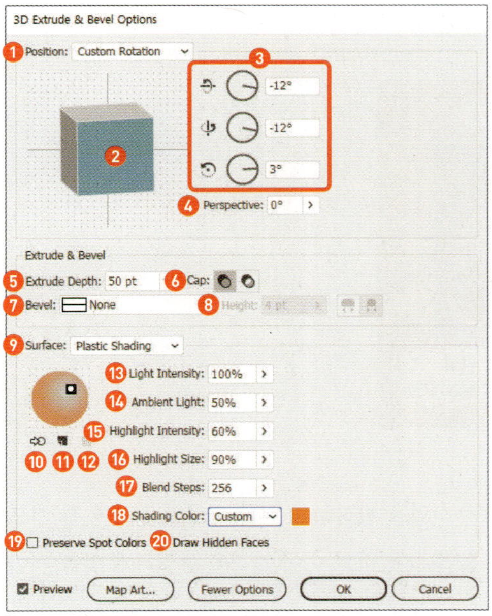

■ 3D Extrude&Bevel 옵션 창

❶ **Position** 3D 오브젝트의 좌표와 위치를 설정합니다.

❷ **3D 큐브** 3D 큐브를 직접 돌려 3D 오브젝트의 좌표와 위치를 설정합니다.

❸ **X, Y, Z** X축, Y축, Z축의 각도를 직접 입력하여 3D 오브젝트의 좌표와 위치를 설정합니다.

❹ **Perspective** 각도를 입력하여 3D 오브젝트의 원근감을 조절합니다.

❺ **Extrude Depth** Z축을 중심으로 3D 오브젝트의 돌출되는 정도를 설정합니다.

❻ **Cap** 오브젝트 내부를 채울지 비울지 선택합니다.

❼ **Bevel** 모서리 형태를 선택합니다.

❽ **Height** 모서리 높이를 조절합니다.

❾ **Surface** 오브젝트의 질감과 조명을 설정합니다.

❿ **Light to Back** 선택한 조명을 뒤에 배치합니다.

⓫ **New Light** 조명을 추가합니다.

⓬ **Delete Light** 조명을 제거합니다.

⓭ **Light Intensity** 조명 강도를 조절합니다.

⑭ Ambient Light 주변 영역의 빛 양을 조절합니다.

⑮ Highlight Intensity 가장 밝은 부분의 강도를 설정합니다.

⑯ Highlight Size 가장 밝은 부분의 크기를 조절합니다.

⑰ Blend Steps 렌더링 단계를 조절합니다.

⑱ Shading Color 어두운 부분의 채색 색상을 설정합니다.

⑲ Preserve Spot Colors 오브젝트의 색상을 보존합니다.

⑳ Draw Hidden Faces 화면에 보이지 않는 부분까지 렌더링합니다.

3D 입체 문자 만들고 점무늬 입히기

01 심벌 만들기 Chapter_10 ▸ Section_02 ▸ 3Dtext.ai 파일을 불러옵니다. 사각형 툴(□)을 선택하고 색상 패널에서 면 색과 선 색을 다음과 같이 설정합니다. Alt + Shift 를 누른 채 드래그하여 정사각형을 만듭니다. 원형 툴(○)을 선택하고 면 색을 흰색, 선 색을 색상 없음으로 설정한 후 Alt + Shift 를 누른 채 드래그하여 아주 작은 정원을 그립니다.

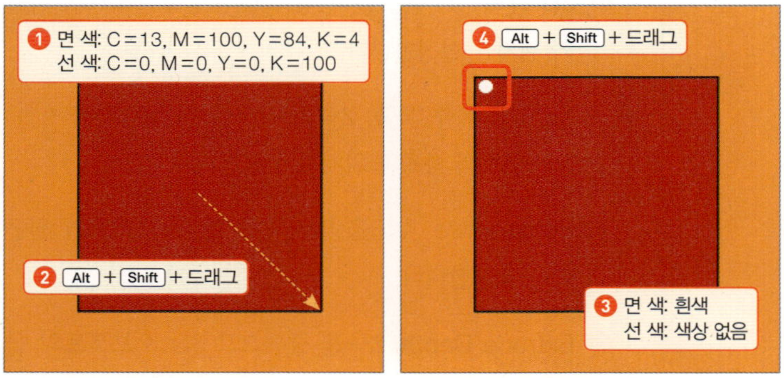

02 선택 툴(▶)로 원을 선택하고 Alt 를 누른 채 드래그하는 작업을 반복하여 원이 사각형 끝까지 꽉 차도록 복제합니다. 되도록 맨 처음 원과 끝 원을 사각형 쪽에 바짝 붙입니다. 바로 이어 간격을 동일하게 맞출 것이므로 간격은 조금 달라도 상관없습니다.

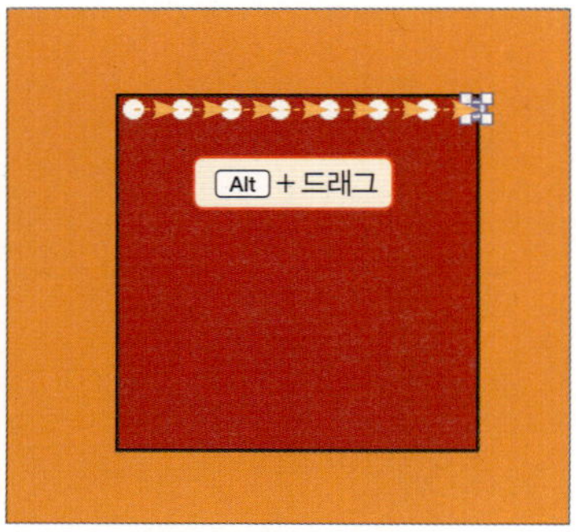

03 원과 원의 간격을 동일하게 맞춰야 하므로 선택 툴(▶)로 Shift를 누른 채 모든 원을 클릭하여 선택합니다. 옵션 바에서 정렬 범위를 Align to Selection으로 설정하고 정렬 패널에서 수평 가운데 분배( )를 클릭합니다.

04 모든 원이 선택된 상태에서 선택 툴(▶)로 Alt를 누른 채 드래그하여 한 줄짜리 원을 복제합니다. Ctrl+D를 7번 눌러 사각형 내부가 꽉 차도록 복제합니다.

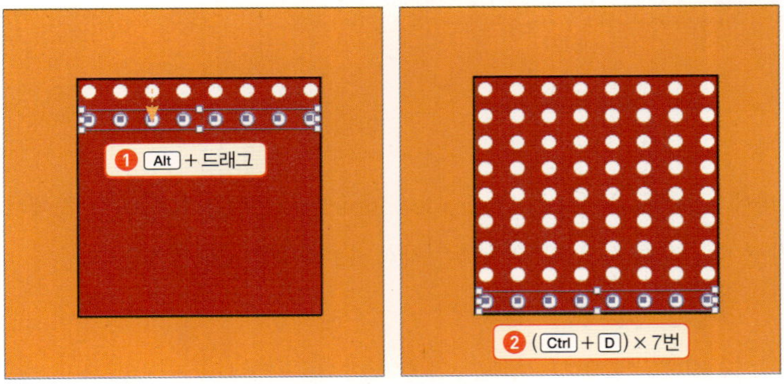

05 **심벌 등록하기** 선택 툴(▶)로 사각형과 원 전체를 드래그하여 선택하고 심벌 패널로 드래그하여 등록합니다. 옵션 창이 뜨면 Export Type을 Graphic으로 변경하고 〈OK〉를 클릭합니다.

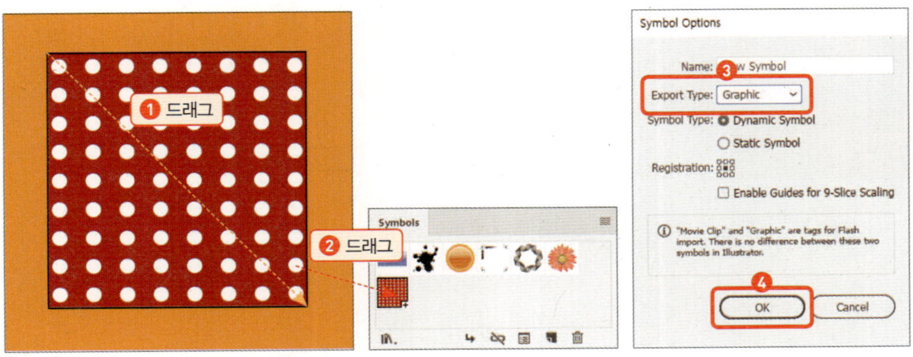

06 문자 입력하기 텍스트 툴(T)로 화면을 클릭한 후 SALE을 입력하고 캐릭터 패널에서 폰트를 Arial, 스타일을 Black, 크기를 86pt로 설정합니다. 색상 패널에서 면 색을 C=19, M=15, Y=16, K=0, 선 색을 색상 없음으로 설정합니다.

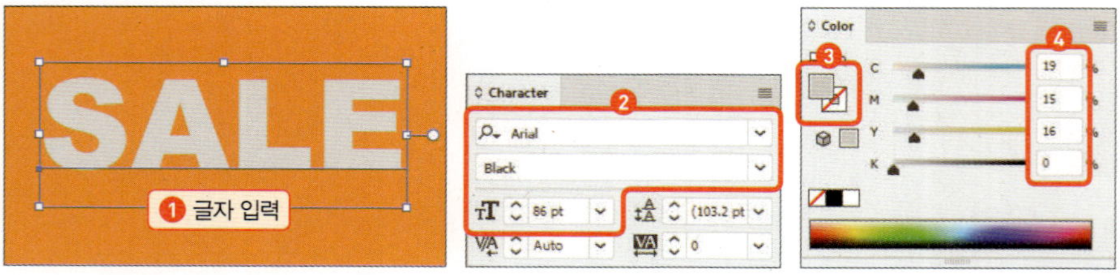

07 문자를 일반 오브젝트로 바꾸기 메뉴 바에서 [Type]–[Create Outline]를 선택합니다. 문자 속성이 해제되고 일반 오브젝트로 바뀝니다. Ctrl+Shift+G를 눌러 그룹을 해제합니다.

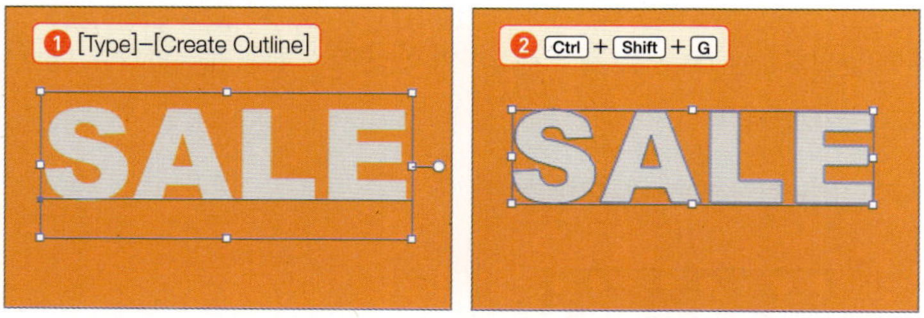

08 3D 입체 문자로 바꾸기 메뉴 바에서 [Effect]–[3D]–[Extrude&Bevel]을 선택합니다. 옵션 창에서 Preview를 체크하여 입체 문자를 미리 볼 수 있도록 하고 X축과 Y축은 각각 -12°, Z축은 3°로 설정합니다.

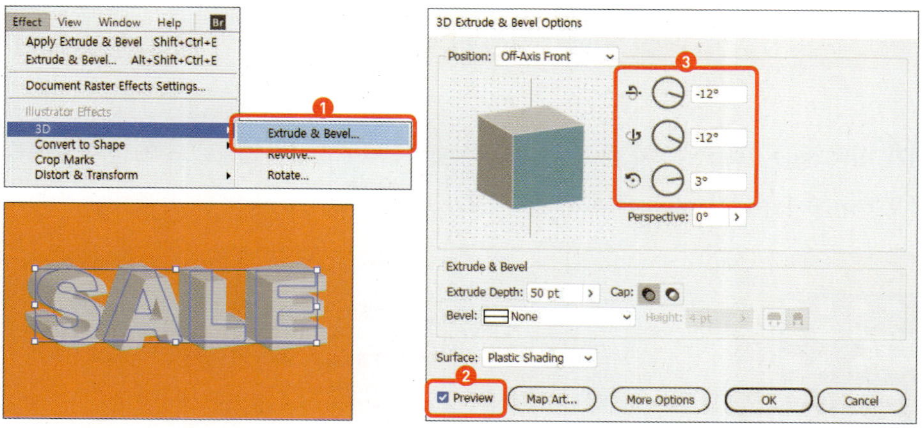

09 심벌 매핑하기 옵션 창에서 〈Map Art〉를 클릭하여 Map Art 옵션 창을 엽니다. Symbol 목록을 펼쳐 방금 등록한 심벌을 선택합니다.

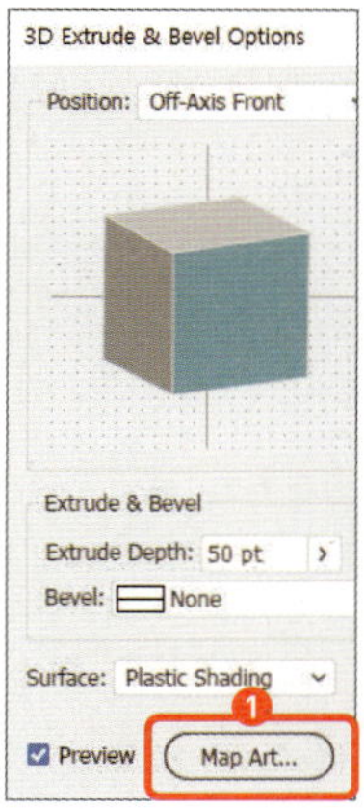

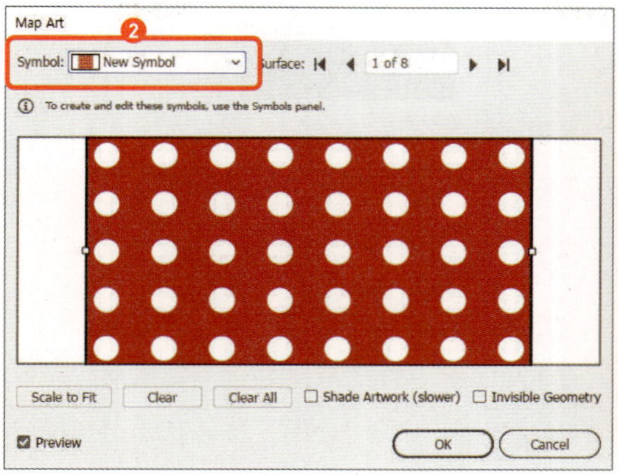

10 매핑 크기 조절하기 〈Scale to Fit〉를 클릭하고 〈OK〉를 클릭하면 심벌이 문자 표면에 100% 크기로 매핑됩니다.

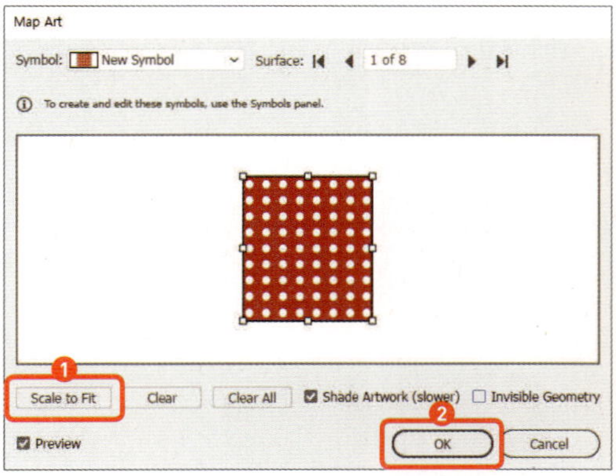

11 조명 세부 옵션 조절하기 3D Extrude&Bevel 옵션 창으로 돌아와 〈More Options〉을 클릭합니다. 조명을 조절하는 세부 옵션이 나타나면 Blend Steps를 256, Shading Color를 Custom으로 선택한 후 색상 아이콘을 클릭하여 C=0, M=47, Y=100, K=0으로 설정하고 〈OK〉를 클릭합니다. 다시 3D Extrude&Bevel 옵션 창으로 돌아와 〈OK〉를 클릭하면 3D 입체 문자가 완성됩니다.

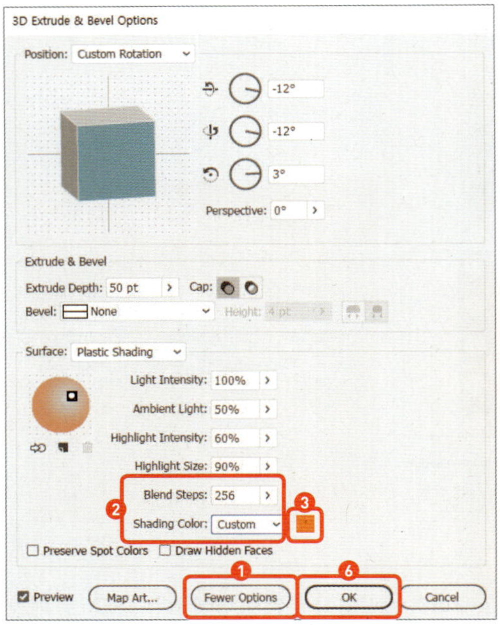

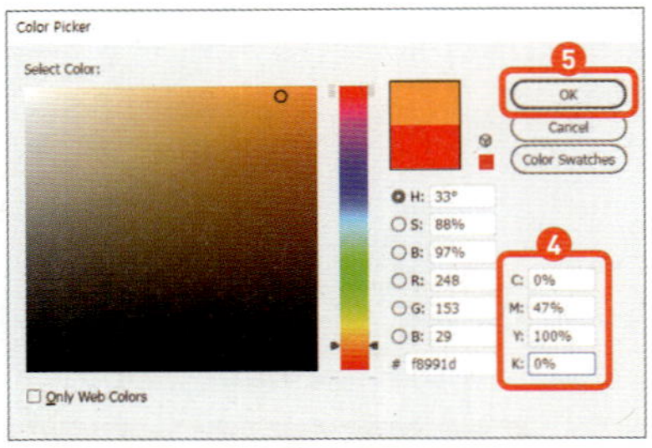

• **준비 파일** doughnut.ai • **완성 파일** doughnut_result.ai

응용 예제 **입체 도넛 상자 만들기**

3D 메뉴를 이용하여 원통 모양 도넛 상자를 만들어 봅니다.

■ 준비 이미지

■ 완성 이미지

01 Chapter_10 ▸ Section_02 ▸ doughnut.ai 파일을 불러옵니다. 선택 툴(▶)로 도넛을 선택하고 심벌 패널로 드래그합니다. 옵션 창이 뜨면 Export Type을 Graphic으로 설정하고 〈OK〉를 클릭합니다.

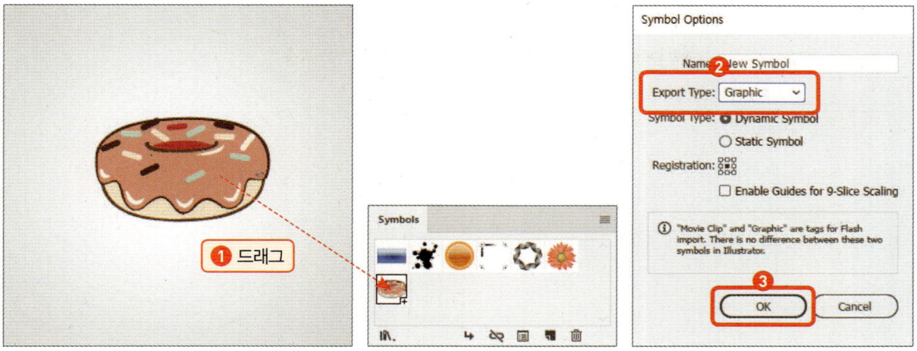

02 사각형 툴(□)로 드래그하여 다음과 같이 사각형을 2개 그립니다.

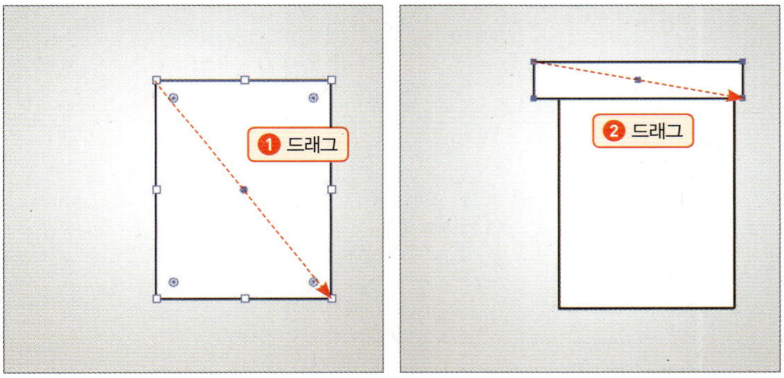

03 선 툴(/)로 Shift 를 누른 채 드래그하여 두 사각형을 가로지르는 수직선을 그립니다.

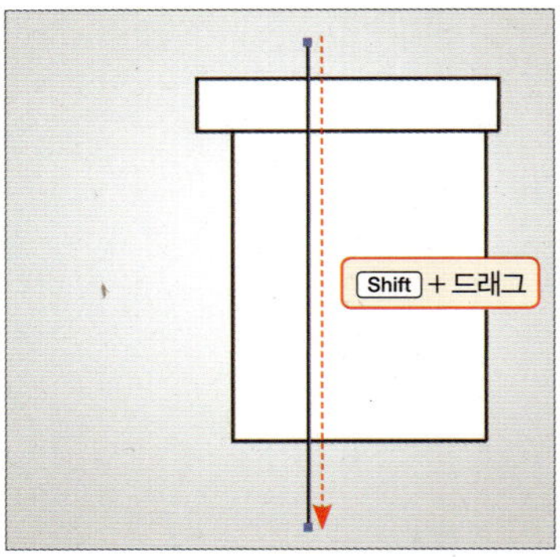

04 선택 툴(▶)로 드래그하여 모든 오브젝트를 선택한 후 셰이프 빌더 툴(⊕)로 Alt 를 누른 채 왼쪽 영역을 드래그하여 제거합니다. 이때 오른쪽에 남은 부분이 열린 도형이 되도록 가운데 선도 셰이프 빌더 툴(⊕)로 Alt 를 누른 채 클릭하여 모두 제거합니다.

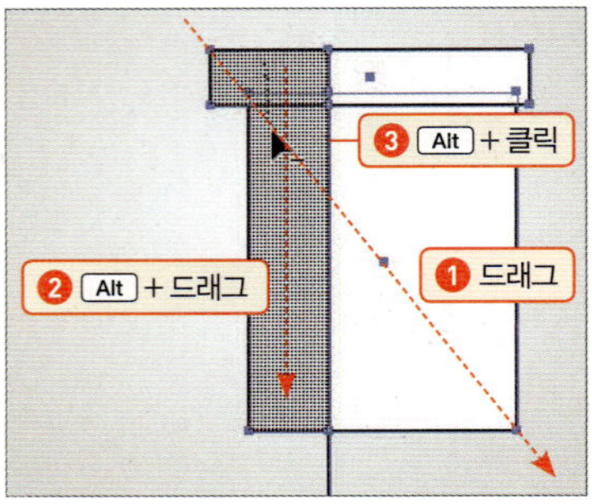

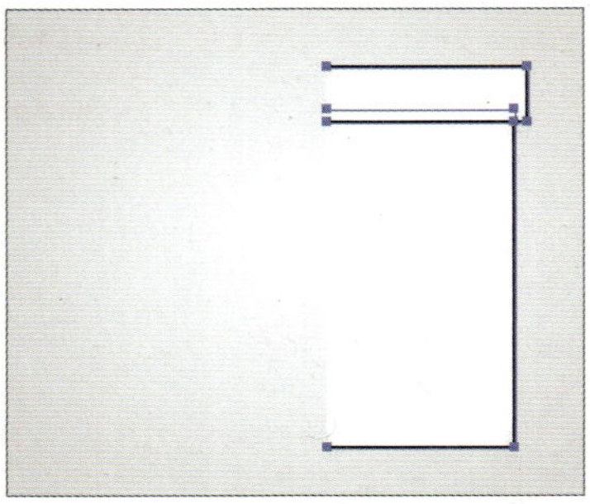

05 선택 툴(▶)로 각 사각형을 선택하고 색상 패널에서 선 색을 색상 없음, 면 색을 다음과 같이 설정합니다.

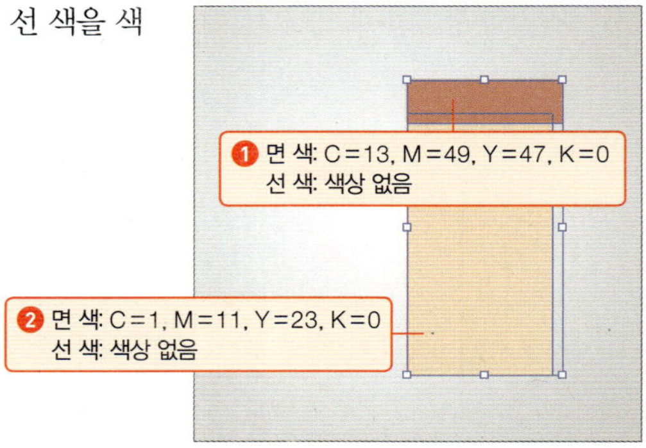

06 선택 툴(▶)로 드래그하여 두 오브젝트를 선택하고 메뉴 바에서 [Effect]–[3D]–[Revolve]를 선택합니다. 옵션 창에서 Preview를 체크하여 입체 문자를 미리 볼 수 있도록 합니다.

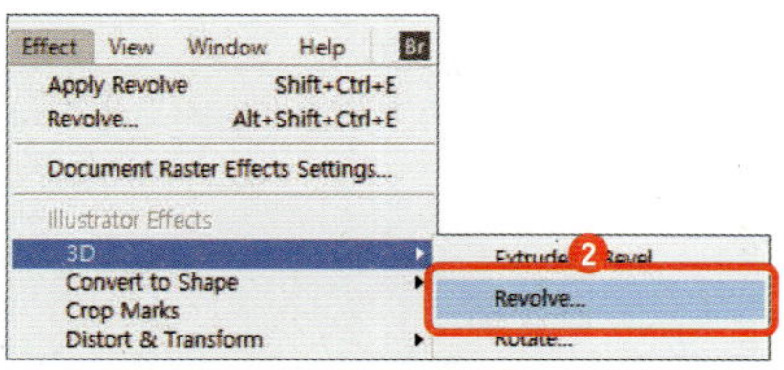

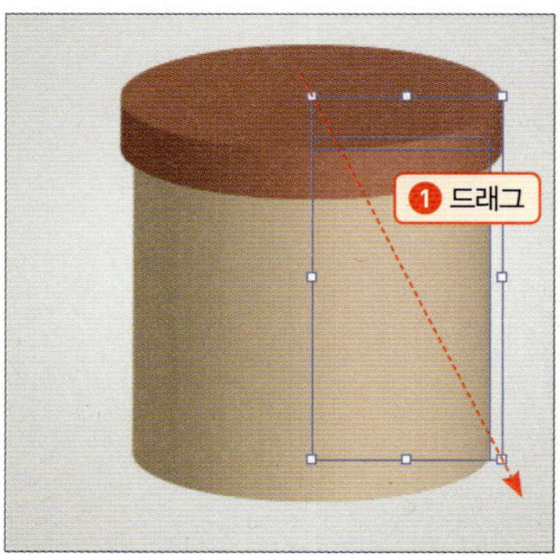

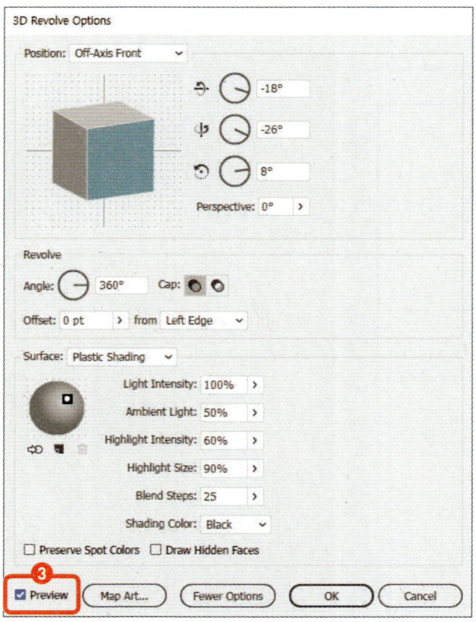

07 옵션 창에서 Blend Steps를 256, Shading Color를 Custom으로 설정한 후 색상 아이콘을 클릭하여 색상을 C=43, M=59, Y=97, K=35로 설정하고 〈OK〉를 클릭합니다. 쿠키 상자의 색상이 조금 밝아집니다.

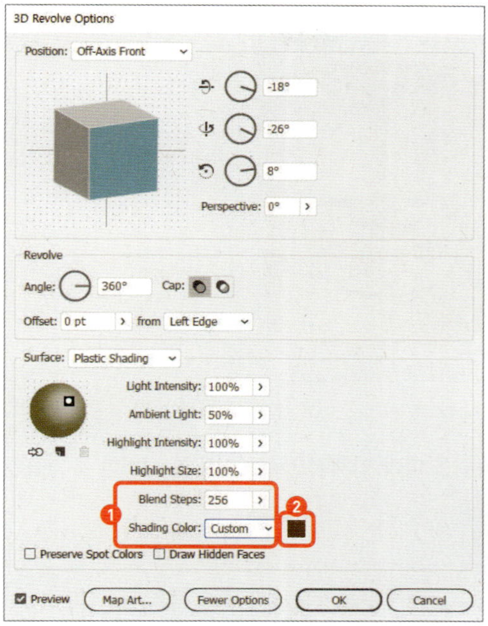

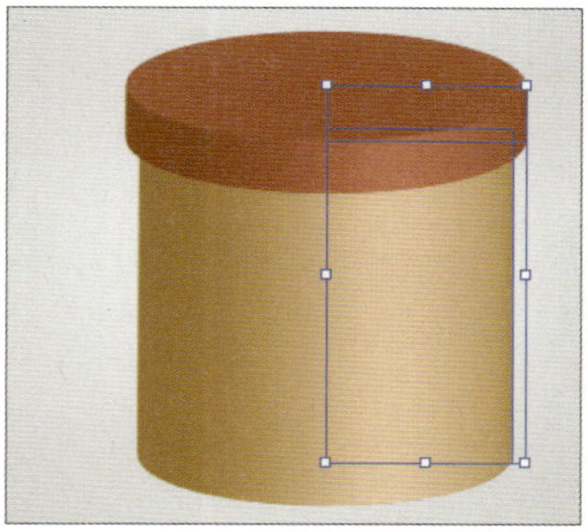

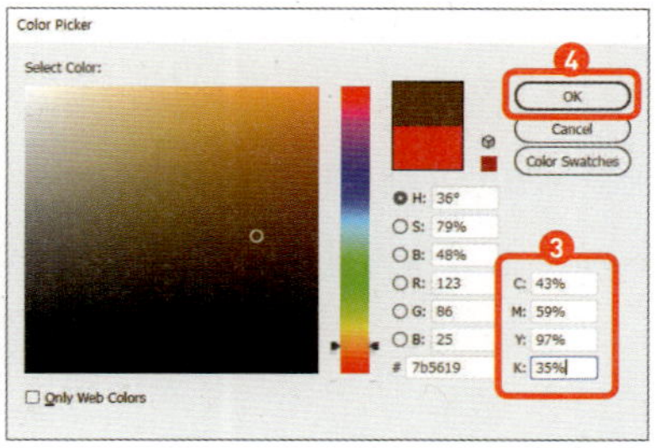

08 옵션 창에서 〈Map Art〉를 클릭합니다. Map Art 옵션 창이 뜨면 Surface의 오른쪽 삼각형(▶)을 클릭하여 원통을 선택하는 화면이 나오도록 만듭니다.

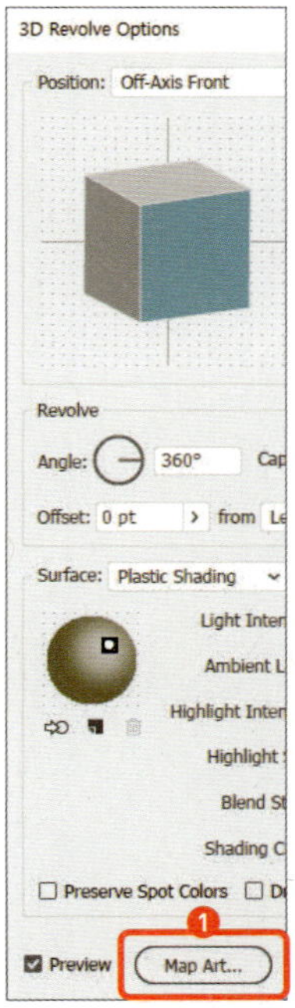

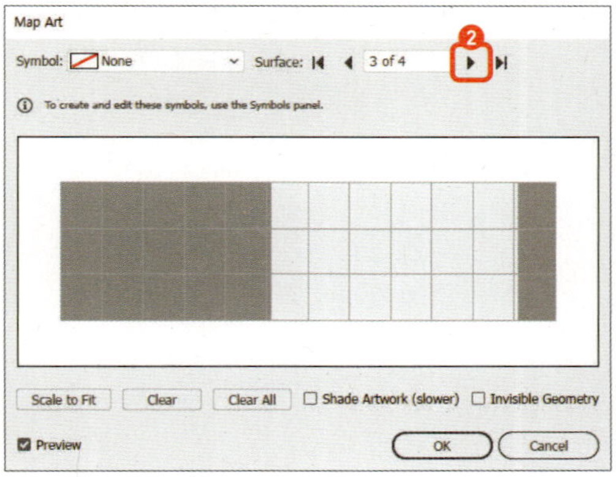

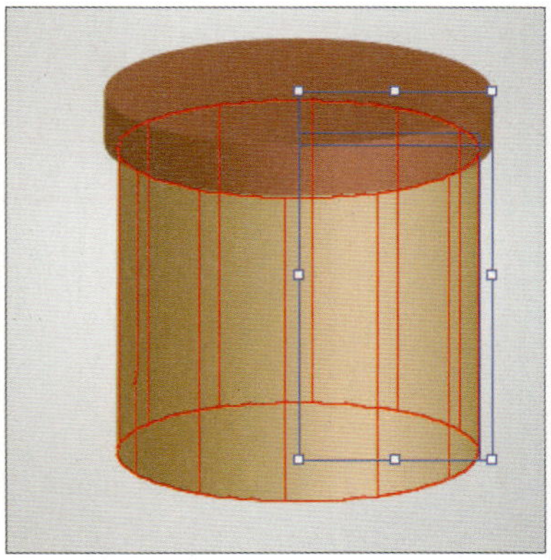

09 Map Art 옵션 창의 Symbol 목록을 펼쳐 방금 등록한 도넛 심벌을 선택합니다. 도넛 심벌이 쿠키 상자 옆면에 매핑됩니다. 도넛 심벌이 원통 가운데에 위치하지 않으면 심벌을 드래그하여 원통 가운데에 오게 만듭니다.

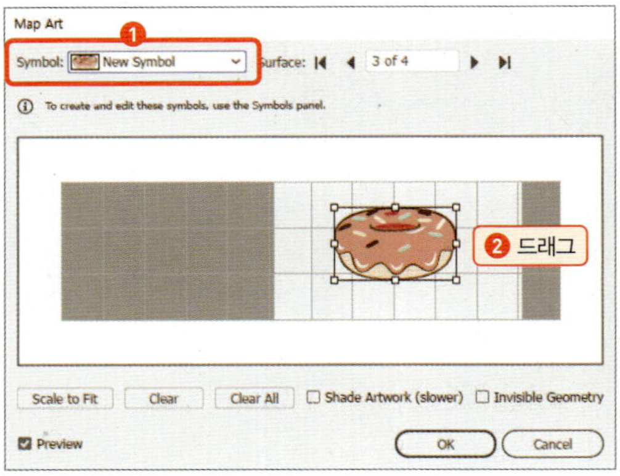

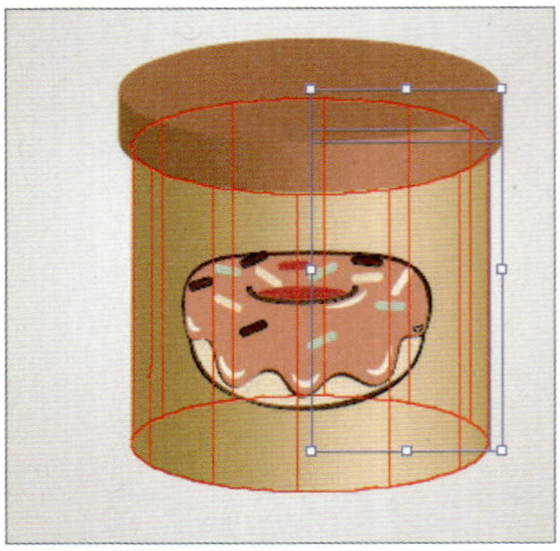

10 Shade Artwork를 체크하여 매핑된 도넛이 원통 면의 곡선을 따라 입체적으로 보이도록 설정한 후 〈OK〉를 클릭합니다. 3D Revolve 옵션 창에서도 〈OK〉를 클릭합니다.

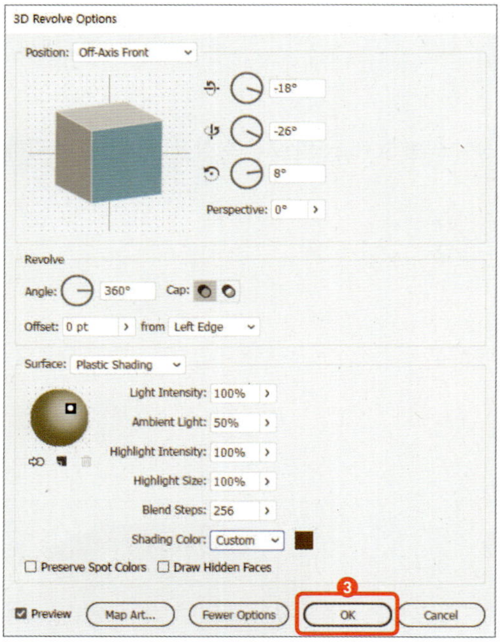

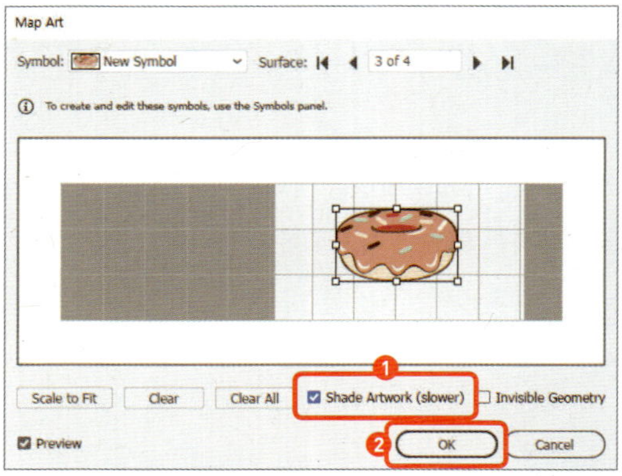

11 원형 툴(◎)로 쿠키 상자 아래를 드래그하여 타원형 그림자를 만듭니다. 그림자를 마우스 오른쪽 버튼으로 클릭하고 [Arrange]–[Send Backward]를 선택합니다. 그레이디언트 패널에서 Type을 Linear로 설정하고 슬라이더 위쪽 마름모를 왼쪽으로 약간 더 조절하고 왼쪽 슬라이더 아이콘을 클릭한 후 Opacity를 0%로 조절하여 그림자를 완성합니다.

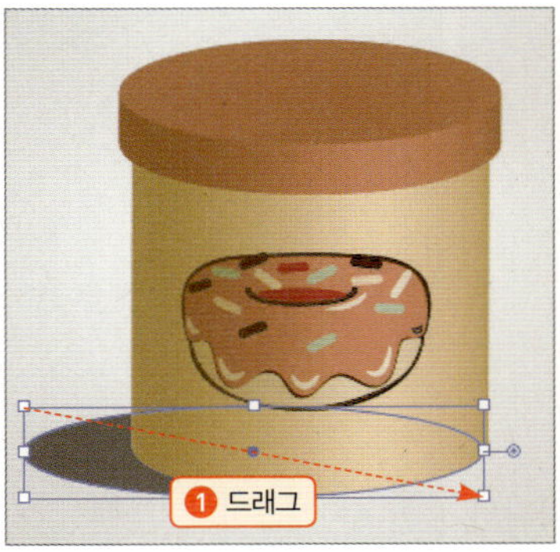

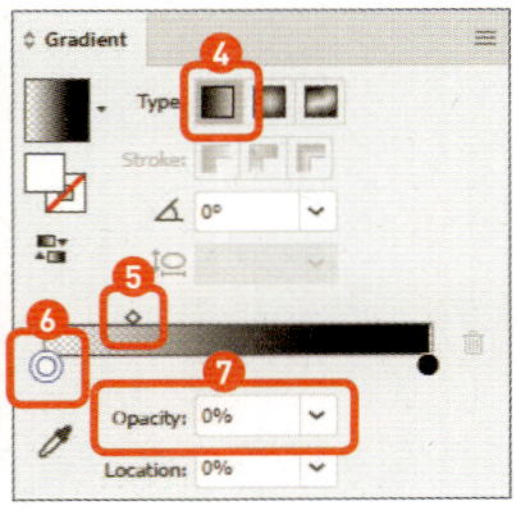

SECTION

03

블렌딩 모드 활용하기

• **핵심 기능** | 블렌딩 모드

블렌딩 모드의 옵션

블렌딩 모드를 활용하면 여러 색을 혼합하여 보여 주거나 색의 일부분만 나타나게 할 수 있습니다. 블렌딩 모드는 투명도(Transparency) 패널에서 설정할 수 있으며 사용하는 색상에 따라 효과가 다르게 나타납니다. Chapter_10 ▸ Section_03 ▸ blending.ai 파일을 불러온 후 선택 툴(▶)로 전체 오브젝트를 선택하고 투명도 패널에서 블렌딩 모드의 옵션을 하나하나 적용해 봅니다.

■ 블렌딩 모드 설정

❶ Normal

기본 색상과의 상호 작용 없이 혼합 색상으로 선택 항목을 칠하는 기본 모드입니다.

❷ Darken

어느 쪽이 더 어둡든 상관없이 기본 색상이나 혼합 색상을 결과 색상으로 선택합니다. 혼합 색상보다 밝은 영역은 색상이 바뀌고 혼합 색상보다 어두운 영역은 색상이 바뀌지 않습니다.

❸ Multiply

혼합 색상에 기본 색상을 곱하기 때문에 결과 색상이 항상 어두운 색상이 됩니다. 모든 색상에 검은색을 곱하면 검은색이 되고, 흰색을 곱하면 색상에 변화가 없습니다.

❹ Color Burn

혼합 색상을 반영하도록 기본 색상을 어둡게 합니다. 흰색과 혼합하면 색상 변화가 없습니다.

❺ Lighten

어느 쪽이 더 밝든 상관없이 기본 색상이나 혼합 색상을 결과 색상으로 선택합니다. 혼합 색상보다 어두운 영역은 색상이 바뀌고 혼합 색상보다 밝은 영역은 색상이 바뀌지 않습니다.

❻ Screen

혼합 색상과 기본 색상을 바꿔서 곱합니다. 결과 색상은 항상 더 밝은 색상이 됩니다. 검은색은 색상에 변화가 없고, 흰색은 흰색이 됩니다. 각 색상 위에 슬라이드 이미지를 여러 개 투영하는 것과 유사합니다.

❼ Color Dodge

혼합 색상을 반영하도록 기본 색상을 밝게 합니다. 검은색과 혼합하면 색상 변화가 없습니다.

❽ Overlay

기본 색상에 따라 색상을 곱하거나 스크린합니다. 혼합 색상으로 혼합될 때 패턴이나 색상이 기존 아트워크를 오버레이하고 기본 색상의 강조와 그림자는 보존되며, 원본 색상의 밝기나 어둡기는 그대로 반영됩니다.

❾ Soft Light

혼합 색상에 따라 색상을 어둡게 하거나 밝게 합니다. 아트워크에서 널리 분산되어 스포트라이트가 빛나는 것과 유사합니다.

❿ Hard Light

혼합 색상에 따라 색상을 곱하거나 스크린합니다. 아트워크에서 강한 스포트라이트가 빛나는 것과 유사합니다.

⓫ Difference

어느 쪽의 밝기 값이 더 큰지에 따라 기본 색상에서 혼합 색상을 제거하거나 혼합 색상에서 기본 색상을 제거합니다. 흰색과 혼합하면 기본 색상 값이 반전하고 검은색과 혼합하면 색상 변화가 없습니다.

⑫ Exclusion

대비가 더 낮은 효과를 냅니다. 흰색과 혼합하면 기본 색상 요소가 반전하고 검은색과 혼합하면 색상 변화가 없습니다.

⑬ Hue

기본 색상의 광도와 채도, 혼합 색상의 색조로 결과 색상을 만듭니다.

⑭ Saturation

기본 색상의 광도와 채도, 혼합 색상의 색조로 결과 색상을 만듭니다. 채도가 없는(회색) 영역에서 이 모드로 칠하면 아무런 변화가 일어나지 않습니다.

⑮ Color

기본 색상의 광도와 채도, 혼합 색상의 색조로 결과 색상을 만듭니다. 아트워크의 회색 단계를 보존하고 단색 아트워크에 색상을 칠하거나 색상 아트워크의 농도를 조절할 때 유용합니다.

⑯ Luminosity

기본 색상의 광도와 채도, 혼합 색상의 색조로 결과 색상을 만듭니다.

• **준비 파일** logo.ai • **완성 파일** logo_result.ai

응용 예제 빛나는 꽃 모양 로고 만들기

블렌딩 모드를 이용해 빛나는 꽃 모양 로고를 만들어 봅니다.

■ 완성 이미지

01 Chapter_10 ▸ Section_03 ▸ logo.ai 파일을 불러옵니다. 원형 툴(⬭)로 드래그하여 타원을 그리고 앵커 포인트 전환 툴(N)로 위아래 앵커 포인트를 클릭해 뾰족하게 만듭니다.

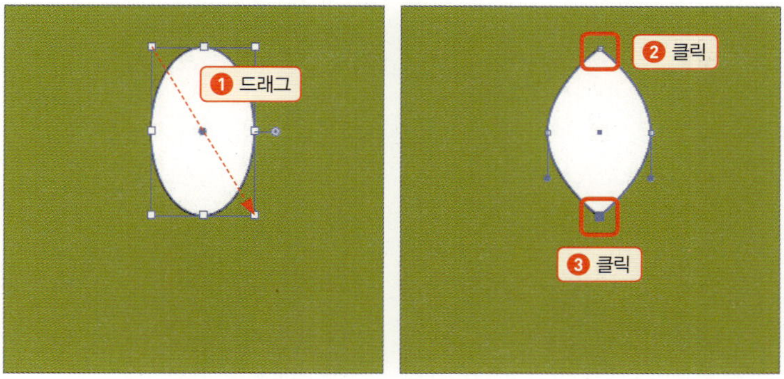

02 직접 선택 툴(▷)로 하단 앵커 포인트를 위로 살짝 드래그하여 타원을 납작한 형태로 만든 후 선택 툴(▶)로 오브젝트를 선택합니다.

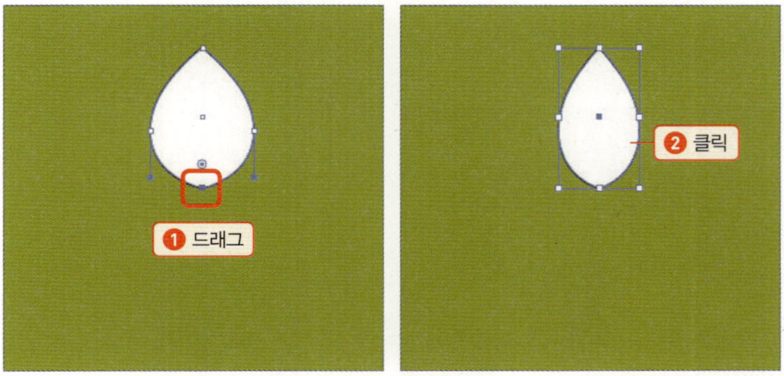

03 회전 툴(↺)로 Alt 를 누른 채 오브젝트 하단의 앵커 포인트를 클릭하여 기준점을 옮깁니다. 옵션 창이 열리면 Angle을 45°로 변경하고 〈Copy〉를 클릭해 오브젝트를 회전시키며 복제합니다.

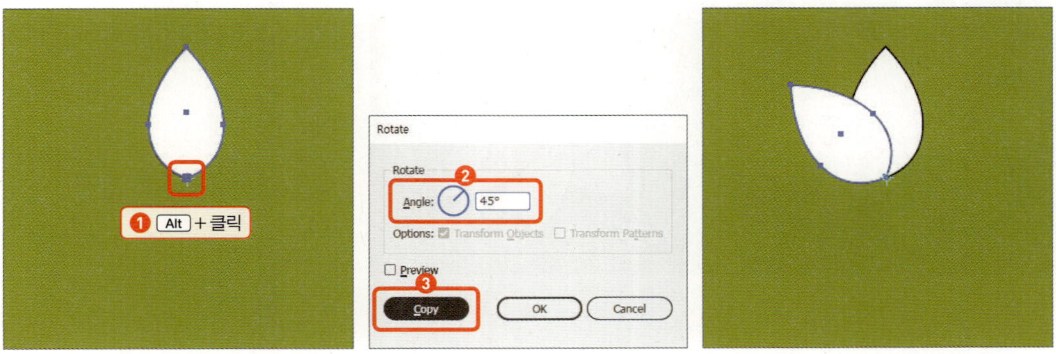

04 Ctrl+D를 6번 더 눌러 꽃 모양이 되도록 오브젝트를 복제합니다.

05 선택 툴(▶)로 Shift를 누른 채 오브젝트 상단의 꽃잎 5장을 선택한 후 마우스 오른쪽 버튼을 클릭하여 [Arrange]–[Bring to Front]를 선택합니다. 다시 선택 툴(▶)로 Shift를 누른 채 오브젝트 상단의 꽃잎 3장을 선택하고 마우스 오른쪽 버튼을 클릭하여 [Arrange]–[Bring to Front]를 선택합니다. 마지막으로 선택 툴(▶)로 오브젝트 상단의 가운데 꽃잎을 선택하고 마우스 오른쪽 버튼을 클릭하여 [Arrange]–[Bring to Front]를 선택합니다. 최종적으로 오브젝트 순서가 다음과 같아집니다.

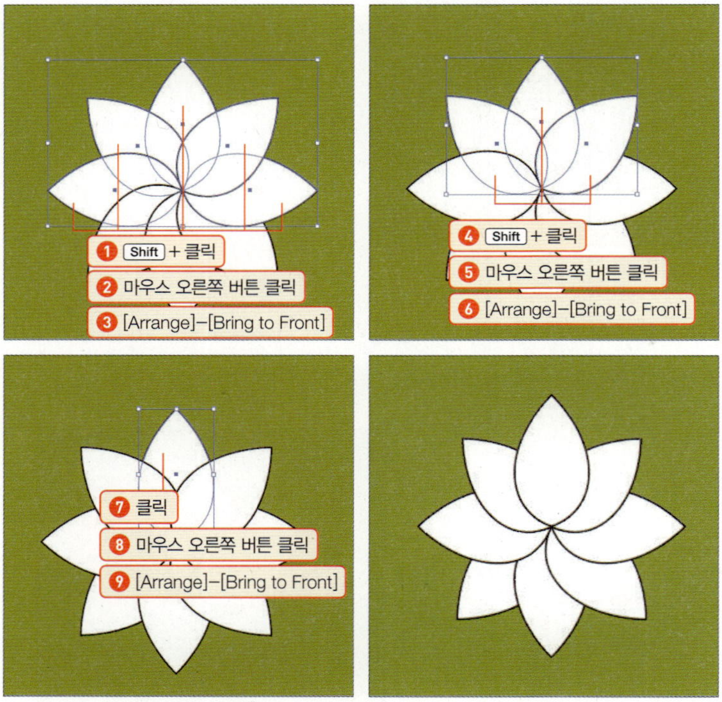

06 선택 툴(▶)로 각 꽃잎을 선택한 후 색상 패널에서 선 색을 색상 없음, 면 색을 다음과 같이 설정합니다.

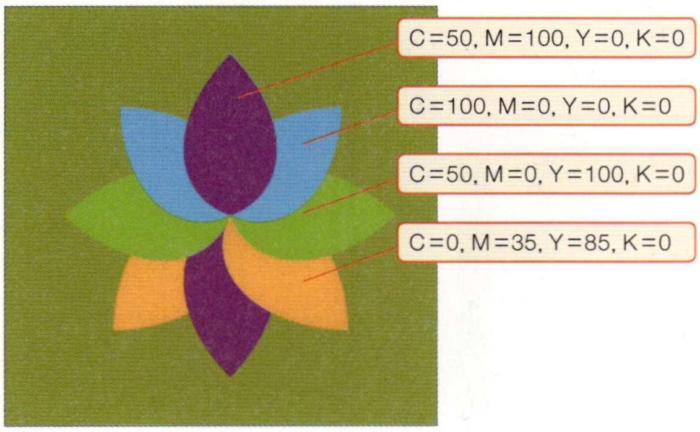

07 선택 툴(▶)로 드래그하여 전체 오브젝트를 선택한 후 투명도 패널에서 블렌딩 모드를 Multiply로 변경합니다.

Tip 블렌딩 모드가 같은 Multiply라도 바탕색에 따라 색상이 다르게 보입니다.

08 전체 오브젝트가 선택된 상태에서 선택 툴(▶)로 Alt 를 누른 채 드래그하여 오브젝트를 복제합니다. 색상 패널에서 면 색을 흰색으로 설정합니다. 셰이프 빌더 툴( )로 복제한 꽃잎 내부를 드래그하여 분할된 오브젝트를 면 하나로 만듭니다.

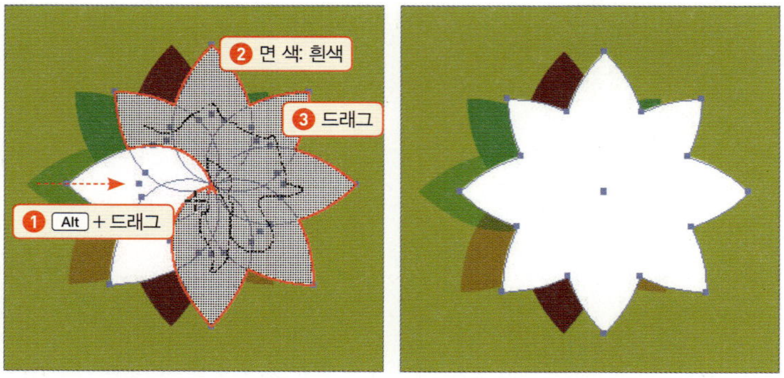

09 선택 툴(▶)로 복제한 흰색 꽃잎을 선택하고 마우스 오른쪽 버튼을 클릭한 후 [Arrange]−[Send to Back]을 선택합니다. 키보드의 왼쪽 방향키(←)를 눌러 흰색 꽃잎이 색상 꽃잎 바로 뒤에 오도록 배치합니다.

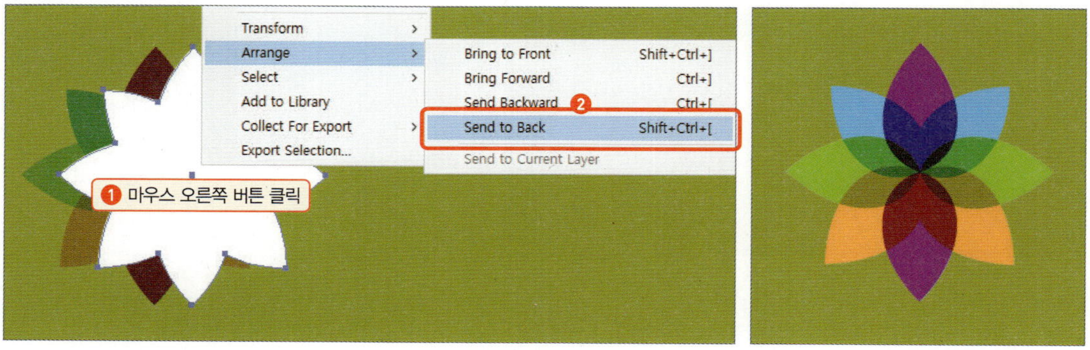

10 색상 꽃잎 뒤에 놓인 흰색 꽃잎이 선택된 상태로 메뉴 바에서 [Effect]−[Stylize]−[Outer Glow]를 선택합니다. 옵션 창이 열리면 Mode를 Screen으로 설정하고 색상 아이콘을 클릭하여 C=4, M=0, Y=36, K=0으로 변경한 후 〈OK〉를 클릭합니다. Blur를 5mm로 변경한 후 〈OK〉를 클릭하면 빛나는 꽃 모양 로고가 완성됩니다.

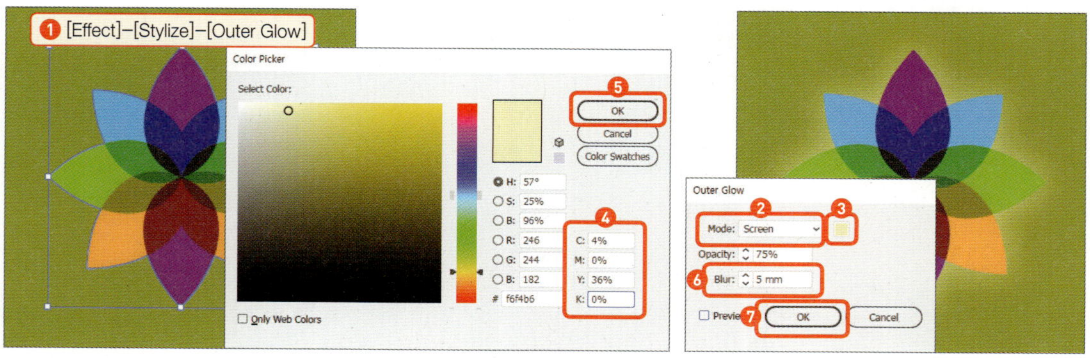

SECTION 04

원근 투시로 건물 그리기

- **핵심 기능 I** 원근 그리드 툴(단축키 Shift+P)

원근 그리드 툴의 옵션

원근 그리드 툴()은 오브젝트에 원근감을 주어 입체적으로 표현할 때 사용합니다. 이 툴을 클릭하면 기본으로 2점 투시가 화면에 생성됩니다. 2점 투시(Two Point Perspective)는 작도한 선이 소실점 2개에 집중하는 형태로 건물 같은 3차원 공간을 나타낼 때 사용합니다.

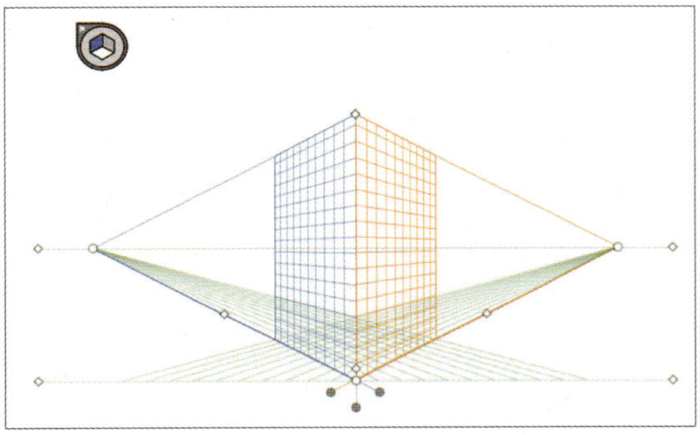

■ 2점 투시

Tip 1점 투시와 3점 투시

메뉴 바에서 [View]-[Perspective Grid]를 선택하면 1점 투시 또는 3점 투시로 변경할 수 있습니다. 1점 투시(One Point Perspective)는 대상을 화면에 평행하게 놓을 때 사용하고 3점 투시(Three Point Perspective)는 대상을 내려다보거나 올려다보는 모습으로 표현할 때 사용합니다.

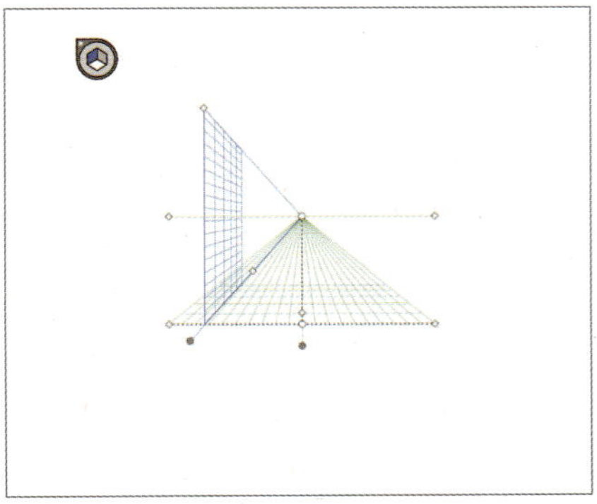

■ 1점 투시

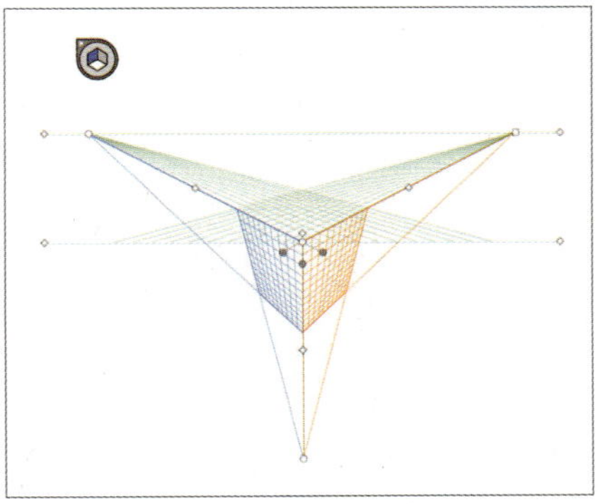

■ 3점 투시

2점 투시의 구성은 다음과 같습니다.

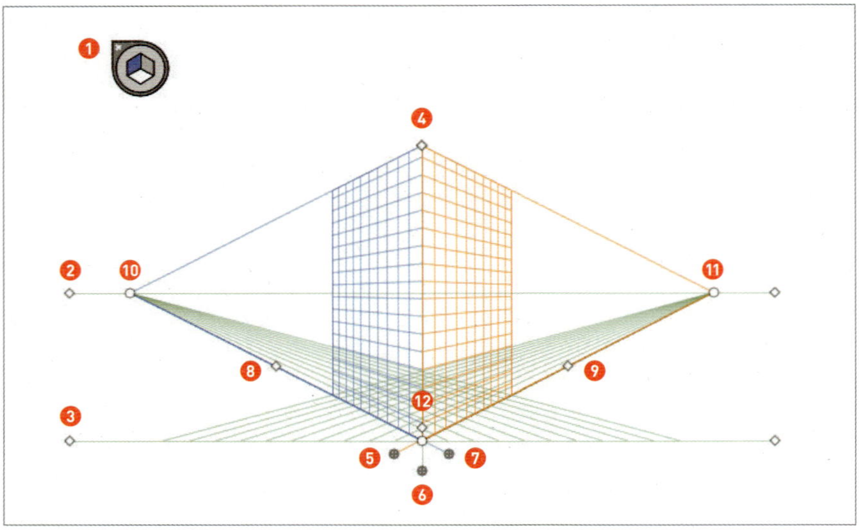

■ 2점 투시의 구성

❶ **평면 전환 위젯** 원근 그리드의 활성화된 면을 선택합니다.

❷ **수평 라인** 수평 라인의 위치를 조절합니다.

❸ **접지 레벨** 원근 그리드의 위치를 조절합니다.

❹ **수직 그리드 범위** 그리드 높낮이를 조절하여 전체 범위를 제어합니다.

❺ **오른쪽 그리드 평면 컨트롤** 오른쪽 그리드의 영역을 조절합니다.

❻ **가로 그리드 평면 컨트롤** 가로 그리드를 조절하여 원근의 높이를 조절합니다.

❼ **왼쪽 그리드 평면 컨트롤** 왼쪽 그리드의 영역을 조절합니다.

❽ **왼쪽 그리드 범위** 왼쪽 그리드의 범위를 조절합니다.

❾ **오른쪽 그리드 범위** 오른쪽 그리드의 범위를 조절합니다.

❿ **왼쪽 소실점** 소실점을 옮겨 왼쪽 그리드의 각도를 조절합니다.

⓫ **오른쪽 소실점** 소실점을 옮겨 오른쪽 그리드의 각도를 조절합니다.

⓬ **그리드 셀 크기** 그리드의 셀 크기를 조절합니다.

메뉴 바에서 [View]–[Perspective Grid]–[Define Grid]를 선택하면 Define Perspective Grid 옵션 창이 나타납니다. 옵션 창에서 원근 그리드의 세부 옵션을 설정할 수 있습니다.

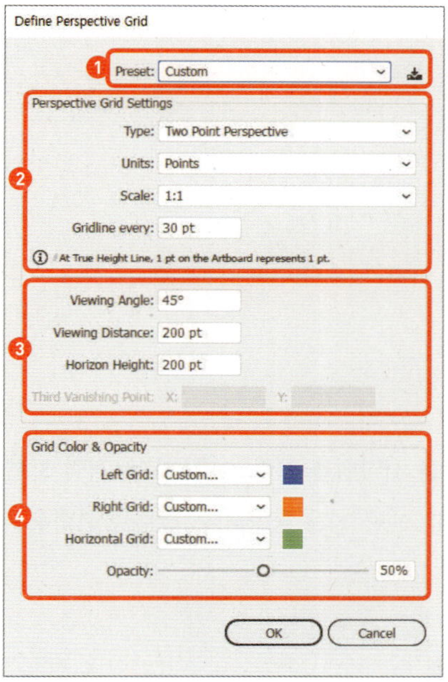

■ Define Perspective Grid 창

❶ **Preset** 원근 그리드의 종류를 선택합니다. 사용자 정의 그리드, 1점 투시, 2점 투시, 3점 투시 중 하나를 선택할 수 있습니다. 원근 격자 툴(▣)을 클릭하면 기본으로 2점 투시가 화면에 나타납니다.

❷ **Perspective Grid Settings** 그리드의 타입, 단위, 크기 비율, 그리드 간격 선의 크기를 조절합니다.

❸ **Viewing Angle, Viewing Distance, Horizon Height** 보이는 면의 각도와 거리, 전체 그리드의 범위를 조절합니다.

❹ **Grid color&Opacity** 그리드의 색상과 불투명도를 조절합니다.

원근 그리드 툴로 건물 그리기

01 2점 투시 만들기 Chapter_10 ▸ Section_04 ▸ perspective.ai 파일을 불러옵니다. 원근 그리드 툴(▣)을 클릭하여 화면에 그리드가 나타나게 합니다. 선택 툴(▶)로 불러온 파일을 모두 드래그하여 그리드 오른쪽 상단으로 옮깁니다.

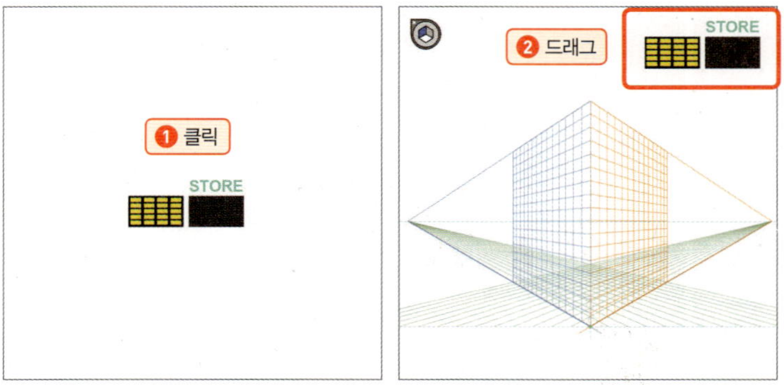

02 왼쪽 벽면 만들기 평면 전환 위젯의 왼쪽 면을 클릭하여 왼쪽 그리드를 활성화시킵니다. 사각형 툴( )로 그리드에 맞춰 드래그하여 벽면을 그립니다. 색상 패널에서 면 색을 검은색, 선 색을 색상 없음으로 설정합니다.

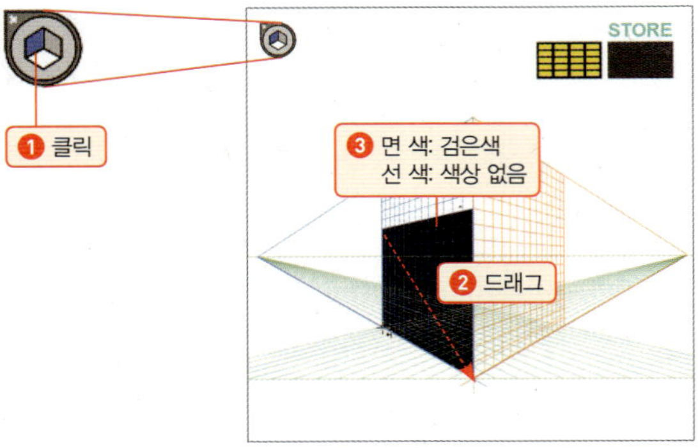

03 왼쪽 창문 만들기 사각형 툴( )로 드래그하여 왼쪽 벽면에 작은 사각형을 그리고 밝은 창문처럼 보이도록 색상 패널에서 면 색을 노란색, 선 색을 색상 없음으로 설정합니다. 원근 선택 툴( )로 창문을 선택하고 Alt 를 누른 채 드래그하여 창문을 2개 더 복제합니다.

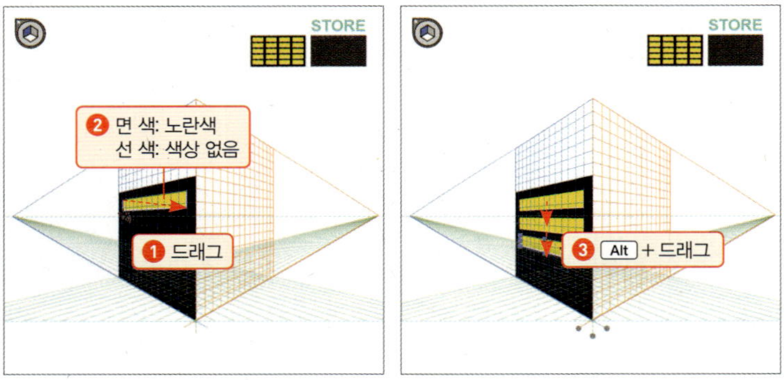

04 왼쪽 입구 만들기 사각형 툴( )로 드래그하여 입구처럼 보이는 문을 그립니다. 색상 패널에서 면 색을 민트색, 선 색을 색상 없음으로 설정합니다. 원근 선택 툴( )로 문을 선택하고 Alt 를 누른 채 드래그하여 문을 한 개 더 복제합니다.

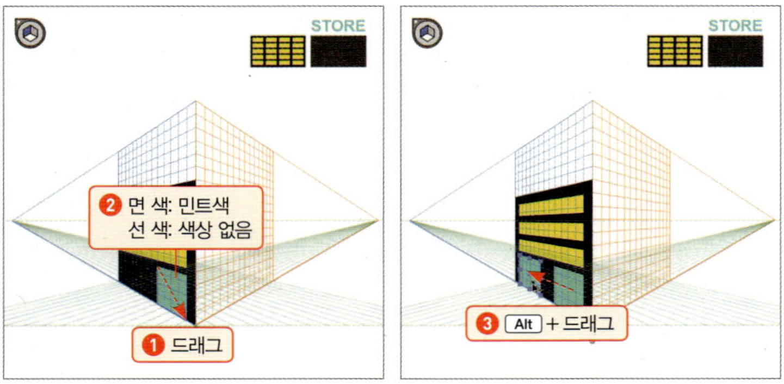

05 오른쪽 벽면 만들기 평면 전환 위젯의 오른쪽 면을 클릭하여 오른쪽 그리드를 활성화시킵니다. 사각형 툴( )로 그리드에 맞춰 벽면을 그립니다. 색상 패널에서 면 색을 왼쪽 벽면과 같은 검은색, 선 색을 색상 없음으로 설정합니다.

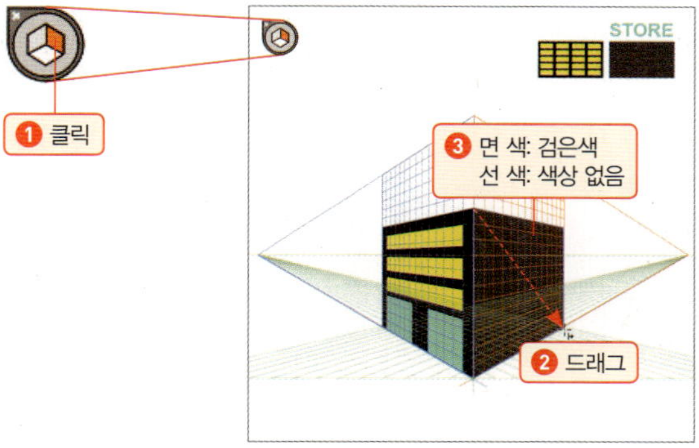

06 오른쪽 창문 만들기 사각형 툴( )로 드래그하여 작은 사각형을 그립니다. 색상 패널에서 면 색을 왼쪽 창문과 같은 노란색, 선 색을 색상 없음으로 설정합니다. 원근 선택 툴( )로 창문을 선택한 후 Alt 를 누른 채 드래그하여 창문을 2개 더 복제합니다.

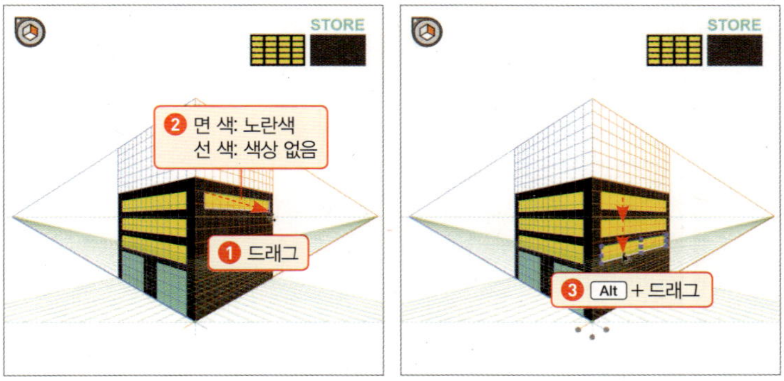

07 오른쪽 입구 만들기 사각형 툴( )로 드래그하여 오른쪽 벽면에 너비가 좁은 문을 그립니다. 색상 패널에서 면 색을 왼쪽 문과 같은 민트색, 선 색을 색상 없음으로 설정합니다. 원근 선택 툴( )로 문을 선택하고 Alt 를 누른 채 드래그하여 한 개 더 복제한 후 바운딩 박스의 오른쪽 면을 드래그하여 문의 너비를 넓힙니다.

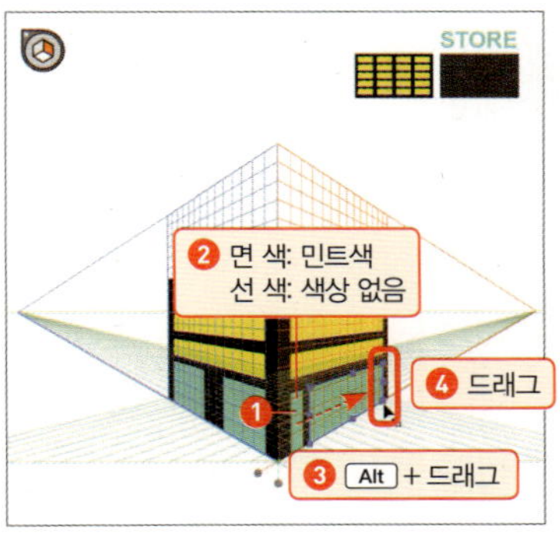

08 오른쪽 탑층 만들기 원근 선택 툴()로 그리드 바깥에 있는 진회색 사각형을 드래그하여 오른쪽 벽면 그리드에 맞춰 배치합니다. 진회색 사각형이 자동으로 원근감을 가진 형태로 바뀝니다. 사각형의 바운딩 박스를 조절하여 크기를 키웁니다.

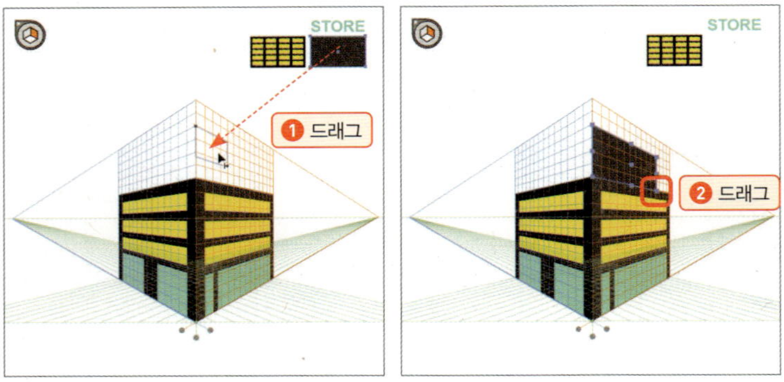

09 오른쪽 탑층 간판 달기 원근 선택 툴()로 그리드 바깥에 있는 STORE를 드래그하여 오른쪽 벽면 상단에 배치하고 바운딩 박스의 모서리를 드래그하여 크기를 벽면에 맞게 키웁니다.

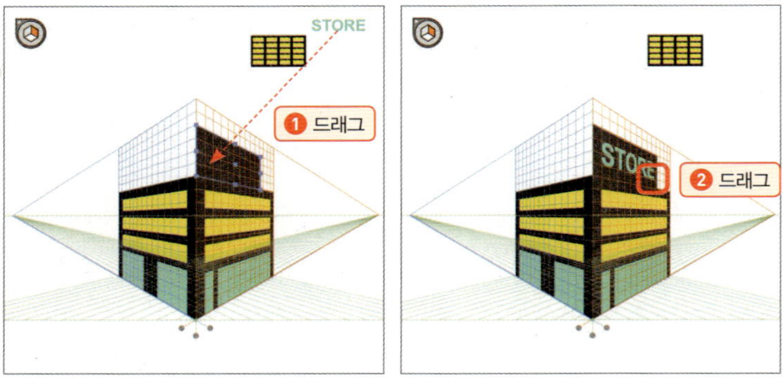

10 왼쪽 탑층 만들기 평면 전환 위젯의 왼쪽 면을 클릭하여 왼쪽 그리드를 활성화시킵니다. 원근 선택 툴()로 그리드 바깥에 남은 오브젝트를 드래그하여 전체 선택하고 왼쪽 벽면 상단에 배치한 후 크기를 조절합니다.

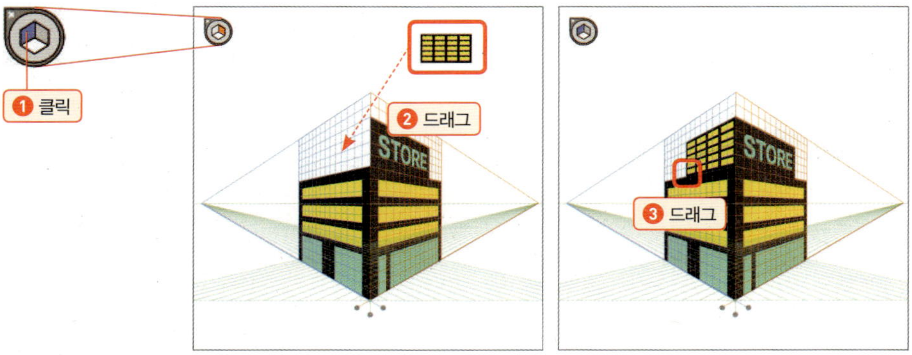

11 **그리드 제거하기** 평면 전환 위젯의 왼쪽과 오른쪽 면을 전환해 가면서 왼쪽 벽면과 오른쪽 벽면에 다양한 도형을 배치하여 건물을 여러 채 만들어 봅니다. 작업이 끝나면 평면 전환 위젯 위쪽의 ☒ 버튼을 클릭하여 그리드를 제거합니다.

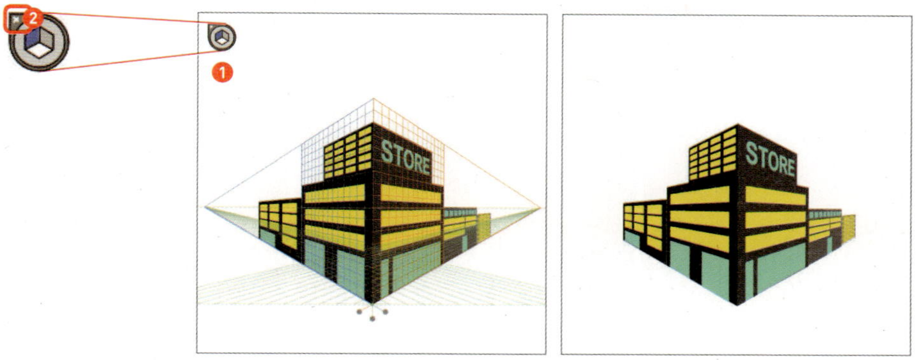

Tip 평면 전환 위젯의 ☒ 버튼은 원근 그리드 툴( ) 또는 원근 선택 툴( )이 선택되었을 때만 클릭하여 제거할 수 있습니다.

SECTION 05

기하학적인 문양 만들기

• **핵심 기능** | Transform 메뉴

Transform Effect 옵션 창

Transform Effect 옵션 창에서는 선택한 오브젝트의 크기 변경, 위치 이동, 각도 조절, X축 또는 Y축으로 반전 등 다양한 변형 작업을 할 수 있습니다. 여기에 더해 변형된 오브젝트를 원하는 개수만큼 복제할 수도 있습니다. 옵션 창은 메뉴 바에서 [Effect]−[Distort&Transform]−[Transform]을 선택하면 나타납니다.

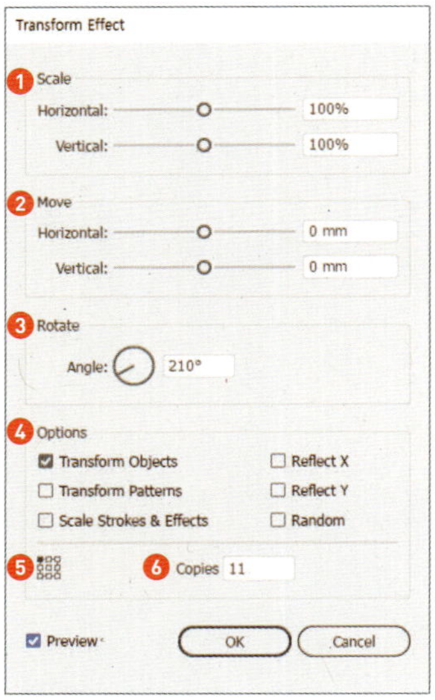

■ Transform Effect 옵션 창

❶ **Scale** 수평/수직 방향의 크기를 변경합니다.

❷ **Move** 입력한 수평/수직 방향 값만큼 이동합니다.

❸ **Rotate** 회전 각도를 설정합니다.

❹ **Options** 오브젝트의 크기와 반사 방향, 패턴 크기, 선의 두께와 효과의 변화를 조절합니다. Random은 컴퓨터가 선택한 확률로 변형하는 옵션입니다.

❺ **Benchmark** 회전할 때 기준이 되는 지점을 설정합니다.

❻ **Copies** 0이면 선택된 오브젝트가 설정한 옵션으로 변경되고, 1 이상이면 원본은 그대로 있고 복제되는 오브젝트가 순차적으로 옵션만큼 이동하거나 회전합니다.

응용 예제 회전하는 로고 문양 만들기

초승달 면을 이용하여 회전하는 로고 문양을 만들어 봅니다.

■ 완성 이미지

01 Chapter_10 ▸ Section_05 ▸ transform1.ai 파일을 불러옵니다. 원형 툴( )로 Alt + Shift 를 누른 채 드래그하여 정원을 그립니다. 선택 툴( )로 Alt 를 누른 채 왼쪽 위로 드래그하여 앞서 그린 원과 겹치도록 복제합니다.

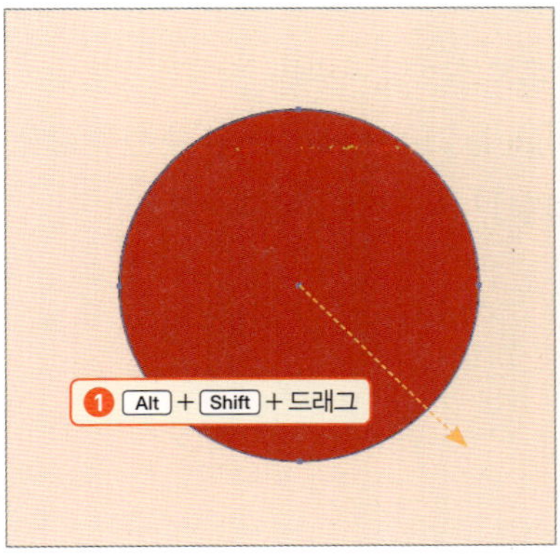

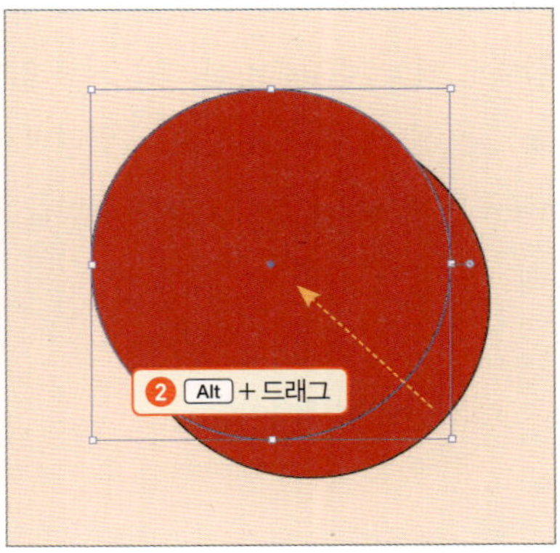

Tip 정원의 면 색은 이후 실습에서 그레이디언트를 적용할 것이므로 어떤 색상으로 채워도 괜찮습니다.

02 선택 툴( )로 드래그하여 두 오브젝트를 선택한 후 패스파인더 패널에서 빼기( )를 클릭해 아랫부분만 남깁니다.

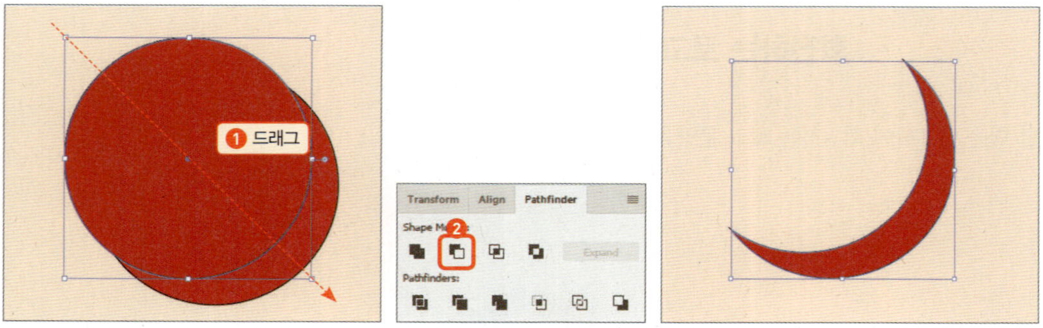

03 선 툴(／)로 오브젝트의 일부분을 가로지르는 선을 그립니다. 선택 툴(▶)로 드래그하여 두 오브젝트를 선택한 후 패스파인더 패널에서 나누기(▣)를 클릭해 오브젝트를 분할합니다. Ctrl + Shift + G를 눌러 그룹을 해제한 후 선택 툴(▶)로 위의 오브젝트를 선택하고 Delete를 눌러 삭제합니다.

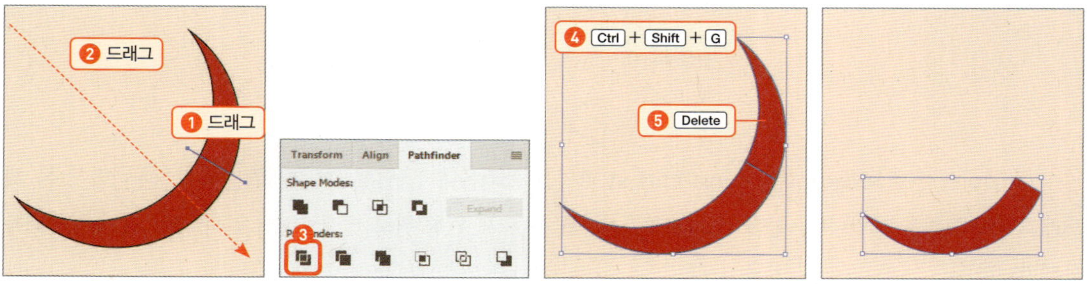

04 남은 오브젝트가 선택된 상태로 색상 패널에서 선 색을 색상 없음으로 설정한 후 메뉴 바에서 [Effect]–[Distort&Transform]–[Transform]을 선택합니다. 옵션 창이 열리면 Angle을 210°, Benchmark를 왼쪽 상단, Copies를 11로 입력합니다. Preview를 체크해 옵션이 적용된 화면을 보면서 다음 작업을 이어갑니다.

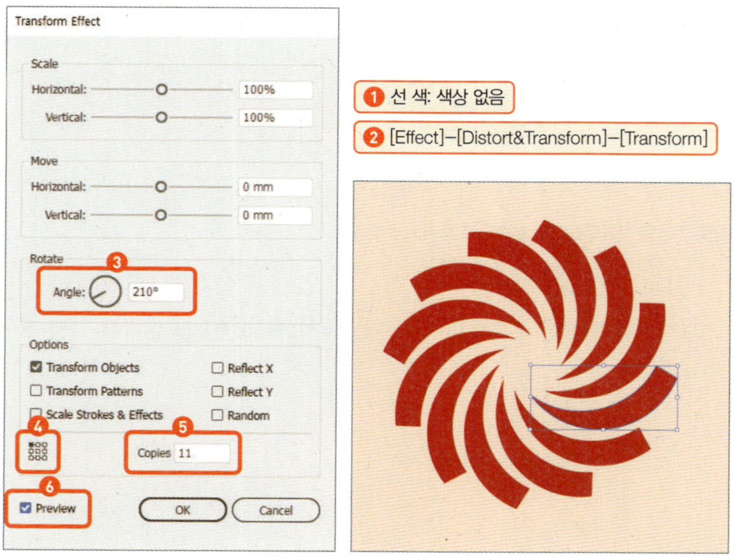

05 옵션 창에서 Move의 Horizontal 슬라이더를 움직여 오브젝트 사이에 빈 공간이 생기지 않을 때까지 조절합니다. 모든 설정이 완료되면 〈OK〉를 클릭합니다.

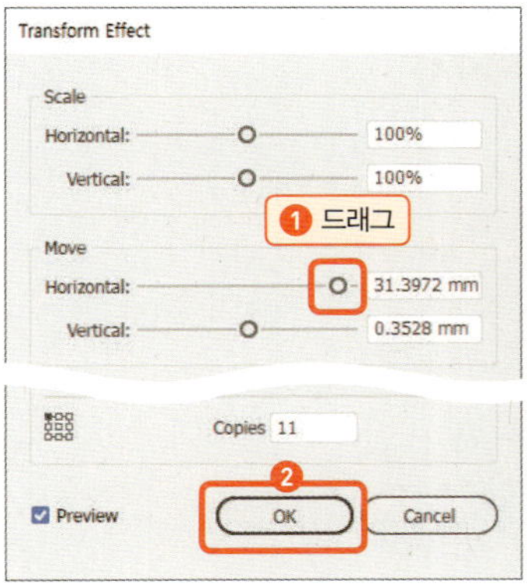

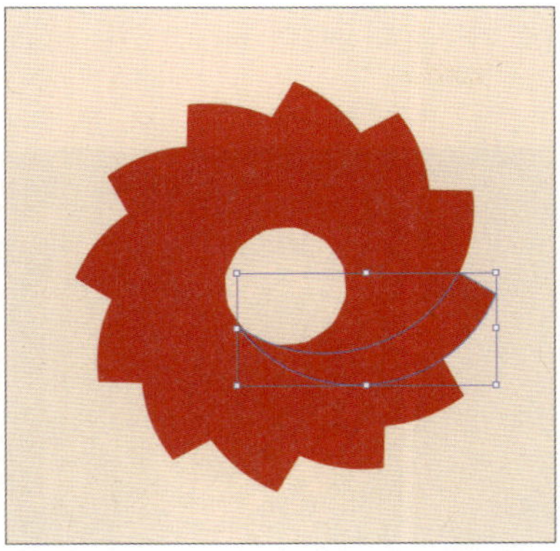

06 그레이디언트 패널에서 Type을 Linear로 선택하고 왼쪽 그레이디언트 슬라이더와 오른쪽 그레이디언트 슬라이더의 색상을 다음과 같이 설정합니다.

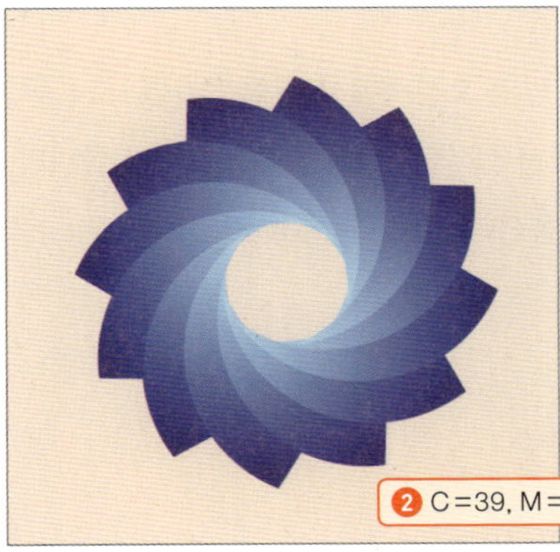

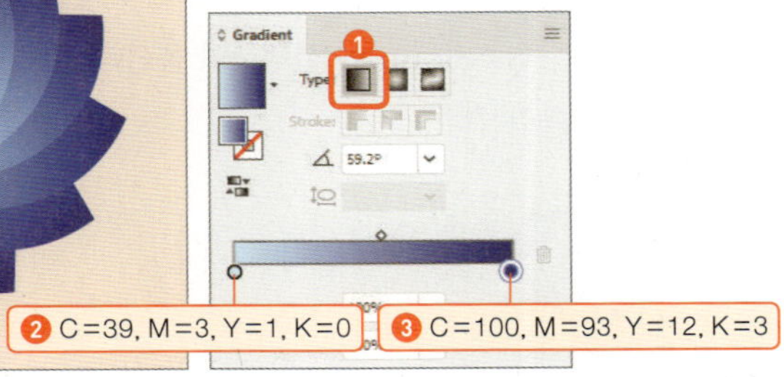

07 각 오브젝트의 색상을 변경하기 위해 메뉴 바에서 [Object]–[Expend Appearance]를 선택한 후 Ctrl + Shift + G를 눌러 그룹을 해제합니다. 선택 툴(▶)로 각 오브젝트를 선택하고 그레이디언트 패널에서 왼쪽 그레이디언트 슬라이더와 오른쪽 그레이디언트 슬라이더의 색상을 다음과 같이 변경하여 완성합니다.

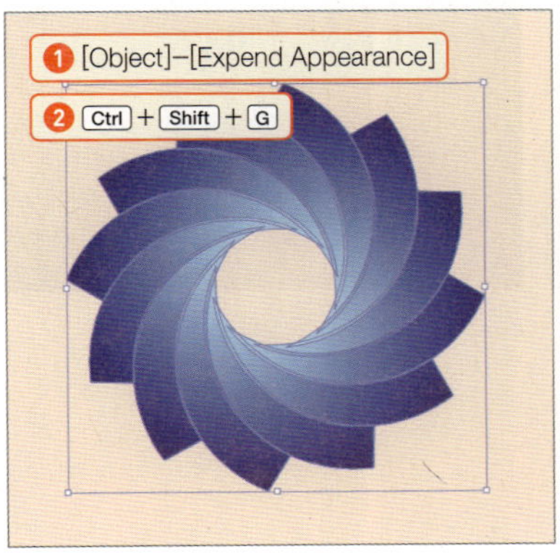

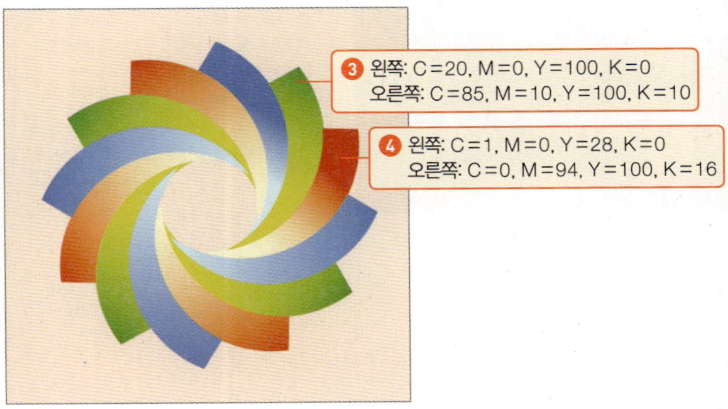

응용 예제 원근감 있는 로고 문양 만들기

Transform Effect 옵션 창의 확대/축소 기능을 이용하여 원근감 있는 로고 문양을 만들어 봅니다.

■ 완성 이미지

01 Chapter_10 ▸ Section_05 ▸ transform2.ai 파일을 불러옵니다. 화면의 오른쪽에서 원형 툴(◯)로 Alt + Shift 를 누른 채 드래그하여 아주 작은 정원을 만듭니다. 색상 패널에서 선 색을 색상 없음으로 설정합니다. 메뉴 바에서 [Effect]–[Distort&Transform]–[Transform]을 선택하여 옵션 창을 연 후 Move의 Horizontal을 -9mm, Copies를 10으로 입력하고 〈OK〉를 클릭합니다.

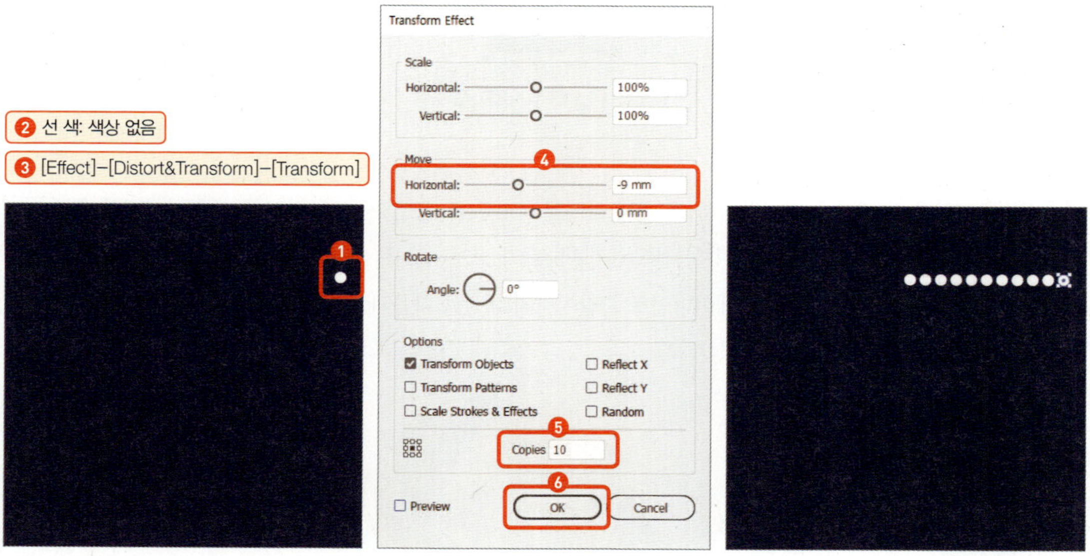

02 메뉴 바에서 [Object]−[Expend Appearance]를 선택하고 Ctrl+Shift+G를 눌러 그룹을 해제합니다. 선택 툴(▶)로 가장 왼쪽 원을 선택하고 메뉴 바에서 [Effect]−[Distort&Transform]−[Transform]을 선택합니다. 이번에도 Move의 Horizontal을 −9mm로 설정하고 Scale의 Horizontal과 Vertical을 각각 90%, Copies를 25로 입력한 후 〈OK〉를 클릭합니다.

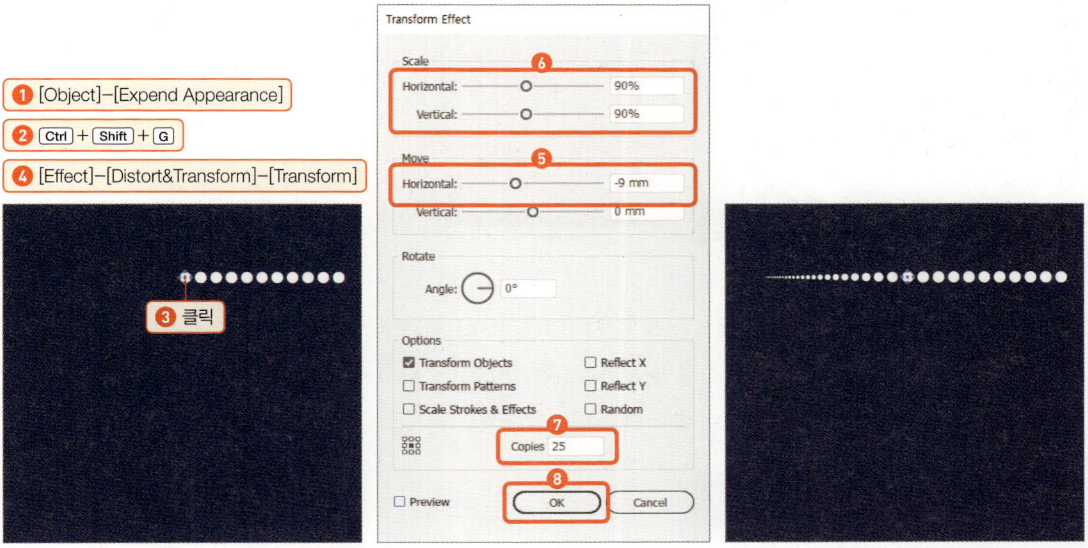

03 메뉴 바에서 [Object]−[Expend Appearance]를 선택하여 트랜스폼 그룹을 풉니다. 선택 툴(▶)로 드래그하여 전체 오브젝트를 선택하고 Ctrl+G를 눌러 그룹으로 묶습니다.

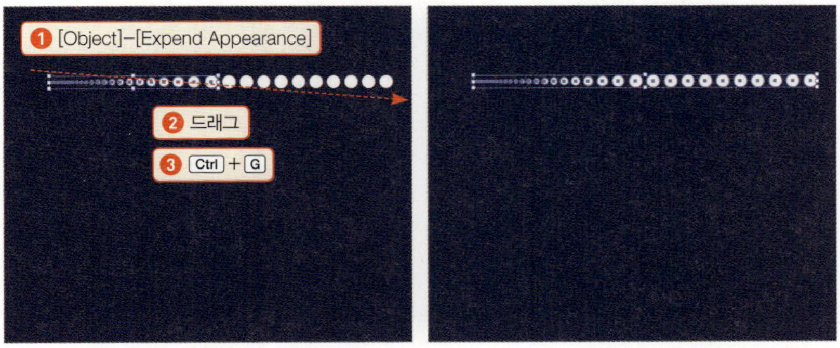

04 선택 툴(▶)로 그룹을 선택한 후 Alt를 누른 채 드래그하여 왼쪽 아래에 배치합니다.

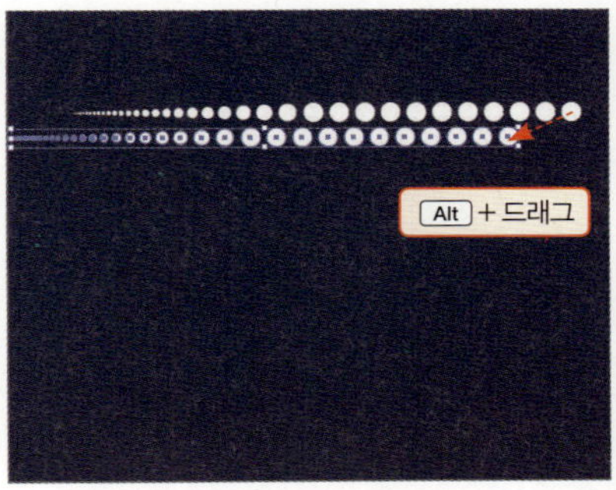

05 Ctrl+D를 3번 눌러 같은 간격으로 오브젝트를 복제합니다. 선택 툴(▶)로 드래그하여 복제된 오브젝트를 모두 선택한 후 색상 패널에서 면 색을 C=40, M=1, Y=7, K=0으로 설정합니다.

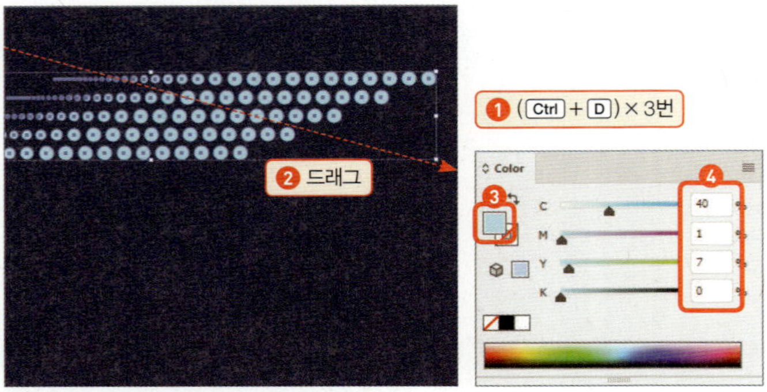

06 전체 오브젝트가 선택된 상태에서 선택 툴(▶)로 오브젝트를 브러시 패널로 드래그합니다. New Brush 창이 뜨면 Art Brush를 선택하고 〈OK〉를 클릭하여 창을 닫습니다. Art Brush 옵션 창에서 다시 한 번 〈OK〉를 클릭하여 창을 닫습니다. 브러시 패널에 방금 만든 패턴이 아트 브러시로 등록됩니다.

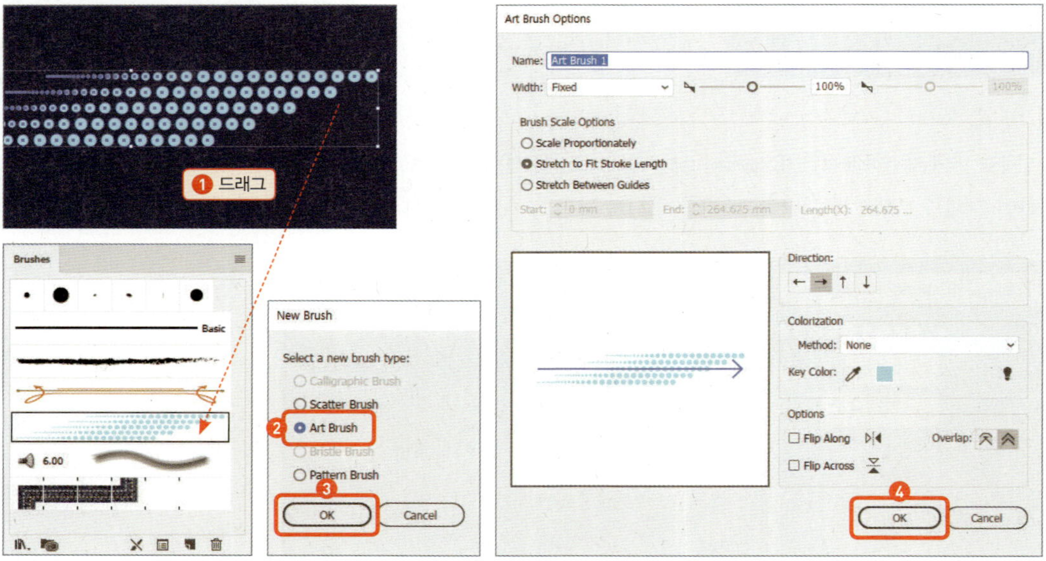

07 원형 툴(◎)을 선택하고 색상 패널에서 면 색과 선 색을 색상 없음으로 설정한 후 Alt+Shift를 누른 채 드래그하여 화면 중앙에 큰 정원을 만듭니다. 브러시 패널에서 방금 만든 아트 브러시를 클릭하면 패스를 따라 아트 브러시가 적용됩니다.

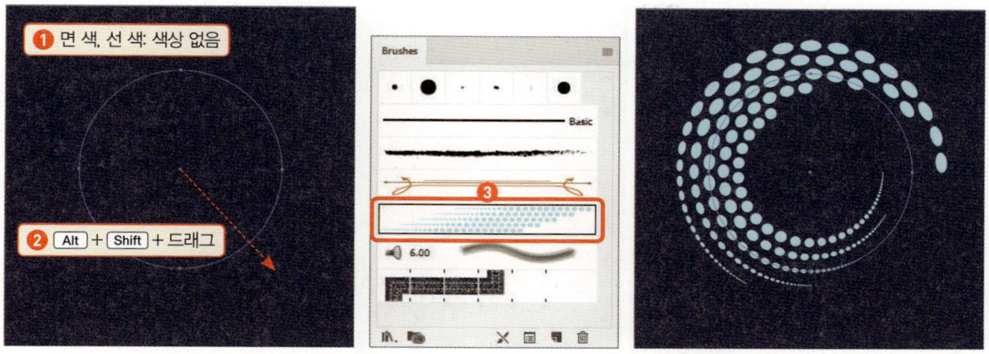

08 메뉴 바에서 [Object]-[Expend Appearance]를 선택한 후 Ctrl+Shift+G를 눌러 그룹을 해제합니다. 선택 툴(▶)로 첫 번째 줄을 클릭한 후 색상 패널에서 면 색을 C=14, M=0, Y=83, K=0으로 변경합니다. 같은 방법으로 두 번째 줄을 C=0, M=48, Y=88, K=0, 세 번째 줄을 C=3, M=78, Y=100, K=0, 네 번째 줄을 C=4, M=100, Y=12, K=0, 마지막 줄을 C=50, M=100, Y=10, K=1로 변경합니다.

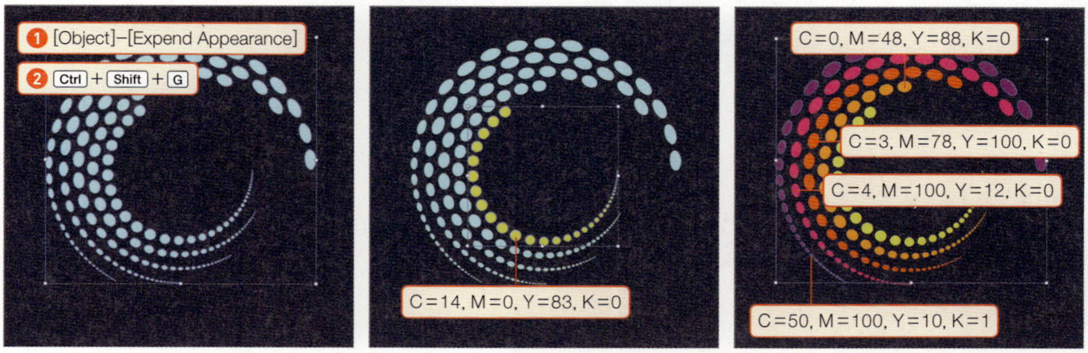

09 선택 툴(▶)로 드래그하여 전체 오브젝트를 선택한 후 프리트랜스폼 툴(⊡)을 클릭하고 옵션 창에서 자유 변형 툴(⌑)을 선택합니다. 오른쪽 상단의 앵커 포인트를 드래그하여 원근감을 살린 이미지를 완성합니다.

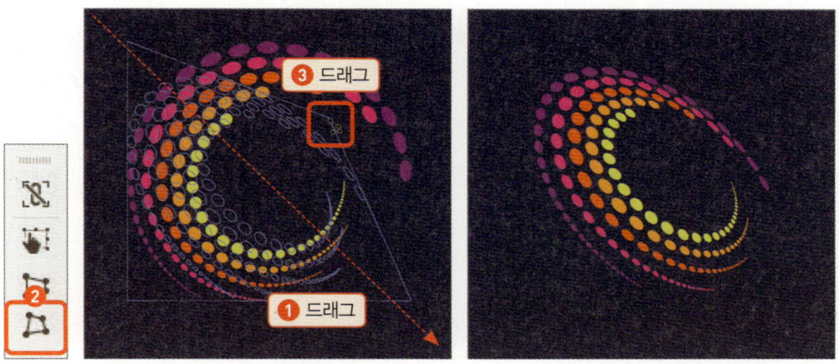

응용 예제 기하학적인 로고 문양 만들기

도형을 회전시켜 기하학적인 로고 문양을 만들어 봅니다.

■ 완성 이미지

01 Chapter_10 ▸ Section_05 ▸ transform3.ai 파일을 불러옵니다. 사각형 툴(□)을 선택하고 옵션 창에서 면 색을 색상 없음, 선 색을 흰색으로 설정한 후 Alt + Shift 를 누른 채 드래그하여 정사각형을 만듭니다. 선택 툴(▶)로 Alt 를 누른 채 드래그하여 사각형을 오른쪽에 복제합니다.

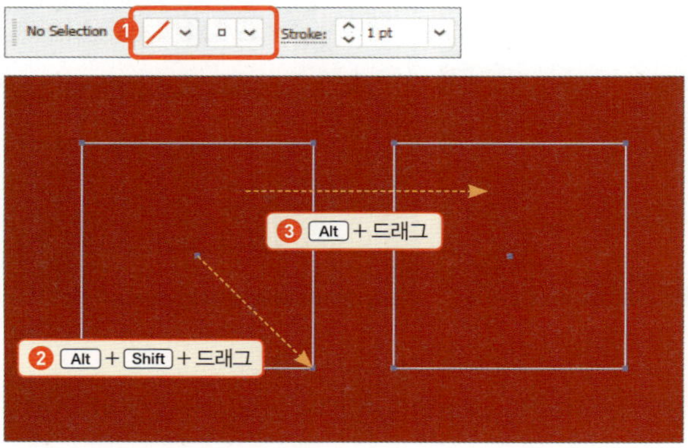

02 선택 툴(▶)로 왼쪽 사각형을 선택하고 메뉴 바에서 [Effect]-[Distort&Transform]-[Transform]을 선택합니다. 옵션 창이 나타나면 Scale의 Horizontal과 Vertical을 각각 95%, Copies를 35로 입력하고 Preview를 체크하면 사각형 내부에 반복적으로 작아지는 사각형이 35개 만들어집니다. 이때 Rotate의 Angle을 3°로 입력하고 〈OK〉를 클릭합니다. 사각형 내부에서 회전하는 도형이 만들어집니다.

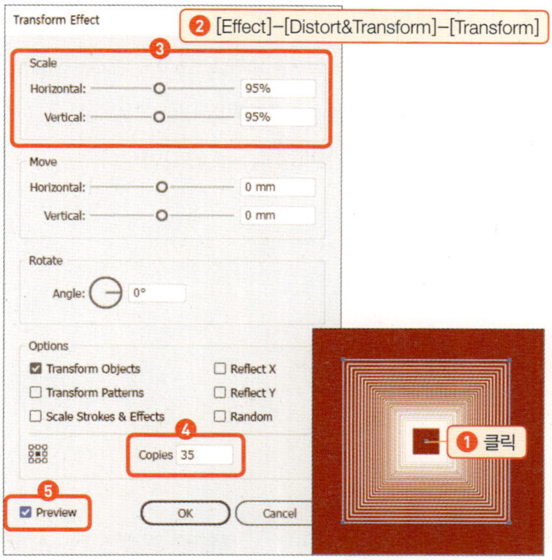

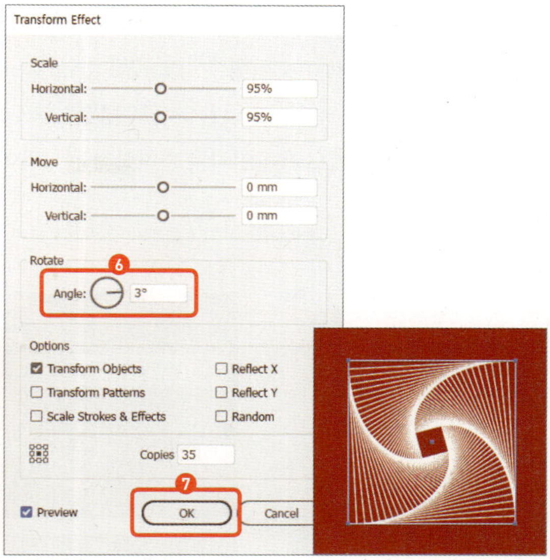

03 선택 툴(▶)로 오른쪽 사각형을 선택하고 메뉴 바에서 [Effect]–[Distort&Transform]–[Transform]을 선택합니다. 옵션 창이 열리면 Scale의 Horizontal과 Vertical을 각각 95%, Copies를 35, 회전 각도를 15°로 입력하고 〈OK〉를 클릭합니다. 나선형의 기하학적인 형태가 만들어집니다.

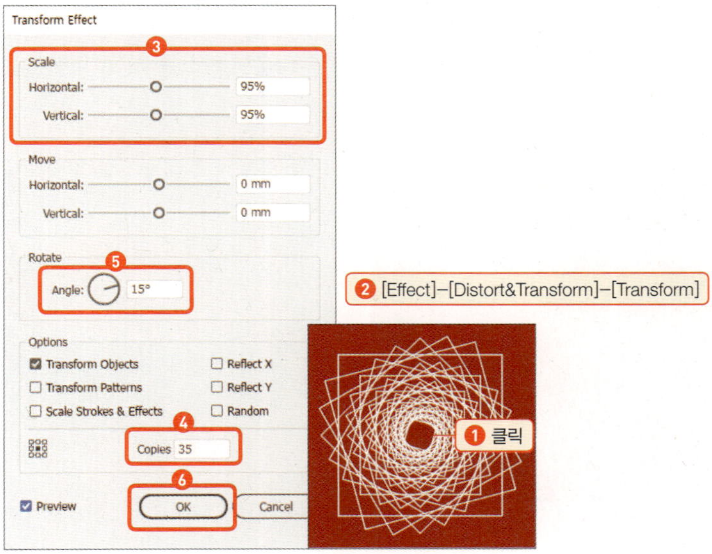

04 원형 툴(◯)로 Alt + Shift 를 누른 채 드래그하여 정원을 그립니다. 메뉴 바에서 [Effect]–[Distort& Transform]–[Transform]을 선택하여 옵션 창을 엽니다. 회전시켜도 변화를 알 수 없으므로 타원으로 만들어 보겠습니다. Scale의 Horizontal만 94%로 변경하고 Copies를 30으로 입력합니다. 이때 Rotate의 Angle을 15° 로 입력하면 원 내부가 소용돌이치는 기하학적인 모양이 됩니다. 설정을 마쳤다면 〈OK〉를 클릭합니다.

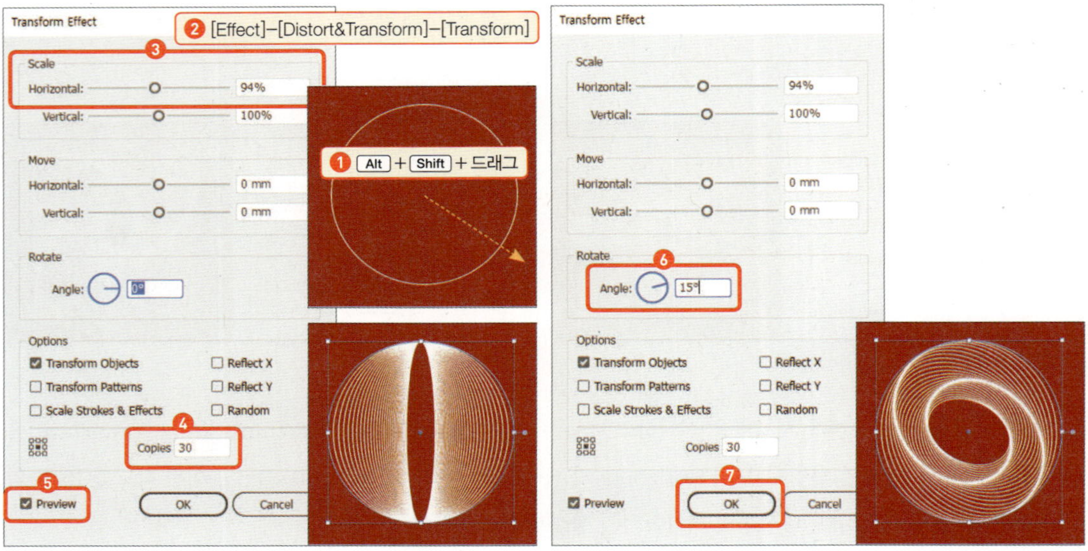

05 다각형 툴(⬡)로 Alt + Shift 를 누른 채 드래그하여 정육각형을 그린 후 바운딩 박스를 90°로 회전시킵니다. 도형 안에 보이는 위젯을 안쪽으로 드래그하여 모서리를 둥글게 만듭니다.

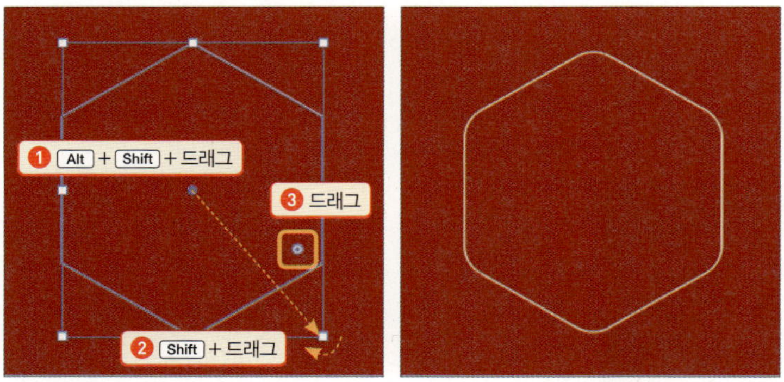

06 메뉴 바에서 [Effect]–[Distort&Transform]–[Transform]을 선택하여 옵션 창을 엽니다. Scale의 Horizontal과 Vertical을 각각 95%, Copies를 24, Rotate의 Angle을 10°로 입력하고 〈OK〉를 클릭합니다. 선택 툴(▶)로 육각형을 선택하고 그레이디언트 패널에서 선 색의 Type을 Linear, 왼쪽 그레이디언트 슬라이더와 오른쪽 그레이디언트 슬라이더의 색상을 원하는 색상으로 설정합니다.

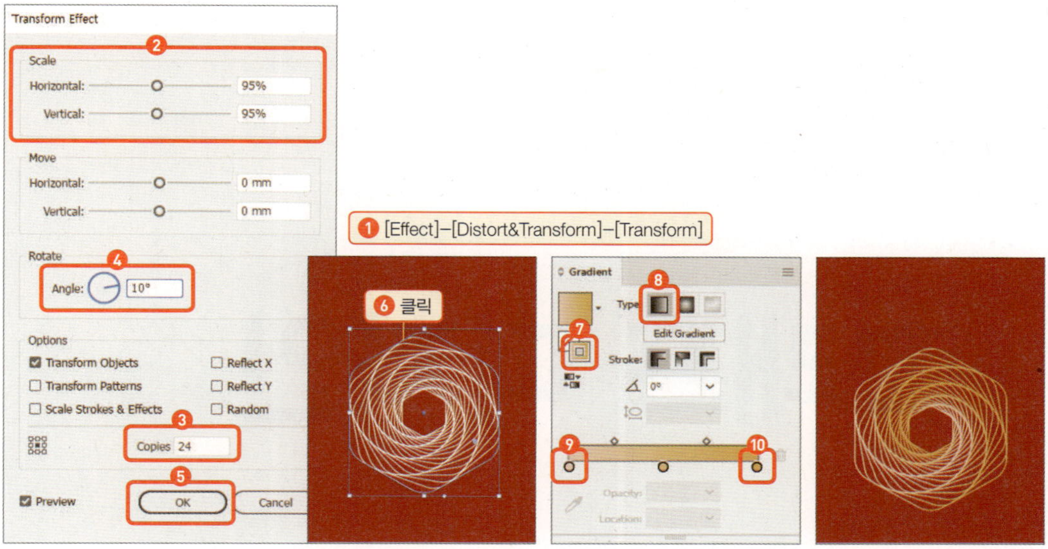

07 나머지 문양도 그레이디언트 패널에서 원하는 색상으로 변경하여 이미지를 완성합니다.

CHAPTER

11

그래프 디자인

일러스트레이터에서는 값을 입력하면 자동으로 그래프를 만들어 주는 기능을 제공합니다. 만들 수 있는 그래프 유형에는 막대그래프, 파이 차트, 누적 영역 그래프, 꺾은선그래프 등이 있습니다. 이 장에서는 전달하려는 정보의 특징을 살려 그래프를 만들고 디자인하는 방법을 알아봅니다.

SECTION 01

막대그래프 만들기

• **핵심 기능** | 막대그래프 툴(단축키 J)

그래프 타입 창

그래프 타입 창은 메뉴 바에서 [Object]−[Graph]−[Type]을 선택하면 나타납니다. 옵션 창의 상단에 있는 드롭다운 메뉴에서는 Graph Options와 Value Axis 중 하나를 선택할 수 있는데 Graph Options를 선택하면 9가지 종류의 그래프 중 하나를 선택할 수 있고, Value Axis를 선택하면 누적 영역 그래프 좌표 값과 관련된 여러 가지 옵션을 설정할 수 있습니다.

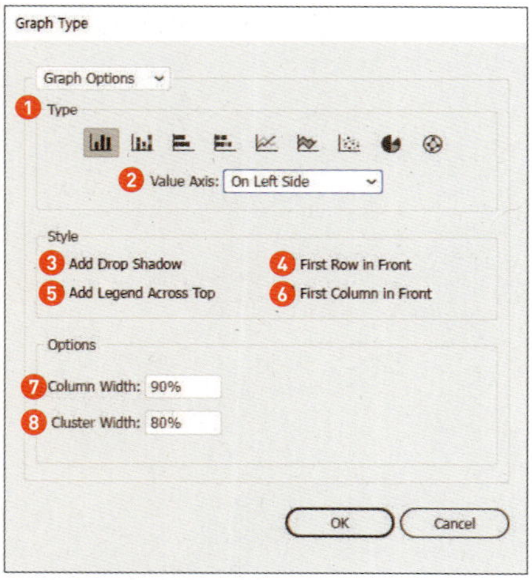

■ Graph Options를 선택한 경우

❶ **Type** 9가지 종류의 그래프 중 하나를 선택합니다.

❷ **Value Axis** 값 분류 값의 위치를 설정합니다.

❸ **Add Drop Shadow** 그림자를 설정합니다.

❹ **First Row in Front** 막대그래프 너비가 100%보다 클 경우에 첫 번째 행에 해당하는 막대를 맨 위에 배치합니다.

❺ **Add Legend Across Top** 데이터 창에서 첫 번째 열에 해당하는 열, 막대, 선을 맨 위에 배치합니다.

❻ **First Column in Front** 범례를 그래프의 오른쪽이 아닌 그래프의 상단을 가로질러 가로로 표시합니다.

❼ Column Width 막대 너비를 설정합니다. 100% 이상이면 막대끼리 겹칩니다.

❽ Cluster Width 막대와 막대의 간격을 설정합니다.

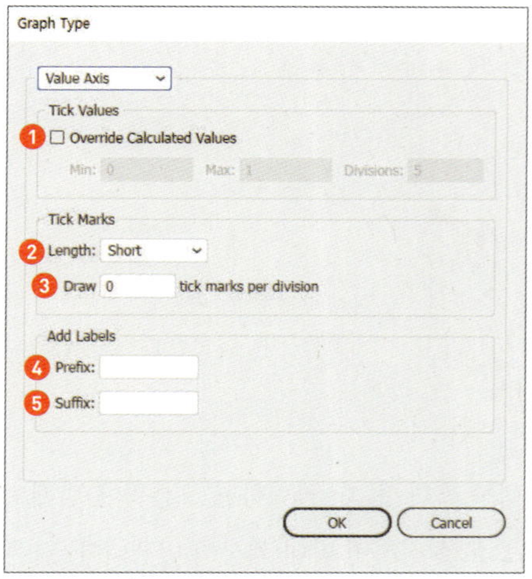

■ Value Axis를 선택한 경우

❶ Override Calculated Values 그래프 데이터 값의 범위와 범위 사이의 단위를 설정합니다.

❷ Length 값의 단위 옆에 붙은 틱 마크 길이를 설정합니다. Short를 선택하면 틱 마크가 짧게 배치되고 Full Width를 선택하면 틱 마크가 그리드처럼 그래프의 끝까지 배치됩니다.

❸ Draw 틱 마크 사이에 칸을 추가로 나눕니다.

❹ Prefix 단위 앞에 접두어를 입력합니다.

❺ Suffix 단위 뒤에 접미어를 입력합니다.

소셜 아이콘으로 막대그래프 디자인하기

01 막대그래프 만들기 메뉴 바의 [File]-[New]를 선택합니다. 옵션 창에서 Print를 선택하고 Width와 Height를 각각 210mm로 입력한 후 〈Create〉를 클릭합니다. 막대그래프 툴()을 선택하고 화면에 원하는 크기로 드래그하여 그래프 영역을 만듭니다. 자동으로 막대그래프가 생성되면서 데이터 창이 열립니다.

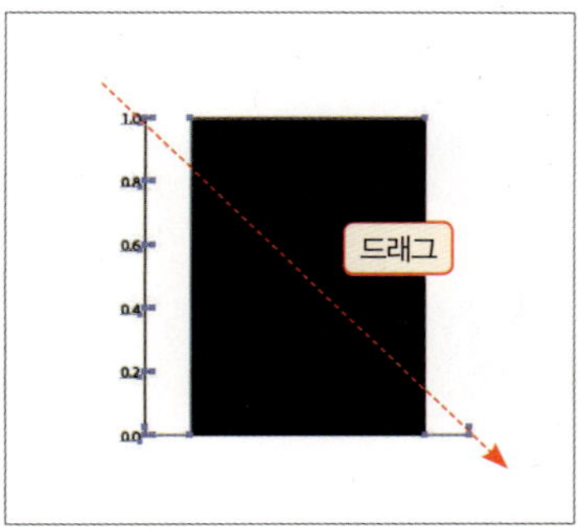

02 데이터 입력하기 흰색 입력 박스에 데이터를 입력하면 현재 선택된 셀에 내용이 입력됩니다. 데이터를 다음과 같이 입력하고 오른쪽 상단의 체크(☑)를 클릭합니다. 입력한 데이터 값에 따라 자동으로 흑백 막대그래프가 생성됩니다.

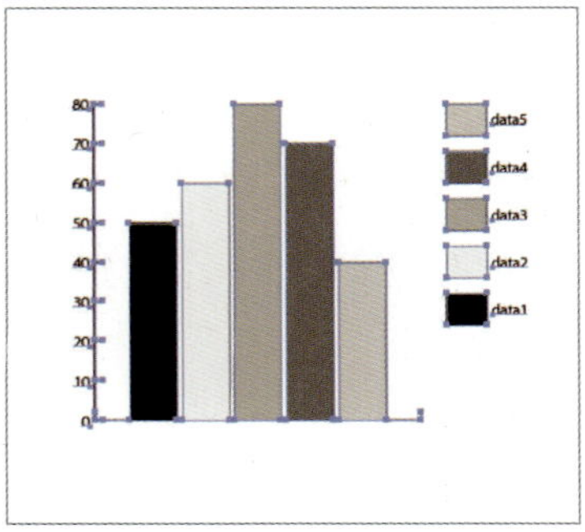

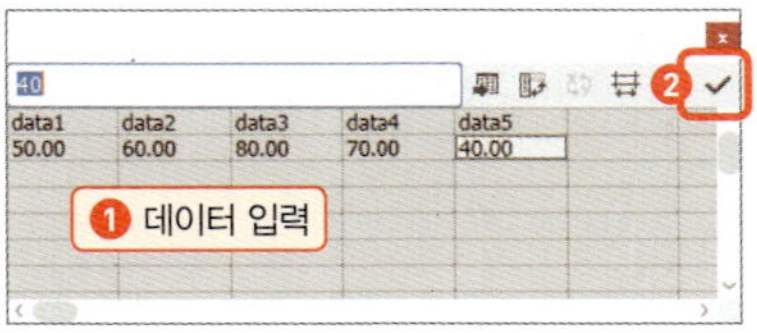

03 막대 색상 변경하기 그룹 선택 툴(![])로 첫 번째 막대를 클릭하고 한 번 더 클릭하면 오른쪽에 범례도 함께 선택됩니다. 색상 패널에서 면 색을 분홍색, 선 색을 색상 없음으로 설정하면 막대 색상이 바뀝니다. 같은 방법으로 나머지 막대도 색상을 자유롭게 변경합니다.

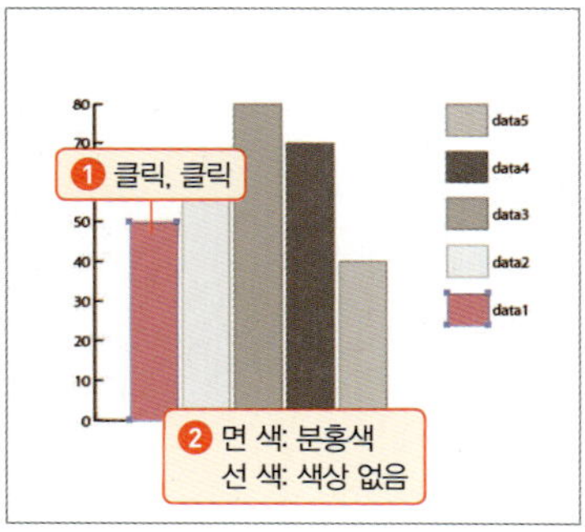

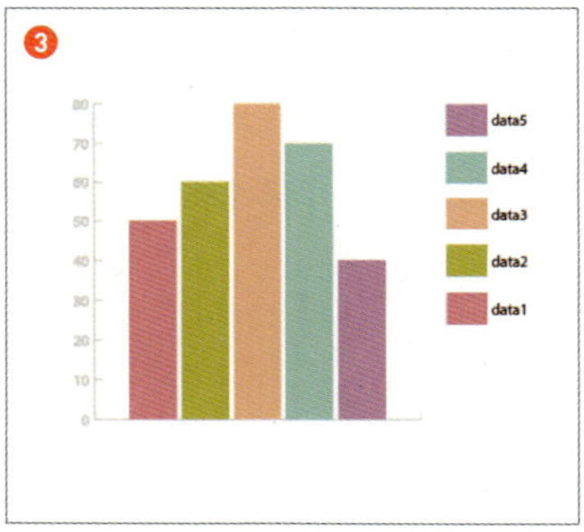

04 소셜 아이콘 붙여 넣기 Chapter_11 ▸ Section_01 ▸ social_icons.ai 파일을 불러옵니다. 선택 툴(▶)로 Shift를 누른 채 다음과 같이 아이콘 5개를 선택하고 Ctrl+C를 눌러 복사합니다. 화면으로 돌아와 Ctrl+V를 눌러 복사한 아이콘을 붙여 넣고 바운딩 박스를 드래그하여 크기를 줄인 후 그래프의 X축에 배치합니다.

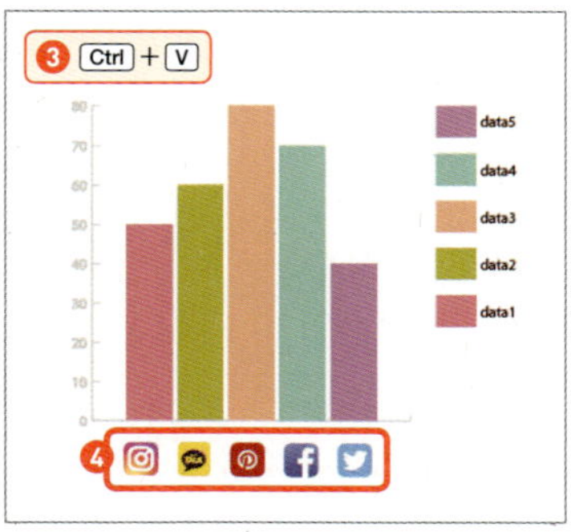

05 새 디자인 등록하기 선택 툴(▶)로 첫 번째 아이콘을 선택하고 메뉴 바에서 [Object]–[Graph]–[Design]을 선택합니다. 옵션 창이 열리면 〈New Design〉를 클릭해 새 디자인으로 등록하고 〈Rename〉을 클릭해 '인스타그램'이라고 입력한 후 〈OK〉를 클릭합니다. 원래 옵션 창으로 돌아오면 다시 〈OK〉를 클릭합니다. 같은 방법으로 나머지 아이콘도 선택하고 각각 '카카오톡', '핀터레스트', '페이스북', '트위터'라는 이름으로 등록합니다.

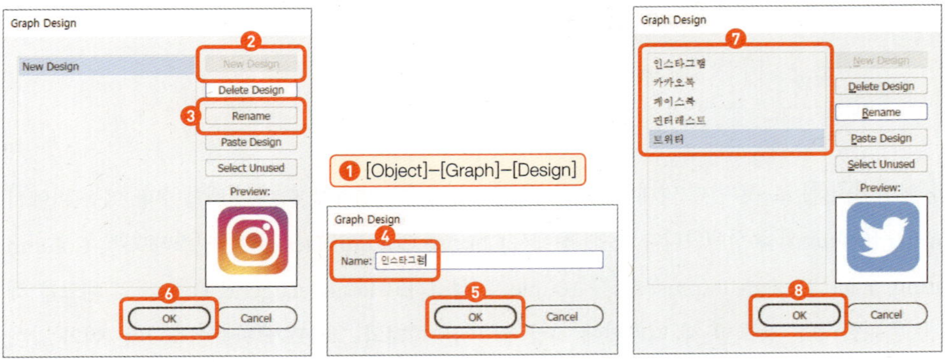

06 새 디자인을 막대그래프에 적용하기 그룹 선택 툴(⌖)로 첫 번째 막대를 두 번 클릭하여 막대와 범례를 함께 선택합니다. 메뉴 바에서 [Object]–[Graph]–[Column]을 선택합니다. 옵션 창에서 Choose Column Design을 '인스타그램'으로 선택하고, Column Type을 Vertically Scaled로 설정한 후 〈OK〉를 클릭합니다. 등록한 디자인이 막대그래프 크기에 맞게 적용되지만 가로와 세로 비율이 맞지 않습니다.

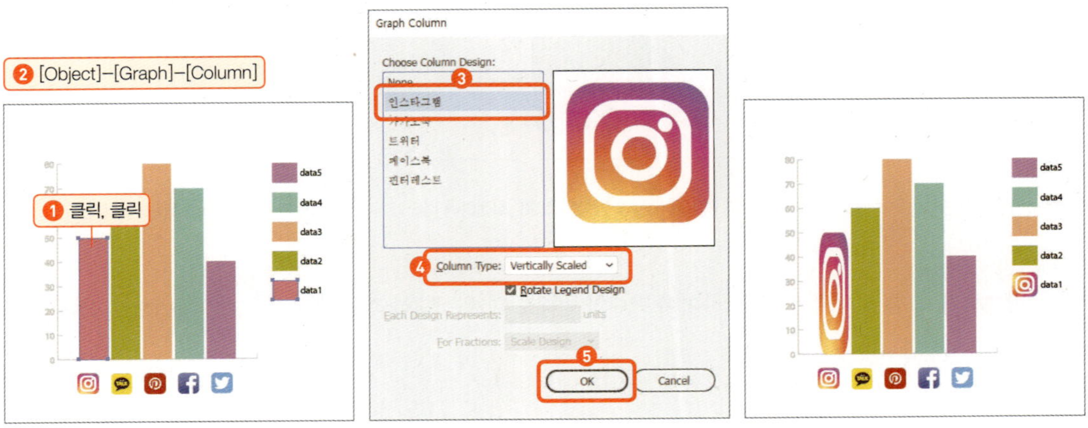

07 다시 그룹 선택 툴(⌖)로 첫 번째 막대를 두 번 클릭하여 막대와 범례를 함께 선택합니다. 메뉴 바에서 [Object]–[Graph]–[Column]을 선택합니다. 옵션 바에서 Choose Column Design을 '인스타그램'으로 선택하고 Column Type을 Uniformly Scaled로 설정한 후 〈OK〉를 클릭합니다. 아이콘 비율은 정상으로 돌아왔지만 아이콘이 다른 막대를 가릴 정도로 커졌습니다. 만약 다른 아이콘에도 같은 옵션을 사용하면 아이콘이 겹쳐 그래프를 알아보기 힘들 것입니다.

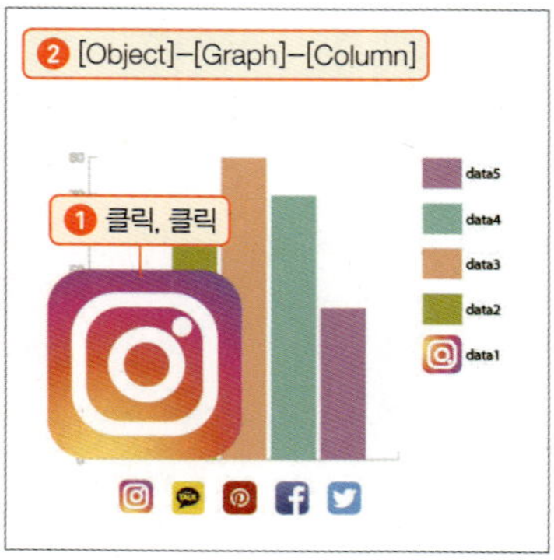

08 다시 그룹 선택 툴(![])로 첫 번째 막대를 두 번 클릭하여 막대와 범례를 함께 선택합니다. 메뉴 바에서 [Object]–[Graph]–[Column]을 선택합니다. 옵션 창에서 Choose Column Design을 '인스타그램', Column Type을 Repeating, Each Design Represents를 10units로 설정하고 Rotate Legend Design의 체크를 해제한 후 〈OK〉를 클릭합니다. 등록한 새 디자인에 가장 잘 맞는 형태의 그래프가 만들어집니다. 이와 같이 Column Type 옵션은 등록한 디자인에 맞게 사용하면 됩니다.

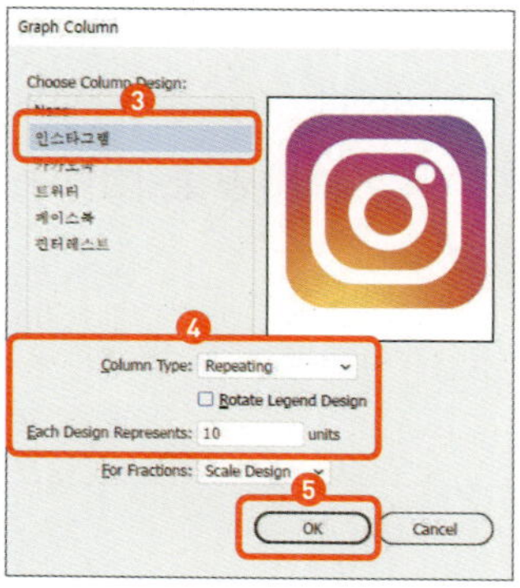

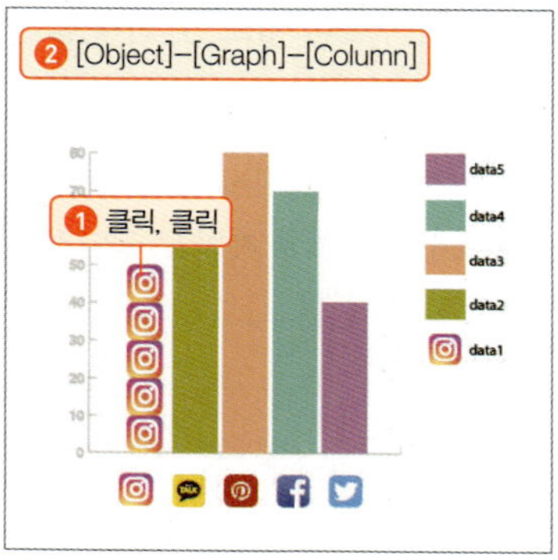

Tip Rotate Legend Design을 체크하면 범례 이미지가 시계 방향으로 90° 회전하여 나타납니다. 필요에 따라 체크하거나 해제합니다.

09 **완성하기** 그룹 선택 툴(![])로 나머지 막대와 범례도 함께 선택한 후 **08** 단계와 같은 방법으로 막대 디자인을 바꾸어 완성합니다.

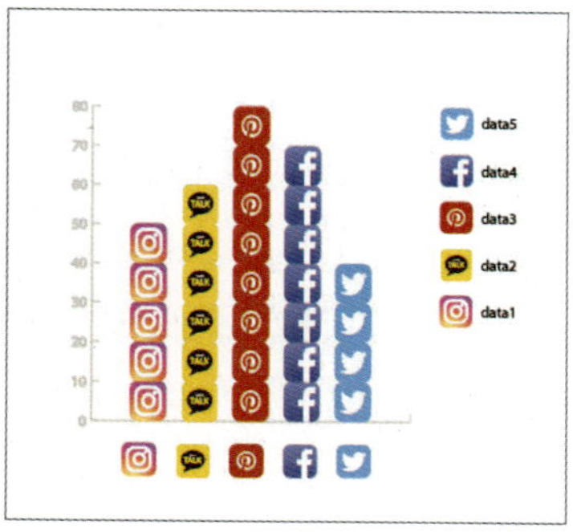

Tip 오른쪽 그림처럼 아이콘과 아이콘의 간격이 벌어진 막대그래프를 만들려면 아이콘 뒤에 선 색과 면 색이 없는 사각형을 추가한 후 새 디자인으로 등록하면 됩니다.

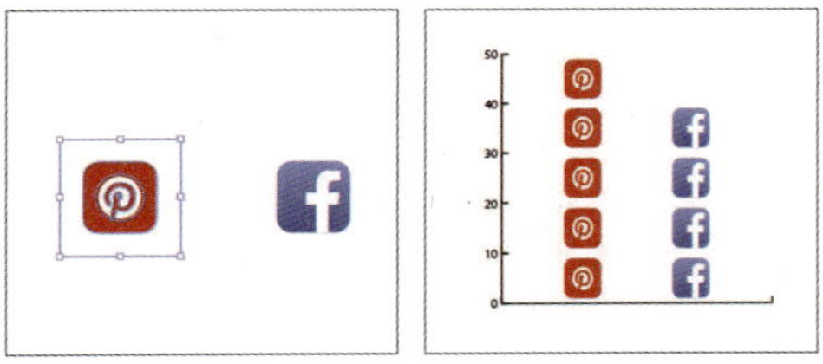

■ 상하좌우 여백이 있는 아이콘을 만든 후 막대에 매핑한 결과(graph여백.ai 파일 참고)

슬라이딩 옵션으로 막대그래프 디자인하기

01 직사각형 만들기 Chapter_11 ▸ Section_01 ▸ graph_result1.ai 파일을 불러옵니다. 사각형 툴( )을 선택하고 색상 패널에서 면 색을 C=51, M=100, Y=11, K=1, 선 색을 색상 없음으로 설정한 후 소셜 아이콘 아래에 막대 모양 직사각형을 만듭니다. 직사각형이 선택된 상태에서 마우스 오른쪽 버튼을 클릭하고 [Arrange]-[Send to Back]을 선택하여 소셜 아이콘 뒤에 배치합니다.

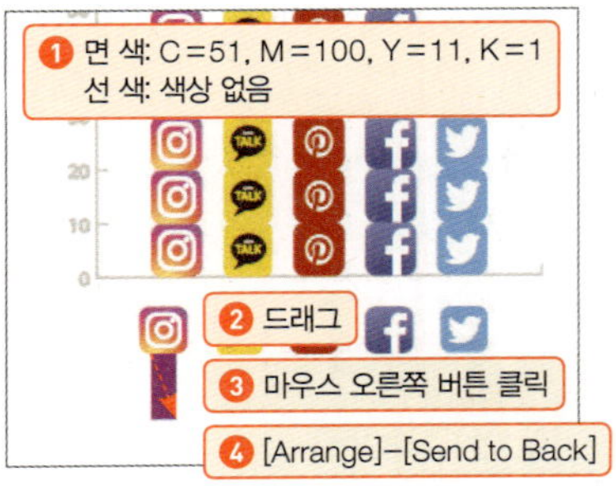

02 기준선 가이드 만들기 선 툴( )로 직사각형의 기준이 될 부분을 가로 방향으로 드래그하여 선을 그립니다. 메뉴 바에서 [View]-[Guides]-[Make Guide]를 선택하여 선을 가이드로 만듭니다.

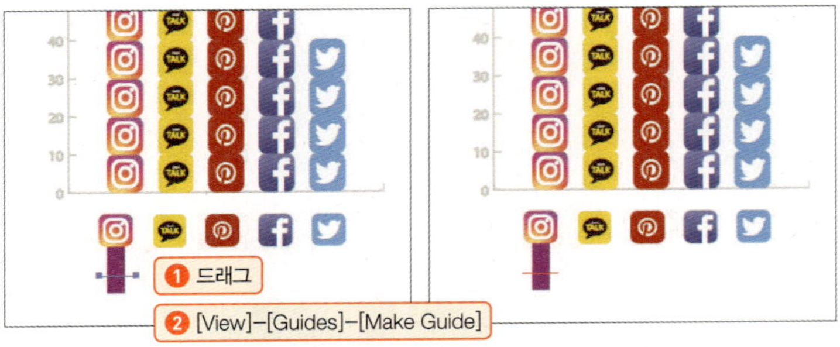

03 선택 툴(▶)로 보라색 직사각형을 선택하고 Alt 를 누른 채 오른쪽으로 드래그하여 아이콘 수대로 복제한 후 면 색을 다음과 같이 변경합니다. 또한 각 직사각형에는 02 단계와 같이 기준선을 그리고 가이드로 변경합니다.

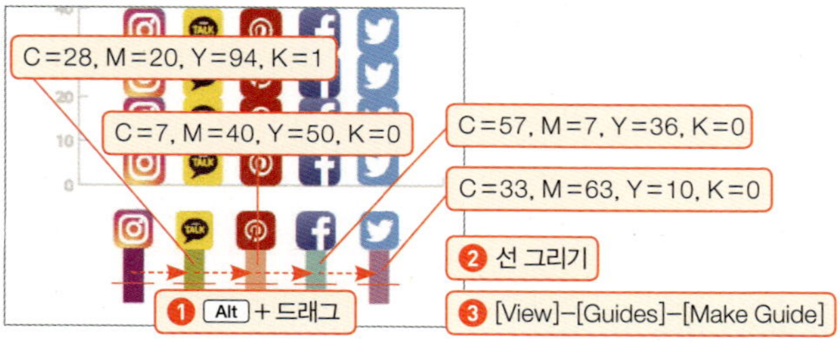

04 새 디자인 등록하기 선택 툴(▶)로 드래그하여 첫 번째 직사각형과 아이콘을 선택한 후 메뉴 바에서 [Object]-[Graph]-[Design]을 선택합니다. 옵션 창에서 〈New Design〉을 클릭하여 새 디자인으로 등록하고 〈Rename〉을 클릭하여 '인스타그램2'로 입력한 후 〈OK〉를 클릭합니다. 같은 방법으로 나머지 직사각형과 아이콘을 함께 선택한 후 각각 '카카오톡2', '핀터레스트2', '페이스북2', '트위터2'로 등록합니다.

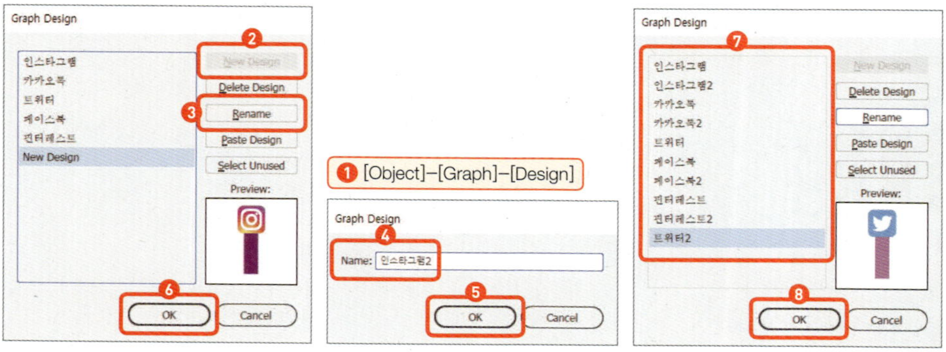

05 새 디자인 막대그래프에 적용하기 그룹 선택 툴(▷+)로 첫 번째 막대를 클릭하여 막대만 선택합니다. 메뉴 바에서 [Object]-[Graph]-[Column]을 선택하고 Choose Column Design을 '인스타그램2', Column Type을 Sliding으로 설정한 후 〈OK〉를 클릭합니다. 첫 번째 막대에 새 디자인이 기준선 위로만 늘어난 채 적용됩니다.

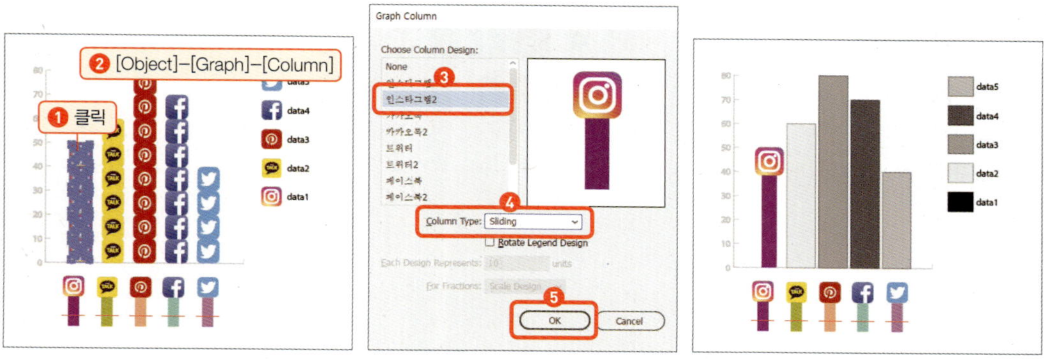

06 05 단계를 반복하여 나머지 막대에도 새 디자인을 적용합니다.

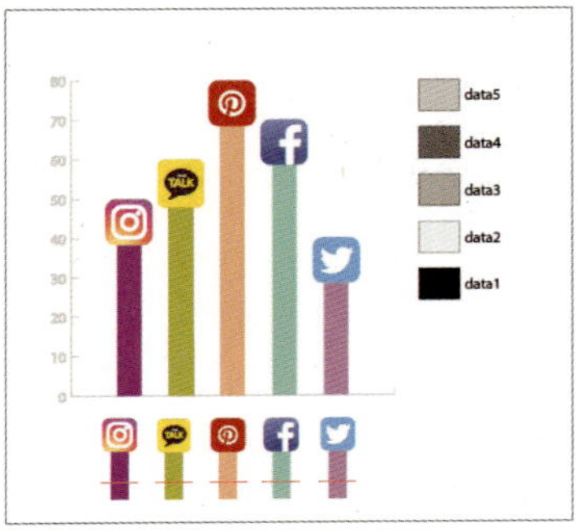

07 **범례 아이콘 변경하기** 그룹 선택 툴(![])로 data1 범례를 클릭한 후 메뉴 바에서 [Object]–[Graph]–[Column]을 선택합니다. 옵션 창에서 Choose Column Design을 '인스타그램', Column Type을 Vertically Scaled로 선택하고 〈OK〉를 클릭합니다. 나머지 범례 아이콘도 같은 방법으로 변경합니다.

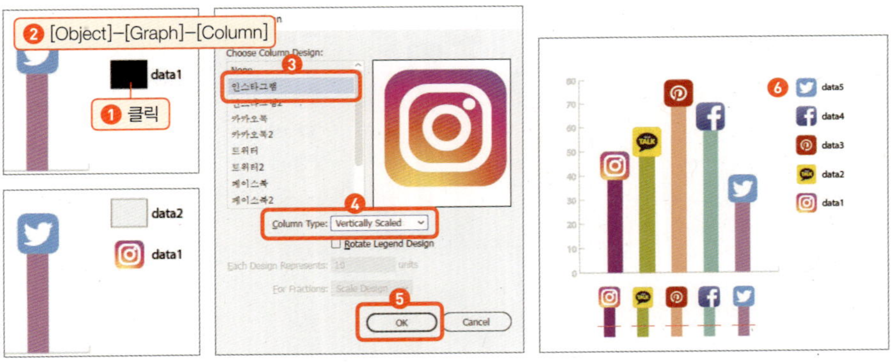

08 **범례 제목 변경하기** 그룹 선택 툴(![])로 그래프 영역을 드래그하여 선택한 후 마우스 오른쪽 버튼을 클릭하여 [Data]를 선택합니다. 데이터 입력 창이 나타나면 범례 제목을 각 아이콘에 맞게 변경합니다.

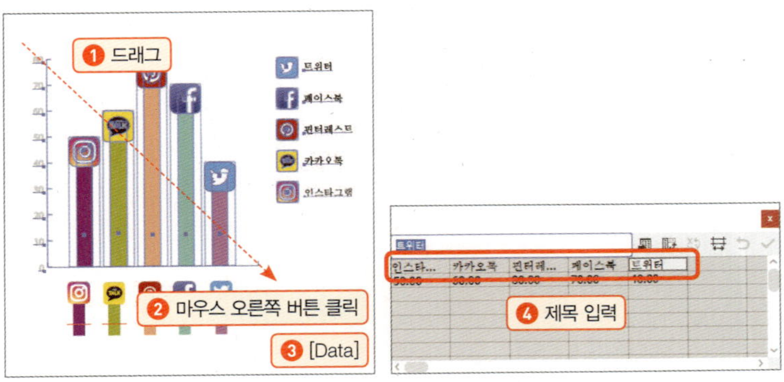

09 범례 폰트 스타일 변경하기 그룹 선택 툴( )로 범례 텍스트를 드래그하여 모두 선택하고 캐릭터 패널에서 폰트를 맑은 고딕, 스타일을 Semilight, 크기를 12pt로 설정합니다.

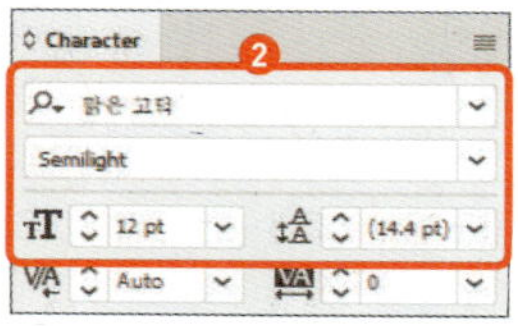

10 완성하기 그룹 선택 툴( )로 X축에 사용된 아이콘을 모두 선택한 후 Delete 를 눌러 삭제하여 그래프를 완성합니다.

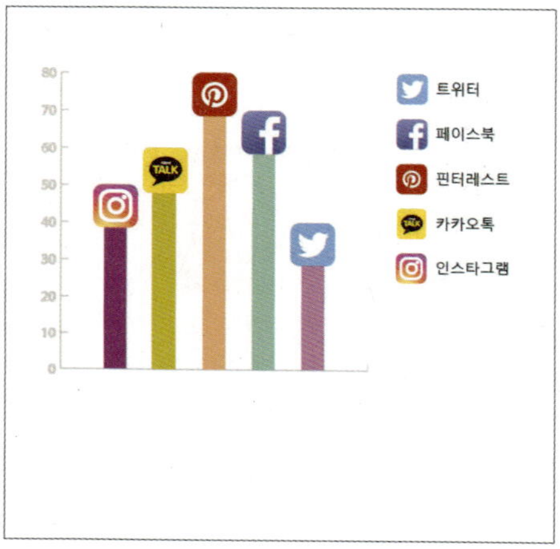

SECTION 02

파이 차트 만들기

• **핵심 기능 |** 파이 차트 툴

입체 도넛 차트 만들기

01 파이 차트 만들기 메뉴 바의 [File]–[New]를 선택합니다. 옵션 창에서 Print를 선택하고 Width와 Height를 각각 210mm로 입력한 후 〈Create〉를 클릭합니다. 파이 차트 툴( )로 화면을 클릭하여 옵션 창을 연 후 Width와 Height를 각각 120mm로 입력하고 〈OK〉를 클릭합니다.

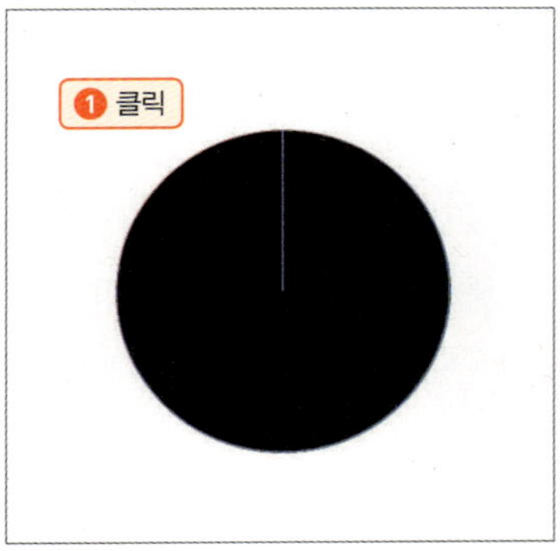

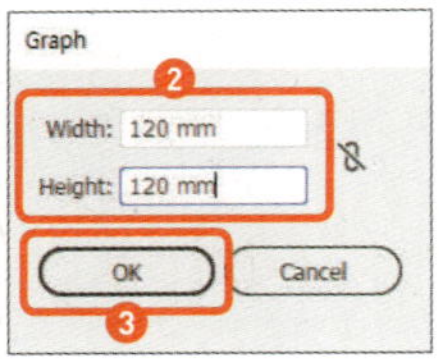

02 데이터 입력하기 데이터 창이 뜨면 다음과 같이 입력하고 오른쪽 상단의 체크( )를 클릭합니다. 이때 가로로 입력하는 데이터 값의 합은 반드시 100%여야 합니다.

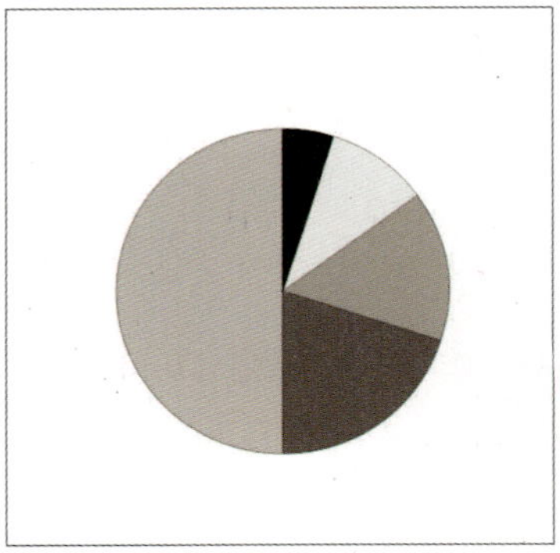

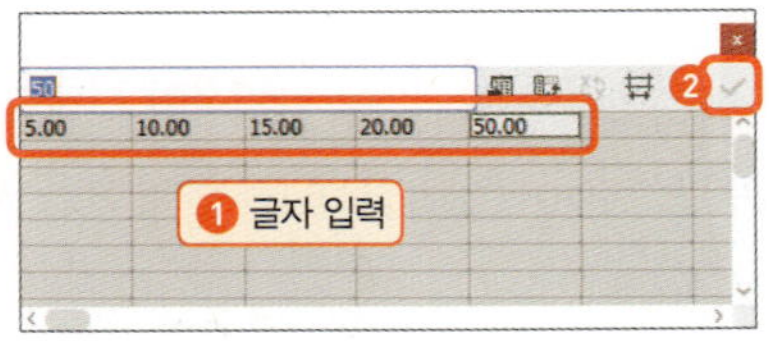

Tip 파이 차트의 데이터 값을 세로로 입력할 경우 입력한 수치 비율에 따라 크기가 다른 원이 생성됩니다.

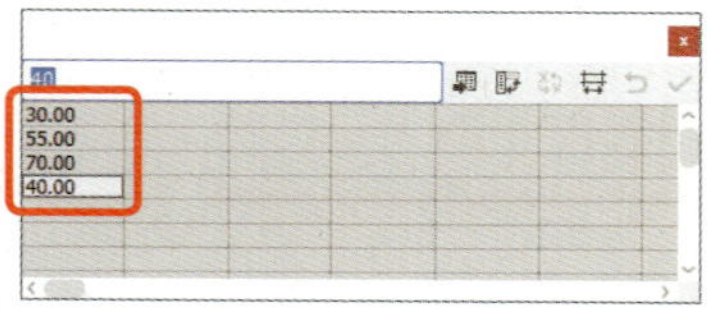

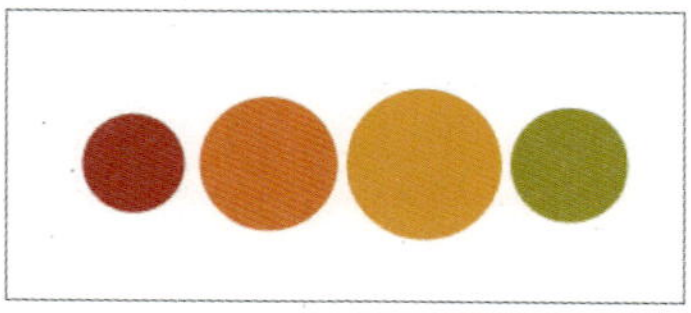

03 파이 조각 색상 변경하기 그룹 선택 툴( )로 각 파이 조각을 선택한 후 색상 패널에서 선 색을 흰색으로 통일하고 면 색을 다음과 같이 설정합니다.

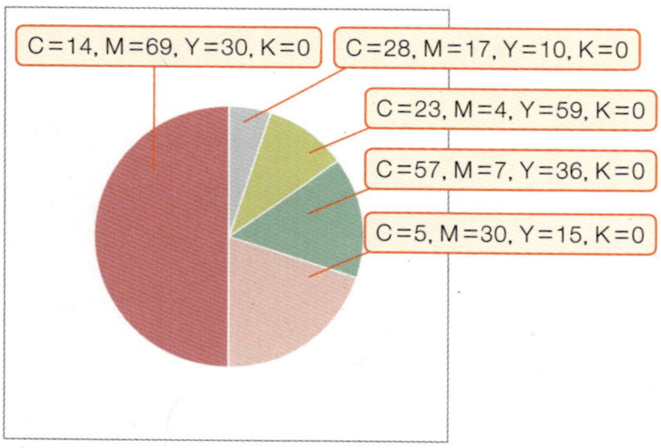

04 입체감 살리기 원형 툴( )을 선택하고 색상 패널에서 면 색을 흰색, 선 색을 검은색으로 설정합니다. 파이 차트 중심에서 Alt+Shift를 누른 채 드래그하여 정원을 그립니다. 선택 툴( )로 Alt를 누른 채 왼쪽으로 드래그하여 정원을 복제합니다.

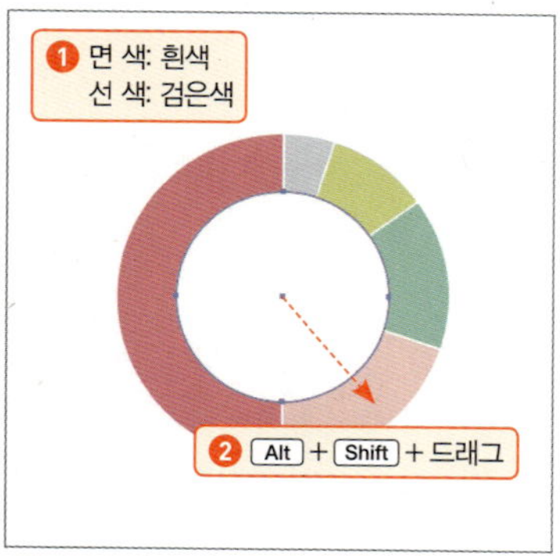

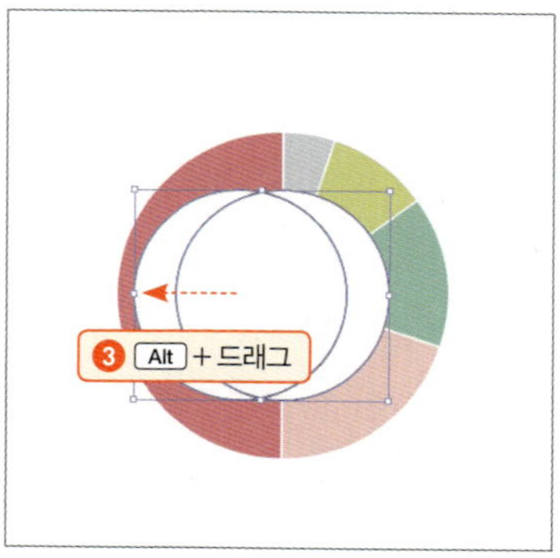

05 선택 툴( )로 Shift를 누른 채 정원을 2개를 모두 클릭하여 선택한 후 패스파인더 패널에서 나누기( )를 클릭해 겹치는 부분을 모두 조각냅니다. Ctrl+Shift+G를 눌러 그룹을 해제하고 선택 툴( )로 맨 왼쪽의 조각을 선택한 후 Delete를 눌러 삭제합니다.

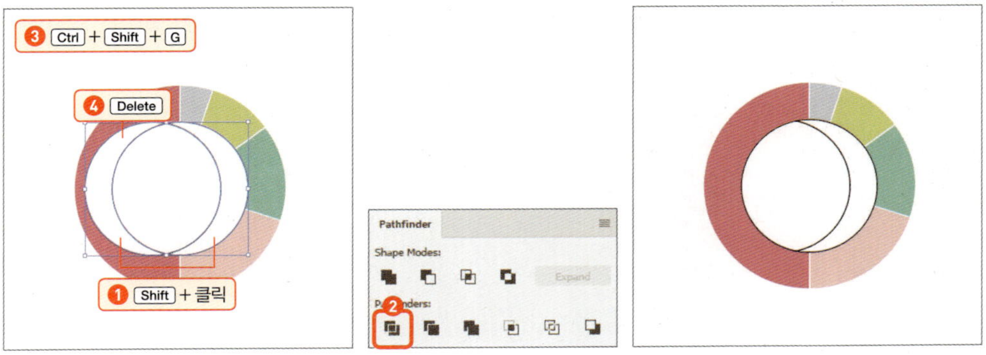

06 선택 툴(▶)로 Shift를 누른 채 남은 두 조각을 모두 선택하고 색상 패널에서 선 색을 흰색으로 설정합니다. 다시 선택 툴(▶)로 오른쪽 조각만 선택하고 그레이디언트 패널에서 Type을 Linear, Angle을 -90°, 오른쪽 그레이디언트 슬라이더 아이콘의 색상을 C=49, M=40, Y=41, K=4로 설정한 후 그레이디언트 툴(■)로 위에서 아래로 드래그하여 그레이디언트를 적용합니다.

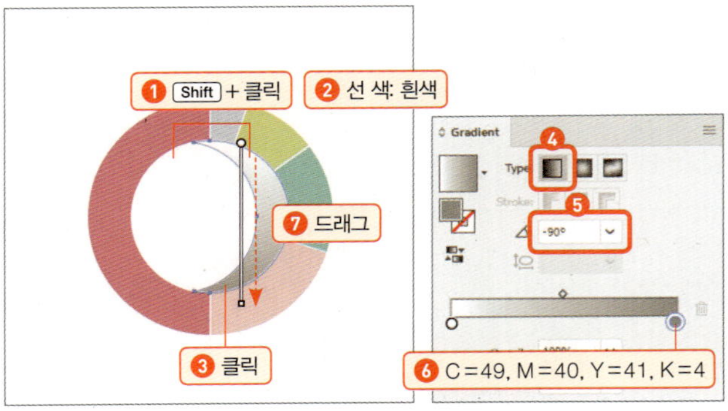

07 원형 툴(◎)로 Alt + Shift를 누른 채 드래그하여 그래프 왼쪽에 그래프 크기만한 정원을 그립니다. 정원을 마우스 오른쪽 버튼으로 클릭하고 [Arrange]-[Send to Back]을 선택합니다. 원이 선택된 상태에서 그레이디언트 패널의 Type을 Linear, Angle을 -90°로 설정하고 그레이디언트 슬라이더 가운데를 클릭하여 아이콘을 추가한 후 Location을 33%로 조절합니다. 그레이디언트 슬라이더 아이콘 3개의 색상은 다음과 같이 설정하여 입체감을 살립니다.

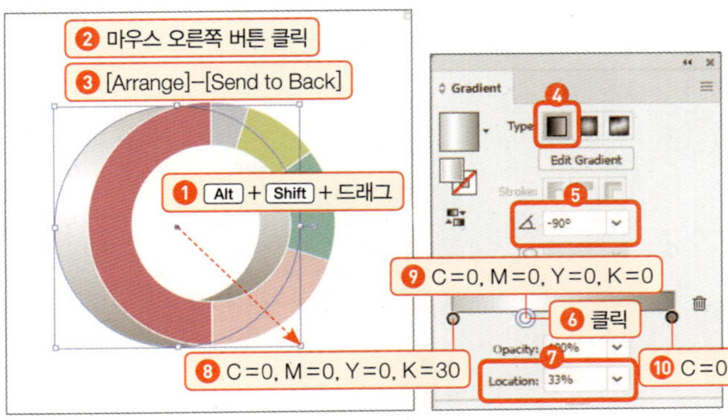

08 원근감 더하기 선택 툴(▶)로 전체 오브젝트를 드래그하여 선택한 후 스케일 툴( )을 더블클릭합니다. 옵션 창이 열리면 Non-Uniform의 Horizontal을 80%로 입력하고 〈OK〉를 클릭합니다.

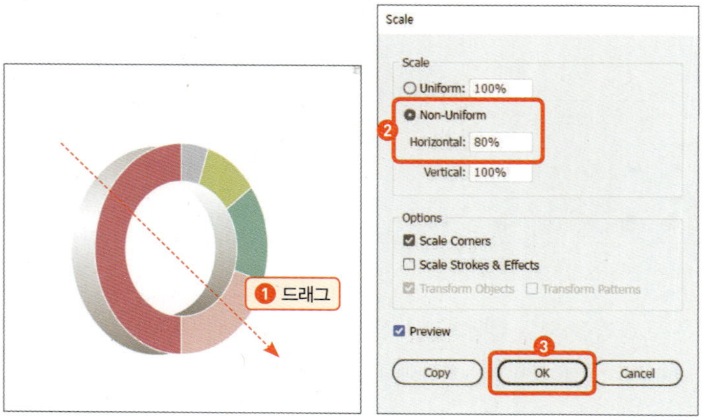

09 약간 기울이기 전체 오브젝트가 선택된 상태에서 회전 툴( )을 더블클릭합니다. 옵션 창에서 Angle을 20°로 입력하고 〈OK〉를 클릭합니다.

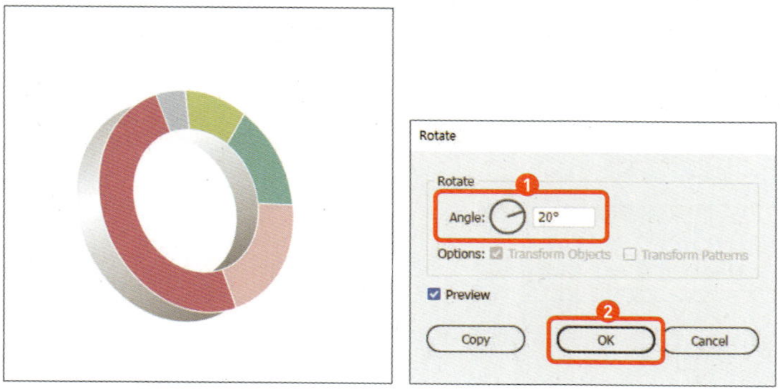

10 범례 추가하기 선 툴( )을 선택하고 옵션 바에서 면 색을 색상 없음, 선 색을 C=0, M=0, Y=0, K=70, Stroke를 1pt로 설정한 후 각 파이 조각마다 선을 그립니다. 원형 툴( )을 선택하고 색상 패널에서 선 색을 색상 없음, 면 색을 C=0, M=0, Y=0, K=70으로 설정한 후 Alt + Shift 를 누른 채 드래그하여 선의 왼쪽 끝에 작은 정원을 만듭니다. 한 번 만든 정원은 선택 툴(▶)로 Alt 를 누른 채 드래그하여 각 선의 왼쪽 끝에 배치합니다.

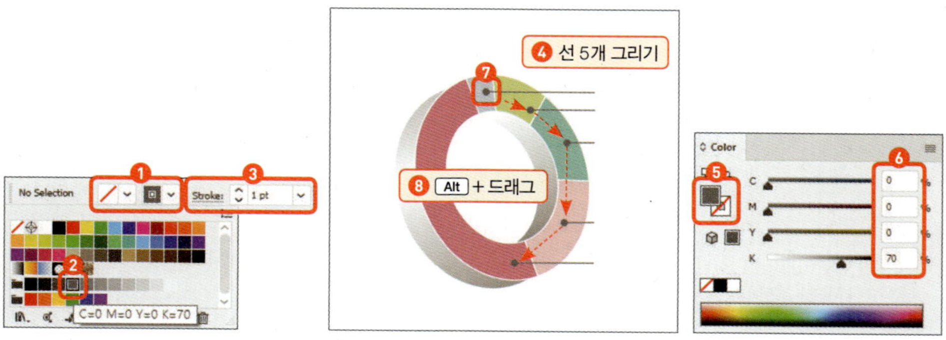

11 텍스트 툴(T)을 선택하고 캐릭터 패널에서 폰트를 맑은 고딕, 스타일을 Semilight, 크기를 12pt로 설정한 후 각 파이 조각마다 다음과 같이 범례 텍스트를 작성합니다.

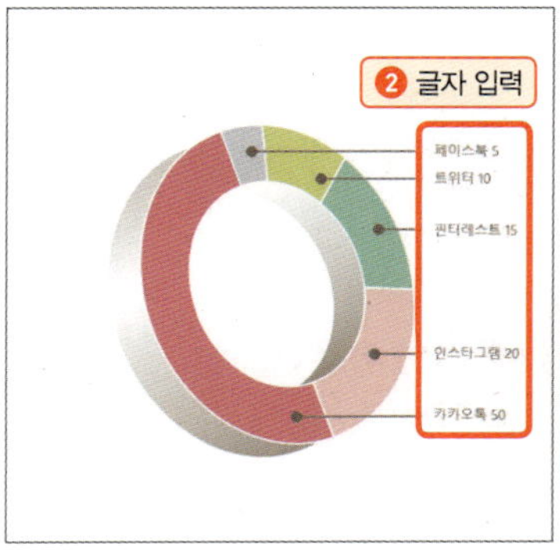

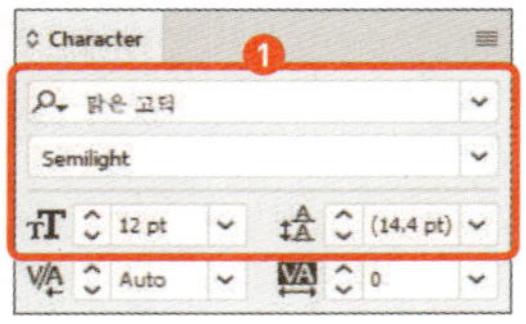

12 **그림자 만들기** 원형 툴(◯)로 드래그하여 도넛 차트 아래에 타원을 그린 후 마우스 오른쪽 버튼을 클릭하고 [Arrange]–[Send to Back]을 선택합니다. 타원이 선택된 상태에서 그레이디언트 패널의 면 색 Type을 Linear로 설정합니다. 투명도 패널에서 Opacity를 50%로 조절하여 입체적인 도넛 차트를 완성합니다.

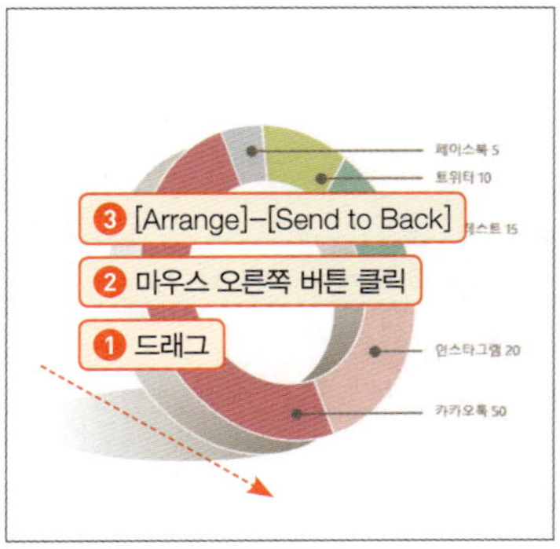

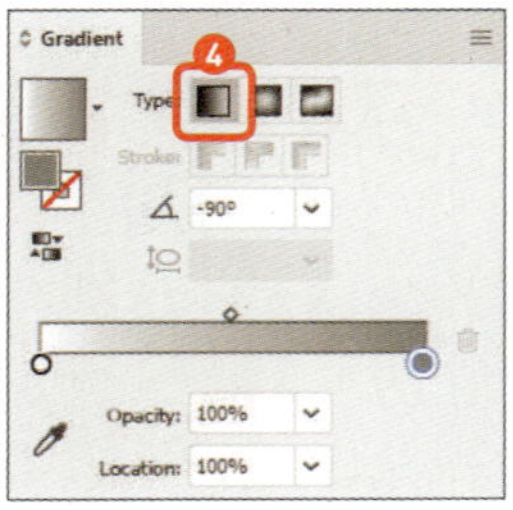

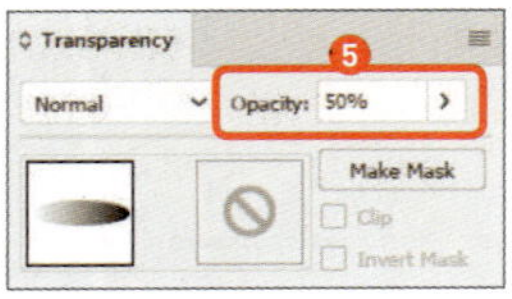

인포그래픽으로 활용 가능한 파이 차트 만들기

01 **파이 차트 만들기** 메뉴 바에서 [File]–[New]를 선택합니다. 옵션 창에서 Print를 선택하고 Width와 Height를 각각 210mm로 입력한 후 〈Create〉를 클릭합니다. 파이 차트 툴(◐)로 화면을 클릭한 후 옵션 창에서 Width와 Height를 각각 120mm로 입력하고 〈OK〉를 클릭합니다.

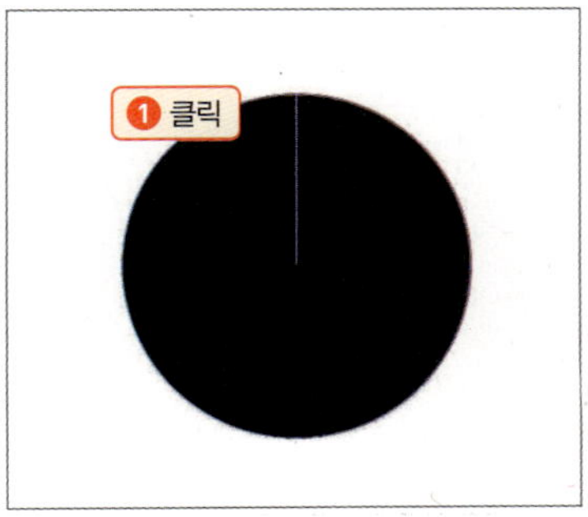

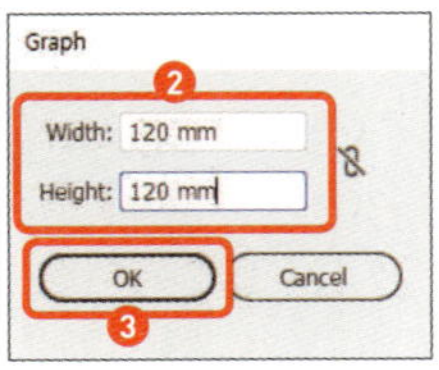

02 데이터 입력하기 데이터 창이 뜨면 다음과 같이 입력하고 오른쪽 상단의 체크(☑)를 클릭하여 파이 차트를 만듭니다.

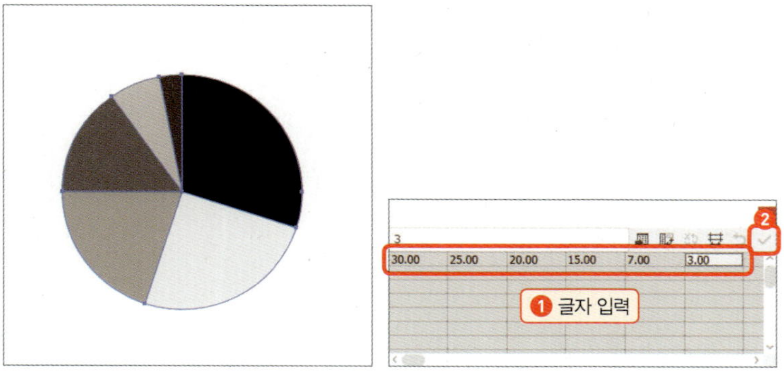

03 파이 차트 그룹 해제하기 Ctrl+Shift+G를 눌러 그룹을 해제하면 데이터가 저장되지 않는다는 알림이 뜹니다. 〈Yes〉를 클릭한 후 Ctrl+Shift+G를 두 번 더 누릅니다. 그룹이 해제되었기 때문에 선택 툴(▶)로 각 파이 조각을 선택할 수 있습니다. 각 파이 조각을 선택하고 색상 패널에서 선 색을 색상 없음, 면 색을 다음과 같이 변경합니다.

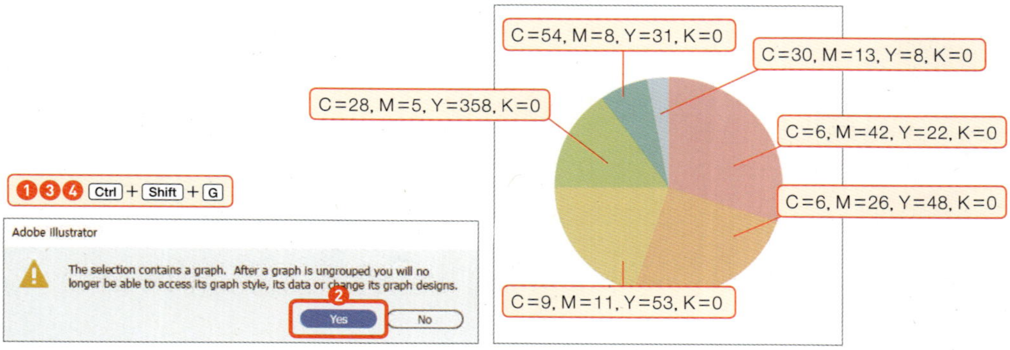

Tip 앞에서 만든 입체 도넛 차트는 데이터 값을 유지한 채로 만들었지만 이번 실습에서는 데이터 값을 저장하지 않으므로 추후에 데이터 값을 수정할 수 없습니다.

04 크기가 다른 파이 조각 만들기 선택 툴(▶)로 가장 큰 파이 조각을 선택합니다. 스케일 툴(⧉)을 선택한 후 Alt를 누른 채 파이 차트의 중앙 부분을 클릭하여 기준점을 옮깁니다. 옵션 창이 뜨면 Scale의 Uniform을 120%로 입력하고 〈OK〉를 클릭합니다. 선택한 파이가 바깥쪽으로 확대됩니다.

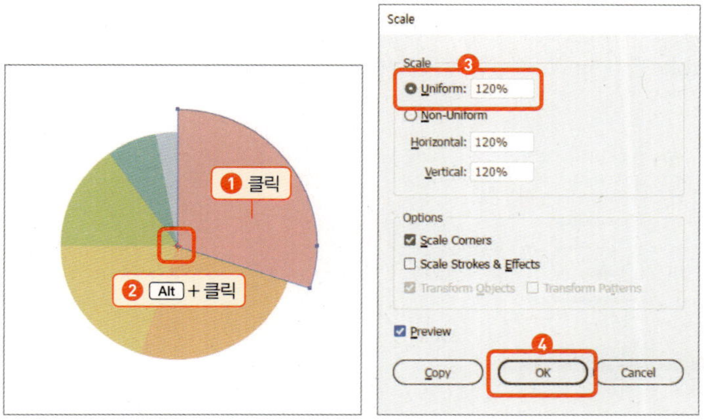

05 선택 툴(▶)로 두 번째로 큰 파이 조각을 선택하고 스케일 툴( )을 선택합니다. Alt를 누른 채 파이 차트 중앙을 클릭하여 기준점을 옮깁니다. 옵션 창이 뜨면 Scale의 Uniform을 112%로 입력하고 〈OK〉를 클릭합니다.

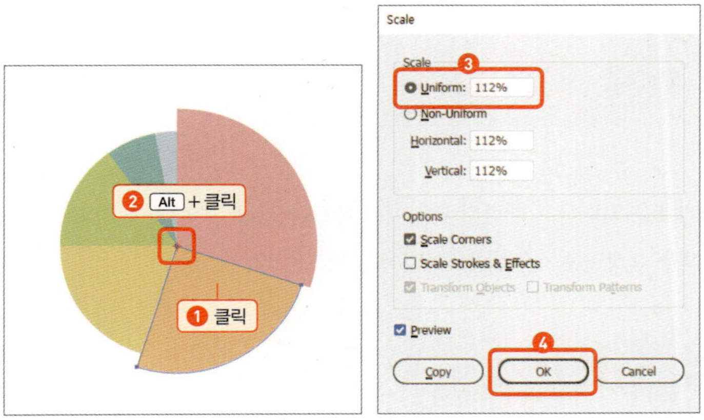

Tip Scale 값이 100%면 오브젝트 크기가 그대로, 100% 이상이면 확대, 100% 이하면 축소됩니다.

06 같은 방법으로 나머지 파이 조각의 Uniform을 각각 104%, 98%, 90%, 83%로 설정하여 다음과 같은 파이 형태를 만듭니다.

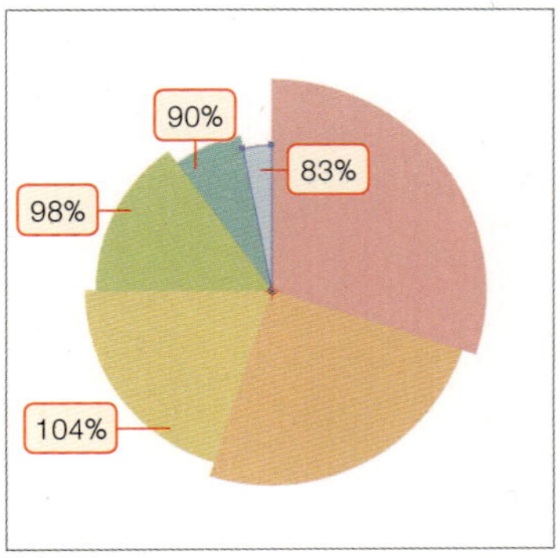

07 레이블 도형 만들기 선 툴(⧄)을 선택하고 색상 패널에서 면 색을 색상 없음, 선 색을 C=7, M=45, Y=24, K=0으로 설정합니다. 옵션 바에서 Stroke를 0.5pt로 설정한 후 선 2개를 직각으로 그립니다.

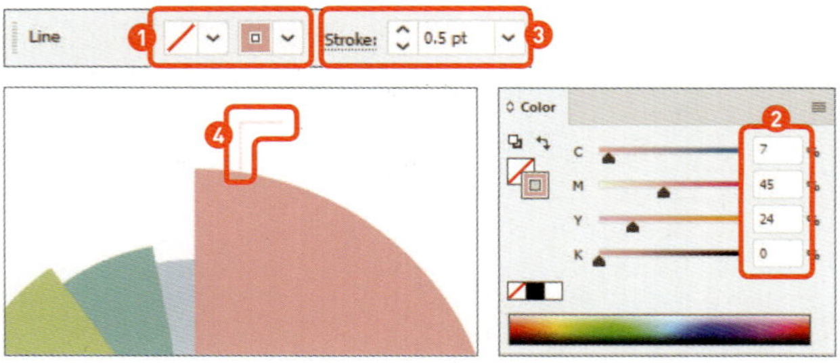

08 색상 패널에서 선 색과 면 색을 맞바꾸고 사각형 툴(▢)로 선 오른쪽에 가로로 짧은 직사각형과 긴 직사각형을 그립니다. 긴 직사각형은 투명도 패널에서 Opacity를 50%로 조절합니다.

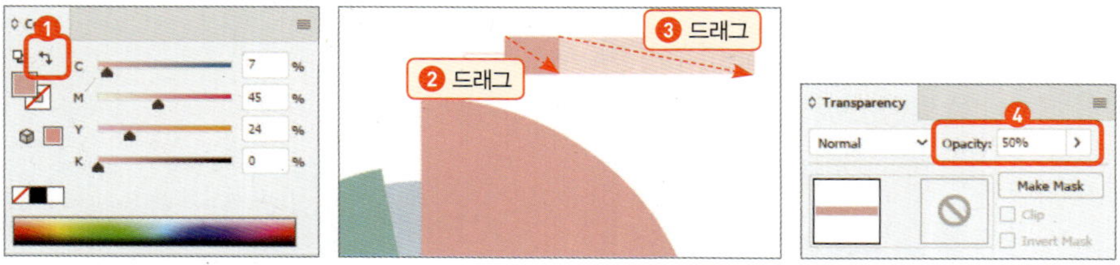

09 텍스트 툴(T)로 사각형 사이에 숫자 1을 입력하고 캐릭터 패널에서 폰트를 Arial, 스타일을 Bold, 크기를 35pt로 설정합니다. 색상 패널에서 선 색을 색상 없음, 면 색을 흰색으로 설정합니다.

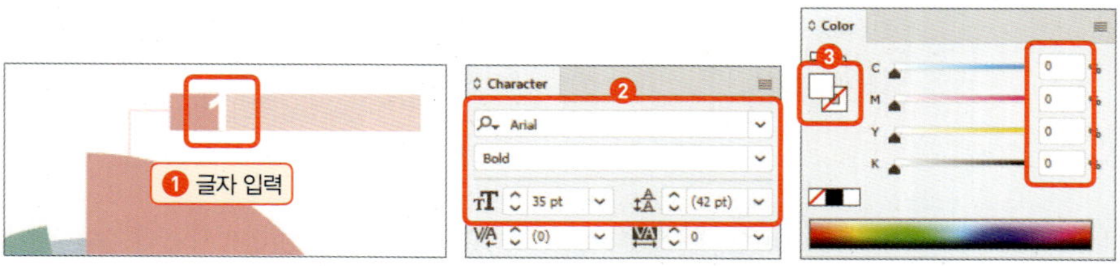

10 선택 툴(▶)로 07~09 단계에서 만든 오브젝트를 모두 선택하고 Alt 를 누른 채 복제하여 각 파이마다 범례를 입력할 수 있는 레이블을 만들고 색상과 숫자를 다음과 같이 수정합니다.

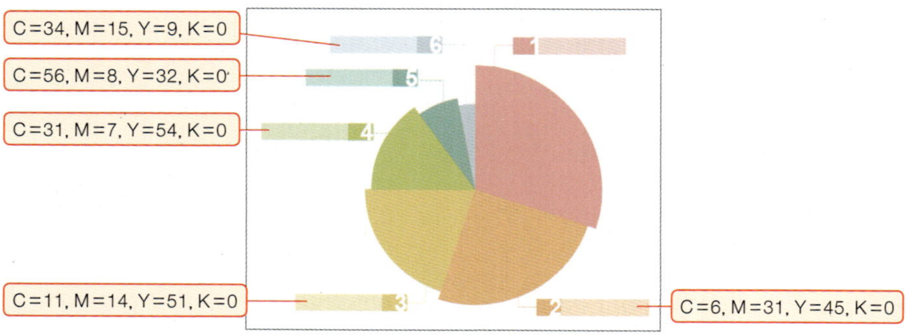

11 그레이디언트 적용하기 원형 툴(⬭)로 파이 중앙에서 Alt+Shift를 누른 채 드래그하여 전체 파이의 절반 크기인 원을 그립니다. 그레이디언트 패널에서 Type을 Linear, Angle을 -50.2°, 그레이디언트의 슬라이더 아이콘 색상을 다음과 같이 설정합니다. 그레이디언트 툴(▣)로 원 내부를 대각선 방향으로 드래그합니다.

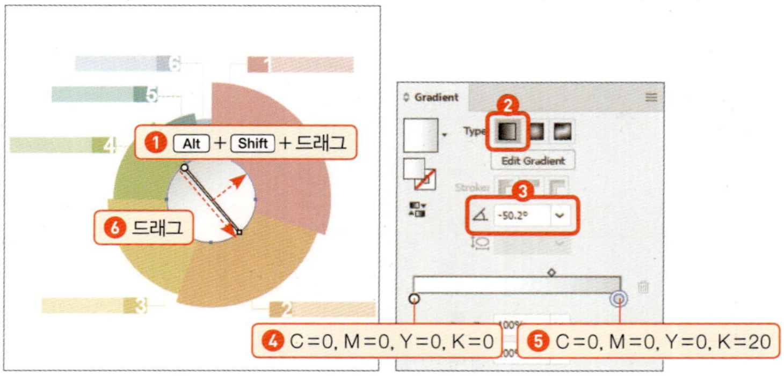

12 입체감 살리기 가운데 원이 선택된 상태로 메뉴 바에서 [Object]-[Path]-[Offset Path]를 선택합니다. 옵션 창이 열리면 Offset을 4mm로 입력하고 〈OK〉를 클릭합니다. 선택한 원보다 조금 더 큰 원이 복제됩니다. 그레이디언트 패널에서 〈Reverse Gradient〉를 클릭합니다. 자동으로 그레이디언트가 반전되면서 입체감이 더욱 살아납니다.

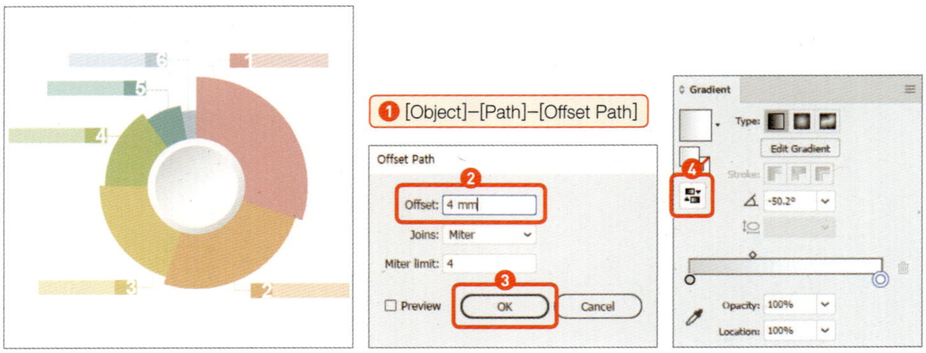

13 그림자 효과 추가하기 복제한 큰 원이 선택된 상태로 메뉴 바에서 [Effect]-[Stylize]-[Drop Shadow]를 선택합니다. 옵션 창에서 Opacity를 35%로 입력하고 〈OK〉를 클릭합니다.

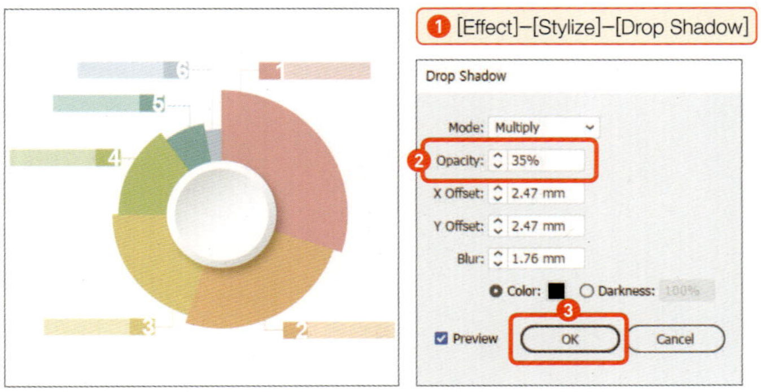

14 완성하기 텍스트 툴(T)로 원 중앙을 클릭하고 TITLE을 입력합니다. 캐릭터 패널에서 폰트를 Arial, 스타일을 Bold, 크기를 33pt로 설정합니다. 색상 패널에서 선 색을 색상 없음, 면 색을 C=0, M=0, Y=0, K=60으로 설정합니다. 완성한 파이 차트를 인포그래픽에 활용합니다.

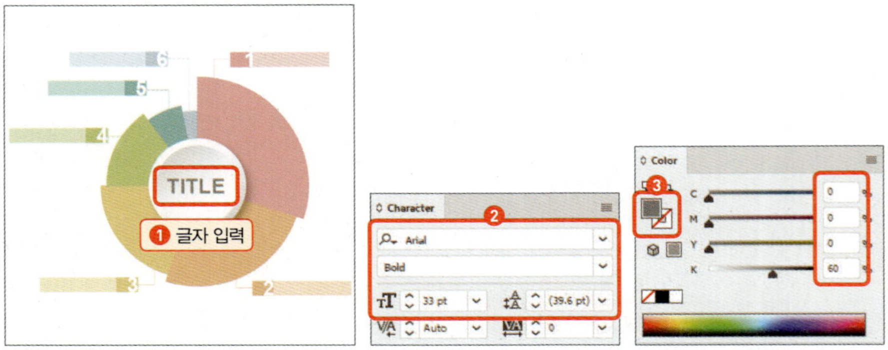

SECTION
03
누적 영역 그래프/ 꺾은선그래프 만들기

• **핵심 기능 I** 누적 영역 그래프 툴, 꺾은선그래프 툴

누적 영역 그래프 만들기

01 누적 영역 그래프 만들기 메뉴 바에서 [File]–[New]를 선택합니다. 옵션 창에서 Print를 선택하고 Width와 Height를 각각 210mm로 입력한 후 〈Create〉를 클릭합니다. 누적 영역 그래프 툴()을 선택하고 원하는 크기로 드래그하여 그래프 영역을 만듭니다.

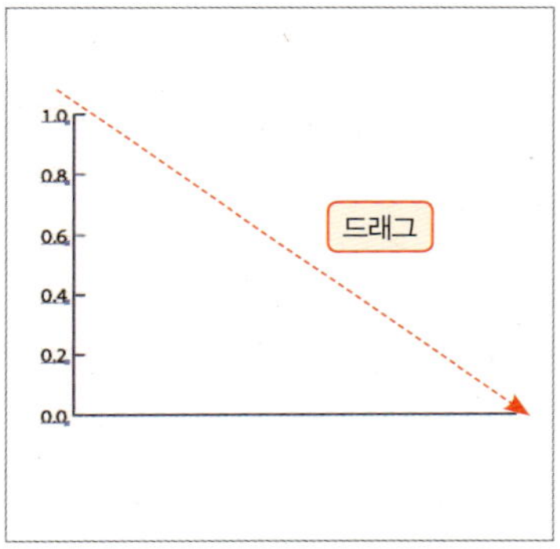

02 데이터 입력하기 데이터 창이 뜨면 다음과 같이 입력하고 오른쪽 상단의 체크()를 클릭하여 누적 영역 그래프를 만듭니다.

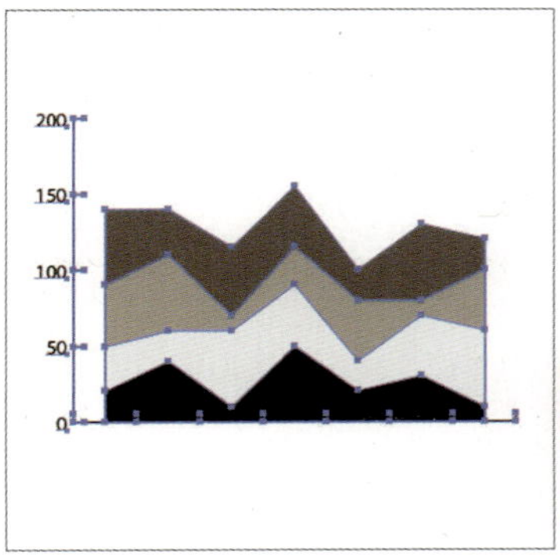

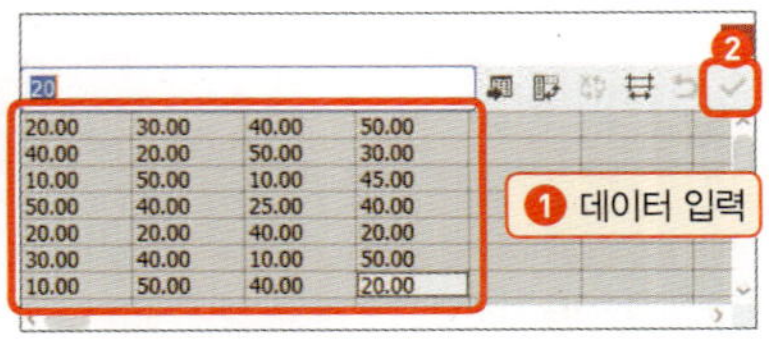

03 면의 색상 변경하기 그룹 선택 툴()로 각 면을 선택한 후 색상 패널에서 면 색을 다음과 같이 변경합니다.

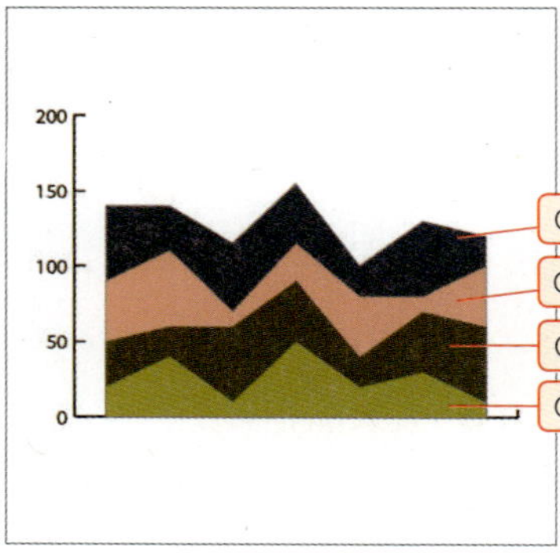

꺾은선그래프를 만들고 마커 활용하기

01 꺾은선그래프 그리기 메뉴 바에서 [File]-[New]를 선택합니다. 옵션 창에서 Print를 선택하고 Width와 Height를 각각 210mm로 입력한 후 〈Create〉를 클릭합니다. 꺾은선그래프 툴()을 선택하고 원하는 크기로 드래그하여 그래프 영역을 만듭니다.

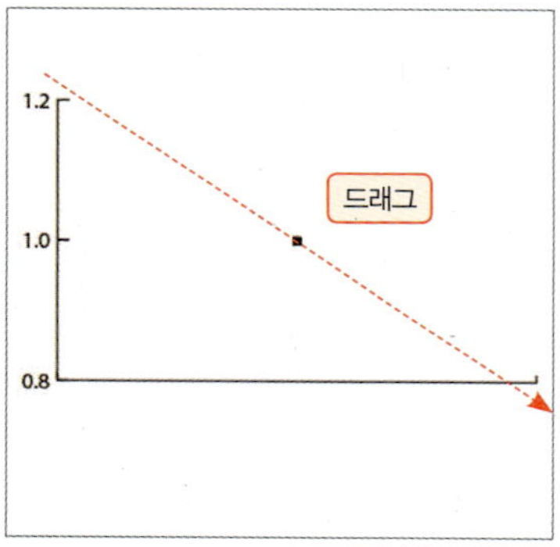

02 데이터 입력하기 데이터 창이 뜨면 다음과 같이 입력하고 오른쪽 상단의 체크()를 클릭하여 꺾은선그래프를 만듭니다.

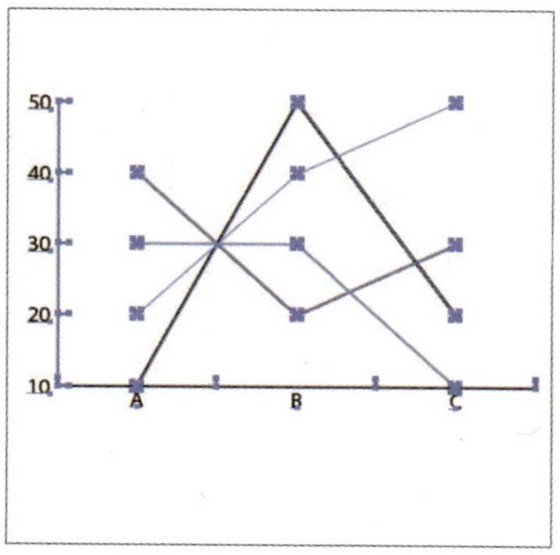

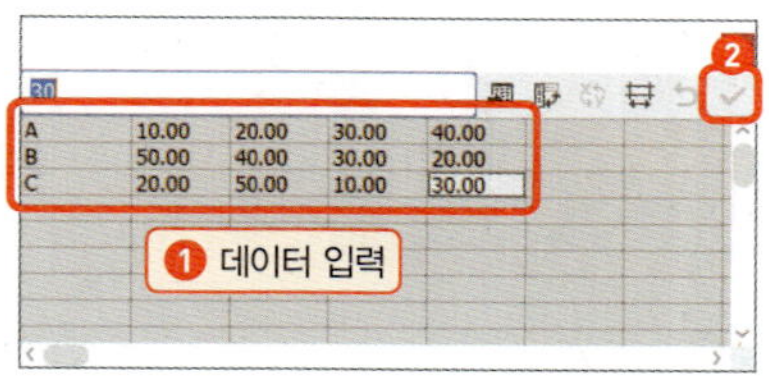

03 소셜 아이콘 붙여 넣기 Chapter_10 ▸ Section_03 ▸ social_icons.ai 파일을 불러온 후 선택 툴(▶)로 Shift를 누른 채 다음과 같은 아이콘 4개를 선택하고 Ctrl+C를 눌러 복사합니다. 화면으로 돌아와 Ctrl+V를 눌러 붙여 넣고 바운딩 박스를 드래그하여 크기를 줄인 후 그래프의 X축에 배치합니다.

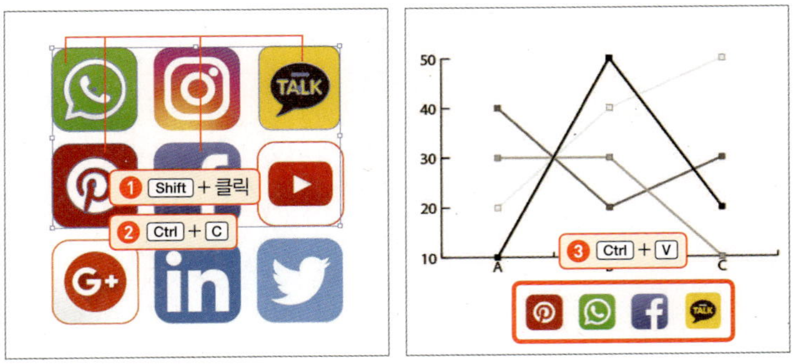

04 새 디자인 등록하기 선택 툴(▶)로 첫 번째 아이콘을 선택한 후 메뉴 바에서 [Object]–[Graph]–[Design]을 선택합니다. 옵션 창이 뜨면 〈New Design〉을 클릭하여 새 디자인으로 등록하고 〈Rename〉을 클릭하여 이름을 '핀터레스트'로 입력한 후 〈OK〉를 클릭하고 원래 창으로 돌아와 〈OK〉를 클릭합니다. 나머지 아이콘도 같은 방법으로 '와츠앱', '페이스북', '카카오톡'으로 등록합니다.

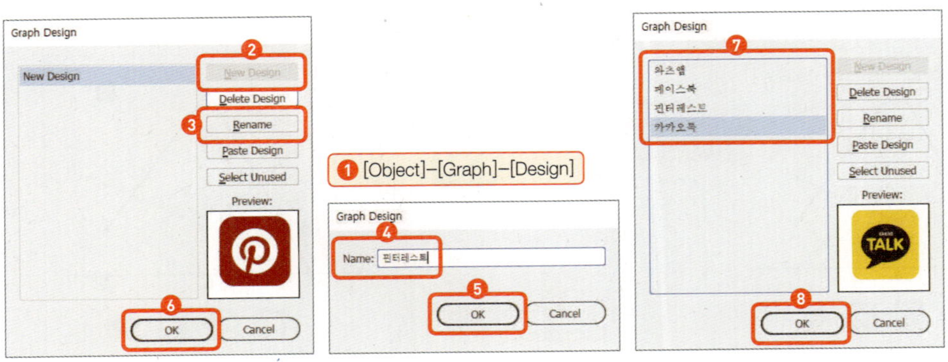

05 마커에 디자인 적용하기 그룹 선택 툴(▷+)로 첫 번째 꺾은선그래프의 마커를 두 번 클릭하여 전체 마커를 선택합니다. 메뉴 바에서 [Object]–[Graph]–[Maker]를 선택한 후 옵션 창에서 '와츠앱'을 선택하고 〈OK〉를 클릭합니다. 마커 자리에 아이콘이 입력되었지만 너무 작습니다.

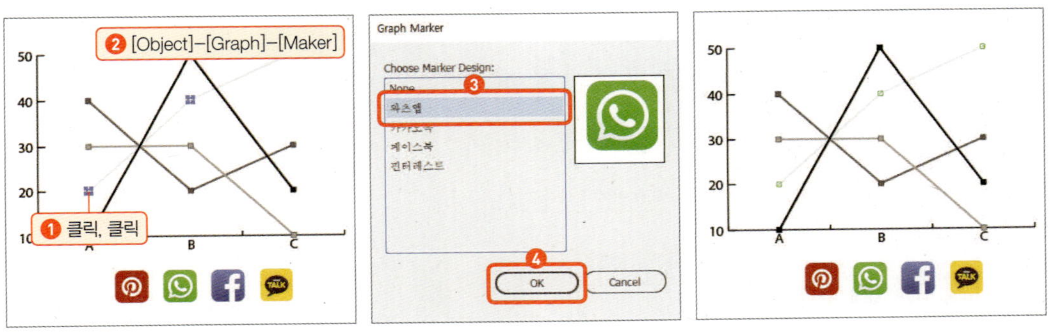

06 마커 크기 조절하기 마커 크기를 키워서 다시 디자인을 적용해 보겠습니다. Ctrl+Z를 눌러 이전 단계로 되돌아갑니다. 그룹 선택 툴(![])로 첫 번째 마커를 클릭한 후 스케일 툴(![])을 더블클릭합니다. 옵션 창에서 Scale의 Uniform을 350%로 입력하고 〈OK〉를 클릭합니다. 같은 방법으로 나머지 마커의 크기도 키웁니다.

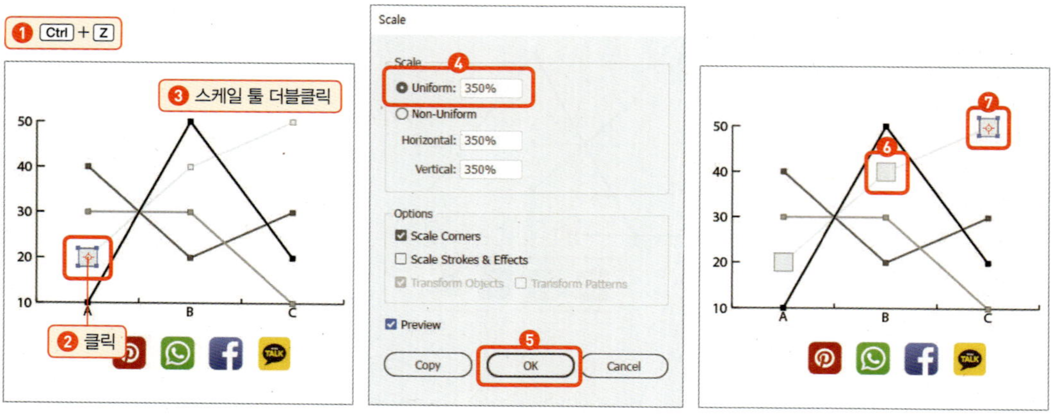

07 마커에 디자인 재적용하기 그룹 선택 툴(![])로 첫 번째 꺾은선그래프의 마커를 두 번 클릭하여 전체 마커를 선택하고 메뉴 바에서 [Object]–[Graph]–[Maker]를 선택합니다. 옵션 창에서 '와츠앱'을 선택하고 〈OK〉를 클릭합니다. 선택한 아이콘이 마커 자리에 05 단계보다 훨씬 잘 보이는 크기로 배치된 것을 확인할 수 있습니다.

08 06~07 단계를 반복하여 나머지 꺾은선그래프의 마커도 크기를 조절한 후 디자인을 적용합니다. 그룹 선택 툴(![])로 각 그래프의 선을 두 번 클릭하여 전체 선을 선택한 후 색상 패널에서 마커에 적용된 아이콘의 색상에 맞추어 선 색을 다음과 같이 변경하여 그래프를 완성합니다.

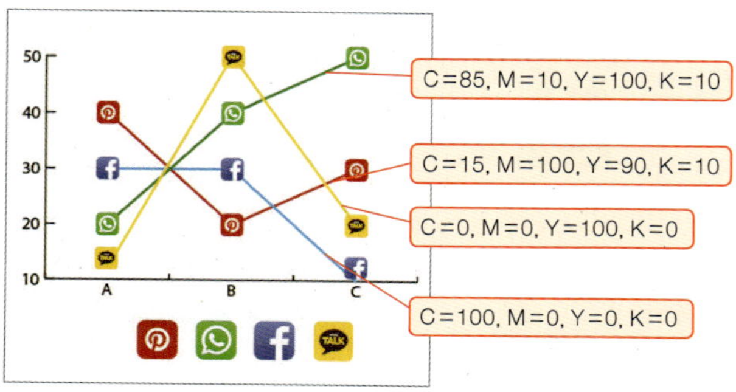

단축키

일러스트레이터를 더욱 빠르고 편리하게 사용하려면 자주 사용하는 단축키를 외워 두는 것이 좋습니다.

❶ 파일 관련

새 파일 만들기	Ctrl+N
템플릿 불러오기	Ctrl+Shift+N
파일 불러오기	Ctrl+O
어도비 브릿지로 불러오기	Ctrl+Alt+O
파일 닫기	Ctrl+W
파일 저장하기	Ctrl+S
다른 이름으로 저장하기	Ctrl+Shift+S
복사본 저장하기	Ctrl+Alt+S
웹용 파일로 저장하기	Ctrl+Shift+Alt+S
마지막 저장한 시점으로 되돌리기	F12
문서 설정하기	Ctrl+Alt+P
프린트하기	Ctrl+P
일러스트레이터 종료하기	Ctrl+Q

❷ 편집 관련

실행 취소하기	Ctrl+Z
다시 실행하기	Ctrl+Shift+Z
잘라내기	Ctrl+X
복사하기	Ctrl+C
붙여넣기	Ctrl+V
제자리 앞에 붙여넣기	Ctrl+F
제자리 뒤에 붙여넣기	Ctrl+B
전체 선택하기	Ctrl+A
선택 해제하기	Ctrl+Shift+A

❸ 선택/오브젝트 관련 단축키

명령 반복하기	Ctrl+D
맨 앞으로 가져오기	Ctrl+Shift+]
한 단계 앞으로 가져오기	Ctrl+]
한 단계 뒤로 보내기	Ctrl+[
맨 뒤로 보내기	Ctrl+Shift+[
그룹 만들기	Ctrl+G
그룹 해제하기	Ctrl+Shift+G
선택한 오브젝트 잠그기	Ctrl+2
잠긴 오브젝트 모두 해제하기	Ctrl+Alt+2
선택한 오브젝트 숨기기	Ctrl+3

숨긴 오브젝트 모두 해제하기	Ctrl+Alt+3
떨어져 있는 기준점 이어주기	Ctrl+J
블렌드 만들기	Ctrl+Alt+B
블렌드 해제하기	Ctrl+Shift+Alt+B
라이브 페인트 환경 만들기	Ctrl+Alt+X
클리핑 마스크 만들기	Ctrl+7
클리핑 마스크 해제하기	Ctrl+Alt+7
컴파운드 패스 만들기	Ctrl+8
컴파운드 패스 해제하기	Ctrl+Shift+Alt+8

단축키

④ 문자 관련

기능	단축키
글자 속성 없애고 아웃라인 만들기	Ctrl + Shift + O
오른쪽 정렬	Ctrl + Shift + R
왼쪽 정렬	Ctrl + Shift + L
가운데 정렬	Ctrl + Shift + C
글자 크기 키우기	Ctrl + Shift + >
글자 크기 줄이기	Ctrl + Shift + <

⑤ 보기 관련

기능	단축키
아웃라인 보기/숨기기	Ctrl + Y
화면 확대하기	Ctrl + +
화면 축소하기	Ctrl + -
이미지를 작업 창에 딱 맞게 보기	Ctrl + 0
실제 크기로 보기	Ctrl + 1
패스 보기/숨기기	Ctrl + H
눈금자 보기/숨기기	Ctrl + R
바운딩 박스 보기/숨기기	Ctrl + Shift + B
아트보드를 투명으로 보기/흰색으로 보기	Ctrl + Shift + D
안내선 보기/숨기기	Ctrl + ;
안내선 잠그기/풀기	Ctrl + Alt + ;
선택한 패스를 안내선으로 만들기	Ctrl + 5
안내선 해제하기	Ctrl + Alt + 5
격자선 보기/숨기기	Ctrl + "
격자선에 맞추기	Ctrl + Shift + "

Tip 맥(MAC) 사용자는 Ctrl을 Command로, Alt를 Option으로 바꿔 사용하면 됩니다.

찾아보기

찾아보기